Walter Fähnders

Avantgarde und Moderne 1890–1933

Lehrbuch Germanistik

2., aktualisierte und erweiterte Auflage

Verlag J.B. Metzler Stuttgart · Weimar

Der Autor

Walter Fähnders, geb. 1944; apl. Professor für Germanistik/Neuere deutsche Literatur an der Universität Osnabrück. Zahlreiche Publikationen und Editionen zur deutschen Literatur des 19. und 20. Jahrhunderts insbesondere zur Weimarer Republik. Bei J.B. Metzler sind erschienen: »Manifeste und Proklamationen der europäischen Avantgarde (1909-1938)«, 1995 (Mithg., vergriffen); »Anarchismus und Literatur«, 1987; »Proletarisch-revolutionäre Literatur der Weimarer Republik«, SM 158, 1977 (vergriffen); »Metzler Lexikon Avantgarde«, 2009 (Mithg.).

Bibliografische Information der Deutschen Nationalbibliothek
Die Deutsche Nationalbibliothek verzeichnet diese Publikation in der Deutschen Nationalbibliografie; detaillierte bibliografische Daten sind im Internet über http://dnb.d-nb.de abrufbar.

Gedruckt auf säure- und chlorfreiem, alterungsbeständigem Papier

ISBN 978-3-476-02312-4

© 2010 J. B. Metzler'sche Verlagsbuchhandlung
und Carl Ernst Poeschel Verlag GmbH in Stuttgart
www.metzlerverlag.de
info@metzlerverlag.de

Einbandgestaltung: Ingrid Gnoth I www.gd90.de
Satz: DTP + TEXT Eva Burri, Stuttgart · www.dtp-text.de
Druck und Bindung: CPI – Ebner & Spiegel, Ulm
Printed in Germany
September 2010

Verlag J. B. Metzler Stuttgart · Weimar

Inhalt

III. Neue Sachlichkeit, proletarisch-revolutionäre Literatur und ›Moderne‹

IV. Avantgarde und Moderne – Forschungsbericht (1999–2010)

Bibliographie

Namenregister

Vorwort zur 1. Auflage

Die rund vier Jahrzehnte deutscher, genauer deutschsprachiger Literatur, denen dieses Lehrbuch gewidmet ist, bilden literarhistorisch alles andere als eine Einheit. Im Gegenteil: wie die Geschichte selbst zeigt auch die Literatur in dieser Zeitspanne unglaubliche Entwicklungen, Veränderungen, Innovationsschübe, Brüche. Die historische Periode von 1890 bis 1933 umfaßt Beginn und Ausfaltung des Wilhelminismus, also Konsolidierung und Weiterentwicklung des Bismarckreiches, bis zu seinem Untergang im Ersten Weltkrieg. Sie umschließt zudem die Weimarer Republik, der gut ein Dutzend Jahre beschieden war, um Erblasten und Traditionen des Wilhelminismus mitzuschleppen, zu überprüfen, zu verwerfen, um republikanische und demokratische Neuanfänge zu erproben und Brüche produktiv werden zu lassen. Die mit dem Jahr 1933 markierte politische Zäsur betrifft vorrangig alle jene literarischen Strömungen, die im Zentrum dieses Bandes stehen – Moderne und Avantgarde. Ihnen widmet sich dieser Band.

Der hier untersuchte Zeitraum gewinnt unter dem zentralen Aspekt von Moderne und Avantgarde ein deutliches und unverwechselbares Profil, das sich aus der Historisierung der vieldeutigen und kontrovers diskutierten Leitkategorien ergibt (darüber informiert die Einleitung). Diese Historisierung führt zur Gliederung des Materials in drei große literaturgeschichtliche Perioden von Naturalismus und Fin de siècle (etwa 1890 bis 1910), Expressionismus und Avantgarde (etwa 1910 bis 1920) und der Literatur der Weimarer Republik von 1918/19 bis zur Zäsur 1933.

1. Die ›historische Moderne‹ beginnt mit der Literaturrevolte des Naturalismus in den achtziger Jahren des 19. Jahrhunderts und umfaßt zudem die gegennaturalistischen Strömungen des Fin de siècle einschließlich der Wiener Moderne der Jahrhundertwende. Sie sind Thema von Kapitel I.
2. Europaweit läßt sich um 1910 ein künstlerischer Aufbruch beobachten, der – begrifflich parallel zu ›historischer Moderne‹ – als ›historische Avantgarde‹ zu bezeichnen ist. Sie beginnt mit dem Aufbruch des Futurismus in Italien und findet in Deutschland mit dem Expressionismus und seinem Widerpart, Dada, eine besondere Ausprägung. Expressionismus, Dada und historische Avantgarde sind Thema von Kapitel II.
3. Nach dem Ausgang des ›expressionistischen Jahrzehnts‹ formiert sich die Neue Sachlichkeit als besondere Strömung der ›Moderne‹ und bildet die Dominante in der Literatur der Weimarer Republik seit Mitte der zwanziger Jahre. Dem besonderen Form- und Funktionswandel dieser Literatur unter Skizzierung auch der proletarischen Tendenzen widmet sich Kapitel III.

Der literaturgeschichtlichen Konzentrierung auf Autoren und Werke wird dabei eine eher systematisierende Analyse der einzelnen Literaturströmungen unter zentralen Aspekten vorgezogen, und an die Stelle der monographischen Einzelanalyse literarischer Werke oder Werkgruppen tritt eine exemplarische Auswahl. Die einzelnen Gattungen werden in Theorie und Praxis in ihren ästhetischen Trends und anhand exponierter Beispiele vorgestellt. Eine wichtige Rolle spielen zudem Entwicklung und Veränderung von Dichterbild und Autorenstatus sowie die inner- und außerästhetischen Rahmenbedingungen der Produktion, Distribution und Rezeption von Literatur.

Die Darstellung verzichtet auf einen Anmerkungsapparat. Statt dessen erfolgen Hinweise auf Primär- und Sekundärliteratur im fortlaufenden Text unter Angabe von Autor und Seitenzahl. Die genauen Titel finden sich in der nach Quellen und Forschungsliteratur gegliederten Bibliographie am Ende des Buches. In Zweifelsfällen (bei verschiedenen Werken des selben Autors) ist das Erscheinungsjahr dem Namen hinzugefügt. Das Namenregister umfaßt alle im Text erwähnten Autorinnen und Autoren und erschließt auch die zu diesen Namen zitierte Forschungsliteratur.

Für häufiger zitierte Sammelwerke werden Siglen verwendet, die im Literaturverzeichnis aufgelöst sind; bei Gesamtausgaben folgt die jeweilige Bandzahl auf den Namen des Autors; gelegentliche Zitat-Übernahmen aus anderen Werken sind durch ein dem Nachweis vorangestelltes »zit.« ausgewiesen. Alle Zitate folgen im Lautstand und bei (kursiven) Hervorhebungen dem Original; gelegentlich fett markierte Hervorhebungen stammen hingegen vom Verfasser. Des öfteren werden Quellen aus leicht zugänglichen Sammelwerken zitiert, soweit diese wissenschaftlich zuverlässig sind, um ein rasches Nach- und Weiterlesen der Originaltexte zu ermöglichen. Zur Quellenlektüre möchten nämlich nicht allein die relativ vielen, gelegentlich auch längeren, Zitate einladen, sondern auch das Buch insgesamt.

An dieser Stelle sei Rüdiger Reinecke und Donald Weiss gedankt für organisatorische Unterstützung, Wolfgang Asholt und Helga Karrenbrock für konzeptionelle Hilfe und, last but not least, Frau Hechtfischer vom Metzler Verlag für die kompetente Betreuung dieses Buches.

Walter Fähnders

Vorwort zur 2. Auflage

Die hier vorgelegte 2. Auflage ist gegenüber der Erstauflage von 1998 aktualisiert, korrigiert und erweitert worden. Die Literaturhinweise im Text und in der entsprechend erweiterten Bibliographie berücksichtigen die neuen Forschungen des letzten Jahrzehnts. Das IV. Kapitel, »Avantgarde und Moderne – Forschungsbericht«, wurde eigens für diese Auflage geschrieben. Es informiert über Entwicklungen in der Forschung, weist eine Fülle von Publikationen des Berichtzeitraums nach und orientiert sich dabei am Aufbau der drei Großkapitel des Lehrbuchs.

Im Juni 2010   Walter Fähnders

Einleitung – Moderne und Avantgarde: Begriffsbestimmung und Definitionsproblematik

Kaum ein Begriff ist derart diffus und umstritten wie ›die Moderne‹ – einschließlich seiner Verwandten: die Modernen, das Moderne, modern, Modernismus, Modernität. Das hat verschiedene Gründe. Zum einen wird der Moderne-Begriff in den verschiedenen Disziplinen, so in Philosophie, Sozial-, Geschichts-, Kunst- und Literaturwissenschaft, unterschiedlich definiert. Zum anderen ist der Moderne-Begriff sowohl eine historische Kategorie zur Bezeichnung einer Epoche als auch eine systematische Kategorie zur Charakterisierung bestimmter Inhalte, Postulate, Ideologeme dessen, was als ›Moderne‹ erscheint oder sich als solche deklariert. Um also mit dem Begriffsbündel ›Moderne‹ operieren zu können, müssen allererst begriffliche Schärfungen und Eingrenzungen unternommen werden.

Als kleinster gemeinsamer Nenner gilt zunächst die Semantik von **modern**, das verschiedene Bedeutungsnuancen hat: »gegenwärtig« statt vorherig; »neu« statt alt; »vorübergehend« statt ewig; »progressiv« statt konservativ; »zukunftsbezogen/gegenwartsbezogen« statt vergangenheitsorientiert. ›Modern‹ leitet sich vom lateinischen ›modernus‹ ab, dessen erster bekannter Beleg sich bei Gelasius am Ende des 5. Jahrhunderts findet und dessen Wort- und Bedeutungsgeschichte bis ins Mittelalter, die Renaissance und darüber hinaus recht gut erforscht ist (Gumbrecht, 96f.; Klinger 2002; Martini, 391f.; Schönert, 394f.).

Nun haben nicht zuletzt die Diskussionen um die Postmoderne (vgl. Habermas 1981, 444f.; Welsch) zu Klärungsversuchen in Sachen ›Moderne‹ geführt, wie vor allem einschlägige Studien insbesondere der achtziger und neunziger Jahre zeigen (Anz 1994b; Bohrer 1989; Bürger 1992; Japp 1987; Jauß 1970, 11f.; Kiesel 2004; J. Petersen 1991, 6ff.; Vietta 1992, 17ff.; Ästhetische Moderne; Zur Geschichtlichkeit der Moderne). Auch begriffsgeschichtliche und lexikalische Arbeiten haben genauere Konturen bei **Wortgeschichte, Wortbedeutung und Bedeutungswandel** erkennen lassen (Asholt 2009; Bürger 1996b; Gumbrecht; Japp 1986; Sprengel 1998a, 53ff.). Dennoch bleibt die Uferlosigkeit verbindlicher Definitionsversuche, auf die bereits Fritz Martini 1965 verweist, zu registrieren (Martini, 391). Peter Bürger vermerkt in seiner lexikalischen Arbeit über die »literarische Moderne« gar die »Unmöglichkeit« eines derartigen Unterfangens (Bürger 1996b, 1287, vgl. Becker/Kiesel 2007).

In seiner historisch wie komparatistisch angelegten Arbeit über »Modern, Modernität, Moderne« von 1981 bemerkt Hans Ulrich Gumbrecht zwar, dass gerade diese Prädikatoren wie kaum andere von der Forschung traktiert worden seien (Gumbrecht, 93). Ob sie dadurch immer an Profil, vor allem an Eindeutigkeit gewonnen haben, sei dahingestellt. So ist sogar von einem ausgesprochenen »Verzicht der Forschung auf eine klare Begriffsbildung und Begriffsabgrenzung« die Rede (J. Petersen 1991, 3). Einen Minimalkonsens resümiert 1986 Jörg Schönert:

> »denkgeschichtlich beginnt die Moderne zwischen 1450 und 1600 (*Neuzeit*), mit den Wirkungen von Montaigne, Descartes und Pascal lassen sich wichtige Konturen dieses Prozesses entwickeln; *sozialgeschichtlich* wird die zweite Hälfte des 18. Jahrhunderts

für die ›okzidentalen‹ Gesellschaften als Ausgangspunkt der Moderne angesehen; *kunst- und literaturgeschichtlich* ist dagegen die zweite Hälfte des 19. Jahrhunderts anzuvisieren; mit der kunstprogrammatischen Fixierung von Modernität in Frankreich 1859 durch Baudelaire, in Deutschland 1886 mit Eugen Wolffs Versuch einer ›Durch‹-Setzung des Literaturprogramms des Naturalismus sowie in den unterschiedlichen nationalen und internationalen Bewegungen von der *Avantgarde* bis zum *modernismo*.« (Schönert, 394).

Zur Annäherung an Begriff und Begriffsproblematik wird man zunächst zwischen einem ästhetischen und einem politisch-sozialen Begriff der Moderne trennen. Die **politisch-soziale Moderne** fußt auf einer universalen (und universalistischen) Vorstellung von Aufklärung und Fortschritt und meint gesellschaftliche Modernisierung im Kontext einer geschichtsphilosophischen Teleologie. Hier sind zu nennen: Subjektkonstituierung, Rationalisierung und Technisierung, Urbanität – also die »Entzauberung der Welt«, so das Diktum von Max Weber (vgl. Vietta 1992, 21f.). Diese politisch-soziale oder auch »zivilisatorische« Moderne (Anz 1994b, 1; vgl. Kiesel 2004, 35ff.; Becker/Kiesel 2007) ist »die Moderne der Industrialisierung und des Kapitalismus« (Welsch, 48), eine durch und durch »rationalistische Moderne« (Vietta 1992, 21ff.; Bohrer 1989, 7), deren Verlauf in der aufklärerischen Geschichtsphilosophie und noch im Marxismus weithin linear, zum Höheren als dem Besseren hin gedacht wird. Als »unvollendetes Projekt« konzipiert Jürgen Habermas diese Moderne:

> »Das Projekt der Moderne, das im 18. Jahrhundert von den Philosophen der Aufklärung formuliert worden ist, besteht nun darin, die objektivierenden Wissenschaften, die universalistischen Grundlagen von Moral und Recht und die autonome Kunst unbeirrt in ihrem jeweiligen Eigensinn zu entwickeln, aber gleichzeitig auch die kognitiven Potentiale, die sich so ansammeln, aus ihren esoterischen Hochformen zu entbinden und für die Praxis, d.h. für eine vernünftige Gestaltung der Lebensverhältnisse zu nützen.« (Habermas 1981, 453; s. II.5.5).

Insofern ist ›Moderne‹ auch die Etappe der ›großen Erzählungen‹, der universalistischen Meta-Narrationen, welche die Kritik der Postmoderne herausgefordert haben.

Sie ist abzugrenzen von der **ästhetischen Moderne,** die sich in den einzelnen Künsten und auch in der Ästhetik herausbildet. Die ästhetische Moderne steht zur politisch-sozialen in einem deutlichen Spannungsverhältnis: Als Teil der allgemeinen politisch-sozialen Moderne begleitet sie diese als kritische Instanz und reklamiert für sich Autonomie. Die ästhetische Moderne, wie immer sie auch bestimmt wird, markiert stets auch die Verlustgefühle, welche die soziale Modernisierung erzeugt, kennzeichnet deren Kosten und entwirft ihre Kritik, indem Ambivalenz und Ambiguität von Fortschritt und Aufklärung aufgewiesen werden. Dies geschieht aber nicht als konservative oder fortschrittsfeindliche, spezifisch anti-moderne Kulturkritik, sondern vollzieht sich als **Konflikt zwischen gesellschaftlicher Modernisierung und ästhetischer Moderne**. Deren

> »kontinuierlich sich am Prozeß der Moderne abarbeitende Kritik richtet sich gegen den einseitigen Herrschaftsanspruch des modernen Menschen selbst, gegen den Egozentrismus der Subjektphilosophie sowohl wie des späteren ökonomisch-technischen Ausbeutungsdenkens. Dagegen richtet sich [...] die Kritik der literarischen Moderne« (Vietta 1992, 31f.).

Insofern verlaufen soziale und ästhetische Moderne nicht parallel. Letztere ist eher kritische denn affirmative Begleiterin der Ersteren. So ist zurecht betont worden, dass

der Modernismus zumindest einer »verkürzten Aufklärung, die sich beständig weigert, die von ihm mitproduzierten Fehlentwicklungen zivilisatorischer Rationalität
selbstkritisch aufzuarbeiten, schon der ästhetischen Moderne suspekt« war (Die
Modernität des Expressionismus, VIIf.). Ganz deutlich hat Walter Benjamin auf diese
Kluft verwiesen, wenn er in der ›modernen‹ Figur des Flaneurs mit seiner ausgesprochenen Tendenz zur Verlangsamung des Lebens eine Opposition gegen den industriellen Fortschritt mit seinem taylorisierten Tempo herausstellt (Benjamin I/2, 556f.).
Hinweise in diese Richtung gibt auch Henri Lefebvre, wenn er **Modernismus** und
Modernität unterscheidet.

> »Unter *Modernismus* verstehen wir das Bewußtsein, das die jeweils aufeinander folgen-
> den Epochen, Zeitläufte und Generationen von sich selbst gewinnen; der Modernismus
> besteht folglich aus Bewußtseinsphänomenen, aus Bildern und Projektionen des Selbst,
> aus Exaltationen, gemacht aus reichlich Illusion und ein wenig Klarsicht. Der Modernis-
> mus ist ein soziologisches und ideologisches Faktum. [...] Unter *Modernität* hingegen
> verstehen wir die einsetzende Reflexion, den mehr oder weniger weit getriebenen Ansatz
> einer Kritik und Selbstkritik, das angestrengte Projekt der Erkenntnis. Wir begegnen ihr
> in einer Serie von Taten und Dokumenten, die, obwohl sie den Stempel ihrer jeweiligen
> Epoche tragen, über die Aufreizung von Moden und die Erregung von Neuheit hinaus-
> weisen.« (Lefebvre, 9f.).

Somit ist insgesamt ein Rahmen angedeutet, wie **ästhetische und literarische Moderne** zu bestimmen wären. Basis der Moderne sind gewiss die **Autonomisierungsten-
denzen der Kunst** bis hin zu ihrer definitiven Autonomieerklärung, wie sie sich in
Ästhetizismus und l'art pour l'art der Jahrhundertwende vollenden. Das »Theorie-
werden des Kunstwerkes, seine Reflexivität« wird in der deutschen Romantik entdeckt: »die Moderne unterscheidet sich von der Vormoderne durch dieses neue theoretische Bewußtsein, wobei ein neuer Typus des intellektuell arbeitenden Künstlers
entstand« – so Bohrer, der als herausragende Autoren nennt: Baudelaire, Valéry, Joyce, Musil, Broch, Brecht (Bohrer 1989, 39).

Diese Autonomisierungstendenz schafft ihrerseits die Voraussetzungen für die
letztmögliche Radikalisierung und Selbstaufhebung von Kunstautonomie in der Avantgarde. Die ästhetische Moderne ist Autonomie der Kunst, Zweckfreiheit, l'art pour
l'art; Reflexivität und Selbstreflexivität des Kunstwerkes; Traditionskritik und Inno-
vationsbewußtsein – ästhetische Moderne ist »**Imperativ des Wandels**« (Gumbrecht,
126ff.). Charles Baudelaire bestimmt in seiner 1863 erschienenen Arbeit »Der Maler
des modernen Lebens« (»Le Peintre de la vie moderne«) die »**Modernität**« (»modernité«) mit den Worten: »Die Modernität ist das Vorübergehende, das Entschwinden-
de, das Zufällige, ist die Hälfte der Kunst, deren andere Hälfte das Ewige und Unab-
änderliche ist.« (Baudelaire, 301). Seither gilt gerade die »Aufwertung des Transitori-
schen, des Flüchtigen, des Ephemeren« als Charakteristikum der Moderne (Habermas 1981, 447; vgl. Jauß 1970, 50ff.), sind »die Male der Zerrüttung« ihr »Echt-
heitssiegel«, wodurch

> »sie die Geschlossenheit des Immergleichen verzweifelt negiert; Explosion ist eine ihrer
> Invarianten. Antitraditionalistische Energie wird zum verschlingenden Wirbel. Insofern
> ist Moderne Mythos, gegen sich selbst gewandt; dessen Zeitlosigkeit wird zur Katastro-
> phe des die zeitliche Kontinuität zerbrechenden Augenblicks; Benjamins Begriff des dia-
> lektischen Bildes enthält dies Moment. Selbst wo Moderne traditionelle Errungenschaf-
> ten, als technische, festhält, werden sie aufgehoben von dem Schock, der kein Ererbtes

unangefochten läßt. Wie die Kategorie des Neuen aus dem historischen Prozeß resultierte, der die spezifische Tradition zuerst und dann eine jegliche auflöste, so ist Moderne keine Aberration, die sich berichtigen ließe, indem man auf einen Boden zurückkehrte, der nicht mehr existiert und nicht mehr existieren soll; das ist, paradox, der Grund von Moderne und verleiht ihr normativen Charakter.« (Adorno 1973, 41f.).

Kunst in der Moderne ist »zugleich Ausdruck der Wahrheit und vermag es nicht zu sein« (Bürger 1992, 447).

Mit derartigen Bestimmungen ist aber auch angedeutet, dass »die **Einheit der ästhetischen Moderne** nicht durch eine Summe von Merkmalen zu erfassen ist, sondern als Prozeß des Auseinandertretens, als Bewegung, die sich in die Extreme hineinbegibt« (Bürger 1992, 30f.). So zählt Uwe Japp unter dem Titel »Die Moderne« in exakt fünfzig Punkten außerordentlich erhellende »Elemente der Epoche« auf, ohne dass dennoch ein einheitlicher Moderne-Begriff sich herausfiltern ließe (Japp 1987, 294ff.). Ähnlich wurde für einen »**mehrstelligen Modernebegriff**« plädiert; Wolfgang Welsch spricht von »Ästhetischen Modernen« (Welsch, 48ff.) und betont,

> »daß sich nicht nur innerästhetisch schon höchst gegensätzliche ›Modernen‹ gegenüberstehen, sondern daß auch der Unterschied der ästhetischen Sphäre gegenüber anderen Sphären, etwa der ökonomisch-industriellen, sich innerästhetisch reproduziert. Der Konstruktivismus vertritt die ökonomisch-industrielle Moderne, während der Expressionismus dem sich entgegensetzt, und Neue Sachlichkeit und Surrealismus stehen für den gleichen Gegensatz.« (Welsch, 49).

Mit Benjamin ließe sich resümieren: »Die Moderne ist sich am wenigsten gleich geblieben« (Benjamin I/2, 593). Um so naheliegender ist neben einer systematischen Begriffsbestimmung die **Historisierung des Modernebegriffs**, also die **literarische Moderne als Epochenbegriff**. Auch hier hat die Literaturwissenschaft kontroverse Bestimmungen vorgelegt. Silvio Vietta resümiert fünf verschiedene Datierungen für die ästhetische bzw. literarische Moderne (Vietta 1992, 17ff.; vgl. Becker/Kiesel 2007):

1. Gleichsetzung mit dem Begriff der Neuzeit (wie in der Geschichtswissenschaft), wobei eingeräumt wird, dass die ästhetischen Innovationen, die mit ›Moderne‹ verbunden sind, erst viel später einsetzen; insofern ist dieser ganz weite, rund fünf Jahrhunderte umschließende Epochenbegriff für die Literaturwissenschaft wenig tauglich.

2. Als historischer Ausgangspunkt der Moderne – zumal in der Romanistik – gilt des Weiteren die in Frankreich 1687 begonnene *Querelle des Anciens et des Modernes*, in deren Verlauf die maßgebende ästhetische Orientierung an der griechischen und römischen Antike aufgebrochen wird zugunsten einer Aufwertung von gegenwärtigen Positionen und Normen einer eigenständigen ›Modernität‹ (vgl. Jauß 1970, 29ff.).

3. Der Epochenbegriff wird bezogen auch auf die Zeit eines explizit ›modernen‹ Epochenbewusstseins seit dem ausgehenden 19. Jahrhundert, das zumal im deutschsprachigen Raum allererst zur Wortprägung ›die Moderne‹ geführt hat. Diese ›Moderne‹ wäre von etwa 1885 bis 1910 zu datieren, würde also den Naturalismus und seine Gegenströmungen umfassen. Uwe Japp hat im Zusammenhang mit der neuen Selbstbezeichnung ›die Moderne‹ von der »selbsternannten Moderne« gesprochen, die er (terminologisch weniger glücklich) von der »sogenannten Moderne« abgrenzt (Japp 1986; s. I.2.5). Einer literarhistorisch eher enger gefassten

Auffassung von Moderne folgt auch die angloamerikanische Literaturwissenschaft, die mit »modernism« in der Regel die Periode ab 1890 meint (Modernism, 19ff.; vgl. Modernity and the text).

4. Dagegen wird die Moderne auch seit den großen französischen Lyrikern Baudelaire, Rimbaud und Mallarmé datiert, die Hugo Friedrich 1956 in seiner *Struktur der modernen Lyrik* als die ersten großen Repräsentanten der Moderne analysiert und als dezidiert antiromantische Bewegung gefasst hat (vgl. H. Friedrich). Auch Benjamin, und nach ihm Adorno, sieht – in ganz anderem Begründungszusammenhang als Friedrich – in Baudelaires Lyrik und Kunstprogrammatik der ›modernité‹ den Beginn der Moderne.

5. Gerade von der Romantik aber geht jene Epochenvorstellung aus, nach der in Deutschland die Moderne mit der Frühromantik, also bei Friedrich Schlegel, Novalis u.a. anzusetzen sei. Dieser umfassende Modernebegriff, den Karl Heinz Bohrer u.a. vertreten, sieht den allgemeinen Modernitätsdiskurs um 1800 bereits gespalten: Das »moderne«, »romantisch-ästhetische« Bewusstsein gerate nach 1800 zunehmend in Opposition »zu dem generellen Diskurs einer unter teleologischen Vorzeichen stehenden rationalistischen Moderne« und verselbstständige sich seither als autonome »poetische« Moderne, die sich kategorial vom Geschichtsoptimismus der rationalistischen Moderne unterscheide: »Romantik ist Moderne« (Bohrer 1989, 7; 23; vgl. Vietta 1992).

Diese Modelle zeigen die Spannweite der Versuche, den Beginn der Moderne zu bestimmen. Dass auch für ihr historisches Ende kontroverse Auffassungen kursieren, liegt auf der Hand – wenn die Moderne denn, wie die Rede von der Postmoderne nahelegt, ein Ende tatsächlich gefunden haben sollte. Der neuerlich diskutierte Begriff der »**Zweiten Moderne**« impliziert ein anderes Verfahren (Welsch, 12ff.; vgl. Zweite Moderne).

Es wird weiterer Diskussionen darüber bedürfen, ob man die »Ästhetische Moderne als Makroepoche« begreift (D. Kemper) oder den Modernebegriff gleichermaßen für Makro- wie für Mikroepochen nutzt und zwangsläufig einander widersprechende und inhomogene Bedeutungsfelder einsetzt (vgl. Vietta 1992, 33ff.). Im Verein mit der Epochen- und Periodisierungsproblematik der deutschen und deutschsprachigen Literatur des hier interessierenden Zeitraumes vom Wilhelminismus bis zum Ende der Weimarer Republik müssen alle Moderne-Definitionen Provisorien bleiben, was nicht heißt, dass der Modernebegriff als Epochenbegriff nun außer Kraft zu setzen wäre (vgl. Becker/Kiesel 2007). Nur sollte er auch handhabbar sein.

Die hier zugrunde gelegte Kategorie der literarischen Moderne folgt dem engeren literarhistorischen Konzept, das sich zunächst an der Selbstbezeichnung des naturalistischen Aufbruchs in Deutschland orientiert: Erstmals begegnet darin die »Moderne als Programm« (Gumbrecht, 120ff.). Der 1886 gefundene bzw. erstmals belegte **Neologismus** »**die Moderne**« eröffnete den Reigen der ›Ismen‹ in der ›modernen‹ deutschen und deutschsprachigen Literatur (s. I.2.5). Wenn auch das zeitgenössische Selbstverständnis eines neugefundenen Begriffes, zumal eines Kampfbegriffes, seine literaturwissenschaftliche Übernahme zur Kennzeichnung einer literarhistorischen Epoche nicht zwingend legitimiert, so mag es dennoch einen festen Anhaltspunkt geben, der nach der genauen Ausfaltung und Ausfüllung des Begriffes fragt. In der deutschen

Literatur markiert der Naturalismus zweifellos eine Zäsur; dass seine Wortneuschöpfung ›die Moderne‹ sich bei den Zeitgenossen so umstandslos durchsetzen und wenig später von den – ebenfalls modernen! – antinaturalistischen Strömungen usurpiert und auf sich bezogen werden konnte (s. I.6.5; 6.6; 6.8), macht den in dieser Arbeit favorisierten Begriff der ›historischen Moderne‹ plausibel. Es ist literarhistorisch und systematisch sinnvoll, von dieser historischen Moderne als einer relativ eigenständigen »Moderne der Jahrhundertwende« zu sprechen. ›Historische Moderne‹ umfasst also **das Ensemble von Naturalismus und Fin de siècle**, meint den **Stilpluralismus der Jahrhundertwende** einschließlich der Wiener Moderne (s. I.6.5). Die Phase des Naturalismus und seiner Gegenströmungen (s. I.6.6) endet historisch um 1910. Für diese Datierung spricht der neue künstlerische Aufbruch, wie er sich gesamteuropäisch im **Beginn der ›historischen Avantgarde‹** um 1910 manifestiert – und dies in scharfer Fronststellung zu allem, was unter ›historischer Moderne‹ subsumiert ist (s. II.1.1; II.5).

Auch zeitgenössische Stimmen, die ein Ende des von ihnen z.T. selbst mitgetragenen Aufbruchs der Moderne um 1910 ansiedeln, ließen sich zur weiteren Bekräftigung anführen. Kaum ein Jahrzehnt nach der Wortneuschöpfung wurde ›die Moderne‹ ja bereits massiver Kritik unterworfen‹, so 1894 durch Hermann Bahr in seinen *Studien zur Kritik der Moderne* (s. I.6.3). Ein weiteres Jahrzehnt später, 1904, zog der Kritiker Samuel Lublinski bereits *Die Bilanz der Moderne*, wobei er namentlich Naturalismus, Impressionismus, Neuromantik und Symbolismus ansprach (Lublinski 1974). Schließlich postulierte er 1909, nach drei Jahrzehnten ›selbsternannter Moderne‹, den *Ausgang der Moderne* mit den lakonischen Worten: »Die Moderne ist gescheitert« (Lublinski 1976, 311). Josef Kainz proklamierte 1908: »Es gibt keine Moderne mehr« (Mod., 237).

Im literarhistorisch geläufigen Begriff der **Wiener Moderne** hat sich dieser Modernebegriff als übersichtliche, historisch begrenzte Periode für die Jahrhundertwende im Übrigen längst bewährt (s. I.6). Die Bezeichnungen **Berliner Moderne** und **Münchner Moderne**, wie sie titelgebend auch für einschlägige Quellensammlungen der Zeit im Umlauf sind, sollten zur Ausdifferenzierung der (erheblichen) regionalen Unterschiede genutzt werden (vgl. Berliner Moderne; Münchner Moderne). Mit einer derartigen Ausdifferenzierung wird auch jenem Gedanken Rechnung getragen, »daß die Moderne selbst von einer **Vielzahl von Modernismen und Avantgardismen** pluralisiert wird« (Japp 1986, 131). Dies würde zurückführen zu jener – die Kategorie ästhetische Moderne nun wieder systematisierenden – Überlegung, nach der man diese offenbar »als ganze nur dann in den Blick (bekommt), wenn man sie nicht mit einem ihrer einander widerstreitenden Impulse identifiziert, sondern sie als Prozeß des Auseinandertretens in Extreme begreift. [...] Die Identität der Moderne wäre dann einzig durch die Nichtidentität ihrer Impulse hindurch faßbar.« (Bürger 1992, 384).

Die historische Moderne findet um 1910 einen Abschluss; damit endet selbstverständlich nicht, auch literarhistorisch nicht, die Etappe der Moderne. Als ein der Moderne immanenter Bruch erscheint die ›**historische Avantgarde**‹, gefasst als Ensemble von Gruppenbewegungen und Ismen, deren erste sich mit dem Futurismus in Italien konstituiert (s. II.5.1). Als ihr Gründungsdokument wiederum lässt sich das erste futuristische Manifest aus dem Jahre 1909 lesen, mit dem historisch der Beginn der europäischen **Avantgarde-Bewegungen** zu datieren ist (s. II.5.2). Auch wenn die Semantik des Terminus Avantgarde ins 19. Jahrhundert zurückreicht und, wie im

Falle der Moderne, auch die Avantgarde angesichts ihrer inneren Widersprüche und offenen Kontroversen auf ihre Einheitlichkeit hin zu befragen ist, soll an einem einheitlichen Avantgarde-Begriff festgehalten werden – als ›**Projekt Avantgarde**‹ (s. II.5.5). Nicht zuletzt im Anschluss an Peter Bürgers *Theorie der Avantgarde* (Bürger 1974; vgl. Fähnders 2007a), immer noch die konsistenteste systematische Avantgarde-Analyse, werden folgende Elemente als konstituierend für die historische Avantgarde und ihre Bewegungen angesehen:

- der Gruppen- und Bewegungscharakter;
- die Aufhebung der künstlerischen Autonomie;
- die Überführung von Kunst in Leben;
- die Auflösung des Werkbegriffs.

Dass im Ensemble der Ismen der historischen Avantgarde die deutschsprachige Literatur einen ganz spezifischen Anteil hat, sei bereits hier vermerkt (s. II.1.1; III.1.7). Gegenüber der traditionsfeindlichen Modernisierungs- und Beschleunigungs-Euphorie des italienischen Futurismus erscheint der in etwa gleichzeitige deutsche Expressionismus traditionalistischer. Einen deutschen Futurismus hat es in der Literatur denn auch nicht gegeben (s. II.2.8). Mit Dada in Zürich und Berlin erfährt die deutschsprachige historische Avantgarde einen raschen und kurzen, kaum mehr zu überbietenden Gipfelpunkt (s. II.4), um dann – als **deutscher Sonderweg in Sachen Avantgarde** – literarhistorisch in der Weimarer Republik ganz in den Hintergrund zu treten (s. III.1.7). Als in Frankreich 1924 mit dem Surrealismus ein neuer folgenreicher Avantgardeschub mit starken Ausstrahlungen nach außen einsetzt, ist in Deutschland die historische Avantgarde auf die Aktivitäten einiger weniger Kunstpartisanen, allenfalls noch auf die literaturübergreifenden Aktivitäten des Bauhauses beschränkt. Als literarhistorische Dominante entfaltete sich hier die Neue Sachlichkeit mit ihren – vom Selbstverständnis her – die Avantgarde überwindenden spezifischen ›Habitus‹ (s. III.2). Sie ließe sich allerdings auch als das letzte große homogene Laboratorium der Moderne fassen. Des Weiteren finden sich in der proletarisch-revolutionären Literatur der zwanziger Jahre Aspekte, die auch die Avantgarde diskutiert hat, die aber aufgrund der besonderen politischen Konstellationen in der organisierten linken Literaturbewegung der Weimarer Republik gegenüber einem eher rigiden Realismus- und Abbild-Begriff minoritär bleiben (s. III.3; 4.5).

Wenn die historische Moderne ihre dialektische Aufhebung in der historischen Avantgarde findet, so bleibt die Frage nach einem Epochenbegriff der Moderne, der an die historische Moderne anschlösse, offen. Dabei mögen in Einzelfällen Grenzen zwischen Avantgarde und Moderne allemal fließend sein. Unüberbrückbare Differenzen zwischen Avantgarde und Moderne lassen sich aber sicher an einem Angelpunkt erkennen, am **Werkbegriff**. Für die Moderne unterschiedlichster Couleur ist die Kategorie des ›Werkes‹ unstrittig. So lässt sich erkennen, dass »dem emphatischen Werkbegriff der Autoren der Moderne die Negation des Werks durch die Avantgardisten antwortet« (Bürger 1992, 389). Die Auflösung des Einzelwerkes in Richtung auf das Gesamtkunstwerk und die performative Transzendierung des Werkes im Sinne von Theatralisierung wird als Charakteristik der historischen Avantgarde erläutert werden (s. II.5.4).

Ein geläufiger, doch wenig klarer Terminus ist ›**klassische Moderne**‹. Darin ist das Phänomen von der »Klassizität der ›Moderne‹« (Koopmann 1972) angesprochen

– er dient also u.a. zur Kennzeichnung der Kanonisierung des ursprünglich Oppositionell-Modernen. »Es ist, wie Jauß beobachtet, die Moderne selbst, die sich ihre Klassizität schafft – wie selbstverständlich sprechen wir inzwischen von klassischer Moderne« (Habermas 1981, 446; vgl. Jauß 1970, 50ff.). Dennoch ist dieser Begriff wenig tauglich, er ist zu unterschiedlich besetzt. In der Geschichtsschreibung z.B. wird er zur Kennzeichnung der »soziokulturellen Epochenlage« der Weimarer Republik verwendet, die als »Krisenjahre der Klassischen Moderne« erscheint (Peukert, 11). Angesichts des inflationären Gebrauchs des Attributes soll der Terminus klassische Moderne eher gemieden werden.

Wohl lässt sich, wie gezeigt, die geschichtliche wie systematische Folge von historischer Moderne zu historischer Avantgarde erkennen. Die historische Moderne sieht sich aufgehoben in der historischen Avantgarde. Sie wird wenn nicht fortgesetzt, so doch in ihren Errungenschaften aufgenommen von jener Moderne zumal der ersten Jahrzehnte unseres Jahrhunderts, die eine Moderne weniger der Strömungen und Ismen, sondern eine der großen Namen, der Einzelinitiativen und Einzelwerke ist. Der Verweis auf die großen Autoren jenseits von Gruppen und Gruppierungen, auf ihre großen, längst kanonisierten Werke – Thomas Mann, Döblin, Kafka, Musil, Broch, aber auch Joyce oder Beckett – verdeutlicht dies. Dafür wird in dieser Arbeit allgemein von ›Moderne‹ gesprochen, um den Terminus klassische Moderne zu umgehen (s. III.4.5).

Adorno beginnt seine nachgelassene *Ästhetische Theorie*: »Zur Selbstverständlichkeit wurde, daß nichts, was die Kunst betrifft, mehr selbstverständlich ist, weder in ihr noch in ihrem Verhältnis zum Ganzen, nicht einmal ihr Existenzrecht.« (Adorno 1973, 9). Nimmt man dies als Gemeingut der Moderne, so mag für die Avantgarde das Diktum gelten: »Die Revolte der Kunst [...] ist zu ihrer Revolte gegen die Kunst geworden.« (ebd., 13).

I. Naturalismus, Fin de siècle und ›historische Moderne‹

1. Zur Abfolge der ›Ismen‹

1.1 Synchronie und Diachronie

Naturalismus und Fin de siècle werden in einem gemeinsamen Kapitel dargestellt, um trotz aller Unterschiede im Einzelnen auf beider Berührungspunkte und auf strukturelle Ähnlichkeiten zu verweisen. Beide machen, wie in der Einleitung auch terminologisch expliziert, die ›**historische Moderne**‹ aus. Der gegenüber dem Naturalismus-Begriff viel undeutlichere Terminus Fin de siècle soll dabei als Sammel- und Klammerbegriff das Gros der **gegen- und nichtnaturalistischen Kunstrichtungen** einschließen, die im Einzelnen auszudifferenzieren sind und die in der Literaturgeschichtsschreibung als ›Ismen‹ der Jahrhundertwende fungieren (s. I.6.6). Die thematische Spanne in diesem Kapitel reicht also von der sich dezidiert als literaturrevolutionär begreifenden und selbst als Moderne definierenden Bewegung des Naturalismus bis zu den nicht- und antinaturalistischen, vom Selbstverständnis her alles andere als literaturrevolutionären Positionen des Ästhetizismus bis hin zur Wiener Moderne. Es sind also Strömungen, die für sich das Attribut ›modern‹ beanspruchen und deren Ensemble die ›historische Moderne‹ markiert. Avanciertester Bereich in der Literatur des Fin de siècle ist dabei der Komplex ›Ästhetizismus‹ (s. I.6.8).

Die Termini Naturalismus und Fin de siècle sind wenig klar umrissen. Bereits die Akteure taten sich, wie anhand der einschlägigen Zeugnisse zum Selbstverständnis der Zeit zu zeigen ist, bei den Bestimmungen des Naturalismus und seiner modernen Gegenbewegungen – also Ästhetizismus, Impressionismus, Symbolismus, Neuromantik, aber auch Décadence, Jugendstil u.a. – schwer. Die Literaturgeschichtsschreibung hat beim Versuch, die einzelnen literarischen Richtungen zu charakterisieren, dann oft genug den Eindruck erweckt, als handle es sich bei den Ismen der Jahrhundertwende um die chronologische Abfolge einzelner Strömungen. Dabei ist mit Žmegač zu betonen, dass es sich eben nicht um eine lineare Abfolge handelt, nach welcher der Naturalismus von einer »sich als Symbolismus bzw. Impressionismus verstehenden, jedenfalls sich vom naturalistischen Programm absetzenden Kunstauffassung abgelöst [wurde], diese wiederum von einer die dekorativen, aber auch die ideologisch bestimmten Züge des Ästhetizismus radikalisierenden Tendenz, die dann ihrerseits eine Reaktion hervorrief, deren deutlichster Ausdruck die extremen Ausprägungen des Expressionismus hervorrief« (Žmegač 1981, X; vgl. Sprengel 1998a, 99ff.).

Trotz Heteronomie und Unübersichtlichkeit der Jahrhundertwendeliteratur ist ihre »relative Einheit« (ebd., XI), sind **Nebeneinander und Gleichzeitigkeit der Ismen** zu betonen. Die kontroversen literarischen Bewegungen der Zeit reagieren letzten Endes auf ein und dasselbe gesellschaftliche und kulturelle System. Ein Zentrum bilden die Auseinandersetzungen mit Entwicklungen von Bürgertum und bürgerlicher Kunst, aber auch von Proletariat und Arbeiterbewegung; zudem geht es um die massiven Veränderungen der literarischen Öffentlichkeit, des Dichter- und Intellektuellenstatus, und schließlich um den enormen Legitimationsdruck, dem Kunst und Literatur, Künstler und Dichter gegenüber der unaufhaltsam fortschreitenden Wissenschaft ausgesetzt sind.

Synchronie und Diachronie der Strömungen, die sich um die Pole Naturalismus und Fin de siècle/Ästhetizismus formieren, sind also zu betonen. Das gilt für ihre **Synchronie**: poetologische Prinzipien einer innovativen, aufs äußerste verfeinerten mimetischen Anverwandlung von Realität finden sich gleichermaßen in Texten des Naturalismus, Ästhetizismus und Impressionismus, auch wenn ihre Optiken – einmal ›nach außen‹, zu den positivistisch festmachbaren Dingen hin, ein andermal ›nach innen‹, in Richtung auf die Psychologie von Seele und Nerven – differieren. Das gilt ebenfalls für ihre **Diachronie** – es lassen sich historische Schübe und Konjunkturen, Schwerpunkte und Schwerpunktverlagerungen bei den einzelnen Ismen festmachen, die wiederum die Unübersichtlichkeit ihres Neben- und Gegen-, aber auch Nacheinander verstärken. Terminologisch trägt der für die Jahrhundertwende geläufige Terminus **Stilpluralismus** (s. I.6.5) diesem Phänomen Rechnung. So dominiert der – in Wien später als im Deutschen Reich einsetzende und vergleichbar weniger entwickelte – Naturalismus in Deutschland um 1890; um 1900 lässt sich keine dem Jahrzehnt zuvor vergleichbare Hegemonie einer Richtung festmachen, um die (kalendarische) Jahrhundertwende ist also der Stilpluralismus am weitesten ausgefächert. Nach 1900 stagniert die literarische Entwicklung im Vergleich zu den Impulsen und Innovationen der vorhergehenden Jahrzehnte insgesamt. Um 1910 schließlich beginnt europaweit der avantgardistische, in Deutschland speziell der expressionistische Aufbruch zu neuen Ufern.

1.2 Phasenverschiebungen

Unübersichtlichkeiten zumal in der deutschsprachigen Szene, wie die unterschiedlichen Entwicklungen in den **Zentren Berlin, München und Wien** erkennen lassen, ergeben sich auch aus historischen Verspätungen der deutschsprachigen Literaturverhältnisse gegenüber dem Maßstäbe setzenden **Frankreich**. Bei der dominierenden Pariser Literaturszene ließe sich bereits für die siebziger Jahre des 19. Jahrhunderts auf die Gleichzeitigkeit des Schaffens eines Mallarmé und eines Zola verweisen, wodurch konträre, die Literatur dieser Zeit insgesamt prägende Entwicklungen des Naturalismus und des Symbolismus in Gang gekommen sind. Für die achtziger Jahre gilt Vergleichbares: man vergegenwärtige sich nur das parallele Erscheinen von Zolas *Germinal* und des Schlüsselromans der europäischen Décadence, *A rebours* (*Gegen den Strich*) von Joris-Karl Huysmans (vgl. P. Hoffmann, 13ff.). Dass seit dieser Zeit von Paris aus das Wort vom ›Fin de siècle‹ europaweit die Runde macht, bestätigt den Befund synchroner Entwicklungen.

Die französischen Entwicklungen wiederum geraten durch ihre phasenverschobene **Aufnahme in Deutschland** in eine Lage, bei der die internen Frontverläufe sich durch die Überlagerung externer Kontroversen noch verkomplizieren. Dies zeigt sich bei der Zola-Rezeption ebenso wie bei der Aufnahme des französischen Symbolismus und Ästhetizismus durch Stefan George, Hugo von Hofmannsthal oder einen Kritiker wie Hermann Bahr. Das Aufgreifen skandinavischer und russischer Vorbilder – Ibsen, Strindberg, Tolstoi – tut ein Übriges. Die Ismen reagieren aber untereinander und wiederum je einzeln auf derartige ausländische Entwicklungen – in der zeitgenössischen Essayistik ist immer wieder von den ›Gärungen‹ zu lesen, in denen sich die Zeit und ihre Kunst befänden – »Bewegung, Gärung, Sturm« registrieren die naturalistischen Theoretiker Heinrich und Julius Hart (Berliner Moderne, 189).

Einige wenige Daten mögen das präzisieren. 1891 proklamierte Hermann Bahr in seiner gleichnamigen Schriftensammlung die *Überwindung des Naturalismus* – zu einem Zeitpunkt also, als Haupttexte des deutschen Naturalismus wie Gerhart Hauptmanns *Weber* oder *Meister Oelze* von Johannes Schlaf, beide 1892, noch gar nicht geschrieben waren, der französische Naturalismus aber seinen Höhepunkt längst überschritten hatte. Ebenfalls 1892 brachte Stefan George im Privatdruck seinen Gedichtzyklus *Algabal* heraus, einen Schlüsseltext des deutschen Ästhetizismus. Und in demselben Jahr, in dem Bahr den Naturalismus ›überwindet‹, polemisiert der Sprachphilosoph Fritz Mauthner in seinem Essay »Fin de siècle und kein Ende« bereits gegen die deutschsprachige Literatur des Fin de siècle, die sich in diesem Jahrzehnt doch allererst herauszubilden beginnt (Jhw., 298ff.).

Ungleichzeitigkeiten und **Phasenverschiebungen** einzelner Etappen konturieren also das Bild der ›historischen Moderne‹ ebenso wie die Gleichzeitigkeit kontroverser Ismen, die quantitativ ja nur einen Teil des literarischen Feldes der Jahrhundertwende besetzten (neben der Literatur des älteren Realismus, der Heimatkunstbewegung, der Arbeiterliteratur, der Massenliteratur usw.). Die Zeitgenossen, selbst auf synthetische Betrachtung des literarischen Feldes bedacht, finden in der deutschen Wortneuschöpfung ›die Moderne‹ 1886 einen Terminus, der – zunächst exklusiv auf den Naturalismus bezogen, dann unverzüglich auf die anderen Ismen erweitert – die Einheitlichkeit der divergierenden Literaturtendenzen unterstreicht (s. I.2.5). Die Epochenresümees, welche die Beteiligten selbst ziehen, verdeutlichen dies: 1894 veröffentlicht einer der einflussreichsten Kritiker der Jahrhundertwende, Hermann Bahr, seine *Studien zur Kritik der Moderne*, ein Jahrzehnt später, 1904, zieht der Kritiker Samuel Lublinski bereits *Die Bilanz der Moderne*, wobei er namentlich Naturalismus, Impressionismus, Neuromantik und Symbolismus anspricht (Lublinski 1974). Schließlich postulierte er 1909, gut drei Jahrzehnte nach dem Aufbruch des deutschen Naturalismus, bereits den *Ausgang der Moderne* (Lublinski 1976).

Schlaglichtartig aber mag das Mitarbeiterverzeichnis eines Zeitschriftenprojektes die **Homogenität des Heterogenen** in der Kunst der Jahrhundertwende verdeutlichen, ein Projekt, das Mitte der neunziger Jahre der Naturalist Arno Holz und der vormalige Sozialist und Naturalist Paul Ernst ins Auge gefasst haben und das ›Marabu‹ oder ›Sphinx‹ heißen sollte. Nicht auf dem Markt erhältlich, für eine »kleine Elite« gedacht und insofern dem ästhetizistischen Aristokratismus verschrieben, sollte die Zeitschrift Wortführer des Naturalismus und des Ästhetizismus sowie Vertreter des Realismus im **europäischen Kontext** zusammenführen: »Gabriele d'Annunzio, Rom; Hermann Bahr, Wien; Richard Dehmel, Berlin; Theodor Fontane, Berlin; Arne Garborg, Christiania; Max Halbe, München; Gerhart Hauptmann, Berlin; Arno Holz, Berlin; J. K. Huysmans, Paris; Detlev Freiherr von Liliencron, Hamburg; Maurice Maeterlinck, Brüssel; Conrad Ferdinand Meyer, Zürich; William Morris, London; Wilhelm Raabe, Braunschweig; August Strindberg, Paris; A. Ch. Swinburne, London; Graf Leo Tolstoi, Jasnaya Poljana; Paul Verlaine, Paris.« (zit. Scheuer 1971, 171; vgl. **Länder- und Städtepanoramen** im Handbuch Fin de Siècle, 66ff., 159ff.).

Die Einheit der Extreme akzentuiert einer der wichtigsten Autoren von Ästhetizismus und Décadence, Joris-Karl Huysmans, in seinem Roman *Tief unten* von 1891: »welch bizarre Epoche! [...] Gerade in dem Augenblicke, in dem der Positivismus aus allen Lungen bläst, erwacht der Mystizismus und beginnen die Torheiten des Okkulten. [...] die Schwanzenden der Jahrhunderte ähneln einander. Alle sind sie schwankend und trübe. Während der Materialismus wütet, erhebt sich die Magie.« Ein halbes Jahrhundert später schließlich wird Robert Musil im *Mann ohne Eigenschaften* ein subtiles Epochenresümee liefern, in dem er einen »gemeinsamen Atem« des ausgehenden Jahrhunderts ausmacht, der das »Naturalistische« der sozialen Frage wie das »Preziöse« von künstlichen Welten des Ästhetizismus gleichermaßen umfasst:

> »Aus dem ölglatten Geist der zwei letzten Jahrzehnte des neunzehnten Jahrhunderts hatte sich plötzlich in ganz Europa ein beflügelndes Fieber erhoben. Niemand wußte genau, was im Werden war; niemand vermochte zu sagen, ob es eine neue Kunst, ein neuer Mensch, eine neue Moral oder vielleicht eine Umschichtung der Gesellschaft sein solle. [...] Es entwickelten sich Begabungen, die früher erstickt worden waren oder am öffentlichen Leben gar nicht teilgenommen hatten. Sie waren so verschieden wie nur möglich, und die Gegensätze ihrer Ziele waren unübertrefflich. Es wurde der Übermensch geliebt, und es wurde der Untermensch geliebt; es wurden die Gesundheit und die Sonne angebetet, und es wurde die Zärtlichkeit brustkranker Mädchen angebetet; man begeisterte sich für das Heldenglaubensbekenntnis und für das soziale Allemannsglaubensbekenntnis; man war gläubig und skeptisch, naturalistisch und preziös, robust und morbid; man träumte von alten Schloßalleen, herbstlichen Gärten, gläsernen Weihern, Edelsteinen, Haschisch, Krankheit, Dämonien, aber auch von Prärien, gewaltigen Horizonten, von Schmiede- und Walzwerken, nackten Kämpfern, Aufständen und Arbeitssklaven, menschlichen Urpaaren und Zertrümmerung der Gesellschaft. Dies waren freilich Widersprüche und höchst verschiedene Schlachtrufe, aber sie hatten einen gemeinsamen Atem« (Musil I, 55).

2. Grundlagen und Voraussetzungen des Naturalismus

2.1 Periodisierung

Die naturalistische Bewegung ist ein **Gruppenphänomen** mit fließenden Anfängen in den achtziger und ebenso verschwimmenden Ausklängen während der neunziger Jahre des 19. Jahrhunderts. Sie ist zudem als Großstadtphänomen auf die beiden **Metropolen München und Berlin** konzentriert; in Österreich spielt der Naturalismus eine nur untergeordnete Rolle. Münchner und Berliner Naturalismus werden bald aneinandergeraten – auch Indiz dafür, dass eine Einheitlichkeit der Gesamtbewegung nicht gegeben ist. Man hat verschiedene Periodisierungen vorgenommen. Plausibel erscheinen Unterteilungen in Früh- und Hochnaturalismus (1880 bzw. 1885–1889, 1890–1895) oder in drei, teilweise sich überlappende Phasen: »Frühnaturalismus«, »konsequenter Naturalismus« und »Zerfall des Naturalismus« (Mahal 1975, 23ff. Hansers Sozialgeschichte 7).

Ein **Schlüsseljahr** ist sicher **1885**, in dem die Naturalisten mit einem ersten gemeinsamen Werk, der Lyrikanthologie *Moderne Dichter-Charaktere*, an die Öffentlichkeit treten, Arno Holz seine programmatischen »Lieder eines Modernen«, die Gedichtsammlung *Buch der Zeit*, herausbringt und die Münchner Zeitschrift ›Die Gesellschaft‹ ins Leben gerufen wird. Die **Jahre 1889/90** wiederum markieren eine Zäsur durch die Gründung der Berliner ›Freien Bühne‹ (1889) bzw. der ›Freien Volksbühne‹, der Premiere von Hauptmanns *Vor Sonnenaufgang* und dem Erscheinen des Prosaexperiments *Papa Hamlet* von Holz/Schlaf 1889 und der ab Januar 1890 in Berlin erscheinenden Zeitschrift ›Freie Bühne für modernes Leben‹. Auffällig ist – bei anhaltend intensiver Programmatik auf der Theorieebene – die anfängliche Bevorzugung der Lyrik, die bald der Favorisierung von Roman und Prosa weicht, bis dann während der neunziger Jahre Drama und Theater dominieren.

Wie problematisch allerdings derartige Periodisierungen zumal angesichts der »**ohnehin überknappen Epoche**« (Mahal 1975, 23) bleiben, belegt ein sehr früher Essay wie »Neue Welt« von Heinrich Hart aus dem Jahre 1878, in dem schon vieles der später erst entfalteten naturalistischen Programmatik vorweggenommen ist (Nat., 7ff.). Deshalb hat man auch für den Bereich der Literaturtheorie eine erste Phase von 1878 bis 1887/88 als »Phase der Ortsbestimmung« angesetzt und ihr eine Periode der »Begriffsbestimmungen« 1887/88 bis 1890/91 folgen lassen, mit der die Theoriebildung ende (Koopmann 1972, 136). Hier ist daran zu erinnern, dass mit Beginn der neunziger Jahre sich die unterschiedlichsten Strömungen, auch gegennaturalistischer Tendenz, überlagern.

Wichtig scheint für die deutschen und deutschsprachigen Verhältnisse die Zäsur 1890, die auf unterschiedlichen Ebenen neue Entwicklungen markiert: Sturz Bismarcks, Ende des Sozialistengesetzes, in der Sozialdemokratie Beginn der innerparteilichen Opposition der mit dem Naturalismus verflochtenen linksradikalen ›Jungen‹ (s. I.5.1), Siegeszug der naturalistischen Literatur (s. I.3), insbesondere des Theaters (s. I.3.4), erste Rückzugsbewegungen naturalistischer Autoren (s. I.6.1), weitere Entfaltung der ›historischen Moderne‹ in Richtung auf Fin de siècle und Ästhetizismus (s. I.6).

2.2 Gruppenbildung

Markante Trends der naturalistischen Entwicklung lassen sich in den Gruppierungen und Gruppen zeigen, zu denen sich die Autoren, insbesondere im Umkreis ihrer **Zeitschriften**, zusammengefunden haben – auch wenn die Zeitschriften des Naturalismus ihrer Anzahl nach weit hinter denen von Expressionismus und Avantgarde zurückstehen (vgl. Deutsche literarische Zeitschriften; Sprengel 1998a, 123ff.). Als Motoren der naturalistischen Bewegung fungierten zunächst die Brüder Heinrich und Julius Hart, die, seit 1881 in Berlin, 1882–1884 die sechs Nummern ihrer ›Kritischen Waffengänge‹ mit ausnahmslos selbstverfassten Beiträgen erscheinen ließen. Zum Kreis um die Harts, die später die ›Berliner Monatshefte‹ (1885) und das ›Kritische Jahrbuch‹ (1889/90) herausgaben, zählte die Prominenz des Berliner Naturalismus, so z.B. Wilhelm Bölsche, Arno Holz, Johannes Schlaf, Bruno Wille, Ernst von Wolzogen. 1885 folgte in München Michael Georg Conrads ›Die Gesellschaft‹, die anfangs mit dem Untertitel »Realistische Wochenschrift [später Monatsschrift] für Literatur, Kunst und öffentliches Leben« ihren weit gefassten Anspruch mit oft nationalen Tönen anmeldete und als naturalistisches Hauptorgan in München Autoren wie Conrad Alberti, Hermann Conradi, zeitweilig auch Karl Bleibtreu, der zumeist zwischen allen Fronten stand, versammelte. Gravierende Divergenzen zum Berliner Naturalismus zeigten sich bereits 1889 in der Ablehnung der Redaktion, Hauptmanns *Vor Sonnenaufgang* abzudrucken, sowie bei den heftigen Angriffen auf den ›konsequenten Naturalismus‹ einschließlich des Verrisses von Arno Holz' *Papa Hamlet*.

1886 wurde als erster förmlicher naturalistischer Zusammenschluss in Berlin eine »freie litterarische [sic] Vereinigung«, der **Verein ›Durch!‹** gegründet, der durch seine internen Debatten viel zur Selbstverständigung naturalistischer Autoren beitrug und an dem Leo Berg, Wilhelm Bölsche, die Brüder Hart, Hauptmann, Holz, Schlaf, Wille, Eugen Wolff, Paul Ernst, Adalbert von Hanstein, John Henry Mackay, der Arzt Conrad Küster u.a. teilnahmen. Diesem Verein, der aufgrund des herrschenden Sozialistengesetzes polizeilich angemeldet werden musste, folgten in den achtziger Jahren andere kurzlebige Gruppierungen (Günther, 130ff.). Der Naturalismus in Österreich blieb peripher und gruppierte sich seit 1890 um die kurzlebige, zuerst in Brünn, dann in Wien erschienene, von Eduard Michael Kafka und Julius Kulka herausgegebene Zeitschrift ›Moderne Dichtung‹ (vgl. Wunberg 1987).

Mit der Gründung des Theaters und der Zeitschrift ›Freie Bühne‹ gewann der Naturalismus an Breitenwirkung. Die von 1890–1894 bestehende Zeitschrift (weitergeführt als ›Neue deutsche Rundschau‹ bzw. ›Die Neue Rundschau‹ – bis heute) wurde im Verlag des dem Naturalismus gegenüber aufgeschlossenen Samuel Fischer zunächst von Otto Brahm, dem Verfechter des naturalistischen Theaters, dann von Wilhelm Bölsche herausgegeben; zeitweilig arbeiteten Holz und Bahr als Redakteure. Die ›Freie Bühne‹ wurde nach der ›Gesellschaft‹ zum wichtigsten Organ des Anfang der neunziger Jahre in Berlin sich durchsetzenden und im Vergleich zu München nun lebendigeren Naturalismus. Seine Berührungen mit der Arbeiterbewegung schlugen sich hier auch in der Tätigkeit der 1890 gegründeten ›Freien Volksbühne‹ bzw. der 1892 sezessionierten ›Neuen Freien Volksbühne‹ nieder (s. I.5.4). Schließlich bildete seit den neunziger Jahren Friedrichshagen bei Berlin ein Zentrum für viele der naturalistischen Autoren – gelegen also *Hinter der Weltstadt,* wie Bölsche 1901 seine »Friedrichshagener Gedanken zur ästhetischen Kultur« (Untertitel) programmatisch nannte.

Der **Friedrichshagener Dichterkreis** war keine homogene Künstlergruppe oder gar eine naturalistische Dichterschule. Er beschränkte sich auch nicht auf Künstler allein, sondern war, wie ein regelmäßiger Besucher, der naturalistische Dramatiker Max Halbe, anmerkte, eher »ein Zustand, eine Geistesverfassung« (zit. Scherer, 27f.). In der Tat lässt sich ein ›Friedrichshagener Typus‹, ein Minimalkonsens in grundsätzlichen Fragen von Kunst, Politik und Leben ausmachen. Bruno Wille, der 1890 für drei Jahrzehnte nach Friedrichshagen zog, nannte charakteristische Faktoren für das Zusammenkommen dieser antibürgerlich-bohemischen, künstlerisch interessierten, teilweise linkssozialistisch engagierten Opposition: »Natureinsamkeit bei brausender Weltstadt, literarisches Zigeunertum und sozialistische wie anarchistische Ideen, keckes Streben nach vorurteilsloser eigenfreier Lebensweise, Kameradschaft zwischen Kopfarbeitern und begabten Handarbeitern, aber auch geistvollen Vertretern des Reichtums.« (zit. Scherer, 28).

Der Versuch einer selbstbestimmten Lebensweise übte gerade dank der offenen Struktur des Kreises auf unzufriedene Intellektuelle auch unterschiedlicher Orientierung offenkundig große Anziehungskraft aus, wie ein Blick allein auf prominentere

Mitglieder des Friedrichshagener Kreis verdeutlicht: Lou Andreas-Salomé, die links-sozialistischen Brüder Richard und Max Baginski, Leo Berg, Otto Julius Bierbaum, Karl Bleibtreu, Wilhelm Bölsche, Otto Brahm, Max Dauthendey, Paul Ernst, der Ju-gendstil-Maler Fidus (eigentlich Hugo Höppener), der Verleger Samuel Fischer, die Brüder Hart, Otto Erich Hartleben, Gerhart Hauptmann, Wilhelm Hegeler, Karl Henckell, der ›Erzbohemien‹ Peter Hille, Felix Hollaender, Arno Holz, die Linksso-zialisten Bernhard und Paul Kampffmeyer, Wolfgang Kirchbach, Gustav Landauer, Hans Land, der sozialistische Politiker Georg Ledebour, Detlev von Liliencron, John Henry Mackay, der Sprachkritiker und Philosoph Fritz Mauthner, der Anarchist Max Nettlau, der deutsch-polnische Décadence-Autor Stanislaw Przybyszewski, Paul Scheer-bart, Wilhelm Spohr, der Begründer der Anthroposophie Rudolf Steiner, Hermann Sudermann, der sozialistische Schauspieler und Mitbegründer der ›Freien Volksbüh-ne‹ Julius Türk, der Verleger und Anarchist Albert Weidner, Bruno Wille, Ernst von Wolzogen, von den Skandinaviern u.a. Ola Hansson, Edvard Munch und August Strindberg (Kurzbiographien bei Kauffeldt/Cepl-Kaufmann, 383ff.).

Eine verbindliche Organisation naturalistischer Schriftsteller hat es nicht gege-ben. Ihre eher kurzlebigen Gruppen, ihre Gruppierungen um Zeitschriften, um Büh-nen, in Stammkneipen wie dem Berliner ›Schwarzen Ferkel‹, schließlich der exponier-te ›Lebensort‹ Friedrichshagen bezeichnen informelle Zusammenschlüsse und mar-kieren Weite und Offenheit des naturalistischen Spektrums mit seinen teilweise bohe-mischen Strukturen (Kreuzer 1968, 216ff.). Gleichwohl finden sich bei den naturalis-tischen Autoren generationstypische Gemeinsamkeiten in Herkunft, Alter und Ent-wicklungsgang.

Die **naturalistische Generation** hatte als erste im Kaiserreich die Reichsgrün-dung als ein Faktum erfahren, ohne selbst am Kampf um die nationale Einheit teilge-nommen zu haben. In deren Zeichen aber vollzogen sich Sozialisation und geistige Prägung der in den frühen sechziger Jahre Geborenen, zu denen die Naturalisten in ihrem Gros zählten: Alberti, Conradi, Hauptmann, Schlaf entstammten dem Jahr-gang 1862, Bahr, Holz, Hartleben, Henckell, Mackay Jahrgang 1863. Sie nahmen die endgültige Verabschiedung der bürgerlich-demokratischen Traditionen von 1848 wahr und erlebten dabei Wohlstand, Debakel und Stagnation der Gründerjahre und der Gründer-, also der Vätergeneration. Gegen deren »Stillstand« (Doerry, 31) regte sich die Opposition der aus kleinbürgerlich bis mittelständischen Kreisen stammenden kunstinteressierten Altersgenossen, die Kindheit und Jugend zumeist in der Provinz verlebt hatten und in jungen Jahren nach Berlin bzw. München übersiedelten. Dass dabei die explosive Industriestadt Berlin mit ihrer hautnah zu erfahrenden ›sozialen Frage‹ die teilweise selbst von Proletarisierung bedrohten Autoren für die Arbeiterbe-wegung sensibilisierte, liegt auf der Hand – anders als die Residenzstadt München, die wiederum den traditionell kritischen Blick aufs Preußentum schärfte. Differenzen zwischen Berliner und Münchner Naturalismus gründen auch in diesen unterschied-lichen Prämissen (vgl. Berliner Moderne; Münchner Moderne)

Max Weber hat 1893 vom »Fluch des Epigonentums« gesprochen, der die Pe-riode nach der emphatischen Gründerzeit geprägt habe:

> »Es ist der schwere Fluch des Epigonentums, der auf der Nation lastet, von ihren breiten Schichten heraus bis in ihre höchsten Spitzen: wir können die naive, enthusiastische Tatkraft nicht wieder aufleben lassen, welche die Generation vor uns beseelte [...]. Sie

haben uns ein festes Haus gebaut, und wir sind eingeladen, darin Platz zu nehmen und es uns darin wohl sein zu lassen.« (zit. Doerry, 30).

Eine generationstypische Erfahrung deutet Conrad Alberti an, wenn er 1889 als Motto über seinen »socialen Roman« *Die Alten und die Jungen* setzte: »Was Du ererbt von Deinen Vätern hast – verwirf es, um Dich zu besitzen.« (zit. Doerry, 34). Gegen Epigonentum und geistigen Stillstand also richtet sich die Opposition der Naturalisten als Teil der »wilhelminischen Generation« (ebd.), die auch ein Kampf der Söhne, der Kampf eines im Übrigen ausgesprochen männlichen Naturalismus gegen die Vätergeneration war, wenn er auch längst nicht die Schärfe annahm wie bei der expressionistischen Folgegeneration.

2.3 Formen der Selbstdarstellung

Der Naturalismus ist eine Epoche der Theorien. Er startet mit **Programmatiken** und liefert unentwegt Proklamationen, ästhetische Entwürfe, Leitartikel, Thesen und Polemiken, um nichts weniger als »eine Revolution in der Litteratur zu Gunsten des modernen Kunstprinzips herbeizuführen« (Nat., 59).

Als einflussreiche **naturalistische Basistexte** gelten neben Zolas *Experimentalroman* (*Le roman expérimental*, 1879): Karl Bleibtreus *Revolution der Litteratur* (1886), Wilhelm Bölsches *Die naturwissenschaftlichen Grundlagen der Poesie* (1887), von Arno Holz die Schriften *Die Kunst. Ihr Wesen und ihre Gesetze* (1891) und *Revolution der Lyrik* (1899). Wichtige Einzeltexte sind u.a. die beiden Einleitungen zur naturalistischen Lyrikanthologie *Moderne Dichter-Charaktere* (1885), die Thesen des Vereins ›Durch!‹ (1886), Conrad Albertis »Zwölf Artikel des Realismus« (1889), aber auch die Beiträge der Brüder Hart in ihren ›Kritischen Waffengängen‹ sowie zahllose Programmtexte in anderen einschlägigen Zeitschriften (vgl. Nat.; Theorie des Naturalismus).

Der Proklamations- und Theorieschub verweist, wie eine Generation später bei der historischen Avantgarde, auf das – für künstlerisch innovative Bewegungen insgesamt lebensnotwendige – Interesse an öffentlichem Aufsehen, womit sich auch der oft polemische und aggressive Ton erklärt. Zudem gründet er im Wunsch nach umfassender Präsenz in allen Genres, nach geeigneten Kampfinstrumenten gerade auch im Diskursiven. Im verwissenschaftlichten 19. Jahrhundert scheint den Naturalisten eine auf ›Wissenschaft‹ gegründete und entsprechend theoretisch formulierte Programmatik als angemessen und unverzichtbar, wenn es um die Begründung einer neuen Kunstauffassung ging. Die literaturrevolutionären Strömungen des Auslandes, zumal des Naturalismus in Frankreich und Skandinavien, provozierten zudem entsprechende Auseinandersetzungen auf dem Feld auch der literarischen Theorie und nicht allein der literarischen Praxis. So erklärt sich die erwähnte Vorliebe für Zeitschriftengründungen, die Breitenwirkung zu versprechen schienen. Offensivere Medien wie Flugblatt, Plakat, öffentliche Veranstaltung, Gruppenspektakel oder ›performances‹ werden dagegen erst die öffentlichkeitswirksameren Avantgardebewegungen des 20. Jahrhunderts einsetzen (s. II.5.4). Auch das Manifest im strengeren Gattungsverständnis bleibt der Avantgarde vorbehalten (s. II.5.3).

Diese **Betonung des Theoretischen** deutet auf die Befürchtung, das dichterische Werk allein biete keine Gewähr mehr, die neuen Botschaften zu vermitteln – kaum ein

Naturalist, der sich nicht auch als Theoretiker zu Wort gemeldet hätte. Darin liegt kein Misstrauen dem poetischen Text oder der Sprache gegenüber, wie es sich wenig später in der ›Sprachskepsis‹ und ›Sprachkrise‹ der Jahrhundertwende niederschlagen wird (s. I.6.12). Im Gegenteil: Die poetische Produktion ist im Naturalismus in allen drei Gattungen ungebrochen. Dabei verdeckt aber die Tonlage derartiger Programmtexte oft nur mühsam den Status des Vorläufigen, wobei Polemik nicht zuletzt mit realer Ohnmacht auf dem literarischen Markt korrespondieren. Topisch sind Ausfälle gegen ›Verweichlichung‹ und ›Verweiblichung‹ der Literatur, gegen »blaustrumpfartigen Dilettantismus« (Nat., 59), welcher mit der männlichen Stärke in der neuen Literaturbewegung konfrontiert wird (vgl. Helduser 2005, 144ff.). Vergleicht man naturalistische Programmatiken mit avantgardistischen Manifesten eine Generation später, so zeigt sich trotz aller verbalradikaler Attacken gegen das »Kroopzeug der Afterpoeten« (Holz 3, 136) das eher Hausbackene dieser Opposition, die ihren Weg zur Moderne erst mühsam ertastet. Daran ändern auch so vollmundige Formulierungen nichts wie Bleibtreus Diktum, man werde »natürlich fast die ganze bisherige Literatur verdammen müssen.« (Bleibtreu, 66).

2.4 Jüngstdeutschland, Realismus, Naturalismus

Die terminologische Unsicherheiten bei der **Selbstbezeichnung** der naturalistischen Bewegung gestatten Rückschlüsse auf Traditionsbildung und Profilsuche der Naturalisten. Zwar sprechen die Brüder Hart schon früh, in einem Essay aus dem Jahre 1878, von »Naturalismus« (Nat., 12, 15); aber kurioserweise hat sich jener Terminus, der heute als unbestrittenes literarhistorisches Etikett für diese Literaturrevolution geläufig ist, erst relativ spät und auch nicht einhellig durchgesetzt. Die Selbstbezeichnungen dagegen bewegen sich im Rahmen folgender Termini: Stürmer und Dränger, Jüngstdeutschland, Realismus, schließlich Naturalismus und Moderne (vgl. Borchmeyer).

Hermann Conradi spricht 1885 in der programmatischen Vorrede zur ersten naturalistischen Gedichtsammlung, *Moderne Dichter-Charaktere*, von »uns jüngeren **Stürmern und Drängern**« (Nat., 348), eine Bezeichnung, die Karl Bleibtreu 1886 in seiner *Revolution der Litteratur* zu »Stürmer und Drängler des Jungen Deutschland« variiert (Bleibtreu, 72). Der Sturm und Drang, und hier besonders der »geniale Reinhold Lenz« (ebd.), gilt als vorbildlich, Vorbilder wie Büchner, Grabbe und Heine kontrastieren zur offiziellen Klassikerverehrung im Kaiserreich.

Neben dieser Tradition wird durch die Wortprägung **jüngstes Deutschland** auf das bürgerlich-oppositionelle Junge Deutschland von 1848 als Vorbild verwiesen (gelegentlich findet sich auch die Wendung ›gründeutsch‹). »Das jüngste Deutschland«, resümiert 1900 der an der naturalistischen Bewegung beteiligte Literaturhistoriker Adalbert von Hanstein in seiner gleichnamigen reichhaltigen Literaturgeschichte des Naturalismus, »dieser Name hat sich in den letzten Jahren einigermaßen eingebürgert als zusammenfassende Bezeichnung für die litterarische Bewegung, die etwa im Anfange der achtziger Jahre mit dem ersten Auftreten einer neuen Generation begann und bis zum Ende des neunzehnten Jahrhunderts eine stürmische und sehr wechselvolle Entwickelung durchgemacht hat.« (Hanstein, V).

Tatsächlich lösen die Bezeichnungen das ›jüngste Deutschland‹, ›Jüngst-‹ oder ›Jungdeutschland‹, korrespondierend dazu auch ›Jung Wien‹ oder das ›Junge Österreich‹, das, so Hermann Bahr, »für ein Anhängsel des jüngsten Deutschland gehalten« wird (Wiener Moderne, 287), die Berufung auf den Sturm und Drang ab und werden zum Erkennungszeichen des frühnaturalistischen Aufbruchs. So erscheint die zweite Auflage der *Modernen Dichter-Charaktere* 1886 unter dem Titel *Jung-Deutschland*. Auch der sozialistische Parteiführer Wilhelm Liebknecht bedient sich in seiner Naturalismus-Polemik der Verbindung zum ›Jungen Deutschland‹: »Das einzig Junge am ›jüngsten Deutschland‹ ist sein Name.« (Nat., 524; s. I.5.3).

So lässt sich die Selbstbezeichnung als ›Junges‹ oder ›Jüngstes Deutschland‹, die in der zeitgenössischen Literaturkritik sogleich von den Gegnern des Naturalismus übernommen wurde, als politische Demonstration gegen Saturiertheit und Stagnation der Zeit lesen. Dass diesem revolutionären Traditionsbezug kein eigener realer Handlungsraum entsprach, war den Beteiligten selbst deutlich, wie ihre Reflexionen über den eigenen Status – Stichwort ›Selbstnobilitierung‹ – zeigen werden (s. I.4.5). Allerdings deuten die Berührungen naturalistischer Künstler mit der Arbeiterbewegung auf Versuche einer über Literatur und Kunst hinausweisenden gesellschaftlichen Praxis (s. I.5.2).

Ihre Auffassungen münden gleichwohl in Kunst und Kunsttheorie, wobei die Selbstbezeichnung **Realismus** dominiert. Schon 1883 fordern die Brüder Hart in ihren ›Kritischen Waffengängen‹ von der Dichtung einen »großen ideal-realistischen Gehalt« – sie sprechen in dem ihre Zeitschrift einleitenden Grundsatzartikel »Wozu? Wogegen? Wofür?« allerdings auch von »Naturalismus im höchsten Sinne des Begriffs«, den es anzustreben gelte (Nat., 20, 21). Wilhelm Bölsche ruft in seinen »Prolegomena einer realistischen Ästhetik«, *Die naturwissenschaftlichen Grundlagen der Poesie* von 1887, aus: »das Wort ist gefunden, welches in neun Buchstaben die Loosung [sic] des Ganzen enthüllen soll. Dieses schicksalsschwere Wort heisst Realismus« – und eben nicht Naturalismus (Nat., 98). Entsprechend gibt Conrad Alberti 1889 seinem »litterarischen Glaubensbekenntnis« den Titel »Die zwölf Artikel des Realismus« (Nat., 49ff.). Die Münchner ›Gesellschaft‹ verstand sich ausdrücklich als universales »Organ des ganzen, freien, humanen Gedankens, des unbeirrten Wahrheitssinnes, der resolut realistischen Weltauffassung!« (Nat., 33), und Bleibtreu formuliert: »Dem Realismus allein gehört die Zukunft der Literatur«, wobei er unter »wahren Realismus« gerade ein naturalistisches Hauptwerk wie Zolas *Germinal* rechnet (Bleibtreu, 86). Gegen Ende der achtziger Jahre zeigt sich also eine auffällige Unsicherheit in ästhetischen Fragen, die sich im terminologischen Durcheinander niederschlägt.

Realismus erscheint als ahistorische Kategorie der Naturnachahmung und kann insofern Basis auch für den naturalistischen Anspruch auf mimetische Gestaltung abgeben. So fordert Julius Hillebrand 1886 in einem Beitrag für die ›Gesellschaft‹ mit dem Titel »Naturalismus schlechtweg!« Einigung »über die Berechtigung des *realistischen* Kunststils. Ist doch Realismus nichts anderes als die künstlerische *Zurückspiegelung* des Seienden«. Er schreibt weiter: »Während der Realismus so alt ist wie die Kunst, ist der Naturalismus etwas neues, so wenig schon Dagewesenes, wie etwa die Darwin'sche Abstammungslehre oder die moderne Industrie.« (Nat., 36, 39). Der systematische Begriff von Realismus wird also bereits von den Theoretikern selbst mit einer dezidiert historischen Naturalismus-Definition konfrontiert. So gilt für die Terminologie, was im Protokoll des Vereins ›Durch!‹ am 22.4.1887 nach einem Vortrag von Leo Berg über »Naturalismus und Idealismus« festgehalten worden ist: »daß die Auseinandersetzung um die ›moderne‹ Literatur zu keinem abschließenden Ergebnis kommt, da man sich in den Diskussionen nicht endgültig über Begriffe wie ›Moderne‹, ›Wahrheit‹, ›Idealismus‹, ›Realismus‹, ›Naturalismus‹ einigen kann.« (zit. Scheuer 1971, 87; vgl. Im Netzwerk der Moderne).

Festzuhalten bleibt: Der **Epochenbegriff Naturalismus** wird erst in den neunziger Jahren, mit Abklingen der naturalistischen Bewegung und den ersten Resümees über sie, geläufiger als ›Realismus‹, mit dem er aber weiterhin konkurrieren muss. So spricht Alberti 1890 anlässlich seines Bruches mit der Berliner ›Freien Bühne‹ in einem Atemzuge vom »sogenannten ›Naturalismus‹« und vom »›konsequenten Realismus‹« (Nat., 57), und 1889 widmet Gerhart Hauptmann sein Erstlingsdrama *Vor Sonnenaufgang* Arno Holz und Johannes Schlaf als den »consequentesten Realisten«. Auch der für Holzens Kunst geläufige Terminus ›**konsequenter Naturalismus**‹ wird erst später, 1900, in Adalbert von Hansteins Geschichte des Naturalismus geprägt (und nicht in der Literaturgeschichte von Adolf Bartels, vgl. Brands, 9; Hanstein, 158; s. I.2.8). Holz selbst wiederum reklamierte für sich: »Als Theoretiker stehe ich weder auf dem Boden des ›Realismus‹ noch des ›Naturalismus‹, noch sonst eines Ismus« (Holz X, 140) und sieht 1885 den Terminus als Gestaltungsprinzip, nicht als Epochenbegriff – »ist doch der erste ›Naturalist‹ schon der alte Vater Homer gewesen!« (Holz I, 138). Bei Leo Berg liest man dagegen, dass »Homer ein Realist war.« (Nat., 193).

Die sichtlich als unproblematisch empfundene Selbstbezeichnung als Realismus signalisiert Opposition zur dekorativen, alles andere als ›realistischen‹ Gründerzeitkultur. In einem Literaturüberblick schreibt E. Reich 1892: »In dieser Literaturströmung, die man gewöhnlich so ganz oberflächlich unter dem Gesamtbegriff Naturalismus zusammenfaßt, waren jedoch von Anfang an die heterogensten Richtungen vertreten, die nur ein Gemeinsames hatten, den gemeinsamen Feind, den hohl und lügnerisch gewordenen Idealismus.« (zit. LMN, 127). Für die anti-gründerzeitliche Polemik stand allerdings auch das aggressivere Reizwort Junges/Jüngstes Deutschland zur Verfügung. Eine terminologische Abgrenzung gegenüber der zeitgenössischen – teilweise zeitgleichen! – realistischen Literatur Fontanes, Kellers, C.F. Meyers oder Raabes schien den Naturalisten nicht notwendig, weil der Realismusbegriff, im Gegensatz zur späteren Literaturgeschichtsschreibung, noch nicht ›besetzt‹ war. »Wir haben den Realismus nicht entdeckt, wir haben ihn nur wieder aufgefunden«, bemerkt Alberti 1888 (LMN, 127).

Das alles meint sicher nicht jenen Realismus, der, wie in der deutschen Entwicklung des 19. Jahrhunderts deutlich, eine ›Verklärung‹ von Wirklichkeit in sich aufnimmt, um die realen (hässlichen) gesellschaftlichen Widersprüche mit der idealistischen Kategorie des Schönen versöhnen zu können. Mit einem dergestalt ›Poetischen Realismus‹ haben die Naturalisten nichts im Sinn, wenn sie sich terminologisch auf realistische Traditionen beziehen (vgl. Hansers Sozialgeschichte 6).

Die austauschbare Verwendung der Epochenbegriffe Naturalismus und Realismus durch die Beteiligten zeigt an, dass sich der (neue) Naturalismus vom (bestehenden) Realismus gar nicht trennen lässt, dass die oppositionellen Autoren einen kategorialen Bruch mit der realistischen Schreibtradition gar nicht ins Auge gefasst haben. Sicher sind mit dieser Tradition nicht die Programmatiken des deutschen Realismus der vierziger und fünfziger Jahre des 19. Jahrhunderts gemeint (vgl. Realismus II). Die scharfe **Konfrontation zwischen Realismus und Naturalismus** wird sich aber erst in den Literaturdebatten des 20. Jahrhunderts finden, die mit den Namen von

Lukács und Brecht verbunden sind – in den Auseinandersetzungen während der Weimarer Republik im Umkreis des ›Bundes proletarisch-revolutionärer Schriftsteller‹ (BPRS), im Exil während der ›Expressionismus-Debatte‹ und in der frühen DDR bei den Auseinandersetzungen um den sog. ›Formalismus‹ (s. III.3). Erst hier wird ein ›weites‹ Realismuskonzept einem ›engen‹ (teilweise ohne Not verengten) Naturalismusbegriff als dem Abbild bloßer Oberflächenerscheinungen gegenübergestellt. Insofern betonen Hamann/Hermand zurecht:

> »Der Begriff ›Naturalismus‹ ist nicht so eindeutig [...]. So spricht man von einem Naturalismus des frühen 15. Jahrhunderts, einem barocken Naturalismus und einem Sturm-und-Drang-Naturalismus, obwohl es sich dabei um stilistisch recht verschiedenartige Gebilde handelt. Naturalismus ist also kein genau umrissener Begriff wie Rokoko, Romantik oder Biedermeier, deren künstlerische Ausprägung etwas Einmaliges hat, sondern bezieht sich auf ein Dahinterstehendes, das in einen außerkünstlerischen Bereich gehört und daher wiederholt auftreten kann. Man stößt mit diesem Begriff notwendigerweise auf eine revolutionäre Grundsubstanz, die sich einer formal-ästhetischen Betrachtungsweise weitgehend entzieht.« (Hamann/Hermand 1972, 7).

Das historisch und literarhistorisch Einmalige des Naturalismus der achtziger und neunziger Jahre sollte dabei allerdings nicht aus dem Blick geraten. Denn jetzt schon ist festzuhalten, »daß der Naturalismus dem bereits existierenden Realismus ein qualitativ neues Element hinzugefügt hat« (Mennemeier 1985, 11). Insofern lässt sich der Naturalismus als ein »Realismus in Angriffsstellung« sehen (Hamann/Hermand 1972, 8). Dass dennoch der Terminus ›Naturalismus‹ sich auch bei den Zeitgenossen durchsetzen konnte, ist ohne die **Rezeption des französischen Naturalismus** und insbesondere Zolas gar nicht denkbar; speziell für den französischen Traditionsstrang ist festzuhalten:

> »Bereits Ende der 50er Jahre traten die Begriffe ›naturaliste/naturalisme‹ in Konkurrenz zu den Begriffen ›réaliste/réalisme‹ auf, die zunehmend in abwertendem Sinne zur Kennzeichnung von Kunst als bloßer Kopie von Wirklichkeit, photographisch getreuer Nachahmung verwendet werden. Während ›réalisme‹ mehr die bloße Reproduktion von Oberflächenerscheinungen bezeichnete, sollte ›naturalisme‹ demgegenüber den wissenschaftlich fundierten Wahrheitsanspruch der Kunst zum Ausdruck bringen.« (Nat., 96f.)

So war es nicht zufällig Hippolyte Taine, der Theoretiker des Positivismus und Wegbereiter des französischen Naturalismus, der 1858 bei seiner Beschäftigung mit Balzac diesen als »naturaliste« (wörtlich: Naturwissenschaftler/naturwissenschaftlich) feierte und damit erstmals den Terminus als Bezeichnung für einen Schriftsteller verwandte (Nat., 85). Zola hat diese Verwendung des Begriffs ›naturaliste‹ dann wohl von Taine übernommen. Der innovative Charakter und der Neuigkeitsanspruch des Naturalismus äußert sich terminologisch im deutschsprachigen Bereich aber am deutlichsten in dem folgenreichen Neologismus ›die Moderne‹.

2.5 Naturalismus als ›die Moderne‹

Der naturalistische Debattierclub ›Durch!‹ trat 1886 mit zehn »Thesen« an die Öffentlichkeit, in denen der **Neologismus ›die Moderne‹** sich erstmals findet – als neue Wortbildung gegenüber ›modern‹, ›das Moderne‹ oder ›die Modernen‹. Vor allem ›modern‹ stand als Attribut für Realismus/Naturalismus hoch im Kurs – eine Wendung wie »moderner Naturalismus« (Bleibtreu, 4) war ebenso geläufig wie »moderner Realismus« (J. Hart, Nat., 132) oder, wie im Verein ›Durch!‹, bei der Steigerung »modernste Dichter und Schriftsteller« (Hanstein, 76).

Auch wenn ungeklärt ist, ob bereits um 1797 Friedrich Schlegel den »Epochentitel ›die Moderne‹« gekannt hat (Japp 1986, 131), so ist dies, wäre es denn der Fall gewesen, doch für die Folgezeit ohne Konsequenzen geblieben. Anders die »Thesen«. Sie erschienen Ende 1886 in dem zu dieser Zeit von Karl Bleibtreu herausgegebenen ›Magazin für die Litteratur des In- und Auslandes‹ und wurden am 1.1.1887 in der Berliner ›Allgemeinen Deutschen Universitäts-Zeitung‹ nachgedruckt. Verfasser ist der Mitbegründer und neben Leo Berg führende Kopf des Vereins, der Literaturhistoriker Eugen Wolff (Nat., 59; vgl. Kiesel 2004, 13ff.; Sprengel 1998a, 54ff.). Wolff hatte bereits im September 1886 vor der Vereinigung ›Durch!‹ einen Vortrag zum Thema »Die ›Moderne‹ zur Revolution und Reform der Litteratur« gehalten (Hanstein, 76f.), der die Grundzüge seiner 1888 erschienenen Schrift *Die jüngste deutsche Litteraturströmung und das Princip der Moderne* (Mod., 3ff.) enthielt. Da der Erstdruck der Thesen 1886 in der Naturalismus-Forschung erst relativ spät ermittelt wurde, findet sich des öfteren 1887 als Geburtsjahr für ›die Moderne‹ angegeben (z.B. Japp 1986, 130; vgl. Gumbrecht), gelegentlich auch 1888 (Hanstein, 79; LMN, 141f.). Als Kuriosum sei vermerkt, dass der so innovationsbewusste Wiener Kritiker Hermann Bahr nahegelegt hat, er selbst habe im Kreise des ›jungen Österreich‹ »die gefürchtete, verlästerte, aber unwiderstehliche Losung: ›Die Moderne‹ [geprägt], die dann durch ganz Deutschland gelaufen« sei (Bahr 1968, 145).

Der neue Terminus bot eine Art Minimalkonsens der frühnaturalistischen Anschauungen. Er war, fern aller »Cliquen- oder auch nur Schulbildung«, dienlich »zu gemeinsamem Kampfe« (Nat., 58f.) und kam offenbar wie gerufen, jedenfalls konnte er sich umstandslos als Synonym für Naturalismus durchsetzen (Venske, 634). Des Neuigkeitscharakters des folgenreichen Wortes war man sich übrigens durchaus bewusst (Hanstein, 79). Bereits 1891 resümiert Moritz Carrière: »Die Moderne – so nennt sich doch wohl die neue naturalistische Richtung in der Litteratur im Gegensatz zur Antike; die Jüngstdeutschen, die Gründeutschen, die Stürmer und Dränger, fin de siècle und andere Bezeichnungen sind wohl minder willkommen, ein allgemein angenommener Name aber ist mir nicht bekannt.« (Mod., 88). In dieses Jahr fallen auch Programmartikel von Heinrich Hart und Friedrich Michael Fels mit den gleichlautenden Titeln »Die Moderne« sowie Leo Bergs »Die Romantik der Moderne« und Michael Georg Conrads »Die Sozialdemokratie und die Moderne« (Mod., 69ff.).

Mit der abflauenden naturalistischen Konjunktur wurde dann die ursprüngliche Verbindung des Begriffs ›die Moderne‹ mit dem Naturalismus gelöst und auch auf die gegennaturalistischen Strömungen und Ismen der Jahrhundertwende bezogen (s. I.6.6). Bereits 1904 zieht Samuel Lublinski eine erste *Bilanz der Moderne* – zu dieser Zeit ist der neue Terminus manchen Kritikern bereits suspekt. Ebenfalls 1904 schreibt Hans Landsberg über die moderne Literatur, »daß wir auf historischem Wege, wenn wir also jetzt die Reaktion gegen den Naturalismus im modernen Symbolismus, in der Mystik und Neuromantik oder wie die Dinge sonst noch heißen mögen, ins Auge fassen, niemals zu einem sicheren Begriffe der Moderne gelangen« – weil die Moderne »gleich von der Mode des nächsten Tages umgestoßen« werde (Mod., 156). Damit zeichnet sich früh die bis heute beklagte Unschärfe des Terminus ab.

Die Konstruktion der Moderne bei Wolff und seinen Nachfolgern geschieht in Abgrenzung zum Terminus **Antike**. Das deutet bereits auf den umfassenden Anspruch, »das Selbstverständnis der Epoche überhaupt zu formulieren« (Wunberg 1987, 100). Die zehn »Thesen« von 1886 gründen denn auch in der Annahme, dass die deutsche Literatur »an einem Wendepunkt ihrer Entwicklung angelangt« sei, »von welchem sich der Blick auf eine eigenartige bedeutsame Epoche eröffnet«. Mit dem **Epochenwechsel** einher geht ein Paradigmenwechsel: »Unser höchstes Kunstideal ist nicht mehr die Antike, sondern die Moderne« (Nat., 58, 59). In diesem Sinne hatten die Brüder Hart bereits 1882 geschrieben: »unsere Literatur [hat] nicht die Aufgabe, die Antike in die moderne Poesie hinüberzuretten, sondern sie zu überwinden«, und so solle »sie nicht den jungen Most in alte Schläuche, die modernen Ideen nicht in klassische Form gießen, sondern aus sich selbst heraus alles sein, neuer Gehalt, neues Gefäß« (Theorie des Naturalismus, 108).

Ein derartiger Angriff auf die Antike mag im ausgehenden 19. Jahrhundert zunächst als Raster für eine neue Kunstlehre recht weitmaschig gespannt sein; dennoch bedeutet er nichts weniger als die endgültige Verabschiedung des jahrhundertelang gültigen antiken Paradigmas. Die Kunst und ihre Ideale werden nicht mehr aus antiken Mustern deduziert oder doch in Abhängigkeit von ihr formuliert, sondern die neu proklamierte Moderne postuliert die »Selbstbegründung« (Habermas) ihrer Ästhetik. Damit ist für die deutsche Poetik jener unerhörte Vorgang nachgeholt, den in Frankreich bereits eine Generation zuvor Charles Baudelaire mit »modernité« benannt hatte (s.o. S. 3f.). Dass eine ausformulierte Abkehr vom Modell der Antike für die modernen Selbstbestimmungen der Kunst prinzipiell offenbar unerlässlich ist, macht noch ein Vierteljahrhundert später der italienische Futurismus deutlich. Er braucht in seinem Gründungsdokument von 1909 den Sturmlauf gegen die Nike von Samothrake, um diese gegen die neue Schönheit eines »aufheulenden Autos« ausspielen zu können (Manif., 5).

Beim naturalistischen Aufbruch der achtziger Jahre sind allerdings neben der poetologischen auch die historischen Umstände des Bismarckreiches mitzubedenken, sprich die pompösen klassizistischen Neigungen der Gründerzeit, die der naturalistischen Literaturrevolution das Feindbild abgaben. Insofern meinte der Angriff auf die Antike auch die Überwindung konservativer Strukturen. Auffällig ist jedoch, dass in dieser Phase die Antike-Rezeption Nietzsches, die er 1871 mit der *Geburt der Tragödie aus dem Geiste der Musik* entworfen hat, keine Rolle spielt. Nietzsches Bindung an die Kunstwelt der Alten, »scheinbar ein Konservativismus« (Mattenklott 1996, 487), ist für die auf Modernisierung bedachte naturalistische Intelligenz zu dieser Zeit ohne Belang; erst in der Phase seiner individualistisch-sozialaristokratischen Selbstauflösung wird der Naturalismus auf Nietzsche, dann auf den *Zarathustra*, zurückgreifen (s. I.6.1).

Der Hinweis auf die Antike – »daß das Heil nicht aus Ägypten und Hellas kommt«, so die Brüder Hart (Theorie des Naturalismus, 108) – verbindet sich noch mit einem weiteren, dem nationalen Aspekt. Die moderne Literatur müsse aus der »germanischen Volksseele heraus« (ebd.), müsse »einen dem deutschen Volksgeist entsprechenden Charakter erstreben« (Nat., 59), fordern die »Thesen«, wobei romantische Anleihen offenkundig sind. Festzuhalten ist dabei, dass für die Naturalisten »nationale Dichtung nicht nationale Tendenz heißt« – »nicht ein Gassenhauer gegen das Ausland ist wahrhaft nationale Dichtung: Hamlet ist germanisch, Faust ist deutsch, Werther ist deutsch, Simplicissimus ist deutsch«, betont Eugen Wolff (Mod., 39). Der naturalistische Nationalismus ist mit dem aggressiven Wilhelminischen Chauvinismus nicht ineins zu setzen, auch wenn Reichsgründung und Nationalstaat einhellig begrüßt worden sind.

In den Ausführungen über *Die jüngste deutsche Literaturströmung und das Prinzip der Moderne*, in denen Eugen Wolff 1888 die frühen naturalistischen Programmatiken Revue passieren lässt, wird das Bild ›der Moderne‹ präzisiert. Zur Antike-Kritik zieht er Bleibtreu heran, dessen Verwerfung der Antike zugunsten Shakespeares – »krankhafte Ziererei ist das Flüchten in die Antike« (Mod., 14) – der Untermauerung des neuen Terminus dient: »so nenne ich im Gegensatz zur Antike das moderne Ideal: *die Moderne*« (Mod., 38). Als Höhepunkt erscheint die **Moderne als Allegorie**: als

> »ein Weib, ein *modernes*, d.h. vom modernen *Geiste* erfülltes Weib, zugleich Typus, d.h. ein *arbeitendes* Weib, und doch zugleich ein *schönheitsdurchtränktes*, idealerfülltes Weib, d.h. von der materiellen Arbeit zum Dienste des Schönen und Edlen zurückkehrend, etwa auf dem Heimwege zu ihrem geliebten Kind, – denn sie ist keine Jungfrau voll blöder Unwissenheit über ihre Bestimmung, sie ist ein *wissendes*, aber *reines* Weib, und wild bewegt wie der Geist der Zeit, d.h. mit *flatterndem Gewand* und *fliegendem Haar*, mit *vorwärtsschreitender* Geberde, freilich nicht durch ihre überirdische *Erhabenheit* in den *Staub* nötigend, aber durch ihren Inbegriff aller *irdischen Schönheit* begeisternd mit *fortreißend*, – das ist unser neues Götterbild: die *Moderne*!« (Mod., 40).

Karl Henckell hat diese Allegorie in einem Gedicht »Bild. Nach dem Motiv ›Die Moderne‹ von Eugen Wolff« umgehend aufgegriffen (zit. Hanstein, 77f.). Dabei fällt auf, dass die Alternative: ›die Moderne‹ gegen ›die Antike‹ gar nicht mehr erkennbar ist. Zwar ist das Attribut ›Arbeit‹, das der Allegorie der Moderne zugewiesen wird, höchst ›modern‹ und so auch nur im 19. Jahrhundert denkbar, aber mit dem Pochen auf ›Schönheit‹ wird in die Ästhetik ein qualitativ neues, spezifisches Moment ›der Moderne‹ nicht eingebracht.

1890 entwickelt Heinrich Hart in seinem »Moderne«-Aufsatz aus der Antike-Kritik heraus wohl den Aspekt des Fortschritts (»Kopernikus und Kepler, Baco[n] und Kant, Darwin und Bunsen sind die Minierer, welche die Antike unterwühlt haben«) und entwirft eine Art Geschichtsphilosophie:

> »Die Aufgabe der Antike war es, das Menschliche von den Schlacken der Tierheit zu befreien; das Ziel der Moderne ist es, das Menschliche zum Göttlichen heraufzubilden. Die Antike arbeitete zum größten Teil unbewußt, ohne Zielklarheit sich vorwärts; mit vollem Bewußtsein die Fortentwicklung der Menschheit anzustreben, das wird zum Wesen der Moderne gehören.« (Mod., 70, 72).

Diese markiert durch ihre naturwissenschaftlich-technische Verfügung über die Welt in der Tat einen qualitativen Bruch mit der Antike, nicht aber mit klassischen Traditionen: Shakespeare und Goethe »sind die Propheten der Moderne« (Mod., 72). Dagegen äußert 1888 der Exponent des Münchner Naturalismus, Michael Georg Conrad: »Die Moderne verfolgt ihre Ahnen zurück über Goethe, Kant, Shakespeare bis zum Vater Homer« (LMN, 124).

So entsteht, wie diese Belege aus der Geburtsstunde des Wortes ›die Moderne‹ zeigen, eine merkwürdige Schere zwischen dem qualitativ Neuen der Moderne im Allgemeinen und dem besonderen Traditionsverhaftetsein ihrer Kunst, das sich ähnlich zuvor schon beim terminologischen Durcheinander Realismus/Naturalismus zeigte. Der von Wolff 1886 geschaffene Neologismus taugte wohl zur **Epochenabgrenzung**, nicht aber zur inhaltlichen Ausfüllung des Wortes, so dass ein einhelliger Konsens über das dualistische Schema Antike/Moderne nicht herzustellen war. Insofern bleibt im Sprachgebrauch der Beteiligten ›Naturalismus als die Moderne‹ ähnlich unscharf wie ›Naturalismus als Realismus‹.

Bereits 1890 hat sich bei Hermann Bahr begrifflich ›die Moderne‹ als literarischer Terminus verflüchtigt: »Die Moderne ist nur in unserem Wunsche und sie ist draußen überall, außer uns« (Mod., 52f.). Im Jahre 1891 ist beim Festvortrag zur Eröffnung der Wiener ›Freien Bühne‹ über das Thema »Die Moderne« die Entgegensetzung zur Antike längst aus dem Blick geraten. Dem Redner geht es bereits um die »Dekadenz« und um die **Auflösung der Naturalismusbegriffs**:

> »Nun ist es allerdings das entscheidende Kennzeichen der Moderne, dass sie keine einseitige Einzelrichtung ist, dass in ihr die verschiedensten und entgegengesetztesten Anschauungen und Bestrebungen Platz finden: aber die uns getauft, haben glücklicherweise den Begriff so weit gezogen, dass wir mit dem Namen wohl zufrieden sein können. Naturalist ist schließlich jeder.« (Mod., 75).

Bereits in den frühen Bestimmungen der Moderne begegnet also eine Offenheit des Begriffs, der auch konträre Tendenzen in sich vereinigen möchte, wohingegen der Naturalismus-Begriff – »Naturalist ist schließlich jeder« – jetzt ad absurdum geführt wird. Die ›selbsternannte Moderne‹ der Jahrhundertwende ist weit davon entfernt, sich einheitlich zu definieren. Einigkeit herrscht wohl nur im Sinne Heinrich Harts: »Der Weg der Moderne beginnt.« (Mod., 69).

2.6 Kunst und Wissenschaft

Die ›historische Moderne‹ beginnt im Zeichen der Naturwissenschaften – der Naturalismus als Ausgangspunkt der ›historischen Moderne‹ ist es, der eine bis dahin unerhörte Verwissenschaftlichung von Kunst und Literatur betreibt. Er antwortet damit auf die Entfesselung von Wissenschaft und Technik, auf das Zauberwort ›Fortschritt‹, das im 19. Jahrhundert vor keinem Gebiet Halt macht. Angesichts der Verwissenschaftlichung aller Sphären des Lebens und eben auch des geistigen Lebens geraten Kunst, Literatur und Ästhetik unter massiven **Legitimationsdruck** – ihre traditionellen idealistischen Fundamente brechen ein, ihre Eigenständigkeit oder gar Überlegenheit anderen Bereichen geistiger Produktion gegenüber wird zweifelhaft und bedarf neuer Begründungen. Denn wozu noch Kunst, wenn Wahrheit auf anderem, wissenschaftlichem Wege formuliert wird, und wo wäre eine Kunstlehre, die wissenschaftlichen Ansprüchen genügte (vgl. Kolkenbrock-Netz)?

Die Naturalisten müssen sich dem Problem stellen, wollen sie ihrem Anspruch auf ›Moderne‹ gerecht werden. So nennt Wilhelm Bölsche, einer der Hauptvertreter des Berliner Naturalismus, 1887 seine heftig diskutierte Schrift programmatisch *Die naturwissenschaftlichen Grundlagen der Poesie*. Er sieht die »wesentlichste Mission« der neuen Kunst darin, »zu zeigen, dass Wissenschaft und Poesie keine prinzipiellen Gegner zu sein brauchen« (Bölsche, 50). Das ist deutlich aus der Defensive heraus geschrieben. Ausdrücklich an der alten Dichterrolle – »Poesie als Erzieherin des Menschengeschlechtes« – festhaltend, sucht Bölsche diese zu retten, indem er Dichtung

»auf freundlichem Boden sich mit der Naturwissenschaft« begegnen lässt. Poesie und Naturwissenschaften, so lautet die Botschaft im letzten Satz der Schrift, »reichen sich die Hand in dem Bestreben, den Menschen gesund zu machen« (Bölsche, 65).

Das meint zunächst ganz vordergründig die Popularisierung aktueller naturwissenschaftlicher Forschungsergebnisse. Bölsche selbst hat unermüdlich und mit großem Erfolg derartige ›Sachbücher‹ produziert, darunter eine Darwin- und eine Haeckel-Biographie sowie in mehreren Folgen das vielgelesene *Liebesleben in der Natur. Eine Entwickelungsgeschichte der Liebe* (1898). Wichtiger aber ist das Bestreben, »wissenschaftlichen Factoren in der Dichtung zu ihrem Recht [zu] verhelfen« (Bölsche, 50), also die **Dichtung zu verwissenschaftlichen**. Allein auf diesem Wege scheint sie gegenüber dem herrschenden naturwissenschaftlichen Paradigma noch Akzeptanz gewinnen zu können:

> »Erst indem wir uns dazu aufschwingen, im menschlichen Denken Gesetze zu ergründen, erst indem wir einsehen, dass eine menschliche Handlung, wie immer sie beschaffen sei, das restlose Ergebnis gewisser Factoren, einer äussern Veranlassung und einer innern Disposition sein müsse und dass auch diese Disposition sich aus gegebenen Grössen ableiten lasse, – erst so können wir hoffen, jemals zu einer wahren mathematischen Durchdringung der ganzen Handlungsweise eines Menschen zu gelangen und Gestalten vor unserm Auge aufwachsen zu sehen, die logisch sind, wie die Natur.« (Bölsche, 25)

So kann für die neuentstehende Dichtung des Naturalismus formuliert werden: »eine derartige Dichtung wäre in der That eine Art von Mathematik« (Bölsche, 25). Arno Holz wird dann tatsächlich wenig später für sein Kunstgesetz eine mathematische Formel als Quintessenz seiner Ästhetik aufstellen (s. I.2.8). Physik, Kunst, Evolutions- und Abstammungslehre, Vererbungstheorie, Geschichte – sie alle sind **Gesetzmäßigkeiten**, formulierbaren Gesetzen unterworfen. Das Wissen um ein endgültiges Erkennen aller **Naturgesetze**, zuerst der physikalischen Natur, dann auch der gesellschaftlichen und geistigen Gebiete bis in den künstlerischen Bereich hinein, bestimmt den Diskurs des 19. Jahrhunderts – so geht es z.B. um »Darwin in der Poesie« (Sprengel 1998b). 1890 schreibt Alberti über die desolate Konkurrenzsituation, der sich der Dichter im Vergleich zum Forscher ausgesetzt sieht:

> »In unserer Zeit herrschen nun einmal Naturwissenschaft, Technik, Volkswirtschaft, sie machen auf allen Gebieten des öffentlichen wie des intimen Lebens ihren Einfluß geltend. Der Künstler, der moderne Menschen, moderne Verhältnisse darstellt und daher auch die Schilderung der Einwirkungen jener Disziplinen nicht umgehen kann, wird daher gut tun, sich wenigstens in der Hauptsache mit der Entwicklung und den Hauptgesetzen derselben vertraut zu machen, bevor er ans Dichten geht, um sich nicht groben Irrungen und gerechtem Tadel auszusetzen.« (Theorie des Naturalismus, 165).

»Es ist ein Gesetz, daß jedes Ding ein Gesetz hat!«, ruft Arno Holz aus und formuliert einen (wohl von John Stuart Mill übernommenen) Basissatz nicht nur seiner Kunsttheorie (Nat., 141; vgl. Scherpe). Kunst und Ästhetik, Literatur und Literaturtheorie des Naturalismus suchen Anschluss an die exakten Naturwissenschaften (vgl. Mahal 1975, 42ff.; Möbius 1982); nur indem sie diesen methodisch ebenbürtig werden, lässt sich eine eigene Legitimation neu stiften und die existentielle Frage, wozu noch eine Kunst nötig ist, wenn doch die Wissenschaften alle Wahrheiten formulieren, beantworten.

2.7 Positivismus, Determinismus, Experiment

Mit der Aneignung der Theorien von Auguste Comte, Hippolyte Taine, Charles Darwin, John Stuart Mill u.a. sucht der deutsche Naturalismus Orientierung am wissenschaftlichen Standard Europas. Arno Holz nennt 1888 Taine, Comte, Mill und andere seine »Schutzheiligen« (zit. Mahal 1975, 48). Auguste Comte und sein Schüler Taine stehen hier für die sich konstituierende Disziplin der Soziologie und den Positivismus als der Basistheorie im 19. Jahrhundert.

Auguste Comte (1798–1857) verwirft alles Spekulative und Metaphysische und postuliert Beobachtung und Experiment, also die Induktion als die allein taugliche und gültige Erkenntnismöglichkeit – eine ›positive‹ Methode der Analyse, auch der Gesellschaftsanalyse schon deshalb, weil sie (positiv im Wortsinn) vom ›Gegebenen‹ und nur vom Gegebenen ausgeht. Indem der Mensch als objektiv determiniertes Produkt seiner Herkunft und Umwelt begriffen wird, eröffnet seine Erforschung bisher ungeahnte Möglichkeiten: Der induktive Schluss von der Einzelerscheinung auf allgemeinere Erscheinungen ermöglicht eine »umfassende Gesellschaftslehre, die nach der Formel des ›savoir pour prévoir‹ den gegenwärtigen wie auch den künftigen Gesellschaftszustand einsehbar machen soll« (Scherpe 1973, 147f.).

Comtes Schüler **Hippolyte Taine** (1828–1893) setzt als Basis naturwissenschaftlich-positivistischer Erkenntnis folgende Trias: *race, milieu, moment* (oder *temps*). Diese Trias ist für Taine Schlüssel zur Analyse auch sozialer Vorgänge: Es geht also um die ethnologisch-biologische Kategorie der Herkunft und Rasse (ein zumal in der deutschen Rezeption sicher problematisches Kriterium, das später mit rassistischen Untertönen, dann als Rassismus begegnet, der Taine so nicht vorzuwerfen ist); um den soziologischen Aspekt von Milieu; um die historische Kategorie der Zeitumstände (des ›Momentes‹).

Diese Prämissen sind in ihrer Bedeutung für die naturalistische Literaturbewegung gar nicht zu überschätzen. Als wichtiger Wegbereiter des französischen Naturalismus gibt Taine Exempel der Literaturgeschichtsschreibung und der Kunstphilosophie der deutschen Naturalisten zentrale Stichworte. Im Verein mit der Darwinschen Lehre von der ›natürlichen Auslese‹ und dem ›Kampf ums Dasein‹ wird vor allem die **Milieutheorie** Grundlage für die naturalistische Ästhetik, aber in der Literaturpraxis auch für Figurengestaltung und Handlungsrahmen – die naturalistische **Elendsmalerei** findet hierin ebenso ihre Begründung wie der **Determinismus** der literarischen Gestalten im Naturalismus. So ist der Biologismus – beispielsweise das immer wiederkehrende Motiv des Alkoholismus und seine Vererbbarkeit – zentrales Thema bereits in Hauptmanns erfolgreichem Erstlingsdrama *Vor Sonnenaufgang* (1889). Um die Auswirkungen der Milieutheorie auf die Literaturbetrachtung zu verdeutlichen, sei aus einer charakteristischen Othello- und Hamlet-Interpretation von Conrad Alberti zitiert:

»Es genügt uns nicht zu sehen, dass der Mensch A eine unschuldige Frau aus Eifersucht ermordet, und der Mensch B aus übergrosser Gewissenhaftigkeit, welche Schwäche wird, sich nicht entschliessen kann, eine gerechte und für das Wohl seines Vaterlandes notwendige Tötung eines Menschen zu vollziehen. Wir wollen wissen, warum der eine so überschnell zum Verbrecher wird und der andere aus Furcht ein Verbrecher zu werden, sich scheut, gerechte Sühne zu vollziehen und lieber das Verbrechen selbst ungestraft walten lässt, und es genügt uns nicht zu hören, dass eben beider Naturen verschieden seien. Wir sind aber sofort befriedigt, sowie wir erfahren, dass jener ein Afrikaner ist mit dem ganzen heissen Blut seiner Rasse, der sein Leben lang nur im Süden zugebracht, ein rauher Krieger, der Gesetze, Ehescheidungsprozesse und dergleichen verachtet, dem das Schwert zur dritten Hand geworden, ein siegreicher Feldherr, der gewohnt ist, sich überall selbst Recht zu verschaffen und jede Verletzung seiner Ehre sofort des Beispiels wegen mit Gewalt zu züchtigen – und der andere ein lymphatischer Mensch, aus dem fernen Nebellande des Nordens, wo die Leute schweres Blut haben, langsam von Entschlüssen sind, voll tausend Bedenken, mehr als gewissenhaft, melancholisch, dazu ein Mensch, der jahrelang an der Brust der deutschen Wissenschaft getrunken, dem Studium des Rechts obgelegen, die blutige Gewalt verabscheuen gelernt hat, dem man seit seiner Jugend wiederholt hat, das schönste Vorrecht des königlichen Thrones, den er einst einnehmen soll, sei die Gnade. Wir begreifen nunmehr die verschiedenen Handlungsweisen der beiden aus ihrem verschiedenen Milieu heraus.« (Mod., 45f.).

Derartige Ausführungen – die zugleich die Richtung der positivistischen Germanistik der Zeit anzeigen, die sich, wie bei Wilhelm Scherer, allein mit dem faktisch gesicherten ›Ererbten‹, ›Erlernten‹ und ›Erlebten‹ beschäftigt – gründen in der Auffassung, dass exakte Realitätserkenntnis nur bei konsequenter und umfassender Analyse der ›positiven‹, also der vorgegebenen Tatsachen, Verhältnisse, Sujets möglich sei. Mithilfe von Taines ethnologischer, soziologischer und historischer Trias scheint dies, formulierbar möglichst in Gesetzen, zu gelingen. Dabei sind Milieutheorie, sozialer und biologischer Determinismus, kurz die Willensunfreiheit für die naturalistische Ästhetik deshalb von so herausragender Bedeutung, weil darin der Bruch mit der alten Kunst ganz deutlich wird. Für Bölsche liegt »in der Thatsache der Willensunfreiheit der höchste Gewinn«; wenn sie »nicht bestände, wäre eine wahre realistische Dichtung überhaupt nicht möglich.« (Bölsche, 25). Mit der Milieutheorie ist in den Augen von Positivismus und Naturalismus der Sprung von der naturwissenschaftlichen Erkenntnis zur wissenschaftlich exakten Erkenntnis auch gesellschaftlicher und geistigindividueller, ja seelischer Vorgänge gelungen. Bereits Taine hatte (1863 in der *Histoire de la littérature anglaise*) die exponierte Formel gefunden: »Das Vergehen [Verbrechen] und die Tugend sind Produkte wie Vitriol und Zucker.« (zit. Mahal 1975, 47).

Damit ist nicht allein der prinzipiell gleiche Analysezugang bei Prozessen der physikalisch-chemischen Natur – Vitriol – und bei moralisch-gesellschaftlichen Vorgängen – Verbrechen/Tugend – auf der Basis von ganz exakt zu ermittelnden Gesetzen formuliert, sondern auch die letztendliche **Gleichwertigkeit aller Phänomene** vorausgesetzt bzw. postuliert. Wenn die Metaphysik verabschiedet ist und dem Positivismus alles Gegebene und Reale zum Ausgangspunkt wissenschaftlicher Erfassung wird, ist die generelle Gleichwertigkeit aller Bereiche und Erscheinungen von ›Natur‹ plausibel. Bei »induktiver Erkenntnis« als allgemeiner Grundlage, so Conrad Alberti,

> »sind vor dem Naturgesetz und vor der Aesthetik alle Wesen und Dinge einander gleich, es gibt keine künstlerischen Stoffe zweiten und dritten Ranges, sondern als Stoff steht der Tod des größten Helden nicht höher als die Geburtswehen einer Kuh, denn dasselbe und einheitliche und allgewaltige Naturgesetz verkörpert sich in diesem wie in jenem. Es gibt nichts Höheres als das Naturgesetz und darum nichts Wahreres und nichts Schöneres.« (zit. Mahal 1975, 50).

In seinen »Zwölf Artikel des Realismus« betont Alberti, dass es »in der Natur nichts an sich Häßliches, Schmutziges, Gemeines, Unkünstlerisches« gebe (Nat., 54). Damit ist eine ganz entscheidende Prämisse für die naturalistische Literaturpraxis gewonnen: die Einführung und Aufwertung bisher nicht literaturfähiger Sujets. Die thematisch-inhaltliche **Erschließung neuer Stoffe** und Themenbereiche durch den Naturalismus findet hier ihre Begründung – die alles durchdringenden Naturgesetze, vom Kampf ums Dasein und der natürlichen Auslese bis zu Vererbungslehre und sozialem Determinismus, werden als *inhaltlicher* Imperativ aufgefasst, erschließen neue Sujets und Gegenstandsbereiche. Damit ist bereits eine der Hauptleistungen des Naturalismus umrissen, aber auch eine seiner Grenzen markiert: der literaturrevolutionäre Ansatz bleibt zunächst auf Inhalte bezogen, denn die Gewinnung neuen inhaltlichen Terrains sagt noch nichts über die ästhetischen Gestaltungsmittel. Gerade hier wird Arno Holz mit seiner Kunsttheorie ansetzen und mit seinem ›konsequenten Naturalismus‹ die Revolutionierung auch und vor allem der Kunstmittel propagieren (s. I.2.8).

Gibt der Positivismus der Methode den Vorrang vor der Sache, weil es die Verfahrensweisen sind, die über den Gegenstand Informationen bereitstellen können, so ist der analysierte Gegenstand in der Tat zweitrangig, austauschbar. »Die experimentelle Wissenschaft darf sich über das ›*Warum*‹ der Dinge nicht beunruhigen; sie erklärt das ›*Wie*‹, nicht weiter«, schreibt Zola (Nat., 88). Da dem Idealismus der Garaus gemacht und jede metaphysische Dimension geleugnet, zumindest ignoriert wird und im Übrigen Gott von Nietzsche für tot erklärt ist, stellt sich die Frage nach moralischen und gesellschaftlichen Werten nicht – oder sie stellt sich neu. Nicht die Natur, sondern das Naturgesetz verdient bei Alberti die (alten!) ästhetischen Attribute des Wahren und Schönen. Aber sie kommen dem abstrakten Gesetz, nicht dem konkreten Gegenstand zu. Eine ästhetische bzw. moralische Teleologie ist dennoch keineswegs ausgeschlossen, weshalb man die zitierten Bemerkungen über stoffliche Beliebigkeit keinesfalls im postmodernen Sinne missverstehen sollte.

Die positivistische Orientierung vollzieht sich entlang der Naturgesetze – die Comtesche Soziologie wie die Milieutheorie zielen auf Erkenntnisse, die durchaus eine Steuerung der Gesellschaft ermöglichen sollen. Conrad Alberti betont in seiner Schrift *Natur und Kunst* (1890) ausdrücklich: Die Milieutheorie »entschuldigt keineswegs die Verbrecher, sondern sie legt der Gesellschaft nur die Pflicht auf, das Milieu jedes Menschen so zu gestalten (durch Erziehung, Schulen, öffentliche Veranstaltungen), dass er bei normaler physischer Beschaffenheit in jedem Augenblick sich gedrungen fühlt, das Gute und Rechte zu tun« (Mod., 47).

Insofern meint die Milieutheorie nicht allein passives und statisches Abbilden von Milieu, sondern gestattet auch wirklichkeitsverändernde Erkenntnis im Sinne eines soziologisch-positivistischen *savoir pour prévoir*. Dies verweist erneut auf die **Legitimationsproblematik**, die riskante Gratwanderung des naturalistischen Dichters: Seine unermüdlich eingeklagten gesellschaftlichen Führungsansprüche (s. I.4.5) sind kaum mehr zu begründen, nachdem sie durch die Verwissenschaftlichung auch des Kunstbereiches doch so gründlich unterminiert worden sind. Der Aufschwung der Naturwissenschaften gestattet längst, so lautet die Konsequenz, die genauesten Erkenntnisse der Natur – einschließlich der menschlichen Natur. Dazu bedarf es keines ästhetischen, keines künstlerischen Instrumentariums. Der soziale Auftrag des Künstlers in Richtung auf Welterkenntnis wäre demnach obsolet. Nur wenn der Künstler sich die ihm neuen Methoden des Naturwissenschaftlers aneignet und auf seinen Bereich anwendet, er also sein traditionelles Rüstzeug wie Phantasie, Imagination usw. aufgibt, ließe sich sein Tun neu legitimieren. Ein Exklusivrecht aber hat die Kunst nicht mehr.

Damit ist auch der soziale Status des Kunstproduzenten massiv in Frage gestellt. Allein die Mithilfe an der Formulierung von ›Gesetzen‹, welche die allgemeine Erkenntnis befördern und damit vielleicht dazu beitragen, »den Menschen gesund zu machen«, wie es bei Bölsche hieß (Bölsche, 65), mag ihm eine neue Legitimation verschaffen. Das naturalistische Bemühen um eine Verwissenschaftlichung von Kunst und Ästhetik ist der Versuch, mit Hilfe der Wissenschaft für die Kunst jenes Terrain zurückzugewinnen, das eben diese Wissenschaft der Kunst geraubt hat (vgl. Kolkenbrock-Netz; s. I.4).

So erklärt sich der naturalistische Theorieschub auch aus dem Zwang zur Selbstrechtfertigung vor dem naturwissenschaftlichen Richterstuhl. Das Prinzip einer Verwissenschaftlichung der Ästhetik wurde schon angedeutet: In Analogie zur Naturwissenschaft wird die Ästhetik bzw. Kunstwissenschaft oder Soziologie der Kunst auf objektive Gesetze zurückgeführt. Die über Jahrhunderte währende Zeit normativer Poetiken, die aus immanent künstlerischen Erwägungen heraus Regeln für die Kunst formulieren, wird ebenso wie eine Ästhetik »in äußerlich stolzem Aufbau«, wie sie Hegel entworfen hat, ad acta gelegt. So tut es ausdrücklich Julius Hart 1889 in einem Artikel mit dem symptomatischen Titel »Empirische Ästhetik« (Theorie des Naturalismus, 140). Im Verein mit dem Postulat der Gleichheit aller Erscheinungen ergibt sich die Erschließung bisher als nicht literaturfähig angesehener Bereiche – unter anderem sind die Schund- und Schmutz-Vorwürfe gegen den Naturalismus Reflex dieser Innovationen. Der Umsturz traditioneller Kategorien der Ästhetik betrifft also auch die Stoffwahl, welche die Ästhetiken immer mitbestimmt haben. Es wird sich besonders im Zusammenhang mit dem ›konsequenten Naturalismus‹ zeigen, dass ein derartiger Anspruch nach Verwissenschaftlichung auch die Notwendigkeit neuer Gestaltungs- und Darstellungsprinzipien bedeutet. Das **Wissenschaftsprinzip in der neuen Ästhetik**, die nun von der Gesetzmäßigkeit aller Dinge, damit von ihrer wissenschaftlich überprüfbaren Formulierbarkeit und ihrem Determinismus ausgeht, ist es, das, so Conrad Alberti, als »Einführung der Methode der modernen Naturwissenschaften in die Ästhetik« vom Naturalismus eingefordert wird (Theorie des Naturalismus, 168).

Als zentrales methodisches Verfahren fungiert dabei das naturwissenschaftliche **Experiment**, das jederzeit zu wiederholen und in seinen Ergebnissen also allerorten überprüfbar ist, also die Formulierung von Gesetzen gestattet. Den Experiment-Begriff hat Zola für den Naturalismus mit seiner Schrift *Le roman expérimental* (*Der Experimentalroman*) von 1879 eingeführt, eine Schrift, die zwar erst 1904 ins Deutsche übertragen wurde, aber bereits während der achtziger Jahre vom deutschen Naturalismus intensiv wahrgenommen worden ist (vgl. Romantheorie, 31ff.). In seinem Bemühen um eine naturwissenschaftliche Fundierung greift **Zolas** *Experimentalroman* auf neueste Entwicklungen in der Medizin zurück. Der französische Arzt Claude Bernard hatte für die Einführung des induktiv-experimentellen Verfahrens, für das objektive Schlussfolgerungen erlaubende Experiment in der Medizin plädiert – als wissenschaftliches Verfahren im Sinne des Positivismus. Neben der Beobachtung, die ›zeige‹, gehe es um Versuche, die ›belehrten‹. Zola übernimmt diese Anordnung und setzt voraus,

> »dass der Romanschriftsteller aus einem Beobachter und einem Experimentator besteht. Der Beobachter in ihm gibt die Tatsachen so, wie er sie beobachtet hat, setzt den Ausgangspunkt fest und stellt den festen Grund und Boden her, auf dem die Personen auf-

marschieren und die Erscheinungen sich entwickeln können. Dann erscheint der Experimentator und bringt das Experiment zur Durchführung, d.h. er gibt den Personen ihre Bewegung in einer besonderen Handlung, um darin zu zeigen, dass die Aufeinanderfolge der Tatsachen dabei eine solche ist, wie sie der zur Untersuchung stehende Determinismus der Erscheinungen ist.« (Nat., 89).

Zolas Gleichsetzung eines Romans mit der Durchführung bzw. Beschreibung von Experimenten faszinierte auch den deutschen Naturalismus, ließ sich im »poetischen Experiment« doch darlegen, dass sich »Naturwissenschaft und Poesie« miteinander »verknoten« (Bölsche, 8). Das Schlagwort vom Experimentalroman jedenfalls war in der naturalistischen Literaturtheorie fest etabliert. Am Experiment-Begriff setzen aber auch die Kritiker an, so Arno Holz. Er verweist bei seiner **Zola-Kritik** auf den naheliegenden Unterschied zwischen dem realen Experiment eines Naturwissenschaftlers und dem eines Dichters:

> »Ein Experiment, das sich blos im Hirne des Experimentators abspielt, *ist* eben einfach gar kein Experiment [...]; es kann im günstigsten Falle das Rückerinnerungsbild eines in der Realität bereits gemachten sein, nichts weiter. ›Ein in der *Phantasie* durchgeführtes Experiment‹, wie man ja allerdings den Rougon-Macquart-Cyklus bereits geistvoll betauft hat, ist ein einfaches Unding.« (Nat., 70).

Für Theoriebildung und literarische Produktion des deutschen Naturalismus bleibt der experimentelle Ansatz dennoch von Belang. Für Bölsche ist der »Dichter [...] in seiner Weise ein Experimentator, wie der Chemiker, der allerlei Stoffe mischt, in gewisse Temperaturgrade bringt und den Erfolg beobachtet« (Bölsche, 7). Und im »Angesicht von Gesetzen können wir die Frage aufwerfen: Wie wird der Held meiner Dichtung unter diesen und jenen Umständen handeln?« (ebd., 25). Es ist die in der Tat mit naturwissenschaftlichen Experimenten vergleichbare Versuchsanordnung, die bestimmte naturalistische Schreib- und Darstellungstechniken ermöglicht haben.

2.8 Kunstgesetz und ›konsequenter Naturalismus‹

Arno Holz hat 1891 in seiner anekdotengespickten Schrift *Die Kunst. Ihr Wesen und ihre Gesetze* die »grosse Erkenntnis« von der »**durchgängigen Gesetzmäßigkeit alles Geschehens**« (Nat., 140) zur Basis eines Kunstgesetzes gemacht, in dem die schon von Bölsche angesprochene Mathematisierung von Kunst und Kunsttheorie gipfelt. Holz stellt die mathematische Formel auf: »**Kunst = Natur – x**«. Der Lehrsatz lautet in Worten: »Die Kunst hat die Tendenz, wieder die Natur zu sein. Sie wird sie nach Massgabe der jeweiligen Reproductionsbedingungen und deren Handhabung.« (Nat., 149; Holz X, 80, 83). Später hat Holz den Satz modifiziert: »Die Kunst hat die Tendenz, die Natur zu sein; sie wird sie nach Maßgabe ihrer Mittel und deren Handhabung.« (Holz X, 187). Mit diesem Kunstgesetz meinte er, endgültig eine »*Wissenschaft* von der Kunst« als »*Sociologie*« und nicht mehr als – überholte – »*Philosophie* der Kunst*« begründet zu haben (ebd.; vgl. Brands; Möbius 1982; Scherpe; Scheuer 1971; Schulz 1974a).

Holz erklärt sein Gesetz am Beispiel der Kritzeleien eines Jungen auf einer Schiefertafel, die er als Kunstproduktion anzuerkennen vermag, weil sich in ihr deren Gesetzmäßigkeiten ebenso offenbaren wie bei der Sixtinischen Madonna (Holz X, 76ff.). Die Kritzeleien sollen einen Soldaten darstellen, lassen aber nur eine »Schmierage«

erkennen; deshalb nennt Holz dieses Werk vorläufig »Suldat«, weil es die Vorlage »Soldat« nur unvollkommen abbildet. Von hier aus gewinnt Holz die Vorform seines Kunstgesetzes: »Schmierage = Soldat – x«, der er dann seine eingangs zitierte allgemeine Fassung gibt.

Dieses Gesetz formuliert in aller Konsequenz **das naturalistische Mimesis-Prinzip**, das zum entscheidenden Leitfaden künstlerischer Gestaltung die möglichst ›genaue‹ Abbildung von Realität macht; ›Natur‹ im naturalistisch-positivistischen Verständnis meint bei Holz nicht allein ›natürliche‹, sondern auch ›gesellschaftliche‹ Natur. Insofern ist der terminologisch so vorbelastete Naturbegriff umfassend für Realität (im positivistischen Sinn) zu setzen. Auf entsprechende Einwände hinsichtlich seiner Naturauffassung entgegnet Holz, dass auch »die Empfindung, die ein Sonnenuntergang« in ihm wachrufe, ein »Naturvorgang« sei, also unter ›Natur‹ falle (Holz X, 139).

Mit der Unbekannten x nun ist ausgewiesen, dass eine Differenz zwischen Realität (Natur) und Abbild (Kunst) besteht. Holz ist nie dem Trugschluss verfallen, Kunst und Natur könnten identisch, die Größe x also gleich Null werden, wie ihm Kritiker unterstellten. Im Gegenteil: indem er die Unbekannte ausdrücklich als die eine Kunstproduktion allererst ermöglichende »Reproductionsbedingung und deren Handhabung« definiert, schließt er aus, dass Kunst jemals ›Natur‹ werde. Es »wird sich«, so Holz, »das strittige x [...] niemals auf Null reduzieren« (Holz X, 131). Zudem insistiert er darauf, dass man nicht »irgendein Ding selbst reproduziert«, sondern »bloß immer sein betreffendes Vorstellungsbild« (Holz X, 271). Wohl aber sei es das Ziel dieses mimetischen Prinzips, dass die Größe x möglichst klein gehalten, dass eine adäquate »Handhabung« des Materials perfektioniert wird und der Künstler die »Reproductionsbedingungen« mitbedenkt (also: keinen *Su*ldaten, sondern einen Soldaten zeichnen; die Material- bzw. Reproduktionseigenschaften von Schiefertafel und Griffel einkalkulieren, damit keine Lücken entstehen zwischen Intention und Umsetzung usf.).

Der wissenschaftliche Anspruch dieser Ästhetik zeigt sich sowohl in der Weise ihrer mathematischen Formulierung als auch in ihrem Postulat strikter Ausschaltung subjektiver Faktoren bei der Abbildung von ›Natur‹. Allein die objektiven Gegebenheiten des ästhetischen Materials, die Gestaltungstechnik, entscheiden über die Annäherung von Kunst an Natur – und nur darum geht es Holz. »Man revolutioniert eine Kunst also nur, indem man ihre Mittel revolutioniert«, indem man ihre »Handhabung revolutioniert«, postuliert er 1899 in seiner *Revolution der Lyrik* (Nat., 366). Damit ist die Pointierung neuer Sujets als ein naturalistisches Innovationsprinzip, das bereits durch die Auffassung von der Gleichwertigkeit der literarischen Gegenstände unterminiert worden war, vollends infrage gestellt und ein folgenreicher Schritt in Richtung auf **Entpolitisierung** getan. Jedenfalls bestimmt Holz den Naturalismus ausdrücklich als »Methode«; er sei »eine Darstellungsart und nicht etwa ›Stoffwahl‹« (Holz X, 271). »Die von den ›Jüngstdeutschen‹ proklamierte Literaturrevolution reduziert Holz konsequent auf die **Revolutionierung der künstlerischen Mittel** und ihrer ›Handhabung‹‹«. So wird »Naturalismus« zum Synonym für »Wissenschaftlichkeit« (Scherpe, 156f.). Der emphatische inhaltliche, sujetbezogene Wahrheitsbegriff des Naturalismus (vgl. Mahal 1975, 149ff.) wird vom ethisch-idealistischen und sozialen Bereich in die Form des Kunstwerkes verlagert – ein konsequenter Schritt sicher zu einer »modernen Literatur« (Holz X, 271), der ein soziales Engagement freilich nichts mehr zu erkennen gibt.

Von diesen Prämissen aus ist auch die Polemik von Arno Holz gegen **Zola** verständlich. Zola hätte die Unbekannte x in Holz' Formel umstandslos durch seine Kategorie *tempérament*, also die individuelle Herangehensweise des Künstlers, seinen künstlerischen Impetus, sein Genie, ersetzt, wenn man sich nur sein (in dieser Version von Holz zitiertes) Diktum vergegenwärtigt: »Une œuvre d'art est un coin de la nature, vu à travers un tempérament« (vgl. Mahal 1975, 153; Braakenburg in: Bölsche, 91). Dabei ist eine intendierte Ausschaltung subjektiver Faktoren wie bei Holz sicher ›konsequent‹, will man sich allein für Bedingungen der Differenz zwischen Kunst und Natur interessieren, dabei stets ausgehend vom naturwissenschaftlich-positivistisch gefassten Gesetz. Insofern figuriert Holzens Theorie in der Literaturwissenschaft zurecht als ›**konsequenter Naturalismus**‹.

Er ist ein Wendepunkt bzw. ein eigenständiger Strang im Naturalismus, weil er teleologische Positionen eines sozialkritischen Wahrheitspostulates einschließlich sozialer Verantwortlichkeit, wie andere Naturalisten sie vertreten, in der theoretischen Programmatik verabschiedet. Ein Wendepunkt auch deshalb, weil hier – konkretisiert im ›Sekundenstil‹ (s. I.3.3) – der ästhetischen Innovation einer phonophotographischen Realitätsabbildung der Weg bereitet wird, die ihrerseits Wirkungen nicht allein im Naturalismus gezeitigt hat. Sie verweist auf Darstellungsprinzipien auch von Impressionismus und Ästhetizismus – Hofmannsthal spricht 1893 von D'Annunzios Novellen als von »psychopathischen Protokollen« (Hofmannsthal I, 176) –, sowie auf entsprechende Erzählstrategien auch des 20. Jahrhunderts (s. III.4.5).

2.9 Zur Naturalismus-Forschung

Die Naturalismus-Forschung hat lange Zeit Vorurteile gegenüber dem Naturalismus, die bereits die Zeitgenossen erhoben haben, mitgeschleppt bzw. mit diesen zu kämpfen gehabt. Dabei lag mit Adalbert von Hansteins *Das jüngste Deutschland. Zwei Jahrzehnte miterlebter Litteraturgeschichte* aus dem Jahre 1900 bereits ein älteres Standardwerk vor, das zumindest in den Daten positivistisch-exakt wichtiges Material aus der Sicht eines Beteiligten umfassend aufbereitet hat (Hanstein). Einen frühen größeren Überblick boten 1959 Richard Hamann und Jost Hermand, die im Rahmen ihrer fünfbändigen Darstellung *Epochen deutscher Kultur von 1870 bis zur Gegenwart* ihren erstmals in der DDR und dann mehrfach in der Bundesrepublik aufgelegten Band *Naturalismus* herausbrachten (sowie die parallelen Bände zu *Gründerzeit*, *Impressionismus*, *Stilkunst um 1900* und *Expressionismus*; vgl. Hamann/Hermand 1972; dies. 1977a; dies. 1977b; dies. 1977c).

Erst seit den siebziger Jahren hat sich dann in der Bundesrepublik eine auf sozialgeschichtliche Fundierung bedachte Germanistik des »verdrängten Naturalismus« (Hermand 1972, 26ff.) auf breiterer Ebene angenommen. Begünstigt wurde dies durch den literaturwissenschaftlichen Paradigmenwechsel im Gefolge der 68er Bewegung – durch die Interessen einer teilweise materialistisch operierenden und gezielt die unterdrückten Literaturtraditionen aufarbeitenden Germanistik, die ihre Kritik an der Beschränkung des Faches auf die traditionelle Höhenkammliteratur praktisch werden ließ. Gerade der Naturalismus bot sich hier an, ließen sich doch insbesondere methodisch und wissenschaftspolitisch aktuell scheinende Fragen der Dichter- und Intellektuellensoziologie, der sozialistischen und proletarischen Naturalismus-Rezeption des ausgehenden 19. Jahrhunderts und insgesamt Berührungen zwischen Naturalismus und Arbeiterbewegung erkunden. Entsprechend dominierten ideologiekritische, intelligenzsoziologische und rezeptionsästhetische Ansätze.

Derartigen Ansprüchen einer ›kritischen‹ Germanistik verpflichtet (vgl. Hermand 1994, 141ff.), entstand seit den siebziger Jahren eine Fülle von editorischen, monographischen und biographischen Arbeiten, die den Naturalismus zeitweise zu einem ganz bevorzugten Studienobjekt der Germanistik hat avancieren lassen. Dabei standen nicht selten Aspekte des sozialistischen Engagements naturalistischer Autoren und Fragen der Parteilichkeit naturalistischer Texte und ihrer Ästhetik im Zentrum – insgesamt ideologiekritische Verfahrensweisen, die gleichermaßen eine **Rehabilitierung und Kritik des Naturalismus** und seiner politischen und ästhetischen Ansätze gestattete. Einschlägige auch ältere Arbeiten von Bogdal, Brandes, Brauneck, Cowen, Fricke 2010, Guenther, Mahal, Möbius, Scherer, Scheuer, Schutte, Sollmann, Stöckmann 2009 u.a. bezeugen das ebenso wie verschiedene Quellensammlungen (vgl. LMN; Nat., Theorie des Naturalismus) und Aufsatzbände (Naturalismus; Naturalismus/Ästhetizismus; Deutsche Dichtung um 1890; Turn of the Century; Interpretationen. Dramen des Naturalismus).

In der DDR-Germanistik waren lange die Naturalismus-Studien von Georg Lukács, insbesondere die deutlich kritisch-abwertenden Ausführungen in seiner weitverbreiteten, zuerst 1945 erschienenen Schrift *Deutsche Literatur im Zeitalter des Imperialismus* (Lukács, 452ff.) maßgebend. Angesichts der ästhetisch auf die Klassik fixierten, grundsätzlich moderne-kritischen frühen DDR-Germanistik und ihrer politisch häufig verkürzten Messlatte proletarischer Parteilichkeit ließen eine ausgedehnte Naturalismus-Forschung nicht entstehen, selbst wenn die Arbeiten von Ursula Münchow und auch ihre Anthologien *Naturalismus 1885–1891* und *Naturalismus 1892–1899* im Ostberliner Aufbau-Verlag (1970) Neuland betraten (vgl. Münchow 1981).

Die westdeutsche Forschung der achtziger Jahre zehrte überwiegend von den Innovationen der siebziger Jahre, sieht man von dem diskursanalytischen Vorstoß von Kolkenbrock-Netz über »Strategien ästhetischer Legitimation im Naturalismus« (Kolkenbrock-Netz) einmal ab. Neuere Thesen, nach denen »der Naturalismus in Deutschland primär biologistisch bestimmt« gewesen sei, unterschätzen nun gerade die sozialistischen und naturwissenschaftlich-positivistischen Momente, gegen die dieser Ansatz polemisiert, und vermögen eine Neubestimmung des Naturalismus-Begriffs nicht einzuleiten. Allerdings sind darwinistisch-biologische Momente, die sich »deutsch-völkischer Bildlichkeit« nähern (Bibo), sind spätere Berührungen vormaliger Naturalisten mit dem Nationalsozialismus – auch bei Gerhart Hauptmann – erkennbar (Erdmann). Insgesamt bleibt man auf die o.g. Untersuchungen, so auf die Gesamtdarstellung von Mahal, weiterhin angewiesen (Mahal 1975; vgl. Bohnen).

Der besonderen Forschungskonstellation und dem großen Nachholbedarf überhaupt ist es geschuldet, dass der Naturalismus zumeist als eigenständige, separate Bewegung – die er zweifellos ist – analysiert worden ist, nicht auch in seinen Verflechtungen und Berührungen mit den zeitlich parallelen Gegenströmungen. Der Ansatz von Peter Bürger u.a., den Komplex *Naturalismus/Ästhetizismus* simultan anzugehen, blieb vereinzelt (vgl. Naturalismus/Ästhetizismus). So sind es neuere Literaturgeschichten sowie Arbeiten, die den Begriff der Jahrhundertwende reflektieren und die Diachronie und Synchronie der Ismen und die Komplexität von Naturalismus und Fin de siècle ansprechen (Deutsche Literatur. Bd 8; Geschichte der deutschen Literatur. Bd II/2; Žmegač 1981; Hansers Sozialgeschichte 7; Sprengel 1998a). Ein Forschungsbericht zum Naturalismus steht aus, aktuelle Forschungen sind rar (vgl. Fricke 2010; L. Schneider 2005; Stöckmann 2009).

3. Naturalistische Literaturpraxis

3.1 Gattungspräferenzen

Über die literarischen Gattungen bemerkte Eugen Wolff aus der Sicht des Beteiligten bereits 1887: »Zuerst war die neue Strömung nur zerstörende und neue Bahnen brechende Kritik, dann wurde sie zur Lyrik, jetzt befinden wir uns bereits im Stadium der Novellistik und schon offenbaren sich Ansätze zu Roman- und Dramendichtungen« (zit. Schutte, 18). In der Tat lässt sich bei den Gattungen eine auffällige historische Abfolge beobachten: neben Proklamationen und theoretischen Texten finden sich Gattungsschwerpunkte für die Lyrik in der Frühphase um 1885 (s. I.3.2), für die Epik im darauffolgenden Jahrfünft (s. I.3.3) und für das Drama in den neunziger Jahren (s. I.3.4).

Die lyrischen Anfänge entsprechen nicht zuletzt der traditionellen **Gattungshierarchie**, die von Theoretikern wie den Brüdern Hart oder Arno Holz in keiner Weise angetastet wird. Die Harts stellen 1884 eine »Stufenfolge in der Reihe der Künste auf«, wobei sie eine aufsteigende Linie von der Architektur über Malerei und Musik bis zur »Dichtkunst« sehen. Innerhalb der Dichtkunst wiederum rangiert das Lyrische, die »reine Poesie«, an erster Stelle gegenüber dem Epischen und Dramatischen (zit. Kolkenbrock-Netz, 103). 1890 bestimmt Julius Hart beim »Kampf um die Form in der neuen Dichtung« den lyrischen Vers als höchste poetische Form – unter deutlicher Abwertung der Prosa. Dieser wird allenfalls als Durchgangsstadium zur künftigen Dichtkunst eine vorübergehende Legitimität zugesprochen (LMN, 179ff.; dort irrtümlich Heinrich Hart als Verfasser genannt).

Wenn sich also der Naturalismus in seiner Literaturproduktion zunächst der **Lyrik** widmet, so geschieht dies ganz in Übereinkunft mit der traditionellen Gattungspoetik. Erst die geringe Resonanz auf die lyrische Produktion wird das naturalistische Interesse an anderen Gattungen wecken, für die Bleibtreu bereits 1886 in seiner *Revolution der Litteratur* 1886 plädiert hat. Er polemisiert darin sogar gegen den »altbekannten Lyriker-Hochmut« und spricht der Lyrik die Fähigkeit ab, »den ungeheuren Zeitfragen zu dienen« (Bleibtreu, 67), auch wenn er selbst wenig zuvor noch am Beispiel von Liliencron, der dem Naturalismus locker verbunden war, das Konzept einer »realistischen Lyrik« entworfen hatte (vgl. L. Völker, 208ff.).

Mit der Verwerfung der Lyrik zeichnet sich ein **Paradigmenwechsel** ab, der gattungspoetisch »schon die Enge der lyrischen Form« (Bleibtreu, 67) als Hindernis zur Umsetzung naturalistischer Prinzipien sah. Zudem dürften die negativen Erfahrungen mit dem Markt nicht ohne Wirkung geblieben sein: Gegen Ende des Jahrhunderts hat sich dieser zugunsten von einträglicher **Prosa** und auflagenstarken Romanen, nach denen das Publikum in allen Schattierungen und Tonlagen begehrt, umstrukturiert (s. I.4.1). Es sei an Arno Holz' Klage aus dem *Buch der Zeit* erinnert:

»Auch meine Galle schwimmt im Groll,/doch wozu ihn versifizieren?/Die Welt ist heute prosatoll/und wird ihn schwerlich honorieren.« (Holz I, 27). Und Karl Bleibtreu gibt der Hoffnung Ausdruck, »das Junge Deutschland (möge) seinen lyrischen Eifer nicht für sakrosankt erachten. Sobald sie *Prosa schreiben*, also *etwas zu sagen haben*, werden wir uns wieder sprechen.« (Bleibtreu, 72). Schließlich werden aber seit den neunziger Jahren **Drama und Theater** zu den bevorzugten und wichtigsten Domänen des Naturalismus in Deutschland (s. I.3.4).

3.2 Revolution der Lyrik?

Wenn Arno Holz und andere Naturalisten zur Rechtfertigung ihrer lyrischen Produktion von einer »höheren kulturellen Legitimität« der Lyrik (Kolkenbrock-Netz, 104) gegenüber dem Roman ausgegangen sind, so fanden sie sich durchaus in Übereinstimmung mit dem common sense des gebildeten Bürgertums ihrer Zeit, bei dem die Lyrik an erster Stelle stand. Die Brüder Hart polemisierten bereits 1882 gegen die lyrische Konjunktur von »fast 150 Büchern, mit Tausenden von nichts als Liedern gefüllt«, die den Markt überschwemmten und den lyrischen Verfall – »Armut an Formen«, »Armut an Stoffen«, »Plattheit der Stoffe«, »Verlogenheit der Gefühle« – markierten (Theorie des Naturalismus, 195, 198).

Gegen diese Lyrik starteten die Naturalisten ihre **Revolution der Lyrik.** Bezeichnenderweise bezogen sie den Terminus »Revolution« zuerst auf diese Gattung, so Bleibtreu und Paul Fritsche im Jahre 1885 (Mahal 1974, 11). Erst ein Jahr später wurde »Revolution« auf die Literatur insgesamt bezogen, und zwar durch Bleibtreu mit seinem Buch *Revolution der Litteratur.* Arno Holz folgte 1899 mit seiner *Revolution der Lyrik.* So ging es nicht um einen kunstzerstörerischen Bildersturm, sondern um die produktive Erneuerung eines Genres: Die Naturalisten bedienten sich nicht nur taktisch des hochangesehenen Status der Lyrik, sondern suchten ihn strategisch ganz für sich zu erobern. Das zeigt die Mitte 1885 erschienene **Anthologie** *Moderne Dichter-Charaktere*, die erste Gruppenpublikation von Naturalisten überhaupt (vgl. Mahal 1975, 185ff.; Schutte; L. Völker).

Dass diese Anthologie im Selbstverlag erschienen ist, deutet auf Schwierigkeiten bei der Herausgabe einer Gedichtsammlung, die nicht marktkonform sein wollte. Die von den Brüdern Hart geplante, dann von Wilhelm Arent herausgegebene Sammlung sollte ursprünglich *Unser Credo* heißen, erhielt ihren Namen dann in Anlehnung an die Jungdeutschen Heinrich Laube (*Moderne Charakteristiken*, 1835) und Karl Gutzkow (*Öffentliche Charaktere*, 1835) und wurde bei der 2. Auflage 1886 mit erkennbarer Absicht in *Jung-Deutschland* umbenannt (Scheuer 1971, 47ff.). Gleich zwei Vorreden, »Unser Credo« von Hermann Conradi und »Die neue Lyrik« von Karl Henckell, machten den Band in jeder Hinsicht als frühe Manifestation der Lyrikrevolution kenntlich (Nat., 347ff.).

Entsprechend vollmundig lesen sich die programmatischen Einleitungen. Conradi vermisst in der Gegenwartslyrik »Titanisches« und »Geniales« sowie »alles hartkantig Sociale. Alles Urewige und doch zeitlich Moderne« und fordert von den »Rebellen und Neuerer[n]«, dass sie als »Dichter ihrer wahren Mission sich wieder bewusst werden. Hüter und Heger, Führer und Tröster, Pfadfinder und Weggeleiter, Aerzte und Priester der Menschen zu sein« (Nat., 348, 349). Henckell, ein, so Julius Hart, »Guerillaführer in der Dichtung« (Nat., 361), beansprucht, »direkt in die Entwicklung der modernen deutschen Lyrik einzugreifen«. Gegen den grassierenden »Dilettantismus«, gegen »Phrasendrescher und Reimpolterer« polemisierend, ist er sich gewiss: »auf den Dichtern des Kreises, den dieses Buch vereint, beruht die Litteratur, die Poesie der Zukunft« (Nat., 353, 355).

Ihrem Anspruch und Selbstverständnis nach setzen die *Modernen Dichter-Charaktere* also auf einen durchschlagenden **Neubeginn in Sachen Lyrik**, und dies bei Aufrechterhaltung bzw. Rückgewinnung des traditionellen Dichterstatus. Die mit den aufzuzeigenden materiellen und ideologischen Veränderungen des Bismarckreiches einhergehenden Einschränkungen der traditionellen Wirkungsfelder von Kunst und Künstler, die der Naturalismus als tiefe Krise der Kunst überhaupt und als ihren Untergang diagnostiziert, sollen korrigiert werden (s. I.4.3). Das epochentypische Problem der Identifikation als oppositioneller Künstler in kunstfeindlich-bourgeoiser Umgebung führt zum Versuch, gerade und zuerst die traditionell hoch angesehene Lyrik für sich zu erobern und neues Terrain für die gesellschaftlich längst demontierte Dichter-Priester-Rolle zu schaffen. Darauf deutet auch der umfassende Rezeptionshorizont, den Conradi absteckt: »wir singen frei und offen, wie es uns um's Herz ist: für den Fürsten im geschmeidefunkelnden Thronsaal wie für den Bettler, der am Wegstein hockt und mit blöden, erloschenen Augen in das verdämmernde Abendrot starrt« (Nat., 348).

So geht es dieser Lyrikrevolution nicht um den Bruch mit traditionellen Lyrik- und Dichterauffassungen, sondern um deren Bewahrung vor bürgerlichem Verfall – eine im Wortsinn konservative Attacke also, die von der »**Dominanz der Kunstideologie**« im Naturalismus zeugt (Bogdal, 38ff.). Was Bogdal als »allgemeines ideologisches Projekt« des Naturalismus fasst, lässt sich nicht allein an naturalistischen Proklamationen, sondern schon bei der Inszenierung der ersten dichterischen Sammlung erkennen. In ihr bereits zeigt sich ein »für die literarische und kunsttheoretische Produktion der Naturalisten gleichermaßen konstitutiver Widerspruch: Der Bruch mit der herrschenden Kunst (eine Notwendigkeit angesichts der Krise) muss als Kontinuität *der* Kunst ausgewiesen werden, weil ein Bruch mit der Kunstideologie nicht im Bereich des Denkbaren liegt« (Bogdal, 38). So erklärt sich auch die zitierte Doppelstrategie von »Urewigem« und »zeitlich Modernem«.

Dies gilt es mitzubedenken, schaut man sich die lyrische Produktion selbst an. Dabei schneiden die *Modernen Dichter-Charaktere* denkbar schlecht ab. Nicht nur, dass sich unter den 22 Autoren auch ein so etablierter Hohenzollern-Dichter wie Ernst von Wildenbruch findet und nur ein Teil von ihnen – Arent, Conradi, die Brüder Hart, Hartleben, Henckell, Holz, Jerschke – überhaupt dem Naturalismus zuzurechnen ist. Auch die Gedichte der naturalistischen Autoren bleiben traditionalistisch, sie zeigen trotz sozialkritischer Pointen mit ihrem »Eklektizismus« (Scheuer 1971, 49) alles andere als die von Conradi verheißene »schrankenlose, unbedingte Ausbildung ihrer Individualität« – kurz, den angestrebten Bruch »mit den alten überlieferten Motiven« und »abgenutzten Schablonen« (Nat., 348f.) lässt die Anthologie vermissen (vgl. Mahal 1975, 185ff.).

Allerdings bleibt zu differenzieren. Nicht nur hatte Conradi in seinem »Credo« vorsorglich eingeräumt, dass manch ein Poem der *Modernen Dichter-Charaktere* womöglich »nicht originell« sei (Nat., 347). Als Gruppenpublikation hatte der Band, unabhängig von seiner lyrischen Qualität, für die Konstituierung der naturalistischen Bewegung, auch für nicht vertretene Autoren wie Halbe oder Hauptmann, eine mobilisierende Wirkung. Zudem zeichnen sich trotz allen Konventionalismus doch Themenbereiche ab, die für die deutschsprachige Lyrik ein Innovationspotenzial darstellen, das bis weit ins 20. Jahrhundert reicht: die häufig eng miteinander verknüpften Sujets ›soziale Frage‹ und ›Großstadt‹.

Anders als in der Metropole Paris, die bereits seit Mitte des 19. Jahrhunderts den Boden für eine **Großstadtlyrik** vom Range eines Baudelaire bereitet hat, kümmert sich im Deutschen erst der Naturalismus um die lyrische Aneignung dieses Sujets (vgl. Deutsche Großstadtlyrik; Sprengel 1998a, 559ff.; Riha 1983a). Arno Holz – ein »Kind der Großstadt und der neuen Zeit./Tagaus, tagein umrollt vom Qualm der Essen« –, gibt in seinem Langgedicht »Berliner Frühling« ein entscheidendes Stichwort: »Das goldne Wort: Auch dies ist Poesie!« (Holz X, 100). Hier fordert das lyrische Ich, die traditionellen lyrischen Sujets zu erweitern und die Phänomene der »neuen Zeit«, Industrialisierung und Metropolenentwicklung, als poetisch den traditionellen Sujets ebenbürtig anzuerkennen. Auch Julius Hart ruft 1886 emphatisch aus: »nur die Friedrichstraße hat noch Poesie, wert gemalt zu werden« (zit. Schulz 1974a, 28). Wilhelm Bölsche wendet sich 1890 in einem Beitrag über die »Poesie der Großstadt« gegen das Klischee, die »moderne Großstadt« sei » baar aller Poesie« und hofft auf eine »Befruchtung der Kunst durch die Großstadt (Nat., 254, 258). Das steht im Übrigen mit der zitierten naturalistischen Auffassung, es dürfe keine »Stoffe zweiten oder dritten Ranges« geben, völlig im Einklang (s.o. S. 27f.).

Gerade die aus der Provinz nach Berlin – das als ausgesprochene Industriestadt seit den siebziger Jahren des 19. Jahrhunderts förmlich explodierte – übersiedelnden naturalistischen Dichter erfahren die Besonderheiten des Großstadtlebens hautnah. Autobiographisch grundiert lässt Julius Hart in seinem lyrischen Beitrag für die *Modernen Dichter-Charaktere*, »Auf der Fahrt nach Berlin«, die Gegensätze zwischen Provinz/Natur (»Vom Westen kam ich – schwerer Heideduft/umfloß mich noch« und Metropole (»Berlin! Berlin! Die Menge drängt«) aufeinanderprallen. Dies vermittelt sich durch die von Tempo und Geräusch der Eisenbahnfahrt geprägte Wahrnehmung der vorbeiziehenden Landschaft und der sich immer deutlicher abzeichnenden Stadt: »Vorbei, vorüber! und ein geller Pfiff!/Weiß fliegt der Dampf ... ein Knirschen an den Schienen!/Die Bremse stöhnt laut unter starkem Griff .../Langsamer nun!« (Lyrik des Naturalismus, 42ff.).

Dabei lässt sich eine bestimmte **Ambivalenz der Großstadtwahrnehmung** erkennen, die von den gravierenden Problemen zeugt, welche die neuen urbanen Lebensweisen provozieren, jene ›Chock‹-Erfahrungen, die Benjamin als Element der urbanen Reizüberflutung für Baudelaire herausgestellt hat und die bis in den Expressionismus und die zwanziger Jahre hinein zu verfolgen sein wird (s.u. S. 170f.). In Harts Gedicht verheißt die Metropole zweierlei : »Ein Paradies, ein süßes Kanaan –/ Ein Höllenreich und Schatten bleich vermodernd.« Was hier noch (auch bei biographischer Lesart) als erwartungsfrohe Gespanntheit auf eine positiv oder negativ sich entwickelnde Lebensperspektive in der großen Stadt erscheint, verweist bereits auf die als Bedrohung erfahrene Großstadt. Die Stadt ist Verheißung und Fluch zugleich, birgt ein beunruhigendes Drohpotenzial und erscheint stereotyp als exponierter Ort von Elend, Laster, Schmutz – vor allem aber als die schlechte Alternative zur Natur.

So tun sich in »Großstadtmorgen« (1886) von Arno Holz dem lyrischen Ich bei einem Gang durch die Friedrichstraße – »bespritzt von ihrem Schmutz bis in die Seele« – in einem »Gesicht« plötzlich die glücklichen Gefilde ländlicher Existenz auf:

»Ein verwehender Sommertag, ich war allein,/auf einem grünen Hügel hielt ich im Abendschein,/und still war mein Herz«. Ansatzweise sucht Arno Holz Spannungen zwischen Fluch und Verheißung der Metropole durch eine kühle, distanzierte, kaltschnäuzige Urbanität zu meistern, die den ›Chock‹ erträglich macht: »An was ich dachte, weiß der Kuckuck nur./Vielleicht an meinen Affenpintscher Fips,/an ein Bonmot, an einen neuen Schlips«. Zudem geht es bei Holz um eine Realitätsabbildung, die er als ›Sekundenstil‹ in der Prosa perfektionieren wird, die aber auch in seiner Lyrik erkennbar ist. »Großstadtmorgen« endet mit dem Zurücktreten des lyrischen Ich zugunsten einer als objektiv angelegten, phonographisch exakten Wiedergabe von Realität schon im Sinne von ›konsequentem Naturalismus‹:

> »Die Friedrichstraße. Krumm an seiner Krücke
> ein Bettler auf der Weidenhammer Brücke:
> ›Kauft-Wachs-streich-hölzer!
> Schwedische-Storm- und Wachs-streich-hölzer ...’
> Mich ... fröstelte!«
> (Holz I, 106ff.).

Holz ist einer der wenigen naturalistischen Lyriker, dem mit solchen Verfahrensweisen die Überwindung schematischer Stadt-Natur-Alternativen gelingt und der vom ästhetischen Material her in die Topographie der Stadt einzudringen vermag. Im Gros der naturalistischen Lyrik findet sich dagegen eine auffällige **Naturalisierung des Stadt-Sujets**, finden sich Metaphern und Vergleiche aus dem Bereich des Organischen und einer positiv gesetzten Natur. Das gilt auch für den mit der Großstadt zusammenhängenden bzw. benachbarten Bereich der Technik. Das ›Moderne‹ von Großstadt, Technik und Maschine suchen die Naturalisten ästhetisch zu bewältigen, indem sie die Maschine zumeist anthropomorphisieren. In Zolas Roman *La Bête Humaine* (*Die Bestie im Menschen*, 1890) begegnet die Maschine – hier eine Lokomotive – als heiß atmendes Monster, und umgekehrt erscheint in Hauptmanns »Bahnwärter Thiel« (1888) das bedrohliche »Weib« als Maschine. Allerdings bleibt noch der Literatur des 20. Jahrhunderts die Naturalisierung der Stadt als Dschungel, die Rede vom *Dickicht der Städte*, so Brecht, geläufig. Döblin polemisiert gegen das Bild von der Großstadt als Dschungel, da es als Naturbild unangemessen sei (Becker 1993, 427).

Gerade das Spezifische, Moderne, Technische von Großstadt und Maschine, das später die Avantgarde durch Montage, Simultaneität und Lautpoesie zu erfassen sucht, wird im Naturalismus kaum adäquat erfasst. Bildlichkeit und Metaphorik aus dem Naturbereich und Naturvergleiche vermögen das explosiv Neue der Großstadt – Anonymität, Tempo, Chock-Erfahrung usw. – nur schwerlich fassen. Dass alternative Gestaltungsformen dem Naturalismus noch kaum zur Verfügung gestanden haben, verweist auf die ästhetischen Grenzen bloßer Sujeterweiterungen, die nicht auch mit einer Überprüfung des ästhetischen Materials einhergehen (vgl. Becker 1993; Fähnders 2007b; Lämmert 1992/93; L. Müller 1990; Unwirklichkeit der Städte).

Dahinter stehen aber auch mentale Probleme, die sich in der industriell verspäteten Nation ergeben, die nun in unglaublich beschleunigtem Tempo ihre Industrialisierung, Technisierung und Metropolenbildung – Berlin – nachholt. (Erst um 1890 ist in Deutschland die Umwandlung vom Agrarland in den Industriestaat ökonomisch vollzogen.) Offenkundig braucht es Zeit, diese Neuerungen zu verarbeiten, auch ästhetisch. Auf die tiefen Schnitte, welche die Großstädte für das »Geistesleben« bedeuten, hat der Soziologe Georg Simmel bereits 1903 verwiesen (Simmel, 192ff.; s. II.2.5). Die große Beliebtheit der regressiven Heimatliteratur und der **antimodernen Bewegungen** um die Jahrhundertwende insgesamt, die mit dezidiert großstadt-, technik- und zivilisationsfeindlicher Stoßrichtung gegen derartige Entwicklungen opponieren, ist Indiz für Ungleichzeitigkeiten zwischen ökonomischen und mentalen Entwicklungen (S. I.6.6). Der Gegensatz signalisiert eine spezifisch deutsche Tradition, in der Stadtfeindschaft gegen Naturbegeisterung steht. Das macht noch die antinaturalistische Kritik deutlich, die sich über die Behandlung gerade dieser ›modernen‹ Sujets durch den Naturalismus empört (vgl. Nat., 445ff.; Jhw., 321ff.). Die immer wiederkehrenden Attribute ›krank‹ bzw. ›gesund‹ bei Be- und Verurteilung der Moderne um die Jahrhundertwende stehen in diesem Kontext (vgl. Anz 1986; Kottow 2006, 56ff.).

Vergleichbares gilt für den lyrischen Umgang mit der ›sozialen Frage‹, die **soziale Lyrik**, die oft mit dem Großstadtthema verbunden auftaucht. Hier sind die Töne, nicht zuletzt dank einer ausgeprägteren literarischen Tradition, die auf den Vormärz ebenso zurückgreifen kann wie auf zeitgenössische proletarisch-sozialistische Exempel, oftmals geschärfter, einhelliger, ästhetisch ›gleichzeitiger‹. So markiert die scharfe **Sozialkritik** in den Rollengedichten eines Karl Henckell, etwa im »Lockspitzellied«, einen avancierten Beitrag zur Geschichte fortschrittlicher Lyrik (Lyrik des Naturalismus, 140f.). Vergleichbares gilt für die frühe politische Lyrik von John Henry Mackay. Beide Autoren stehen der revolutionären politischen Bewegung allerdings nicht zufällig deutlich näher als andere Naturalisten – Mackay als Propagandist des individualistischen Anarchismus, Karl Henckell im Kontext der SPD. In ihrem Auftrag gibt er 1893 im parteieigenen ›Vorwärts‹-Verlag das *Buch der Freiheit* heraus, eine vielgelesene Anthologie, die naturalistische und proletarisch-sozialistische Lyrik mit dem dichterischen Erbe der Weltliteratur zusammenführt. Mit naturalistischen Ansätzen hat sie allerdings nur mehr wenig gemein.

Berührungen der sozialen Lyrik des Naturalismus mit **sozialistischer Lyrik** und Arbeiterbewegung bilden die Ausnahme; hier zeigt sich das immer wieder konstatierte Faible für soziale Randgruppen deutlich auch in der Lyrik. Der Bettler, der Krüppel, der Verelendete, die Dirne finden auch in der Lyrik eher Interesse als die Figur des klassischen, gar klassenbewussten Arbeiters; ein so einprägsames Lied wie »Der Arbeitsmann« von Richard Dehmel (1896) ist wiederum die Ausnahme und dem Naturalismus kaum mehr zuzuordnen (vgl. Gedichte und Interpretationen 5, 54ff.).

Dahinter steht eine eher moralisch denn sozial gefärbte Präsentation des Elends; sie provoziert Mitleid, nicht einzuklagenden Wandel. Nun wird man den bürgerlichen Dichtern des Naturalismus nicht vorhalten wollen, sie seien keine proletarischen oder sozialistischen Dichter. Prekär allerdings sind die aus der Dichtungsauffassung resultierenden Konsequenzen, die in Teilen der sozialen Lyrik zutage tritt. So werden gerade dann, wenn einmal Arbeiterfiguren in den Blick geraten, diese durch »Omnipräsenz des Animalischen/Sinnlichen« charakterisiert – eine Darstellung, die, so Bogdal, letzten Endes die »Konsequenz des durch die Metaphern in Bewegung gesetzten Zuordnungs- und Wertungsvorgangs« ist und Aspekte von politischer Entwicklung und Veränderung ausblendet (Bogdal, 65f.). Soziale Realität (Arbeiter, Fabrik, Massen) verflüchtigt sich und weist zurück auf eine »Konstituierung/Restituierung eines pädagogischen Objekts«. Die »Etablierung der führenden Rolle der Intellektuellen«, die als Lichtbringer von außen zu helfen wissen, zeichnet sich ab (ebd., 67; s. I.4.5).

So verfährt die naturalistische Revolution der Lyrik alles andere als literaturre-volutionär: die überkommene Dichter-Seher-Rolle wird verlängert bzw. neu eingefor-dert, die programmatische Sujet-Erweiterung der Lyrik zeitigt nur bedingt auch for-male Konsequenzen. Als Resümee lässt sich das schon 1900 von Leo Berg getroffene Urteil zitieren, dass die frühe naturalistische Lyrik »**nur dem Inhalt, nicht der Form nach neu**« war (Jhw., 73).

Für die **lyrische Moderne** ist der Beitrag der naturalistischen Lyrik trotz wichti-ger Einzelleistungen zwiespältig. Einmal ist an die durchaus nicht folgenlose Inten-tion der Naturalisten zu erinnern, mit der gängigen lyrischen Praxis aufzuräumen – als ein ins Grundsätzliche greifender »Enttabuisierungsversuch des Lyrischen« (Ma-hal 1974, 34). Das ironische, Friedrich Schlegels Wort über den Historiker als den »rückwärts gekehrten Propheten« abwandelnde Gedicht »Programm« von Arno Holz deutet an, worum es ihm geht: »Kein rückwärts schauender Prophet,/geblendet durch unfaßliche Idole,/modern sei der Poet,/modern vom Scheitel bis zur Sohle!« (Holz I, 128).

Trotz der prekären traditionalistischen und regressiven Züge bei Dichterbild und Lyrikauffassung mag man wegweisende Leistungen in den wenn auch seltenen Berührungen mit der sozialistischen Lyrik der Zeit, aber auch in den Ansätzen zu einer »›Chanson‹-Poesie« erkennen (Riha 1983, 382). Sie verweist auf eine über Frank Wedekind und die Vorkriegsboheme bis zur ›Gebrauchslyrik‹ gesellschaftskritischer Autoren der zwanziger Jahre von Kurt Tucholsky bis Erich Kästner reichende, häufig unterschätzte Traditionskette (s. III.4.3). Die Annäherung an Umgangs- und Alltags-sprache, die Spanne zwischen freien Rhythmen und dem Prosagedicht lässt sich zu-dem als wichtiger Beitrag zur Lyrik der Moderne interpretieren – als »naturalistische ›Prosaierung‹« gegenüber »ästhetizistischer ›Poetisierung‹« gegen Ende des Jahrhun-derts (Völker, 234).

Als Ausnahmeerscheinung bleibt auf **Arno Holz** zu verweisen, der (neben dem aggressiveren Karl Henckell) mit seinem *Buch der Zeit* (1886) die fortgeschrittenste Lyrik des Naturalismus überhaupt vorgelegt hat. In seiner *Revolution der Lyrik* (1899) resümiert er seinen Entwicklungsgang als Lyriker und entwickelt seine Auffassung von der Lyrik, die unter Ausschaltung des Individuellen eine abbildende, »rein benen-nende Sprache« anstrebt (Cowen 1994, 111). Parallel zu seinem Kunstgesetz formu-liert er: »Man revolutioniert eine Kunst [...] nur, indem man ihre Mittel revolutio-niert. Oder vielmehr [...] deren Handhabung revolutioniert« (Nat., 366). Eine zentra-le Rolle spielt dabei der Rhythmus, der angesichts des Verzichtes auf Reim, Metrik und Strophik an Gewicht gewinnt: »Der Rhythmus, den ich will, ist nicht mehr der freie, sondern ich will den notwendigen« (Holz X, 537). Sein lyrisches Verfahren einschließlich der Mittelachsenzentrierung – als eine auch »ergonomische Optimie-rung der Lesezeit« (Kittler, 230) – hat Holz an einem Beispiel expliziert:

> »Ich schreibe als Prosaiker einen ausgezeichneten Satz nieder, wenn ich schreibe: ›Der Mond steigt hinter blühenden Apfelbaumzweigen auf.‹ Aber ich würde über ihn stol-pern, wenn man ihn mir für den Anfang eines Gedichtes ausgäbe. Er wird zu einem solchen erst, wenn ich ihn forme: ›Hinter blühenden Apfelbaumzweigen steigt der Mond auf.‹ Der erste Satz referiert nur, der zweite stellt dar. Erst jetzt, fühle ich, ist der Klang eines mit dem Inhalt. Und um diese Einheit bereits deutlich nach außen zu geben, schrei-be ich:

>Hinter blühenden Apfelbaumzweigen
steigt
der Mond auf.'
Das ist meine ganze ›Revolution der Lyrik‹.«
(Holz X, 538f.).

Sie wurde insofern folgenreich, als er mit seiner »Wortkunst« ein entscheidendes Stichwort für die Lyrik des expressionistischen ›Sturm‹-Kreises gibt und so den Zusammenhang zumindest eines Stranges der naturalistischen Lyrik mit der Lyrik des Expressionismus markiert (vgl. Metzler Lexikon Avantgarde, 361; s. II.3.5).

3.3 ›Sekundenstil‹ und naturalistische Prosa

»Die höchste Gattung des Realismus«, so Karl Bleibtreu, sei der »sociale Roman«, und wer etwas zu sagen habe, der solle eben Romane schreiben (Bleibtreu, 36, 72). Die Hinwendung zum Roman hing auch, allerdings nicht nur, mit gravierenden Veränderungen des literarischen Marktes zusammen, der lukrative Honorare allein für Roman und Prosa abwarf (s. I.4.1). Ein Blick auf das Roman-Œuvre von **Emile Zola** bestätigt jedoch auch unabhängig davon die übermächtige Dominanz des Romans zumindest im französischen Naturalismus. Zolas Romane wurden, trotz massiver Kritik an den »›Zola-Affen‹« (Nat., 39), seit etwa 1880 auch in Deutschland, also bereits vor dem naturalistischen Aufbruch, in hohen Auflagen vertrieben (vgl. Moe; Sältzer). *Nana* (1880) erlebte beispielsweise 1882 eine Auflage von 116.000, im Jahr darauf von 122.000 Exemplaren (Kolkenbrock-Netz, 356). Die deutsche Zola-Rezeption bezog sich auf sein theoretisches Werk, vor allem dem Konzept eines Experimental-Romans, (s.o. S. 29f.), sowie auf den monumentalen, 20bändigen *Rougon-Macquart*-Zyklus (1871–93). Eine Kluft zwischen dem Theoretiker und dem Romancier Zola ist dabei durchaus wahrgenommen und, so bei J. Hart und anderen, zugunsten des Romanciers gewertet worden. Eugen Wolff urteilt 1891 in seiner Schrift *Zola und die Grenzen von Poesie und Wissenschaft*, dass der »Experimental-Naturalist« eher »Dichtung, nicht Wissenschaft« biete und seiner Theorie in seinen Romanen nicht genüge (Nat., 731). Der Vertreter des Münchner Naturalismus, Michael Georg Conrad, der in Paris den Schriftsteller persönlich kennengelernt hatte, war der eifrigste unter den deutschen Zola-Anwälten und stellte die Zeitschrift ›Die Gesellschaft‹ in den Dienst der Zola-Propaganda (vgl. Nat., 646ff.; Kolkenbrock-Netz, 286ff.). Er selbst plante einen – von Zolas *Bauch von Paris* beeinflussten – großangelegten Zyklus *Was die Isar rauscht* (1887), der jedoch bereits nach drei Bänden abgebrochen wurde.

Der deutsche **naturalistische Roman** verblieb im Windschatten der großen realistischen Romane eines Fontane und dann der jungen Romanciers wie Heinrich und Thomas Mann. Der Naturalismus in Deutschland hat nicht nur keinen Zola ebenbürtigen, sondern überhaupt keinen Roman hervorgebracht, der bis heute lebendig geblieben wäre. Das gilt für die im spektakulären Leipziger Realisten-Prozess angeklagten Romanciers samt ihrer für das Selbstverständnis des Naturalismus zweifellos wichtigen Titel (u.a. Hermann Conradis *Adam Mensch* und Conrad Albertis *Die Alten und die Jungen*) ebenso wie für die von der sozialistischen Presse gedruckten Romane von Hans Land und Wilhelm Hegeler, die auf dem SPD-Parteitag von 1896 die Naturalismus-Debatte auslösten (s. I.5.3). Das gilt wohl auch für herausragende Geister wie Max Kretzer, den Julius Hart als den Hauptvertreter des »Zolaismus in Deutschland« ausmachte (Nat., 673) oder Clara Viebig, die während der neunziger Jahre in Zolascher Manier anfing, wichtige Berlin-Romane veröffentlichte und als »deutsche Zolaide« gefeiert wurde (Mennemeier 1985, 122ff.; vgl. Durand). Die Stärke der naturalistischen Prosa liegt gerade beim spezifisch deutschen Ansatz des ›konsequenten Naturalismus‹ in der epischen Kleinform.

Dem Trend in der Lyrik vergleichbar, spielt auch im naturalistischen Roman das Großstadtthema, hier unter dem Signum »**Berliner Roman**«, eine wichtige Rolle. Auch hierbei galt Kretzer, der den Terminus für sich reklamierte (Nat., 243) und in den achtziger Jahren mit Erfolg eine Reihe derartiger Romane publizierte, als Pionier. So konfrontiert er seine dem proletarischen und subproletarischen Milieu Berlins entstammenden Figuren mit Vertretern der Oberschicht »der niedrigsten Sorte« (Nat., 240). Es ging hierbei, wie in der entsprechenden Lyrik, um die Eroberung des neuen Sujets: »Für den Romanschriftsteller liegt der Stoff sozusagen auf der Straße, erlernt er nur die Sprache, welche die Häuserkolosse reden« – so Kretzer 1885 über die Aufgabe des Romanciers (Nat., 244). Und auch wenn der Autor selbst, Zolas Beispiel folgend, in Berlin »Studien, Studien und nochmals Studien« anstellt und nicht müde wird, »sein litterarisches Skizzenbuch mit sich herumzutragen« (ebd.), so zeigen seine Romane seit den späten achtziger Jahren doch eine Rückkehr zu traditionalem, auch psychologischem Erzählen und nicht mehr die Milieufixiertheit, die durchaus innovative, das realistische Erzählen aufsprengende Erzählweisen eröffnete. Der »**soziale Roman**« Kretzers (Nat., 245) fand gerade wegen seines neuen Sujets Aufmerksamkeit auch in der sozialistischen Presse, so *Meister Timpe* (1888), die Geschichte eines rechtschaffenen Drechslermeisters im Berliner Osten, der durch die rapide Industrialisierung (symbolisiert in der Entwicklung einer benachbarten Fabrik) zugrundegerichtet wird (vgl. Sprengel 1998a, 376ff.; Stöckmann 2009, 309ff.).

Für das Selbstverständnis der oppositionellen naturalistischen Generation aufschlussreich ist ein Romantypus, den man unter Verweis auf den ›Friedrichshagener Dichterkreis‹ (s.o. S. 14f.) als **Friedrichshagener Roman** charakterisiert hat (Scherer, 44ff., 157ff.). In Romanen wie *Jesus und Judas* von Felix Hollaender (1890), *Der neue Gott* von Hans Land (1890), Wilhelm Bölsches *Mittagsgöttin* (1891) oder Wilhelm Hegelers *Mutter Bertha* (1893) finden sich jene Widersprüche und Stereotype versammelt, die Auskunft über die im Naturalismus so heftig diskutierte Beziehung zwischen Dichter und Proletariat (s. I.5.1) geben. Insbesondere die Konflikte und Bruchlinien zwischen den jeweils bürgerlich-intellektuellen Protagonisten und den in der Regel dem Proletariat oder Subproletariat entstammenden Heldinnen, aber auch das Abtauchen des Intellektuellen in das Volk verweist auf die Problematik des »Übergangsmenschen« als Typ des naturalistischen, sich dem Proletariat annähernden Intellektuellen (Scherer, 51f.).

Trotz Zola-Orientierung, bei deutlicher »Hypertrophie des Milieus« (Hamann/ Hermand 1972, 125) und Bemühungen um eine neue »Sprache der Häuserkolosse« (Kretzer, in Nat., 244) bewegt sich der naturalistische Roman deutlich zwischen der realistischen Tradition der Jahrhundertmitte und einem sicher ›moderneren‹, auf genaueste Milieubeobachtung und mimetischer Präzision achtenden Erzählen, das die neuen urbanen Sprengsätze dennoch nur im Ansatz zu bewältigen weiß. Wie bei der Lyrik ist in dieser Hinsicht auch im Roman auf das 20. Jahrhundert zu verweisen, wo ungleich konsequentere Großstadtdarstellungen wie Alfred Döblins *Berlin Alexanderplatz* (1929) gelingen (vgl. Fähnders 2007b; s. II.2.5; III.4.2).

Der Anspruch auf Genauigkeit bleibt allerdings die Domäne naturalistischen Erzählens; seine bleibenden Leistungen finden sich zweifellos in der Kurzprosa – in **epischen Kleinformen** wie Skizze, Studie, Kurzerzählung, Novelle usw., eine Gattungsvorliebe, die der Naturalismus mit dem Ästhetizismus teilt. Der epische Durchbruch des Naturalismus erfolgte dann auch nicht im Roman, sondern in der kleinen Prosa – die vom Naturalismus geforderte Verwissenschaftlichung der Kunst findet ihre markanteste Verwirklichung in der Erzählkunst des ›konsequenten Naturalismus‹ Holzscher Prägung.

Das Stichwort lautet hierbei: **Sekundenstil.** Heinrich Hart berichtet, wie Holz sehr anschaulich anhand eines vom Baum fallenden Blattes, das es zu beschreiben gelte, dieses Prinzip – den Terminus prägte 1900 Adalbert von Hanstein in seiner Literaturgeschichte des Naturalismus (Hanstein, 157) – erläuterte:

> »Die alte Kunst hat von einem fallenden Blatt weiter nichts zu melden gewußt, als daß es im Wirbel sich drehend zu Boden sinkt. Die neue Kunst schildert diesen Vorgang von Sekunde zu Sekunde; sie schildert, wie das Blatt jetzt auf dieser Stelle, vom Lichte beglänzt, rötlich aufleuchtet, auf der anderen Seite schattengrau erscheint, in der nächsten Sekunde ist die Sache umgekehrt; sie schildert, wie das Blatt erst senkrecht fällt, dann zur Seite getrieben wird, dann wieder lotrecht sinkt [...]. Eine Kette von einzelnen, ausgeführten, minuziösen Zustandsschilderungen, geschildert in einer Prosasprache, die unter Verzicht auf jede rhythmische oder stilistische Wirkung der Wirklichkeit sich fest anzuschmiegen sucht, in treuer Wiedergabe jeden Lauts, jeden Hauchs, jeder Pause – das war es, worauf die neue Technik abzielte.« (Zit. Mahal 1975, 155).

Diese Technik, mit der »Sekunde für Sekunde Zeit und Raum geschildert« werden (Hanstein, 157), hat also eine phonophotographische, buchstäbliche ›Widerspiegelung‹ von Realität zum Ziel. Die Entwicklung der Photographie und zuletzt des Phonographen in den achtziger Jahren (Schallplatten gibt es seit 1887), schließlich die Erfindung der ›laufenden Bilder‹ (1895) bezeichnen **technische Rahmenbedingungen,** die neue ästhetische Gestaltungsmöglichkeiten eröffnen und die Entwicklung innovativer Erzähltechniken befördert haben.

Zur weiteren Erkundung dieser Verfahrensweise wären Zusammenhänge mit der Technologie der »Aufschreibesysteme« um 1900 zu untersuchen. Kittler weist darauf hin, dass es ausgerechnet Ernst von Wildenbruch, *der* Wilhelminische Staatsdichter, war, und nicht etwa ein naturalistischer Autor, der als erster Schriftsteller Deutschlands sich der neuen Medien bediente und eine Wachswalze besprochen hat. Es heißt in diesem eigens für diese Aufnahme verfassten Text: »Das Antlitz kann schmeichelnd das Auge betrügen, der Klang der Stimme kann nicht belügen, darum erscheint mir der **Phonograph** als der Seele wahrhafter **Photograph,**/Der das Verborgne zutage bringt und das Vergangne zu reden zwingt. Vernehmt denn aus dem Klang von diesem Spruch die Seele von Ernst von Wildenbruch.« (zit. Kittler, 241). Wichtiger als die mediokren Verse ist hier das Medieninteresse des konservativ-preußischen Dichters, der dem Phonographischen Wahrheit zumisst – darin tatsächlich dem Naturalismus vergleichbar.

Auch der literarische Impressionismus eines Peter Altenberg wird sich bei seiner Vorliebe für skizzenhaftes Beleuchten von Realitätspartikeln ähnlicher Darstellungsprinzipien bedienen und sich für den soeben auf den Markt gebrachten »Kodak« begeistern (zit. Žmegač 1981, XXXIII). Zurecht lässt sich dies als »**impressionistischer Sekundenstil**« bezeichnen (Hermand 1972, 207).

Gerade die **Exaktheit photographischer Realitätserfassung** hatte zwar schon die realistische Literatur der vierziger und fünfziger Jahre beeindruckt, ihrerseits aber auch die Kritik seitens des Realismus hervorgerufen. So schrieb Fontane anlässlich seiner Turgenjew-Lektüre, dieser habe etwas von »einem photographischen Apparat in Aug und Seele«. Gegen eine derart »grenzenlos prosaisch[e]« Wiedergabe der Dinge setzte Fontane das für den deutschen Realismus bestimmende Prinzip der »Verklärung« (zit. Plumpe 1996, 60). Um vorbehaltlose, ungeschönte »**Moment-Photographie**«, wie Leo Berg formuliert (Nat., 194), ging es aber gerade dem naturalistischen Sekundenstil, um mikroskopische Wiedergabe von Realität also, um Mikroskopie – so eine gängige zeitgenössische Metapher (Brauneck 1974, 164). Auch die antinaturalistische Ästhetik formulierte einen derartigen Anspruch. Hermann Bahr sprach von der Notwendigkeit einer »psychologischen Mikroskopie« bei der Darstellung von Empfindungen (zit. Paetzke, 16).

Lassen sich in einer »novellistischen Studie« wie Gerhart Hauptmanns »Bahnwärter Thiel« (1888) noch deutlich Erzählstrukturen des poetischen Realismus ausmachen (Möbius 1982, 66ff.), so erproben Arno Holz und Johannes Schlaf in ihren gemeinsam verfassten Skizzensammlungen *Papa Hamlet* (1889) und *Neue Gleise* (1892), die zeitlich im Zusammenhang mit der Formulierung von Holz' Kunstgesetz stehen, die neuen Techniken des Sekundenstils. Die skandinavische Konjunktur auf dem literarischen Markt nutzend, fingieren sie bei der Publikation von *Papa Hamlet* die Übersetzung eines norwegischen Autors und erregen nicht zuletzt dadurch jene spektakuläre Aufmerksamkeit, die der naturalistischen Lyrik versagt geblieben war. Im Vorwort ihres gemeinsamen Stückes *Familie Selicke* (1890) haben sie darüber Rechenschaft abgelegt und eine aufschlussreiche Blütenlese einschlägiger Besprechnungen zusammengestellt, die den Durchbruch naturalistischer Prosa in der Öffentlichkeit, aber auch andauernde Kontroversen um sie, erkennen lassen.

Der Titelerzählung »**Papa Hamlet**« von Holz/Schlaf lag ein auktorialer, durchaus traditionell erzählter Entwurf von Schlaf zugrunde, das »Dachstubenidyll« (vgl. Fricke 2010, 135ff.). Die Autoren funktionieren diesen Text zur Erzählung über einen heruntergekommenen Schauspieler und ehemaligen Hamlet-Darsteller, seine Frau und das gemeinsame Kind im Elendsquartier um. Das Erzählinteresse gilt – bei stark reduzierter Handlung – dem Sujet eines deklassierten, brutalisierten Künstlers, der Armutsboheme also. Es wird ein äußerst schmaler Wirklichkeitsausschnitt präsentiert – ein kleines Atelierfest mit einem befreundeten Boheme-Maler, die Kündigung der Wohnung, schließlich die Tötung des kränkelnden Kindes bei einem Wutanfall des Vaters. Unter der Hand gewinnt dieses Realitätssegment, den Intentionen der Autoren sicher zum Trotz, einen symbolischen Charakter. Zudem führt der Anspruch auf exakte literarische Reproduktion die Verfasser zwangsläufig in die Lage von eingreifenden Arrangeuren, belässt sie letzten Endes doch in der ungewollten Rolle eines Schöpfers, der (wie auch der Photograph) den Wirklichkeitsauschnitt, den er präsentiert, mit Phantasie auswählt und festlegt – eines Schöpfers, der Holz, wie seine Ablehnung der Zolaschen Kategorie des *tempérament* deutlich zeigt, ja unter keinen Umständen sein will. In ihrem Objektivitätsanspruch haben Holz/Schlaf, so ein Zeitgenosse, »den Zola ›überzolat‹« (Hanstein, 158).

In »Papa Hamlet« finden sich wie in anderen Prosatexten der Autoren (vgl. Mahal 1975, 202ff.; vgl. Möbius 1982) die **Gestaltungsmittel des Sekundenstils**:

- photographisch genaue Beschreibungen,
- phonographisch exakte Wiedergabe von Geräuschen (so, wenn eine tropfende Dachrinne einschließlich der Pausen zwischen den einzelnen Wassertropfen präsentiert wird),
- Überwiegen von Dialogen und personalem Erzählen,
- genaue phonetisch-graphische Transkription von Gesprächen sowie Gesprächs- und Wortfetzen (Dialekt, Jargon, individuelle Intonation von Wörtern, Lautmalerei, Interpunktion als Stilmittel usw.),
- Annäherung von erzählter und Erzählzeit zur Vergegenwärtigung des Geschehens bis hin zum Zeitlupeneffekt, einer Überdehnung der Erzählzeit also.

Der Faktor x des Holzschen Kunstgesetzes (s.o. S. 30f.) wird auf diese Weise minimiert – mit jenen charakteristischen Ausnahmen, welche die Erzählökonomie gegen das Kunstgesetz erzwingt. So ist der Tod des Protagonisten allein durch einen Perspektivenwechsel – im Schlusssatz der Skizze noch mit einer auktorialen zynischen Sentenz versehen – darstellbar.

Für die Erzählprosa des Naturalismus bedeutete der Sekundenstil zweifellos die Perfektionierung einer illusionsschaffenden Mimesis. Sein Ziel einer im Idealfall ›vollständigen‹ Wirklichkeitsabschilderung ist freilich bei einem nur sehr kleinen Gegenstandsbereich, und auch da nur in grober Annäherung, möglich. Sie müsste, zu Ende gedacht, die Sekunden wiederum in Teilsekunden zerlegen, und selbst eine erzählerische Zeitlupe könnte nicht *alle* Bewegungen des fallenden Blattes oder der tropfenden Dachrinne wiedergeben.

Im Sekundenstil scheinen dennoch die wissenschaftlichen Ansprüche bei der ästhetischen Realitätserfassung am ehesten erfüllbar – es sind Ansprüche auf **mimetische Genauigkeit**, die zuvor in dieser Konsequenz weder erhoben noch erprobt worden waren. Von hier aus ist eine Traditionslinie zu solchen Darstellungsprinzipien zu ziehen, die ›Authentizität‹ für sich reklamieren und auch im 20. Jahrhundert als eine Möglichkeit von Erzählen in der Moderne virulent bleiben: in der Tatsachen- und Reportageliteratur der Weimarer Republik ebenso wie in der ›Präzisionsästhetik‹ der Neuen Sachlichkeit oder der bundesrepublikanischen Dokumentar- und Beschreibungsliteratur der sechziger und siebziger Jahre (s. III.2.3; 4.5).

Der Genauigkeitsanspruch ist nicht Sache des Naturalismus allein, sondern für die Moderne der Jahrhundertwende insgesamt charakteristisch. Wie im Falle der Mikroskop-Metapher schon angedeutet, ist auch die Wiener Moderne um höchste erzählerische Genauigkeit bei ihrer Konzeption von ›Nervenkunst‹ bemüht. Sie will allerdings nicht »den ›état des choses‹ beschreiben, sondern den ›état d'âme‹« wiedergeben: nicht die »Beobachtungssprache der Außenwelt interessiert sie, sondern die Sprache der Innenwelt« (Grimminger 1995a, 22). Auch der **innere Monolog** ist ein mit dem konsequenten Naturalismus in etwa zeitgleich entwickeltes Erzählprinzip; es hat zuerst Edouard Dujardin 1888 in seinem Roman *Les lauriers sont coupés (Geschnittener Lorbeer)* angewendet, sodann u.a. Arthur Schnitzler in seiner Novelle »Lieutnant Gustl« (1900) und ist später vom Dujardin-Wiederentdecker James Joyce perfektioniert worden. Der innere Monolog entspricht durchaus dem erzählerischen Präzisionsanspruch des Sekundenstils: nur dass hier ein Ausschnitt innerer Realität, ein ›stream of consciousness‹ und nicht ein Segment äußerer gegenständlicher Realität wiedergegeben wird. Noch Experimente der historischen Avantgarde mit Lautgedichten, mit dem Bruitismus oder den ›parole in libertà‹, die mit optophonetischen Mitteln Laute und Geräusche nachahmen, reklamieren diesen mimetisch-illusionierenden Anspruch. Insofern markiert das Prinzip des Sekundenstils grundsätzlich eine Möglichkeit von Erzählen und Prosa, von **Mimesis in der Moderne** überhaupt (vgl. Bürger 1992, 383ff.; s. III.4.5).

3.4 Naturalistisches Drama und naturalistisches Theater

Gerhart Hauptmann stellte 1889 seinem erfolgreichen dramatischen Erstling *Vor Sonnenaufgang* eine (in späteren Auflagen getilgte) Widmung voran: »Bjarne P. Holmsen, dem consequentesten Realisten, Verfasser von ›Papa Hamlet‹, zugeeignet, in freudiger Anerkennung der durch sein Buch empfangenen entscheidenden Anregung«. Hauptmann unterstrich damit die Bedeutung von Darstellungsprinzipien des ›konsequenten Naturalismus‹ und des Sekundenstils auch und gerade für das Drama. Zweifellos: der naturalistische Anspruch auf Unmittelbarkeit und Authentizität, auf Vergegenwärtigung von Realität drängte vom eingesetzten Material her auf szenische Darstellung, auf theatralische Umsetzung. Folgerichtig wurde in den neunziger Jahren des 19. Jahrhunderts dann auch die Bühne zum wichtigsten und erfolgreichsten Exerzierfeld naturalistischer Literatur. Dabei experimentierte das naturalistische Theater mit neuen Gestaltungsmitteln und arbeitete sich gleichsam wissenschaftlich an der sozialen Frage ab. Zudem suchte es, die Institution des Theaters zu erobern, eine Aufgabe, die von Problemen der Zensur bis zum Kampf um die Regie reichte (vgl. Brauneck 1974; Brauneck 1999, 619ff.; Hoefert; Hansers Sozialgeschichte 7; Interpretationen. Dramen des Naturalismus; Sprengel 1998a, 415ff.).

Die **mimetischen Techniken** naturalistischen Erzählens, zumal des ›konsequenten Naturalismus‹, werden für das Theater genutzt. Der gezielte Einsatz des Dialektes und eine ausdifferenzierte Sprachgebung bis hin zum Jargon waren eine Errungenschaft naturalistischer Prosa, hinter der das Drama nicht zurückstehen wollte. In der sprachlichen Präsentation von Figuren und Milieus erweisen sich die neuen charakteristischen Möglichkeiten des Sekundenstils. So entsteht die Urfassung von Hauptmanns *Weber*-Drama im schlesischen Dialekt (*De Waber*, 1891). Umgekehrt verfährt Hermann Sudermann, der die Figuren seines naturalistischen Erfolgsstückes *Die Ehre* (1889) nachträglich mit dem Berliner Idiom ausstattet. Einschlägige Dramen wie *Familie Selicke* (1890) von Holz/Schlaf, Max Halbes *Eisgang* (1892) oder Schlafs *Meister Oelze* (1892) leben von Dialekt, Soziolekt und entsprechenden, auch idiomatischen Differenzierungen. Die konservative Kritik denunziert diese Verfahrensweisen als »Thierlautkomödie« (Nat., 288), aber auch der Münchner Naturalismus, so Conrad Alberti, zeigt mit einer Dramenparodie wie *Im Suff. Naturalistische Spitalkatastrophe in zwei Vorgängen und einem Nachgang* (Berliner Moderne, 400ff.) seine Kritik am ästhetischen Verfahren der Berliner Freien Bühne und ihrer Hauptautoren Hauptmann und Holz/Schlaf. Dagegen postuliert Holz: »Die Sprache des Theaters ist die Sprache des Lebens« und fordert den Verzicht auf die konventionelle dramatische Kunstsprache, um so »aus dem Theater allmählich das ›Theater‹ zu drängen« (Holz: X, 214).

Verbinden derartige Verfahrensweisen naturalistische Prosa und Dramatik äußerlich, so berühren strukturelle Parallelen die Substanz der dramatischen Gattung überhaupt. Einen charakteristischen, gattungsprengenden Grenzfall zwischen Prosa und Drama hatten Holz/Schlaf mit ihrer »Berliner Studie« von 1890, »Die papierne Passion« (vgl. Mahal 1975, 202ff.), präsentiert, in der schon das Druckbild verdeutlicht, dass die Gattungsgrenze zum Drama überschritten werden sollte: Der Erzähltext wird zur kleingedruckten Regieanweisung gegenüber den normal gesetzten Dialogpartien. Die Legitimität der traditionellen **Gattungsgrenzen** stellte, mit Blick auf das Theater, auch der Dramatiker Max Halbe in der ›Gesellschaft‹ ausdrücklich in Frage (Nat., 266ff.). Für Wilhelm Bölsche war Hauptmanns Stück *Vor Sonnenaufgang* gar ein »Zwischending« zwischen Roman und Drama (zit. Brauneck 1974, 169). Auch die ausufernden und sich oft, so ein Zeitgenosse, zum »Umfang einer knappen Novellette« (H. Landsberg, zit. Brauneck 1974, 281) ausweitenden Regieanweisungen bei Hauptmann oder Holz/Schlaf markieren irritierende Innovationen des naturalistischen Dramas, das auf seinen Charakter auch als Lesedrama zurückweist und die Gattungsverflechtung bestätigt (vgl. Brauneck 1974, 280ff.).

Damit sind Strukturprobleme angesprochen, welche die dramatische Identität des naturalistischen Theaters überhaupt berühren. Denn aller »naturalistischen Begierde nach dem Theater« zum Trotz – so Hermann Bahrs Formulierung (LMN, 233) – stellt sich die prinzipielle Frage nach der Möglichkeit von **Handlung im naturalistischen Drama** überhaupt (Szondi 1964, 69). Bereits der liberale Romancier Friedrich Spielhagen bemerkte 1898 in einem Essay über »Das Drama, die heutige litterarische Vormacht«, dass der traditionelle »dramatische Held« auf der naturalistischen Bühne angesichts der »Schilderungssucht« der Autoren zu kurz komme – man möge »doch nur gleich Romane und Novellen« verfassen. Diese, so Spielhagen, »Verwechslung der dramatischen mit der epischen Kunst« nun ist äußeres Indiz für einen tiefgreifenden inneren Strukturwandel im naturalistischen Drama (Nat., 303ff.).

Seinem wissenschaftlichen Anspruch folgend führt das naturalistische Theater positivistische Lehren und Erkenntnisse vor – Taines Trias der den Menschen determinierenden Faktoren *race, milieu* und *moment/temps* werden von Anbeginn an auf der Bühne zu realisieren versucht (s. I.2.7). In Hauptmanns *Vor Sonnenaufgang* (1889) ist es ein vom Alkoholismus und seiner (als gesicherte Erkenntnis ausgegebenen) Vererbung determiniertes Milieu, das den Protagonisten ihre Verhaltensweisen vorgibt und keine Chancen eines selbstbestimmten Handelns gegen diese Gesetze gestattet. So handelt der engagierte Sozialreformer Loth, der die Protagonistin verlässt und sie dadurch in den Selbstmord treibt, im »sozialdarwinistischen Verständnis vorbildlich« (Möbius 1982, 101; vgl. Bellmann).

In der *Familie Selicke* von Holz/Schlaf (vgl. Fricke 2010, 245ff.) wird noch stärker als bei Hauptmann die Handlung reduziert – die Darstellung der Charaktere steht im Mittelpunkt, letztlich geht es um den Nachweis ihrer Unfähigkeit zu handeln. Gebannt sind die Figuren durch das **Milieu**, im Milieu. Die Familie scheint wie in einem Käfig eingesperrt, und entsprechend bleibt der Blick des Zuschauers während des gesamten Stückes wie mit der Standbildkamera auf deren Wohnzimmer gerichtet. Diese rigide Einhaltung der traditionellen Einheit des Ortes korrespondiert zur Einheit der Zeit (die Spielzeit der einzelnen Akte ist mit der gespielten Zeit oft kongruent) und der Handlung – die Wahrung der klassischen Einheiten ist nun freilich kein traditionalistischer Rückfall, sondern gewinnt gegenüber der aristotelischen Tradition eine neue Funktion: Sie untermauert den Anspruch auf Authentizität, auf Wahrheit im positivistischen Sinn, ist »**Illusionsverdichtung**« (Scheuer 1988, 80). Der offene Anfang des Stückes, sein gleichermaßen offener Ausgang, der Ausschnittcharakter des Geschehens insgesamt erscheinen beliebig gewählt – die aufzuweisenden Gesetze, so die Botschaft, ließen sich auch anders beweisen bzw. dokumentieren. Insofern ist mit einem Stück wie der *Familie Selicke*, ist mit diesem theatralischen Sekundenstil ein theaterrevolutionärer Ansatz erreicht – auch wenn ihm das Theater nach 1900 in dieser Konsequenz nicht weiter gefolgt ist. Bereits Theodor Fontane hat zur Aufführung der *Familie Selicke* geurteilt, dass »hier eigentlichstes Neuland« betreten werde – und nicht in *Vor Sonnenaufgang* oder Tolstois *Macht der Finsternis*, die

> »auf ihre Kunstart, Richtung und Technik hin angesehen, keine neuen Stücke [sind], die Stücke bzw. ihre Verfasser, haben nur den Muth gehabt, in diesem und jenem über die bis dahin traditionell innegehaltene Grenzlinie hinauszugehen, sie haben eine Fehde mit Anstands- und Zulässigkeitsanschauungen aufgenommen und haben auf diesem Gebiete dieser kunstbezüglichen, im Publikum gang und gäbe Anschauungen zu reformieren getrachtet, aber nicht auf dem Gebiet der Kunst selbst«. Erst bezüglich der *Familie Selicke* »scheiden sich die Wege, hier trennt sich Alt und Neu.« (zit. Nat., 283).

Das sind Theaterexperimente, die eine erhöhte Aufnahmebereitschaft an die Rezipienten stellten, die aber auch einer sozialrevolutionären Rezeption im Wege standen, wenn diese denn intendiert war. Jedenfalls charakterisiert Eugen Wolff derartige Experimente als »Waare für den literarischen Feinschmecker«, als »Künstlerkunst« (zit. Brauneck 1974, 155). Das betrifft Experimente des Sekundenstils insgesamt, die, so Heinrich Hart als »Atelierkunst« erscheinen, »die rechnend und tiftelnd Mosaik neben Mosaik legt« (zit. Scheuer 1988, 69).

Wenn dergestalt das Dramatische demontiert, Handlung reduziert, Gegenständliches favorisiert wird, so bedeutet dies eine prinzipielle Unterminierung des Dramatischen – es begünstigt eine **Episierung des Theaters**. Bereits Brecht hat darauf verwiesen, dass die »Anfänge des Naturalismus [...] die Anfänge des epischen Dramas in Europa« überhaupt waren: »Die Naturalisten (Ibsen, Hauptmann) suchten die neuen Stoffe der neuen Romane auf die Bühne zu bringen und fanden keine andere Form dafür als eben die dieser Romane: eine epische.« (Brecht 15, 151).

Peter Szondi hat Entdramatisierung und Episierung des Naturalismus mit den besonderen Bedingungen des ›sozialen Dramas‹, das viele Dramen des Naturalismus als Selbstbezeichnung verwenden, in Zusammenhang gebracht: Der »soziale Dramatiker« unternehme »die dramatische Darstellung jener ökonomisch-politischen Zustände, unter deren Diktat das individuelle Leben geraten« sei und habe also Faktoren aufzuweisen, die »jenseits der einzelnen Situation und der einzelnen Tat wurzeln und sie dennoch bestimmen«. Die Darstellung des Sozialen als etwas Allgemeinen aber bedinge eine epische Form, die Intention des sozialen Dramas durchkreuze somit die »Absolutheitsforderungen der dramatischen Form« (Szondi 1964, 63f.). Der epische Vorzeigegestus des naturalistischen Theaters mache so die bei Ibsen, Hauptmann u.a. begegnende Figur des Boten oder Reisenden aus Gründen der dramaturgischen Ökonomie notwendig. Es sind Figuren, die aus einer anderen als der vorgeführten Welt, aus der Fremde kommen und die dramatische Funktion übernehmen, allererst Bühnenhandlung zu provozieren und in Gang zusetzen, die aber oft genug sich als dramatische Scheinhandlung erweist – so Loth in *Vor Sonnenaufgang*, so der heimkehrende Reservist Jäger in den *Webern* (Szondi 1964, 68ff.; vgl. Sprengel 1988, 131ff.). Das naturalistische Drama als soziales Drama dränge also aus gattungsimmanenten Zwängen zur Episierung. Die Differenzen zum epischen Theater Brechts allerdings sind unübersehbar: Der Naturalismus will keine vierte Wand einreißen, zielt nicht auf Desillusionierung, Verfremdung – sondern befördert seinen szenischen Illusionismus noch, verstärkt seine Wirkungsmächtigkeit durch den Einsatz ausgefeilter mimetischer Mittel.

Das **Theater des 20. Jahrhunderts** wird dann zwar Elemente naturalistischer ›Präzisionsästhetik‹ nutzen (man denke an den Dialektgebrauch bei Marieluise Fleißer u.a.), wird aber in Fragen der Illusionierung andere Wege gehen, wird die Episierung des Theaters radikalisieren – so Brecht mit seiner Lehrstückkonzeption und seinem ›Epischen Theater‹ (s. III.4.4) – und wird überhaupt, wie im Theater der Avantgarde, die Rolle des Publikums neu bestimmen (s. II.5.4). Auch das politische Theater der Weimarer Republik, wie Erwin Piscator es repräsentiert, geht über Konzepte des naturalistischen sozialen Dramas hinaus – dessen Leistung aber gerade in seinem Entwurf von sozialem Drama liegt.

Denn es ist zweifelhaft, ob ein soziales Drama tatsächlich »ein Widerspruch in sich« und »verleugnete Epik« (Szondi 1964, 64, 71) sein muss – »Episches kann offenbar in Dramatisches umschlagen«, wie sich an den *Webern* zeigen ließe (Sprengel 1988, 135). Allerdings: Im naturalistischen Drama gerade der konsequenten Form herrscht Statik, Unveränderlichkeit, Unveränderbarkeit der getreulich abgebildeten Verhältnisse – die epische Grundtendenz ist offenkundig. Dies scharfe Vorzeigen von Milieus konturiert gerade das soziale Drama und begünstigt im Übrigen das Klischee, gegen das Hauptmann und andere immer wieder angerannt sind – dass nämlich das naturalistische Drama nichts zu bieten habe als »Niederungen des Lebens! Alltägliche Misere! Arme-Leute-Geruch!« (Theorie des Naturalismus, 287).

Brecht hat dagegen auf den revolutionären Impuls insistiert, den gerade **Hauptmanns *Weber*** als »Standardwerk des Realismus« auszeichne: »Der Proletarier betritt die Bühne, und er betritt sie als Masse. Alles wirkt hier als revolutionär. Die Sprache, schlesischer Volksdialekt, das Milieu in seinen minutiösen Details, die Vorstellung des Verkaufs der Ware Arbeitskraft als eines großen Gegenstandes der Kunst.« (Brecht 19, 364).

Die *Weber* machen zugleich aber auch die Grenze dessen, was als revolutionär »wirkt«, deutlich, insbesondere der vieldiskutierte 5. Akt des Stückes. Die Rolle des alten, politisch rückständigen Webers Hilse, der Opfer eines zufälligen Schusses der Soldaten wird und als einziges Opfer des Aufstandes überhaupt gezeigt wird, verweist nicht allein auf eine »beinah zynisch gezeichnete Märtyrertragödie« (Szondi 1964, 72). Sie ist kontrovers interpretierbar – als zwangsläufiger Untergang des Alten, Überkommenen, und geschehe es auch durch einen Zufall, andererseits eben als bloßer Zufall, der die Macht des Rückständigen nicht grundsätzlich oder gar gesetzmäßig zu überwinden vermag. Als dramaturgischen »Notbehelf« hat Theodor Fontane diesen Ausgang des Dramas charakterisiert, das dadurch »revolutionär und antirevolutionär zugleich« werde (Nat., 774) – eine »Balancierkunst« (ebd.), die auch aus dem »Widerspruch zwischen epischer Thematik und nicht aufgegebener dramatischer Form« rührt (Szondi 1964, 72; vgl. Sprengel 1998a, 498ff.).

Die gut erforschte **Weber-Rezeption** verweist von Anfang an auf eine hochgradig politisierte Wahrnehmung des Schauspiels (Nat., 737ff.; Brauneck 1974, 50ff.; Schwab-Fehlisch; Sprengel 1988). Das betrifft die Zensur, die eine aufrührerische Tendenz unterstellte und das Stück erst nach eineinhalbjährigem Zögern und dann auch nur für das Deutsche Theater in Berlin freigab, zeigt sich aber auch beim Publikum, das von anderer Warte aus ebenfalls eine dezidiert politische Dimension wahrnahm. Die Kündigung der Kaiserloge im Deutschen Theater 1894 wegen »demoralisierender Tendenz«, die Debatte über die *Weber* im Preußischen Abgeordnetenhaus 1895 und anhaltende Prozesssserien um eine Freigabe an anderen Bühnen (1895 Verbot in Hannover, erst 1901 Freigabe in Sachsen) zeigen eine selbst für die so häufig von Verboten bedrohte naturalistische Literatur ungewöhnliche Serie von Repressionen. Damit ist zugleich auf die Sonderrolle des Stückes wie des Autors verwiesen, der, wie sein ungleich weniger erfolgreicher Antipode Arno Holz auch, einen Extrem- und Grenzfall des Naturalismus darstellt. Spätestens mit seiner »Traumdichtung« *Hanneles Himmelfahrt* (1893) wird Hauptmann antinaturalistische, später aber erneut dem Naturalismus verpflichtete Stücke, z.B. *Die Ratten* von 1911, veröffentlichen. Vom konsequenten Naturalismus seines Erstlings hatte er sich längst distanziert (Sprengel 1988, 41f.).

Für die Rezeption des Naturalismus in der deutschen Arbeiterbewegung wurden die *Weber* wie kein anderes Stück relevant (s. I.5.3). Sie polarisierten die Naturalismus-Rezeption insgesamt, wie sich an Franz Mehrings Besprechung im Theorieorgan der Sozialdemokratie, der ›Neuen Zeit‹, erkennen lässt. Sein Zwischenresümee von 1893 lautet:

> »keine dichterische Leistung des deutschen Naturalismus kann sich nur entfernt mit den ›Webern‹ messen; eben deshalb machen sie auch der großmäuligen Spielart des Naturalismus den Garaus. Sie stehen in schärfstem Gegensatze zu jener ›genialen‹ Kleckserei, die irgendein beliebiges Stück banaler und brutaler Wirklichkeit mit photographischer Treue abkonterfeit und damit wunder was erreicht zu haben glaubt.« (Nat., 766f.)

Mit den administrativen Vorgängen um die *Weber* sind Grundfragen einer **Organisation des naturalistischen Theaters** angesprochen. Die Vorzensur, die Dominanz von Stücken der Klassik bzw. der klassizistischen Epigonen auf den deutschen Bühnen sowie deren prinzipiell klassizistische Orientierung machten ein Theater in Eigenregie nötig, um allererst ein Publikum unabhängig von Restriktionen erreichen zu können. Durchbruch und Erfolg des naturalistischen Theaters waren undenkbar ohne die Einrichtung der **Freien Bühne** durch Otto Brahm u.a. in Berlin, die, 1889 als Theaterverein mit geschlossenen Vorstellungen gegründet, nicht genehmigungspflichtig war und die Inszenierungen der großen Stücke von Ibsen bis Hauptmann und Holz/Schlaf allererst ermöglichte. Vorbild war das ähnlich strukturierte Pariser ›Théâtre libre‹ von André Antoine, das 1887 in Berlin gastiert hatte. Die 1890 ins Leben gerufene sozialdemokratische Volksbühnenbewegung übernahm dieses Organisationsprinzip und konnte so zumindest eine Zeitlang unbehelligt ihr naturalistisches und klassisches Repertoire spielen (s. I.5.4).

Mit der Freien Bühne mag ein Grundwiderspruch in der naturalistischen Theaterpraxis angezeigt sein, den Brecht in seiner Würdigung der *Weber* als »monumentale Schwäche« bezeichnet hat: »der Appell an das Mitleid des Bürgertums« (Brecht 19, 364). Heinrich Mann hat 1900 in seinem Roman *Im Schlaraffenland* unter Anspielung auf die erfolgreiche *Weber*-Premiere das großbourgeoise Publikum karikiert, das da begeistert dem Melodram »Rache!« akklamiert – Grundproblem eines jeden politischen Theaters, das sich noch in den Inszenierungen eines Erwin Piscator während der zwanziger Jahre stellen wird. Die proletarische Bewegung hat daraus die Konsequenz einer eigenständigen Literatur- und Theaterpraxis gezogen, wie das Beispiel der Volksbühnen, während der Weimarer Republik die Bewegung des Agitproptheaters, zeigt.

Das Missverständnis des naturalistischen als eines primär oder ausschließlich proletarischen Theaters übersieht freilich die Selbstaufklärung, die das naturalistische Theater als ein **radikales bürgerliches Theater** auch intendierte. Das weist nicht zuletzt auf die gesamteuropäische Dimension des Naturalismus zurück, die sich in der ungeheuren Wirkung Zolas, die sich aber auch im deutschen Theaterbereich so überdeutlich manifestiert und im Übrigen eine historische Verspätung des deutschen Naturalismus gegenüber den Theoriedebatten und der Literaturpraxis in Frankreich und Skandinavien und Russland deutlich macht.

»Zola, Ibsen, Leo Tolstoi,/eine Welt liegt in den Worten,/eine, die noch nicht verfault,/eine, die noch kerngesund ist!«, dichtet Arno Holz (Holz X, 35) und bezeichnet **die ausländischen Einflüsse**. Sie sind es, die das Terrain für die Entwicklung des Naturalismus in Deutschland, zumal auf der Bühne, bereitet haben (vgl. Moe). Das gilt bis in Einzelheiten – deutliche Einflüsse von Tolstois *Die Macht der Finsternis* auf Hauptmanns *Vor Sonnenaufgang* oder von Ibsens *Gespenster* auf *Meister Oelze* sind nachweisbar. Mit Ibsens *Gespenster* wurde 1889 demonstrativ die Freie Bühne eröffnet, und es war eben dieser (neben Björnson) vielgelesene Ibsen, der bereits seit den siebziger Jahren ins Deutsche übersetzt wurde und spätestens mit den *Stützen der Gesellschaft* (dt. Aufführungen 1878 sowie 1890 in der Freien Volksbühne und mit *Nora (Im Puppenheim)*, dem Stück über die Frauenemanzipation, Maßstäbe setzte (dt. Aufführungen 1880 und 1892 in der Freien Volksbühne). Die Freie Volksbühne spielte in ihrem Gründungsjahr 1890 den *Volksfeind*. Eine, so Max Nordau, dem »**Ibsenismus**«der Zeit (Nat. 627ff.) vergleichbar intensive Rezeption erfuhren später August Strindberg, so die in München 1891 im Residenztheater aufgeführte *Hedda Gabler*. Strindbergs dramaturgische Stationentechnik wurde zwar erst im deutschen Expressionismus voll wirksam (s. II.3.3), seine Sezierung der bürgerlichen Ehe und des Geschlechterkampfes machte gleichwohl Furore. Die Freie Bühne brachte bereits 1890 Strindbergs *Vater*, 1892 *Fräulein Julie*. Wohl kein Dramatiker des Naturalismus hat aber zumindest den Anspruch der naturalistischen Literaturrevolte so bündig formuliert wie Ibsen in seinem berühmten Satz: »Leben heißt, dunkler Gestalten/Spuk bekämpfen in sich,/Dichten, Gerichtstag halten/über sein eigenes Ich.« (zit. Cowen 1973, 60).

4. Zur Lage des Schriftstellers

4.1 ›Sklavenjoch‹ und ›Tintensklaverei‹

1891 bemerkt der über siebzigjährige Theodor Fontane über »Die gesellschaftliche Stellung der Schriftsteller«: ihre Lage sei, zumal in »Preußen-Deutschland«, »miserabel«. Denn »die, die mit Litteratur und Tagespolitik handeln, werden reich, die, die sie machen, hungern entweder oder schlagen sich durch. Aus diesem Geld-Elend resultirt dann das Schlimmere: der **Tintensklave** wird geboren« (Jhw., 1). Und in einem Gutachten der Schillerstiftung über die Förderungswürdigkeit des in chronischen Finanznöten steckenden Dichters Detlev von Liliencron heißt es 1893: Dieser finde sich in den Händen eines »egoistischen Verlegers, dem er alles anbieten muß und der ihn ausnutzt gegen lächerliche Honorare.« Das Gutachten wirft die recht naive Frage auf, »ob ein solches **Sklavenjoch** überhaupt erlaubt und nicht mit vollem Recht abzuschütteln« sei (zit. Linduschka, 47).

Der angesprochene Verleger war Wilhelm Friedrich, der sich mit seinen naturalistischen Autoren wie Karl Bleibtreu, Michael Georg Conrad, Karl Henckell, Wolfgang Kirchbach u.a. sowie der naturalistischen Zeitschrift ›Die Gesellschaft‹ eine bestimmte Reputation erworben hatte. »Wer heute Geld verdienen will, muß *verkäufliche* Waare auf Lager haben, aber mit Dramen und Gedichten ist als *unverkäufliche* Waare kein Geld zu verdienen«, belehrte Friedrich 1889 seinen Autor Liliencron: »In der unverkäuflichen Waare liegt auch Ihr pekuniäres Mißgeschick, das nur gehoben werden kann, wenn Sie anstelle der unverkäuflichen – verkäufliche Waare setzen. Lachen Sie nicht über die Prosa. In der Prosa liegt die Poesie des Geldes!« (zit. W. Martens, 21). »Die Welt ist heute prosatoll/und wird ihn schwerlich honorieren«, reimt in diesen Jahren Arno Holz über seinen diesbezüglichen »Groll« als Lyriker (Holz I, 27).

Liliencron gegenüber sprach ein Verleger, der es als selbstständiger Unternehmer wissen musste. Die Subsumption von Kunst und Literatur unter die Marktgesetze der ›freien Konkurrenz‹ zeitigte für die Autoren massive Veränderungen: **die Entwicklung der Literatur zur Ware** und die des Schriftstellers in die Lohnabhängigkeit. In der Fertigung ›unverkäuflicher Ware‹ lag sein bzw. seines Verlegers ökonomisches Risiko; wollte er an der ›Poesie des Geldes‹ teilhaben, musste er sich der Nachfrage auf dem Markt stellen – ein unerhörter Vorgang für den Künstler, der bisher, über Jahrhunderte hinweg, in der Regel auf fürstliches Mäzenatentum oder auf bürgerliche Anerkennung und einen damit verbundenen, zumindest doch bescheidenen Wohlstand hatte rechnen können.

Der Historiker Hans-Ulrich Wehler bemerkt über diese Etappe, dass

> »die Lage der Schriftsteller und der von ihnen noch immer kaum unterscheidbaren Journalisten als ›brüchig, zwiespältig, isoliert‹ empfunden wurde. In mancher Hinsicht war diese Lage mit der des Handwerks zu vergleichen. Man konnte starr die idealistische Tradition mit ihrem hochgespannten Ziel verteidigen, als ›Führer der Menschheit in höhere Regionen‹ zu wirken – so hatte Adalbert Stifter noch 1848 die Aufgaben des Schriftstellers definiert. Oder man konnte sich an die neuen Verhältnisse anpassen, dann wirkte man als ein Rädchen in der Marktmechanik der Kulturindustrie mit. Wie auch immer die Entscheidung ausfiel, der Schriftsteller konnte sich im Elendsquartier jenes ›literarischen Proletariats‹ wiederfinden, das seit dem späten Vormärz beschworen wurde. Nach der Revolution hatte [der Kulturhistoriker Heinrich Wilhelm] Riehl, der mit konservativer Gehässigkeit auch den engagierten Schriftsteller als Sündenbock für den Bürgerkrieg anprangerte, der Mehrheit diesen Abstieg vorhergesagt.« (Wehler, 442).

Damit sind tiefgreifende Wandlungen angesprochen, die sich beim Entstehen einer modernen Kommunikationsgesellschaft seit Mitte des 19. Jahrhunderts abzeichnen und nicht zuletzt für die Intellektuellen einschneidende Veränderungen nach sich zogen (vgl. Charle; Intellektuelle im Deutschen Kaiserreich; Positionen der literarischen Intelligenz).

Das unaufhaltsame Vordringen von konkurrenzkapitalistischen Marktmechanismen führte zwangsläufig zu einer bis dato unerhörten **Kommerzialisierung von**

Literatur, zur Entstehung eines Massenmarktes (vgl. Parr 2008; Scheideler 25ff.). Seit den sechziger Jahren des 19. Jahrhunderts explodierte der literarische Markt. Die deutschsprachige **Buchproduktion** erlebte nach ihrem Tiefstand von 1851 (mit 8.346 Titeln) erst im Jahre 1879 (mit 14.179) wieder den Vormärz-Höhepunkt von 1843; im Verlauf der ›zweiten Leserevolution‹ (nach der ersten im 18. Jahrhundert) erfolgte eine Expansion, die innerhalb dreier Jahrzehnte zur Verdoppelung der jährlichen Buchproduktion führte (mit 30.317 Titeln im Jahre 1910 und 34.871 Titeln 1914). Der Umsatz in den Buchhandlungen vervielfachte sich von 1875 bis 1913 von 55 auf 500 Millionen Mark. Die Zeitschriftenproduktion stieg von 845 Titeln (1858) auf 3.441 (1890) und schließlich 5.717 im Jahre 1903, die Zahl der literarischen Blätter wuchs in der Spanne 1887 bis 1903 von 41 auf 191 an. Um die Jahrhundertwende lieferte die Post rund 1,2 Milliarden Zeitungen an Abonnenten aus.

Diese Entwicklung bei den **Periodika** war für Verleger und Autoren besonders interessant, warfen Zeitungen und Zeitschriften, vor allem die Familienblätter, doch in der Regel hohe Honorare ab. Allerdings waren es gerade diese Familienblätter wie die auflagenstarke ›Gartenlaube‹, die ihren Autoren feste Vorschriften für die Manuskriptherstellung machten und insofern den auf Autonomie pochenden Dichtern zutiefst suspekt erscheinen mussten – die tiefe Kluft, die nicht allein konservative, sondern auch literaturrevolutionäre naturalistische Schriftsteller gegenüber Journalismus und Journalisten aufreißen, wurzelt in dem Konflikt, womöglich auf derartige anrüchige Zeitungshonorare angewiesen zu sein. Michael Georg Conrad nimmt das 1891 zum Anlass, zwischen »zwei Litteraturen« zu unterscheiden: zwischen der »litterarischen Litteratur« und der »publizistischen Litteratur« (zit. Kolkenbrock-Netz, 98). In seinem »Münchner Roman« *Was die Isar rauscht* (1888) hat er die Pressekritik anhand der Intrigen eines »Preßbanditen«, Herausgeber des Skandalblattes ›Die Kloake‹, literarisch verarbeitet.

In den Kontext der unmittelbar in Lohnabhängigkeit verfassten Literatur fällt auch die lukrative und expandierende Produktion von Kolportageliteratur, die in hunderten von Fortsetzungen und in hohen Auflagen von Kolporteuren gewinnbringend an die ›kleinen Leute‹ abgesetzt wurden (›Dienstmädchenliteratur‹). Lesezirkel, deren Zahl sich zwischen 1865 und 1895 verdreifachte (um 1900 gab es rund 1.300 Lesezirkelbetriebe), und Leihbüchereien taten bei der massenhaften Verbreitung gerade von Unterhaltungsliteratur ein Übriges.

Marktbeherrschende Positionen nahmen Autoren wie Felix Dahn, Viktor von Scheffel und Gustav Freytag, der mit seinen *Ahnen* insgesamt rund 450.000 Mark Honorar bezog, ein. Friedrich Spielhagen kassierte für seine *Sturmflut* 50.000 Goldmark allein durch fünf gleichzeitig erscheinende Vorabdrucke. Dagegen erhielt in den achtziger Jahren ein so renommierter Autor wie Wilhelm Raabe für einen Roman gerade 2.400 Mark, was etwa dem Jahreseinkommen eines mittleren Angestellten entsprach. Seine von der Schillerstiftung gewährte Pensionsunterstützung in Höhe von 1.000 Mark machte gerade den Jahreslohn eines Bauarbeiters aus. Fontane erging es kaum besser; insofern war seine (übrigens anonym erschienene) Reflexion über die Lage der Schriftsteller auch ein Wort pro domo (Wehler, 442ff., 1233ff.; Realismus 1, 206ff.; Sollmann, 40ff.).

Insgesamt ließ der wachsende Konkurrenzkampf der Periodika um Anzeigenkunden und Marktanteile seit den Gründerjahren die Honorare stetig steigen – unter den 1882 erstmals per Reichsstatistik erfassten 19.380 hauptberuflichen Schriftstellern (darunter 350 Frauen; Kürschner zählte 1889 insgesamt rund 16.000 Autoren und Autorinnen) herrschte allerdings »längst ein krasses Gefälle des Einkommens und der Reputation« (Wehler, 444).

So stellt sich die **materielle Lage der Schriftsteller** gegen Ende des 19. Jahrhunderts als zwiespältig dar. Zwar steigen die Honorare, die Autorenschaft insgesamt polarisiert sich aber in Großverdiener und arme Schlucker. Nun hat es Letztere unter Dichtern auch zu früheren Zeiten gegeben. Armut ist keine neue Erfahrung unter Künstlern, wie Carl Spitzweg mit seinem Bild vom *Armen Poeten* (1837), der trotz aller biedermeierlichen Verklärung das Elend eines Dichters, der aus blanker Not in der Dachkammer seine eigenen Manuskripte verheizen muss, aufzeigt. Aber, so postuliert Fontane, die idyllische Zeit der Dachstubenpoeten sei vorüber, und sie kehre auch nie wieder, weil der kapitalistische Markt der Idylle den Garaus gemacht habe. Franz Mehring, der bedeutendste marxistische Literaturkritiker der Zeit, der die Entwicklung der bürgerlichen Literaturverhältnisse genau verfolgt hat, bemerkt über die »künstlerische Rebellion« von Naturalismus und Impressionismus lakonisch: »es ist die Kunst, die den Kapitalismus im Leibe zu spüren beginnt« (Mehring 11, 131).

Die unausweichliche Unterwerfung der Schriftstellerei unter dessen Gesetze, also Schriftstellerei als **Lohnschreiberei**, Lohnabhängigkeit bei dauernder Gefahr von Proletarisierung macht jene neue, schockierende Erfahrung aus, welche die Poeten zum Vergleich mit der Sklaverei hat greifen lassen. »Wenn Goethe seiner Zeit auf die Honorare angewiesen gewesen, die ihm seine ›Kunstwerke‹ brachten, und nicht, wie es der Fall gewesen, auf diverse andere Dinge – er wäre krepiert und vor die Hunde gegangen«, klagt Arno Holz (Holz 1948, 99). Es ist die »Bettelhaftigkeit der deutschen Honorarverhältnisse«, die Karl Bleibtreu in seiner *Revolution der Litteratur* 1886 an den Pranger stellt, wobei er im Übrigen genau registriert, dass sich die Honorare »gegen früher trotz der verzehnfachten Concurrenz für die wenigen Erfolgreichen wesentlich verbessert haben« (Bleibtreu, 79). Als sich seit den achtziger Jahre die naturalistische Generation zu Wort meldet – und das heißt auch: Marktanteile zu erobern sucht –, sieht sie sich also in aller Schärfe mit dem Markt und seinen Gesetzen der Konkurrenz konfrontiert. Fontane spricht einprägsam von »Aschenbrödeltum« der Literaten (Jhw., 3). Das Bewusstsein für tiefgreifende Änderungen in der »Textwarenproduktion« (Parr 2008, 29ff.) jedenfalls war unwiderruflich geschärft. Leo Berg, Mitbegründer des naturalistischen Vereins ›Durch!‹, hält 1901 in einer Schrift mit dem Titel *Gefesselte Kunst* unmissverständlich fest:

> »Die eigentliche, die grundsätzliche und schlechterdings unwürdige Unfreiheit beginnt erst, wenn das Kunstproduct zum Handelsobject wird und den Gesetzen von Production und Nachfrage untersteht. Die Reaction gegen die Überproduction trifft dann das Genie ebenso wie den Stümper und Nachahmer.« (Berg, 32).

Nach dem Jahrhundertwechsel werden aktuelle Klagen über die gesellschaftliche und ökonomische Lage der Schriftsteller seltener. »Unbestritten«, so heißt es 1911 in Franz Pfemferts ›Aktion‹, einer der Schönrednerei sicher unverdächtigen Zeitschrift des Expressionismus, »hat sich die gesellschaftliche Stellung des Schriftstellers in den letzten Jahrzehnten wesentlich gehoben« (von Hülsen, 1353). Zumindest ist mit den neunziger Jahren des 19. Jahrhunderts der gravierende Umstrukturierungsprozess in Sachen Literaturproduktion und -rezeption weitgehend abgeschlossen, so dass sich Klagen darüber zu erübrigen scheinen. In diesem Sinne lässt sich die 1911 in Berlin erschienene Untersuchung von W. Fred (d. i. Alfred Wechsler) über *Literatur als Ware. Bemerkungen über die Wertung schriftstellerischer Arbeit* lesen. In ihr wird unterschieden nach Schriftstellern, die von ihren Werken leben können, nach Autoren, die bei bestimmten Verlegern quasi fest angestellt sind und eher weisungsgebunden für den Markt produzieren, und nach Journalisten. Die von W. Fred mitgeteilten Daten belegen ungünstige materielle Entwicklungen sogar bei erfolgreicheren Autoren. Ein Rezensent, Georg Hermann, hebt im ›Litterarischen Echo‹ gleichwohl hervor, wie dringlich ein Wandel dieser »nationalökonomischen Grundlagen« der Literatur scheine (Literatur und Gesellschaft, 75). Prekär war die Lage von »schreibenden Frauen um 1900« (Hacker 2007; vgl. Hansers Sozialgeschichte 7, 137ff.). Die später durch ihre materialistischen Kunstansätze hervortretende Lu Märten (vgl. Dehning 2000, 39ff.; Kambas) veröffentlicht 1914 in München eine Studie zum Thema *Die wirtschaftliche Lage der Künstler*. So lässt sich beobachten, dass selten in einer literarischen Epoche von Schriftstellern so häufig über Geld geredet wurde wie zu Zeiten des ausgehenden 19. Jahrhunderts und der ›historischen Moderne‹.

4.2 Deklassierung: Das Beispiel Arno Holz

Am Beispiel des naturalistischen Schriftstellers **Arno Holz** (1863–1929) lässt sich exemplarisch aufweisen, dass die Furcht vor materieller Not als Ergebnis der Kommerzialisierungsprozesse im Literaturbetrieb die Schriftsteller nicht ohne Grund beunruhigt hat – aber auch, wie sie an einer tradierten Dichterideologie festhalten, die zwangsläufig in praktische Kollision mit den neuen Verhältnissen geraten muss. Aufschlussreich ist der ›Fall Holz‹ deshalb, weil sich in ihm verschiedene Aspekte von **Statusverlust**, materieller und ideeller **Deklassierung**, gesellschaftlicher **Isolation** und literaturrevolutionärer **Opposition** in aller Deutlichkeit auftun (vgl. Fricke 2010).

Nach eigenen Angaben hat Holz das »›Buch der Zeit‹, 4 1/2 hundert Seiten Lyrik, die erste in unserer jüngeren Generation, die bewußt die neue Front markierte, ein Honorar von 25 Mark eingebracht« (Holz X, 216f.). Zeitweilig musste er als Redakteur und Zeitungsschreiber arbeiten – ein Broterwerb, den er als ausgesprochene Zumutung empfand, galt ihm doch wie dem Naturalismus insgesamt Journalismus als nicht ›dichtergemäß‹; ein Broterwerb übrigens, den manch einer der naturalistischen Weggefährten wie Karl Bleibtreu, Hermann Conradi, Paul Fritsche, Johannes Schlaf, nachzugehen gezwungen war. (Holz schrieb unter Pseudonym literaturkritische Arbeiten für das Feuilleton der ›New-Yorker Staats-Zeitung‹.) Aus finanziellen Gründen startete er eine Vielzahl von Projekten, die mit Schriftstellerei nichts zu tun hatten, darunter die Produktion von Kinderspielzeug und die Errichtung einer Passage in der Berliner Friedrichstraße – Pläne, denen ein materieller Erfolg versagt blieb. Der Bohemien Otto Julius Bierbaum spottete seinerzeit, »Holz habe den Naturalismus und die laufende Maus erfunden« (Schulz 1974a, 9).

1896 kam Maximilian Harden in seiner Zeitschrift ›Die Zukunft‹ durch einen Spendenaufruf zu Hilfe, der übrigens in wenigen Monaten an die 5.000 Mark für den Dichter erbrachte. Diese Aktion bildete den Auftakt für wiederholte Unterstützungsappelle, Spenden und Stipendien, persönliche Bittbriefe und Subskriptionseinladungen, die Holz bis zum Lebensende begleiten sollten. Dabei war er im Übrigen nicht nur zu Zeiten seiner naturalistischen Anfänge ein durchaus bekannter Autor; kurz vor seinem Tode brachte man ihn sogar für den Nobelpreis ins Gespräch. Die erfahrene materielle wie ideelle Anerkennung entsprachen allerdings in keiner Weise den Holzschen Erwartungen nach angemessener Honorierung eines Dichters.

Über seine genaue materielle Situation ist man mittlerweile recht gut unterrichtet. Daraus ergibt sich, dass trotz zeitweiliger materieller Nöte während der neunziger Jahre das Bild vom ›armen Poeten‹, das über Holz kursierte und dessen Konturen er selbst maßgeblich skizzierte, so nicht stimmt: Von einer dauerhaften akuten Verelendung kann nicht die Rede sein. Wenn er aber diesen Eindruck unermüdlich erweckt hat, so deutet dies auf die Virulenz eines bestimmten, ideologisch überhöhten Dichterbildes, das sich bei ihm unhinterfragt festgesetzt hat. Es ist unschwer auf traditionellen Auffassungen vom gesellschaftlich hochangesehenen und wohlgelittenen Dichterfürsten, vom Dichter-Seher zurückzuführen (s. I.4.5), an dem Holz die Miserabilität seiner Lebensverhältnisse maß und die ihm zwangsläufig als Deklassierung erscheinen mussten.

Diese **Deklassierungserfahrung** wird Sujet auch seiner Dichtung: »Und wenn dann Lied auf Lied sich ringt/in immer höhere Regionen/und alle Völker, alle Zonen/ein einzig großer Bund umschlingt://Dann ists mir oft, als ob die Zeit,/als ob das kommende Jahrhundert/Zu seinem Täufer mich geweiht«, lauten programmtische Verse, deren lyrisches Ich sich als Vorläufer des Messias, als »Täufer« des neuen Jahrhunderts, als Messias wähnt (Holz I, 8). Die Hartnäckigkeit, mit der Holz einem derartig exponierten Dichterbild nachhängt, findet sich ex negativo auch im Bild von der Welt, die für den Dichter nur Verachtung kennt und ihn in Isolation treibt: »Er war so arm und so verlassen,/Wie jener Gott aus Nazareth!« (Holz I, 74f.). Spätere *Phantasus*-Passagen entwerfen das Elend ausbleibender Anerkennung. Im Selbstporträt zeichnet sich der Dichter als der von »allen seinen Blutsbrüdern/Beschimpfte,/Gemiedene, Geächtete,/Gehetzte, Gejagte, Geschmähte,/Verlassene, Verstoßene, Vertriebene,/Verlästerte,/Verbannte, Verfluchte, Verwünschte, Verfemte,/friedlos/Umherirrende« (Holz 3, 504). Hier ist der Grund gelegt für die Entwicklung von spezifischen »intellektuellen Strategien« (Charle, 134ff.), so für eine aus der sozialen Ächtung folgende **Selbstnobilitierung**, wie sie in der Jahrhundertwendeliteratur in unterschiedlichen Schattierungen begegnet (s. I.4.5).

Dabei führt Holz, dann doch hellsichtig genug, die ökonomische Seite auch auf das ästhetische Problem der Rezeption, genauer der Rezeption ästhetischer Innovationen, zurück. Er schreibt 1894 in einem Brief an Emil Richter: »Du wirst sagen: auch mit ›Dichten‹ selbst läßt sich Geld verdienen. Gewiß! Leute, wie Wildenbruch und Frieda Schanz tun dies zweifellos, und in sicher ausgiebigstem Maße.« (Holz 1948, 99). Als Problem, so Holz, stellt sich aber nicht, dass mit Dichten kein Geld zu verdienen sei, sondern

> »daß mit diesem sogenannten ›Dichten‹ alle anderen, nur leider gerade nicht die sogenannten ›Dichter‹ Geld verdienen können. Und zwar aus dem einfachen Grunde, weil ihre Produkte ihrer Originalität halber regelmäßig Zeit brauchen, um sich ihr Publikum erst heranzubilden, während die Nachahmer sich an ein bereits vorhandenes wenden können!!« (ebd.).

So ist es die »Originalität« des Dichters, die seinen materiellen Ruin bewirkt – in einer Gesellschaft, die für innovative Geister kein Verständnis kennt. Denn, so Karl Bleibtreu 1888 über den »**Kampf um's Dasein in der Literatur**«:

»Die heutige Gesellschaft und der heutige Staat bieten hochstrebenden Geistern keinerlei Spielraum. Daher ist das sogenannte Jüngste Deutschland in all seinen Abzweigungen und Ausstrahlungen ein klassisches Symptom der Zeit. Intelligente Jünglinge, die sich nicht in den uniformierenden Nivellierungsdrill einzwängen lassen, finden nirgends Rettung. Staat und Bourgeoisie übersehn hochmütig solche Taugenichtse; die Literatur aber, in deren Arme sie sich stürzen, kann sie nicht ernähren. Daher: Anarchie. Kann es wundernehmen, daß unser massenhaft anschwellendes geistiges Proletariat vor kochendem Grimm gegen die bestehende Gesellschaftsordnung schier berstet? Daß teils revolutionäre, teils direkt sozialistische Strömungen die ganze jüngere Literatur, d.h. die geistige Emanationen der ›coming race‹, durchfluten?« (Theorie des Naturalismus, 125f.).

Dies zeigt, dass der ›Fall Arno Holz‹ weit über den individuellen Sozialfall hinausweist. Es geht nicht zuletzt um Strategien des Dichters, an der ›Poesie des Geldes‹ teilzuhaben, ohne sich zugleich der ›Prosa der Verhältnisse‹ auszuliefern, sowie um Strategien, mit der gesellschaftlichen Isolation fertig zu werden – Ziel ist die Rückgewinnung eines gesicherten Dichterstatus. Franz Mehring, der 1896 sich im Theorieorgan der Sozialdemokratie, der ›Neuen Zeit‹, des Autors unter der Schlagzeile »Der Fall Holz« annahm und sein Schicksal als Beispiel für jenen Umgang anführte, den die bürgerliche Gesellschaft ihren Dichtern zuteil werden lasse, resümierte: »Eben weil Arno Holz ein echter Dichter und Künstler ist, kennt er viel besser die Alternative, vor welcher er steht. [...] Auf dem Boden der bürgerlichen Gesellschaft ist sein Fall unheilbar.« (Mehring 11, 237).

Dennoch ist das zitierte Spitzwegsche Bild vom armen Poeten nicht vorschnell zu verallgemeinern. So finden sich **die Intellektuellen der Wiener Moderne** in sichtlich anderen Verhältnissen, wenn auch in einer ihnen eigenen »widersprüchlichen Lage«:

»Einerseits dominieren sie aufgrund vielfältiger Vorteile (Herkunft aus gehobenen Kreisen, hohes Bildungsniveau, frühe literarische Reife, internationale Öffnung der Literatur gegenüber Deutschland und Frankreich, intensive soziale Kontakte unter Gleichen), andererseits werden sie beherrscht, weil sie sich auf den Märkten des deutschsprachigen Kulturraumes behaupten müssen. Sie lehnen es ab, sich den Regeln des Marktes zu beugen, weigern sich aber auch, die Regeln wirklich in Frage zu stellen.« (Charle, 166).

Und in Deutschland konnte trotz der verschärften Marktsituation etwa »die Hälfte der naturalistischen Dichter finanziell durchaus gesichert« leben (Linduschka, 43). Nur ein Bruchteil von ihnen hat es allerdings zu bürgerlicher Wohlhabenheit oder Reichtum gebracht. Dazu zählt Gerhart Hauptmann (mit dem Arno Holz sich in Konkurrenz setzte) aufgrund des Bühnenerfolges gleich seines Erstlings *Vor Sonnenaufgang*, der weitere Verlagsangebote eröffnete, sowie aufgrund seiner Vermählung mit der Tochter eines vermögenden Großkaufmannes; dazu rechnete auch Hermann Sudermann, dessen Stück *Ehre* bis 1903 rund 300.000 Mark einspielte (Sollmann, 61). Diesen **Spitzenverdienern** stehen Problem- und **Elendsfälle** gegenüber – so am unteren Ende der Vermögensskala eben Autoren wie Holz, Liliencron oder Schlaf, aber auch Exponenten der Armutsboheme wie Peter Hille oder zeitweilig Erich Mühsam (vgl. Kauffeldt). Für die Zeit nach 1900 ist beispielhaft Franziska zu Reventlow zu nennen, die sich lange Jahre mit kümmerlich dotierten Übersetzungsarbeiten über Wasser hielt (vgl. Faber; Reschenberg-Rouzdar), oder Else Lasker-Schüler, die 1925 mit ihrem Pamphlet *Ich räume auf! Meine Anklage gegen meine Verleger* auf den Skandal miserabler Vertrags- und Honorarverhältnisse aufmerksam machte (vgl. Bauschinger; Klüsener). Grundsätzlich gilt sicher das Diktum von Leo Berg aus dem Jahre 1901: »Dichter, die sich, wie Schiller und Hebbel, aus der Armuth herausgerungen haben, sind heute nicht mehr möglich. Der Capitalismus deckt sie einfach zu.« (Berg, 41).

4.3 Zur gesellschaftlichen Isolation des Intellektuellen

Gründe für Statusverlust und Deklassierung des Künstlers finden sich in der **Entwicklung des liberalen Bürgertums,** das sich von seiner verheerenden Niederlage 1848 politisch nicht mehr erholt. Es überlässt die Erfüllung seiner nationalen Interessen, die Schaffung des Nationalstaates auf bürgerlich-demokratischen, wirtschaftsliberalen Grundlagen, 1870/71 den preußischen Feudalschichten und ihrem Militär. Die liberale literarische Intelligenz, die noch im Vormärz ihre Kämpfe im Einklang mit der politisch avancierten Bewegung der bürgerlichen Emanzipation weiß, begibt sich dieser Funktion. Sie wird als Vordenkerin des Bürgertums in dem Maße überflüssig, wie sich die Bismarcksche Reichsgründung ideologisch auf feudal-bourgeoise Allianzen jenseits des aufgeklärten ›bürgerlichen Räsonnements‹ stützt und das Bürgertum ihn gewähren lässt, wohl auch gewähren lassen muss. Die Entliberalisierung des Bürgertums, die Feudalisierungsprozesse des Großbürgertums auch und besonders im kulturellen Bereich, ein kulturelles Desengagement in den Mittelschichten einschließlich des traditionellen Bildungsbürgertums ließen ein kulturkritisches Räsonnement funktionslos, überflüssig, deplaziert erscheinen. Die kulturstiftende Funktion, eine Sinngebung durch den Künstler, war unwiderruflich verloren, wenn die führenden Bildungsschichten ihr Interesse an Kunst und Literatur auf ihren Unterhaltungswert, auf das Dekorative herunterschraubten. Hegels Parole vom ›Ende der Kunstperiode‹ läutete zudem geschichtsphilosophisch einen **Paradigmenwechsel auf Kosten der Kunst** ein, der, gemeinsam mit der unaufhaltsamen Verwissenschaftlichung des Denkens und dem Siegeszug naturwissenschaftlicher und positivistischer Kategorien, den Bereich des Schöpferisch-Künstlerischen gesellschaftlich massiv abwertete.

In dieser Konstellation, so Habermas, spaltete sich von den bürgerlichen Bildungsschichten, deren kultureller Auftrag mit seiner sozialen Funktion als Lokomotive des Fortschritts dem Anspruch nach im Vormärz noch zusammengefallen war, die Schicht einer ›Intelligenz‹ ab, »die sich ihre fortschreitende Isolation, zunächst vom Publikum der bürgerlich Gebildeten, als eine – illusionäre – Emanzipation von sozialen Standorten überhaupt verständlich macht, sich als sozial ›freischwebende Intelligenz‹ interpretiert« (Habermas 1962, 191). Zwar wurde der anschauliche Terminus ›freischwebende Intelligenz‹ erst 1921 von Carl Brinkmann in seinem Aufsatz »Zur Soziologie der Intelligenz« geprägt (Intellektuelle, 223ff.) und erfuhr dann seine Popularisierung in Karl Mannheims *Ideologie und Utopie* von 1929 (Hoeges). Seit dem Expressionismus war die Auffassung von der ›freischwebenden Intelligenz‹ und ihrer ›Klassenjenseitigkeit‹ Kristallisationsort heftiger Auseinandersetzungen zwischen der Neuen Sachlichkeit und linksengagierten Intellektuellen über den sozialen Standort des Intellektuellen und des Künstlers überhaupt (s. II.2.4; III.1.3).

Eine erste Ausprägung aber fand die ›freischwebende Intelligenz‹ seit den achtziger Jahren des 19. Jahrhunderts, als sich bemerkbar machte, dass Kunst und Künstler ihren Rückhalt in der eigenen Herkunftsklasse längst verloren hatten – ein Verlust, der struktureller, prinzipieller Art war und als solcher auch von naturalistischen Schriftstellern interpretiert worden ist. So heißt es in Conrad Albertis Schlüsseltext über »Die Bourgeoisie und die Kunst«: »der heutige Niedergang der Künste ist kein bloßer arger Zufall, er ist eine soziale Notwendigkeit, es liegt im Wesen der Bourgeoisie, daß sie Alles korrumpiert, materialisiert und vergiftet, was in ihren Bereich gerät, und so auch die Kunst« (LMN, 122). Damit scheint für die Kunstproduzenten ein definitiver Trennungsstrich zur Herkunftsklasse nahezuliegen (vgl. Positionen der literarischen Intelligenz; Sollmann).

Diese Desintegration des Schriftstellers spiegelte in aller Schärfe die verzwickte Lage einer nicht angepassten Intelligenz. Bei den Naturalisten bedeutete das zeitweilige sozialistische Engagement den Versuch einer Einbindung in eine neue kollektive Identität, ohne dass auch nur bei einem einzigen der linksengagierten naturalistischen Autoren eine dauerhafte Allianz mit der marxistisch-sozialistischen Arbeiterbewegung in Deutschland gelungen wäre. Insofern ist die Opposition ›intern‹, innerbürgerlich geblieben – anders als später bei der expressionistischen Opposition, die, wie die Biographie markanter Autoren wie Johannes R. Becher oder Friedrich Wolf ausweist, aus der Isolation heraus zum dauerhaften Anschluss an die Arbeiterbewegung (mit welch inneren Isolierungserscheinungen auch immer) geführt hat (s. I.5.2; III.1.5).

Dabei ist ›Isolation‹ durchaus auch politikunabhängig zu verstehen. So sucht der Ästhetizismus Wiener Provenienz gar nicht erst nach einer entlehnten, die eigene Klassenherkunft dementierenden neuen Bindung. Hofmannsthal spricht 1893 in der ›Frankfurter Zeitung‹ – die publizistische Öffentlichkeit also noch suchend – in seinem ersten »Gabriele d'Annunzio«-Essay »von ein paar tausend Menschen, in den großen europäischen Städten verstreut«, die vielleicht als Adepten der Fin de siècle-Kunst in Frage kämen: »Wir! Wir! Ich weiß ganz gut, daß ich nicht von der ganzen großen Generation rede« (Hofmannsthal I, 175). Selbst der von allen sozialen Realitäten so abgehoben scheinende Ästhetizismus nimmt also die konkreten Daten seiner **Isolation von Gesellschaft und Publikum** minutiös wahr, wenn auch mit anderen Konsequenzen als der Naturalismus: »Trotzdem haben diese zwei- bis dreitausend Menschen eine gewisse Bedeutung [...]. Sie fühlen sich mit schmerzlicher Deutlichkeit als Menschen von heute; sie verstehen sich untereinander, und das Privilegium dieser geistigen Freimaurerei ist fast das einzige, was sie im guten Sinne vor den übrigen voraushaben. Aber aus dem Rotwelsch, in dem sie einander ihre Seltsamkeiten, ihre besondere Sehnsucht und ihre besondere Empfindsamkeit erzählen, entnimmt die Geschichte das Merkwort der Epoche.« (ebd.).

1893 räsonniert der noch nicht 20-jährige Hofmannsthal über jenen Kreis Gleichgestimmter in seiner Generation, den »zwei- bis dreitausend Menschen«, denen eine »gewisse Bedeutung« zukomme: »es brauchen keineswegs die Genies, ja nicht einmal die großen Talente der Epoche unter ihnen zu sein; sie sind nicht notwendigerweise der Kopf oder das Herz der Generation: sie sind nur ihr Bewußtsein.« (ebd.).

Die durchaus realen Kommunikations- und Organisationsformen, welche diese selbsternante Elite sich zu schaffen weiß, sollen hier nicht weiter expliziert werden. Anders als beim Berliner George-Kreis mit seinen autoritären Meister/Führer-Schüler-Strukturen wäre in diesem Zusammenhang aber auf »**Organisationsformen der Desorganisierten**« in der Wiener Moderne (D. Lorenz, 77) zu verweisen, die ganz handfeste Orte wie Salon, Kaffeehaus, wie die modernen Feuilletons und den Wiener Pressebetrieb zu nutzen weiß (vgl. D. Lorenz, 21ff.) und insofern alles andere als eine subkuntane, bloß »geistige Freimaurerei« im Verborgenen betrieb.

Zu verweisen ist aber auf die »ästhetische Opposition« eines Stefan George (Mattenklott 1970), dessen ganz gezielte **Verachtung der Öffentlichkeit** sich darin manifestiert, dass er das Publikum »als ein nichtbestehendes übergeht« (Jhw., 247):

>»Der heutige geistige und künstlerische mensch muss seine werte ausbilden in völliger loslösung von der allgemeinheit · von allen öffentlichen und tagbedingten forderungen (dem ›Offiziellen‹ und ›Aktuellen‹) wobei wir vorläufig ganz unerwähnt lassen dass jeder befruchtende · jeder befreiende gedanke aus geheimkreisen (zenakeln) hervorkam.« (ebd.).

Eine derartige **Verweigerungshaltung** der Öffentlichkeit gegenüber zeigt sich ganz handfest, wenn George den Vertrieb seiner frühen Schriften, Privatdrucke zumeist, und auch den Verkauf seiner Zeitschrift »Blätter für die Kunst« in der Öffentlichkeit untersagt, sie dem Markt und seinen Gesetzen also entzieht und durch eine nichtwarenförmige, private Zirkulation unter Freunden ersetzen möchte: »Die zeitschrift im verlag des herausgebers hat einen geschlossenen von den mitgliedern geladenen leserkreis«, heißt es im Impressum der ›Blätter für die Kunst‹. Auch der deutschpolnische Décadent Stanislaw Przybyszewski wollte seine Schrift *De profundis* (1895) »nur in wenigen Händen wissen« (zit. Fähnders 1987, 165). Gerade Georges Beispiel zeigt aber auch, dass man am Markt gar nicht vorbeiproduzieren kann, und seine Publikationspolitik erweist sich durchaus als gut durchkalkulierte Strategie eines Marktverächters, der sich der Marktmechanismen durchaus zu bedienen weiß (vgl. Mettler). Adorno spricht von »monopolistischen Zügen der Georgischen Schule« insgesamt (Adorno 1963, 215).

Über seinen sozialen Ort räsonniert Hugo von Hofmannsthal: »Wenn ich sage, ›aufhören sich isoliert‹ zu fühlen, so meine ich nicht, daß ich hier ganz allein bin. Ich habe hier Freunde, deren lose und doch bedeutungsvolle Gruppierung mir eine nie versagende Freude macht. Aber als Mensch meiner Zeit, als Künstler meiner Zeit finde ich mich samt meinen Freunden isoliert, finde uns an einem einsamen Rande hangen.« (zit. Winkler 1992, 188). »Mich pissen kaum die Hunde an!«, formuliert weniger exquisit Arno Holz vergleichbare Erfahrungen (Holz 1948, 99).

Im Rahmen einer Soziologie der künstlerischen Intelligenz lassen sich also Dispositionen der gesellschaftlichen Isolation, der Marginalisierung und der gleichsam freiwilligen Annahme dieser Isolation erkennen. Hierher datiert des Dichters »Abgelöstheit von der Gesellschaft« (Rosenhaupt), die sich bei den Autoren der Jahrhundertwende übereinstimmend erkennen lässt (vgl. Deutsche Literatur der Jahrhundertwende, 61ff.). Eine sich als ›freischwebend‹ bestimmende Intelligenz erfährt sowohl die ökonomischen Veränderungen auf dem kulturellen Sektor (**Konkurrenz** auf dem Markt mit der Gefahr des Abstiegs) als auch die ideologischen Schnitte innerhalb der eigenen Herkunftsklasse (**Funktionsverlust** mit drohender Isolation) als Deklassierung, die an die Substanz der traditionellen Selbstbestimmung des Dichters und des

Dichtens geht. Als konkrete Erfahrung begegnet dies den Schriftstellern in der Ablehnung ihrer ästhetischen Innovationen durch die Öffentlichkeit, die sich keinen Deut mehr um das traditionelle Ansehen des Dichters schert und diese ihrem »Rotwelsch«, ihrer Geheimsprache, und ihren »Zenakeln«, wie es bei Hofmannsthal bzw. George hieß, überlässt.

»Daß Fürst Bismarck eine Bro[s]chüre über Kornzölle für wichtiger hält, als die bedeutsamste Dichterschöpfung, daran kann kein Zweifel sein«, registrierte Karl Bleibtreu (Bleibtreu, 73) – ein in den achtziger Jahren unter den Schriftstellern geläufiges Aperçu, das auch in einem anonymen Beitrag der ›Berliner Monatshefte‹ über »Fürst Bismarck und sein Verhältnis zur deutschen Literatur« wiederkehrt (Theorie des Naturalismus, 75). »Nichts deutet darauf hin«, heißt es dort weiter, »daß Bismarck von der Bedeutung der Literatur für die Volksentwickelung durchdrungen sei« (ebd., 73). Und als dieser einmal die Schriftsteller »nationalökonomisch ›unproduktiv‹« nannte, konterte Bleibtreu mit dem Hinweis auf das »ideal produktive Wirken der deutschen Dichter«, das »allein« es dem Reichskanzler ermöglicht habe, »die so lange vorbereitete Einigung Deutschlands an seinen Namen zu knüpfen«. Hier wird ideeller Lohn für die **Teilhabe der Schriftsteller am nationalen Diskurs** eingeklagt, wie er offensiv seit Romantik und Vormärz in der Tat von Dichtern und Gelehrten geführt wurde, und en passant wird ein Geschichtsbild präsentiert, das den Geschichtslauf allein von Künstlerhänden gestaltet sieht. »Im Bewußtsein solcher produktiver Würde als deutscher Schriftsteller«, so Bleibtreu, »klag ich das Preußentum ›vor Gott und der Geschichte‹ an.« (LMN, 27).

Die Dichter konstituieren sich als eine »eigene, schlechterdings nicht anfechtbare Elite« und reklamieren damit zugleich »eine vermeintliche Ahnherrrschaft an dem 1871 proklamierten Nationalstaat« (Lämmert 1971, 443). »Wir verlangen«, so Alberti 1888, »daß die Kunst überall, bei allen öffentlichen und höfischen Akten in gleicher Weise vertreten sei [...], damit nicht wie jetzt der berühmte Dichter gezwungen sei, hinter dem Fähnrich Stellung zu nehmen.« (Theorie des Naturalismus, 79). Seine gesellschaftliche Isolation erfährt der Schriftsteller, sei er Naturalist oder Ästhetizist, als Kränkung, die ihm Markt, Publikum, Gesellschaft und Staat zufügen. Als Lösungsversuche zur Statussicherung diskutieren einige Schriftsteller staatliche Eingriffe oder unternehmen gewerkschaftsähnliche Organisationsversuche.

4.4 Zwischen Staatssubvention und Selbstorganisation

Karl Bleibtreu hat allein ideellen Lohn für den Dichter eingeklagt – »Staatssubventionen«, staatliches »Interesse für Literatur erbetteln wir von Bismarck und seinem Preußen nicht« (LMN, 27; Bleibtreu, 78; vgl. Parr 2008, 37ff.; Sprengel 1998a, 137ff.). Er antwortet damit auf die **Forderung nach materieller Unterstützung** seitens des Staates, die naturalistische Weggefährten erhoben haben. Möglicherweise dachte man beim Ruf nach dem Staat an das norwegische Beispiel, wo Autoren wie Björnson und Ibsen seit den sechziger Jahren mit einem relativ hohen Dichtergehalt seitens des Staates ausgestattet wurden. Jedenfalls richteten die Brüder Hart bereits 1882 in ihren für den Frühnaturalismus zentralen ›Kritischen Waffengängen‹ einen »Offenen Brief an den Fürsten Bismarck«, in dem sie – elf Jahre nach der Reichsgründung – resümierten: »für die Literatur, so viel steht außer Frage, thut der Staat (weder das Reich noch die Einzelländer, denn die Munifizenz der Fürsten kommt hier nicht in Betracht) nichts, nichts, nichts« (LMN, 24). Dabei müsse »wie jedes andere Lebensgebiet« auch »die Literatur auf dem nationalen Staate basiren und aus seiner Kraft die ihre saugen, denn im anderen Fall treten Fürsten und Mäzenatentum an Stelle des Staates und die Entfaltung der Literatur wird einseitig und gedrückt.« (LMN, 24).

Zur Realisierung einer »**Staatshülfe**« (LMN, 25) wird die Einrichtung eines »Reichsamtes für Literatur, Theater, Wissenschaft und Künste« vorgeschlagen. Unter Verweis auf bereits bestehende Gesetze, die allemal schon Bereiche der schönen Literatur tangierten – so das Urheberrecht, die Vorzensur beim Theater sowie die schnöderweise für das Theater zuständigen Gewerbegesetzgebung –, solle der Staat in Gestalt des zu gründenden Reichsamtes intervenieren, damit »jedes Talent, das aus dürftigen Verhältnissen hervorgegangen ist«, auch Muße zum Dichten finde (LMN, 26). Ähnlich wird wenig später Karl Henckell ein Reichsamt für Volksliteratur fordern (Guenther, 159).

Mit dem Regierungsantritt Wilhelms II. im Jahre 1888 und seinem anfänglichen ›Neuen Kurs‹ schien in den Augen manches Naturalisten eine Änderung zum Besseren angezeigt. So bei Conrad Alberti, der noch im Jahr des Regierungsantritts anonym seine Schrift *Was erwartet die deutsche Kunst von Kaiser Wilhelm II.?* publizierte. Hatte er noch im selben Jahr in seiner Kampfschrift »Die Bourgeoisie und die Kunst« beider Antagonismus scharf markiert und wie kein anderer die Unfähigkeit der bürgerlichen Klasse zu Kunstproduktion und Kunstverständnis gegeißelt, so richtet er jetzt an den Kaiser (»Mann von höchster Bildung und Erziehung«) die Aufforderung, für die Kunst, »für eine so ernste, reale und tief in das individuelle und soziale Leben einschneidende Sache die ernsteste, weiteste und aufrichtigste Fürsorge des Staates« zu garantieren, wie es in Politik, Wissenschaft und Technik längst der Fall sei. Die Förderung eines »edlen und reinen ›Realismus‹ der Kunst« (sprich Naturalismus) rechtfertige die ideelle wie materielle Fürsorge durch den Staat vollauf – gehe es doch um den gemeinsamen Kampf gegen die »systematische Verrohung der Gemüter«, gegen die »Herrschaft des rohen Materialismus«, gegen das »Überwuchern der Sozialdemokratie« (Theorie des Naturalismus, 81, 82, 83). – Zum Kontrast: »Ich würde dem jungen deutschen Kaiser nicht die Ehre zugestehen, mein Kutscher zu sein«, notierte Nietzsche (zit. Schmidt/Spreckelsen, 19).

Derartige Positionen, die dem ›jungen Kaiser‹ eine Versöhnung von Kunst und Staat nahelegten und im Übrigen symptomatisch für den Münchner Kreis um die ›Gesellschaft‹ mit ihrem Faible für ein soziales Kaisertum waren, blieben im Naturalismus umstritten. Es war wiederum der alte Fontane, der 1891 nicht ohne Sympathie für die Naturalisten – »die freien Genies, die ›Wilden‹«–, ironisch anempfahl, Orden und Titel zu verleihen. »Früher hielt man sie«, bemerkte er über aufsässige Dichter, »doch wenigstens für was besondres. Auch das ist hin. Sie sind nicht blos verachtet, man hält sie auch für unbrauchbarer, unfähiger und stümperhafter als die andern. Ihr Manko konnte früher balanzirt werden, niemand denkt mehr daran; was sie haben, ist nichts, was sie nicht haben, ist alles.« (Jhw., 3).

Während die Diskussionen über staatliche Interventionen ohne praktische Folgen blieben, sind zahlreiche dauerhafte **Organisationsversuche der Schriftsteller** (vgl. Kron; Scheideler, 73ff.) weiteres Indiz für das Krisenbewusstsein der Betroffenen. Einen ersten organisatorischen Schritt bedeutete die Gründung des ›Allgemeinen deutschen Schriftstellervereins‹ (ADSV) 1878 in Leipzig – ein zeitlich auffallend spätes Unterfangen, bedenkt man, dass bereits 1840 Georg Herwegh die Einrichtung von

›Schriftstellerassoziationen‹ zur Wahrung der materiellen Interessen der Schriftsteller angeregt hatte. Nicht zuletzt ging es um die Wahrung urheberrechtlicher Ansprüche (vgl. Kolkenbrock-Netz, 121ff.). Angesichts der ineffektiven Arbeit des Schriftstellervereins fordert 1885 der Stratege des Münchner Naturalismus und aktive Verbandssekretär des ADSV, Michael Georg Conrad, in einem Aufsatz mit dem symptomatischen Titel »Es rumort in der Schriftstellerwelt« dazu auf, eine »schriftstellerische Berufsgenossenschaft zu Schutz und Trutz im Kampfe um's Dasein zu bilden, einen schriftstellerischen Reichsverband, um alle möglichen Vorteile der Reichsgesetzgebung für sich ausbeuten zu können.« (Literatur und Gesellschaft, 7). Das kämpferische Vokabular verrät die tiefsitzende ökonomische Verunsicherung. Nach verschiedenen Organisationsversuchen wird 1902 das ›**Kartell lyrischer Autoren**‹ gegründet (vgl. W. Martens), 1909 folgt der bedeutende, bis in die Weimarer Republik und noch im Exil aktive ›**Schutzverband deutscher Schriftsteller**‹, SDS (vgl. Kron).

Die Organisationsversuche der Schriftsteller waren durchaus als eine ›Machtstrategie‹ zur Wiedergewinnung verlorener materieller und ideeller Statussicherheit angelegt. Dass dieser Kampf keine Angelegenheit der naturalistischen Literaturrevolteure allein war, sondern dass sich daran auch Autoren des Fin de siècle beteiligten, zeigt Hugo von Hofmannsthals Engagement im ›Kartell lyrischer Autoren‹, einer ausgesprochen gewerkschaftlich operierenden Interessenvertretung, deren Gründungsaufruf neben Hofmannsthal noch Bierbaum, Dehmel, Holz, Liliencron sowie Carl Busse und Gustav Falke unterzeichnet haben (W. Martens, 62f.).

Allerdings blieben derartige Organisationsversuche brüchig, solange noch der ideelle Status des Schriftstellers ungeklärt blieb. So resultiert die Labilität der frühen Schriftstellerzusammenschlüsse zum einen daraus, dass man sich unsicher war im Umgang mit den veränderten Produktionsbedingungen von Literatur. Einigkeit in der Abwehr einer ›Industrialisierung‹ der Schriftstellerei (Lohnschreiberei, Schreiben nach Vorgaben) war rasch herzustellen. Aber eine **Reformulierung des Dichterstatus** machte den Autoren zu schaffen: eine Abgrenzung gerade gegenüber den industriell vereinnahmten ›Tintensklaven‹, Kolportageautoren und Journalisten schien vonnöten, wollte man am traditionellen Dichterbild teilhaben bzw. dieses retten.

Weil dieses materiell aber längst unterminiert war, konnte allein eine Weitung des Dichter- und Dichtungsbegriffes helfen; so wurde »nun dem Bereich der ›Kunst‹ selbst zugeschlagen, was vormals noch als kunstfremd galt. Dem ›Dichter‹ tritt der ›moderne Schriftsteller‹ als publizistisch wirksamer Anwalt der Kunst zur Seite, die Gesinnungspresse erscheint als kunstmäßig gegenüber der Nachrichten- und Sensationspresse«; gemeinsamer Feind bleibt aber die ›unkünstlerische‹ Kolportageliteratur (Kolkenbrock-Netz, 174). Gegen die »elende Romanfabrikation« und die »fabrikmäßig betriebene Verseschmiederei«, wie Karl Bleibtreu sie 1885 nannte, war man sich in jedem Fall einig (zit. ebd., 119). Zumindest zeigen die zahlreichen Diskussionen zur Organisationsfrage der Schriftsteller, dass der Zusammenschluss aller schriftstellerisch Tätigen – also auch der Lohnschreiber und Tagesjournalisten – mit der Konzeption einer Künstlervereinigung als einem Eliteverband in Konflikt geraten musste. Der »deutsche Schriftstellerstand«, dessen genaue Definition, so Paul Heyse 1891, Mühe bereite, weil »der Begriff des Schriftstellers gegenwärtig ein zu vager« sei (zit. Kolkenbrock-Netz, 132), stand vor der Alternative, sich als reiner Interessenverband oder als Repräsentationsforum einer Dichterelite zu definieren. Dies Problem blieb Gegenstand vehementer Debatten bis in die Weimarer Republik (s. II.2.4; III.1.3; 1.5).

Eine Lösung eigener Art praktizierte die **Boheme** in ihrem grundsätzlichen Hang zur Gruppenbildung und mit ihrem Selbstbewusstsein, eine antibürgerliche, subkulturelle Alternative zum bestehenden System zu konstituieren, in der sich gesellschaftliche Isolation und Deklassierung des Künstlers gleichsam vollenden. Indem die Boheme beides als Voraussetzung und Chance autonomen Lebens begreift, erübrigt sich für sie die Frage nach Staat und Interessenverband. Lebenspraxis und Selbstorganisation der Boheme – sei es das naturalistische ›Schwarze Ferkel‹ im Berlin der neunziger Jahre, sei es die postnaturalistisch-anarchistische ›Neue Gemeinschaft‹ in Berlin, die sich selbstbewusst »Orden vom wahren Leben« nannte, oder die Künstlerkommune des Monte Verità in Ascona um die Jahrhundertwende, seien es die Clubs, Gruppen und Vereinigungen des Expressionismus und der Avantgarde insgesamt – markieren die Errichtung einer zumindest virtuellen Gegengesellschaft, der Statusverlust und gesellschaftliche Isolation kein Problem, sondern Lebenselixier ist (vgl. Kreuzer 1968; Fähnders 1987, 171ff.; Metzler Lexikon Avantgarde, 56ff.).

4.5 Selbstnobilitierung des Dichters

Vermarktung der Literatur, Statusverlust und Isolation der Künstler, materielle und ideelle Deklassierung sind Entwicklungen, die seit der Reichsgründung tendenziell für die gesamte literarische Szene gilt. Die Klagen über Bismarcks Ignoranz in den Dingen der Literatur, die übrigens auch auf Wilhelm I. zu beziehen wären, die Negativbilanz bei einer Betrachtung des Kapitels »Das Preußentum und die Poesie« (Bleibtreu in LMN, 27) sind beredtes Zeugnis für die Wahrnehmung eines Strukturwandels, der das Band zwischen dem kritisch räsonnierenden, dem gesellschaftlichen Ganzen verpflichteten Dichter und dem Bürgertum, wie es seit dem 18. Jahrhundert geknüpft wurde, definitiv zerschnitt. Ganz unabhängig davon, wie denn dieses Band realiter beschaffen war: Der Bruch zwischen Dichter und Bürgertum schien unwiderruflich.

Das widerspricht zunächst der Beobachtung, dass bestimmte Vorstellungen vom Dichter als Seher, als »**Dichterfürst**« (Lämmert 1971) in Teilen des Bürgertums, zumal des Bildungsbürgertums, lebendig geblieben sind. Dieses sah in der ›Institution Dichter‹ einen Künder und Seher – speziell auch den Künder der lange entbehrten nationalen Einheit. Der Dichter als Seher steht hier in der seit der Antike geläufigen vates-Tradition und in der Rolle des Heilsverkünders und Heilsbringers, der Geist und Macht versöhnt. In der deutschen Tradition manifestiert sich das im geflügelt gewordenen Schillervers: »Es soll der Dichter mit dem König gehen,/Sie beide wohnen auf der Menschheit Höhen!« (Eigentlich: »Drum soll der Sänger [...]«; *Die Jungfrau von Orléans* I,2). Im Zusammenhang mit der Revitalisierung nationaler, zumal germanischer Mythen im Kaiserreich wird die historische Erfüllung des geistigen Vermächtnisses der Einheit im Künden der Dichter gesehen. Der virulente Klassikerkult im Wilhelminischen Deutschland, etwa die pompösen Schillerfeiern zum 100. Todestag des Dichters 1905, deutet darauf. Die »Selbsterhebung des Dichters in den geistigen Adelsstand« (Lämmert 1971, 442) konnte auf verquere Weise also akzeptiert werden. Als Erinnerungsposten blieb bei Teilen des Bürgertums ein Dichterbild lebendig, das von den Marktgesetzen wie der kulturellen Praxis der Eliten im Bismarckreich zwar längst desavouiert worden war, das aber, so anachronistisch es sein mochte, den Adel des Geistes feierte und den Dichter unverdrossen mit seinen Lorbeeren kränzte. Staatlich inszenierte Schriftstellerfeste der Jahrhundertwende, zumal in München und Wien, zeugen davon (vgl. Deutsche Literatur der Jahrhundertwende, 107ff.).

Der Widerspruch zwischen realem Statusverlust und ideeller Überhöhung des Dichters löst sich auf, wenn man beides im Traditionszusammenhang einer im Übrigen spezifisch deutschen **Künstlerideologie** sieht, an die der Naturalismus anzuknüpfen sucht (Bogdal, 38ff.). Vor diesem Traditionshintergrund werden die Klagen über den Verlust des Ansehens in dieser Schärfe allererst verständlich. Das zeigt sich selbst bei den Gegnern einer staatlichen Intervention in Sachen Kunst: Karl Bleibtreu lehnt diese letztlich mit den selben Argumenten ab, mit denen ihre Befürworter sie einklagen – er spricht von »der ›modern priesthood of book-writers‹, der Neuzeit-Priesterschaft der Schriftsteller«, und von den Dichtern, die »Gefäße der göttlichen Gnade, des heiligen Geistes, der über den Dingen schwebenden Centralkraft« seien und die sich insofern selbst genügten (Bleibtreu, 78, 76).

Ob Staatsintervention oder nicht: das Beispiel zeigt, dass es in beiden Fällen um Strategien zur Rückgewinnung des herausragenden, eigentlich im Wortsinne konservativen Dichterbildes geht, nicht etwa um seine Destruierung. Es sind naturalistische Autoren, die ausdrücklich in kunst- und künstlerfeindlicher Umgebung die Dignität von Dichtung und Dichter bewahren, sie retten wollen. Hierher datieren die Abgrenzungsmanöver gegenüber Staat, Bürgertum, Publikum, dann auch gegenüber anderen Vertretern der schreibenden Zunft. Gerade die Abwertung des journalistischen Berufsstandes zeigt, wie kompromisslos man den ›Dichter‹ gegenüber dem Journalisten, Literaten, Schriftsteller, Tintenkuli usw. zu exponieren wusste. Die heftige Reaktion gerade gegenüber Journalisten und Journalismus gründet im Übrigen auch in der Gefährdung, die dem künstlerischen Werk durch das journalistische droht: der Zeitungsleser liest nicht nur ›anderes‹, sondern auch ›anders‹ als der Leser dichterischer Werke und wird damit zum Konkurrenten. Erst in den zwanziger Jahren wird man die produktiven Möglichkeiten einer an den ›neuen Medien‹ geübten Wahrnehmungsveränderungen genauer diskutieren (s. II.2.5; 2.6).

Aus der Vielzahl einschlägiger **Selbstaussagen zum Dichterbild** im Folgenden nur wenige Belege. In einem Beitrag über »Schriftsteller und Dichter« bemerkt Heinrich Hart 1889: »Der Plauderer, der Feuilletonist, der Schriftsteller sieht eben nur die Oberfläche der Erscheinungen, in ihr Inneres blickt allein der Dichter, dem mit dem Auge Gottes zu schauen vergönnt ist« (zit. Kolkenbrock-Netz, 81). Arno Holz knüpft auch sprachlich an traditionelle, religiös grundierte Bereiche an, wenn er im *Phantasus* den Dichter mit den Attributen »auserwählt, auserkiest« versieht: »erweckt, berufen,/wie/zu einer Sendung begnadet, wie zu einer Sendung erkoren« (Holz 3, 464). »Priester der Menschen« und »moderner Märtyrer« zugleich ist der Dichter für Hermann Conradi, »gottgeweihter Bote« für Heinrich Hart (zit. Linduschka, 77, 71). Ein entscheidendes Stichwort schließlich gab schon 1885 das Organ des Münchner Naturalismus, Michael Georg Conrads ›Die Gesellschaft‹. Im Programmartikel zum ersten Heft wird klipp und klar dem »journalistischen Industrialismus« sowie, in auffallend männlich-chauvinistischem Jargon, der »Backfisch-Litteratur« und der »Altweiber-Kritik« der Kampf ansagt, wird die Verpflichtung auf den »unbeirrten Wahrheitssinn« und der »resolut realistischen Weltauffassung« formuliert und als Ziel der Zeitschrift genannt, sich zu einer »Pflegestätte jener wahrhaften **Geistesaristokratie** [zu] entwickeln, welche berufen ist, in der Litteratur, Kunst und öffentlichen Lebensgestaltung die oberste Führung zu übernehmen« (LMN, 55, 56).

Die ideologische Selbstzuordnung relevanter Teile des Münchner und Berliner Naturalismus zu einer Geistesaristokratie, zu einem sendungsbewussten Dichter-Denker-, Dichter-Seher-Typus macht deutlich: Eine derartige Selbstnobilitierung ist »nicht ausschließlich das Spezifikum ästhetizistischer und kulturpessimistischer Strömungen der Jahrhundertwende«, als deren Domäne sie unter Verweis auf die Führerschaft des Dichters bei Stefan George und seinem Kreis gewöhnlich gilt (Kolkenbrock-Netz, 133). Indem sowohl **Naturalismus** als auch **Ästhetizismus** ihre Konzeption des Dichterfürsten präsentieren, reklamieren sie einen kulturellen Führungsanspruch, bei dessen Entfaltung Ästhetizismus und Naturalismus dann getrennte, introvertierte und extravertierte, Wege einschlagen. Der Ästhetizismus verbleibt programmatisch und demonstrativ innerhalb des eigenen, elitär-hermetischen Kreises; der Naturalismus sucht ebenso programmatisch den gordischen Knoten der Isolation dadurch zu zerhauen, indem er die Öffentlichkeit sucht.

4.6 Zur Kunstpolitik Wilhelms II.

Die Thronbesteigung des mit Vorschusslorbeeren überhäuften ›jungen Kaisers‹ im Jahre 1888 und Bismarcks Demission 1890 weckte Hoffnungen auf gesellschaftliche Veränderungen anfangs auch bei den Naturalisten. Man wünschte sich, so hieß es in einer anonymen Broschüre des Zürcher Schabelitz-Verlages, der vorzugsweise naturalistische und sozialistische Autoren publizierte, einen »modernen Kaiser« (Münchner Moderne, 390). Besonders in der ›Gesellschaft‹ mehrten sich erwartungsvolle Artikel über Wilhelm II.; es wurde der »Idealismus« des Kaisers gerühmt, so Georg Fuchs 1904: »in diesem schöpferischen Idealismus sind sie eins: *Der Kaiser* und *der Künstler*, welche durch Vordergrundswirren dem flüchtigen Blicke ewig getrennt erschienen« (Münchner Moderne, 394f.). In der Tat betrieb der Kaiser, anders als sein Vorgänger oder Bismarck, eine aktive Kultur- und Kunstpolitik, so dass Klagen über das preußische Desinteresse an der Poesie gegenstandslos wurden. Im Gegenteil: Wilhelm II. nahm Kunst und Künstler ernst, wenn auch seitenverkehrt zu den Zielen der Naturalisten.

Der Kaiser wusste gar eine »**Ästhetik der Macht**«, so Michael Georg Conrad, zu entfalten, welche die Grenzen zwischen Politik und Kunst neu definierte (Münchner Moderne, 390). Das gilt in hohem Maß für die repräsentative Bildhauerei und Denkmalkunst, betrifft aber auch die Literatur, bei der sich der deutlich **antimoderne Kurs des** ›Wilhelminismus‹ am aggressivsten niederschlug. Augenfällig wird dies im Bereich des Theaters, das Wilhelm II. – »Das Theater ist auch eine meiner Waffen« (zit. Linduschka, 22) – ausdrücklich in den Dienst zu nehmen gedachte. So wurde 1895 aus Protest gegen die Aufführung von Hauptmanns *Webern* im Deutschen Theater die königliche Loge gekündigt (was einen Verlust von 4.000 Mark Zuschuss jährlich nach sich zog), 1896 die Verleihung des Schillerpreises an Gerhart Hauptmann verweigert und der Preis ausgerechnet Ernst von Wildenbruch für dessen patriotische Tragödie *Heinrich und Heinrichs Geschlecht* zuerkannt. 1898 verwarf der Kaiser die Verleihung einer Medaille der Großen Berliner Kunstausstellung an Käthe Kollwitz, die 1897 einen Graphik-Zyklus zur Weber-Thematik erstellt hatte – entgegen der einmütigen Juryempfehlung.

Diese **antinaturalistische Kunstpolitik** korrespondierte mit dem Wilhelminischen antimodernen Affekt insgesamt. Gewiss machte sich der Kaiser in den Augen der sezessionistischen Kultureliten lächerlich, »wenn er die für die Berliner Nationalgalerie zum Ankauf vorgeschlagenen Bilder – von Delacroix, Courbet und Daumier – mit der Bemerkung ablehnte, so etwas könne der Direktor, Hugo von Tschudi, ›einem Herrscher zeigen, der nichts von Kunst versteht, aber nicht ihm‹« (Köster 1991, 111). Dennoch sollte man derartige Interventionen nicht durch den Hinweis auf den schlechten Geschmack eines künstlerisch dilettierenden Herrschers oder auf den bramarbasierenden Charakter seiner Äußerungen über Kunst und Literatur abtun. »Wie sehr würde z.B. Kaiser Wilhelm II. als mutvoller ›moderner Mensch‹ in unseren Augen wachsen, wenn er nicht des öfteren durch rückständige Anschauung über Kunst und Literatur imponieren wollte«, schreibt 1900 Georg Hirth in der Münchner ›Jugend‹ und formuliert damit ausdrücklich Hoffnungen auf allerhöchste Interventionen in Sachen Kunst (Münchner Moderne, 372). Aber wenn auch nicht in seinen Inhalten, so hat doch der Struktur nach Wilhelm II. »einen kulturellen Maßstab als mögliches Maß der Politik sanktioniert« und damit einen Kulturkampf eigener Art eröffnet (Köster 1991, 111).

Das zeigt sich an seinen wohl bekanntesten Kunstäußerungen, der weite Kreise ziehenden Ansprache »Die wahre Kunst« anlässlich der Denkmalsenthüllung an der Berliner Siegesallee 1901 (Berliner Moderne, 571ff.). Wilhelm hatte die Statuengruppen aus seiner Privatschatulle finanziert, die Künstler und ihre Arbeiten selbst überwacht und eine Anlage entstehen lassen, die Preußens Historie in der Reichsgründung und im Geschlecht der Hohenzollern gipfeln lassen sollte. Seine Kunstrede nun rechnet auch mit dem 1901 kaum mehr aktuellen Naturalismus ab. Ausgangspunkt ist ein auch dem Naturalismus nicht fremder volkspädagogischer Gedanke:

> »Die Kunst soll mithelfen, erzieherisch auf das Volk einzuwirken, sie soll auch den unteren Ständen nach harter Mühe und Arbeit die Möglichkeit geben, sich an den Idealen wiederaufzurichten. [...] Wenn nun die Kunst, wie es jetzt vielfach geschieht, weiter nichts tut, als das Elend noch scheußlicher hinzustellen, wie es schon ist, dann versündigt sie sich damit am deutschen Volk. Die Pflege der Ideale ist zugleich die größte Kulturarbeit [...], und soll die Kultur ihre Aufgaben voll erfüllen, dann muß sie bis in die untersten Schichten des Volkes hindurchgedrungen sein. Das kann sie nur, wenn die Kunst die Hand dazu bietet, wenn sie *erhebt, statt daß sie in den Rinnstein niedersteigt.*« (ebd., 573)

Dieses sprichwörtlich gewordene Verdikt über die »**Rinnstein**«-Kunst orientiert sich an einem vagen Idealismus und Klassizismus und lässt Kunst zu einem nationalpädagogischen Aktivposten avancieren. – In dieser Rede fällt übrigens ein häufig zitierter Satz: »*Eine Kunst, die sich über die von Mir bezeichneten Gesetze und Schranken hinwegsetzt, ist keine Kunst mehr*, sie ist Fabrikarbeit, ist Gewerbe.« (ebd., 572). Es wäre falsch, daraus, wie des öfteren geschehen, eine künstlerische Gesetzgebung durch den Kaiser zu folgern; die »Gesetze und Schranken« beziehen sich auf die im Text zuvor als »Schönheit« und »Harmonie« ausgewiesenen Kriterien (vgl. Sprengel 1993, 26).

Dank einer aktiven Kunstpolitik wertet der Wilhelminismus den Künstler auf – Staat und Kaiser nehmen ihn in die Pflicht. Mit der dezidiert antimodernen und antinaturalistischen Offensive wird dabei die Kunst der Moderne in die Rolle gezwungen, ihre »kulturelle Legitimität« allererst unter Beweis zustellen – werden doch gerade und ausschließlich ihre Antipoden favorisiert (Kolkenbrock-Netz, 120). Damit komplizierte sich die Lage des oppositionellen Künstlers erneut. Die ästhetizistisch-autonome Abkapselung vom Publikum wurde von dieser Entwicklung naturgemäß wenig tangiert. Anders aber beim Naturalismus: Er fand sich in einer verschärften Konkurrenzsituation zumal beim Anspruch auf **Volkserziehung**. Vor allem aber sah er sich einem Argument ausgesetzt, das ähnlich auch in der sozialistischen Kritik am Naturalismus eine Rolle spielt: dass dieser im Elend nur das Elend sehe und nicht auch das Vorwärtsweisende der Arbeiterbewegung, wie sozialistische Kritiker einwandten (s. I.5.3). Angesichts dieser Zwickmühle bot sich ein umso energischeres Insistieren auf einen exponierten Künstlerstatus ebenso an wie Konzepte eines ›dritten Weges‹ jenseits von herrschender und unterdrückter Klasse, wie sie in den Parolen von ›Sozialaristokratie‹ und ›Individualität‹ begegnen (s. I.6.1).

Wie sehr aber die Verknüpfung von Kunst und Staat, wie Wilhelm II. sie in Angriff nahm, nach der Jahrhundertwende Wirkung zeigte, mag die Äußerung eines Vertreters der jungen aktivistischen Generation aus dem Frühexpressionismus belegen. Als Wilhelm II. 1913 anlässlich seines 25-jährigen Regierungsjubiläums Ludwig Ganghofer und Joseph Lauff in den Adelsstand erhob, schrieb ausgerechnet ein Vertreter des linken, politisch-aktivistischen Flügels des Expressionismus, Kurt Hiller:

> »Traurig bleibt, daß der Regierer Deutschlands, wie dieser neue Akt von neuem erschreckend zeigt, zu dem was (vor Gott) Deutschlands Wert ist, nämlich zum deutschen Geist ... nicht den Schatten der Spur einer Beziehung hat ... Der Gedanke, ein Deutscher Kaiser von Kultur würde Stefan George und Heinrich Mann in den erblichen Adelsstand erheben, ist kein so übel ... Ist das utopisch? Innerhalb einer Monarchie vielleicht weniger als in einer Republik.« (zit. Lukács, 320).

Hierbei fällt nicht nur eine der Republik zutiefst ungünstige Gesinnung auf, wie Georg Lukács bemerkt (Lukács, 320), sondern auch der Gedanke einer ganz handfesten Erhebung des Dichters in den preußischen Adelsstand – offenkundig eine Alternative zur Selbstnobilitierung.

4.7 Zensur

»Die janze Richtung paßt uns nicht!«, lautete die Antwort des Berliner Polizeipräsidenten von Richthofen, als er nach Gründen für das Verbot von Sudermanns Drama *Sodoms Ende* 1890 am Berliner Lessingtheater gefragt wurde. Auch wenn das Verbot bald wieder aufgehoben wurde, bezeugt diese zum geflügelten Wort avancierte Äußerung doch die obrigkeitliche Arroganz, mit der gerade die naturalistische Literatur, die hier bereits als einhellige »Richtung« identifiziert wird, verfolgt worden ist – vergleichbar jenem Prozess, den ein halbes Jahrhundert zuvor dem Vormärz, ebenfalls als ›Richtung‹, gemacht wurde (vgl. Hansers Sozialgeschichte 7, 394ff.).

Zum einen äußerte sich diese Verfolgung jenseits juristischer Inkriminierung in einem öffentlichen Diskurs, der vom kaiserlichen »Rinnstein«-Verdikt bis zur Denunziation naturalistischer Literatur in der Wilhelminischen Kritik reichte – einer Kritik, die vorzugsweise mit nationalistischen, antisemitischen und klerikalen Anwürfen operierte und auffällig häufig das Vokabular des ›**Schmutz- und Schund**‹, des ›**kranken**‹ zur moralisch-sittlichen Diskreditierung einsetzte (Anz 1986). Wenn auch nicht in gleichem Ausmaß, sahen sich auf der anderen Seite Ästhetizismus und Décadence vergleichbaren Anwürfen ausgesetzt (Fähnders 1987, 132ff.).

Zum anderen gestattete die Gesetzgebung zensierende Eingriffe in die Kunst, auch wenn es im Kaiserreich de jure keine Zensur gab. Das galt insbesondere für das Theater. Aufgrund einer aus dem Jahre 1851 datierenden Verordnung war in Preußen eine polizeiliche Genehmigung für alle aufzuführenden Theaterstücke einzuholen, was staatliche Eingriffe in die Spielpläne ermöglichte und auf eine faktische **Theaterzensur** hinauslief (Brauneck 1974, 15ff.). So gab es bis zur Uraufführung der *Weber* einen eineinhalbjährigen polizeilich-juristischen Streit (vgl. Schwab-Fehlisch). Um diese massive Vorzensur, die erst im Gefolge der Novemberrevolution 1918 abgeschafft wurde, zu umgehen, konstituierte sich die von Otto Brahm u.a. gegründete ›Freie Bühne‹ 1889 als Theaterverein, dessen geschlossene Vorstellungen nicht genehmigungspflichtig waren und der unter Ausnutzung der Gesetzeslücke die Inszenierungen der großen Stücke von Ibsen bis Hauptmann und Holz/Schlaf allererst ermöglichten (s. I.5.4).

Abgesehen vom Sonderfall des Theaters garantierte das Reichspressegesetz von 1874 zwar ausdrücklich Pressefreiheit; allerdings bewirkten die Sozialistengesetze von 1878 bis 1890 eine rigide Beschneidung nicht allein der proletarischen und sozialistischen, sondern auch der mit ihr zeitweilig sympathisierenden – oder als ›Sympathisanten‹ denunzierten – naturalistischen Literatur. Nicht zufällig erschienen wichtige naturalistische Werke während der Sozialistengesetze Jahre im Exil, vor allem bei dem Schweizer Verleger Schabelitz, dessen ›Verlags-Magazin‹ neben sozialistischen Theoretikern auch Autoren wie Hermann Bahr, Hermann Conradi, Julius Hillebrand, Karl Henckell, Arno Holz, John Henry Mackay ein Asyl boten (so erschien dort 1885 das *Buch der Zeit* von Arno Holz).

Nach Aufhebung des Sozialistengesetzes bezogen sich **Literaturprozesse** vor allem auf Anklagen wegen Verbreitung unzüchtiger Schriften, wegen Gotteslästerung oder wegen Majestätsbeleidigung, die juristische Handhabungen gegen unliebsame Literatur boten und an die Stelle präventiver Zensur traten. Aufsehen erregte 1890 der sog. ›Leipziger Realistenprozess‹ gegen drei naturalistische Romane und ihre Verfasser – *Adam Mensch* von Hermann Conradi, Wilhelm Walloths *Der Dämon des Neides* und Conrad Albertis *Die Alten und die Jungen* – sowie ihren Verleger Wilhelm Friedrich. Dieser Prozess war nach dem Verbot des ›Jungen Deutschland‹ 1835 der »zweite große Literaturprozeß im 19. Jahrhundert« (Nat., 475) und wurde mit ungewöhnlich großem Aufwand geführt. Trotz eines Freispruchs wurde der Ruf des Naturalismus-Verlegers Friedrich auf eine Weise ruiniert, dass der naturalistischen Bewegung insgesamt merkliche Rückgänge bei Druck, Vertrieb und Absatz entstanden (Nat., 471ff.). Umgekehrt galt im Extremfall die Zensur, ein Literaturverbot als Ausweis wahrer Gesinnung gelten – so bei Otto Erich Hartleben, wenn er seinem »Wunsch nach Legitimation« durch ein Verbot gewährleistet sah (Bogdal, 154).

Literaturprozesse wurden gegen Hermann Bahr, Richard Dehmel, Paul Ernst, Otto Erich Hartleben, Oskar Panizza, Frank Wedekind u.a. angestrengt, die zu teilweise empfindlichen Strafen, bei Panizza und Wedekind zu Festungshaft, führten. Auch der obrigkeitskritische ›Simplicissimus‹ und sein Verleger August Langen wurden wegen Majestätsbeleidigung belangt. Zudem wurden ausländische Autoren verboten: so 1911 eine Übersetzung von Flauberts Tagebuch im frühexpressionistischen ›Pan‹ (nicht zu verwechseln mit der gleichnamigen Fin de siècle-Zeitschrift), was Robert Musil zu seinem großen Essay über »Das Unanständige und Kranke in der Kunst« veranlasste (Jhw., 306ff.).

In Österreich-Ungarn lagen die Verhältnisse nicht günstiger. Arthur Schnitzler kostete seine 1900 erschienene Erzählung »Lieutnant Gustl« den Offiziersrang, seine Dialogfolge *Reigen* konnte 1900 nur als Privatdruck erscheinen und ungekürzt erst fast zweieinhalb Jahrzehnte nach seiner Entstehung, 1920 in Berlin, uraufgeführt werden. Der auf diese Premiere folgende Literaturprozess belegt, in welch hohem Maß noch bis in die Weimarer Republik hinein Autoren der Jahrhundertwende mit Zensur und Verbot zu rechnen hatten (s. III.1.7).

5. Naturalismus, Arbeiterbewegung, Sozialismus

5.1 Die ›Jungen‹ in der Sozialdemokratie

Im Zusammenhang mit den Neuorientierungen in der Naturalismus-Forschung der siebziger Jahre (s. I.2.9) haben Fragen nach dem Verhältnis zwischen Naturalismus, Sozialismus und Arbeiterbewegung eine besondere Rolle gespielt. Dabei ging es zum einen um **das politische Engagement naturalistischer Autoren**, zum anderen um **die Rezeption naturalistischer Literatur in der Arbeiterbewegung** (Bogdal; Fähnders 2000; Scherer; Sollmann). In diesem Kontext wurde auch die sozialistische Literatur vor dem Ersten Weltkrieg genauer erforscht, die sich wiederum mit Problemen des Naturalismus berührte (Deutsches Arbeitertheater; Proletarische Lebensläufe I; Emig; Fähnders 1987; Fülberth; Münchow 1981; Trommler 1976). Als ein Ausgangspunkt dient dabei die Entwicklung der Arbeiterbewegung, deren Turbulenzen um 1890 Naturalismus und Sozialismus zusammengeführt, sie aber auch voneinander getrennt hat.

Die mit dem Jahr 1890 verbundene historische Zäsur spielt hierbei eine besondere Rolle. 1890 wurde das nach zwei Attentatsversuchen auf Wilhelm I. 1878 erlassene **Sozialistengesetz** nicht mehr verlängert, so dass sich die Arbeiterbewegung von nun an wieder legal betätigen konnte. Das »Gesetz gegen die gemeingefährlichen Bestrebungen der Sozialdemokratie« hatte 1878 alle Partei- und Gewerkschaftsaktivitäten der sich erst 1875 auf dem Gothaer Parteitag konstituierten Sozialistischen Arbeiterpartei Deutschlands (SAPD) illegalisiert und allein die Teilnahme an den Wahlen und entsprechende Aktivitäten der Reichstagsfraktion der Partei erlaubt. Bekanntlich scheiterte Bismarcks Versuch, auf diesem Wege und bei gleichzeitig begonnener Sozialgesetzgebung der organisierten Arbeiterbewegung Herr zu werden. Im Verlauf der neunziger Jahre entwickelte sich die SPD – wie sich die SDAP seit dem Erfurter Parteitag 1891 nannte – zur Massenpartei, die schließlich am Vorabend des Ersten Weltkrieges die stärkste Fraktion im Reichstag bildete.

Die wiedergewonnene Legalität stellte die Arbeiterbewegung vor neue Aufgaben: Die latente Unzufriedenheit vieler Parteimitglieder mit ihrer Führung, insbesondere mit der zentralistischen Politik der Reichstagsfraktion, schlug sich in der Opposition der ›Jungen‹ nieder, wie sie unter Hinweis auf den Generationsunterschied zwischen innerparteilicher Opposition und Führung, aber auch unter Anspielung auf das ›Jüngste Deutschland‹ genannt wurde. Als »**Literaten- und Studentenrevolte**« – so das Verdikt des alten Engels aus dem Londoner Exil – ist diese Strömung in die Parteigeschichtsschreibung eingegangen (Bock, 38ff.). In der Tat gehörten zu den maßgeblichen Wortführern der ›Jungen‹ naturalistische Schriftsteller wie Paul Ernst und Bruno Wille, die, neben dem jüngeren Gustav Landauer, der am Naturalismus nur mehr sporadisch teilhatte, die Linksopposition führten.

Kernpunkte der Kritik waren Fragen des Parlamentarismus, des Zentralismus und des Autoritarismus in der Partei. Nicht zufällig entzündeten sich heftige Kontroversen zwischen den ›Jungen‹ und der Parteiführung um August Bebel und Wilhelm Liebknecht an der Frage des 1. Mai. Auf ihrem Gründungskongress hatte die Zweite Internationale 1889 beschlossen, ab 1890 weltweit am 1. Mai für den Achtstundentag zu demonstrieren. Die deutsche Parteiführung sprach sich nach Streikaufrufen in Berlin, der Hochburg der Opposition, gegen illegale Maikundgebungen aus. Für die erbosten ›Jungen‹ formulierte Bruno Wille daraufhin **antiautoritäre, anti-etatistische und antiparlamentarische Kritikpunkte an der SPD** (Bock, 52f.). Wichtig war dieser Opposition die Kritik an den geschichtsdeterministischen Auffassungen, nach denen der Sozialismus sich gesetzmäßig, nach einem zu erwartenden ›großen Kladderadatsch‹, wie es im zeitgenössischen Jargon hieß, wie von selbst durchsetzen werde. Die ›Jungen‹ dagegen pochten auf den ›subjektiven Faktor‹ im Geschichtsprozess und begründeten von hier aus ihre aktivistischen Positionen.

Auf dem Erfurter Parteitag der SPD von 1891 wurde die Opposition ausgeschlossen, die daraufhin einen kurzlebigen ›Verein Unabhängiger Sozialisten‹ gründete, dessen Gründungsmanifest u.a. Ernst und Wille redigierten (Bock, 62). Ein Teil dieser ›Unabhängigen‹ kehrte später in die SPD zurück, eine andere, um Gustav Landauer gruppierte Fraktion blieb selbstständig und bildete zu Beginn der neunziger Jahre die Keimzelle des sich organisierenden **Anarchismus** in Deutschland (Fähnders 1987, 4ff.). Die in der naturalistischen Bewegung aktiven ›Jungen‹ nahmen an dieser Entwicklung nicht mehr teil. Paul Ernst trennte sich von der Arbeiterbewegung wie vom Naturalismus und wandte sich seit Ende des Jahrhunderts dem Neuklassizismus zu; er vertrat später völkische Auffassungen (vgl. Bucquet-Radczewski). Bruno Wille engagierte sich u.a. in der Volksbühnenbewegung (vgl. Sollmann). Gustav Landauer löste sich Ende der neunziger Jahre vom organisierten Anarchismus und widmete sich kurzzeitig der ›Neuen Gemeinschaft‹, jener von den Brüdern Hart 1900 ins Leben gerufenen Gruppierung in Berlin, in der sich nach dem Ausgang des Naturalismus Intellektuelle und Künstler aus dem Umfeld des Friedrichshagener Dichterkreises zusammenfanden (vgl. Fähnders 1987, 22ff.; 172ff.; Scherer).

5.2 Zum sozialistischen Engagement naturalistischer Autoren

Die Biographien von Ernst und Wille und auch des jüngeren Landauer zeigen die Hinwendung einer politisierten Intelligenz in Richtung Arbeiterbewegung, in deren Organisationen sie aktiv werden und diese selbst auch mitbestimmen; der Status der ›freischwebenden Intelligenz‹ scheint aufgehoben. Dass ihr politisches Engagement sie jeweils an die linken Ränder der Arbeiterbewegung führt, hängt offenkundig mit spezifischen intellektuellen Dispositionen zusammen, die als **Intellektuellenproblem** in der Arbeiterbewegung begegnen. Beim Zusammentreffen einer deklassierten oder von Deklassierung bedrohten, künstlerisch interessierten bürgerlichen Intelligenz mit der Arbeiterbewegung entstehen Allianzen und Engagements, die als ›linker Radikalismus‹ charakterisiert werden. Ihre revolutionäre Ungeduld, eine antiautoritäre Grundierung mit stark aktivistischen Momenten unter Betonung subjektiver Faktoren im revolutionären Prozess und ein ausgesprochen künstlerisch-revolutionäres Interesse markieren diesen oft instabilen ›**Linksradikalismus**‹ (vgl. Bock; Fähnders 2000). Im Fall der naturalistischen Opposition und der linksoppositionellen ›Jungen‹ zeigte sich punktuell eine Übereinstimmung zwischen politischer und künstlerischer Bewegung, vergleichbar späteren Kongruenzen zwischen Teilen der künstlerischen Avantgarde und kommunistischen Organisationen (vgl. Fähnders/Rector 1, 96ff.).

Autoren wie die Brüder Hart, Hauptmann, Henckell, Holz, Mackay und Schlaf schrieben im Organ der Linksopposition, der ›Berliner Volksstimme‹, naturalistische Gedichte erschienen in der Parteipresse ebenso wie naturalistische Romane in Fortsetzungen, was schließlich zur Debatte über den Naturalismus in der SPD auf dem Parteitag 1896 führte (s. I.5.3). Wenn naturalistische Autoren, wie Arno Holz, bewusst in die Arbeiterviertel Berlins zogen, so war dies nicht bloße Sozialromantik.

Allerdings haben die Naturalisten weniger ›den Arbeiter‹ – also das Industrieproletariat, den klassischen Facharbeiter, den sozialistisch engagierten und klassenbewussten Proletarier – im Blick, sondern eher den Deklassierten, den ›**Lumpenproletarier**‹ – das gefallene Mädchen, die Prostituierte, den Alkoholiker, den Frauen- oder Kindesmörder. Insofern ist am Sujet ›Arbeiter‹ ein eher abstraktes Interesse auszumachen, wenn nicht, zumindest nicht auch eine Figur wie der klassenbewusste Arbeiter oder das kämpfende Kollektiv begegnet, wie sie übrigens das zeitgenössische Arbeitertheater ansatzweise präsentiert (vgl. Frühes Deutsches Arbeitertheater). Dass hinter diesem Bild vom Arbeiter sozialpsychologisch erklärbare, klassenspezifische Ängste vor dem Proletariat sich niederschlagen, hat Klaus Michael Bogdal aufgewiesen (Bogdal, 85ff.) – es sind Ängste nicht zuletzt vor der »blutschlammumspritzten Gleichmachungswalze«, so eine bündige Metapher von Otto Julius Bierbaum 1891 (Mod., 126).

Dennoch wiegen derartige Ängste vor Sozialismus und Proletariat oft geringer als der Hass auf die Bourgeoisie. Gerade dieser Hass auf die Herkunftsklasse, zumal auf die Kunstfeindlichkeit des Bürgertums ist es, die sie zu einer Hinwendung zum Sozialismus – oder was dafür gehalten wird – ermutigt. Eine charakteristische Passage aus Conrad Albertis Aufsatz »Die Bourgeoisie und die Kunst« (1888) mag **naturalistische Sozialismusvorstellungen** verdeutlichen:

> »Künstler! Genossen! Ihr Alle – oder sage ich Ihr Wenigen? – [...] ihr, die ihr noch eine wahre und große Liebe hegt für die wahre und große Kunst: welch Ende soll das nehmen? Ihr habt gesehen, der heutige Niedergang der Künste ist kein bloßer arger Zufall, er ist eine soziale Notwendigkeit, es liegt im Wesen der Bourgeoisie, daß sie Alles korrumpiert, materialisiert und vergiftet, was in ihr[en] Bereich gerät, und so auch die Kunst, daß sie dieselbe systematisch untergraben, herabziehen, vernichten muß. [...]
> Und das soll das Ende sein? [...]
> Horch, welch Tosen und Donnern und Rollen! ... Der Erdboden schwankt, die Paläste stürzen, Feuerwolken schnauben einher und der Würgeengel geht über die Erde. Ein riesiger Dämon mit rauch- und staubgeschwärztem, faltigem Antlitz, mit fürchterlichen Muskeln, mit eisernen Fäusten und finster gerunzelter Stirn stapft dahin, und unter seinen eisenbeschlagenen Stiefeln, unter der Wucht seiner knochigen Finger zersplittern Säulen, krachen Mauern wie dürres Reis. Hui, und er bläst höhnisch pfeifend vor sich hin und zu Boden stürzen Marmorbilder mit zerbrochenen Gliedern [...]. Er aber schreitet weiter, gefühllos, kalt, kein Muskel zuckt in seinem Antlitz, und gleichgültig zerschüttet sein Fuß Paläste und Kirchen, Theater und Akademieen.
> Das ist der Sozialismus!
> Wohlan, er vernichte uns!« (LMN, 122ff.).

Die Erfahrung mit der Kunstfeindlichkeit der Bourgeoisie, so lässt sich verallgemeinern, wird bereits als Parteinahme für den Sozialismus verstanden, dessen antibürgerliches Zerstörungswerk, das auch Neubeginn verheißt, die naturalistischen Künstler noch zu beschleunigen suchen. Die Bindungen naturalistischer Dichter an die sozialistische Bewegung sind von ihren Motiven und ihrer Intensität her also nicht zu überschätzen. Sicher hat die Generation der Jüngstdeutschen sei es fasziniert, sei es auch solidarisch auf die in die Illegalität gedrängte Arbeiterbewegung geschaut und sich Aspekte der ›sozialen Frage‹ angeeignet. Aber die Künstler- und Intellektuellenproblematik führte die naturalistische Opposition zur kurzschlüssigen **Gleichsetzung von Antibürgerlichkeit und Sozialismus.** Paul Ernst sprach von »Literatengefühlsgehalt, den man für proletarischen Gefühlsgehalt hielt« (zit. Scherpe, 144).

Seit 1890, als mit Ende des Sozialistengesetzes auch der Grund für den Solidaritätsdrang mit der Arbeiterbewegung entfiel, gewannen sozialaristokratische und individualistische Neubestimmungen an Gewicht (s. I.6.1). Entscheidend blieb letzten Endes nicht das politische, sondern das ästhetische Ziel, »der Moderne eine sicher umfriedete Freistatt zu bereiten« – so Conrad 1891 in »Die Sozialdemokratie und die Moderne« (Nat., 534). Und weil die Arbeiterbewegung eine »innere Fühlung und Wertschätzung der neuen Kunst um der Kunst willen« (ebd.) vermissen lasse, verfällt sie der naturalistischen Kritik, denn: »**Die Moderne geht in keiner Partei auf**, sie steht über den Parteien, wie die Kunst über der Politik steht.« (Nat., 536). Angesichts der insgesamt eher lockeren Allianzen mag es, wie Georg Lukács formuliert, falsch sein, »von Renegatentum« zu reden; die Naturalisten seien in ihrer Mehrzahl »nie Sozialisten im eigentlichen Sinne des Wortes gewesen« (Lukács, 462). Um ein Bonmot von Franz Mehring zu zitieren: »Die bürgerlichen Naturalisten sind sozialistisch gesinnt, wie die feudalen Romantiker bürgerlich gesinnt waren, nicht mehr und nicht weniger.« (Mehring 11, 224).

5.3 Sozialistische Naturalismus-Kritik

Antibürgerliche Opposition, soziale Thematik und politisches Engagement waren für die sozialistische Bewegung Gründe genug, sich ihrerseits mit dem Naturalismus auseinanderzusetzen. Dies geschah zu einem Zeitpunkt, da die Arbeiterbewegung und ihre Organisationen – in Deutschland zu dieser Zeit nicht einmal zwei Generationen alt – erst über geringe Erfahrungen im Umgang mit Kunst und Literatur verfügten. Der 1883 verstorbene Marx hatte zwar eine Kritik der politischen Ökonomie erarbeitet und bei der Erörterung von Fragen der Basis-Überbau-Dialektik gelegentlich auch Probleme der Kunst angesprochen, aber alles andere als eine Ästhetik im Sinn gehabt. Friedrich Engels († 1896) warnte aus dem Londoner Exil die Sozialdemokraten immer wieder vor kurzschlüssigen Reduktionen des Marxschen Denkens auf das bloß Ökonomische und insistierte auf Differenzierungen bei der Ableitung von Überbauphänomenen, die erst »in letzter Instanz« von der ökonomischen Basis abhingen. In seiner Korrespondenz ließ Engels eine grundsätzliche Orientierung am Realismus erkennen, wobei ihm Balzac, den er haushoch über Zola plazierte, als Vorbild galt, ohne allerdings ein prinzipieller Gegner der Tendenzpoesie zu sein (vgl. Marxismus und Literatur; Trommler; Münchow 1981).

Dennoch blieb eine **materialistische Ästhetik**, blieben Überlegungen zu einer materialistisch fundierten Ästhetik in der Arbeiterbewegung bis in die neunziger Jahre ebenso ein Desiderat wie eine ausgewiesene Kultur- und Literaturpolitik. Interessanterweise lief dabei die ästhetische Kunstpraxis von Arbeitern und sozialistischen Intellektuellen der Theoriebildung voraus. Mit guten Gründen ist das anonyme »Blutgericht«-Lied der schlesischen Weber von 1844 (das übrigens auch Marx schätzte) als Beginn einer proletarischen Literatur in Deutschland charakterisiert worden, die sich seither, insbesondere zu Zeiten des Sozialistengesetzes mit ihren operativen, oft äsopisch verschlüsselten Kleinformen in Prosa, Lyrik und Theater aus der illegalen Parteiarbeit herausgebildet hatte (Trommler 1976, 173ff.; Wehner, 21ff.).

Bei ihren Auseinandersetzungen mit dem Naturalismus konnte die Sozialdemokratie also auf methodische oder literaturkritische Vorarbeiten nicht zurückgreifen. Erst das mit der Naturalismus-Debatte einsetzende, umfangreiche literarhistorische und -kritische Œuvre von Franz Mehring machte den Auftakt zu einer dem Anspruch nach materialistischen Literaturkritik und Ästhetik, die sich ausführlich den drei großen Bereichen: Kritik des bürgerlichen Erbes, Kritik der bürgerlichen Gegenwartsdichtung und Auseinandersetzung mit der entstehenden sozialistischen Literatur, widmete. Die **literaturkritische Auseinandersetzung mit dem Naturalismus** bedeutete für die Sozialdemokratie also methodisch wie inhaltlich Neuland (vgl. Naturalismus-Debatte; Nat., 510ff.).

Mitte der achtziger Jahre, noch vor dem naturalistischen Aufbruch in Deutschland, hatte sich die ›Neue Zeit‹, das 1883 gegründete, von Karl Kautsky herausgegebene theoretische Organ der Sozialdemokratie, sporadisch mit Zola auseinandergesetzt, wobei Positionen formuliert wurden, die auch später begegnen: eine moralisierende Zola-Kritik, zumal an seinen »Cochonnerien« (so der sozialistische Novellist Robert Schweichel in seiner *Germinal*-Rezension) und der Vorwurf der »pessimistischen Weltanschauung« (Stieg/Witte, 14f.; Sältzer, 213ff.). Ausdrücklich mit dem deutschen Naturalismus setzte sich erst wieder die ›Berliner Volks-Tribüne‹, das Sprachrohr der ›Jungen‹ mit Paul Ernst als zeitweiligem Chefredakteur, auseinander, das auch naturalistische Autoren abdruckte. Der Naturalismus wurde hier gewürdigt als »spezifisch moderne Richtung«, die, »tief in den ökonomischen Verhältnissen [...] wurzelnd, am meisten Lebenskraft beweist und sich eng mit allem Fortschrittsstreben verbindet«. Deshalb sollten die Arbeiter »den Geist, welchen diese Literatur ihnen bietet, begierig ergreifen«. Entsprechend wurde die Gründung der Freien Volksbühne begrüßt, weil sie »an dem großen Werk, an der Ausbreitung naturalistischen Kunstsinnes unter dem Volke«, mitwirke (Nat., 510f.).

Aus der Sicht eines ›Jungen‹, nämlich wiederum Paul Ernsts, folgte 1891 in der ›Neuen Zeit‹ ein differenzierter, vom Münchner Naturalismus heftig befehdeter Überblick, »Die neueste literarische Richtung in Deutschland«. Darin wird eine genaue Autorensoziologie entwickelt: Die naturalistischen Dichter seien als

> »die idealistischen Elemente der Bourgeoisie, als Schriftsteller überhaupt, besonders als Vertreter einer noch nicht durchgedrungenen Richtung, deklassirt; wobei eine Wechselwirkung stattfindet: weil sie deklassirt sind, stehen sie idealistisch der Bourgeoisie gegenüber und interessiren sich für das Proletariat, und weil sie das thun, sind sie deklassirt. Theilweise glauben sie, mit ihrem Interesse dem Proletariat sehr viel zu schenken, und sind nicht wenig stolz auf ihre ›Mission‹.« (Nat., 522; Mod., 102ff.).

Diesem Artikel, der die sozialistischen Leser erstmals in dieser Ausführlichkeit über den Naturalismus (auch in Skandinavien und Russland) informierte, kommt das Verdienst zu, eindringlich auf die »neue Form« (Nat., 518) des Naturalismus verwiesen zu haben, ohne seinen Stellenwert für das Proletariat insgesamt allzu hoch anzusetzen.

Seitens der Parteispitze folgte durch Wilhelm Liebknecht dann eine grobschlächtige Abkanzelung des gesamten »jüngsten Deutschland«, wie er den Naturalismus nannte, um ihn mit dem ›Jungen Deutschland‹, dessen Zeitzeuge er noch war, zu messen. Liebknecht – »der Hauch der sozialistischen, oder meinetwegen auch nur der sozialen Bewegung ist nicht auf die Bühne des ›jüngsten Deutschland‹ gedrungen« (Nat., 524) – brach zumal unter dem Eindruck der Angriffe der ›Jungen‹ auf die Parteiführung die Brücken zum Naturalismus ab. Die Kampfansage an den Naturalismus verband sich mit einer Reprise des Horazschen ›**Unter den Waffen schweigen die Musen‹**, ein Topos, dem im Übrigen auch Mehring zuneigte. »Das kämpfende Deutschland hat keine Zeit zum Dichten«, denn »der Kampf schließt die Kunst aus«, hieß es des Weiteren bei Liebknecht (Nat., 525). Dass Liebknecht später dennoch »Sänger und Dichter der Sozialdemokratie« wie Jakob Audorf, Max Kegel, August Otto-Walster und »Dutzende mehr« anführt (Nat., 529), die er als Alternative zum Naturalismus anbietet, macht die Konfusion der Debatte deutlich. In sie schalteten sich von naturalistischer Seite u.a. Otto Brahm, Michael Georg Conrad und Julius Hart ein, bei denen Empörung und Enttäuschung über die Ab- und Ausgrenzungsmanöver erkennbar sind. Von sozialistischer Seite war es vor allem Robert Schweichel, der die Linie Liebknechts befestigte (Brauneck 1974, 99ff.). Auch der junge Anarchist Gustav Landauer teilte zeitweilig die Auffassung, der Kampf gestatte keine Kunst (Fähnders 1987, 26ff.).

Mit den Interventionen des in den achtziger Jahren zur Sozialdemokratie gekommenen Historikers und Kritikers Franz Mehring, der die Literaturauffassung in der SPD bis zum Ersten Weltkrieg, zumindest die ihres linken Flügels, nachhaltig prägen sollte, gewann die Naturalismus-Debatte an Substanz. **Franz Mehrings Ästhetik** ging von einem Literaturbild aus, dessen materialistische Fundierung er mit den Kategorien des Klassenkampfes und der Klassenentwicklung versuchte. So verfocht er ein **Aufstieg-Abstieg-Schema der literarischen Entwicklung**, nach dem das Bürgertum als aufstrebende Klasse im 18. Jahrhundert zu emanzipatorischer, großer Literatur befähigt gewesen sei – Mehring wurde nicht müde, diese Literatur mit seiner antifeudalen Frontstellung zu rühmen und vor ihrer spätbürgerlichen Verfälschung zu retten (*Schiller. Ein Lebensbild für Arbeiter*; *Lessing-Legende*). Wenn auch, so Mehring, die Ziele des revolutionären Bürgertums nicht diejenigen des revolutionären Proletariats seien, so könne die neue aufstrebende Klasse die alte doch ob ihres revolutionären Impetus', ihres antifeudalen Kampfgeistes beerben (vgl. Fülberth, 40ff.; Trommler 1976).

Während das Proletariat das einst fortschrittliche Bürgertum beerbt, ist dieses in seiner Abstiegsphase zu großer Kunst nicht mehr befähigt; von hier aus bestimmen sich die Wahrnehmung von Ästhetizismus und Décadence, die, so Mehring einmal über Hugo von Hofmannsthal, »eine Poesie reicher Söhnchen für reiche Söhnchen« sei (Mehring 11, 527) und die von anderen Sozialdemokraten als spätbürgerliche Kunst »von Degenerirten« bezeichnet wird (zit. Fähnders 1987, 135). War im bürgerlichen Emanzipationsprozess der ästhetische Bereich Kampfplatz par excellence, zumal dem deutschen Bürgertum der politische verschlossen blieb, so stehen nun im Mittelpunkt des proletarischen Kampfes die Ökonomie und die Politik: »wenn die absteigende Bürgerklasse keine große Kunst *mehr* schaffen kann, so kann die aufsteigende *noch* keine große Kunst schaffen« (Mehring 11, 225). Aufgrund dieser **Formel vom ›nicht mehr‹ und ›noch nicht‹** dürfe die Kunst »ihre Wiedergeburt erst von dem ökonomisch-politischen Siege des Proletariats erwarten; in seinen Befreiungskampf vermag sie nicht tief einzugreifen« (Mehring 11, 449).

Mehring schaltete sich mit seinen zahlreichen Essays, Rezensionen und Theaterkritiken in die Debatten über den Naturalismus zu einem Zeitpunkt ein, als die ›Jungen‹ auf dem Erfurter Parteitag aus der SPD bereits ausgeschlossen waren und nicht mehr als linksradikale Bedrohung der Partei angesehen wurden. Ein unbefangener Blick auf die ›Jüngstdeutschen‹ schien möglich und nötig, zumal Mehring als Leiter der 1892 gespaltenen Volksbühne mit Fragen des naturalistischen Theaters unmittelbar zu tun hatte. Auf Wilhelm Liebknechts Metapher vom »Hauch« antwortete Mehring mit der korrespondierenden Metapher vom »Widerschein«, den »die immer mächtiger auflodernde Arbeiterbewegung in die Kunst« geworfen habe (Nat., 553). Später wird Mehring dies wieder abschwächen und angesichts zunehmender Skepsis der »modernen Kunst« insgesamt gegenüber vom »Reflex eines unaufhaltsamen Verfalls« der Bourgeoisie sprechen, »der sich in ihr getreulich widerspiegelt« (Nat., 579).

Die Berührungen zwischen Naturalismus und Sozialismus werden dergestalt als ›Widerspiegelung‹ aufgefasst, dabei aber **zwei Richtungen im Naturalismus** ausgemacht. Deren eine »wurzelt unzweifelhaft in demokratischem und sozialem Boden«, werde aber von einem »hoffnungs- und trostlosen Pessimismus, der seiner Natur nach eine reaktionäre Strömung ist« beherrscht (Beispiele: Sudermanns *Ehre*; Hauptmanns *Vor Sonnenaufgang*). Die zweite Richtung wurzle dagegen »ganz und gar« im »kapitalistischen Boden«: »Sie schildert das Proletariat nicht nur nicht in der Arbeit und im Kampfe, was ja leider auch jene erste Richtung noch nicht verstanden hat, sondern nur im Bordell und in der Kneipe als ein [...] viehisch verkommenes Geschlecht« (Naturalismus-Debatte, 61).

Mit dieser Differenzierung des Naturalismus hat Mehring der pauschalen Verwerfung des Naturalismus ein Ende gesetzt, aber auch seine Distanz ihm gegenüber verdeutlicht. Er konzediert zwar »Mut« und »Wahrheitsliebe« der naturalistischen »Rebellion«. Als Haupteinwand aber bleibt die Forderung, »nicht nur die *alte*, sondern auch die *neue* Welt ins Auge zu fassen« und »in der herrschenden Misere nicht nur das **Elend von heute**, sondern auch die **Hoffnung auf morgen** entdecken können« (Nat., 554) – ein Diktum, das zentral für die materialistische Literaturtheorie und sozialistische Literaturkritik auch im 20. Jahrhundert, so noch bei Georg Lukács, geworden ist (vgl. Dialog und Kontroverse mit Georg Lukács).

5.4 Volksbühnenbewegung

Die **Freie Volksbühne** war ein Werk von Naturalismus und Arbeiterbewegung, Sozialdemokratie und Linksopposition, die darin mit wechselnden Anteilen und Funktionen involviert waren (vgl. Braulich; Freie Volksbühne). Ihre Gründung in Berlin 1890 ging auf die Initiative eines der zahlreichen illegalen Arbeitervereine zurück, die, unter dem Sozialistengesetz als unpolitische Lese- und Debattierclubs getarnt, für den Zusammenhalt der sozialistischen Bewegung gesorgt hatten. In Anlehnung an das Konzept der Freien Bühne um Otto Brahm wurde 1890 ein Verein auf genossenschaftlicher Basis gegründet. Man spielte in geschlossenen Veranstaltungen, um die Theaterzensur zu umgehen (Brauneck 1974, 15ff.; s. I.4.7). Gespielt wurde mit eigens dafür engagierten Spielern in angemieteten Theatern, später wurden auch Inszenierungen bürgerlicher Bühnen in Gänze übernommen. Im Vereinsjahr 1891/92 hatten sich rund 2.500 Mitglieder der Volksbühne angeschlossen.

Die Liste der **Funktionsträger** verdeutlicht die personellen Verflechtungen zwischen Naturalisten, Friedrichshagener Kreis und ›Jungen‹, deren Fäden Bruno Wille in der Hand hielt (Scherer, 83ff.).

Die **Statuten** bestimmten in § 1, »die Poesie in ihrer modernen Richtung dem Volke vorzuführen und insbesondere zeitgemäße, von Wahrheit erfüllte Dichtungen darzustellen, vorzulesen und durch Vorträge zu erläutern« (zit. Brauneck 1974, 30). Die Attribute ›modern‹ und ›Wahrheit‹ verraten deutlich die naturalistische Handschrift. Die Einführungsvorträge u.a. von Bruno Wille, die Diskussionen im Theater, Einführungshefte zu den Stücken und die Bereitschaft des Publikums, zu aktuellen Tagesfragen Stellung zu beziehen (Sammlungen für streikende Arbeiter, Veranstaltungen zum 1. Mai 1891) zeugen vom Versuch, im Theater alternative Darbietungsformen zu erproben.

Strittig war allerdings die Frage, inwieweit die **Volksbühne als Klassenorganisation** der sozialistischen Bewegung bzw. der Sozialdemokratie fungieren sollte, wie es die sozialdemokratisch organisierte Gruppe um Julius Türk anstrebte, oder ob sie unter der Parole ›Die Kunst dem Volke‹ einem eher volkspädagogischen Konzept folgen sollte, worauf die ›Jungen‹ um Bruno Wille insistierten. Die Konfliktlinie verlief zwischen einer herausgehobenen Stellung von ›überparteilichen‹ Kunstexperten gegenüber dem Publikum, dem kein Mitspracherecht in künstlerischen Dingen eingeräumt werden sollte, weil, so Wille, »die Aufgabe eines Bildungsinstituts darin besteht, zu erziehen, d.h. emporzuziehen. [...] Will das Publikum einer freien Volksbühne geistig mehr werden als es ist, so darf es durchaus nicht selber den Verein leiten, auch nicht indirekt, indem es Leiter wählt.« (zit. Scherer, 89). Darin finden sich deutlich Spuren des aktivistischen Impetus der ›Jungen‹, aber auch des elitären naturalistischen Dichterbildes; auch Willes spätere Konzeption einer ›Sozialaristokratie‹ zeichnete sich bereits ab (vgl. Scherer, 90; Sollmann 190ff.; Brauneck 1974, 20ff.).

Angesichts des homogenen, überwiegend sozialistisch organisierten Arbeiterpublikums, das sich aus der Parteiorientierung nicht unbedingt heraushalten wollte, und dem Ausschluss der ›Jungen‹ auf dem Erfurter Parteitag kam es in der Freien Volksbühne 1892 zum organisatorischen Bruch. Eine Generalversammlung schloss Wille und die übrigen Anhänger der Linksopposition aus. Diese gründete daraufhin die **Neue Freie Volksbühne**, während die alte Volksbühne mit seiner sozialdemokratischen Mehrheit unter dem Vorsitz von Franz Mehring weiterarbeitete.

Die anhaltend naturalistische Ausrichtung der Neuen Freien Volksbühne zeigte sich personell in der Zusammensetzung der künstlerischen Sachverständigen, die den Verein vor allem in Programmfragen berieten; unter ihnen fanden sich neben dem Leiter Bruno Wille u.a. Wilhelm Bölsche, Wilhelm Hegeler, Adalbert von Hanstein, Maximilian Harden, Gustav Landauer, Wilhelm von Polenz und Ernst von Wolzogen. In ihrer **Programmgestaltung** gingen beide Institute zunehmend unterschiedliche Wege.

Unter Mehrings Leitung orientierte sich die **Freie Volksbühne** am klassischen bürgerlichen Theater, dessen Relevanz für das Proletariat Mehring allemal herausstrich. Auch wenn die Freie Volksbühne 1893 ein naturalistisches Stück wie die *Weber* spielte (nach den *Weber*-Aufführungen in der Freien Bühne und der Neuen Freien Volksbühne), so präsentierte sie doch unter Mehring bis 1895 mit Vorliebe Dramen des bürgerlichen Erbes – von *Nathan der Weise, Emilia Galotti* und *Kabale und Liebe* bis zum *Zerbrochenen Krug* oder Molières *Geizigen*. Damit war Mehring auf Übernahmen aus dem Repertoire bürgerlicher Bühnen, so des hochangesehenen Lessingtheaters, angewiesen, was wohl die Teilhabe der Arbeiter an der bürgerlichen Hochkultur ermöglichte, aber auch eine Anpassung an bürgerliche Standards in Richtung einer »Veredelung des Arbeiters« (Emig) nach sich ziehen musste. Die Frage nach einer authentischen proletarischen Kultur und der aktiven kulturellen Selbstbetätigung der Arbeiter ließ sich auf diesem Wege nicht beantworten.

Dagegen konzentrierte sich die oppositionelle **Neue Freie Volksbühne** zwar nicht ausschließlich auf Stücke des Naturalismus – sie startete 1892 sogar mit dem *Faust* –, blieb jedoch eine Institution der Theatermoderne. 1895/96, als beide Bühnen wegen neuerlicher Zensurverschärfungen zwangspausieren mussten, umfasste die Mehringsche Volksbühne 8.000, diejenige Bruno Willes 1.000 Mitglieder. Bei Wiedergründung der Freien Volksbühne übernahm mit Conrad Schmidt ein Anhänger des revisionistischen Flügels die Leitung, dessen kulturintegrationistischen Ziele die Bühne zu einem Ort der Verbreitung und Aneignung der bürgerlichen Hochkultur für Arbeiter machte und nichts anderes als eine Adaption der von der Neuen Freien Volksbühne längst verfochtenen Parole ›Die Kunst dem Volke‹ bedeutete. Bis zum Vorabend des Ersten Weltkriegs entwickelte sich die Neue Freie Volksbühne zu einer Massenorganisation mit an die 50.000 Mitgliedern. Beide Bühnen fusionierten 1914 zum ›Verband der Volksbühnen‹ mit nun eigenem Haus am Lützowplatz. Während der Weimarer Republik werden Volksbühne und Arbeitertheater wichtige Foren bei der Auseinandersetzung um Theatermoderne und Theateravantgarde (vgl. Brauneck 1999, 633ff.; Deutsches Arbeitertheater; s. III.3.5).

5.5 Kunst und Proletariat

Während der **Naturalismus-Debatte auf dem SPD-Parteitag 1896** hatten die Delegierten über Beschwerden der Parteibasis zu befinden, die sich gegen den Abdruck naturalistischer Romane – *Der neue Gott* (1891) von Hans Land und *Mutter Bertha* (1893) von Wilhelm Hegeler – in der ›Neuen Welt‹, einer in hoher Auflage den SPD-Blättern wöchentlich beigelegte Unterhaltungsbeilage, richteten. Die mittlerweile gut dokumentierte Debatte weitete sich zu einer Grundsatzdiskussion über den Naturalismus aus (vgl. Naturalismus-Debatte; Fülberth; Scherer).

Inkriminiert wurden moralisch als anzüglich verworfene ›Stellen‹; gefordert wurde, die ›Neue Welt‹ solle nicht »Tummelplatz für literarische Experimente« werden (Naturalismus-Debatte, 209). Dagegen vertraten die Arbeiterdichter Bruno Schoenlank und der zuständige Redakteur, der Naturalismus-Anhänger Edgar Steiger, die Auffassung: »es giebt keine andere Kunst mehr als die moderne Kunst« (Nat., 573). Trotz aller Kritik am Naturalismus bedeutete die Parteitagsdebatte im Endergebnis eine »**indirekte Rehabilitierung**« des **Naturalismus**, ohne dass ästhetische Grundsatzfragen, die immer wieder von moralischen Aspekten verdeckt wurden, gelöst worden wären (Scherer, 185).

Dass die proletarischen Leser und Leserinnen eine »populäre Unterhaltungs-lektüre« einforderten, die sich durch einen »sittlichen Idealismus« auszeichnete, »der uns in unserem schweren Kampf aufrichtet«, wie ein Delegierter formulierte (Natura-lismus-Debatte, 221), deutet auf traditionalistische Kunstvorstellungen im Proletari-at. Das Missbehagen am Naturalismus verweist allerdings auch auf einen zumindest im Ansatz selbstständigen Umgang mit Literatur. In ihm schlagen zwar gesellschaftli-che Moralklischees zu Buche, aber auch Leseinteressen, die einen bestimmten Ge-brauchswert bei der Lektüre einfordern. »Die Stellung des Arbeiters zum Elend ist eine ganz andere als diejenigen des naturalistischen Dichters«, so ein Debattenredner, und: »Die Schilderung der Leiden eines Krüppels mag für einen Gesunden ein Kunst-genuß sein, nicht aber für den Krüppel, der dadurch noch mehr an seine Leiden erin-nert wird.« (ebd., 223). Darin lassen sich Spuren einer operativen Gebrauchswertori-entierung in Sachen proletarischer Literatur und Literaturrezeption erkennen, die inner-ästhetische Kriterien aufbricht.

Dennoch dominieren eine konventionelle Kunstfrömmigkeit und ein fast ritu-eller Umgang mit dem künstlerischen Werk. Vergleichbares lässt sich auch über das eher passive Rezeptionsverhalten bei Aufführungen der Volksbühne sagen, soweit es sich rekonstruieren lässt. Dass sich dagegen auch andere Tendenzen in der Arbeiterli-teratur erkennen lassen, die gerade im Theaterbereich und auf dem Gebiet operativer Kleinform zur Auflösung traditioneller Werkstrukturen, im Theater zu nicht-aristote-lischen Spielansätzen führten, sei hier wenigstens angedeutet (Fähnders 1987, 109ff.; Emig).

August Bebels Beobachtung auf dem Parteitag ist aufschlussreich, nach der es in der Partei Mitglieder gebe, die »politisch und ökonomisch auf dem radikalsten Standpunkte stehen«, die aber »in Bezug auf Literatur und Kunst durchaus konserva-tiv« seien – wobei das Protokoll »sehr richtig« vermerkt (Nat., 575). Genau dies hatte Julius Hart bereits 1891 beobachtet und auf die Parteiführung selbst gemünzt, als er gegen Liebknechts und Schweichels Angriffe auf den Naturalismus zwar konze-dierte, beide möchten ja politisch »noch so revolutionär« sein, in ihrem »ästhetischen Glaubensbekenntnis« gehörten sie aber »zur konservativen Partei« (ebd., 545f.).

Die Auseinandersetzungen um die ›historische Moderne‹ der ersten Stunde macht deutlich: **Politischer und ästhetischer Radikalismus** müssen keinesfalls Hand in Hand gehen. Überlegungen, dass die literarische Revolution mit der politischen einherge-hen könne oder solle, sind genuine Fragestellungen erst der Avantgarde und machen dann auch Konfliktlinien zwischen der ästhetischen und der politischen Avantgarde aus (s. II.5). Eine **Literaturrevolution** strebt die sozialistische Bewegung, anders als der Naturalismus, vor dem Ersten Weltkrieg nicht an – auch nicht im Dienste des Proletariats. In der Arbeiterbewegung werden in dieser Phase Kunst und Literatur als eigenständige Bereiche behandelt und nicht, wie dann in den zwanziger Jahren, dem Primat des Politischen unterworfen. So betont Mehring ausdrücklich: »Poesie und Politik sind getrennte Gebiete; ihre Grenzen dürfen nicht verwischt werden«, und deshalb verlangt er wiederholt, »daß der Dichter auf einer höheren Warte stehen soll als auf der Zinne der Partei« (Nat., 554; vgl. 580f.). Mit dieser Anspielung auf den vormärzlichen ›Partei‹-Streit zwischen Georg Herwegh und Ferdinand Freiligrath stellt sich Mehring deutlich auf die Seite Freiligraths, gegen dessen Überparteilichkeit Her-wegh 1842 sein Gedicht »Die Partei« richtete, das sich zu offenem, auch organisato-rischem Engagement des Dichters bekennt. Dass Mehring damit zugleich Positionen des Naturalismus teilt, macht die Nähe seiner Ästhetik zu derjenigen der bürgerlichen Kunstautonomie deutlich: »Die Moderne geht in keiner Partei auf, sie steht über den Parteien«, hatte fast wortgleich auch Michael Georg Conrad in seiner Auseinandersetzung mit der Sozialdemokratie postuliert (Nat., 536; s.o. S. 73). Ein Zusammendenken politisch-sozialer und ästhetischer Kategorien scheint offenbar weder Mehring noch dem Naturalismus möglich oder sinnvoll – auch dies wird erst in den Literaturdebatten des 20. Jahrhunderts unternommen (vgl. Literatur im Klassenkampf; Fähnders/Rector; Fülberth; Gallas).

6. Fin de siècle, Ästhetizismus, Wiener Moderne

6.1 ›Sozialaristokratie‹ und ›Parole Individualität‹

Während in der Arbeiterbewegung noch über den Naturalismus gestritten wird und das naturalistische Drama trotz aller Widerstände sich auf den deutschen Bühnen durchzusetzen beginnt, verändert sich im Verlauf der neunziger Jahre die Literaturszene grundlegend: Der Naturalismus wird »überwunden«, wie die zeitgenössische Formulierung lautet, es entwickelt sich das unübersichtliche Geflecht der **gegen- und nachnaturalistischen Ismen** (s. I.6.6), die sich während der neunziger Jahre zuerst in Wien, dann aber im gesamten deutschsprachigen Bereich herausbilden und als **Stilpluralismus der Jahrhundertwende** das literarische Feld der historischen Moderne (s. I.6.5) bis zum Aufbruch des Expressionismus um 1910 (s. II.1.1) bestimmen.

Nach dem Scheitern einer stabilen Allianz zwischen Naturalismus und Arbeiterbewegung findet das sozialistische Engagement der Naturalisten ein definitives Ende. Beredt sind Zeitpunkt, Tenor und Stillage eines Kurzgedichtes von Arno Holz, »Ein für allemal!« (1892): »Verhaßt sind mir bis in den Tod/popogescheitelte Manieren –/ doch zehnmal lieber schwarzweißrot,/als mit dem *Mob* fraternisieren!« (Holz I, 46). Auch Karl Henckell formuliert sarkastisch seine Absage zumindest an ein parteimäßig gebundenes sozialistisches Engagement: »Aus Mitgefühl sang ich mein Lied der Not,/mein Menschheitslied aus Höhentrieb der Seele,/doch dem Parteigetriebe bin ich tot –/nun hängt mich auf – empfehle mich, empfehle!« (zit. Hamann/Hermand 1977a, 21; vgl. Fähnders 2000).

Gleichsam als Erinnerungsposten an die soziale Komponente fällt in den neunziger Jahren das Stichwort **sozialaristokratisch**. Der Kritiker Julius Langbehn hat den Terminus in seinem einflussreichen »Rembrandt-Deutschen«, der binnen zweier Jahre 40 Auflagen erlebte, bekannt gemacht (*Rembrandt als Erzieher. Von einem Deutschen,* anonym zuerst 1890; vgl. Jhw., 321ff.). Als wirksamstes Mittel gegen die Sozialdemokratie setzt er auf eine rückwärtsgewandte, patriarchalische, die »gesunden Elemente« der »niederen Volksklassen« einbeziehende »Sozialaristokratie«. Im weiteren Umfeld derartiger Vorstellungen fällt übrigens bereits der Begriff »nationalsozial« (Scheuer 1971, 38; vgl. Handbuch Fin de Siècle, 218ff.).

1893 macht Bruno Wille den Terminus ›sozialaristokratisch‹ mit seinem volkspädagogischen Konzept eines selbstständigen Sozialismus für die spätnaturalistischen Intellektuellen hoffähig. Auch Paul Ernst, wenige Jahre zuvor noch Sprecher der linksradikalen ›Jungen‹ in der SPD, gibt seine Positionen eines proletarischen Sozialismus zugunsten eines aristokratischen Individualismus auf und unternimmt 1898 eine Abrechnung mit dem Naturalismus . Dergestalt verbinden sich während der neunziger Jahre verquere Sozialismusvorstellungen, Nietzsche-Bruchstücke und sozialaristokratisches Elitedenken zu einer eklektizistischen Allianz. Die modisch-cliquenhaften Züge einer derartigen, sozial sich gebenden Selbsterhebung hat übrigens Arno Holz 1896 in seinem Lustspiel *Socialaristokraten* karikiert, einem Schlüsselstück über die Berliner Literaturszene, in dem unschwer Figuren wie Mackay, Wille usw. zu erkennen sind (vgl. Fricke 2010, 359ff.).

Das Gros der Naturalisten zieht sich also auf Positionen eines ausgeprägten Individualismus zurück, der die gesellschaftliche Isolation zu einer überbordenden Ichbezogenheit verfestigt – gegen den naturalistischen Anspruch auf Objektivität wird nun die »**Parole Individualität**«, so Johannes Schlaf, ausgegeben (Jhw., XIX). Was beim naturalistischen Aufbruch in den achtziger Jahren als Verarbeitung der veränderten Existenzbedingungen des Dichters zur Selbstnobilitierung, aber auch zur produktiven Wahrnehmung der ›sozialen Frage‹ führen konnte, schlägt nun als Postulat eines neuen Individualismus zu Buche. »Der sozialistische Geist«, schreibt Heinrich Hart rückblickend, »machte einem ausgeprägt individualistischen Platz, das demokratische Empfinden wurde mehr und mehr durch aristokratische Neigungen zersetzt« (zit. Fähnders 1987, 11). Das neue Zauberwort hieß nun ›Ich‹, und dies im gesamteuropäischen Kontext der Moderne: mit *Le culte du moi* überschrieb der französische Décadence-Autor Maurice Barrès seine Romantrilogie des sog. Egotismus (1888/91). Wie eng die neue Parole mit dem alten Führungsanspruch des Dichters vermittelt ist, verdeutlicht eine Reflexion von Peter Altenberg über seinen impressionistischen, Huysmans gewidmeten Skizzenband *Wie ich es sehe* (1896):

> »Der ›Erste‹ sein ist alles! Denn er hat eine Mission, er ist ein Führer, er weiß, die ganze Menschheit kommt hinter ihm! Er ist nur von Gott vorausgeschickt! [...] Der Dichter ist nie der ›Einzige‹. Dann wäre er wertlos, ein Seelen-Freak! Er ist der ›Erste‹. Er fühlt es, er weiß es, daß die anderen nachkommen, weil sie bereits in sich verborgen die Keime seiner eigenen Seele tragen! [...] Wahre Individualität ist, das *im voraus* allein zu sein, was später *alle, alle* werden müssen!« (Wiener Moderne, 425).

Die Rückbesinnung auf das Ich war Folge bzw. Voraussetzung der während der neunziger Jahre verstärkt einsetzenden **Nietzsche- und Stirner-Rezeption**, die einen Paradigmenwechsel weg von der naturwissenschaftlich-positivistischen Orientierung signalisiert. Die gigantischen Individualitätsentwürfe beider Autoren werden nicht zufällig zeitlich parallel entdeckt. Bei der Nietzsche-Rezeption seitens der oppositionellen Intelligenz steht der *Zarathustra* im Mittelpunkt (vgl. Schmidt-Spreckelsen; Nietzsche und die deutsche Literatur). Ein anderer, gleichzeitig verlaufender Strang der Nietzsche-Rezeption wird dann zur Décadence führen, dessen Begriff Nietzsche 1888 in die deutsche Debatte einführt.

Mit der Nietzsche-Rezeption einher geht die von John Henry Mackay, dem als Verfasser sozialrevolutionärer Lyrik bekannt gewordenen Naturalisten, seit 1888/89 betriebene Wiederentdeckung und Propagierung von Max Stirners Hauptwerk *Der Einzige und sein Eigentum* (1844). Der dem Linkshegelianismus verpflichtete, seinerzeit vergessene Stirner wird als Verkünder eines **Individualanarchismus** wahrgenommen, dessen programmatischer Egoismus in einem Lebensentwurf mündet, der keinerlei kollektive Übereinkünfte akzeptiert, wie sie andere Verfechter des Anarchismus vorsehen (etwa Bakunin oder Kropotkin). Seine Faszination gründet in diesem entfesselten Individualismus, der sich über jedwede soziale Bindung erhebt und der ›freischwebenden Intelligenz‹ Argumente für eine Selbstidentifikation jenseits von Bourgeoisie, Proletariat oder überhaupt irgendeiner gesellschaftlichen Instanz an die Hand gibt. »Ich hab' mein Sach' auf Nichts gestellt«, lautet der emphatische Schlusssatz des *Einzigen*. Befördert wurde die Rezeption Stirners durch Mackays erfolgreichen Roman *Die Anarchisten. Ein Kulturgemälde aus dem Ende des XIX. Jahrhunderts* von 1891, der entscheidende Stichworte für die vermeintliche Autonomie des Einzelnen jenseits der Gesellschaft geliefert hat (Fähnders 1987, 13ff.). – »Ich verfolge von heute ab nur noch das eine Ziel, mir meine Freiheit zu wahren! Meine durch nichts beschränkte Freiheit! Meine unantastbare Freiheit!«, lässt Frank Wedekind den Zwergriesen Hetmann in seinem Stück *Hidalla* (1903) sagen (zit. Hamann/Hermand 1977a, 33; vgl. Hansers Sozialgeschichte 7, 410ff.).

Neben dem *Einzigen* favorisieren die auf Neuorientierung bedachten Intellektuellen die Figur des *Zarathustra*. In ihm sehen sie den Entwurf des die gängigen Normen ignorierenden, starken Individuums und mächtigen Einzelkämpfers, der sich trotz oder wegen der ihn umgebenden gesellschaftlichen Leere in einem aristokratischen ›Oben‹ ansiedelt, um sein Projekt des neuen, des Übermenschen zu verfolgen. Cäsar Flaischlen beschreibt 1896 die besondere Weise der **Wirkung Nietzsches**:

> »Die letzten Jahre der Entwicklung gehören fast ausschließlich ihm. Sein Einfluß allerdings ist äußerlich in keiner Weise so bemerkbar wie der Zolas oder Ibsens. Er besteht hauptsächlich in einer im stillen wirkenden philosophischen Konzentrierung des Einzelnen, in einem stillen, festigenden Ausbau und einer immer fruchtbarer werdenden Wertung seiner Anschauungen und Gedankenläufe« (zit. Sollmann, 226).

So lässt während der neunziger Jahre kaum ein naturalistischer Autor – von Paul Ernst bis Heinrich Hart, von Otto Julius Bierbaum und Wilhelm Bölsche bis Bruno Wille – die Gelegenheit aus, sich über Nietzsche zu äußern (vgl. Nietzsche und die deutsche Literatur 1, 65ff.; Hansers Sozialgeschichte 7, 192ff.). Den Zeitgenossen war eines bewusst: »seit ihm datiert die Abkehr vom Naturalismus« (Mod., 79).

Allem Anschein nach ging es bei der auch wegen der Sprachmacht der rhythmisierten Prosa attraktiven *Zarathustra*-Lektüre wie bei der Nietzsche-Aneignung insgesamt häufig um eine nur partielle Rezeption. Sie begnügte sich mit einer fragmentarischen, auf prägnante Sentenzen reduzierten Lektüre – wenn sie nur den Entwurf individueller Lebensstrategien beförderte. Einer der Stars der Berliner Boheme, der deutsch publizierende polnische Schriftsteller Stanislaw Przybyszewski, erklärte 1891 in seiner hymnischen Schrift über Chopin und Nietzsche, *Zur Psychologie des Individuums*, in einem postmodern anmutenden Bekenntnis ausdrücklich, dass »der erkenntnistheoretische Teil in Nietzsches Werken vom geringsten Werte« sei – jedenfalls »für ›uns‹ Spätgeborene, die wir an ›Wahrheit‹ zu glauben aufgehört haben, für die der ganze Schluß unserer Weisheit in der totalen Bankerotterklärung unseres Wissens besteht« (Przybyszewski 2, 119; ders. 8, 36ff.; vgl. Über Stanislaw Przybyszewski).

Über das aktuell Modische hinaus lag die ideologische Bedeutung zumal des *Zarathustra* im Versuch, geistesaristokratische Positionen des gesellschaftlichen ›Oben‹ zu befestigen. Es ist dies eine spezifische Erscheinung der neunziger Jahre – bereits um die Jahrhundertwende »verlieren sich die Spuren Zarathustras im Wesentlichen mit der Excelsior- und Aufschwungmetaphorik des Jugendstils« (Mattenklott 1996, 486). Jedenfalls resümiert Michael Georg Conrad 1891: »Der **Wachstumsprozeß der Moderne** zur Blüte und Frucht folgt dem **Zarathustra-Ruf** ›**Nach oben**‹« (Nat., 536). Er deutet damit unverhohlen die neue Richtung an, die es nun, nach dem Scheitern kollektiver Engagements im Bereich des sozialen ›Unten‹, einzuschlagen gelte. Die im Naturalismus bereits präsente geistesaristokratische Grundierung des intellektuellen Selbstbildes wird nun auf eine elitäre Höhenlage gebracht, die sich eher graduell denn prinzipiell von ästhetizistischer Selbsterhebung unterscheidet.

So avancieren *Zarathustra* und der *Einzige* zu Kultbüchern der oppositionellen Intelligenz während der neunziger Jahre – einer Intelligenz, die sich nun kompromisslos als ›freischwebend‹ setzt und ihren Individualismus als eine Art Hohlform konstruiert, die auf ganz und gar synkretistische Weise gefüllt werden kann. In seinem aufschlussreichen *Roman aus der Décadence* (1898) weiß Kurt Martens ein halbes Dutzend Gewährsleute zu benennen, die in der intellektuellen Boheme-Runde Konjunktur haben:

> »Hier, in dem rauchigen, heißen Winkel, verarbeiteten sie [die Bohemiens] durcheinander die Probleme der Marx und Kropotkin, die Ideen von Stirner, Darwin und Stuart Mill; selbst Lagarde und der Rembrandt-Deutsche spukten zuweilen; denn jeder Gedanke war willkommen, der unbefangen, unbeeinflußt aus sich selbst erwachsen war« (zit. Fähnders 1987, 12).

Das Gros der Spätnaturalisten zeigt sich weiterhin **antibürgerlich und antikapitalistisch,** doch auch strikt **antisozialistisch und antiproletarisch** gesonnen und mehr noch als zuvor auf einen ›dritten Weg‹ des Individualismus bedacht. Somit öffnet sich mit Beginn der neunziger Jahre eine für die deutsche Literaturszene charakteristische Schere zwischen einer anwachsenden naturalistischen Literaturproduktion einschließlich seiner öffentlichen Erfolge und einer Revision naturalistischer Standpunkte, und zwar maßgeblich durch die Naturalisten selbst. Dabei fällt auf, dass – von Sonderentwicklungen wie beim Outsider Holz und dem bis in die NS-Zeit erfolgreichen Dramatiker Hauptmann abgesehen – nicht wenige der vormaligen Naturalisten ihre Positionen der Literaturrevolution und der Moderne aufgeben und sich oft genug auf konservative, affirmative Positionen zurückziehen, wie zeitgeschichtlich-biographische Studien zu Paul Ernst, aber auch zu Halbe, Schlaf, Stehr u.a. zeigen (vgl. Erdmann).

Zeitgleich mit der Transformation naturalistischer Positionen gewinnen die neuen bzw. gleichzeitigen, widersprüchlich definierten Strömungen von Ästhetizismus, Impressionismus, Jugendstil, Neuromantik und Symbolismus, die nun ›die Moderne‹ repräsentieren, im Verein mit Décadence- und Fin de siècle-Stimmungen an Terrain. Als ein Schlüsselwort für die neunziger Jahre gilt bereits den Beteiligten Hermann Bahrs noch zu erläuterndes Diktum von der »**Überwindung des Naturalismus**« aus dem Jahre 1891 (Bahr, 33ff.; s. I.6.3). Basis hierfür ist ein erneuter Paradigmenwechsel; die »Parole Individualität« wird nun konträr (und komplementär) zum selbstherrlichen Zarathustra-Ich im Sinne eines verlorenen, eines »unrettbaren Ich« interpretiert und so in einen ganz anderen Zusammenhang als bei Spätnaturalisten und Naturalismus-Überwindern gestellt – eine letzte Volte bei der »Aufblähung des Ich« (Scheible, 31).

Dies ist auch in einem anderen sozialen und ästhetischen Umfeld situiert: gemeint ist der Aufbruch der Wiener Moderne während der neunziger Jahre, der sich zeitlich synchron mit Höhepunkt und Ausgang des Naturalismus in Berlin und München vollzieht (vgl. Sprengel/Streim 1998). – An dieser Stelle sei bereits vermerkt, dass sich die Frühexpressionisten in ihrer Gemeinschafts-Orientierung von diesen Entwicklungen abgrenzen werden (s. II.1). So findet sich bei Jakob van Hoddis folgender, unmittelbar vor dem expressionistischen Aufbruch verfasster Vers:

> »Nietzsche werde überwunden,
> Wir beginnen auszumisten
> Aus der Welt die ungesunden
> Schrankenlosen Egoisten.«
> (zit. Nietzsche und die deutsche Literatur I, 148).

6.2 Das ›unrettbare Ich‹

Die Veränderungen im Selbstverständnis der oppositionellen Intelligenz ergeben sich aus einer den Ausgang des Jahrhunderts charakterisierenden, wachsenden Skepsis gegenüber den naturwissenschaftlichen Gewissheiten, zumal dem rigorosen Objektivitätsanspruch von Materialismus und Positivismus (s. I.2.6). Das hat mehrere Ursachen.

Fortschritte der Naturwissenschaften (vgl. Sprengel 2004, 89ff.) führen durch die Relativitätstheorie Albert Einsteins und Max Plancks Quantenphysik zu einer Unterminierung unverrückbar scheinender naturwissenschaftliche Gesetze selbst – es ist eine Krise der Physik, die zu Beginn des 20. Jahrhunderts zur grundlegenden Neubestimmung elementarer physikalischer Grundsätze führt. So geraten Kategorien des Raumes, der Zeit, der Materie ins Wanken. »Modern«, schreibt der junge Hofmannsthal, sei »das Zerschneiden von Atomen« (Hofmannsthal I, 176). Die Philosophie Nietzsches wiederum proklamiert mit dem Tod Gottes zugleich das Ende aller verbindlichen Theoriesysteme und will allein in der ästhetischen Existenz noch einen Lebenssinn gelten lassen. Insofern korreliert zur Rezeption des sich selbst setzenden starken Ich bei Nietzsche der definitive **Verlust traditioneller Werte**, wie er in Nietzsches Formel von der »Umwertung aller Werte« angelegt ist.

Mit der **Psychoanalyse Freuds** wird auf andere Weise die mit der Abstammungslehre Darwins und der positivistischen Milieutheorie eingeleitete Demontierung des souveränen Ich fortgesetzt. Das Ich, »ein armes Ding«, so Freud, findet sich eingeklemmt zwischen den mächtigen Instanzen kreatürlicher Triebhaftigkeit des ›Es‹ und den zwanghaften Autoritäten des ›Über-Ich‹. Kränkung und Demontage des Ich, jedenfalls eines »stolzen Ich«, so Bahr, erreichen hier einen Gipfelpunkt (zit. Diersch, 70). Der Abschied vom autonomen, selbstbestimmten Subjekt setzt sich fort in der sog. Sprachkrise der Jahrhundertwende, wo Möglichkeit und Grenzen von Sprache und Sprechen diskutiert werden (s. I.6.12). Die Identitätsproblematik, die Infragestellung des Subjekts steht dann auch im Mittelpunkt des Werkes von Leopold Andrian, Richard Beer-Hofmann, Hofmannsthal u.a. (vgl. D. Lorenz, 123ff.; Kolb 2010).

Maßgeblich hat die Erkenntnistheorie des österreichischen Physikers Ernst Mach die **Relativierung von Wahrnehmung und Erkenntnis** befördert und mit seiner Formel vom ›unrettbaren Ich‹ ein Stichwort gerade für das ›Junge Wien‹ gegeben. Hier war es Hermann Bahr, über dessen Katalysatorrolle bei der Ausformulierung der gegen- und nachnaturalistischen Ismen noch zu handeln sein wird (s. I.6.3), der die **Empfindungslehre von Ernst Mach** für Kunst und Literatur zu aktualisieren wusste.

Ernst Mach – über den Robert Musil 1908 promovierte und mit dem sich Lenin in seiner Schrift *Materialismus und Empiriokritizismus* auseinandersetzte – entwickelt in seiner *Analyse der Empfindungen und das Verhältnis des Psychischen zum Physischen* (1885) einen

»psycho-physischen Monismus, der Objekt und Subjekt gleichermaßen als Komplexe von individuellen Elementen auffaßt, deren Zusammenhang nur als relative Beständigkeit, als Kontinuität, verstanden wird. Der Gegensatz zwischen ›Ich und Welt, Empfindung oder Erscheinung und Ding fällt dann weg, und es handelt sich lediglich um den Zusammenhang der Elemente ... (Vorstellungen, Erinnerungen, Wille), ABC ... (Farben, Töne usw.), KLM ... (Farbempfindungen, Tonempfindungen usw.)‹. Weil Mach diese Elemente als gleichartig annimmt, kann er behaupten, ›dass die Welt nur aus unseren Empfindungen besteht‹. Ob etwas als Ding der Außenwelt oder als ›Teil des Subjekts‹ erscheint, hängt lediglich vom Standpunkt des Forschers ab.« (Paetzke, 21; vgl. Diersch, 26ff.; Hansers Sozialgeschichte 7, 158ff.).

So zerfällt ›Wirklichkeit‹, verflüchtigt sich die von Positivismus und Naturalismus so emphatisch postulierte und analysierte ›Natur‹ in einzelne Empfindungsmöglichkeiten, die an das jeweilige Subjekt gebunden sind und eine Ich-Konstituierung unmöglich machen – »Das Ich ist unrettbar«, folgert Mach (Wiener Moderne, 142; vgl. D. Lorenz, 102ff.). Hermann Bahr findet bei Mach sogleich ausgesprochen, was als **Ichlosigkeit der Moderne** überhaupt figuriert: »›Das Ich ist unrettbar‹. Es ist nur ein Name. Es ist nur eine Illusion. Es ist ein Behelf, den wir praktisch brauchen, um unsere Vorstellungen zu ordnen. Es gibt nichts als Verbindungen von Farben, Tönen, Wärmen, Drücken, Räumen, Zeiten.« (Bahr, 190f.). 1903 prägt der junge Psychoanalytiker Otto Weininger für das Machsche Ich die einprägsame Metapher vom »bloßen *Wartesaal* für Empfindungen« (Wiener Moderne, 146). Gegenüber dem Objektivitätsanspruch des Naturalismus ist dies durchaus ein »**neuer Subjektivismus**« (Hamann/Hermand 1977a, 31ff.). Auch die grundsätzliche Unschärfe und Selektivität aller Wahrnehmungen, die Henri Bergson mit *Materie und Gedächtnis* (1896) postulierte, führen zur Atomisierung, zur Unübersichtlichkeit der Verhältnisse, zu Subjektivierung.

So sieht die skeptische, wissenschafts- und fortschrittskritische Generation der neunziger Jahre, zumal des ›Jungen Wien‹, im Machschen Sensualismus eine Bestätigung ihres radikalen Subjektivismus, Relativismus und Agnostizismus bzw. findet bei Mach dafür ihre Argumente. Wenig zuvor noch gültige Schlüsselbegriffe des Naturalismus wie Wahrheit und Wirklichkeit werden obsolet, was vielfältige Konsequenzen bis hin zu Fragen moralischer Verantwortung des Künstlers und eines sozialen und politischen Engagements hat. Bei Bahr heißt es unübertroffen: »Es ist mit der Welt nichts mehr los und mit dem eigenen Ich ist auch nichts mehr los.« (zit. Diersch, 73).

Vor allem aber hat dies Konsequenzen für Kunst und Kunsttheorie. Für Bahr gehören »Sensualismus und fin-de-siècle« unmittelbar zusammen (ebd.), und mit Blick auf Machs Empfindungslehre und ihrer Rezeption hat man mit guten Gründen von einer »**impressionistischen Kultur**« gesprochen (Žmegač 1980, 270ff.). Als »Kunst der Ichlosigkeit« (zit. Diersch, 78) ist sie, in der Malerei wie der Literatur, einer bestimmten Ästhetik der pointillistischen Wiedergabe von Farb- und Worteindrücken verpflichtet. Dies kann aber metaphorisch auf alle Kultur- und Lebensbereiche bezogen und als impressionistische Lebenshaltung insgesamt charakterisiert werden.

6.3 Überwindung des Naturalismus

Ich-Problematik und neuer Subjektivismus – zielen sie nun in sozialaristokratische oder ichverlorene Richtung – fußen auf einer massiven Kritik des Naturalismus. Sie wurde unter der sprichwörtlichen Parole von der *Überwindung des Naturalismus* geführt – so der Titel von Hermann Bahrs Programmaufsatz in seiner gleichnamigen Essaysammlung von 1891 (Bahr, 33ff. bzw. 85ff.). Bahr hat keine Überwindung der Moderne zum Ziel, sondern die Ausrufung einer anderen Moderne – einer **antinaturalistischen Moderne**. Sie greift gleichwohl Teilaspekte und Innovationen der naturalistischen Ästhetik auf, ist also nicht in allen Punkten eine bipolar zu verstehende Alternative zum Naturalismus, sondern zehrt von ihm durchaus in ästhetischen Einzelfragen (vgl. Kiesel 2004, 28ff.).

Begrifflich aufschlussreich sind die Selbstverständigungsversuche der Zeit. Vom Beginn einer »zweiten Periode der Moderne« spricht Bahr 1892 in einer Hofmannsthal-Besprechung, einer »Moderne [...], die das Experimentiren überwinden und uns, an denen sich die erste entwickelt hat, ihrerseits nun als die ›Alten‹ behandeln wird« (Bahr, 163). Das Bewusstsein von Kontinuität und Bruch in der Frühzeit der selbsternannten Moderne zeigt sich im Hinweis auf das (naturalistische) Experimentieren als dem jetzt Veralteten gegenüber dem Neuen des ›Jungen Wien‹. 1891 spricht Bahr gar von einer »dritten Phase der Moderne«, die sich »im Nervösen« zu erkennen gebe – nach dem naturalistischen Schildern der Außenwelt der Dinge und demjenigen der Außenwelt des Menschen (Bahr, 88). Dennoch lässt er einen einheitlichen Moderne-Begriff erkennen, wenn er 1892 über den unter dem Pseudonym Loris publizierenden jungen Hofmannsthal urteilt: »man sieht auf den ersten Blick, man hört es an jedem Worte, daß er der Moderne angehört. Er enthält den ganzen Zusammenhang ihrer Triebe, von den Anfängen des Zolaismus bis auf Barrès und Maeterlinck.« (Bahr, 162). Hier zeigt sich erneut die Komplexität des historischen Modernebegriffs, der als Oberbegriff für die Ismen der Zeit, angefangen mit dem Naturalismus, fungiert, aber gleichermaßen bereits von den Zeitgenossen auch als Unterbegriff für Teilbereiche der Moderne ausdifferenziert wird (s. I.2.5).

Maßgeblichen Anteil an dieser neuen Orientierung hat der bereits häufig zitierte österreichische Kritiker, Dramatiker und Erzähler **Hermann Bahr** (vgl. Daviau; Farkas; Hermann Bahr; Rieckmann).

In Bahr, der zeitweilig in Paris und Berlin lebte und dessen Verdienste um die Vermittlung der zeitgenössischen französischen Literatur nicht hoch genug veranschlagt werden können, begegnet der – neuartige – Typ eines Literaturmanagers, dem die ästhetische Innovation alles ist, der, so Maximilian Harden, »immer in der Zukunft lebt, in der Temperatur des übernächsten Tages« (Das Junge Wien I, 377). Ein »Mann von Übermorgen« (ebd.), unterwirft er sich unbedingter Originalitätssuche und somit einem Überbietungszwang der Ismen, der charakteristisch noch für die Avantgardebewegungen sein wird und bei Bahr bis in die Literaturrevolte des Expressionismus zu verfolgen ist. »Jedes Neue ist besser, schon weil es jünger ist, als das alte«, schreibt er, »nur nichts Beharrendes, nur keine Dauer, nur kein Gleichbleiben! Fluß, Bewegung, Veränderung, Umsturz ohne Unterlaß.« (zit. Nat., 185). Eine 1891 notierte Maxime lautet: »Täglich ein anderer sein« (zit. Farkas, 113). Für ein konstituierendes Prinzip der Moderne, nämlich »die Ideologie der Potenzierung, der Innovation, der Überholung und Überwindung«, also für die »Dynamik der Ismen und ihrer Akzeleration« (Welsch, 6) ist mit Bahr ein zumindest für den deutschsprachigen Bereich Maßstäbe setzender Autor aktiv geworden.

Ein derartiges Prinzip der »**Fetischisierung des Neuen**« (Farkas, 113) lässt sich unschwer auf konkurrenzkapitalistische Rivalitäten auf dem Warenmarkt der Literatur beziehen – wobei übrigens Bahr die Klaviatur der Novitätensuche glänzend beherrschte und auch ökonomisch reüssierte, so dass er sich 1912 auf sein Schloss bei Salzburg zurückziehen konnte. Bereits die Zeitgenossen charakterisierten den von Karl Kraus in seiner *Demolirten Literatur* heftig befehdeten »Herrn aus Linz« (Das Junge Wien I, 648) als »großen Überwinder« und als »Proteus der Moderne« (zit. Daviau, 9), der binnen kürzester Frist von nationalistischen zu sozialistischen und sodann monarchistischen und katholischen Positionen wechseln konnte. Dass seine Kritiken bei den Zeitgenossen allerdings auf so ungewöhnlich nachhaltige Resonanz gestoßen sind, belegt, dass er auf Zeitstimmungen traf, an die er anknüpfen konnte und die er zu formulieren wusste. Im Kreise des ›Jungen Wien‹ pflegte Bahr während der neunziger Jahre Kontakte mit Peter Altenberg, Leopold Andrian, Richard Beer-Hofmann, Hugo von Hofmannsthal, Felix Salten, Arthur Schnitzler. Trotz gewisser Vorbehalte ihm gegenüber – Schnitzler nannte ihn 1899 brieflich einen »boshaften Aff« (zit. Diersch, 82) –, repräsentierte er für die Wiener Moderne einen wichtigen Ort der Information und der Orientierung.

Bahr engagierte sich zunächst als Verfechter von Naturalismus und Sozialismus, arbeitete in Berlin zeitweilig als Redakteur der naturalistischen Zeitschrift ›Freie Bühne‹ und gab 1890 in Brünn zusammen mit Eduard Michael Kafka die Monatsschrift ›Moderne Dichtung‹ heraus. Deren erster Jahrgang war noch ganz dem Berliner und Münchner Naturalismus verpflichtet, ohne in Wien allerdings nennenswerten Anklang zu finden; der österreichische Naturalismus blieb peripheres Zwischenspiel (vgl. Das Junge Wien I, LXXXIIIff.). 1891 konstatierte Bahr eine »Krisis des Naturalismus«, weil dieser, so die griffige Wendung, ein bloßer »Naturalismus der **états de choses**, der Sachenstände [...] mit Ausschluß aller **états d'âmes**, aller Seelenstände« sei (Bahr, 49; vgl. Hermann Bahr; Rieckmann, 13ff.; D. Lorenz, 39ff.; Middell, 137ff.). Diese in Anschluss an den französischen Zola-Antipoden und ehemaligen Naturalisten Paul Bourget gewonnene Unterscheidung bezeugt das Unbehagen an der positivistisch-experimentellen Wahrnehmungsweise des Naturalismus, auch wenn ›Seelen[zu]stände‹ etwa vom Sekundenstil durchaus vermittelt werden konnten. Dies wurde aber Domäne der impressionistischen Seelen- und Nervenkunst: deren Interesse an einer Darstellung gerade der *états d'âmes* entspricht insbesondere der Machschen Empfindungslehre. Erzähltheoretisch zeigt sich dies in – mit einer neuen Sujetwahl korrespondierenden – Verfeinerungen des personalen Erzählens, insbesondere im inneren Monolog.

»Die Herrschaft des Naturalismus ist vorüber«, er sei »nur eine Episode gewesen«, heißt es nun im »Überwindungs«-Aufsatz (Bahr, 85f.) – literarhistorisch zweifellos ein nicht zu haltendes Urteil, weil zentrale Texte des deutschen Naturalismus wie die *Weber* bekanntlich erst nach Bahrs Buch erschienen sind und der Naturalismus vom Gewicht seiner Nachwirkungen her alles andere als eine Episode war. Wichtiger allerdings ist, was Bahr gegen den Naturalismus setzt. In seinem Auftaktartikel mit dem Programmtitel »Die Moderne« hatte er in gut naturalistischer Manier auf »Wahrheit« insistiert und dabei gefordert, dass »das Lügen aufhöre, das tägliche Lügen, in den Schulen, von den Kanzeln, auf den Thronen« (ebd., 38). Offen blieb, was das Moderne denn wohl ausmache. Nun fordert Bahr eine »Mystik der Nerven« ein – als einen »neuen Idealismus«, eine »**nervöse Romantik**« (ebd., 87f.).

Bereits im Naturalismus ist über Romantik und Idealismus diskutiert worden – auch in diesem Fall werden bei der Kritik am Naturalismus Fäden eher weitergesponnen denn abgeschnitten. In seiner *Revolution der Litteratur* schreibt Karl Bleibtreu 1886: »Die *Neue Poesie* wird vielmehr darin bestehen, Realismus und Romantik derartig zu verschmelzen, daß die naturalistische Wahrheit der trockenen und ausdruckslosen Photographie sich mit der künstlerischen Lebendigkeit idealer Composition verbindet.« (Bleibtreu, 31). Zeitgleich mit Bahr spricht Leo Berg von einer »naturalistischen Romantik«, unter die, so prognostiziert er 1891, man sogar die europäische Literaturgeschichte des letzten Dezenniums des Jahrhunderts oder des ersten des neuen werde »vermutlich« fassen können (Mod., 82).

Bewegen sich die Einzelbeiträge von Bahrs Sammelband *Die Überwindung des Naturalismus* durchaus noch im Rahmen des Naturalismus, so ist Novum das Insistieren auf innere Zustände, die »Seelenstände«, auf Nerven und Nervöses, auf eine **Nervenkunst**, welche die naturalistische Programmatik sprengt. Das verweist auf Entwicklungen zumal der Wiener Literaturszene um 1890, die Bahr antizipatorisch aufzugreifen vermag. Nur vor dem Hintergrund des ›Jungen Wien‹ konnte sich die spektakuläre Überwindungsparole allererst durchsetzen. Sie blieb zwar nicht unwidersprochen – der Mitbegründer des naturalistischen Vereins ›Durch!‹, Leo Berg, sprach gar von einer »**Contre-Revolution gegen den Naturalismus**« (LMN, 229f.). Programmatisch wusste der Naturalismus während der neunziger Jahre den Überwindungskonzeptionen allerdings Entscheidendes nicht mehr entgegenzusetzen.

6.4 Ästhetizistische Naturalismus-Kritik

Dennoch bleiben poetologische Berührungspunkte zwischen den Naturalisten und seinen Überwindern zu registrieren. Selbst ein Ästhetizist wie Stefan George, dem man Sympathien mit dem Naturalismus nicht unterstellen wird, konzediert 1896: »Wir sind bereit manche heilsamen einflüsse des ›naturalismus‹ anzuerkennen« (Jhw., 238). Und Joris-Karl Huysmans legt zu Beginn seines Satanismus-Romans *Tief unten* einem seiner Protagonisten eine bezeichnende Kritik des Naturalismus – dem Huysmans wie andere Ästhetizisten auch in seinen literarischen Anfängen selbst verpflichtet war – in den Mund:

> »Ich werfe dem Naturalismus weder seinen Hafenjargon noch sein Latrinen- und Armenhausvokabular vor, denn das wäre ungerecht und wäre absurd; erstens schreien manche Themen förmlich danach, zweitens lassen sich mit Satztrümmern und Wörterpech ungeheure und gewaltige Werke errichten: Zolas *Schnapsbude* beweist es; nein, das Problem liegt woanders; was ich dem Naturalismus vorwerfe, ist nicht die dickflüssige Tünche seines groben Stils – es ist die Schäbigkeit seiner Ideen; was ich ihm vorwerfe, ist, daß er dem Materialismus literarische Gestalt verliehen, daß er in der Kunst die Demokratie glorifiziert hat! [...] Sich willentlich zu beschränken auf das Waschküchenniveau der Fleischlichen, das Übersinnliche zu verwerfen, den Traum zu leugnen, nicht einmal zu begreifen, daß die Neugierde der Kunst ebendort beginnt, wo die Sinne den Dienst aufkündigen!« (zit. Fin de siècle, 157f.).

Huysmans möchte sowohl der »von Zola so tief in den Boden gefurchten Fahrspur folgen«, gleichzeitig aber »einen parallelen Weg, eine weitere Straße in der Luft anlegen« – er nennt dies »spiritualistischen Naturalismus«, einen »**Supranaturalismus**« (ebd., 160, 163), der bestimmte ästhetische Innovationen des Naturalismus aufnehmen kann, nicht aber seine philosophisch-politischen Grundlagen akzeptiert. Vergleichbar argumentiert Stanislaw Przybyszewski, wenn er für einen »psychischen Naturalismus« plädiert (zit. Fähnders 1987, 159; vgl. Przybyszewski 9, 36ff.).

Damit zeigen sich erneut Nahtstellen und Differenzen zwischen Naturalismus einerseits und dem Ästhetizismus sowie den Ismen der Jahrhundertwende andererseits. Zwischen ihnen vollzieht sich weniger ein Stil- als vielmehr ein Ideologiewandel. »Satztrümmer und Wörterpech« sowie die Realität abbildende Ding-Beschreibungen, die er in seinem ersten Décadence-Roman *Gegen den Strich* (1884) bereits selbst erprobt hat, will Huysmans beim Naturalismus weiterhin akzeptieren. Hinzu tritt die Wahrnehmung des Hässlichen, dem auch der Naturalismus enorme ästhetische Reize abzugewinnen wusste – alles Darstellungsmodi, in denen Naturalismus und Ästhetizismus nicht kontrovers sind. Sie unterscheiden beide Strömungen allerdings markant vom Realismus, zumal vom deutschsprachigen ›Poetischen Realismus‹, dessen poetologischer Ansatz die Gestaltung des Hässlichen nicht gestattet oder doch zugunsten seiner Poetisierung entschärft.

Die Gretchenfrage aber hebt an bei den ideologischen Grundlagen, bei Positivismus und Materialismus. Der naturalistische Materialismus hat nach Huysmans das Spirituelle, er hat die »Seele«, so formuliert es Stanislaw Przybyszewski, abgetötet (Przybyszewski 6, 21). »Naturalismus ist ›die Tatsache‹ in der Kunst«, postuliert dieser, »gleichgültig, ob sie mit bloßem Auge oder mit der Lupe betrachtet wurde« (ebd.), und gegen diese Reduktion von Realität rebelliert der Ästhetizismus. Eine **antimaterialistische Wende**, die sich mit dem Relativismus der Machschen Empfindungslehre verbindet, grundiert also die gegen- und nichtnaturalistischen Strömungen, die sich der Parole von der ›Überwindung des Naturalismus‹ verpflichtet wissen. Wenn sich ihr Urheber Hermann Bahr zeitweise mit einem »Naturalismus, der vor den psychologischen Bedürfnissen«, und vice versa: mit einem – nach dem einflussreichen Paul Bourget so genannten – »Bourgetismus, der vor den naturalistischen Gesetzen besteht« (Nat., 183), zufrieden geben will, so verweist diese Verschränkung von Naturalismus und Psychologismus zurück auf ideologische, weniger auf ästhetische Divergenzen.

Auf das Ungenügen an naturalistisch-materialistischen Verfahrensweisen folgt allerdings die Abwertung des Naturalismus als »das endgültige Kunstideal des modernen Pöbels« (Przybyszewski 6, 21). Insofern ist trotz aller Vermitteltheit von Ästhetizismus und Naturalismus dieser in der ästhetizistischen Kritik nicht zu retten. So bleibt festzuhalten, dass »beide Bewegungen einander entsprechen – wenn auch in gegenseitiger Negation« (Bürger 1979, 47). Wo der Naturalismus mit seinem der Naturwissenschaft verpflichteten Begriff von Objektivität (Positivismus) operiert und sich tendenziell der Gesellschaft verpflichtet weiß, setzt der Ästhetizismus auf Subjektivität und Kritik der Naturwissenschaft (Machismus; Psychologie, Relativismus). Ein eher instrumenteller Literaturbegriff beim Naturalismus steht gegen einen autonomen beim Ästhetizismus.

6.5 Stilpluralismus

Während der **Naturalismus** als halbwegs eindeutiger Epochenbegriff zu handhaben ist, lassen sich **Ästhetizismus, Décadence, Fin de siècle, Impressionismus, Jugendstil, Neuromantik, Symbolismus** weder begrifflich noch begriffsgeschichtlich vergleichbar exakt fassen bzw. voneinander abgrenzen. Wenn ein Kritiker 1894 scherzhaft von »Fin-de-siècle-isten« spricht (Jhw., 301), verweist er auf dies Dilemma. Da die Literaturwissenschaft für die Literatur der Jahrhundertwende über keinen Sammelbegriff verfügt, der dem anti- und nichtnaturalistischen Stilpluralismus einschließlich des Weiterwirkens naturalistischer Positionen dieser Zeit gerecht würde, muss weiterhin mit terminologisch durchweg undeutlichen und auch belasteten Termini operiert werden. Auch die kalendarischen Angaben **Jahrhundertwende** oder **Literatur um 1900** sind wenig aussagekräftig; der betreffende Band des »Handbuches der Literaturwissenschaft« nennt die Phase *Jahrhundertende – Jahrhundertwende* und ergänzt so die (im Deutschen wenig gebräuchliche) wörtliche Übersetzung von Fin de siècle um den Aspekt des Neuen einer Wende. Sinnvollerweise sollte ›Jahrhundertwende‹ für die beiden Jahrzehnte zwischen den Zäsuren von 1890 und 1909/10 (dem Aufbruch des Expressionismus und der europäischen Avantgarde) stehen (vgl. Handbuch Fin de Siècle; Jahrhundertwende).

Dabei ist zu beachten, dass diese beiden Dekaden den auslaufenden Naturalismus ebenso wie seine konkurrierenden Bewegungen einschließen, die wiederum, so der Symbolismus, bereits in den achtziger Jahren einsetzen. Nicht zufällig erscheint 1893 und 1894 in München ein *Moderner Musen-Almanach*, den der vormals dem Naturalismus anhängende Otto Julius Bierbaum in zwei Folgen mit dem Ziel herausgibt, bereits die »Spannweite der modernen Kunst vom Naturalistischen zum Phantastischen zu zeigen« (zit. Jost, 50). Das umfängliche Autorenspektrum reicht dementsprechend von klassischen Vertretern des Naturalismus wie Alberti, Bleibtreu, Conrad, Henckell, Holz und Wille bis zu so unterschiedlichen, nichtnaturalistischen Autoren wie Bahr, Dauthendey, Dehmel, Hille, Liliencron, Panizza, Przybyszewski, Scheerbart, Schnitzler, Wedekind oder auch Hofmannsthal, dessen lyrisches Drama »Der Tor und der Tod« im 1. Band (1893) abgedruckt wird.

Nicht zuletzt in dieser Pluralität gründen uneinheitlicher Gebrauch und begriffliche Konfusion bei den Bezeichnungen einzelner Kunstbewegungen. Das gilt bereits für die Zeitgenossen – so wurde für ein und dieselbe Sache der Terminus Neuromantik in der Berliner, Impressionismus in der Wiener Literaturkritik bevorzugt. Vergleichbares gilt für die Forschung. Hugo Friedrich z.B. meidet in seiner einflussreichen Schrift *Die Struktur der modernen Lyrik* den Symbolismus-Begriff, den andere Autoren wie René Wellek als Epochenbegriff für den Zeitraum 1885–1914 vorgeschlagen haben (vgl. H. Friedrich; P. Hoffmann, 21f.). Das lyrische Dreigestirn der Jahrhundertwende, George, Hofmannsthal und Rilke, wird wechselnd dem Symbolismus, dem Ästhetizismus, dem Fin de siècle, der Neuromantik, der Décadence zugeschlagen. Züge des Jugendstil findet man bei Rilke, im Frühwerk von Thomas Mann, man hat sie aber auch in Nietzsches »*Zarathustra*-Stil« ausgemacht usw. (Jost, 51; vgl. Rasch; Scheible; R. Bauer, 165f.; P. Hoffmann, 18ff.; Jhw., 278f.). Umgekehrt ist die Zuordnung von Autoren zu dem auch durch biologistische Bestimmungen vorbelasteten Begriff Dekadenz/Décadence ebenso uneinheitlich wie umstritten (R. Bauer, 149ff.; vgl. Hansers Sozialgeschichte 7, 219ff.; Rasch; Sprengel 1998, 116ff.).

Das führt zurück zum ursprünglich für den Naturalismus gefundenen Neologismus ›die Moderne‹, den mit Beginn der neunziger Jahre die gegennaturalistischen Bewegungen für sich reklamieren und der hier im Sinne von ›historischer Moderne‹ Verwendung findet (s. I.2.5). Er taugt zwar als Sammelbegriff für den ästhetischen Innovationsschub dieser Zeit und wird von zeitgenössischen Theoretikern der Moderne von Bahr bis Lublinski wiederholt reflektiert; er bedarf gleichwohl der Ausdifferenzierung und bleibt insofern Hilfskonstruktion. So ist Hofmannsthal, Exponent der **Wiener Moderne**, nicht von allen Interpreten einhellig der Moderne zugeschlagen worden, wobei gerade er es ist, der sich immer wieder um eine Präzisierung des Attributes »modern« gekümmert hat – was wiederum mit der substantivischen Form des Wortes nicht unbedingt übereinstimmen muss (vgl. Bürger 1992, 193ff.).

Kompliziert wird das plurale Nebeneinander dadurch, dass sich das Phänomen des Stilpluralismus nicht allein in der Synchronie der Ismen, sondern auch bei einzelnen Autoren, in einzelnen Arbeitsphasen, sogar in einzelnen Werken verfolgt werden kann. Gerhart Hauptmann lässt auf die *Weber*, Inbegriff für naturalistisches Theater in Deutschland, binnen kürzester Frist ein neuromantisch-symbolistisches Drama wie *Die versunkene Glocke* folgen. »Ich habe sieben verschiedene Stile und in jedem Erfolg«, schreibt 1893 der prominenteste unter den Fin de siècle-Künstlern, Aubrey Beardsley – sowohl ganz allgemein über stilistische Differenzen seiner Zeichnungen untereinander als auch in einzelnen von ihnen (zit. Mattenklott 1970, 85).

So findet sich bei den Zeitgenossen wie in der Literaturgeschichtsschreibung ein verwirrender **synonymischer Gebrauch divergierender Begriffe**. Stefan George äußert sich 1910 in seinen ›Blättern für die Kunst‹ rückschauend über den »Nicht-Sinn der Schlagworte« und bezieht sich u.a. auf »Dekadente«, aber auch auf »Ästheten« (im Sinne des Ästhetizismus) und »Neuromantiker«. Solche – im »gegensatz zu naturalisten« – »hiess man alle die ihre stoffe nicht aus pöbel gosse und alltag nahmen. Heute versagt das wort weil jezt [!] auch die ›naturalistischen‹ dichter ›neuromantische‹ und die ›neuromantischen‹ dichter ›naturalistische‹ stoffe behandeln« (Jhw., 255). Hinzuzufügen wäre: und weil jetzt, im Jahre 1910, die Expressionisten daran gehen, gleichermaßen Front gegen Dekadenz und Jugendstil, gegen Ästheten, Naturalisten, Neuromantiker und Impressionisten zu machen.

6.6 ›Ismen‹ der Jahrhundertwende

Bei den Kunstrichtungen und Ismen der Jahrhundertwende lässt sich differenzieren zwischen einer jeweiligen Formtendenz, die sich bei einzelnen Autoren und in einzelnen Werken und Werkgruppen erkennen lässt, und einer darüber hinausgehenden, grundsätzlichen Haltung zur Realität, einer Lebenshaltung, die sich auch in literarischen Stilen und Formen niederschlagen kann, sich durch diese aber nicht allein definiert.

So lässt sich die **Neuromantik** durch thematische, auf die Romantik zurückzubeziehende Bestimmungen definieren. Sie zeigt sich etwa in Hauptmanns *Hanneles Himmelfahrt* (1893) und seiner *Versunkenen Glocke* (1897), aber auch in einem literarhistorischen Werk wie Ricarda Huchs zweibändiger Untersuchung *Die Romantik* (1899–1902), mit der sie die eigene Epoche romantisch zu erneuern sucht (vgl. Bohrer 1989, 276ff.). Die Konjunktur des Kunstmärchens zu dieser Zeit gründet in dieser Orientierung. Bezüge zwischen Naturalismus und Romantik konstatieren bereits zeitgenössische Kritiker von Bleibtreu bis Bahr, Leo Berg spricht von »naturalistischer Romantik« (Mod., 82). In der »Wilhelminischen Neuromantik« (Schwede) wiederum lassen sich, so bei Hauptmann, Hesse, den Brüdern Mann u.a., ästhetizistische, exotistische und provinzialistische Eskapismen aufweisen, die auch diesem Terminus seine Einheitlichkeit zu rauben drohen (vgl. Handbuch Fin de Siècle, 315ff.; Sprengel 2004, 100ff.).

Auch der ungleich innovativere, von Frankreich ausgehende und alle europäischen Literaturen beeinflussende **Symbolismus** ist durch formale Merkmale bestimmbar, eben durch den namengebenden, die deutsche, von Goethes Symbolauffassung (das Symbol als das Besondere zum Allgemeinen) dominierte, Tradition sprengenden Symbolbegriff. Der Symbolismus rückt einen umfassenderen Symbolbegriff ins Zentrum, der sich durch synästhetische Qualitäten, eine neuartige Bildlichkeit und vor allem durch eine bewusste Unauslotbarkeit, eine Hermetik der Bild- und Wortbezüge, der Wortanalogien und -korrespondenzen auszeichnet (vgl. Simonis 2000). Er ist zugleich als historische Bewegung – programmatisch einsetzend mit der Erklärung »Der Symbolismus« von Jean Moréas 1886 (Fin de siècle, 164ff.) – als Ismus mit einer spezifischen poetologischen Konzeption identifizierbar. Der bis auf Baudelaire zurückzuverfolgende Symbolismus wäre insofern dem Naturalismus zu konfrontieren, als er der naturalistischen Mimesis des Tatsächlichen anti-mimetische Prämissen gegenüberstellt und zur *poésie pure* oder zur absoluten Dichtung neigt. Vornehmlich in der Lyrik manifestiert sich der zurecht mit den Attributen des Hermetischen und Esoterischen belegte Symbolismus eines Stéphane Mallarmé, dessen Wirkung sich im Deutschen bei George, der ihn in Paris auch selbst aufsuchte, am deutlichsten aufzeigen lässt. Zugleich markiert der Symbolismus mehr als eine Stiltendenz allein: Seine Kunstkonzeption verweist mit ihrem Autonomieanspruch auf Ästhetizismus und l'art pour l'art (vgl. P. Hoffmann).

Auch der aus der Bildenden Kunst rührende und dort vor allem beheimatete **Jugendstil** ist in der Literatur primär durch Stiltendenzen – so durch Kreisbewegungen und einen ornamentalen und floralen Linienstil – fassbar. Gerade der Terminus Jugendstil (entsprechend dem österreichischen ›Sezessionsstil‹, ›Art Nouveau‹ im Französischen und ›Modern Style‹ im Englischen) verdeutlicht die engen, epochentypischen Berührungen zwischen den einzelnen Künsten, hier zwischen der Bildenden Kunst, der Architektur, dem Kunstgewerbe einschließlich des Buchschmucks und der Literatur selbst. So bestimmen sich einschlägige, exklusiv ausgestattete Zeitschriften wie der ›Pan‹ (1895–1900), die ›Insel‹ (1899–1902), in Österreich ›Ver Sacrum‹ (1898–1903) gerade durch eine Korrespondenz zwischen Wort und Bild, durch reichhaltige Lyrikillustrationen usw. Illustratoren und Künstler, teilweise auch Dichter-Künstler wie Beardsley (etwa mit seinen Illustrationen zu Oscar Wildes *Salome*), der frühe Heinrich Vogeler, Gustav Klimt oder Fidus (eigentlich Hugo Höppner) zeigen aber auch, dass der Jugendstil wiederum in symbolistische bzw. neuromantische Richtungen zielt. Als dezidierte Aufbruchsstimmung – etwa im Umkreis der Münchner Zeitschrift ›Jugend‹ – verweist er andererseits über Fin de siècle- und Décadence-Stimmungen, die er auch teilt, hinaus (vgl. Jost; Jugendstil; Hajek; Scheible; Münchner Moderne, 241ff.; Sprengel 2004, 96ff.).

Auch der Terminus **Impressionismus** entstammt der Bildenden Kunst; er wurde in polemischer Absicht im Zusammenhang mit Claude Monets Bild »Impression – Soleil levant«, das dieser 1874 in Paris ausstellte, geprägt und fand seine literaturwissenschaftliche Adaption ebenfalls im Frankreich der siebziger Jahre, wo er bei Brunetière (*L'Impressionisme dans le roman*, 1879) noch als Moment des Naturalismus fungiert. Auf die uneinheitliche und willkürliche Verwendung im Deutschen sowohl als Stil- und als Epochenbegriff, aber auch im Sinne einer kulturellen Stimmungslage, ist bereits verwiesen worden (vgl. Marhold, 66ff.; R.M. Werner, 7ff.; L. Müller 1990; S. Becker 1993, 55ff.). ›Impressionismus‹ kann ›Eindruckskunst‹ meinen – auch im Sinne einer pointillistischen Weiterentwicklung des naturalistischen zu einem ›impressionistischen Sekundenstil‹ (s. I.3.3). So begegnet er bei Autoren wie Liliencron, Peter Hille, insbesondere auch in Wien bei Peter Altenberg, etwa in dessen Sammlung *Wie ich es sehe* (1896), oder in der Textsammlung *Ultra-Violett* (1893) von Max Dauthendey. ›Impressionismus‹ meint aber auch einen Epochenbegriff – als solcher begegnet er dann im 20. Jahrhundert in der Literaturgeschichtsschreibung, wo er zum Gegenbegriff von ›Expressionismus‹ avanciert (so bereits in den zwanziger Jahren bei Max Picard, vgl. Jhw., 312ff.; Sprengel 1998a, 113ff.; s. II.2.1).

Gerade der Impressionismus ist aber auch als eine über Literatur und Kunst weit hinausreichende Stimmung, als eine für die Epoche insgesamt charakteristische geistig-kulturelle Haltung charakterisiert worden: Es ist die Haltung des in Arthur Schnitzlers Theaterstücken beispielhaft charakterisierten, zu Bindungen irgendwelcher Art nicht mehr befähigten Augenblicksmenschen (wie die Titelfigur im *Anatol*-Zyklus, 1893). Damit ist ›Impressionismus‹ als Stilkategorie überschritten und als eine – auch, aber nicht nur literarisch gestaltete – Lebenshaltung charakterisiert, die es gestattet, zumal hinsichtlich der Wiener Moderne von einem »**impressionistischen Lebensgefühl**« zu sprechen (Hamann/Hermand 1977a, 14ff.). Es hat seine Wurzeln in einer Kritik am positivistisch-naturwissenschaftlichen Objektivismus, der gegen Ende des Jahrhunderts zur Betonung von Relativismus und Empiriokritizismus führt und mit der Rezeption der Erkenntnislehre von Ernst Mach einhergeht (s.o. S. 84f.).

Ein derart geweiteter Impressionismus-Begriff berührt sich mit den Kategorien des **Ästhetizismus** und der **Décadence** (vgl. Sprengel 1998a, 116ff.) und ist wiederum Teilaspekt des umfassenderen Komplexes **Fin de siècle**, die hier als die Kernbegriffe privilegiert werden (s. I.6.8). Dabei entstammen die letzteren Termini der Zeit selbst, während ›Ästhetizismus‹ in der Literaturwissenschaft als synthetisierender Oberbegriff dient, der zum Naturalismus alternativ gesetzt wird. Bei all dem ist der Aspekt des **Nebeneinander des Heterogenen** weiterhin zu beachten. So veröffentlichte der quer zu den Ismen stehende Frank Wedekind bereits 1891 seine (allerdings erst 1906 uraufgeführte) ungemein erfolgreiche, bis heute immer wieder gespielte »Kindertragödie« *Frühlings Erwachen*, die sich durch ihre grotesk-phantastischen, demonstrativ nichtnaturalistischen Züge auszeichnet. Auch Oskars Panizzas Tragödie *Das Liebeskonzil* (1896) – vordergründig ein Stück über die sexuellen Exzesse am Hofe des Papstes Alexander VI. –, die dem Autor eine einjährige Haftstrafe einbrachte, ist mit ihren satirisch-grotesken Elementen das Werk eines Außenseiters.

6.7 Antimoderne Bewegungen

Gegen diese durchweg der historischen Moderne zuzurechnenden Kunstrichtungen der Jahrhundertwende formieren sich ausgesprochen antimoderne Bewegungen (vgl. Haß 1993). Die militante **Heimatkunst**, die aus Langbehns ›Rembrandt-Deutschem‹ ihre Ideologie bezieht und bereits um 1900 den Zeitgenossen als Schlagwort geläufig ist, befördert zivilisations- und speziell großstadtfeindliche Affekte zugunsten konservativ-agrarischer Restauration sowie völkischer Strömungen. Die Parole »Los von Berlin« von Friedrich Lienhard, der 1900 seine *Vorherrschaft Berlins* als Flugschrift veröffentlicht (Jhw., 339ff.), markiert ebenso wie der unverhohlene Rassismus und Antisemitismus ein Potenzial antiaufklärerischer Affekte um 1900, die sich gerade in Literatur und Literaturgeschichtsschreibung ihr wirksames Forum schaffen. So gehört die immer wieder aufgelegte zweibändige *Geschichte der deutschen Litteratur* (1901/02) von Adolf Bartels bis 1945 zum Kernbestand völkisch-rassistischen, antidemokratischen Denkens, das Weltbild und Literaturauffassung bildungsbürgerlicher Schichten in Deutschland seit der Jahrhundertwende mitgeprägt hat (vgl. Jhw., 333ff.). Die essayistischen und literarischen Werke beispielsweise des vormals dem Naturalismus locker verbundenen Friedrich Lienhard, aber auch Autoren wie die vielgelesenen Gustav Frenssen (*Jörn Uhl*, 1901) und Hermann Löns versuchen, nicht zuletzt der jungen deutschen Großstadtliteratur eine regressive Alternative entgegenzuhalten, die zudem die ästhetischen Innovationen der Moderne zurücknimmt (vgl. Jhw., 321ff.; Rossbacher; Ketelsen 1976, 31ff.; Sprengel 2004, 105ff.).

Letzteres gilt auch für die **katholische Literaturbewegung** der Jahrhundertwende, die mit Langbehn und Bartels vergleichbar den »Literaturhexenkessel« und die »Krankenpoesie« der Moderne, wie ihr Theoretiker Carl Muth 1893 formuliert, geißelt (Jhw., 367f.). – Zudem gibt es eine allerdings aus anderen Quellen gespeiste Religiösität der Jahrhundertwende. Es sind Berührungen zwischen Katholizismus und Décadence, die mit der sinnlichen katholischen Liturgie (nicht dem asketischen Protestantismus) und dem europäischen ›renouveau catholique‹ der Zeit zu tun haben und für die u.a. Namen wie Chesterton, Claudel, Jammes, Franz Blei stehen (vgl. Fischer, 92).

Eine spezifisch deutsche Strömung der Anti-Moderne ist die **Neuklassik**, deren kurze, etwa ein Jahrzehnt dauernde Konjunktur nach der Jahrhundertwende mit dem Namen des einstigen Naturalisten Paul Ernst verbunden ist, dessen neuklassischen Tragödien im Geflecht der Fin de siècle-Strömungen auf denkwürdige Weise anachronistisch scheinen (vgl. Bucquet-Radczewski). Der programmatische Rückgriff auf die Weimarer Klassik und auf Hebbel verweist auf diesen neuklassischen Primat der Tragödie und dementsprechend auf das antinaturalistische Interesse an der Frage nach der ›großen Persönlichkeit‹ (vgl. Sprengel 2004, 100ff.; Jhw., 420ff.).

Heimatkunst, völkische und katholische Literaturbewegung, neuklassische Tendenzen – diese wirkungsreichen, weit über die Jahrhundertwende hinausweisenden Gegenströmungen zur ästhetischen Moderne lassen sich mutatis mutandis als Moment jenes offiziellen Kunstinteresses lesen, wie es sich auch in der Kunstpolitik Wilhelms II. und seinem ›Rinnstein‹-Verdikt von 1901 äußert (s. I.4.6). Wenn sie an der Kunst der Moderne auch keinen Anteil haben, so liegt ihre zumal mentalitätsgeschichtliche Bedeutung eben in ihrer Moderne-Kritik: Gerade diese Bewegungen zeugen von den tiefen Verletzungen der Menschen durch die Moderne. Die ideologischen Tröstungen aber belegen gleichzeitig, mit welch groben, reaktionären oder vorurteilsbeladenen Argumenten und Affekten jenes **Leiden an der Moderne**, das zumal im verspäteten Deutschen Reich der unglaubliche Modernisierungsschub seit der Reichsgründung ausgelöst hat, aufgegriffen und funktionalisiert, nicht geheilt wird. Insofern ist nicht zuletzt die große Resonanz eines »ästhetischen Konservativismus« (»Nichts als die Schönheit«, 2007) für die Wahrnehmung der Moderne so wichtig – einer ästhetischen Moderne, der im Übrigen das Leiden an sich selbst eingeschrieben ist. Das gilt, wenn nicht oder doch nur eingeschränkt für den Naturalismus, so doch für den Komplex Ästhetizismus, Décadence, Fin de siècle.

6.8 Fin de siècle, Décadence, Ästhetizismus

Seit der erfolgreichen Pariser Premiere eines Boulevardstückes dieses Titels von Micard, Jouvenot und Cohen 1884 hat **Fin de siècle als Losungswort** europäische Karriere gemacht. Mehr noch als andere Begriffe der Zeit und allenfalls vergleichbar dem (älteren) Epochenwort ›Décadence‹ bezeichnet es eine Stimmung, ein bestimmtes Lebens- und Selbst(wert)gefühl. In diesem Verständnis hat sich Fin de siècle als literaturwissenschaftliche Kategorie zumal im komparatistischen Kontext bewährt, wobei die Unschärfe, die sich aus ihrer übergreifenden Funktion als Klammer für Einzelaspekte zwangsläufig ergibt, eingerechnet werden muss (vgl. Fin de siècle; Fin de siècle. Zur Literatur und Kunst der Jahrhundertwende; Ahn; Fischer, 78ff.; Handbuch Fin de Siècle; Wunberg 1995).

»Wir sind umgeben von einer Welt absterbender Ideale«, schreibt 1893 die österreichische Essayistin Marie Herzfeld in ihrem die Epoche resümierenden Essay »Fin-de-siècle«, und so bleibe nur »das Gefühl des *Fertigseins*, des Zu-Ende-gehens – Fin-de-siècle-Stimmung« (Fin de siècle, 176). Es ist ein sichtlich anderes Lebensgefühl als bei der naturalistischen, der zitierten »wilhelminischen Generation« (Doerry, 34; s.o. S. 15f.), die sich mit den deutschen Gründerjahren und Gründervätern auseinanderzusetzen hatte und dabei allerdings zu sichtlich anderen Ergebnissen als das Fin de siècle gelangt. Gerade aus einer den Fortschrittsoptimismus des 19. Jahrhunderts rigoros zurücknehmenden **Niedergang- und Endzeitstimmung** heraus, die sich nicht allein mit dem kalendarischen Hinweis auf den bevorstehenden Jahrhundertwechsel erklärt, kann es in Oscar Wildes *Dorian Gray* (1890) heißen: »Ich wollte, es wäre fin du globe«. »Stürze ein, Gesellschaft, stirb, alte Welt!«, ruft der Herzog Des Esseintes, Protagonist in Joris-Karl Huysmans' europäische Maßstäbe setzendem Roman *Gegen den Strich* (1884).

Eine solche Epochenmüdigkeit traf offenbar auch im deutschen Sprachbereich den Nerv der Zeit. Deutlich lässt sich dies an einem frühen lyrischen Programmtext wie dem Gedicht »Fin de siècle« von Wilhelm Weigand aus dem Jahre 1893 erkennen, in dem es heißt:

Narrentand und Trauerlieder!
Das Jahrhundert legt sich nieder,
Lüstesatt, zum lauten Sterben.
Lachen? – weinen seine Erben? – [...]

Weihrauch qualmt. Und müde Seelen,
Die des Herzens Bruch verhehlen,
Flüchten in die alten, wirren
Labyrinthe, froh zu irren.

Auf des Zweifels Dornenbette
Singen Dichter Trauermette,
Singen laut von schönern Tagen,
da die Herzen Götter tragen.
(zit. Fischer, 92f.)

Hier finden sich Themen und Motive, welche das Fin de siècle – von Altenberg bis Andrian, Hofmannsthal, Schnitzler, Rilke bis zum frühen Thomas Mann u.a. – umgetrieben hat. Zugleich macht das Endzeit- und Niedergangsmotiv deutlich, dass eine strikte Grenze zu Vorstellungswelt und Bilderarsenal der Décadence gar nicht zu ziehen ist. Gerade die austauschbare Anhäufung von inflationär eingesetzten Vorstellungen von Jahrhundertende, Müdigkeit, Niedergang usw. verrät das Tempo, mit welchem auch der Markt auf das Endzeitgefühl zu reagieren wusste. Der Wiener Felix Dörmann (eig. Felix Biedermann) war ein Meister derartiger Epigonenpoesie des Fin de siècle, sein berühmtes lyrisches Bekenntnis »Was ich liebe« von 1892 endet: »Ich liebe, was niemand erlesen,/Was keinem zu lieben gelang:/Mein eigenes, urinnerstes Wesen/Und alles, was seltsam und krank.« (Wiener Moderne, 357; vgl. Rieckmann, 111ff.; D. Lorenz, 75f.). Bereits an diesem Beispiel lässt sich erkennen, dass Fin de siècle und Décadence in dem Maße zu bloßem Ornament und, so Adorno über George, »Kunstgewerbe« (Adorno 1963, 222) bis hin zum Kitsch verkommen, wenn ihnen, wie bei Nietzsche, Hofmannsthal, den Brüdern Mann u.a. zu beobachten, nicht auch die Reflexion eignet, die das Décadence-Bewusstsein selbstreflexiv potenziert (s.u. S. 101).

Das Wort Fin de siècle hatte Konjunktur. 1891 veröffentlicht Hermann Bahr einen Novellenband dieses Titels, und im selben Jahr spottet bereits der Sprachkritiker Fritz Mauthner in einem Essay über »Fin de siècle und kein Ende«, über den inflationären Gebrauch dieser Wendung (Jhw., 298ff.). 1898 wird in der Münchner ›Jugend‹ energisch ein »**Anti-Fin de siècle**« eingeklagt und ein den Aspekt von Jahrhundert*wende* betonender Optimismus gefordert: »Nein! nieder mit Allen, die das Wort Jahrhundertende zum Schwindel mißbrauchen! Wir haben die Erhaltung der Energie über die Sylvesternacht 1899 hinaus verdammt nötig [...]. Wir lassen uns unsere Zeit nicht verekeln.« (zit. Fin de siècle, 417f.). 1899 formuliert Rilke eine offene Erwartungshaltung dem neuen Jahrhundert gegenüber:

> Ich lebe grad, da das Jahrhundert geht.
> Man fühlt den Wind von einem großen Blatt,
> das Gott und du und ich beschrieben hat
> und das sich hoch in fremden Händen dreht.
> Man fühlt den Glanz von einer neuen Seite,
> auf der noch Alles werden kann.
> Die stillen Kräfte prüfen ihre Breite
> und sehn einander dunkel an.
> (Rilke 1, 256f.)

So melden sich um 1900 »Jünglinge der Moderne« zu Wort, die Bezüge zwischen »Jugendkult und Männlichkeit« (Dahlke 2006) erkennen lassen. Diese **Aufbruchstimmung** der Jahrhundertwende lässt sich vielerorts erkennen. Die postnaturalistischen Literaten um die Brüder Hart gründen 1900 in Berlin die ›Neue Gemeinschaft‹, der Gustav Landauer, seine Erfahrungen in der anarchistischen Bewegung reflektierend, mit der Rede »Von der Absonderung zur Gemeinschaft« das Programm gibt; gleichzeitig versammeln sich Aussteiger und Bohemiens vieler Länder in der Künstlerkommmune auf dem Monte Verità bei Ascona. Auch die bürgerlichen Reformbewegungen der Zeit – von der Kleiderreform bis zu den Reformhäusern – markieren Auf-, nicht Abbruch. Zu Beginn des neuen Jahrhunderts konsolidiert sich nicht zufällig die Jugendbewegung (vgl. Fähnders 1987, 172ff.).

Epochentypisch bleibt für die intellektuellen Zeitgenossen dennoch ein **Endzeitbewusstsein,** die Auffassung, dass eine Epoche zu Ende gehen wird und gehen muss. Wie kaum ein anderer hat der junge Hofmannsthal derartige Dispositionen und das Leiden daran ausgelotet (und auch ausgekostet). »Man hat manchmal die Empfindung«, beginnt er 1893 einen Essay, »als hätten uns unsere Väter, die Zeitgenossen des jüngeren Offenbach, und unsere Großväter, die Zeitgenossen Leopardis, als hätten sie uns, den Spätgeborenen, nur zwei Dinge hinterlassen: hübsche Möbel und überfeine Nerven« – und nicht mehr (Hofmannsthal I, 174).

Diese immer wieder zitierten Wendungen von Hofmannsthal verweisen bereits auf das Selbstgefühl der **Décadence.** Als Zuschärfung und Radikalisierung des Fin de siècle als einer vielfältig auszufüllenden, sehr allgemeinen und diffusen Endzeitstimmung markiert Décadence im engeren Sinne ein definitives **Niedergangs- und Verfallsbewusstsein** und ist insofern ein profiliertes **Fin de siècle-Segment,** auch wenn Begriff und Sache älter sind. Fin de siècle und Décadence berühren und überschneiden sich und lassen sich exakt nicht voneinander trennen – beide bestimmen sich durch ganze Bündel von Elementen. Selbst Hermann Bahr, der sonst alles zu erklären wusste, konzediert 1894, es sei »nicht leicht«, den Begriff der Décadence »zu formulieren« (Wiener Moderne, 225; vgl. Kafik 2004).

In Paul Verlaines berühmtem Vers »Je suis l'Empire à la fin de la Décadence« (aus seinem Gedicht »Langueur«) sind Bezüge zwischen Fin de siècle und Décadence erkennbar (vgl. Fischer, 86ff.). Beides sind keine Stilrichtungen, sondern bezeichnen eine bestimmte, durchaus wertende Haltung gegenüber der Realität, als Lebensform, Lebenspraxis. Fin de siècle könnte dabei als historischer Oberbegriff fungieren, Décadence als exponierter Teilbereich.

Der auch komparatistisch recht gut erforschte Terminus ist älter als die Kunstdebatten der Jahrhundertwende, findet aber im Fin de siècle seine bis heute kontrovers diskutierte und beurteilte Fassung (vgl. Koppen, 7ff.; R. Bauer; Wunberg 1995, 48ff.). In seiner deutschen Version ist der Begriff zudem spätestens seit Max Nordaus zweibändiger Schrift **Entartung** (1892/93) belastet, die bis in die NS-Zeit hinein die fatalen Stichworte der Oppression lieferte. ›**Dekadenz**‹, ›**dekadent**‹ sind durch die antimoderne Literaturkritik der Heimatkunst, der völkischen und katholischen, nicht zuletzt auch einer speziell wilhelminisch ausgerichteten Literaturkritik zutiefst diskreditiert. So denunziert Nordau als die »Entarteten« nicht allein »Verbrecher, Prostituirte, Anarchisten und erklärte Wahnsinnige«, sondern ausdrücklich auch »Schriftsteller und Künstler« (zit. Fähnders 1987, 136; vgl. Kottow 2006, 128ff.). Die Geschichte einer derartigen Décadence-Kritik ist die Geschichte biologistischer, rassistischer und moralischer Vorurteile, die an die zeitgenössische Polemik gegen den Naturalismus erinnert (vgl. ebd., 132ff.). Gegen derartige Urteile setzte Oscar Wilde lapidar seinen Aphorismus: »Kein Künstler ist krankhaft; es gibt nichts, was ein Künstler nicht sagen darf.« (Fin de siècle, 189). – Auch Teile der marxistischen Literaturgeschichtsschreibung, beginnend bei der zeitgenössischen sozialistischen Décadence-Rezeption (vgl. Fähnders 1987, 134ff.), haben mit ihrem Dekadenz-Klischee nicht zur Erhellung beigetragen, wenn sie Dekadenz schematisch mit dem Abstieg der Bourgeoisie in eins setzten und es dabei auch beließen. Dabei war es Brecht, der unter dem 24.7.1938 in seinem *Arbeitsjournal* notierte:

»es gibt begriffe, die deshalb so schwer zu bekämpfen sind, weil sie solche langeweile verbreiten um sich. so DÉCADENCE. natürlich gibt es so etwas wie eine literatur des abstiegs einer klasse. die klasse verliert da ihre schöne sicherheit, ihr ruhiges selbstvertrauen, sie verhehlt sich ihre schwierigkeiten, sie befaßt sich mit details, sie wird parasitär, kulinarisch usw. aber schon die werke, die ihren abstieg als abstieg kennzeichnen, können kaum noch als dekadent bezeichnet werden. das macht aber mit ihnen die absteigende klasse.«

Gerade dieses dialektische Moment, dass zumindest in Teilen der Décadence ein **selbstreflexives Bewusstsein** existiert, erweist die Décadence zumindest in Teilbereichen nicht als bloßes Abbild klassenmäßigen Verfalls, sondern als gesellschaftsoppositionelle Instanz, die »Abstieg als Abstieg« zu kennzeichnen weiß.

Décadence begegnet im Französischen (vgl. Handbuch Fin de Siècle, 66ff.) bereits bei Montesquieus Darstellung des Unterganges von Rom (*Considérations sur les causes de la grandeur des Romains et de leur décadence*, 1734) und wird so auch von Rousseau, Désiré Nisard u.a. verwendet. Erst Baudelaire wertet ›décadence‹ gelegentlich seiner Poe-Übersetzung zum positiven Kampfbegriff der Moderne auf und um (in der Einleitung zum zweiten Band, »Notes nouvelles sur Edgar Poe«, 1857), gefolgt von Gautier, Verlaine, Bourget u.a. Deutlich ausgeführt hat Paul Bourget eine »Théorie de la décadence« in seinen *Essais de psychologie contemporaine*, 1883 (Fin de siècle, 170ff.). Auf ihn bezieht sich **Nietzsche**, der den Terminus anlässlich seiner Polemik gegen Richard Wagner in die deutsche Debatte einführt. 1888 bestimmt Nietzsche im *Fall Wagner* die »litterarische décadence« mit den Worten:

»[...] daß das Leben nicht mehr im Ganzen wohnt. Das Wort wird souverän und springt aus dem Satz hinaus, der Satz greift über und verdunkelt den Sinn der Seite, die Seite gewinnt Leben auf Unkosten des Ganzen – das Ganze ist kein Ganzes mehr. Aber das ist das Gleichnis für jeden Stil der *décadence*: jedesmal Anarchie der Atome, Disgregation des Willens, ›Freiheit des Individuums‹, moralisch geredet – zu einer politischen Theorie erweitert ›gleiche‹ Rechte für alle‹. Das Leben, die *gleiche* Lebendigkeit, die Vibration und Exuberanz des Lebens in die kleinsten Gebilde zurückgedrängt, der Rest arm an Leben. Überall Lähmung, Mühsal, Erstarrung *oder* Feindschaft und Chaos: beides immer mehr in die Augen springend, in je höhere Formen der Organisation man aufsteigt. Das Ganze lebt überhaupt nicht mehr: es ist zusammengesetzt, gerechnet, künstlich, ein Artefakt.« (Nietzsche 2, 917).

Entscheidende Merkmale von Décadence sind in dieser Selbstbeschreibung entwickelt: Ganzheitsverlust und Atomisierung des Daseins, ein Verlust des Ich, der sich in allen Bereichen (wie der Moral und der Politik) äußert, die Zertrümmerung von Lebendigem zugunsten des kalten, »gerechneten« Artefakts – dekadente Künstlichkeit, die Errichtung künstlicher Welten, der uneingeschränkte Primat von Kunst über Leben und Natur fungieren als Leitformeln für die Décadence, deren Sinnverlust Nietzsche geißelt. Bei ihm wird »im Begriff des ›Ganzen‹ die Décadence zum Gegenbild des Gesunden, das im Begriff von Totalität aufgeht« (Wunberg 1995, 50). Hofmannsthal wird Nietzsches Décadence-Lesart 1896 in seinem Vortrag über »Poesie und Leben« folgen, wenn er feststellt, dass »der Begriff des Ganzen in der Kunst überhaupt verloren gegangen sei« (Hofmannsthal I, 15).

»Anarchie der Atome«, Totalitätsverlust und Erfahrung von Vereinzelung, Disparatheit der isolierten ästhetischen Partikel – ihrer Tendenz nach lässt sich »**Décadence als Relativismus**« (Wunberg 1995, 48), gar als »Summe aller objektiven Unmöglichkeiten konsistenter, inhaltslogischer Darstellung« (ebd., 54) fassen, der auf die zerfallenden Gewissheiten des naturwissenschaftlich-positivistischen Weltbildes reagiert. Dessen ästhetische Konsequenzen konnten im Naturalismus zwar auch zu einer Gleichwertigkeit der ästhetisch dargebotenen Phänomene führen (s.o. S. 27f.), aber dieser Relativismus fand seine objektive Orientierung und Bindung im Aufweis wissenschaftlicher Gesetzmäßigkeiten. Dies geht der Décadence ab. Der Künstler, schreibt Paul Valéry 1890 in einem Brief, »achtet die Lampen eines Omnibus nicht geringer als die Sterne, er schlüpft in die Seele von Heliogabal oder Nebukadnezar wie in die eines vorübergehenden Zuhälters, [...] und so lebt er in einem Wort tausend Leben« (zit. Žmegač 1981, XII). Es ist ein **dekadenter Totalitätsverlust**, der allein eine Ausstülpung ästhetischer »Artefakte« zu leisten vermag und sich darin, in einem zutiefst ästhetizistischen Weltbild, dann doch eine Art neuer Totalität schafft, auch wenn die entscheidende ideologische Orientierung zu außerästhetischen Bindungen in Religion oder Politik mündet. Anders als der Naturalismus will die Décadence »nicht die Sache selbst, Realität; sie will in hohem Maße Kunst sein. ›Den wert der dichtung entscheidet nicht der sinn (sonst wäre sie etwa weisheit gelahrtheit), sondern die form d.h. durchaus nichts äusserliches‹ [Stefan George].« (Wunberg 1995, 55).

In diesen Artefakten also, deren Inhalte zunächst wenig relevant sind, ist ein Element des **Historismus der Jahrhundertwende** zu erkennen, der eine plurale und unterschiedslose Aneignung der differentesten Traditionen gestattet (vgl. Le Rider 1996; Wunberg 1995, 35ff.). Dabei ist Disparatheit nicht mit einer Beliebigkeit des Spielerischen zu verwechseln. Der dekadente Relativismus gestattet zwar den Einsatz austauschbarer Inhalte, kann aber keiner außerästhetischen, etwa bürgerlichen oder proletarischen, Teleologie folgen und muss dann doch bei seinen Inhalten selektieren – kann sie wohl untereinander tauschen und verschieben, nicht aber ersetzen etwa durch eine Befolgung bürgerlicher Normen. Denn diese sprechen ja gerade dem ästhetisch-ästhetizistischen Décadence-Ansatz Hohn, und dementsprechend lässt sich als dekadenter Fluchtpunkt ein oppositioneller Gestus erkennen, der dem utilitaristisch-kunstfeindlichen Bourgeois »ins Gesicht schlagen« möchte (Koppen, 66). Décadence »als ›Schlachtruf‹ [Mattenklott], als Erkennungszeichen der Anti-Haltung gegen das Bestehende, Genormte vollzieht sich nicht durch die unmittelbare Auseinandersetzung mit der Gesellschaft, sondern durch die Verabsolutierung und Isolierung des Ästhetischen.« (Ahn, 17). Die ästhetische Praxis einer »**elitären ›Supra‹-Literatur**« (Koppen, 67) ist die Konsequenz.

Den dekadenten Verlust einer Synthese belegt Hermann Bahr, dessen Décadence-Bestimmungen nur deren Einzelmomente addieren können. 1891 – »es ist heute viel von der Décadence die Rede« – schreibt er:

> »Es ist leicht, das Wesen des Naturalismus auszudrücken: denn der Naturalismus ist eine einfache Idee. Er will den Menschen aus seiner Welt erklären [...]. Die Décadents haben keine solche Idee. Sie sind keine Schule, sie folgen keinem gemeinsamen Gesetz. Man kann nicht einmal sagen, daß sie eine Gruppe sind; sie schließen sich nicht zusammen und vertragen sich nicht, jeder hat seine eigene Weise, von welcher der andere nichts wissen will. Sie sind nur eine Generation. Das Neue an dieser neuen Generation macht die Décadence aus.« (Wiener Moderne, 225).

Auf der Suche nach dem ›Neuen‹ weist Bahr einzelne **Merkmale der Décadence** auf, ohne dass eine synthetisierende Bestimmung, deren Möglichkeit hier (anders als bei

Nietzsche) überhaupt bestritten wird, gegeben würde: »Romantik der Nerven«; »Nicht Gefühl, nur Stimmungen«; Synästhesie; der »Hang nach dem Künstlichen« und »Entfernung vom Natürlichen«; »Hingabe an das Nervöse«; »Fiebrische Sucht nach dem Mystischen«; ein »unersättlicher Zug ins Ungeheure und Schrankenlose«; »*Exprimer l'inexprimable, saisir l'insaisissable*«. Kurz: die Décadents »suchen die seltsame Ausnahme mit Fleiß«, denn »alles Gewöhnliche, Häufige, Alltägliche ist ihnen verhaßt.« (ebd., 225ff.). In diesem Kontext findet sich auch der aufschlussreiche Hinweis, die Décadents seien »nicht umsonst Wagnerianer« (ebd., 232) – eine Beobachtung, die mehr noch als für die deutschsprachige ihre Gültigkeit für die romanische Décadence hat (vgl. Koppen).

Dies Bündel von Bestimmungen, das der Wiener Großkritiker für die Décadence anbietet, zeigt über ihre Disparatheit, die allenfalls durch ihre Fixierung auf Kunst und Künstlichkeit zusammengehalten wird (vgl. Weinhold), hinaus auch ihre Austauschbarkeit: Bahr gibt Formeln, die prinzipiell auch für andere gegennaturalistischen Strömungen der Jahrhundertwende gelten könnten (vgl. Jhw., 305).

Wenn Nietzsche und Bahr ihre Décadence-Kriterien aus der französischen Literatur gewinnen, so ist das kein Zufall. Trotz der vehementen Décadence-Schelte in Deutschland hat es eine deutschsprachige Décadence-Dichtung von Rang – jedenfalls eine, die sich mit dem Werk von Huysmans in Frankreich oder von D'Annunzio in Italien messen könnte – nicht gegeben. Mit Ausnahme der *Algabal*-Gedichte (1892) des frühen Stefan George (vgl. Mattenklott 1970; Adorno 1963) und der frühen Prosa von Stanislaw Przybyszewski (vgl. Über Stanislaw Prybyszewski) zeigt die deutsche Décadence eher Zurückhaltung bei der Verletzung elementarer Tabus. Antibourgeoise Tabubrüche in sozialen, sexuellen oder religiösen Bereichen bleiben Ausnahme. So versammelt ein Text mit dem programmatischen Titel *Roman aus der Décadence* von Kurt Martens (1898) zwar sorgfältig dekadente Partikel von Tuberosen- und Vanillegerüchen bis zu Boheme, Anarchismus und Katholizismus, ohne doch wirklich Sprengsätze zu zünden (vgl. Fischer, 169ff.; Fähnders 1987, 144ff.; Kafitz 2004).

Insgesamt aber lässt sich für die Décadence resümieren: Es bleibt bei der **Errichtung dekadenter Gegenwelten** kein Bereich ausgespart, der nicht der bürgerlichen Welt mit ihren Werten von Utilitarismus, Produktivität und Fortschritt die ›ästhetische‹ Alternative präsentierte – eine ästhetische Alternative auch darum, weil in den Augen der Décadents dem bürgerlichen Kultur- und Geschmacksverfall anderes als das Künstlerisch-Künstliche nicht entgegenzusetzen sei (vgl. Weinhold).

Das **Provokationspotenzial** reicht von Androgynität und Blasphemie bis zu Satanismus und Zerstörungsorgien, von Allmachtsphantasien und pompöser Gewaltverherrlichung bis zum Kult der Nervosität und zur Nervenkunst, von der Gedankenblässe und -schwäche bis zur Modekrankheit ›Schwindsucht‹, von der Zerbrechlichkeit der ›Femme fragile‹ bis zur männervernichtenden ›Femme fatale‹; von Todesmythen, toten Städten und der Faszination des Sterbens bis zur Feier der Renaissance mit ihren starken Condottieri, den großen Individuen und genialen Künstlern und zur unerfüllten Hoffnung auf Wiederkehr einer klassisch-heidnischen Antike samt ihrer noch nicht durch das Christentum verdorbenen freien und entgrenzten Moral. Das schließt irrationalistische Bestrebungen des Spiritistischen, Mystischen und Esoterischen ebenso ein wie die Affinität zur Asozialität, die sich in der Faszination des Bösen, in der Gestaltung von Verbrecherfiguren und in anderen Rückgriffen auf Traditionen der ›schwarzen Romantik‹ niederschlägt (vgl. Praz; Horstmann; Fischer;

A.M. Fischer 2010; Uekermann; Dekadenz in Deutschland). Als **Destruktionspoten-zial** der bürgerlichen Welt gegenüber schien zuweilen selbst der Anarchismus in seiner bakunistisch-zerstörerischen Variante willkommen (vgl. Fähnders 1987, 124ff.).

Dies umreißt in etwa das Arsenal, aus dem die Décadence-Autoren sich bedie-nen, um trotz Atomisierung und Partikularität ihren ästhetischen Einspruch gegen die Zeit anzumelden – oder dies gerade durch ihre ganz besondere Weise einer Atomi-sierung und Partikularisierung der Welt zu unternehmen.

Zugleich aber ist über diese Volten hinaus das selbstkritische und **selbstreflexi-ve Moment** der Décadence, auf das auch Brecht verwiesen hat, zu berücksichtigen. Im Vorwort zum *Fall Wagner* betont Nietzsche: »Ich bin so gut wie Wagner das Kind dieser Zeit, will sagen ein *décadent*: nur daß ich das begriff, nur daß ich mich dagegen wehrte.« (Nietzsche 2, 904). Dies signalisiert ein unglückliches, zutiefst gebrochenes Epochenbewusstsein, bei dem aber Décadence und Zukunft, Ende und Anfang sich durchmischen – »décadent zugleich und Anfang«, wie Nietzsche sagt (ebd., 1070). Es ist ein sich selbst als solches identifizierendes Fin de siècle-*Bewusstsein*, bei dem die dekadente Haltung zugleich repräsentiert und kritisiert wird – wiederum in dem Sin-ne, den Nietzsche in *Ecce homo* (1889) zu dem Paradox geschärft hat: »Abgerechnet nämlich, daß ich ein *décadent* bin, bin ich auch dessen Gegensatz« (ebd., 1072).

Hofmannsthal hat diese Erfahrung, wie zitiert, als »Selbstverdopplung«, die »im Besitz den Verlust, im Erleben das stete Versäumen« spürt, beschrieben (Hofmanns-thal I, 174f.). Diese Ausfaltung von Décadence-Bewusstsein ist insofern dialektisch gewendet, als es Defizite mitdenkt und Insuffizienzgefühle erkennen lässt (vgl. Rasch). Die ideologische Hinwendung prominenter Décadents zu Katholizismus (Huysmans) oder Judentum (Beer-Hofmann), Nationalismus (Barrès) und Krieg (D'Annunzio) ist dafür deutlichstes Symptom. Thomas Mann, dessen *Buddenbrooks* von 1901 nicht zufällig im Untertitel auf den »Verfall einer Familie« hinweisen, charakterisiert 1918 in seinen *Betrachtungen eines Unpolitischen* derartige epochentypische Verwicklun-gen im Netz der Décadence:

> »Ich gehöre geistig jenem über ganz Europa verbreiteten Geschlecht von Schriftstellern an, die, aus der décadence kommend, zu Chronisten und Analytikern der décadence bestellt, gleichzeitig den emanzipatorischen Willen zur Absage an sie – sagen wir pessi-mistisch: die Velleität dieser Absage im Herzen tragen und mit der Überwindung von Dekadenz und Nihilismus wenigstens *experimentieren*.« (zit. Fähnders 1987, 133).

Anders als Fin de siècle und Décadence entstammt der Terminus **Ästhetizismus** nicht der Jahrhundertwende selbst, sondern ist ein zumal in der neueren Forschung entfal-teter, synthetisierender und komparatistisch genutzter Begriff, der gemeinsame Ten-denzen der gegennaturalistischen Ismen markiert. Insofern lässt er sich als eher syste-matischer denn historischer **Oberbegriff** über die Ismen der Moderne um 1900 fas-sen, er markiert also keine Unterströmung neben anderen (vgl. Naturalismus/Ästheti-zismus, 10ff.; Wuthenow; Horstmann; Mattenklott 1970). Parallel zu diesem syste-matischen Terminus ließe sich Fin de siècle als der entsprechende historische Oberbe-griff fassen; die übrigen Ismen wären in dieser Hierarchie diesen systematischen bzw. historischen Kategorien zu subsumieren.

Der Terminus begegnet um die Jahrhundertwende nur vereinzelt. 1894 spricht Hofmannsthal in der Wiener ›Zeit‹ anlässlich seiner »Walter Pater«-Rezension, in der es insgesamt um »ästhetische Weltanschauung« geht, von der »Art, in ideales, wenigstens in idealisiertes Leben verliebt zu sein. Das ist Ästhetizismus, in England ein großes, berühmtes Wort, im allgemeinen ein übernährtes und überwachsenes Element unserer Kultur und gefährlich wie Opium.« (Hofmannsthal I, 196).

Basis des Ästhetizismus ist eine »ästhetische Weltanschauung«, für die Nietzsche bereits 1871 in seiner *Geburt der Tragödie aus dem Geist der Musik* ein Stichwort geliefert hat. Für Nietzsche kann allein die Kunst die Welt noch rechtfertigen, lassen sich Dasein und Welt allein als ästhetische Phänomene begründen. Dass nur mehr unter dem Aspekt des Ästhetischen das Leben noch einen Sinn mache, ist philosophische Prämisse des Ästhetizismus und gestattet ihm die Überwindung einer funktionalen Bestimmung der Kunst. Insofern konstituiert den Ästhetizismus eine zweckfrei gedachte Auffassung von Kunst. **Autonomie der Kunst** und **l'art pour l'art** haben hier ihren systematischen wie historischen Ort – als zentrale Kategorien sowohl der Moderne als auch der Ismen der Jahrhundertwende.

Kunstautonomie, l'art pour l'art und Ästhetizismus werden häufig synonym verwendet und zielen gleichermaßen auf die Funktionsbestimmung von Kunst. Wie anhand der ästhetizistischen Naturalismus-Kritik gezeigt wurde (s. I.6.4), besteht in dieser Frage trotz aller Berührungen und Übereinstimmungen zwischen Naturalismus und Ästhetizismus ein nicht zu überbrückender Abgrund: Der Naturalismus stellt seine Kunst uneingeschränkt in den Dienst einer Abbildung von Realität, der positivistisch gesehenen ›Natur‹, und dies mit bekanntermaßen neuartigen Techniken, die rundum mimetischen Prinzipien verpflichtet sind. Kunstautonomie ist dem Naturalismus auch insofern fremd, als er seine Abbild-Qualitäten sogar außerkünstlerischen Zwecken wie im sozialkritischen Theater zur Verfügung stellt, also er alles andere als eine Kunst um der Kunst willen betreibt. Die naturalistische ›Revolution der Literatur‹ reagiert, wie Karl Bleibtreu in seiner gleichnamigen Schrift unmissverständlich formuliert, mit völligem Unverständnis für den Gedanken eines l'art pour l'art: »das Feldgeschrei ›L'art pour l'art‹ ist schon deswegen ein Unding, weil es die Form über den Inhalt stellt. Wahre Poesie wird nie aus abstrakter Liebe zur Kunst, sondern aus leidenschaftlicher Theilnahme an den Schmerzen und Freuden der Mitwelt geboren.« (Bleibtreu, 13).

Allerdings fordert der Münchner Naturalist Michael Georg Conrad einmal eine »Wertschätzung der neuen Kunst um der Kunst willen« (Nat., 534) und deutet damit eine Art naturalistischen l'art pour l'art-Standpunkt an, der gelegentlich auch bei anderen Autoren des Naturalismus, etwa beim frühen Paul Ernst (Sältzer, 238), aufscheint. Auch der ›konsequente Naturalismus‹ von Arno Holz tendiert in seiner Fixierung auf die künstlerischen Reproduktionsbedingungen zur Verselbstständigung des Ästhetischen (s. I.3.3). Aber an der prinzipiellen Frage nach der Autonomie der Kunst und der Kunst als Selbstzweck scheiden sich definitiv Naturalismus und gegennaturalistisch-ästhetizistische Ismen.

Das »unverstandene, totgehetzte **Schlagwort l'art pour l'art**«, von dem Richard Schaukal 1899 in der ›Wiener Rundschau‹ spricht (Das Junge Wien I, 967), wurzelt in den europäischen Ästhetikdebatten seit Idealismus und Romantik. Sie legen den Grund für eine wachsende Autonomisierungstendenz der Kunst, für die sich Belege bereits in der Ästhetik Kants und Schillers und auch im Denken der deutschen Frühromantik sowie bei Heine finden. So findet sich bereits bei Heine in einem Brief an Gutzkow vom 23.8.1838 die Wendung: »Kunst ist der Zweck der Kunst«. Die Zweckfreiheit der Kunst, ihre Bestimmung als sich selbst genügendes Spiel, die Verweigerung jedweder Subsumption unter einer Kategorie wie die der (auch moralischen) Nützlichkeit – all das sind Prämissen, die dann in Frankreich zur Ausformulierung einer ausgesprochenen l'art pour l'art-Ästhetik, wie schon die Wortgeschichte belegt, führen (Heftrich, 23ff.). Dies unternehmen seit den dreißiger Jahren des 19. Jahrhunderts (nach frühen Überlegungen bereits von Benjamin Constant) maßgeblich Théophile Gautier (in der Vorrede zu seinem Roman *Mademoiselle de Maupin*, 1835) und Baudelaire, später Mallarmé. Zusammen mit Nietzsches Vorstellungen von einer Existenz im Ästhetischen, die ihre Überlegungen aus anderen Quellen als denen der Theorie von der Kunstautonomie bezieht, werden sie Ende des Jahrhunderts gesamteuropäisch und auch im deutschsprachigen Kontext wirksam.

Im Ästhetizismus des Fin de siècle finden sie ihre letztmögliche und aggressivste Aufgipfelung und Vollendung und liefern dadurch, so Peter Bürger in seiner *Theorie der Avantgarde*, die Voraussetzung für die avantgardistische Selbstkritik an der Autonomie des künstlerischen Werks (Bürger 1975; s. II.5.1). »Alle Kunst ist ganz nutzlos«, dekretiert 1891 Oscar Wilde (Fin de siècle, 190), und Stefan George eröffnet 1892 seine ›Blätter für die Kunst‹ mit einem Merkspruch, der sich uneingeschränkt zur Maxime »eine kunst für die kunst« bekennt (Jhw., 236).

Damit ist einem **fundamentalistischen Ästhetizismus** das Wort geredet, der l'art pour l'art und Kunstautonomie bis zum Endpunkt treibt, indem er keinerlei Werte außerhalb der Kunst mehr anzuerkennen bereit ist und damit auch und gerade den Wertekanon der eigenen Herkunftsklasse, den common sense des bürgerlichen Zeitalters, angreift. Gerade die Unterminierung aller moralischen und sittlichen Werte zugunsten ausschließlich ästhetischer Maßstäbe – in der Kunst, aber auch außerhalb ihrer – verweist nun auf die Teleologie von Ästhetizismus und l'art pour l'art: Der Nutzen liegt in einer Nutzlosigkeit, die der Welt des Utilitarismus und der geregelten Normen eine provokante Alternative gegenüber setzt. Es ist dies das Moment grundlegender **ästhetischer Opposition** (Mattenklott 1970) im Ästhetizismus und in den ästhetizistischen Strömungen des Fin de siècle, welche in der Verweigerung außerästhetischer Zwecke den Rückzug auf die Kunst, die Kunst für die Kunst, als Waffe der Verweigerung einsetzt. Sie scheint eine letzte Möglichkeit der individuellen Selbstbehauptung gegenüber der bürgerlichen Welt überhaupt zu gewährleisten. Dass diese »Bodenlosigkeit des Ästhetizismus« (Wuthenow, 233) manchem Beteiligten selbst zu denken gegeben hat, deutet Hofmannsthal in einer frühen Notiz an, wo es unter dem Stichwort »Ästhetismus« [!] heißt: »Die Grundlage des Ästhetischen ist Sittlichkeit.« (zit. ebd.). Festzuhalten bleibt, auch mit Blick auf das hier aufgeworfene moralische Problem:

> »Ästhetizismus ist weder die bloße Stimmung der genußvollen Übersättigung in der Spätkultur noch die bloße Affiziertheit von schönen Gegenständen, Kunstwerken oder Gerätschaften. Er läßt sich nicht auf Lebensekel, Lebensangst, auf den Hochmut der Literaten oder den der Kunst vor dem Leben, das als schlecht geschriebene Literatur, als mißratenes Gemälde sozusagen, nicht zu rechtfertigen ist, reduzieren. Genausowenig ist er gleichzusetzen mit den vorangetriebenen Kunstabsichten des Hermetismus und der Produktion der dem Verständnis oder dem Zugriff der Menge entzogenen ›dunklen‹ Texte, die es schon immer gegeben hat. Doch hat er von diesem allen vieles aufgenommen, an alledem teil. In diesen Divergenzen und verwirrenden Verschiedenheiten liegt die Schwierigkeit, Ästhetizismus genau zu bestimmen. Zum moralischen Problem wurde er in der Nachfolge Kierkegaards und Nietzsches, der den Verdacht in den Typus des Arti-

sten als des Täuschers und Schauspielers geweckt hatte, erst im deutschen Bereich.«
(Wuthenow, 129).

So muss, trotz des relativ einheitlichen Charakters des europäischen Ästhetizismus,
bei literaturgeschichtlichen Einzelanalysen genauer nach den spezifischen Voraussetzungen in den einzelnen Zentren gefragt werden. So wird man beim deutschsprachigen Ästhetizismus in Berlin und München trotz der Ausnahmefigur Stefan Georges
einen eher schwachen Abglanz der tonangebenden Pariser Entwicklungen registrieren. In Wien dagegen findet sich im Café Griensteidl und dann um die ›Wiener Rundschau‹ (1896–1901) jener illustre Kreis junger Schriftsteller zusammen, der unter der
Signatur des ›Jungen Wien‹ oder der ›**Wiener Moderne**‹ seinerseits Maßstäbe gesetzt
hat, wofür Namen wie Peter Altenberg, Leopold Andrian, Richard Beer-Hofmann,
Hugo von Hofmannsthal, Arthur Schnitzler stehen. Die besonderen Entwicklungen
der kulturellen Eliten Wiens schufen Bedingungen für eine Kunst, die ganz anders
situiert ist als diejenige im Deutschen Reich, wie die einschlägige Forschung über die
Wiener Moderne erwiesen hat (D. Lorenz; Le Rider 1990; Schorske; Sprengel/Streim
1998; Wien um 1900; Wien um 1900. Kunst und Kultur; Wiener Jahrhundertwende;
Wiener Moderne. Ergebnisse; Quellensammlungen: Wiener Moderne; Das Junge
Wien).

»Der Ästhetizismus«, urteilt Schorske in seinem *Wien*-Buch, »der anderswo in
Europa die Form des Protestes gegen die bürgerliche Zivilisation annahm, (war) in
Österreich deren Ausdruck« (Schorske, 283). Dies wäre **Spezifikum des Wiener Äs-
thetizismus**, das auch erklärt, weshalb die Muster der europäischen Décadence, zu-
mal in ihrer tabuverletzenden Form des *épater le bourgeois* wie in Frankreich, dem
Wiener Fin de siècle eher ferne liegen oder allenfalls im Gewand des »Modernen als
Epigonen« wie bei Felix Dörmann begegnen (D. Lorenz, 75ff.).

Spezifisch deutsche Entwicklungen des Ästhetizismus lassen sich nicht zuletzt
an Leben und Werk von Stefan George (vgl. Mattenklott 1970; Karlauf 2007) und
dem George-Kreis ablesen (vgl. Raulff 2009), die bis in die zwanziger und dreißiger
Jahre hinein folgenreiche Wirkungen zeigen und gerade auf die politischen Implikationen ästhetizistischer Position verweisen – darauf nämlich, dass »dort, wo die Autoren der Zeit sich am unpolitischsten gerierten, der **Ästhetizismus als Weise politischen
Verhaltens** am wirksamsten« war (Mattenklott 1970, 18). Das Syndrom des Unpolitischen macht das Hochpolitische des Ästhetizismus ebenso aus wie der elitäre Füh-
rer- und Seher-Gestus, der bei George kumuliert und die Selbstnobilitierungs-Kon-
zepte naturalistischer und später auch expressionistischer Autoren weit überragt. Es
ist dies ein bis an den Faschismus reichender *Ästhetischer Fundamentalismus*, wie
Stefan Breuer seine diesbezügliche Untersuchung über George und den deutschen Antimodernismus nennt (Breuer 1996). Gerade diesem Thema: »Ästhetizistische Politik«, wird dann Thomas Mann 1918 in seinen *Betrachtungen eines Unpolitischen* ein
programmatisches Kapitel widmen.

6.9 Kunst und Leben, Natur und Kunst

Karl Kraus schreibt in seiner Polemik gegen Hermann Bahr über die Wiener Szene:
»Eines der wichtigsten Schlagworte aber war ›**Das Leben**‹, und allmählich kam man
zusammen, sich mit dem Leben auseinanderzusetzen oder, wenn's hoch ging, das Le-

ben zu deuten.« (Wiener Moderne, 648). Was hier ironisiert wird, läßt sich als ein zentrales »Merkwort der Epoche« (Hofmannsthal I, 175) entschlüsseln: das Schlagwort Leben, das im Gefolge von Nietzsche, von Diltheys Lebensphilosophie und Bergsons ›élan vital‹ hochaktuell ist. »Leben«, so resümiert Szondi in diesem Zusammenhang,

> »wird jenes Prinzip genannt, das nicht immer schon realisiert ist, wenn gelebt wird, das vielmehr zu bewahren ist vor den Gefahren, die ihm drohen, zu verwirklichen im Kampf gegen Mächte, die es unterdrücken wollen: gegen das Positive der Institutionen; gegen die Geschichte, welche die Gegenwart auf die Vergangenheit bezieht; gegen die Reflexion, die das Leben zu ihrem Objekt macht und die Subjekt-Objekt-Spaltung in das Leben selber hineinträgt.« (Szondi 1975, 176f.).

In welchen Varianten von »lebensideologischer« (vgl. Lindner, 142f.) Ausführung auch immer – mit der Auflösung der Ich-Identität einher geht der Rettungsversuch eines emphatischen Lebensbegriffes, der auf Entgrenzung, Potenzierung von Leben aus ist. Er sucht »Erleben in Unmittelbarkeit und Authentizität (bei Nietzsche gesteigert in den Begriff des Dionysischen) jenseits der tradierten Ordnungen, jenseits aber auch von Selbstreflexion, die immer auch Selbst-Entfremdung« bedeutet (D. Lorenz, 63). Dies gilt dem Ästhetizismus als eine Möglichkeit der individuellen Selbstbehauptung gegenüber der bürgerlichen Welt.

Insofern eignet dem Lebensbegriff etwas Rettendes, aber auch Voluntaristisches und Widersprüchlich-Zweideutiges – er signalisiert Aufbruch im Jugendstil, wirkt verhaltener in der Wiener Moderne. Eine immer wieder als Beleg für das spezifische ›**Lebensgefühl**‹ der **Wiener Moderne** herangezogene Stelle aus Hofmannsthals literaturkritischem Frühwerk sei hier zitiert, auch um Kern- und Merkwörter wie Leben, modern, Psychologie, Nervosität usw. in der sich gegenseitig stützenden Verschränkung, in metaphorischer Rede, als Zitat wie in eklektisch und beliebig-austauschbar anmutender Wortkombination kenntlich zu machen. Denn eine analytische oder proklamatorische Kraft, um die der Naturalismus bemüht war, gewinnen solche Begriffe nicht. Im Gegenteil; Hofmannsthal schreibt ausdrücklich: Das, was »in diesem geistigen Sinn ›modern‹ ist, läßt sich leichter fühlen als definieren« (Hofmannsthal I, 175). Dadurch werden sie untereinander schwer abgrenzbar, gewinnen aber ihre unglaubliche Suggestivkraft, die sie zu einem Teil von ›impressionistischem Lebensgefühl‹ (s.o. S. 93) machen:

> »Bei uns [...] ist nichts zurückgeblieben als frierendes Leben, schale, öde Wirklichkeit, flügellahme Entsagung. Wir haben nichts als ein sentimentales Gedächtnis, einen gelähmten Willen und die unheimliche Gabe der Selbstverdopplung. Wir schauen unserem Leben zu; wir leeren den Pokal vorzeitig und bleiben doch unendlich durstig, denn, wie neulich Bourget schön und traurig gesagt hat, der Becher, den uns das Leben hinhält, hat einen Sprung, und während uns der volle Trunk vielleicht berauscht hätte, muß ewig fehlen, was während des Trinkens unten rieselnd verlorengeht; so empfinden wir im Besitz den Verlust, im Erleben das stete Versäumen. Wir haben gleichsam keine Wurzeln im Leben und streichen, hellsichtig und doch tagblinde Schatten, zwischen den Kindern des Lebens einher. [...]
>
> Heute scheinen zwei Dinge modern zu sein: die Analyse des Lebens und die Flucht aus dem Leben. [...] Man treibt Anatomie des eigenen Seelenlebens, oder man träumt Reflexion oder Phantasie, Spiegelbild oder Traumbild. Modern sind alte Möbel und junge Nervositäten. Modern ist das psychologische Graswachsenhören und das Plätschern in

der reinphantastischen Wunderwelt. Modern ist Paul Bourget und Buddha; das Zerschneiden von Atomen und das Ballspielen mit dem All; modern ist die Zergliederung einer Laune, eines Seufzers, eines Skrupels; und modern ist die instinktmäßige, fast somnambule Hingabe an jede Offenbarung des Schönen, an einen Farbakkord, eine funkelnde Metapher, eine wundervolle Allegorie.« (Hofmannsthal I, 174ff.).

Lebensmüdigkeit, die zitierte »**Flucht aus dem Leben**« (Hofmannsthal I, 174), eine Décadence, »die das Leben flieht und Traum wünscht« (Bahr, 172), eine aus Nietzsches Krankheits-Bewusstsein folgende Abwertung des Lebens (des bürgerlichen allemal) ist die dialektische Kehrseite des emphatischen Lebensbegriffes. »Mein ganzes so versäumtes Leben« lässt Hofmannsthal seinen Toren Claudio beklagen (Hofmannsthal G, 282), und insgesamt ist festzuhalten, dass diese Ästheten »nicht von der Natur zur Kunst, sondern von der Kunst zur Natur (gelangen). ›Sie haben öfter Wachskerzen gesehen, die sich in einem venezianischen Glas spiegeln, als Sterne in einem stillen See.‹ [Hofmannsthal]« (Wuthenow, 236; Rasch, 180ff.).

Der Zugang zu Welt und Leben scheint »versperrt« (D. Lorenz, 65), Leben gerät in Auseinandersetzung mit **Kunst, Künstlichkeit** wird Programm. »Die Kunst steht über dem Leben«, postuliert für das Fin de siècle verallgemeinerbar Stanislaw Przybyszewski (Fin de siècle, 193). Entsprechend kann das Leben als »schlecht geschriebene Literatur« erscheinen (Wuthenow, 129). Die Folgen sind: Verabsolutierung der Kunst, l'art pour l'art. Aus der Absolutsetzung von Kunst folgen entschiedene Kritik an der **Natur, Naturfeindschaft**: »es ist ihre [der Décadence] Natur, unnatürlich zu sein« (Bahr, 169). Die für die Décadence bereits aufgewiesenen Stereotype der Artefakte und des Artifiziellen, der Künstlichkeit um jeden Preis haben hier ihren logischen Ort: Die Kunst erscheint

> »als Feindschaft gegen das Leben, der Künstler als Täuscher und als Schauspieler der Lebensempfindungen, die er darstellt und die er nur deshalb zu übertrumpfen vermag, weil er sie selbst gar nicht hegt, schließlich die ästhetische Existenz als Spiegelung der künstlerischen unter dem Gesetz der Absonderung vom lebendigen Leben.« (Wuthenow, 117).

So begegnet als Denkfigur der Jahrhundertwende bei Wilde, Hofmannsthal u.a. die Doktrin: »Die Realität ahmt die Kunst nach.« (Žmegač 1989).

Auch Heinrich Mann spielt in seiner ästhetizistischen Frühphase die Erhöhung der Kunst zuungunsten des Lebens durch. In seiner *Göttinnen*-Trilogie (1903) konzipiert er die Herzogin von Assy als eine Künstlerin-Figur, die »sich selbst zum ›Kunstwerk‹ macht« und die »im Sinne der Artisten-Metaphysik Nietzsches« sich auch dessen bewusst ist. Sie erklärt: »Mein Leben [...] ist ein Kunstwerk, das schon vor meiner Geburt vollendet war [...]. Ich habe es nur durchzuspielen, bis zu Ende.« (R. Werner 1972, 99; vgl. D. Müller 2010). In seinem Roman *Die kleine Stadt* (1909) wird dann unter Aufgabe des Ästhetizismus eine Versöhnung von Kunst und Leben angestrebt.

Als Inkarnation einer derartigen »**künstlerischen umformung eines lebens**«, wie George es nennt, kann der **Dandy** gelten, der als ästhetizistische Extremfigur nicht nur in der Literatur, sondern, wie ein Blick auf die Viten von Oscar Wilde oder des Grafen von Montesquiou zeigt, auch realhistorisch von Bedeutung ist (vgl. Gnüg 1988; Hörner 2008; Schickedanz 2000). Wilde hat im *Bildnis des Dorian Gray* den Dandytyp literarisch gestaltet. Montesquiou wiederum ist historisches Vorbild des Dandy-Décadent in *Gegen den Strich*, aber auch für die Figur des Charlus in Prousts

Auf der Suche nach der verlorenen Zeit. Der geschichtlich letztmals um 1900 seine Extravaganz ausstellende Dandy erscheint als ein »nach oben deklassierter bürgerlicher Intellektueller« – ein Pendant zum »nach unten deklassierten« Bohemien (Hauser, 966). Der Dandy ist »Verkleidungsform des Künstlers« überhaupt (Wuthenow, 185ff.; vgl. Horstmann, 117ff.) – allerdings keine Figur des skeptischen Wien.

Hier wäre erneut auf Hofmannsthal zu verweisen, dessen Kunst-Leben-Reflexion in seinem Vortrag »**Poesie und Leben**« (1896) zu dem Ergebnis kommt: »Es führt von der Poesie kein direkter Weg ins Leben, aus dem Leben keiner in die Poesie.« (Hofmannsthal I, 16). Das ist auch in kritischer Abgrenzung von George formuliert, dessen Position Karl Wolfskehl 1910 wie folgt resümiert: »Das ist die ›Geistige Kunst‹, die ›Kunst über dem Leben, nachdem sie das Leben durchdrungen hat‹, die ›Kunst für die Kunst‹ (Blätter für die Kunst I,1). So lautete das klar und unerbittlich leben und kunst in sich schliessende gesetz«. (Jhw., 259). Leichtfüßiger kommt Peter Altenberg daher, der als Motto für seine Zeitschrift ›Kunst‹ wählt: »Kunst ist Kunst und Leben ist Leben, aber das Leben künstlerisch zu leben: das ist die Kunst des Lebens.« (zit. Schorske, 190).

So ergibt sich eine tiefreichende »**Entfremdung der Kunst vom Leben**«, die »doppelten Sinnes« ist:

> »In ihr liegt nicht bloß, daß man mit dem Bestehenden sich nicht einlassen will, während die Naturalisten immerzu in Versuchung sind, die von ihnen mit zärtlich-scharfen Künstleraugen gesehenen Abscheulichkeiten als einmal so seiende bejahen. Nicht weniger haben George und Hofmannsthal mit der Ordnung sich encanailliert. Aber eben mit einer entfremdeten. Die veranstaltete Entfremdung enthüllt so viel vom Leben, wie nur ohne Theorie sich enthüllen läßt, weil das Wesen die Entfremdung selber ist. Die anderen stellen die kapitalistische Gesellschaft dar, aber lassen die Menschen fiktiv reden, als ob sie noch miteinander reden könnten. Die ästhetischen Fiktionen sprechen den wahrhaften Monolog, den die kommunikative Rede bloß verdeckt. Die anderen erzählen Begebenheiten, als ob vom Kapitalismus sich noch erzählen ließe. Alle neuromantischen sind letzte Worte.« (Adorno 1963, 228f.).

Natur wird ins Künstliche, in ›Kunst‹ überführt, und erst dann wird Perfektion erzielt, wenn die Kunst natürlicher als die Natur erscheint. Joris-Karl Huysmans gibt in *Gegen den Strich* das nicht mehr zu überbietende Beispiel von den künstlichen Blumen, welche die natürlichen an ›Natürlichkeit‹ übertreffen und insofern den Kunstblumen, die die natürlichen nur nachahmen, unendlich überlegen sind: Weiter lässt sich das Prinzip der Artifizialität schlechterdings nicht treiben. Auch an symbolischen Orten wie der **toten Stadt** lässt sich das erkennen – in Georges Rodenbachs *Das tote Brügge* (*Bruges la morte, 1892*) ebenso wie am **Venedig-Thema**, das die europäische Décadence durchzieht: von Hofmannsthals *Der Tod des Tizian* (1892) über D'Annunzios *Das Feuer* (*Il fuoco*, 1900), der den Venedig-Wagner-Mythos aufgreift, und Maurice Barrès' *Der Tod von Venedig* (*La Mort de Venise*, 1903) bis zu Thomas Manns *Tod in Venedig* (vgl. Corbineau-Hoffmann; Dieterle; Schenk). Das gilt auch für ein zunächst unscheinbar anmutendes Motiv wie das vom **Garten**, der im Ästhetizismus seiner Naturhaftigkeit beraubt wird, beispielhaft bei George: »Mein garten bedarf nicht luft und nicht wärme/Der garten den ich mir selber erbaut/Und seiner vögel leblose schwärme/Haben noch nie einen frühling geschaut.«(Fin de siècle, 150). Gegen die Hoffnungen der romantischen blauen Blume wird die Zeugung einer »schwarzen blume« gesetzt und eine »Mortifikation des natürlichen Lebens in der

Phantasie« vollzogen (Mattenklott 1970, 262), die sich zuvor schon bei Wilde und Huysmans findet und auf Baudelaires Verachtung der Natur zugunsten von Künstlichkeit zurückverweist.

Im Kontext der ›toten Natur‹ steht die überbordende Vorliebe für **Preziosen**, mit denen ästhetizistische Leitfiguren wie der Herzog Des Esseintes bei Huysmans, wie Dorian Gray oder Claudio in Hofmannsthals »Der Tor und der Tod« sich umgeben – Edelsteine, Bilder, alte Möbel, kostbar gebundene Bücher. Es sind – selbst wiederum preziös dargebotene – Kostbarkeiten, deren »imperialistische Herkunft« (Mattenklott 1970, 261) evident ist und die, woran Adorno erinnert, »ihren Wert aus der Mehrarbeit« empfangen (Adorno 1963, 226). Ihre ästhetizistische Verwendung markiert gleichwohl einen ›unbürgerlichen‹, zumindest anti-utilitaristischen Kontext, der auf die grundlegende »Gesellschaftsfeindlichkeit«, die »A-Sozialität der Décadence« insgesamt zurückverweist (Fähnders 1987, 131).

6.10 Geschlechterverhältnisse und Frauenbilder

Mit der Krise des Ich geraten im Fin de siècle die Geschlechterverhältnisse und geschlechtstypischen Rollenzuweisungen in Bewegung, an deren Umwertung bereits die naturalistische Literatur sich versucht hat – am einflussreichsten sicher Ibsen mit seinem *Nora*-Drama, aber auch Strindberg mit *Fräulein Julie*. Beide, Nora wie Julie, setzen sich über die traditionellen Rollenzuweisungen in der patriarchalischen Gesellschaft hinweg und postulieren selbstständige und selbstbestimmte Weisen einer weiblichen Existenz. Die **Vorliebe für die Deklassierten im Naturalismus** betraf vorrangig Figuren wie die Prostituierte/Dirne (wie in Zolas *Nana*, 1880), aber auch die Arbeiterin bzw. das ›einfache Mädel aus dem Volke‹. In beiden Fällen bedeutete dies für die Literatur zweifellos die Etablierung neuer Terrains im traditionellen Figurenrepertoire der Literatur bzw. neue Akzentuierungen beim Frauenbild. Dabei lassen sich allerdings gerade beim Frauenbild naturalistischer Autoren deutlich misogyne Züge erkennen, so wenn Bleibtreu gegen die »Blaustrumpfschmierer« zu Felde zieht (zit. Mod., 17). Wie denn die Literatur des Naturalismus insgesamt männliche Projektionen und Ängste zeigt, die sich in einer Dämonisierung des ›Weibes‹ und gleichzeitig in seiner Verachtung niederschlagen und sich in einschlägiger Metaphorik ver- bzw. entschlüsseln (vgl. Bogdal; Helduser 2005; Kottow 2006; Männlichkeiten).

Zur **Frauenliteratur** der Jahrhundertwende zählen so unterschiedliche Autorinnen wie Lou Andreas-Salomé (vgl. Cormican 2009), Elsa Bernstein (vgl. From Fin-de-Siècle), Margarete Beutler, Helene Böhlau, Anna Croissant-Rust, Hedwig Dohm, Marie Eugenie delle Grazie, Maria Janitschek, Fanny Lewald, Gabriele Reuter, Irma von Troll-Borostyani, Clara Viebig, die ob ihrer sexuellen Sujets umstrittenen Dolorosa (d.i. Marie Eichhorn) und Marie Madelaine (d.i. M. M. von Puttkamer), nicht zuletzt die auch in Deutschland vielgelesene skandinavische Theoretikerin Laura Marholm (Deutschsprachige Schriftstellerinnen; Handbuch Fin de Siècle, 238ff.; Dehning 2000; Gnüg 1985). Aber auch eine sozialistische Belletristin wie Minna Kautsky oder eine Boheme-Autorin wie Franziska zu Reventlow oder die frühe Else Lasker-Schüler, die 1902 mit dem ganz dem Fin de siècle verhafteten Gedichtband *Styx* debütierte, wären zu nennen. Die Spanne dieser Frauenliteratur/Literatur von Frauen reicht von sozialistischen Ansätzen (vgl. Münchow 1981) über autobiographisch grundierte Arbeiten (vgl. Tebben) bis zum Theater als »verweigertem Raum« (Giesing), zur

Ausformulierung von »erotisch-emanzipatorischen Entwürfen« (Gnüg 1985) und zu »Konzepten von Weiblichkeit« (Janz). So finden sich bei Franziska Gräfin zu Revent-low, eine der wenigen Frauen in der Boheme und einer der selbstständigsten Köpfe obendrein, weitreichende **Überlegungen zur Frauenemanzipation**, die in Kritik der bürgerlichen und proletarischen Frauenbewegung eine Utopie weiblicher Muße und ein Plädoyer für das Hetärentum entwirft, so 1899 in ihrem Aufsatz »Viragines oder Hetären?« (vgl. Bovenschen 1981; Gerhardt; vgl. Egbringhoff 2000; Kubitschek 1998; Über Franziska zu Reventlow). Ihr Schwabinger Schlüsselroman *Herrn Dames Auf-zeichnungen oder Begebenheiten aus einem merkwürdigen Stadtteil* (1913) durch-misst weibliche »Partizipationschancen und -grenzen« in der Boheme (vgl. Reschen-berg-Rouzdar; Stauffer 2008, 171ff.). Der Roman ironisiert den Kreis um Stefan Geor-ge, an dem die Gräfin selbst teilhatte, nach dem Zerwürfnis zwischen Wolfskehl so-wie Klages und Schuler und demontiert hellsichtig völkisch-germanisierende Tenden-zen im George-Umfeld.

Als sozialgeschichtlicher Hintergrund ist hier auf die erstarkende **Frauenbewe-gung** zu verweisen, die seit dem späteren 19. Jahrhundert sowohl in ihren proleta-risch-sozialistischen als auch bürgerlichen Organisationen Emanzipation und politi-sche Selbst- und Mitbestimmung der Frauen einklagen (Kampf um das – in Deutsch-land 1918 durchgesetzte – Frauenwahlrecht; Zugang zum Studium; Verbesserung der Arbeitsbedingungen u.a.m.). Eine immer wieder aufgelegte Schrift wie August Bebels *Die Frau und der Sozialismus* von 1883 belegt die Aktualität des Themas zumal ange-sichts gravierender sozialer, geschlechtsspezifischer Umschichtungen, etwa beim An-stieg der Frauenarbeit in den Fabriken (er betrug 30% im Jahre 1892). Friedrich Engels' *Ursprung der Familie, des Privateigentums und des Staats* von 1884, das ein-schlägiges ethnologisches Material verarbeitete, lieferte mit seiner These von der Ab-lösung des Matriarchats durch das – monogame – Patriarchat Argumente zur Kritik der bürgerlichen Definition der Geschlechter und ihrer Arbeitsteilung.

Zudem zeigen die expandierenden, mit Freuds Sexual- und Traumforschung neue Wege beschreitenden Disziplinen der **Psychologie** und **Psychoanalyse**, mit wel-cher Intensität zu dieser Zeit Sexualität und Geschlechterrollen erforscht werden. Freud, die **Psychiatrie** – in der George-Schule ignoriert – und Wiener Moderne ge-hören zusammen (D. Lorenz, 107ff.; Psychoanalyse). Nicht zufällig treffen gerade Schriften, in dem Fälle von Ich-Auflösung und Persönlichkeitsspaltung präsentiert werden wie *Les maladies de la personalité* (1885) von Théodule Ribot und *The Dissociation of a personality* (1905) von Morton Prince auf lebhaften Widerhall; Letzterer gab Hofmannsthal das Rüstzeug für seinen (unvollendet gebliebenen) Roman *Andreas oder die Vereinigten* (geschrieben 1907–13, postum 1930). Das Interesse gerade auch an ›abweichendem‹ Sexualverhalten (Nymphomanie, Sadis-mus, Masochismus, lesbische Liebe) fand Nahrung durch die weitverbreitete Studie des Psychiaters Richard von Krafft-Ebing *Psychopathia sexualis. Mit besonderer Berücksichtigung der conträren Sexualempfindung* (1886), die 1901 bereits in 11. Auflage vorlag.

Dass aber auch die psychologisch ausgerichteten Forschungen ihren Anteil an der Fundierung frauenfeindlicher Affekte teilhatten, zeigt bereits im Titel Paul Jo-hann Möbius mit seiner Schrift *Über den physiologischen Schwachsinn des Weibes*, der 1900 in einer einschlägigen Reihe, einer »Sammlung zwangloser Abhandlungen aus dem Gebiete der Nerven- und Geisteskrankheiten« in Halle erschienen ist. Wie denn Kunst und Literatur zumal der Décadence zu bevorzugten Objekten derartiger Diagnostik avancierten – die Werke der Moderne wurden, wie die bereits erwähnte einschlägige Schrift von Max Nordau, *Entartung*, es tat, auch im biologisch-medizinischen Sinn als ›entartetet‹ denunziert. Ihre klinische Qualifizierung als »Neurotiker«, z.B. bei dem reaktionären Kritiker Ottokar Stauf von der March, war gang und gäbe (Wiener Moderne, 239ff.). Allerdings stellte die Décadence in ihrem Kampf gegen das fatal Bürgerlich-›Normale‹ ihre Neurosen auch selbst aus: »Man entwickelte, wie Nietzsche hellsichtig erkannte, eine ›förmliche Lust am Irrsinn‹«. (Lange, 212).

Opfer von Tabuisierung und Doppelmoral waren nicht zuletzt die Homosexuellen; der spektakuläre Prozess gegen Oscar Wilde, in dem dieser 1895 wegen seiner **Homosexualität** zu zwei Jahren Zuchthaus verurteilt wird, belegt das ebenso wie die Vorgänge um die sog. Eulenburg-Affäre in Deutschland zu Beginn des neuen Jahrhunderts, als öffentlich bekannt wurde, dass einige der engsten Berater Wilhelms II. homosexuellen Neigungen folgten. Entsprechend gefährdet und zurückhaltend lebten homosexuelle Autoren der Jahrhundertwende wie Andrian oder Mackay, suchte der esoterische Zirkel um Stefan George sich abzuschirmen. Als Thema von Literatur ist Homosexualität demgemäß eher latent denn explizit präsent – Thomas Mann, selbst vom »Stigma der Homosexualität« (Böhm) gezeichnet, macht mit *Tonio Kröger* (1903) und auch *Tod in Venedig* (1912) keine Ausnahme. Immerhin haben diese Vorgänge aber zur Sensibilisierung in Fragen der Homosexualität beigetragen und 1897 in Berlin zur Gründung des ›Wissenschaftlich-humanitären Komitees‹ durch den Mediziner Magnus Hirschfeld geführt, das sich bis zu seiner Zerschlagung 1933 der Erforschung der Homosexualität und der Abschaffung der diese diskriminierenden Paragraphen des Strafrechts zum Ziel gesetzt hat (vgl. Fähnders 1995c).

Das alles verweist – zu einem Zeitpunkt, da eine »**Sexualisierung**« von Öffentlichkeit und Gesellschaft insgesamt sich vollzieht – zurück auf grundlegende Diskussionen, die hinsichtlich der tradierten Bilder der Geschlechter in Wissenschaft und Politik, Kunst und Öffentlichkeit stattfinden und in bisher unbekanntem Ausmaß überkommenes Rollenverhalten und zumal die Rolle des Weiblichen analysieren und auch umdeuten – nicht zuletzt unter Freuds Prämisse, dass das Ich nicht mehr »Herr im Haus« sei. Dabei wird ein »möglicher Paradigmenwechsel im Verständnis der Geschlechterrollen« (Gutjahr, 46) reflektiert (vgl. Stauffer 2008, 67ff.; Deutschsprachige Schriftstellerinnen, 1ff.). Die vielfach beobachteten ›weiblichen‹ Tendenzen (vgl. Männlichkeiten, 9ff.) der Zeit und ihrer Kunst erfahren gleichwohl eher Kritik denn Zuspruch. Der große Erfolg einer Schrift wie *Geschlecht und Charakter* (1903) des jungen Otto Weininger verweist auf den misogynen Zeitgeist der Jahrhundertwende. Weininger, dessen spektakulärer Selbstmord – er tötete sich 23-jährig in Beethovens Sterbehaus – zur Verbreitung seiner Theorien nicht unwesentlich beitrug, bestimmte die Geschlechter durch jeweils weibliche und männliche Anteile, die individuell in unterschiedlichen Anteilen erscheinen. Sein Kampf gilt dem ›Weiblichen‹, dem ›Weib‹, das er mit ›dem Juden‹, der wiederum als ›weiblich‹ gefasst wird, in eins setzt und so das unerhörte Mixtum einer antisemitischen Misogynie und eines misogynen Antisemitismus produziert (Le Rider 1985; Dahlke 2006, 157ff.; Kottow 2006, 212ff.; Mehr oder Weininger; Otto Weininger).

Dennoch ist für die Jahrhundertwende von einem **Dualismus im Frauenbild** auszugehen. Die misogynen Auffassungen von Geschlecht und Weiblichkeit à la Weininger kontrastieren mit einer grundsätzlichen Tendenz der ›Feminisierung‹ des Lebens und der Kunst – das Phänomen der ›Feminisierung‹ avanciert in mancherlei Umschreibungen zur epochentypischen Selbstcharakterisierung der Irritationen im männlichen Selbstverständnis (Brinker-Gabler, 228f.). Es lässt sich eine wachsende Verunsicherung des männlichen Selbstbildes bemerken, wobei Überprüfungen der männlichen Geschlechtsidentität eine wichtige Folie für das männliche Selbstverständnis abgeben. Um- und Neudeutungen des Mythos vom Ödipus oder der Sphinx legen das nahe (Gutjahr, 46). Auch der Neologismus ›die Moderne‹ wurde ja als weibliche Allegorie dargestellt (s.o. S. 23; vgl. Helduser 2005, 257ff.).

Dennoch bleibt die Rede über ›Feminisierung‹ zwiespältig, ambivalent und stets vor dem Hintergrund des traditionellen männlichen Selbstverständnisses sowie der Ängste vor Destruktion und Verlust männlicher Herrschaft zu sehen. Die Weiblichkeitsentwürfe der Jahrhundertwende stammen überwiegend von männlichen Autoren, und sie verfolgen zwei einander widersprechende Tendenzen: einerseits die Frau »über kategoriale Festschreibungen eindeutig zu typisieren«, sie aber andererseits »zu verrätseln, indem gerade ihre Festlegung in einer vieldeutigen Schwebe gehalten wird« (Gutjahr, 46). Gerade an den – komplementären – Bildern der **Femme fatale** und der **Femme fragile**, die wie keine anderen die Weiblichkeitsvorstellungen der Jahrhundertwende geprägt haben und die in der Tradition des Frauenbildes entweder als Hure oder als Jungfrau bzw. Madonna stehen, lässt sich dies festmachen. Über die Zusammenhänge dieser beiden Bilder einer ästhetisierten Weiblichkeit schreibt A. Thomalla:

> »*Femme fatale* und [...] *femme fragile* hängen beide mit der sexuellen Nervosität zusammen, welche die Kehrseite der enggeschnürten Sexualmoral des 19. Jahrhunderts ausmacht. Beide sind Ausdruck enormer Verkrampfung und stellen den Versuch dar, mit Hilfe der Literatur eine sexuelle Unruhe zu bewältigen. Das Symbol und Symptom der *femme fatale* entspricht dabei einer Flucht aus der Realität gleichsam ›nach vorn‹ in eine Welt der erotisch entfesselten Phantasie, des Exotismus der Sinne, der *venus lasciva* und der Perversion. Der Dichter der *femme fragile* dagegen flieht ins Undeutliche, Uneingestandene, in die Verdrängung und damit – als Korrelat zur Perversion – in die Neurose. Er identifiziert sich mit der offiziellen Sexualmoral, um ihrem Druck zu entgehen, lehnt mit ihr die Sexualität als niedrig und böse ab und verzichtet freiwillig auf eine eigene sexuelle Entwicklung. Dadurch entsteht ein Zustand, den die Tiefenpsychologie als ›sexuellen Infantilismus‹ bezeichnet.« (Thomalla, 60f.; vgl. Stauffer 2008, 78ff.)

Diese im Zusammenhang mit dem Mädchen- und Femme fragile-Bild bei Peter Altenberg entwickelten Bestimmungen (vgl. Peter Altenberg, 53ff.) legen nahe, dass »beiden Typen eine Mischung aus Faszination und Verzicht gemeinsam ist. Das Verlangen nach der erotischen Attraktivität des Weiblichen wird konterkariert durch dessen Mortifikation: Beiden Typen eignet diese Ambivalenz, in der sich die Dualität des bürgerlichen Frauenbildes spiegelt« (Hilmes, 31). So lässt sich in der Femme fragile unschwer das Ideal der Jungfräulichkeit und der heiligen Jungfrau erkennen, während mit der Femme fatale das »Schreckbild der Hure eine positive Umwertung« erfährt (ebd.).

Die **Femme fatale** ist eine verführerische, männervernichtende Frauenfigur und erscheint als Vamp, Sphinx, Medusa, Sylphide, sie ist Eva, Dalilah, Judith, Salome, aber auch Undine und Melusine. Vor allem **Salome** (vgl. Winterhoff 1998) findet immer wieder Interpreten – so in Mallarmé (*Hérodiade,* 1871; Szondi 1975, 31ff.), in

Huysmans, der in seinem Roman *Gegen den Strich* die *Salome*-Gemälde von Gustave Moreau Revue passieren lässt; in Peter Hilles »Novellette« *Herodias* (1892; Fin de siècle, 111ff.), schließlich in Oscar Wildes berühmtem Einakter *Salome* (französisch 1893, englisch 1894; Premiere der *Salome*-Oper von Richard Strauss 1905 in Dresden). Wilde emanzipiert seine Hauptfigur völlig von der bis ins *Neue Testament* reichenden Überlieferung (bei Markus 6, 17ff. und Matthäus 14,3ff.), nach der Salome eher ein Werkzeug ihrer Mutter denn eine souverän handelnde Person ist, und präsentiert eine selbstbewusste, den eingekerkerten Propheten erotisch begehrende Frau, die die Passivitätsvorschrift und das Sinnlichkeitsverbot für die Frau ebenso wie die christliche Askese überschreitet, diesen doppelten Tabubruch gleichwohl mit dem Tode bezahlt (vgl. Hilmes, 102ff.).

Insofern lässt sich die Femme fatale als Angriff auf die herrschende Sexualmoral und ihre Repressionen sehen, die allerdings die misogyne Gleichsetzung von Frau/Weiblichkeit mit Sinnlichkeit/Sünde/Gewalt fortschreibt und insofern deutlich ihren Charakter als männliche Projektion erweist. Dennoch ist hervorzuheben, dass mit der Konstruktion der Femme fatale die Geschlechterverhältnisse als Herrschaftsverhältnisse, in denen »der Frau nun die männlich-dominante Position zugeschrieben wird«, erkannt und interpretiert werden (Gutjahr, 52).

Dass der Femme fatale die Männer reihenweise zum Opfer fallen, ändert dennoch nichts daran, dass diese dann doch das letzte Wort haben: Bei Wilde gibt Herodes den Befehl, Salome zu ermorden. Die berühmteste Femme fatale-Figur der deutschsprachigen Literatur, Frank Wedekinds **Lulu** – »raffinierter Vamp und moderne Hetäre« (Hilmes, 155) –, stirbt durch die Hand des Frauenmörders Jack the Ripper. Allerdings zeigt gerade Wedekinds mehrfach umgearbeitetes *Lulu*-Drama (*Der Erdgeist*, 1895; *Die Büchse der Pandora*, 1904), mit welchen Problemen (wie der Zensur) die Gestaltung einer derart brisanten Figur zu rechnen hatte. Erst 1990 konnte die Urfassung der »Monstretragödie« von 1894 ediert und allererst die Radikalität der ursprünglichen Konzeption rekonstruiert werden (vgl. Florack; Bovenschen 1979, 43ff.; Decker 2009; Hafemann 2010, 97ff.; Mildner 2007).

Die literarische Präsentation des Gegenbildes, der **Femme fragile**, vollzieht sich, ihrem Typus entsprechend, ungleich verhaltener und weniger spektakulär: physische Sexualität wird verdrängt, die Femme fragile ist vergeistigt, ätherisch, madonnengleich, sie erscheint als ästhetische, blasse und überzarte, dem Tod geweihte weiße Schönheit (vgl. Cessari 2008). Bereits in Edgar Allan Poes Erzählung »Ligea« (1838) finden sich derartige Züge, das für das Fin de siècle repräsentative Modell wird dann das symbolistische Drama *Princess Maleine* (1890) von Maurice Maeterlinck liefern. Als realhistorisches Modell für die Konstruktion der Femme fragile mag die »Schutzheilige des fin de siècle« (Adorno, 198), die 1884 24-jährig verstorbene russische Adelige Maria Bashkirtseff, eine Rolle gespielt haben. Maria Bashkirtseff faszinierte in den achtziger Jahren die Pariser Gesellschaft und fand nicht zuletzt durch ihr seit dem zwölften Lebensjahr geführtes umfängliches französisches, 1893 erschienenes *Journal* großen Widerhall; Hofmannsthal widmete ihm noch im Erscheinungsjahr in der ›Deutschen Zeitung‹ in Wien eine längere Besprechung (Hofmannsthal I, 163ff.), und in seinem Frühwerk finden sich mehrfach Züge einer »›psychologisch durchinstrumentierten, mythologisch vertieften und seelisch verfeinerten‹ [Brokoph-Mauch]« Femme fragile, die sich namenlos auch in Richard Beer-Hofmanns *Der Tod Georgs* von 1900 findet (D. Lorenz, 148). In der deutschsprachigen Jahrhundertwendeliteratur begegnet die Figur zudem in Erzählungen von Heinrich Mann (»Das Wunderbare«) oder bei Rilke (»Heiliger Frühling). Mit Thomas Manns Novelle »Tristan« (1903) wird dann in der Figur der Gabriele Klöterjahn und des für ihren Tod mitverantwortlichen ästhetizistischen Dichters Spinell bereits ein ironisch gebrochener Endpunkt erreicht (vgl. Thomalla).

Verwandt mit der Femme fatale ist die gleichermaßen auf sexuelle Verführung des Mannes bedachte Konstruktion der **Femme enfant**, der **Kindfrau**, deren Züge sich in der *Salome* und anderswo erkennen lassen und die sich bis zu Nabokovs *Lolita* (1955) erhalten haben. Sie kann aber auch fragilen Typs sein wie in den Mädchenskizzen von Peter Altenberg.

In diesem Zusammenhang mag auf eine weitere epochentypische Frauenfigur verwiesen werden: das ›süße Mädel‹. Der von Ernst von Wolzogen gefundene Terminus bezeichnet eine bereits bei Nestroy und in Henry Murgers *Boheme*-Roman vorgeprägte Figur, die in den Stücken von Arthur Schnitzler (*Anatol*, 1893; *Liebelei*, 1895; *Der Reigen*, 1900) ihre bestimmende Ausprägung findet. Das ›süße Mädel‹ hat einen fest umrissenen »›Gebrauchswert‹ für die ›jungen Herren‹ vom Typus ›Anatol‹ (D. Lorenz, 148), der sozialgeschichtlich sehr genau in Wien und der Wiener Vorstadt als befristete Beziehung zwischen dem höher gestellten Herrn und dem einfachen Mädchen (etwa einer Handwerkertochter oder Näherin) zu lokalisieren ist:

> »Für den jungen Herren der Stadt, dem die Maitresse zu kostspielig oder auch zu langweilig ist, der durch eine Prostituierte seine Gesundheit gefährdet sieht, dem die Beziehung zur verheirateten Frau zu riskant ist, der aber seinerseits die standesgemäße junge Dame noch nicht heiraten kann oder will, empfiehlt sich das süße Mädel als Geliebte.« (Janz/Laermann, 44; vgl. Wardy 2008).

Gerade Schnitzlers Œuvre ist reich an zwar ausdifferenzierten, dennoch für das Fin de siècle zugleich typischen Frauenfiguren (D. Lorenz, 148f.; vgl. Perlmann). Insgesamt ließen sich eine Fülle weiterer Typen anführen – so die **Renaissancefrau** in Rilkes Einakter *Die weiße Fürstin* (1898, 2. Fassung 1904) oder Hofmannsthals *Frau am Fenster* von 1897 (Weinhold, 235ff.). Auch der klinische Fall einer ›**Hysterica**‹ (D. Lorenz, 150), nämlich Hofmannsthals *Elektra* (1903, Uraufführung der von Richard Strauss vertonten Oper 1909), eine »›neurasthenische‹ Anverwandlung der Antike« (Lange, 216ff.; vgl. Worbs, 269ff.), wäre als jahrhundertwendetypisch zu charakterisieren.

Wohl in keiner Periode zuvor sind die Geschlechterrollen und Frauenbilder derart vielschichtig angelegt worden, auch wenn sie sich in der Regel als männliche Projektionen mit allen daraus sich ergebenden Konsequenzen eines dualistischen Frauenbildes erweisen. Randzonen der Sexualität bzw. einer vom majoritären Verhalten abweichende Sexualität wie die oben bereits skizzierte Homoerotik und die von Krafft-Ebing 1886 analysierten Bereiche gehören dazu.

Dekadente Sexualität äußert sich literarisch im Motiv des Inzest (Thomas Manns *Wälsungenblut*, 1906), in den (nach dem 1895 verstorbenen Romancier Leopold von Sacher-Masoch) masochistischen bzw. sadomasochistischen Motiven bei Hermann Bahr (*Die gute Schule*, 1890; vgl. Fischer, 100ff.) oder in Felix Dörmanns *Neurotica* (1891). Sexuell grundierte Gewaltphantasien etwa bei Octave Mirbeau (*Le jardin des supplices* [*Im Garten der Lüste*], 1899) oder im deutschsprachigen Werk von Stanislaw Przybyszewski (*Totenmesse*, 1893; *Androgyne*, 1906; vgl. Fischer, 59ff., 220ff.; Przybyszewski 9, 15ff.) zählen ebenso hierher wie Berührungen und Übergänge zur Pornographie, auch in der Bildenden Kunst, etwa bei Félicien Rops. – Als erotische Utopie schließlich scheint im Fin de siècle die platonische Vorstellung von der Androgynität auf (vgl. Androgyn).

6.11 Ästhetik der ›kleinen Form‹

Während der Naturalismus sich in allen Gattungen versucht und in den Großformen des Romans (bei Zola) und des Theaters seine Triumphe feiert (in Strindberg allerdings einen entschiedenen Fürsprecher des Einakters findet [vgl. Kurzformen, 133ff.]), bevorzugt das Fin de siècle die kleinen literarischen Formen, allen voran das Gedicht. Kaum je seit der Romantik wurde derart formvollendete Lyrik produziert und auch diese entsprechend, bzw. dank einer wiederum von dieser Lyrik selbst mitgeprägten Lyrikauffassung, kanonisiert, man denke vor allem an Hofmannsthals »Weltgeheimnis«, seine »Terzinen«, die »Ballade des äußeren Lebens« und an »Manche freilich ...« (Hofmannsthal E, 21ff.). – Daneben begegnet eine Fülle von Kurzformen (vgl. Hansers Sozialgeschiche 7, 339ff.): das Prosagedicht, die Skizze, die Novellette, die Studie, der Brief, die Szene und der Einakter, bei den eher analytischen Genres der Essay, der Merkspruch und Aphorismus, die Kritik oder die Rezension, schließlich das Feuilleton und andere Formen des Zeitschriften- oder Zeitungsbeitrages. Das gilt zumal für das Junge Wien, das sich überhaupt durch eine »Vielfalt der **Mischformen**« (Žmegač 1980, 296) auszeichnet, durch Übergänge zwischen Fiktionalem und Nichtfiktionalem, durch Gattungsmischungen, auch durch die Tendenz zur »Entfabelung« (ebd., 297) des Erzählerischen wie in Leopold Andrians *Garten der Erkenntnis* (1895) oder Beer-Hofmanns *Tod Georgs* (1900).

Damit korrespondierend lässt sich ein auffälliges Desinteresse zumal an den literarischen Großformen bemerken: Hofmannsthal hat nur wenige Erzählungen publiziert und seinen einzigen Roman, *Andreas*, nicht vollendet. Auch Schnitzlers Romanproduktion ist von deutlich geringerem Gewicht als seine Einakter und Einakterzyklen, in denen er die »Kurzform zum dramaturgischen Prinzip erhoben hat« (Kurzformen, 263; vgl. Brauneck 1999, 750ff.). Die Bedeutung dramatischer Kurzformen (Szondi 1964, 86ff.) und des lyrischen Dramas – das ja auf das französische ›Proverbe dramatique‹, das ›dramatisierte Sprichwort‹, zurückgreift und bereits von der Gattungstradition her sich programmatischer Kürze verpflichtet –, ist für den jungen Hofmannsthal, den frühen Rilke u.a. evident (vgl. D. Lorenz, 140ff.; Szondi 1975). Bezeichnenderweise wird sich Hofmannsthal erst nach der ›Chandos-Krise‹ (s. I.6.12), nach der Überprüfung ästhetizistischer Positionen also, der dramatischen Großform – nämlich der Oper in Kooperation mit Richard Strauss – zuwenden. Stefan George hat Zeit seines Lebens die traditionellen Großformen gemieden.

Die demonstrative Bevorzugung der kleinen Formen im Fin de siècle ist Programm. Sie ließe sich unschwer ableiten aus der Konstitution des atomisierten ›unrettbaren Ich‹, das zu einer großen, zusammenhängenden, auf Totalität zielenden Gestaltung sich außerstande sieht (s. I.6.2). Stattdessen dominieren Relativismus, die Flüchtigkeit des Moments, die Selektivität der Wahrnehmung, Impressionismus/Pointillismus im Wortsinn; mimetische Detailverliebtheit, kleinformatiger Text und Authentizitätsanspruch des Schreibens fallen zusammen. Bei Peter Altenberg, dem Wiener Meister der impressionistischen Skizze, ist dies programmatisch ausgeführt, wenn der Schreibakt absolut gesetzt wird und die **Flüchtigkeit der Aufzeichnung** zur Schreibmethode, »zum Medium der Wahrnehmung selbst« avanciert (D. Lorenz, 194; vgl. Köwer). Bezüglich der Frage nach Intention und deshalb auch Intonation seiner ersten Skizzensammlung von 1896, *Wie ich es sehe*, schreibt Altenberg: »Es darf nicht heißen ›Wie *ich* es sehe‹. Es muß heißen: ›Wie ich es *sehe*.‹« (zit. D. Lorenz, 174). In einem Brief an Schnitzler 1894 postuliert er: »Ich hasse die Retouche. Schmeiß es hin und gut –! Oder schlecht! Was macht das?!« (Wiener Moderne, 427).

   Dieser radikalisierte impressionistische Bezug auf den Schreibakt selbst verweist in seiner quasi performativen Anlage auf ein zentrales Moment der Moderne und lässt allenfalls »**eine Art von Buch**« entstehen, wie bereits Hofmannsthal hellsichtig bemerkte (Hofmannsthal I, 222). Dies ist nicht der einzige Grund für die Präferenz der kleinen Form – bei allem Relativismus der Wahrnehmung geht es bei ihrer ästhetischen Gestaltung doch um größtmögliche Genauigkeit, Konzentration. Huysmans bereits lässt im 14. Kapitel von *Gegen den Strich* seinen Protagonisten eine Theorie der kleinen Form, der »poème in prose«, die er in Baudelaire und Mallarmé verkörpert sieht, entwickeln und das Projekt eines Romanes entwerfen, der auf einige Sätze konzentriert wäre und doch die Essenz von Hunderten von Seiten böte. Seinem Skizzenbuch *Wie ich es sehe* (seit der 2. Auflage 1898) nun setzt Altenberg gerade diese Passagen von Huysmans programmatisch als Motto voran (vgl. Köwer, 98ff.), und in einer »Selbstbiographie« formuliert Altenberg eine charakteristische Theorie der kleinen Form:

> »Denn sind meine kleinen Sachen Dichtungen?! Keineswegs. Es sind Extracte! Extracte
> des Lebens. Das Leben der Seele und des zufälligen Tages, in 2–3 Seiten eingedampft,
> vom Überflüssigen befreit wie das Rind im Liebig-Tiegel! Dem Leser bleibe es überlassen, diese Extracte aus eigenen Kräften wieder aufzulösen, in geniessbare Bouillon zu
> verwandeln, aufkochen zu lassen in eigenem Geiste, mit einem Worte sie dünnflüssig
> und verdaulich zu machen.« (Das Junge Wien II, 962).

Im einprägsamen Bild vom Maggi-Würfel, der alle notwendigen »**Extracte**« enthält und nur aufgelöst werden muss, damit er seine Kraft freisetzen kann, erscheint eine für die Moderne insgesamt charakteristische, neue Rollenzuweisung für den Rezipienten: Er hat das literarische Werk allererst durch seine Aneignungspraxis zu realisieren. Damit erweist sich der »›ästhetische Minimalismus‹ mit seiner absichtsvollen Konzentration auf das – programmatisch-ethisch bestimmte – ›Wesentliche‹« (D. Lorenz, 175) zugleich als ein Maximalismus, den die Künstler der Jahrhundertwende auch noch auf ganz andere Weise einzulösen versuchten: im **Gesamtkunstwerk**. Wagner und **Wagnerismus**, die das Fin de siècle durchgeistern – im Ausland mehr noch als im Wilhelminischen Deutschland und der k.u.k.-Monarchie (vgl. Koppen) – hatten diesbezügliche Ansprüche formuliert und Exempel gegeben. Die Jahrhundertwende hat zwar selbst kein Gesamtkunstwerk à la Wagner geschaffen, trotz ihrer Bemühungen einer Vereinigung der Künste wie in ihren bildkünstlerischen Zeitschriften oder in einer synästhetischen Kunst selbst – Bahr spricht einmal von der »mystischen Union der Sinne« anlässlich des Experiments einer »Coulour Music« (Wiener Moderne, 232ff.). Derartige Konzepte belegen aber ebenso wie Altenbergs »Extracte«-Theorie den umfassenden ästhetischen Anspruch des Fin de siècle, dessen Genrepräferenz für die kleine Form alles andere als eine bloß zufällige Gattungshierarchie darstellt.

   Sie hängt auch mit der zeitgenössischen **Medienentwicklung** zusammen. Die Altenbergschen **Zeitungsskizzen** stehen ganz in Abhängigkeit von den Bedingungen des Mediums. Die als »Wiener Feuilleton« bekannten Texte sind eine »Form kurzer Prosa, wie sie sich in den Literatur-Spalten der Wiener Zeitungswelt fest etabliert hatte« und bei der es »auf die Erfüllung der Unterhaltungsfunktion« ankommt. Hier reiht sich Altenberg durchaus »in das gängige Repertoire des Feuilletons« ein (Nienhaus, 203; vgl. D. Lorenz, 178f.). Mit dem ästhetisch verknappten, »›abgekürzten Verfahren‹« und seinem »**Telegramm-Stil der Seele**« (Das Junge Wien II, 962) reagiert Altenberg allerdings innovativ auf die Bedürfnisse auch neuer Medien – Zeitbezogenheit und Zeitökonomie finden dergestalt in der Kurzprosa ihre Schreibmethodik (vgl. Köwer, 64ff.; Nienhaus). Egon Friedell hat früh (1909) auf das »eminent Moderne« an solchen Verfahrensweisen verwiesen:

> »Nur im Zeitalter der Telegraphie, der Blitzzüge und der Automobildroschken konnte ein solcher Dichter entstehen, dessen leidenschaftlicher Wunsch es ist, immer nur das Allernötigste zu sagen. Für nichts hat ja unsre Zeit weniger Sinn als für jenes idyllische Ausruhen und epische Verweilen bei den Gegenständen, das früher gerade für poetisch galt [...]. Die Photographie entwirft uns kondensierte Miniaturbilder der Welt. Wir reisen nicht mehr ausführlich in der Postkutsche, sondern im Schnellzug und empfangen hastige Schnellbilder der Gegenden, die wir passieren. Und ganz typisch ist es, daß die Postkarte unsern heutigen schriftlichen Verkehr beherrscht: sie vertritt den modernen Gedanken, daß für jede Mitteilung ein Oktavblatt ein genügend großer Raum ist.« (zit. Žmegač 1980, 298f.).

Damit sind Veränderungen der Wahrnehmungsweisen im Zuge von Industrialisierung und Urbanisierung, denen auch das verglichen mit Berlin eher gemächlicher scheinende Wien sich ästhetisch stellt, markiert. Altenbergs Diktum schließlich: »Was man ›weise verschweigt‹ ist künstlerischer, als was man ›geschwätzig ausspricht‹!« (Das Junge Wien II, 962) verweist bereits auf Sprachkritik und Sprachskepsis der Jahrhundertwende.

6.12   Sprachkrise und Sprachkritik der Jahrhundertwende

Wie vor ihnen allenfalls die Romantiker, haben Ästhetizisten und besonders die Symbolisten einer ausgesprochenen **Sprachmagie** gehuldigt: Sie entfesselten eine lyrische Suggestion sondergleichen, erzielt durch Sprachzauber, ein unnachahmliches Zusammenspiel von Metaphern, Symbolen, Bildern, Rhythmen, Alliterationen, Assonanzen, Reimen, Synästhesien. Im Unterschied zum Naturalismus geht es gerade in der Lyrik und in lyrischen Sprechweisen nicht mehr um einen außerkünstlerischen Realitätsbezug, sondern um die Loslösung von mimetischen Prinzipien. Das gründet letztlich im »Trotz gegen die Gesellschaft«, der, so Adorno, »einer gegen deren Sprache (ist). Die anderen teilen die Sprache der Menschen. Sie sind ›sozial‹. Die Ästheten sind ihnen nur so weit voraus, wie sie asozial sind. Ihre Werke messen sich an der Erkenntnis, daß die Sprache der Menschen die Sprache ihrer Entwürdigung ist.« (Adorno 1963, 229f.). Absonderung von der Gesellschaft, Elitarismus, Hermetik, l'art pour l'art-Prinzip, die ›Unverständlichkeit‹ dieser Kunst finden ihren Grund in einer »esoterischen Kunstlehre, wonach Kunst ›reine Schöpfung‹ sei, durch nichts bedingt und zu nichts verpflichtet, außer zum Dienst an sich selbst. ›Was der Dichter in seinen unaufhörlichen Gleichnissen sagt‹, schreibt Hofmannsthal, ›das läßt sich niemals auf irgendeine andere Weise (ohne Gleichnisse) sagen: nur das Leben vermag das Gleiche auszudrücken, aber in seinem Stoff, wortlos.‹« (Žmegač 1980, 304). In seiner »Lob-rede auf Mallarmé« hat George, den französischen Traditionsbezug verdeutlichend, das Konzept einer neuen Sprache entworfen: »jeden wahren künstler hat einmal die sehnsucht befallen in einer sprache sich auszudrücken deren die unheilige menge sich nie bedienen würde oder seine worte so zu stellen daß nur der eingeweihte ihre hehre bestimmung erkenne« (zit. ebd., 305; vgl. Mattenklott 1970, 311).

Was hier auch im Kontext der Selbstnobilitierung zum Dichter-Seher steht und »im Konkurrenzkampf der Medien« um 1900 sich darin äußert, dass alle Konkur-renten »auf ihre jeweilige Professionalität« schwören, findet in einem Gedicht wie Georges »**Das Wort**« (1919) einen Gipfelpunkt, wenn es darin heißt: »kein ding sei wo das wort gebricht« (vgl. Kittler, 270). Für radikale Autonomie und Hermetik der poetischen Konstruktion hat George selbst ein Beispiel gegeben, wenn er in dem Ge-dicht »Urspruenge« aus dem *Siebenten Ring* (1907) zwei Verse seiner Geheimsprache einblendet: »CO BESOSO PASOJE PTOROS/CO ES ON HAMA PASOJE BOAŇ«. Diese Verse sind deshalb nicht zu enträtseln, weil der von George sorgsam gehütete Deco-dierungs-Schlüssel nach seinem Tod vernichtet worden ist (vgl. Mattenklott 1970, 307f.; Fähnders 2004). Die Funktion des Dichters als Sprachschöpfer, der sich um ›Abbildung‹, um Mimesis nicht schert und der mit seiner Wort-Schöpfung im Übrigen auch Herrschaftsfunktion ausübt, ist hier radikalisiert.

In der Kunst-Leben-Relation folgt die Wiener Moderne nicht den Georgischen Geheimlehren, wohl aber einem tendenziell a-mimetischen Ansatz. Dort, wo Hof-mannsthal gegen George betont, dass »von der Poesie kein direkter Weg ins Leben, aus dem Leben keiner in die Poesie« führe, insistiert er dennoch auf der Souveränität des Wortes:

> »Das Wort als Träger des Lebensinhaltes und das traumhafte Bruderwort, welches in einem Gedicht stehen kann, streben auseinander und schweben fremd aneinander vor-bei, wie die beiden Eimer eines Brunnens. Kein äußerliches Gesetz verbannt aus der Kunst alles Vernünfteln, alles Hadern mit dem Leben, jeden unmittelbaren Bezug auf das Leben und jede direkte Nachahmung des Lebens, sondern die einfache Unmöglich-keit: diese schweren Dinge können dort ebensowenig leben als eine Kuh in den Wipfeln der Bäume.« (Hofmannsthal I, 16).

Die zunehmende Selbstkritik des Ästhetizismus, die Hofmannsthal während der neun-ziger Jahre übt und mit der er auch seine Ästheten-Figuren überzieht, radikalisiert sich 1902 in jenem vieldiskutierten Text, der als »**Chandos-Brief**« in die Literaturge-schichte eingegangen ist. Dieser mit »Ein Brief« überschriebene, 1902 in der Berliner Zeitung ›Der Tag‹ erschienene Text gibt sich aus als Brief eines (fiktiven) Lord Chan-dos an den historischen Francis Bacon, dem Begründer des englischen Empirismus, aus dem Jahr 1602, in dem jener sich »wegen des gänzlichen Verzichtes auf literari-sche Betätigung« entschuldigt. Chandos beklagt den Verlust des einstmals »als eine große Einheit« erfahrenen »ganzen Daseins«, das ihm nun abhanden gekommen sei: »Es ist mir völlig die Fähigkeit abhanden gekommen, über irgend etwas zusammen-hängend zu denken und zu sprechen« – die »abstrakten Worte, denen sich doch die Zunge naturgemäß bedienen muß, zerfielen mir im Munde wie modrige Pilze.« In deutlicher Anspielung auf Nietzsches Atomisierungs-Metapher im Zusammenhang mit dessen Décadence-Bestimmungen (s.o. S. 98) heißt es weiter: »Es zerfiel mir alles in Teile, die Teile wieder in Teile, und nichts mehr ließ sich mit einem Begriff umspannen.« (Wiener Moderne, 431ff.). So mündet der »Brief« in eine Geste des Verstummens, die aber kommunizierbar bleibt.

In der kaum überschaubaren Rezeptionsgeschichte ist der Chandos-Brief in der Regel verkürzt als autobiographisches Zeugnis einer Schaffenskrise bei Hofmannsthal gedeutet worden; in der Tat hat sich Hofmannsthal seit dieser Zeit zwar von der Lyrik abgewendet, aber in keiner Weise von der Dichtung insgesamt (vgl. Bomers; Riedel). Diese Interpretationen haben in der Regel die »Spielkonstruktion« (Bomers, 18) und die »Fiktionalität des Textes« (Riedel, 2) übersehen. Es handelt sich zwar um die Darlegung einer grundsätzlichen Sprachkrise, und insofern kann man zurecht von einem Schlüsseltext der Moderne sprechen, der die Kluft zwischen erfahrener Realität (im Naturalismus die ›Natur‹, ›Leben‹ im Jargon des Fin de siècle) und den traditionellen dichterischen Abbild-Möglichkeiten begreift und thematisiert. Diese Krise wird aber zugleich gebändigt, zu produktiver Sprachkritik umgemodelt: weder schweigt Hofmannsthal, noch verstummt Chandos. Im Gegenteil; Hofmannsthals briefschreibende Kunstfigur findet die ausgezeichnetsten Bilder und Metaphern, um ihre Sprachkrise darzulegen, verzichtet allerdings konsequent auf die Suche nach neuen Begriffsbildungen, die den alten überlegen wären: »**Sprachkrise und Sprachkompetenz** gehen hier Hand in Hand. Die Ohnmacht vor den Begriffen wird kompensiert durch die Macht über die Bilder, durch die Kunst der metaphorischen und parabolischen Rede.« (Riedel, 5).

Hofmannsthals »Chandos-Brief« übt mehr als bloße Sprachkritik; er entlarvt nicht allein falsche, unangemessene, verlogene Sprachgewohnheiten der Konvention und der Tradition, wie dies in aller Konsequenz und Brillanz auch Karl Kraus in seiner ›Fackel‹ unternimmt (vgl. Arntzen 1975). Er rührt an die Wurzeln des Mediums der Sprache selbst, der Tauglichkeit von Sprache, die Außenwelt überhaupt zu erkennen, zu reflektieren, wiederzugeben. In dieser Hinsicht konnte er im Übrigen des großen Interesses des Sprachkritikers Fritz Mauthner und des Anarchisten Gustav Landauer sicher sein, die im ›Brief‹ eigene Überlegungen bestätigt sahen, nach denen die traditionelle Sprache das Hemmnis bei Wirklichkeitsaneignung und Wirklichkeitsveränderung bedeute. Hofmannsthals Sprachkritik verweist zudem auf die bei Ludwig Wittgenstein u.a. diskutierte Frage nach Möglichkeit und Notwendigkeit einer ›Meta-Sprache‹, die das Reden über die Sprache allererst möglich mache (vgl. Vienna 1900). Die Modernität dieser »Magna Charta der literarischen Moderne« (Hübener 2007) ist unzweifelhaft, auch wenn zu betonen ist, dass der Brief »die Grammatik« nicht antastet; erst die historische Avantgarde wird sie »zertrümmern« (Grimminger 1995b, 196; vgl. Fähnders 2004).

6.13 Zur Forschungsproblematik

Allem Anschein nach ist die Literatur des **Naturalismus** heutzutage weniger lebendig als die des Fin de siècle (vgl. Sandor). Was im literaturwissenschaftlichen Bereich – als einen der Rezeptionssektoren – die Beschäftigung mit Naturalismus und Jahrhundertwende angeht, so lässt sich gegenüber der Hochzeit von Wiederentdeckung und Neuinterpretation des Naturalismus insbesondere während der siebziger Jahre, die ihre Ursachen im Paradigmenwechsel der Germanistik jener Jahre hatte (s. I.2.9), eher ein zurückhaltendes bis abnehmendes Interesse festhalten – im Zeichen der Postmoderne hat es eine sozialkritisch angelegte Literatur auch in der Wissenschaft schwer.

Insbesondere eine Zusammenschau des Naturalismus mit Fragen einer proletarischen und sozialistischen Literatur und Literaturrezeption erscheint dem Zeitgeist suspekt.

Demgegenüber hält die traditionell reichhaltige **Fin de siècle-Forschung** unvermindert an. Jahrhundertwende-Forschung war stets ein etablierter germanistischer und komparatistischer Gegenstandsbereich (vgl. Alewyn; R. Bauer; Fischer; Middell; Mennemeier 1985; Rasch; Szondi 1975; Wunberg 1995; Wuthenow). Es liegen einschlägige Quellensammlungen vor (Fin de siècle; Jhw.; Berliner Moderne; Münchner Moderne; Wiener Moderne). Den Forschungsstand zumal zu Einzelfragen vermitteln Sammelbände (Jahrhundertwende; Deutsche Literatur der Jahrundertwende; Fin de Siècle. Zur Literatur und Kunst der Jahrhundertwende; Jahrhundertende – Jahrhundertwende; Handbuch Fin de Siècle; Hansers Sozialgeschichte 7; Sprengel 1998a).

Dabei ist festzuhalten, dass die Erforschung von Ästhetizismus und Wiener Moderne am Innovationsschub der kritischen Germanistik im Gefolge der Studentenbewegung zweifellos weniger partizipiert hat als der Naturalismus. Eine oft kurzschlüssige Kritik an Exklusivität, Elitarismus und Esoterik dieser Literatur mag durchaus Forschungsperspektiven, wie sie bereits Gert Mattenklott mit seiner Analyse der »ästhetischen Opposition« bei Beardsley und George unternommen hat (vgl. Mattenklott 1970), verstellt haben.

Die Zeit der Ergriffenheit, der »Versenkung« (Benjamin I.2, 463) angesichts eines Rilke-, Hofmannsthal- oder George-Verses dürfte definitiv vorbei sein. Die Wirkungsgeschichte gerade dieser Lyriker und ihrer Texte im 20. Jahrhundert ist unübersehbar. Allein ein Gedicht wie Hofmannsthals auch als »Schicksalslied« bekanntes »Manche freilich …« hat nicht nur eine Legion von Interpreten auf den Plan gerufen (vgl. Fundbuch) – das tun andere Texte auch –, sondern es stand wie kaum ein anderes als Inbegriff des Lyrischen schlechthin (vgl. Grimm). Dabei wurde – im Ansatz betont unpolitisch verfahrend – lange Zeit übersehen, dass der Ästhetizismus auch »als Weise politischen Verhaltens« Wirksamkeit entfaltet hat, indem er Elitarismus und Politikfeindschaft einzuüben vermochte. »Elitärer Dünkel und politische Ohnmacht« sind in der »scheinbar unpolitischen Kunst des Fin de siècle« geadelt worden (Mattenklott 1970, 17f.).

Eine derart identifikatorische Rezeption verfehlt die selbstkritische, zumal bei Hofmannsthal erkennbare (vgl. Alewyn; Rasch 180ff.), ja auch sprach-selbstkritische Reflexion von Ästhetentum und Ästhetischem im Fin de siècle selbst. Gerade dort, wo Ästhetizismus und Décadence sich ihrer selbst bewusst und problematisch werden, verlieren sie zwar nicht ihren elitären, auch nicht ihren herrischen und massenverachtenden Charakter; aber sie lassen erkennen, dass da nicht uneingeschränkt apologetisch ›Herrschaft‹ propagiert wird. Bei Hofmannsthal erscheint die »ästhetizistische Verabsolutierung der Kunst als Akt der Askese« (Bürger 1992, 199). Für die allerdings anders gelagerten deutschen Verhältnisse mag man in diesem Zusammenhang an Ästhetizismus, Ästhetizismus-Kritik und -Überwindung bei Heinrich Mann und seine diesbezüglichen Auseinandersetzungen mit dem Bruder Thomas denken (R. Werner 1972, 145ff.; Schröter). – Wie heutzutage Funken, *Gewissensblitze* gerade auch aus dieser Lyrik zu schlagen sind, wie sie zu hochaktuellem und provokativem Sprechen gebracht werden kann, macht Gerhard Bauer deutlich, so an Rilkes berühmtem Gedicht »Archaischer Torso Apollos« (G. Bauer, 21ff.).

Lebhaft ist die **Erforschung der Wiener Moderne**, insbesondere die Faszination des »›Wien-um-1900-Mythos‹« (Brix, 150), die Auseinandersetzung mit der »Meta-

pher Wien um 1900« und das »Wienklischee« (Sandgruber, 73). Dieses galt es aufzu-
brechen, nachdem lange Zeit der Eindruck zumal in der österreichischen Literatur
von einem »habsburgischen Mythos« als eines versunkenen Schlaraffenlandes erweckt
worden ist (Magris, 18f.; vgl. Schmidt-Dengler 1995). Durch Quellensammlungen
(Début eines Jahrhunderts; Das Junge Wien; Wiener Moderne), Einführungen (D.
Lorenz) und literarhistorische Kurzabrisse (Sprengel 2004, 236ff.) ist der Komplex
›Wien um 1900‹ rasch erschließbar.

Literaturwissenschaftliche, zumal kultur- und sozialhistorisch angelegte Studien
wie diejenige von Carl E. Schorske über Wien. *Geist und Gesellschaft einer Epoche*
(Schorske) haben den Blick für die Verknüpfung der vielfältigsten kulturellen Richtungen und Bewegungen im Vielvölkerstaat geöffnet – ein Staatengebilde, das 15 verschiedene ethnische Gruppen, 12 Hauptsprachen, 5 Religionen und wenigstens ebensovie-
len eigenständige kulturelle Traditonen umschloss (vgl. Brix, 136). Jedenfalls ist die
»Aktualität der Wiener Moderne in der Forschung« (Bolterauer 2003, 13ff.) zu konstatieren (vgl. Psychoanalyse; Sprengel/Streim 1998; Vienna 1900; Die Wiener Jahrhundertwende; Die Wiener Moderne. Ergebnisse; Wien um 1900; Wien um 1900.
Kunst und Kultur). Hermann Brochs Generalabrechnung mit dem europäischen Wer-
teverlust, dessen Zentrum er in Wien sah – »als Metropole des Kitsches wurde Wien
auch die des Wert-Vakuums der Epoche« (zit. Wuthenow, 233) – ist historischen Analysen gewichen (vgl. Farkas; Janz/Laermann; Le Rider 1996; Rieckmann; Worbs).

Die mit den Postmoderne-Debatten erneut aktualisierten Auseinandersetzungen
gen über die Moderne haben u.a. den Blick für die ›historische Moderne‹ seit dem
Naturalismus, aber eben auch für die Jahrhundertwende und speziell die Wiener
Moderne geschärft. Die Erforschung der Metropolenkultur – Paris, Berlin, Wien – tut
ein Übriges: Paris gilt nicht allein, nach Walter Benjamins Diktum, als »Hauptstadt
des 19. Jahrhunderts«, sondern auch als »Welthauptstadt der Kultur um 1900«, so
Roger Shattuck. Dagegen spricht der englische Historiker Norman Stone diesen Titel
der Stadt Wien zu (zit. Brix, 136). Neuere Forschungen (vgl. Die Wiener Moderne.
Ergebnisse) heben hervor, dass gerade Wien als Hauptstadt des Vielvölkerstaates aufgrund ökonomischer Rückständigkeit und seiner multikulturellen und multinationa-
len Identitäten »im weltweiten Prozess der Modernisierung in ein Spannungsverhältnis geriet, das ein Klima kreativer kultureller Möglichkeiten schuf. Das ›Moderne‹
am Wien der Jahrhundertwende war also die permanente Notwendigkeit, mit Gegensätzen umgehen zu müssen«. Dies erklärt, »daß Wien zum Versuchsgelände für alle
wesentlichen Strömungen des 20. Jahrhunderts werden konnte.« (Brix, 136f.; vgl.
Handbuch Fin de Siècle, 159ff.).

Die künftige Urbanitäts- und **Metropolenkulturforschung** müsste derartige Kontroversen nutzbar machen – in unserem Zusammenhang auch mit Blick auf die Rolle
Berlins zur Zeit der Jahrhundertwende, wo die Klassengegensätze viel offenkundiger
zutage traten und ungleich schärfer akzentuiert waren. Dementsprechend konnte Berlin auch eine Kunst und Literatur hervorbringen, die, wie die naturalistische und auch
die proletarisch-sozialistische, viel direkter ›an den Feind‹ ging und sich eher der Abbildung und der Sozialkritik, nicht der ästhetizistischen Verrätselung verschrieb. Der
Soziologe Werner Sombart stellte bereits 1907 einen Vergleich zwischen Berlin und
Wien an und kontrastierte technologischen Fortschritt und »Kapitalismus« in Berlin,
bemerkte aber zu Wien, dieses »schreitet nicht fort« (Début eines Jahrhunderts, 38).
In diesem Sinne ist auch der erste Satz des Essays »Die demolirte Literatur« (1896)

von Karl Kraus über die dann 1897 erfolgte Schließung des legendären Café Grien-steidl, dem Treffpunkt des Jungen Wien, zu verstehen: »Wien wird jetzt zur Großstadt demoliert.« (Wiener Moderne, 644). Differenzen innerhalb des europäischen Fin de siècle sind trotz aller Gemeinsamkeiten evident. Zudem bleibt zu analysieren, welche Sonderrolle München als traditionsreiche katholische Residenzstadt ohne große In-dustrie, mit antipreußischem Affekt und reicher Boheme-Kultur eingenommen hat, aber auch, wieso während der zwanziger Jahre wiederum Berlin zur europäischen Kulturmetropole par excellence avancieren konnte (s. II.2.5).

Die Diskussionen über Moderne, Modernität und Modernisierung auf der ei-nen Seite, eine Metropolenanalyse auf der anderen Seite dürften erfolgversprechende Parameter für weitergehende Studien gerade auch zur Literatur der Jahrhundertwen-de abgeben. Dass dabei der Intelligenzsoziologie ebenso wie den mentalen, kulturel-len und politischen Entwicklungen der Massen und des Proletariats eine gebührende Rolle zukommen muss, liegt auf der Hand. Hier bleibt man vorerst auf die älteren Arbeiten zumal der siebziger Jahre angewiesen (s. I.2.9); neuere Analysen zur Intelli-genzsoziologie finden sich erst für die Zeit der Weimarer Republik (s. III.1.9).

Exemplarisch sei an dieser Stelle ein diskussionswürdiger Punktekatalog zi-tiert, der Interpretationsmuster über die »Kreativitätsbedingungen in Wien um 1900« zusammenstellt:

1. Das 20. Jahrhundert wurde in Wien erfunden.
2. Dieser Mikrokosmos der Moderne beruht auf der Spannung zwischen ›neuen‹ und ›alten‹ Gruppenloyalitäten und der Omnipräsenz von ›Pluralität‹ in sämtli-chen Lebenswelten.
3. In Wien mussten zwei Millionen Menschen arbeiten, damit 100.000 das Fin de siècle erleben konnten.
4. Es bestand nicht nur keine positive Korrelation zwischen der kreativen Leistungs-fähigkeit in jener Zeit und den allgemeinen Lebensbedingungen, sondern die Vor-stellung von Demokratie und Gleichheit unter den Menschen war durch die Chan-cen auf ihre Verwirklichung aufs äußerste bedroht. Der Liberalismus begann an seinen eigenen Erfolgen zu leiden.
5. In der inneren und äußeren Zertrümmerung des ›Ich‹ in Wien um 1900 lag be-reits der Ansatz für die Katastrophen des 20. Jahrhunderts in Europa.
6. In Wien um 1900 fand ›Religion‹ ihre endgültige Ersetzung durch ›Kultur‹.
7. Die Folgen der Fortschritte von Technik und Zivilisation wurden in Wien nicht Teil der Kultur, sondern ihr untergeordnet.
8. Die Welt wurde prästabilisiert. Harmonie wurde in ihrer skurrilen Form zum Bestandteil des öffentlichen und privaten Lebens.
9. Politik wurde von dieser umfassenden ›Ästhetisierung‹ ausgeschlossen.
10. Traditionen blieben Bestandteile der Kultur (die Entfernung von der Ringstraße zur Secession blieb unüberbrückbar).
11. Pluralität lebte nicht von ›je mehr, desto besser‹.
12. Uniformität wurde aufgrund der sozialen und politischen Gegebenheiten abge-lehnt. Der Glaube an ›einfache Lösungen‹ blieb ohne Bedeutung.
13. Im übrigen Europa weitgehend akzeptierte Grundbegriffe (z.B. Nation) wurden relativiert und in neue Zusammenhänge (z.B. Internationalismus, Sprachphiloso-phie) gestellt.

14. Konfliktlösungsmodelle (Nationalitätenpolitik) und Welterklärungsversuche beruhten auf der Anerkennung von Pluralität.

15. Ein zentraler Aspekt der Jahrhundertwende war der Versuch der Darstellung des Totalen, gleichgültig, ob im gestalterischen oder im sozialen Umfeld. Das Gesamtkunstwerk wurde zum programmatischen Kern der Kultur. (Brix/Werkner, 10f.)

Diese weit ausholenden Thesen deuten beispielhaft weitertreibende Forschungsperspektiven an. Es bleibt indessen zu klären, wie nach den unglaublichen künstlerischen Spitzenleistungen des Fin de siècle jener ästhetische Paradigmenwechsel zu erklären ist, der – nach dem europaweiten Aufbruch der historischen Moderne in den achtziger Jahren – nun eine knappe Generation später zu einem neuerlichen Innovationsschub führt: um 1910 konstituiert sich, ebenfalls europaweit, die ›historische Avantgarde‹.

II. Expressionismus, Dada und ›historische Avantgarde‹

1. Künstlerischer Aufbruch um 1910

1.1 Von der ›historischen Moderne‹ zur ›historischen Avantgarde‹

Die beiden Jahrzehnte vor und nach 1900 sind – nach dem verhältnismäßig einheitlichen, naturalistischen Aufbruch der achtziger Jahre – von einem Stilpluralismus, einem Neben- und Gegeneinander unterschiedlicher Literaturströmungen geprägt (s. I.6.5; 6.6). Deren kleinster gemeinsamer Nenner ist die vieldiskutierte ›Überwindung‹ des Naturalismus, wobei Diachronie und Synchronie der einzelnen Kunstrichtungen – Ästhetizismus, Symbolismus, Impressionismus, Wiener Moderne –, wobei Phasenverschiebungen und Überschneidungen, aber auch Konjunkturen und Entwicklungen innerhalb dieses Gesamtkomplexes der ›historischen Moderne‹ mit der literarhistorischen und auch politischen **Zäsur 1890** deutlich erkennbar sind (s. I.6.1).

Nur ein Jahrzehnt später, im Jahre 1900, hat sich der Naturalismus bereits zugunsten ästhetizistischer und anderer Fin de siècle-Positionen verflüchtigt, deren epochenresümierender Zug im Sinne von Jahrhundert*ende* zunehmend einem Aufbruchsbewusstsein weicht, das der deutsche Terminus Jahrhundert*wende* andeutet und sich künstlerisch etwa im Jugendstil, gesellschaftlich in den diversen Aufbruchs- und Reformbewegungen seit 1900 niederschlägt. **Literatur um 1900** ist vor allem die Literatur der großen Namen und der ihre Individualität und gesellschaftliche Abgesondertheit auch bewusst ausstellenden Einzelnen – man denke nur an George. Auf kollektivistische, dynamische Tendenzen wie im Naturalismus als einer ausgesprochenen Literatur*bewegung* mit entsprechend offen angelegten Weisen der Kommunikation mit der Öffentlichkeit folgen ästhetizistische Bestrebungen der aristokratisch sich gebenden Autoren, die eine individualisierte Kommunikation pflegen (s. I.6.6; 6.8).

Ein weiteres Jahrzehnt später beginnt – europaweit und in allen Kunstsparten – der **Aufbruch der historischen Avantgarde um 1910**, konstituieren sich die einzelnen Gruppen und Richtungen der Avantgarde, formulieren und erproben sie ihre kunst- und sozialrevolutionären Programmatiken. Den Auftakt für die Konstituierung der Avantgarde als dezidierte Gruppenbewegung bildet im europäischen Kontext das 1. Manifest des italienischen Futurismus von 1909 (s. II.5.2). Literatur und Kunst geraten mit zunehmender Geschwindigkeit in Bewegung – es ist eine Bewegung in Richtung auf erneute Gruppenbildungen und die Ausrufung einzelner Ismen. Diese Ismen werden mit zum Teil atemberaubendem Tempo proklamiert, literarisch realisiert, der Konkurrenz verwandter, auch gegnerischer Strömungen ausgesetzt, sie werden für überwunden oder tot erklärt. Der Stilpluralismus der Jahrhundertwende wird endgültig abgelöst vom Konkurrenz- und Überbietungsdruck der einzelnen Richtungen im ›Projekt Avantgarde‹ (s. II.5.5).

Für diese Entwicklungen werden in der Forschung unterschiedliche Daten angeführt. Adorno spricht zu Beginn seiner nachgelassenen *Ästhetischen Theorie* vom »Meer des nie Geahnten, auf das die revolutionären Kunstbewegungen um 1910 sich hinauswagten« (Adorno 1973, 9). Für die Bildende Kunst wichtig sind die Gründung der ›Brücke‹ 1905 in Dresden, der Beginn der kubistischen Malerei in Paris 1907/08 und die Sezession des ›Blauen Reiter‹ 1911 in München von der ›Neuen Künstlervereinigung‹. Für die Literatur ist auf 1909 als das Jahr der Publikation des 1. futuristischen Manifestes in Paris zu verweisen und auf 1910 als Beginn der expressionistischen Literaturbewegung in Berlin. Jauß nennt 1912 als »Schwellenjahr« für die Moderne insgesamt (Jauß 1989, 237). Festzuhalten ist: Am Ende des ersten, zu Beginn des zweiten Jahrzehnts des 20. Jahrhunderts sind folgenreiche Programmerklärungen der Avantgarde ausformuliert, liegen in Deutschland bereits erste Proben des Expressionismus vor, werden in Theorie und Praxis die vorausgegangenen Ismen – Naturalismus, Impressionismus, Symbolismus, Ästhetizismus – angegriffen und programmatisch überwunden. Die »**Junge Generation**‹ um 1910« meldet sich zu Wort (Münchner Moderne, 597ff.).

Gerade ein gutes Jahrfünft nach dem avantgardistischen Aufbruch, 1916, wird dann bereits in Zürich mit Dada eine der folgenreichsten unter den Avantgardebewegungen kreiert, die 1918, am Ende des Ersten Weltkrieges und im Jahr der Novemberrevolution, auch in Berlin und anderswo präsent ist und ihren Feldzug u.a. auch gegen den Expressionismus startet. Beide, Expressionismus und Dada, erreichen in etwa **um 1920** ihren Zenit. Anders als in anderen Ländern folgen in Deutschland auf das Ende von Dada keine weiteren Ismen der Avantgarde, sieht man einmal ab von eher vereinzelten Initiativen eines Raoul Hausmann (»Présentismus«), Kurt Schwitters (»Merz«) oder Iwan Goll (»Zenitismus«, »Surrealismus«). Während in Italien der Futurismus, auch nach Mussolinis Machtergreifung 1922, bis in die vierziger Jahre als eine Art Staatskunst präsent ist, beginnt in Frankreich sich nach Ende des Dadaismus 1924 der Surrealismus um André Breton zu formieren. Damit wird – nach dem avantgardistischen Aufbruch eineinhalb Jahrzehnte zuvor – die zweite große Etappe der historische Avantgarde eingeläutet: die europäische Avantgarde steht bis zu Beginn des Zweiten Weltkrieges ganz »im Zeichen des Surrealismus« (Manif., 327ff.).

Daran hat die Literatur der Weimarer Republik, die ganz andere Wege geht, keinen Anteil: Die **zwanziger Jahre** beginnen mit einer zunehmenden Abkehr von Expressionismus und Dada, die in Deutschland eine Abkehr von den historischen Avantgardebewegungen überhaupt darstellt (s. III.1.7). Expressionisten und Dadaisten wenden sich entweder der Neuen Sachlichkeit, die sich den neuen ›Tatsachen‹ der Weimarer Republik kritisch verpflichtet weiß (s. III.2), zu, oder der proletarisch-revolutionären Literaturbewegung (s. III.3). Auch Exponenten der ›klassischen Moderne‹ wie Thomas Mann, Robert Musil oder Alfred Döblin wären hier zu nennen (s. III.4.5). Insgesamt markieren diese Strömungen und Autoren Neuansätze jenseits der europäischen Avantgardebewegungen dieser Jahre, auch wenn sie im Kontext bestimmter avantgardistischer Kunstprinzipien, nicht aber den avantgardistischen Bewegungen, anzusiedeln sind (s. III.2.2).

Gesamteuropäisch ist also für die Zeit um 1910 eine kunst- und literarhistorische Zäsur zu setzen. Sie markiert im deutschsprachigen Raum den folgenreichen Aufbruch des Expressionismus als der letzten großen deutschsprachigen Literaturbewegung des 20. Jahrhunderts. Was als **expressionistisches Jahrzehnt** erscheint, das Jahrzehnt von 1910 bis 1920, ist allerdings gekennzeichnet durch »die Gleichzeitigkeit des Ungleichen« (Anz 1994a, 144) und die »Ungleichzeitigkeit des Gleichzeitigen« (Vietta/Kemper, 15f.). Denn dieses Jahrzehnt ist nicht allein vom Expressionismus, sondern auch von anti-expressionistischen Positionen innerhalb der Avantgarde, so von Dada, mitbestimmt. Eine Formulierung wie »Expressionismus als Dominante« (Knopf/Žmegač, 413ff.) verdeutlicht anschaulich diesen literarhistorischen Befund. Zudem reichen noch Positionen von Naturalismus und Ästhetizismus ins expressionistische Jahrzehnt hinein, von anderen Trends wie der völkischen Literatur und anderen antimodernen Tendenzen zu schweigen. Insofern bleibt festzuhalten, dass man sich bei der Beschäftigung mit dem Expressionismus »auf die Denk- und Stilformen nur eines kleinen Teils der literarischen Intelligenz in dieser Zeit« – aber sicher des bedeutendsten – bezieht (Expr., XVI).

1.2 Die expressionistische Generation

Wie im Fall der »Wilhelminischen Generation« der Naturalisten (s.o. S. 15f.) lassen sich auch für die um 1910 sich zusammenfindenden Künstler generationstypische Charakteristika ausmachen. Der »›Idealtypus‹ des expressionistischen Schriftstellers«, wie er sich anhand der bio-bibliographischen Erhebungen von Paul Raabe über nicht weniger als 350 Autoren ausmachen lässt (Raabe 1992),

> »wurde um 1890 in Berlin, Wien, Prag oder im Rheinland geboren; studierte Germanistik, Philosophie, Kunstgeschichte, Jura oder Medizin; veröffentlichte zwischen 1910 und 1924 seine Bücher mit Vorliebe in den Verlagen Kiepenheuer, G. Müller, Reiss, Rowohlt, S. Fischer, Steegemann und vor allem Kurt Wolff; fand in so profilierten Schriftenreihen wie ›Der jüngste Tag‹, in aufsehenerregenden Anthologien (›Der Kondor‹; ›Menschheitsdämmerung‹), ›lyrischen Flugblättern‹ (so Benn 1912 mit den ›Morgue‹-Gedichten), Jahrbüchern, Almanachen sowie zahllosen, oft kurzlebigen Zeit- und Streitschriften sein publizistisches Forum.« (Anz 1994a, 145).

Angesichts solcher Befunde spricht man, die »Homogenität« des Expressionismus unterstreichend, von der »expressionistischen Generation« (ebd., 7f.) und betont deren »zumindest punktuell gemeinsame ›Bewußtseinslage‹« (Knapp, 17). Es waren die bürgerlich-intellektuellen, ja durchaus privilegierten **Söhne der Gründergeneration**, die im etablierten Wilhelminismus der Jahrhundertwende heranwuchsen und das Gros der Expressionisten ausmachten. **Frauen** spielten zahlenmäßig eine eher marginale Rolle, zu nennen wären u.a. Claire Goll, Sylvia von Harden, Henriette Hardenberg, Emmy Hennings, Cläre Oehring (spätere Jung, geb. Otto), Hilde Stieler, Nell Walden, Hermynia Zur Mühlen, zudem Else Lasker-Schüler, Sophie Taeuber(-Arp) oder die Malerin Hannah Höch. Raabe führt in seiner einschlägigen Bibliographie keine zwanzig Autorinnen des Expressionismus auf (Raabe 1992, 601; Vollmer 2003).

Die zwischen 1910 und 1921 Fünfundzwanzigjährigen, also die Jahrgänge 1885 bis 1896, machen zwei Drittel, so Raabe, aller am Expressionismus beteiligten Schriftsteller aus, wie folgende Jahrgangsstatistik zeigt:

1885: Kurt Hiller, Fritz von Unruh, Carl Einstein;
1886: Gottfried Benn, Albert Ehrenstein, Oskar Kokoschka, Max Herrmann-Neiße, Hugo Ball;
1887: Georg Heym, Georg Trakl, Jakob van Hoddis, Hans Arp, Kurt Schwitters;
1888: Franz Jung, Oskar Kanehl, Friedrich Wolf;
1889: Alfred Lichtenstein, Rudolf Leonhard, Karl Otten, Walter Serner;
1890: Franz Werfel, Walter Hasenclever, Klabund, Kasimir Edschmid, Ernst Wilhelm Lotz, Hanns Johst, Ernst Blass;

1891: Johannes R. Becher, Iwan und Claire Goll, Kurt Heynicke, Alfred Brust;
1892: Reinhard Sorge, Richard Huelsenbeck, Adolf von Hatzfeld;
1893: Ernst Toller, Leo Matthias, Manfred Georg;
1894: Oskar Maria Graf, Hans Henny Jahnn, Curt Corrinth;
1895: Arnolt Bronnen, Hans Schiebelhuth, Walter Rheiner, Fritz Usinger, Franz Richard Behrens;
1896: Hermann Kasack, Carl Zuckmayer, Johannes Urzidil, Wieland Herzfelde (Raabe 1992, 7; 563ff.).

Mehr als 80% der Autoren des Expressionismus waren Akademiker – vor allem Philologen, Kunsthistoriker, Juristen, Mediziner, kaum Wirtschafts- oder Naturwissenschaftler, viele studierten Philosophie und trugen den Doktortitel, z.B. Blass, Blümner, Hiller, Lichtenstein, Schreyer, Serner (Dr. jur.), Ehrenstein, Huebner, Kanehl, Kronfeld, Pinthus, Stadler, Stramm (Dr. phil.), die Mediziner Benn, Döblin, Klemm, F. Wolf (ebd., 575f.; 600f.).

Die expressionistische Generation verband generationstypisch ein Lebensgefühl zwischen **Stagnation und Opposition**. In seinem Tagebuch hat der 1912 beim Schlittschuhlaufen tödlich verunglückte Georg Heym derartige Positionen – und das Leiden daran – immer wieder formuliert. So klagt er 1910, dass alles »so langweilig« sei und sehnt sich wahlweise nach einer »Revolution«, einem »Krieg« oder einer »Durchquerung Afrikas« (Heym III, 128, 138). Am liebsten wäre er, »man denke sich, Kürassierleutnant, – heute – und morgen wäre ich am liebsten Terrorist« (ebd., 168). Im Juni 1910 schreibt er:

> »Mein Unglück ruht [...] in der ganzen Ereignislosigkeit des Lebens. Warum tut man nicht einmal etwas Ungewöhnliches [...]. Warum ermordet man nicht den Kaiser oder den Zaren? [...] Warum macht man keine **Revolution**? Der Hunger nach einer Tat ist der Inhalt der Phase, die ich jetzt durchwandere.« (ebd., 135). »Geschähe doch einmal etwas. Würden einmal wieder Barrikaden gebaut. Ich wäre der erste, der sich darauf stellte, ich wollte noch mit der Kugel im Herzen den Rausch der Begeisterung spüren. Oder sei es auch nur, daß man einen **Krieg** begänne, er kann ungerecht sein. Dieser Frieden ist so faul ölig und schmierig wie eine Leimpolitur auf alten Möbeln.« (ebd., 169).

»Alte Möbel« – keine zwei Jahrzehnte zuvor hatte der junge Hofmannsthal über das Erbe der Väter räsoniert, sie hätte zweierlei hinterlassen, nämlich »hübsche Möbel und überfeine Nerven« (Hofmannsthal I, 174). Kurz vor Beginn des Ersten Weltkrieges und im Bewusstsein – oder doch der Ahnung – tiefgreifender politischer Konflikte, wovon die Marokkokrisen 1905/06 und 1911, aber auch die russische Revolution von 1905 bereits einen Vorschein gegeben hatten, ist dies Erbe nur mehr Anlass, angewidert über die Erfahrungen mit dem inzwischen vier Jahrzehnte andauernden, zunehmend brüchig werdenden Frieden in Europa zu reflektieren. Dabei ist die Ziellosigkeit, der politisch offene Radikalismus der von Heym im Tagebuch notierten Ausbruchsphantasien signifikant: Krieg oder Barrikade, Zarenmord oder Revolution – es ist eine lähmende »Ereignislosigkeit«, ein »**brachliegender Enthousiasmus**« (Heym III, 164), der kein konkret erkennbares politisches oder soziales Ziel definiert, wohl aber in politischer Symbolik von Krieg und Revolution schwelgt. Ihre literarische Kriegssehnsucht vor 1914 teilen im Übrigen die Expressionisten, für die Heym hier stellvertretend steht, mit anderen Autoren der Zeit (vgl. Falk).

Die junge Generation erfuhr die Wilhelminische Welt, zumal das preußische Vorbild des Reserveoffiziers, als ein großes Repressionsarsenal; das bürgerliche Elternhaus und die Schule erschienen als Institute des militarisierten Drills, die eigene Zeit als Lähmung, als jugendfeindlich. Das demonstrierte der **Aufbruch der Jugend** vor dem Ersten Weltkrieg, die sich im Wandervogel und der Freideutsche Jugendbewegung formierte und 1913 auf dem Hohen Meißner den Anspruch verkündete, ihr Leben, so die griffige Formel, »nach eigener Bestimmung, vor eigener Verantwortung, in innerer Wahrhaftigkeit« zu gestalten (vgl. Expr., 158ff.). Dies war ein weit über die intellektuellen und akademischen Kreise hinausreichendes Fanal, berührte aber gerade mit dem Anspruch, eine ausgesprochene Jugend*kultur*bewegung zu sein, auch diese – wie sich beispielhaft in der Person Gustav Wynekens und seines Kreises der Freien Schulgemeinde und der Zeitschrift ›Anfang‹ zeigt, die mit dem Pfemfert-Kreis in Kontakt stand und auf den Aktivismus eines Kurt Hiller ebenso Einfluss nahm wie auf das Denken des frühen Walter Benjamin (vgl. Brodersen, 83f.).

Die Autonomieerklärung der Jugend beleuchtete die tiefe Unzufriedenheit dieser Jugend in Deutschland und damit die latente Autoritätskrise im Wilhelminismus. Die Jugendbewegung selbst signalisierte »allein durch ihre Existenz gesellschaftliche, pädagogische, soziokulturelle Unerträglichkeiten und Spannungen« des Systems (Heinz Rosenbusch, zit. Siebenhaar, 35). Auch und gerade die gutsituierte, durch Herkunft und akademische Ausbildung für bürgerliche Karrieren eigentlich prädisponierte junge Intelligenz hatte ihren Anteil an der Opposition gegen Erstarrung und Verkrustung der sozialen Verhältnisse oder formulierte doch ihre Irritation und Verstörung – eine Verkrustung, die im Übrigen ganz im Gegensatz stand zur ökonomisch-industriellen Modernisierung, der sich das Kaiserreich mit Erfolg unterzog und die es zur ausgesprochen ›modernen‹ Weltmacht avancieren ließ. Die emphatische Aufnahme gerade des Nietzscheanischen Lebensaspektes, der Vitalismus als Grundhaltung im Expressionismus haben hier ihren Ort: »Euphorie der Jugend«, ihr »Bewegungs- und Tatenrausch« resultieren eben aus der Kluft zwischen Lebensanspruch und Lebensrealität (G. Martens 1971, 73). Die Bedrückungen einer ganzen Generation durch eine »lebensfeindliche« Schule (Noob 1998, 241) haben, auch unabhängig vom Expressionismus, in Robert Musils *Verwirrungen des Zöglings Törless* oder in einer Schulerzählung wie Hermann Hesses *Unterm Rad* (beide 1906) ihren literarischen Niederschlag gefunden, die zu den bedeutendsten Darstellungen von Schul- und Bildungskritik (vgl. Marquardt) bis hin zum **Schülerselbstmord** zählen (vgl. Ehlenberger 2006; Noob 1998).

Der Auseinandersetzung mit der **Vätergeneration** bei den Naturalisten, die sich unter Anerkennung und Reflexion der epochalen Reichsgründung dem Problem des ›Epigonentums‹ ausgesetzt sahen (s.o. S. 15f.), folgte jetzt die Zuspitzung bei einer Söhnegeneration, die einen gesellschaftlichen Aktivposten gar nicht mehr zu erkennen vermochte. ›Bürgerlichkeit‹ erschien nicht länger akzeptabel. Insofern weist die Väterkritik bei der expressionistischen Generation stets auch auf ein Unbehagen am Alten, Überkommenen, ohne dass in den Jahren vor dem Ersten Weltkrieg Alternativen konkret würden. Die stärkste politische Oppositionskraft im Wilhelminismus, nämlich Arbeiterbewegung und Sozialdemokratie, hatte angesichts ihrer ›Verbürgerlichung‹ kaum Ausstrahlungskraft. Georg Lukács hat auf den »Unterschied zwischen der Lage von Naturalismus und Expressionismus« hingewiesen: »daß jener die Arbeiterbewegung aus dem – alles in allem – heroischen illegalen Kampf gegen das

Sozialistengesetz kennenlernte und in der Perspektive des ›großen Kladderadatsch‹ aufwuchs, während für diesen die bereits stark hervortretende Verkleinbürgerlichung der Arbeiteraristokratie und -bürokratie nicht ohne Einfluß blieb« (Begriffsbestimmung, 31; s. I.5.2).

Von sozialistischer Theorie wiederum wurden, wenn überhaupt, nicht genuin marxistische, sondern eher anarchistische Positionen wahrgenommen, u.a. durch die Vermittlung Gustav Landauers, die eine Breitenwirkung in Deutschland aber nicht entfalten konnten. Dass dies allerdings ihrer Attraktivität keinen Abbruch tat, zeigt die linksradikale Orientierung nicht weniger Expressionisten im Gefolge von Krieg und Novemberrevolution (vgl. Fähnders/Rector 1). Zumindest für den Vorkriegsexpressionismus ist bei derartigen Dispositionen plausibel, dass sich seine Aktivitäten im zunächst Bereich von Boheme und interner Gruppenbildung abspielten.

Das expressionistische Unbehagen an der Väterwelt blieb also eher diffus und unstrukturiert, auch wenn man etwas vom Niedergang der Wilhelminischen Epoche oder auch der k.u.k.-Monarchie ahnte. Wenn der **Vater-Sohn-Konflikt** für die Expressionisten einen derart zentralen Stellenwert einnehmen konnte, so bedeutet das zunächst nur: dass man eben in ihm und in keinem anderen Konflikt die entscheidende Epochenproblematik zu erkennen glaubte – dass ein anderer Zugriff zur Formulierung prinzipieller Gesellschaftskritik nicht oder noch nicht zur Verfügung stand. Die Verachtung der Väter konkretisiert sich also nicht per gesellschaftlicher Analyse, mit einer sozialen Alternative oder in der politischen Aktion. Eine weitere Tagebuchnotiz von Georg Heym aus dem Jahre 1911 bezeugt gleichermaßen Desorientierung wie Selbststilisierung: »Ich wäre einer der größten Dichter geworden, wenn ich nicht einen solchen schweinernen Vater gehabt hätte.« (Heym III, 171). Selbst ein so politischer Kopf wie Franz Pfemfert, der Herausgeber der gerade an politischen Fragen interessierten expressionistischen Zeitschrift ›Die Aktion‹, verkennt 1914 völlig Macht und Gewalt der Vätergeneration, die bei ihm als historisch längst erledigt erscheint: »Eine Generation, die niemals jung gewesen ist, die schon greisenhaft zur Welt kam, die bösartig jedes Jungsein als Verbrechen beschimpft, eine sterbende Generation kann den Kommenden nicht mehr gefährlich werden. Sie kann nur lästig sein, mehr nicht.« (zit. Knopf/Žmegač, 418f.; vgl. Anz 2000, 79ff.; Fähnders 2010).

Im Unterschied zur Generation der Naturalisten, die ihre Auseinandersetzung mit den Vätern rasch in einer ›Revolution der Literatur‹ und der Eroberung neuer ästhetischer Terrains zu objektivieren suchte, gewinnt im Expressionismus die ästhetische Gestaltung des Generationenkonfliktes eine deutlich kompensatorische Rolle. Wo die bürgerliche Jugendbewegung die Welt der Väter durch den konkreten Auszug aus der Stadt in die Natur und die bündische Selbstfindung in der Praxis zu konterkarieren sucht, begnügen sich die Expressionisten zunächst einmal mit einer ästhetischen Gestaltung des Vater-Sohn-Konfliktes. Allerdings sind Berührungen zwischen literarischem Expressionismus und politischer Jugendbewegung, insbesondere zwischen Aktivismus und dem jugendbewegten Kreis um Gustav Wyneken, nachweisbar (vgl. Siebenhaar, 35ff.; Habereder, 154ff.; Stark 1982, 169ff.).

Gesellschaftliche Konfliktlinien werden jedenfalls im literarisch verarbeiteten Vater-Sohn-Konflikt gebündelt, am drastischsten im **Vatermordmotiv**, das zu einem der spektakulärsten expressionistischen Motive gerade auf der Bühne avancierte: als »depravierter Idealismus« in Walter Hasenclevers Drama *Der Sohn* (1914) oder in »kleinbürgerlich-proletarischer Variante« in Arnolt Bronnens *Vatermord* (1920) (Siebenhaar, 35ff.; Baureithel 1995; Fähnders 2010). Die weiblichen Figuren sind charakteristischerweise an dem jugendlichen Befreiungs- und Emanzipationsversuchen nicht beteiligt, auch wenn ödipale Konstellationen bei Bronnen wie bei Hasenclever ihren Anteil am ›Vatermord‹ haben (Kirner, 83ff.).

Vatermord und Generationenkonflikt erweisen sich als bevorzugtes Motiv zum **Protest gegen die Wilhelminischen Autoritäten** (vgl. Hohendahl, 80ff.; Rothe 1977, 182ff.; Vietta/Kemper, 176ff.; Expr., 144ff.). Der Generationenkonflikt scheint in Hanns Johsts Stück *Der neue Mensch* (1916), in Fritz von Unruhs *Ein Geschlecht* (1917) und noch die Überhöhung der Jugend als per definitionem die Welt veränderndes Potenzial in Ernst Tollers Antikriegs-Drama *Die Wandlung* (1919) auf. Bereits 1913 verleiht Ernst Wilhelm Lotz dem »Aufbruch der Jugend« einen selbstbewussten lyrischen Ausdruck:

> Wir fegen die Macht und stürzen die Throne der Alten,
> Vermoderte Kronen bieten wir lachend zu Kauf,
> [...]
> Beglänzt von Morgen, wir sind die verheißnen Erhellten,
> Von jungen Messiaskronen das Haupthaar umzackt,
> Aus unsern Stirnen springen leuchtende neue Welten,
> Erfüllung und Künftiges, Tage, sturmüberflaggt!
> (Menschheitsdämmerung, 225).

Reichweite und Tragfähigkeit des expressionistischen Aufbegehrens gegen die Väterwelt sind umstritten. So wird die Folgenlosigkeit der »**Revolution der idealistischen Söhne**« betont, die »im bürgerlichen Wohnzimmer statt(fand). Dessen Inhaber wechselte; sonst blieb alles beim alten.« (Mennemeier 1973, 62). Dagegen sind die voranweisenden Verbindungslinien zur Jugendbewegung betont worden (Siebenhaar, 51f.). Entscheidend scheint, bei Generationenkonflikt und Vatermordphantasien der expressionistischen Jugend – die bei der literarischen Gestaltung dieser Sujets im Übrigen so jung nicht mehr war – die epochentypischen Züge kenntlich zu machen, die ja zur selben Zeit auch bei einem Autor wie Kafka mit seinem »Brief an den Vater« (1919; vgl. Müller-Seidel 1987) oder seinen Erzählungen »Das Urteil« (1913) und »Die Verwandlung« (1915 in den expressionistischen ›Weißen Blättern‹ erschienen) begegnen. Hier hatte bereits Wedekind mit *Frühlings Erwachen* (1891) Vorarbeit geleistet, und Marieluise Fleißer wird in *Fegefeuer in Ingolstadt* (1926) diese Motivtradition fortführen.

Einen ganz handfesten Beleg für den Widerstand gegen väterliche Gewalt zeigte 1913 der ›**Fall Gross**‹ – ein Vorfall, der Teile der expressionistischen Opposition erstmals zu einer praktischen Kampagne zusammenführte: die Umstände, die zur Inhaftierung des Psychoanalytikers und kulturrevolutionären Freud-Schülers Otto Gross führten. Dieser, in der expressionistischen Boheme wohlgelitten, wurde aufgrund eines Begehrens seines Vaters, eines renommierten Wiener Kriminalprofessors, in Berlin verhaftet und zur Überprüfung seines Geisteszustandes in eine Irrenanstalt eingewiesen. Für die expressionistischen Kreise um Franz Jung, Franz Pfemferts ›Aktion‹, Erich Mühsam u.a. war diese väterliche Willkür ein Fanal, dem sie eine beispiellose publizistische Kampagne, so in der Münchner Zeitschrift ›Revolution‹, der Berliner ›Aktion‹ u.a. entgegenhielten. Die Affäre endete mit der bedingten Freilassung des 1921 verstorbenen Otto Gross, der als Leitfigur durch die Erinnerungen und Schlüsselromane der expressionistischen Boheme spukt und Bezüge zwischen Expressionismus und Boheme, zwischen Expressionismus und Psychoanalyse markiert (vgl. Der Fall Gross; Gross gegen Gross; Hurwitz; Die Rebellion des Otto Gross; »... da liegt der riesige Schatten Freud's«).

Diese Kampagne blieb im Expressionismus die Ausnahme. Grundsätzlich ist trotz eines hochgradig proklamatorischen, die ›Tat‹ ja einfordernden Wortradikalismus die Praxisferne des expressionistischen Aufbegehrens festzuhalten. Es ist eine allerdings durchaus erkenntnisstiftende Wortradikalität. So wird in Werfels Roman *Nicht der Mörder, der Ermordete ist schuldig* (1920) unter die »Herrschaft der Väter« die Inkarnation von Religion, Staat, Justiz, Militär, Industrie gerechnet: »Gott«, »König oder Präsident«, »Richter und Aufseher«, »der Offizier«, »der Unternehmer« – »Alle diese Väter sind [...] vergiftete Ausgeburten der Autorität.« (zit. Fähnders 2010, 423). Gleichwohl – die »expressionistische Generation, die in der Dichtung den Aufstand gegen die Väter probte, vergammelte nicht, sondern erstrebte das, was vorbestimmt schien: den bürgerlich-akademischen Beruf« (Knopf/Žmegač, 418). Dennoch bleibt mit Erich von Kahler zu bedenken, dass im Bild vom despotischen Vater trotz aller Modeerscheinungen des Sujets politisch eben doch »der Monarch mitgemeint war« (zit. Paulsen, 33). Umgekehrt ist die von Hans Mayer aufgeworfene Frage nach der »expressionistischen Mutterbindung« zu berücksichtigen (zit. ebd., 32), bleibt die Thematisierung der, wie es in Alfred Lemms »Weltflucht« (1918) heißt, »entsetzlichen geschlechtlichen Not« zu analysieren (zit. Scheffer 1982, 303). Autobiographische Rückblicke und biographische Erhebungen – beispielsweise zu Franz Jung und Richard Huelsenbeck – belegen Konflikte und Unterdrückung (vgl. Rieger, 23ff.; Nenzel 1992).

Krieg und wachsende Kriegsgegnerschaft der Expressionisten wird bürgerliche Karrieren zerstören und die gesellschaftliche Oppositionshaltung dieser Literaturbewegung radikalisieren. Als Botschaft ist das Programm jenes Aufstandes zu zitieren, das der Freund des »Sohnes« in Hasenclevers gleichnamigem Drama verkündet und das im Kontext der von Erich Fromm entwickelten Lehre zu lesen ist, nach der die **Autorität des Familienvaters** »ihre Begründung in der **Autorität der Gesamtgesellschaft** findet« (zit. Durzak 1982, 331). In Hasenclevers *Sohn* heißt es:

> »Die Tyrannei der Familie zerstören, die mittelalterliche Blutgeschwüre, diesen Hexensabbath und die Folterkammer mit Schwefel! Aufheben die Gesetze – wiederherstellen die Freiheit, der Menschen höchstes Gut! [...] Dann bedenke, daß der Kampf gegen den Vater das gleiche ist, was vor hundert Jahren die Rache an den Fürsten war. Heute sind *wir* im Recht! Damals haben gekrönte Häupter ihre Untertanen geschunden und geknechtet, ihr Geld gestohlen, ihren Geist in Kerker gesperrt. Heute singen wir die Marseillaise.« (zit. ebd., 330; vgl. Fähnders 2010, 420ff.).

Das Beispiel des Generationenkonfliktes macht deutlich, wie ein gesellschaftlicher Teilbereich verabsolutiert und als sozialer Hauptwiderspruch gewertet werden kann. Zweifellos war »diese Generation geneigt, ihren Abstand vom Bürgertum zu überschätzen« (Hohendahl, 93). Der später im Kontext von Krieg und Revolution vollzogene **Bruch mit der bürgerlichen Herkunftsklasse** wie bei Johannes R. Becher, Wieland Herzfelde, Franz Jung, Oskar Kanehl, Erwin Piscator, Franz Pfemfert, Heinrich Vogeler, Friedrich Wolf u.a. sollte dann allerdings umso heftiger sein.

Mehr noch als die Post-Naturalisten, also die Nietzsche-Zeitgenossen und erste Generation der Nietzsche-Leser, sind die Expressionisten von diesem, so Benn, »Flammenwerfer und Grundlagendependenten« (zit. Oehm, 21) geprägt. Von ihm übernehmen sie das Diktum vom Gottesverlust und vom damit einhergehenden Relativismus – »Wir haben keine Wahrheit mehr«, schreibt Carl Einstein 1909 (Expr., 115). **Nietzsches Wirkung** zeigt sich, wie die einschlägige Rezeptionsforschung aufgewiesen hat, in den vitalistischen Positionen der Expressionisten ebenso wie in direkten und indirekten Adaptionen, etwa in der Lyrik Georg Heyms und Ernst Stadlers oder in Georg Kaisers Dramen (vgl. G. Martens 1978; Nietzsche-Handbuch, 444ff.; Zur Wirkung Nietzsches; Nietzsche und die deutsche Literatur I, 166ff.). Gerade im Falle des Expressionismus wird von einem ›linken Flügel‹ in der Nietzsche-Rezeption gesprochen (vgl. Taylor).

Derartige Prämissen lassen den expressionistischen Protest so anders erscheinen als bei den Naturalisten mit ihren noch verbindlichen, positivistisch-szientistischen Voraussetzungen und Zielen. Dagegen ist die expressionistische Opposition eine »**Opposition als Selbstbehauptung**« (Stark 1982, 114ff.):

> »Statt des Überblicks, des Erfassens der ganzen Wirklichkeit sind nur noch verschiedene Ansichten möglich, die sich gegenseitig in Frage stellen. Sie bedeuten in metaphysischer Hinsicht Nihilismus, wie er von Nietzsche diagnostiziert worden ist, zugleich sind aber in ihnen Möglichkeiten neuer Sinnsuche und Sinngebung enthalten, und zwar nicht mehr durch die wissenschaftliche Ratio, sondern durch den Versuch, Irrationales freizusetzen. Gefordert wurde die Abkehr vom ›alten‹, bürgerlich und wissenschaftsgläubig geprägten Menschen, seine Überwindung im expressionistischen ›neuen Menschen‹.« (Knopf/ Žmegač, 416).

In diesem Zusammenhang führt Hugo Ball, einer der genauesten Analytiker unter den Expressionisten und Dadaisten, 1917 in einem aufschlussreichen Beitrag über den Maler Kandinsky drei Faktoren an, welche »die Kunst unserer Tage bis ins Tiefste erschütterten, ihr ein neues Gesicht verliehen und sie vor einen gewaltigen neuen Aufschwung stellten: Die von der kritischen Philosophie vollzogene Entgötterung der Welt; die Auflösung des Atoms in der Wissenschaft; und die Massenschichtung der Bevölkerung im heutigen Europa.« (zit. Vietta/Kemper, 19).

1.3 Krieg

Es ist eine zwiespältige **Disposition der offenen Radikalität**, ein Pendeln zwischen deklassierter Paria-Existenz und geistigem Führungsanspruch, es sind Ausbruchsphantasien zwischen ›Krieg‹ und ›Revolution‹, welche die Bewusstseinslage der Expressionisten bei Beginn des Ersten Weltkrieges prägt. Als der Krieg im August 1914 dann realiter beginnt, schien er nicht zuletzt das Ende der verhassten Väterwelt zu bedeuten und Aufbruch, Jugendlichkeit, Gemeinschaft zu verheißen. Eine nicht geringe Zahl expressionistischer Künstler und Dichter begrüßte jedenfalls den Ersten Weltkrieg, viele meldeten sich als **Kriegsfreiwillige** – so Max Beckmann, Franz Jung, Klabund, Oskar Kokoschka, Rudolf Leonhard, Alfred Lichtenstein, Ernst Wilhelm Lotz, Franz Marc, Ernst Toller und andere. Sie taten damit nichts anderes als die Vätergeneration auch: der 51-jährige Dehmel meldete sich an die Front, Bahr, Gundolf, Halbe, Hofmannsthal, insbesondere aber Gerhart Hauptmann und Thomas Mann exponierten sich bei Propagierung und Legitimierung des Krieges. Das aufsehenerregende Manifest »An die Kulturwelt!« (Expr., 314ff.) wäre hier als ein besonders drastisches Dokument für die Verteidigung des Krieges vor dem Hintergrund des als bedroht betrachteten deutschen Geistes zu nennen, zu dem die kulturelle und wissenschaftliche Prominenz des Wilhelminischen Deutschland sich zusammengefunden hatte (von Ungern-Sternberg; vgl. Koester; Philippi; Krieg der Geister).

Die anfängliche Kriegsbegeisterung vieler Expressionisten sollte aber weniger auf den allgemeinen Kriegstaumel zurückgeführt werden; sie gründete kaum in knallhart chauvinistischen Positionen, sondern in einer Disposition, die auf Ausbruch aus den Verkrustungen der spätwilhelminischen Zwänge zielte. Die frühexpressionistischen Aufbruchs-, Kriegs- und Revolutionsphantasien zeigten gerade in ihrem offenen Radikalismus, dass – nach dem 40-jährigen Frieden seit der Reichsgründung – selbst ein realer Krieg durchaus als Weg ins Freie erscheinen konnte. Der Kritiker Friedrich Markus Huebner sah im Dezember 1914 sogar eine Identität zwischen »Krieg und Expressionismus«:

> Der Krieg ist nicht der Verneiner der sogenannten Neuen Kunst, sondern ihr ungeahnter, sieghafter Zu-Ende-Bildner. [...] Dieses große geschichtliche Erlebnis ist auf das Innigste verschwistert mit dem Innern zu Schöpfung drängenden Zustande jener neuen Künstler. [...] Dieser Krieg hat mit dem ›Expressionismus‹ nicht nur nicht aufgeräumt, sondern seine Richtigkeit schlechthin und mit ungemeiner Schlagkraft gezeigt, erfüllt und bewiesen.« (Expr., 312f.).

Das Stereotyp vom pazifistischen Expressionisten gilt so nicht (vgl. Anz 2000, 132ff.; Hansers Sozialgeschichte 7, 555ff.). Dies zeigen die affirmativen expressionistischen Kriegsgedichte u.a. von Heynicke, Klabund, Leonhard, Zech. Diese Kriegsbegeisterung kontrastierte zur kompromisslosen Antikriegshaltung von Franz Pfemfert und seiner ›Aktion‹, der mit der Rubrik »Verse vom Schlachtfeld« **kriegsgegnerischen Stimmen**, so von Wilhelm Klemm u.a., Gehör verschaffte (vgl. Baumeister, 177ff.). Die Situation im Expressionismus ließe sich mit der Lage der Sozialdemokratie vergleichen: auch sie stütze, europaweit, den Krieg, wie der Zusammenbruch der Zweiten Internationale zeigt – im Deutschen Reich manifestiert bei der Bewilligung der Kriegskredite durch die SPD im August 1914. Aber auch in der Sozialdemokratie wuchsen die im Reichstag von Karl Liebknecht, Otto Rühle u.a. vertretenen Kriegsgegner, die mit der Gründung der linkssozialistischen USPD und des kommunistischen Spartakusbundes zur Spaltung der Partei und schließlich zur Dominanz der Kriegsgegner in der deutschen Arbeiterbewegung führte.

An dieser Stelle sei auf die kriegsbejahende Haltung der ersten großen Avantgardebewegung, des italienischen **Futurismus**, verwiesen. Hier ist die Zustimmung zum Krieg dennoch anders gelagert als bei den deutschen Expressionisten. Im Gründungsdokument dieser Bewegung, dem 1. Futuristischen Manifest von Marinetti aus dem Jahre 1909, wird der Krieg ausdrücklich als »einzige Hygiene der Welt« begrüßt (Manif., 5). Der italienische Futurismus war längst vor Kriegsbeginn mehrheitlich nationalistisch orientiert und arbeitete energisch auf den dann ja 1915 auch erfolgten Kriegseintritt Italiens hin (vgl. Hinz 1985). Eine vergleichbare, vor allem so dauerhafte und propagandistisch massive Befürwortung des Krieges – hier insbesondere gegen Österreich – hat es bei den Expressionisten nicht gegeben (s. II.2.8).

Die expressionistische Begeisterung für den Krieg lässt sich mit den Zielen von »Aufbruch, Erneuerung, vitalistische Utopie, reinigender Opfergang«, aber auch als großes Abenteuer, als Flucht aus Langeweile und Lebensekel erklären (Korte 1994a, 238; Stark 1982, 178ff.; vgl. Bridgwater). Der Krieg schien gar eine Integration in eine bestehende oder die Schaffung einer neuen **Gemeinschaft** zu verheißen, um ein expressionistisches Schlüsselwort aufzugreifen, das der Zeit vor allem durch Ferdinand Tönnies 1912 wiederaufgelegtes Buch *Gesellschaft und Gemeinschaft* (1887) geläufig war. Insgesamt lässt sich sogar von einer politischen Gefährdung der expressionistischen Bewegung sprechen: Ihr

> »vorwiegend im Bereich ästhetischer und kulturphilosophischer Fragestellungen angesiedelter Diskurs wurde zu Beginn des Ersten Weltkrieges mit der überwältigenden Aktualität des politischen und militärischen Tagesgeschehens konfrontiert [...]. Das im Prozeß der Zivilisation und unter einer überalterten politischen und sozialen Ordnung zunehmende Leiden an unausgelebten Affekten und Freiheitsbedürfnissen war anfällig dafür, sich in Phantasien voll pathologischer Destruktivität zu entladen.« (Anz/Vogl, 243f.).

Die Erfahrungen des Krieges, die Opfer in den eigenen Reihen bedeuten für die expressionistische Generation eine grundlegende **Wandlung**. Bereits 1914 fallen Leybold, Lichtenstein, Lotz und Stadler, Trakl stirbt an einer Überdosis Rauschgift; auch Ehrenbaum-Degele, Stramm, K. Adler, Sorge, Sack, Jentzsch, Marc und andere finden an den Fronten den Tod. Bereits 1914 aber desertiert ein Kriegsfreiwilliger wie Franz Jung und gerät deshalb in Festungshaft (vgl. Rieger; Michaels), und eine nicht geringe Zahl der hier in Frage stehenden Autoren hat sich binnen kürzester Frist aufgrund der Kriegserfahrungen zu kriegsgegnerischen pazifistischen Positionen bekannt. Klabund hat in seiner Juni 1917 geschriebenen, 1918 in René Schickeles ›Weißen Blättern‹ veröffentlichten »Bußpredigt« wie andere Weggefährten auch seine Schuld am Einverständnis mit dem Krieg eingestanden und nicht zuletzt im Blick auf seine affirmativen *Soldatenlieder* (1914) bekannt: »Ich schreie: ich Namenlos, ich Traum: bin schuld am Kriege.« (Expr., 320). Beispielhaft ist die pazifistische Wandlung bei Ernst Toller sichtbar, dessen Autobiographie *Eine Jugend in Deutschland* (1933) sehr genau die Isolation des im deutsch-polnischen Grenzgebiet aufwachsenden Juden und die durch den Krieg geweckten Integrations- und Gemeinschaftshoffnungen erkennen lässt, aber auch die durch die Kriegsgreuel ausgelöste Entwicklung des Kriegsfreiwilligen zum Pazifisten und später zum prominenten Revolutionär der Münchner Räterepublik (vgl. Rothe 1983).

Um Front und Krieg zu entfliehen, finden manche Künstler Formen der Simulation, Wege zur Desertion, andere Autoren lassen sich in Heilanstalten internieren oder werden als Kriegsgegner in solche eingewiesen, so Oskar Maria Graf, George Grosz, Richard Huelsenbeck, Franz Jung, Georg Schrimpf u.a. (vgl. Fähnders 1984, 216ff.). Jedenfalls ist der Erste Weltkrieg für die expressionistische Generation das Schlüsselerlebnis. In seinem Verlauf wandeln sich die Expressionisten, wenn sie denn überlebten, zu Kriegsgegnern, werden zu Emigranten, die in der Schweiz Zuflucht finden und ihren künstlerischen Protest in der Dada-Bewegung radikalisieren, die sich schließlich in der Revolution engagieren und dann seit den zwanziger Jahren neue Wege suchen. Schließlich findet sich das Gros der expressionistischen Generation in der Emigration.

2. Grundlagen und Voraussetzungen des Expressionismus

2.1 Begriffsbestimmung

Vom Expressionismus als einer »**undefinierbaren Strömung**« sprach bereits 1961 Paul Pörtner (Pörtner, 195), und dieses Diktum aus der Frühphase der Expressionismus-Forschung hat seine Gültigkeit bis heute nicht verloren. So hat sich der Versuch, einen einheitlichen Stil des Expressionismus auszumachen, als untauglich erwiesen: das messianische »O Mensch«-Pathos der Lyrik eines Franz Werfel hat zunächst nichts mit dem grotesk-verfremdenden Simultaneismus der Gedichte von Alfred Lichtenstein gemein, das Wandlungsdrama eines Ernst Toller nichts mit dem Theater der ›Sturm‹-Bühne. Dennoch wird man hierbei stets von ›Expressionismus‹, sogar von ganz charakteristischen Ausformungen, sprechen. Auch die Bestimmung des Expressionismus als Widerpart zum Impressionismus nach dem Wortsinn von ›Ausdrucks‹- und von ›Eindruckskunst‹ ist bereits von den Beteiligten selbst zurecht als fahrlässige Vereinfachung kritisiert worden. So charakterisiert Friedrich Markus Huebner 1920 in einem Rückblick den Impressionismus als »Stillehre«, den Expressionismus als eine »Norm des Erlebens, des Handelns, umfassend also der Weltanschauung« (Theorie des Expressionismus, 37).

Gegenüber den auf stilistische und formale Bestimmungen insistierenden Definitionsversuchen ist in den eher sozialhistorisch, ideologiekritisch und literatursoziologisch verfahrenden Arbeiten seit den siebziger Jahren versucht worden, den gesellschaftskritischen Protestcharakter des Expressionismus zu akzentuieren und seine ›Bewusstseinslage‹ zu rekonstruieren. Auffällige, die Autoren prägende Gemeinsamkeiten sind bereits bei der biographischen Rekonstruktion der ›expressionistischen Generation‹ skizziert worden (s. II.1.2; 1.3). Dabei ist der – zumindest dem Anspruch nach – utopisch-messianische und literaturrevolutionäre Charakter des Expressionismus immer wieder betont worden, wobei die sozial durchaus engen, innerbürgerlich verbleibenden Grenzen der Bewegung mehr oder weniger stark akzentuiert worden sind. Zudem ist die besondere ›Modernität‹ des Expressionismus im Gesamtkomplex der Moderne betont worden (vgl. Begriffsbestimmung, 1ff.; Korte 1994a, 228ff.; Anz 2000, 2ff.; Modernität; Stark 1997).

Der Expressionismus lässt sich am ehesten noch als generationstypische Bewusstseinslage einer oppositionellen, bürgerlichen Intelligenz bestimmen, deren Ziele und deren künstlerische Praxis in sich allerdings viel zu widersprüchlich ist, als dass eine einheitliche Definition gegeben werden könnte. Ein **weiter Expressionismus-Begriff**, den die rund 350 Autoren erfassende Bibliographie von Raabe schon vom Material her anbietet (Raabe 1992), scheint am tauglichsten, wenn man sich der »begrenzten Reichweite« (Korte 1994a, 237) der Konstruktion und Re-Konstruktion einer Epoche und der sozialen und ästhetischen Bewusstseinslage einer oppositionellen Literaturströmung bewusst ist.

Dennoch hat sich der Terminus, wenn man ihn eben nicht durch den Versuch einer einheitlichen umfassenden Definition überbelastet, als »**Sammelbegriff** für die miteinander konkurrierenden ›Ismen‹ zwischen 1910 und 1920 bewährt« (Anz 1994a, 143). Nicht nur ist der Expressionismus im Ensemble der gesamten Literatur zu Beginn des Jahrhunderts ein Segment neben anderen – so wirkt ja weiterhin der George-

Kreis; er selbst ist auszudifferenzieren in einzelne Unterströmungen, Richtungen, Tendenzen – auch diametral entgegengesetzter Positionen, für die hier als Beispiel nur der ›Aktion‹- und der ›Sturm‹-Kreis genannt werden soll. So kann der ehrwürdige Begriff, den René Schickele bereits 1916 als »Schlagwort« bezeichnet hat (Theorie des Expressionismus, 3), seine Dienste weiterhin tun: als Richtungsbezeichnung wie als historische Periode.

Dabei ist die **Periodisierung** wenig umstritten. Als **Frühexpressionismus** wird die Etappe von den ersten Gruppierungen und Verlautbarungen der expressionistischen Generation 1910 bis zur historisch wie literarhistorisch relevanten Zäsur des Kriegsbeginns 1914 gesetzt. Denn der Krieg markierte ja nicht allein einen Einschnitt in der Vita der expressionistischen Autoren, sondern auch für ihre Literatur – angefangen vom Sujetwandel bis hin zu den durch die Verschärfung der allemal nicht zimperlichen Zensur in Preußen und anderswo bedingten, erschwerten Distributions- und Rezeptionsmöglichkeiten. Die Politisierungs- und Radikalisierungsphase des Krieges lässt sich als eigene Etappe des **Kriegsexpressionismus** fassen. Die Zäsur der Novemberrevolution von 1918 ist dann erneut unmittelbar prägend, weil mit der Aufhebung der Zensur noch im November 1918 die Literatur, vor allem das Theater, sich ungleich freier entfalten konnte und nicht zufällig nun gerade der Bühnenexpressionismus jene Erfolge feierte, die ihm die Kriegszensur verwehrt hatte.

Umstritten ist die Frage nach dem Ausgang des Expressionismus (vgl. Brinkmann 1980, 217f.). Die Beschränkung auf das ›expressionistische Jahrzehnt‹, also auf die Dekade 1910–1920, grenzt kalendarisch den bis in die zwanziger Jahre hinein sich verbreitenden **Spätexpressionismus** aus, den man ab 1918 oder 1920 datiert, schneidet also die Phase seiner größten Breitenwirkung bis hin zum Epigonentum ab. Eine solch enge Datierung weiß sich allerdings in Übereinstimmung mit den Zeitgenossen, die, wie der Kunstkritiker Wilhelm Hausenstein, bereits 1918 die »historische und sachliche Vollendung« des Expressionismus gekommen sehen (Expr., 98). Wilhelm Worringer und andere Theoretiker und Exponenten des Expressionismus nehmen um 1920 von ihm programmatisch Abschied (Expr., 98ff.). »Der Expressionismus stirbt«, heißt es 1921 bei Iwan Goll (Expr., 104ff.; 108). Kasimir Edschmid wendet sich 1920 in einer Rede zur Eröffnung der 1. Expressionisten-Ausstellung in Darmstadt polemisch gegen den Expressionismus, »der heute Pfarrerstöchter und Fabrikantenfrauen zur Erbauung umkitzelt.« (Expr., 103). Dagegen findet sich bereits um 1920 ein Spätexpressionismus des epigonalen Überschwanges, für den der per Manifest dekretierte »**absolute Expressionismus**« des Malers Johannes Molzahn stehen mag (Manif., 177ff.). Zumindest einem Teil der Beteiligten war aber die Unzeitgemäßheit, war auch das Konjunkturbedingte des späten Expressionismus bewusst. Adorno spricht davon, dass später »ausgediente Expressionisten [...] nicht ungern verheißungsvoll marktgängige Themen sich ausgewählt« haben (Adorno 1973, 341).

Markiert das expressionistische Jahrzehnt sicher die klassische, produktivste Zeit der Bewegung und legitimiert insofern eine Beschränkung auf sie (vgl. Expr.), so sollte dennoch die Entwicklung nach 1918 bzw. nach 1920, und zwar wegen der Auseinandersetzung mit der zu dieser Zeit verschärften Ismen-Konkurrenz sowie der neuen historischen Entwicklungen »zwischen Kaiserreich und Republik« (Kolinsky) doch authentischer Bestandteil des Gesamtkomplexes ›Expressionismus‹ bleiben. So lassen sich Ausläufer bis weit in die zwanziger Jahre erkennen, weshalb des öfteren das Jahr 1925 als späte Begrenzungsmarke erscheint (vgl. Knapp; Index Expressionismus; Theorie des Expressionismus, 8ff.). Mit guten Gründen: 1925 wird mit Franz Rohs *Nachexpressionismus* und G. F. Hartlaubs Ausstellung »**Neue Sachlichkeit**« ein auch für die Literaturentwicklung relevanter, neuer Parameter formuliert (s. III.2.1). Die Darstellung des Expressionismus in den einschlägigen Literaturgeschichten, in denen er seinen festen Raum einnimmt, hat mit einem Handicap zu kämpfen: sie legen ihre Epochen- und Band-Zäsuren durchweg bei 1918, wofür es gute Argumente gibt, was die Gesamtdarstellung des Expressionismus gleichwohl empfindlich zerschneidet (Deutsche Literatur; Geschichte der deutschen Literatur; Hansers Sozialgeschichte; Sozialgeschichte; vgl. Schmähling).

2.2 Wortgeschichte und Selbstverständnis

Die gut erforschte Wortgeschichte und die damit verbundenen Hinweise auf das Selbstverständnis expressionistischer Autoren sind alles andere als verbindlich für die Entwicklung eines kritischen Expressionismus-Begriffs, können aber, wie bereits beim terminologischen Changieren des Naturalismus zwischen Realismus und Jüngstdeutschland (s. I.2.4), doch Einblicke in Genese, Selbstverständnis, Programmatik und Formierung der Literaturbewegung vermitteln (vgl. Brinkmann 1980, 1ff.; Pörtner; Expr.; Expressionismus. Der Kampf um eine literarische Bewegung). Dabei fällt auf, dass ähnlich dem zögernden Gebrauch von ›Naturalismus‹ auch ›Expressionismus‹ als Selbstbezeichnung nicht schon seit den Anfängen um 1910 geläufig gewesen ist (vgl. Metzler Lexikon Avantgarde, 92ff.; Krause 2008, 40ff.).

Der Terminus ist bereits für das 19. Jahrhundert im englischen Sprachraum belegt (Arnold 1966, 9f.) und begegnet im Französischen erstmals 1901 bei einer Ausstellung im »Salon des Indépendants« (Pörtner, 195f.), verweist also auf den Bereich der **Bildenden Kunst**. Ohne Folgen blieb Paul Scheerbarts Empfehlung der Schreibtechnik eines »Expressionisten« in einem Brief aus dem Jahre 1900 (zit. Beetz, 554). Im deutschen Sprachgebrauch wird in Ausstellungskatalogen und kunstkritischen Essays seit 1911 von Expressionismus und Expressionisten gesprochen, um gegenimpressionistische Tendenzen in der Malerei zu charakterisieren. Als bislang frühesten schriftlichen deutschsprachigen Beleg für Expressionismus hat man das Wort im Vorwort zum *Katalog der XXII. Ausstellung der Berliner Secession* (April 1911) aufgespürt – als Bezeichnung für die jüngste französische Malerei der Fauves und der Kubisten (Expr., 29ff.).

In der Folgezeit verbleibt der Terminus vorrangig im Bereich der Bildenden Kunst, dient zur Kennzeichnung internationaler und deutscher Innovationen in der Malerei und wird in diesem Zusammenhang auch von dem einflussreichen Kunsthistoriker Wilhelm Worringer sowie den beiden wichtigsten expressionistischen Zeitschriften, ›Der Sturm‹ (erstmals 1911) und ›Die Aktion‹ (erstmals 1912) verwendet. Auch Kandinsky setzt sich mit dem Terminus auseinander, der sich seit 1912, u.a. durch eine Ausstellung von »Expressionisten« in der Berliner ›Sturm‹-Galerie 1912, in der deutschen Kunstwelt weitgehend durchgesetzt hat. Paul Fechter veröffentlicht 1914 unter dem Titel *Der Expressionismus* die erste selbstständige Abhandlung zum Thema.

Der neue Terminus wird früh auf die **Literatur** übertragen, erstmals 1911 durch Kurt Hiller. Hiller, einer der rührigsten Anreger der frühexpressionistischen Bewegung und im Ersten Weltkrieg Propagandist des ›Aktivismus‹, charakterisierte als Expressionisten die »neue Generation« des 1909 von ihm gegründeten ›Neuen Clubs‹ und des im Frühjahr 1910 daraus hervorgegangenen ›Neopathetischen Cabarets‹: »Wir sind Expressionisten. Es kommt uns wieder auf den Gehalt, das Wollen, das Ethos an.« (Expr., 34f.). Damit sprach er Autoren wie Ernst Blass, Ferdinand Hardekopf, Georg Heym, Ludwig Rubiner, Erich Unger an – Vertreter jener Gruppen, die in Berlin zwar die Keimzellen des expressionistischen Aufbruchs ausmachten, die sich selbst aber eher als »Neopathetiker« denn als »Expressionisten« verstanden, unter dieser Bezeichnung in der Öffentlichkeit auftraten und dieser auch nur als solche bekannt waren (Expr., 30).

Das deutet bereits auf den Befund, dass vor dem Ersten Weltkrieg ›Expressionismus‹ weder als Stil- noch als Bewegungs- noch als Gruppenbezeichnung für die Literatur geläufig war, weder bei den Autoren noch bei der Kritik. René Schickele z.B. meidet 1916 in seinen ›Weißen Blättern‹ den Terminus (Expr., 38). Vorbehaltlos zum Expressionismus hat sich vor 1914 einzig Iwan Goll bekannt, wenn er im Vorwort zu seinem im ›Verlag der expressionistischen Monatshefte‹ erschienenen Gedichtband *Films* schreibt:

> »Expressionismus liegt in der Luft unserer Zeit, wie Romantik und Impressionismus die einzige Ausdrucksmöglichkeit früherer Generationen waren. Expressionismus entfernt sich streng von ihnen. Er verleugnet jene Kunstgattungen des l'art pour l'art, denn er ist weniger eine Kunstform als eine Erlebnisform. [...] Expressionismus nähert sich der Klassik. Er hat mehr Gehirn als Gefühl, er ist mehr Ekstase als Traum. Und so ist er klassizistisch, ohne den Anspruch zu haben, je klassisch zu werden.« (Expr., 37).

Selbst bei diesem frühen Bekenntnis fällt trotz des deutlichen Abschieds von Impressionismus und l'art pour l'art die Metaphorik auf, die für eine genaue Bestimmung des Expressionismus wenig hergibt. So bleibt dann im literarischen Bereich Expressionismus ein Modebegriff, ein Etikett, das seine Benutzer, auch die sympathisierenden Kritiker und die einschlägigen Zeitschriften, eher mit Vorbehalt verwenden. 1914 erscheint Paul Fechters erwähnter Überblick mit dem **Epochentitel** *Expressionismus*. Wenn aber ausgerechnet Hermann Bahr bei seiner Suche nach dem jeweils neuesten Ismus zwangsläufig auf den Expressionismus stößt und diesen 1916 mit seinem Band *Expressionismus* würdigt, so ist dies von expressionistischer Seite mit Empörung registriert worden und hat die Beliebtheit des Terminus nicht unbedingt befördert. Anz/ Stark betonen zudem eine »Distanzierungen vom Expressionismus innerhalb der Avantgarde«, wozu vor allem Dada zählt, der den Expressionismus mit Hohn überschüttet (s. II.4), und verweisen auf das

> »vielfach individualistisch-anarchistische Selbstverständnis der literarischen Intelligenz und die damit verbundene Angst, als Mitläufer, als einer unter vielen, als modeabhängig zu gelten. Mit immer neuen Ismen- und Grüppchenbildungen oder mit der Berufung auf die ›Freiheit eines Dichtermenschen‹ (Döblin) und ›das einzig lohnende Ziel eigener, originaler, einmaliger Natur zu leben‹ (Sternheim) versuchte man sich zwar allen kollektivierenden Etikettierungs- und Einordnungsbestrebungen zu entziehen, zeigte gerade darin jedoch wiederum eine gewisse Konformität.« (Expr., 62).

Erst seit etwa 1917/1918 begegnet der Terminus häufiger, 1918 wird er bereits auf die Musik übertragen (Troschke, 89ff.). Kasimir Edschmid, dessen Novellensammlung *Die sechs Mündungen* (1915) der zeitgenössischen Kritik als »Musterbeispiele des literarischen Expressionismus« galt (Expr., 55), hielt 1917 eine Rede über »Expressionismus in der Dichtung«, die für die zeitgenössische Selbstbestimmung von Bedeutung war (Expr., 42ff.). Edschmid überhöhte den Terminus zu einer auch überhistorischen Konstante, charakterisierte einzelne Weggefährten – Schickele, Döblin, Kafka, Sternheim, Werfel, Heym, Trakl, Becher, Heym, Rubiner, Stadler u.a. –, nannte den Expressionismus aber ausdrücklich ein »Schlagwort von zweifelhafter Formulierung« (Expr., 45).

Bei Edschmid nun finden sich wichtige Bestimmungen über die »Künstler der neuen Bewegung«, die zumindest die Abgrenzung gegenüber Naturalismus und Impressionismus verdeutlichen:

> »Sie gaben nicht mehr die leichte Erregung. Sie gaben nicht mehr die nackte Tatsache. Ihnen war der Moment, die Sekunde der impressionistischen Schöpfung nur ein taubes Korn in der mahlenden Zeit. Sie waren nicht mehr unterworfen den Ideen, Nöten und persönlichen Tragödien bürgerlichen und kapitalistischen Denkens.
> Ihnen entfaltete das *Gefühl* sich maßlos.
> Sie sahen nicht.
> Sie schauten.
> Sie photographierten nicht.
> Sie hatten Gesichte.
> Statt der Rakete schufen sie die dauernde Erregung. Statt dem Moment die Wirkung in die Zeit.« (Expr., 46).

So zeigt sich für das expressionistische Jahrzehnt eine auffällige Schere zwischen der Skepsis gegenüber dem Terminus Expressionismus und den inhaltlichen Versuchen, das, was er zumindest heute umreißt, genauer zu bestimmen. Kurt Pinthus beispielsweise bevorzugt 1915 das Attribut »jüngste Dichtung« (Expr., 30f.), und »Die Jüngst-Berliner« hatte auch Kurt Hiller 1911 jenen Aufsatz überschrieben, in welchem er den Terminus »Expressionisten« kreiert hatte. Anspielungen auf das bereits im Naturalismus als Vorbild geschätzte ›junge Deutschland‹ tauchen gelegentlich auch für den Expressionismus auf, so bei der expressionistischen Theaterzeitschrift dieses Namens (vgl. Expr., 99ff.).

Uneingeschränkte Bekenntnisse zum Expressionismus finden sich durchweg erst in der Spätzeit, so in der Dresdner Nachkriegszeitschrift ›Menschen‹ oder aber auch im ›Sturm‹, der nicht nur frühzeitig den Terminus verwendet hat, sondern seit 1918 für sich eine Art Alleinvertretungsanspruch für den »echten Expressionismus« reklamiert (Expr., 32). Wie ›Naturalismus‹ ist also auch ›Expressionismus‹ eine Kategorie, die als Selbstbezeichnung der betreffenden Autoren erst spät und zögernd verwendet und die als literarhistorische Bezeichnung für eine Bewegung post festum konstruiert wurde. Darin unterscheidet sich der Expressionismus von den dezidierten **Programmbewegungen** der historischen Avantgarde wie dem Futurismus, dem Dadaismus oder dem Surrealismus, die ihre Bewegungen von vorherein programmatisch unter dem Signum ihres Ismus, in der Regel per Eröffnungsmanifest, als Einzelne oder als Gruppe, an die Öffentlichkeit traten. Der Expressionismus verfügt wohl über eine Vielzahl von Grundsatzerklärungen, nicht aber über ein einheitliches, verbindliches Programm. Und selbst der Terminus ›Expressionismus‹ bot keinen metaphorischen Programmersatz: Weder Jakob van Hoddis noch Alfred Lichtenstein, deren Lyrik doch den Beginn des Frühexpressionismus markiert, noch Heym und Trakl, deren Gedichte als Meisterleistungen des Expressionismus kanonisiert sind, kannten den Terminus bzw. haben ihn je in ihren Aufzeichnungen erwähnt. Noch 1917 räsonniert die Halbmonatsschrift ›Das literarische Echo‹ über den »sogenannten ›Expressionismus‹« und bestimmt das »Schlagwort« als einen »Sammelbegriff«, mit dem das »Publikum so ziemlich alle ihm neuen und nicht auf den ersten Blick verständlichen Kunstbestrebungen zusammenfaßt« (Expr., 29). Insofern entspricht das literaturwissenschaftliche Dilemma einer Definition des Expressionismus den zeitgenössischen Klagen über die Undeutlichkeit des Begriffs (s. II.2.9).

2.3 Gruppenbildung und literarisches Leben

Wenn auch ›der Expressionismus‹ über kein einheitliches, verbindliches Programm verfügte, so war er doch, wie der Naturalismus auch, eine Bewegung der Gruppen und Gruppierungen in eigenen Zirkeln, um Zeitschriften und Verlage, deren Programmatiken seit 1910 sich im Einzelnen deutlich rekonstruieren lassen (vgl. Allen). Zwar haben zahlreiche expressionistische Autoren wie Stadler und Schickele bereits vor 1910 publiziert, und manche literarischen Frühwerke von Expressionisten sind ›vorexpressionistischen‹ Charakters; dennoch ist mit seinem organisierten Aufbruch der Expressionismus als künstlerische Formation allererst festmachbar. Die Öffentlichkeit war vornehmlich durch gemeinsames, zumal organisiertes Auftreten zu erreichen, und in dieser Hinsicht waren die Bildenden Künstler mit Gründung der Vereinigung ›Die Brücke‹ 1905 (vgl. Presler 2007), dann auch mit dem ›Blauen Reiter‹ 1911 (vgl. Der Blaue Reiter) vorangegangen bzw. gleichzeitig aktiv geworden. Schon 1913 reflektiert ein expressionistischer Lyriker wie Rudolf Leonhard »Über Gruppenbildung in der Literatur« (Expr., 408f.). Dabei war den Expressionisten allerdings an skandalträchtigem Auftreten, an so schockierenden Inszenierungen und Aktionen, durch die sich Futuristen und Dadaisten seit den zehner Jahren hervortaten (s. II.5.4), sichtlich wenig gelegen. Die expressionistische Literaturrevolte verlief in weniger spektakulären Bahnen; sie war geprägt von der Urbanität der Metropole mit ihren Boheme-Cafés und den Möglichkeiten zu öffentlichen Auftritten in eigenen Clubs und Kabaretts in Berlin und anderswo (vgl. Anz 2000, 23ff.).

Dem sozialen Status der Autoren entsprechend konstituierten sich erste expressionistische Zirkel als studentisch geprägte Gruppen, so enstand in Berlin auf Initiative von Kurt Hiller und Erwin Loewenson der 1909 aus einer Studentenverbindung hervorgegangene ›**Neue Club**‹, der seit 1910 Dichterlesungen des ›Neopathetischen Cabarets‹ organisierte (vgl. Schriften des Neuen Clubs). Gleiches gilt für das 1911 abgespaltene ›Literarische Cabaret Gnu‹ – beides Zirkel, die Autoren wie Georg Heym, Jakob van Hoddis, Ernst Blass, aber auch Becher, Lichtenstein, Hasenclever, Rubiner u.a. ein erstes öffentliches Forum boten. Man orientierte sich am **Kabarett**, das in Paris 1881 mit dem ›chat noir‹ ins Leben gerufen worden war, das in Deutschland erst 1901 mit Ernst von Wolzogens ›Überbrettl‹ adaptiert und mit Wedekinds ›Elf Scharfrichtern‹ populär geworden war. Dabei wollte man das Kabarett aus der Kommerzialisierung zurückholen, um ihm, so Georg Heym, »seine literarischen Tendenzen zurückzuerobern« (Expr., 437; vgl. Budzinski/Hippen; Hippen). Das Aufgreifen von Kabarett- und Varieté-Traditionen entsprach dem auf Öffentlichkeit und ›Aktionskunst‹ bedachten Frühexpressionismus, dessen Auftreten und dessen Resonanz von futuristischen und dadaistischen Aktionen – die sich, wie das Zürcher ›Cabaret Voltaire‹ und das Marinettische »Varieté«-Konzept (Manif., 60ff.), ebenfalls aus diesen

Quellen speisten – weit entfernt waren. »Die Haare sind kurz und die Fräcke tadellos geschnitten und ebenso wohlgekleidet sind die Verse. Es ist fürchterlich, wie hoch unser lyrisches Niveau geworden ist«, spottete das ›Berliner Tageblatt‹ über den ›Neuen Club‹ (zit. Knopf/Žmegač).

Kurt Hillers ›geistesaristokratischer‹ Intellektualismus und Loewensons ›pathetisch‹-lebensphilosophische, vitalististische Positionen markierten Spannbreite und Kontroverse bereits im Frühexpressionismus (vgl. Habereder, 35ff.; G. Martens, 188ff.; Schriften des Neuen Clubs). Hiller war es auch, der mit dem *Kondor* 1912 die erste, in der Öffentlichkeit heftig diskutierte expressionistisch Lyrik-Anthologie mit Gedichten von Blass, Heym und anderen Autoren aus dem Umfeld des ›Neuen Club‹ herausgab und damit eine weitere Keimzelle des Expressionismus schuf (Expr., 431ff.; vgl. Der »Kondorkrieg«; Stark 1982, 138ff.).

Zur expressionistischen Gründergeneration gehören in München die Gruppe um den Kleinverleger Heinrich Bachmair, zu der Hugo Ball, Johannes R. Becher, Erich Mühsam u.a. zählen, in Leipzig der Kreis um Ernst Rowohlt und vor allem um den wichtigsten expressionistischen Verleger, Kurt Wolff, der 1913 seinen Verlag gleichen Namens mit Kurt Pinthus als erstem Lektor gründet, sowie Autoren wie Hasenclever und Werfel u.a. In Leipzig wurde 1913 mit den ›Weißen Blättern‹ auch eine der wichtigsten Zeitschriften des Expressionismus gegründet (vgl. S. Arnold). Weitere **regionale Zentren** in Kiel, Hamburg, Dresden, dann auch in Wien, Innsbruck, Prag, Zürich und anderswo lassen sich nicht zuletzt anhand einschlägiger Zeitschriften- und Verlagsgründungen rekonstruieren (vgl. Raabe 1964; vgl. Hansers Sozialgeschichte 7, 437ff.). So gruppierte sich der österreichische Expressionismus zunächst um die von Karl Kraus herausgegebene ›Fackel‹, in der bis 1911, als Kraus auf die Mitarbeit anderer Autoren verzichtete, Texte u.a. von Ehrenstein, van Hoddis, Viertel und Werfel erschienen, sowie um die Innsbrucker Halbmonatsschrift ›Der Brenner‹, in der Ludwig von Ficker u.a. Trakl und Robert Müller druckte. Mit den ›Herder-Blättern‹ (Prag 1911/12, herausgegeben u.a. von Willy Haas und Otto Pick) und dem ›Ruf‹ (Wien 1912/13) erschienen dann in der Habsburgmonarchie die ersten ausgesprochen expressionistischen Zeitschriften (Wallas 1994, 51f.; vgl. Wallas 1995).

Gerade anhand der hundert deutschen expressionistischen **Zeitschriften**, die allein Raabe nachgewiesen und ausgewertet hat (Raabe 1964; Index Expressionismus), lassen sich personale, regionale, oft auch programmatische Zentren und Entwicklungen festmachen: Zeitschriften, auch wenn sie oft nur mit wenigen Heften und in kleiner Auflage erschienen sind, fungieren gerade wegen ihres experimentellen und ›operativen‹ Charakters nicht nur als »Spiegel, sondern oft genug als Motor der literarischen Avantgarde« (Deutsche literarische Zeitschriften I, 7f.). Das galt schon für den Naturalismus und die Ismen der Jahrhundertwende, gilt aber mehr noch für den Expressionismus und die Ismen der Avantgarde: hier bezeugen die – schon von der Quantität her viel mehr verbreiteten – Zeitschriften oft genug die Vorreiterrolle und Politik ihrer jeweiligen Herausgeber, die Kollektivität der inneren Zirkel um die Periodika und die häufig angeschlossenen Verlage, schließlich die weitere Verbreitung und die innere, auch internationale Vernetzung der avantgardistischen Strömungen durch Textübernahmen, Übersetzungen usw. Schließlich erscheinen nicht wenige Zeitschriften in ihrer Gesamtkomposition selbst schon als ein (Gesamt-)Kunstwerk, das durch Illustrationen, durch seine Text- und Bildkombinationen, den Einsatz bestimmter Schrifttypen, durch originellen Satz usw. zum ambitionierten Exempel der neuen Kunst wird. Entsprechendes gilt für die hochentwickelte expressionistische Buchkunst (vgl. Lang).

Zentral für die Gesamtentwicklung des Expressionismus sind die beiden in Berlin seit 1910 bzw. 1911 bis jeweils 1932 erschienenen Periodika ›Der Sturm‹ (vgl. S. Arnold; Pirsich 1985) und ›Die Aktion‹ (vgl. Baumeister), deren Namen bereits für Programme standen und deren Herausgeber, Herwarth Walden und Franz Pfemfert, die beiden wichtigsten Mentoren und Propagandisten der expressionistischen Generation und ihrer Kunst waren. Gemeinsam ergeben die beiden Wochenblätter, nicht zuletzt durch ihre reichhaltigen Illustrationen, einen umfassenden Einblick in den Expressionismus, dessen Etappen sie getreulich widerspiegeln (vgl. Froehlich).

Herwarth Waldens ›**Sturm**‹ repräsentiert die eine neue Ästhetik formulierende Linie im Expressionismus. Für diese »Wortkunst« (Philipp; s. II.3.5) stehen Autoren wie Blümner, Schreyer, Stramm, Walden selbst u.a. (vgl. Möser). Walden verfügte über einen eigenen Verlag, eine Buchhandlung und organisierte eigene Kunstausstellungen (vgl. Hodomyi 2010. So wurden 1912 erstmals in Deutschland die Bilder der italienischen Futuristen gezeigt. 1913 veranstaltete der ›Sturm‹ den legendären »Ersten Deutschen Herbstsalon« mit Bildern von »Expressionisten – Kubisten – Futuristen« (Boccioni, Carrà, Delaunay, Kandinsky, Klee, Kubin, Marc), der in der Öffentlichkeit auf erbitterte Ablehnung stieß und die bürgerliche Kunstkritik zu Verunglimpfungen verleitete, die denen der Naturalismus- und Décadence-Kritiker in nichts nachstanden (»Hottentotten im Oberhemd«, »Gemalter Wahnsinn«; Lüttichau 1988a, 138f.; s. I.6.7). Sie gehören zum festen Stamm der Denunziationen der Avantgarde, zumal durch rassistische Vergleiche und den Einsatz der Krankheits- und Wahnsinns-Metapher, was sich bis in die NS-Zeit und noch darüber hinaus verfolgen lässt (vgl. Lüttichau 1988b). Dass sich die Avantgarde selbst, so bereits die Prosa des Expressionismus, dem Motiv des Wahnsinns gewidmet hat, steht auf einem anderen Blatt (vgl. Ihekweazu).

An Waldens ›Sturm‹ war eine Kunstschule angeschlossen, die, so Rudolf Blümner, »der Heranbildung der jüngeren Generation in der gesamten expressionistischen Kunst« dienen sollte (Expr., 411); zudem wurde eine expressionistische »Sturmbühne« eingerichtet (Expr., 410ff.; vgl. Pirsich 1985, 334ff.; s. II.3.5). Dagegen profilierte Pfemfert ›**Die Aktion**‹ mit dem Untertitel »Zeitschrift für freiheitliche Politik und Kultur« zu einem über den künstlerischen Bereich hinausblickenden, politischen »Organ des ehrlichen Radikalismus«. Die Zeitschrift will als »Tribüne« den »imposanten Gedanken einer ›Organisierung der Intelligenz‹ fördern« und tritt, wie es im Editorial zum ersten Heft heißt, »ohne sich auf den Boden einer bestimmten politischen Partei zu stellen, für die Idee der großen deutschen Linken ein« (zit. Baumeister, 94). Pfemfert steht für den politisch engagierten Expressionismus. Während des Krieges pflegte er Kontakte zur radikalen Linken um Liebknecht und Luxemburg und stellte nach 1918 seine Zeitschrift in den Dienst eines antiautoritären linken Radikalismus. Während des expressionistischen Jahrzehnts war ›Die Aktion‹ Forum aller bedeutenderen Expressionisten, deren Leben und Werk durch den Reprint der Zeitschrift 1967 durch Paul Raabe bis 1918 bio-bibliographisch erschlossen ist (vgl. Ich schneide die Zeit aus; Baumeister; Fähnders/Rector I; Peter; Halliday).

Es sind weitere der jetzt vielfach nachgedruckten **Periodika**, die bereits im Titel ihr Programm annoncieren: ›Revolution‹, ›Das neue Pathos‹, ›Der Gegner‹, ›Das Tribunal‹, ›Kain‹, ›Das Flugblatt‹, ›Neue Jugend‹, ›Der Gegner‹ – aber auch: ›Menschen‹,

›Die weißen Blätter‹ oder ›Die Dichtung‹. Hinzu kommen Jahrbücher, Anthologien und Schriftenreihen wie ›Die Erhebung‹, ›Der jüngste Tag‹, ›Der rote Hahn‹, ›Umsturz und Aufbau‹, ›Tribüne der Kunst und Zeit‹, ›Zeit-Echo‹, *Kameraden der Menschheit*, schließlich die legendäre Lyrik-Anthologie *Menschheitsdämmerung* (vgl. Raabe 1964; ders. 1992).

Gruppenstrukturen und Publikationsmöglichkeiten änderten sich zwangsläufig durch den **Krieg**. Ein Teil des sich politisierenden Expressionismus emigrierte – so die Gruppe um Schickele und die ›Weißen Blätter‹ nach Zürich (vgl. Noe), wo sich 1916 auch Dada aus dem Kreise internationaler kriegsgegnerischer Künstler gründete. In Berlin hielten der bewusst unpolitisch operierende ›Sturm‹ (vgl. Vock 2006) und die aus Gründen der Zensur auf explizit politische Beiträge verzichtende ›Aktion‹, deren Lyrik-Rubrik ›Verse vom Schlachtfeld‹ aber einen unüberhörbaren dichterischen Protest gegen den Krieg bedeutete, der verschärften Zensur stand.

Mit der **Novemberrevolution** änderte sich das Bild der expressionistischen Gruppierungen erneut – viele figurierten seitdem als politische Gruppierungen. Dazu zählen die ›Räte geistiger Arbeiter‹ des politischen Aktivismus um Kurt Hiller, die eigenständigen Gruppen wie Pfemferts kurzlebige ›Antinationale Sozialisten-Partei‹ (ASP) aus dem Kreise der ›Aktions‹-Mitarbeiter. Zudem bestanden seit Kriegsende pazifistische Organisationsansätze, in denen gerade auch die Verständigung mit französischen Intellektuellen wie Romain Rolland und Henri Barbusse und dessen ›Clarté‹-Kreis gesucht wurde – weit über den Expressionismus hinausweisende Bemühungen, die auf eine ›Internationale des Geistes‹ zielten und die etwa 1919 in Wilhelm Michels Aufruf »Zum Weltkongreß der Geistigen« ihren Ausdruck fanden. (Expr., 413f.).

Ein weiterer Teil der politisierten Expressionisten schließlich suchte das unmittelbare Engagement in der Revolution: in Arbeiter- und Soldatenräten wie Carl Einstein, Heinrich Vogeler oder Friedrich Wolf, in der Münchner Räterepublik, wofür die Namen Toller, Landauer und Mühsam stehen. Expressionistische Autoren organisierten sich auch in den linken Parteien und Organisationen, in der an der Jahreswende 1918/19 gegründeten KPD beispielsweise Wieland Herzfelde und sein Bruder John Heartfield, Franz Jung, Oskar Kanehl, der junge Erwin Piscator und andere Autoren zumal des Pfemfert-Kreises. Mit den 1918 einsetzenden politischen Entwicklungen jedenfalls waren gegenüber den Vorkriegs- und Kriegsjahren für Gruppenbildung und literarische Kommunikation neue Rahmenbedingungen gegeben, die auch den Auftakt für die veränderten Literaturverhältnisse in der Weimarer Republik bildeten (s. III.1.7).

2.4 Dichter, Literaten, Intellektuelle

Der naturalistische Schriftsteller hatte sich nicht zuletzt aufgrund ökonomischer Veränderungen gezwungen gesehen, seinen sozialen Status der ›Tintensklaverei‹ zu reflektieren. Der materiell in der Regel ungleich besser gestellte ästhetizistische Dichter der Jahrhundertwende zeigte seine Verachtung der bürgerlichen Welt gegenüber in einer aristokratischen Haltung der ›Abgesondertheit‹. Beide fanden sich in einer gesellschaftlichen Isolation, die, wenn auch aus unterschiedlichen Motiven, zu Selbstnobilitierung und Überhöhung des eigenen, des Dichterbildes führte (s. I.4). Gesellschaftliche Irritationen im Verhältnis zwischen Dichter und Publikum zu Beginn des 20. Jahrhunderts sind also weder neu noch auf die expressionistische Generation allein beschränkt. Für Thomas Mann war bekanntlich der Bürger-Künstler-Konflikt zentrales Thema seines Werkes, wobei er allerdings andere Konsequenzen – weder Isolation noch Integration – als die Generation der Literaturrevolteure zog. »Es ist aus mit dem Künstler, sobald er Mensch wird«, heißt es 1903 in der Erzählung *Tonio Kröger* (Th. Mann VIII, 296; vgl. Kurzke 1996).

Die Expressionisten nun polemisieren gegen diese Vätergeneration der Naturalisten, Impressionisten und Ästhetizisten – und postulieren ihrerseits ein **gesellschaftliches Außenseitertum,** welches dasjenige der isolierten Gründerväter überbieten möchte und sich der ärgsten sozialen Feindbilder der Wilhelminischen Gesellschaft bedient. Es sind die Ausgestoßenen, Marginalisierten, die, so Mühsam, »Parias« und »letzte der Lumpen« (Expr., 356), mit denen man sich identifiziert und die Ludwig Rubiner 1912 in seinem einflussreichen Programmartikel für die ›Aktion‹, »Der Dichter greift in die Politik«, in barocker Reihung aufzählt:

> »Prostituierte, Dichter, Zuhälter, Sammler von verlorenen Gegenständen, Gelegenheitsdiebe, Nichtstuer, Liebespaare inmitten der Umarmung, religiös Irrsinnige, Säufer, Kettenraucher, Arbeitslose, Vielfraße, Pennbrüder, Einbrecher, Erpresser, Kritiker, Schlafsüchtige, Gesindel. Und für Momente alle Frauen der Welt. Wir sind Auswurf, der Abhub, die Verachtung« (zit. Stark, 166).

Johannes R. Becher besingt 1913 in seinem »Freiheitslied« für die Münchner Zeitschrift ›Revolution‹ eine eng verwandte Traditionsreihe – »Ihr Lumpenhunde, Saufkumpane! Gaukler, Gecken! Onanisten! Päderasten! Fetischisten! [...] Ihr großen Metzen! Syphilitiker! [...] Ich rufe euch zum hitzigsten Aufruhr, zur brennendsten Anarchie, zum bösesten Widerstreit begeistere, reize ich euch! Revolution!« (zit. ebd.). Indem hier ein antibürgliches Ensemble deklassierter, asozialer Figuren und Typen zum Subjekt von Aufruhr avanciert, wird der antibürgliche Provokationscharakter ausgereizt, zugleich dem »Ich« eine exponierte Rolle zugewiesen. Sokel spricht vom »Poeta dolorosus« (Sokel o.J., 73ff.)

Dabei fällt zunächst auf, dass das offizielle Feindbild des Wilhelminismus, die ›vaterlandslosen Gesellen‹ der **Arbeiterbewegung,** nicht in den Blick gerät: sie gelten den Expressionisten, wenn sie denn überhaupt wahrgenommen werden, längst als integraler Teil des Systems. Eine politisch fundierte Kritik am Reformismus der Sozialdemokratie, die bei den Wahlen 1912 stärkste Fraktion im Reichstag geworden war, übten vor dem Krieg zwar immer wieder Franz Pfemfert in der ›Aktion‹ und von anarchistischer Seite Erich Mühsam in seiner Zeitschrift ›Kain‹ (vgl. Peter, 29ff.; Expr. 253ff.). Der expressionistischen Generation, die von ihrem intellektuell-akademischen Umfeld her kaum Zugang zum proletarischen Milieu hatte, galt der Wilhelminische Proletarier aber alles andere als eine Figur der Opposition und der gesellschaftlichen Alternative. Er schien Teil der Väterwelt und dem Bürgerstereotyp zu subsumieren. Erst während des Krieges sollte sich das mit der anwachsenden Kriegsgegnerschaft innerhalb von Expressionismus und Sozialdemokratie, zumal seit den revolutionären Aktivitäten der von der SPD abgespaltenen ›Unabhängigen‹ (USPD) und des Spartakus-Bundes, entschieden ändern.

Projektionsfläche also bleiben die Marginalisierten, wobei die bakunistische Tradition des **Anarchismus** erkennbar wird. Bakunin hatte die Deklassierten, das von Marx als politisch instabil und unzuverlässig charakterisierte **Lumpenproletariat** gerade wegen seiner Entwurzelung und radikalen Bindungslosigkeit als »Blume des Proletariats« gefeiert und damit das klassische Industrieproletariat, das wiederum nach Marxscher Auffassung historisches Subjekt der Revolution ist, desavouiert. Erich Mühsam hat vor dem Ersten Weltkrieg im Rahmen seiner Aktivitäten für den von Gustav Landauer gegründeten ›Sozialistischen Bund‹ den »fünften Stand«, wie er diese Deklassierten nannte, ganz konkret zu agitieren und für den Anarchismus zu gewinnen versucht – im Umfeld der Boheme und im Verein mit dem Expressionismus verpflichteten Autoren wie Franz Jung und Oskar Maria Graf. Mühsam war es auch, der bereits 1906 im Sinne einer Gemeinschaft der Deklassierten in einem Beitrag für die ›Fackel‹ von Karl Kraus die **Boheme** neu definierte: »Verbrecher, Landstreicher, Huren und Künstler – das ist die Bohème, die einer neuen Kultur den Weg weist« (Epr., 394; vgl. Fähnders 1987, 177ff.; Kauffeldt, 175ff.).

Was bei Mühsam theoretisch im Anarchismus fundiert wird, ist für das Gros der Expressionisten symbolischer Protest: indem man sich mit »Opfern« identifiziert, will man »die gesellschaftliche Diffamierung des avantgardistischen Künstlers und nonkonformen Intellektuellen unterstreichen« (Stark 1982, 167). Dies signalisiert erneut die tiefe Kluft zwischen Künstler und Publikum, die für die Moderne insgesamt bestimmend ist. Zugleich aber ist in der Beschwörung der outcasts bei Autoren wie Rubiner, Becher u.a. die bohemische Haltung des **épater le bourgeois** erkennbar, die in ihrer Drohgebärde gerade bei Becher nicht nur ungewollte Ähnlichkeiten mit dem Antipoden des Wilhelminischen Vaters zeigt, sondern auch die massive Aufwertung des Dichters zur Folge hat. Denn es ist der Dichter, der die Gemeinschaft der Außenseiter stiftet und zum Umsturz aufruft – Sonderfall des traditionellen, allumfassenden **Führungsanspruchs des Dichters**, den die expressionistische Generation für sich reklamiert.

Bei Johannes R. Becher lässt sich die Inszenierung des Dichters zum Dichter-Propheten zeigen, die gerade bei diesem Autor weit über den Expressionismus hinausreicht und zur Konstruktion eines sich verselbstständigenden »Schreib-Ichs« führt (Rohrwasser 1980, 295; vgl. Korte 1994a, 246f.). Vergleichbares findet sich aber auch bei Autoren wie Ludwig Rubiner oder Ernst Toller. Dieser lässt das Prologgedicht seines im Krieg begonnenen Dramas *Die Wandlung* mit den Versen enden: »Den Weg!/Den Weg! –/Du Dichter weise« (Toller, 240; vgl. Grunow-Erdmann, 46ff.). Zurecht ist jedenfalls vom »Dichter« als repäsentativer und zentraler »Rollenfigur« für das expressionistische »Weltverständnis« – neben Tänzer(in), Täter und dem Kranken – gesprochen worden (Rothe 1979). Die Verwandtschaft zu den ästhetizistischen Dichter-Seher-Entwürfen etwa bei George – einer im Expressionismus umstrittenen, von Georg Heym verhöhnten, von Kurt Hiller bewunderten Figur – ist frappant. Differenzen ergeben sich allerdings in der Politisierung des Seher-Bildes, in der Proklamation des politisch verantwortlichen und politisch engagierten **Intellektuellen**.

Dieser Strang, der den Dichter an die strikte Verpflichtung zu politischer und sozialer Verantwortlichkeit bindet und aktivistisch auf Praxis zielt, ist mit dem Namen Heinrich Manns verbunden. Vor allem sein Essay »**Geist und Tat**«, der die Abkehr von seiner ästhetizistischen Vergangenheit besiegelt hat und in der von Alfred Kerr geleiteten und für den Frühexpressionismus wichtigen Zeitschrift ›Pan‹ 1911 erschienen ist, formuliert den Bruch mit der deutschen Tradition des »Faust- und Autoritätsmenschen« (Expr., 272). Statt seiner werden die französischen »Geistesführer« von Rousseau bis Zola beschworen – »sie hatten Soldaten« (Expr., 270) –, wobei insbesondere Zolas Engagement in der Dreyfus-Affäre modellhaft für den in die Politik eingreifenden Intellektuellen steht (vgl. Stein 2002, 83ff.; W. Klein 2006).

Nicht zufällig entstand die Figur des Intellektuellen während der Dreyfus-Affäre (vgl. Stark 1982, 93ff.). Dieser neue Typus des Intellektuellen ist für Heinrich Mann der »Mensch des Geistes, der **Literat** [...]. Seine Natur: die Definition der Welt, die helle Vollkommenheit des Wortes verpflichtet ihn zur Verachtung der dumpfen, unsauberen Macht.« Ein »Intellektueller, der sich an die Herrenkaste heranmacht, begeht Verrat am Geist.« (Expr., 272). Hier ist ein neues Autorenverständnis entworfen, das den Elfenbeinturm und den alten Dichter-Seher demontiert – denn »das Genie muß sich für den Bruder des letzten **Reporters** halten« (Expr., 272). Wenig später wird in der Figur des Reporters ein neuer, ›sachlicher‹, auf ›Zeitgenossenschaft‹ geeichter Schriftstellertyp erstehen (s. III.1.3).

Nun bedeutete Heinrich Manns Konzept trotz seiner radikaldemokratischen Grundierung eine ungemeine Aufwertung des Intellektuellen, genauer: des oppositionellen, demokratisch-kämpferischen Intellektuellen. Dessen politische Verantwortlichkeit ist durch die Kriterien einer auf Gesellschaftsveränderung zielenden Praxis eindeutig festgelegt, und gerade dieses aktivistische Moment (und weniger der demokratische Impuls) stieß auf enthusiastischen Widerhall im Expressionismus. Mit dem rundum positiven Bild vom Intellektuellen, das zudem in Konnotation mit den im Deutschen traditionell positiv besetzten Attribut ›geistig‹ oder der Wendung ›die Geistigen‹ verknüpft wird, ist die Selbstaufwertung auch semantisch vollzogen. Die kämpferische Übernahme des Wortes ›Literat‹, das seit dem Nachmärz gegenüber der Bezeichnung ›Dichter‹ stets polemisch abgewertet worden ist und pejorativ noch bei Nietzsche verwendet wird, macht das Changieren der Expressionisten zwischen Traditions- und Innovationsbewusstsein deutlich. Die semantischen Präferenzen verdeutlichen dies: René Schickele räsonniert 1913 über »Die Politik der Geistigen« und projektiert 1918 einen »Konvent der Intellektuellen« (Deutsche Intellektuelle, 50ff., 106ff.). Rudolf Leonhard schreibt 1914 über »Die Politik der Dichter« (Expr., 363ff.), Iwan Goll »vom Geistigen« (Expr., 220ff.), Carl Einstein richtet 1919 einen linksradikalen Appell »An die Geistigen« (Manif., 164f.). Kurt Hiller, der etymologisch korrekt »Litterat« schreibt, konzipiert während des Krieges einen aktivistischen »Bund der Geistigen« als Vorläufer der »Politischen Räte geistiger Arbeiter« von 1918/19 (vgl. Habererder, 76ff, 179ff.). Auch Wilhelm Herzog, Freund und Weggefährte Heinrich Manns und Förderer expressionistischer Literatur, stellt seine 1910 gegründete Zeitschrift ›Das Forum‹ in den Dienst der Propagierung einer aktivistischen Funktionsbestimmung der »Geistigen« im Einsatz für Europa, nach der Revolution speziell auch für den ›Clarté‹-Kreis (vgl. Müller-Stratmann; Müller-Feyen).

Insbesondere der ›Aktions‹-Kreis tut sich durch seine positive Aufnahme der Mannschen Konzeption hervor (vgl. Stark 1982, 153ff.). Ludwig Rubiner schreibt über die »Literaten«:

> »Ihre Aufgabe: Nicht Erklärer, sondern Führer zu sein. [...] Es lebe die Stimme! Die Stimme für die Anderen!
> Es lebe das Wort, hell wie Cornetsignal!
> Es lebe der runde geöffnete Mund, der laut gellt:
> Es lebe der Führer!
> Es lebe der Literat!« (Expr., 367).

So erweisen sich die Beschwörung der Paria, Literaten und Geistigen als verschiedene Varianten einer Selbstnobilitierung des Dichters, die auf dessen traditionelle gesellschaftliche Isolation bereits im 19. Jahrhundert zurückweist, die im Expressionismus aber ihre aggressive Zuschärfung bis hin zum Führertum, zur Entwicklung zu »Agitatoren«, so Pfemfert (Expr., 273), zu Tribunen, zum Künstler-Führer, wie er zumal im expressionistischen Drama, etwa in der Figur des Friedrich in Tollers *Wandlung*, begegnet. Bei derartigen, politisch prekär anmutenden expressionistischen Führer-Bestimmungen sollte berücksichtigt werden, dass der Terminus ›Führer‹ im Expressionismus historisch kaum belastet ist, dass Konnotationen zum faschistischen Führer- und Führer-Gefolgschaft-Begriff sich erst später im Verlaufe der zwanziger Jahre einstellen. Selbstverständlich konnte der Nationalsozialismus an die Dichter-Führer-Vorstellungen des als entartet geltenden Expressionismus nicht anknüpfen. Auch Dichter-Führer-Konzepte konservativer Provenienz, wie sie 1930 Max Kommerell in seinem Buch *Der Dichter als Führer in der deutschen Klassik* programmatisch entworfen und die Walter Benjamin einer deutlichen Kritik unterzogen hat, stehen in einem anderen Kontext (Benjamin III, 252ff.). Die Intellektuellen-Debatte wurde während der Weimarer Republik in aller Heftigkeit, nun unter dem Zeichen des Bekenntnisses zur Republik und ihrer Verteidigung, fortgeführt (vgl. WR, XIXff., 30ff.; s. III.1.5).

Das Dichter-Führer-Modell blieb während der Revolutionszeit nicht unwidersprochen. Die sich mit der Gründung der KPD an der Jahreswende 1918/19 neu formierende revolutionäre **Arbeiterbewegung** diskutierte ihrerseits, in Fortsetzung einschlägiger Debatten aus dem 19. Jahrhundert und unter dem Eindruck der wachsenden Zahl intellektueller Sympathisanten, das ›**Intellektuellen-Problem**‹, und zwar vornehmlich unter dem Aspekt des Verhältnisses zur Partei und Organisation. Das zeigen frühe einschlägige Ausführungen von Edwin Hoernle über »Die Kommunistische Partei und die Intellektuellen« (1919) und Johannes R. Bechers Aufrufe »Deutsche Intellektuelle« (1924) und »Partei und Intellektuelle« (1928) (Deutsche Intellektuelle, 249ff., 273ff., 299ff.; Sozialgeschichte, 23ff.). Auch die linksradikalen, zur KPD in linker Opposition stehenden Zirkel diskutieren nach 1918 über die Beziehungen zwischen Intelligenz und Proletariat, über ›proletarische Boheme‹ und Intellektuellenfeindschaft (vgl. Fähnders/Rector I, 86ff.).

Entschiedene Kritik erfuhr die Auffassung des politisierten Intellektuellen von kulturkonservativen Ideologen, welche die traditionellen Trennungsmuster von Politik und Geist bedroht sahen. So von Thomas Mann, der in seinen *Betrachtungen eines Unpolitischen* (1918) eine aggressive Polemik gegen den (von seinem Bruder Heinrich verkörperten) Typus des »Zivilisationsliteraten« startete (vgl. Expr., 273ff.; Thomas Mann, 107ff.). Unpolitische Dichterauffassungen finden sich aber auch bei expressionistischen Autoren. So trennt Paul Kornfeld in einem Essay »Metapolitik« aus dem Revolutionsjahr 1918 zwischen Kunst und Politik: der »Geist« lasse sich »nicht politisieren [...], jede Politisierung einer Idee nimmt dieser ihr Leben und führt zur – Politik, wenn nicht gar eines Tages zur Parteipolitik« (zit. Eykmann 1974, 14).

Das Insistieren auf »Geist« markiert bei derartigen unpolitisch sich gebenden Positionen eine zum politischen Dichter nur spiegelbildlich verkehrte Selbstaufwertung. Aus der unpolitischen Tradition des ›Sturm‹ kann, gespeist aus ganz anderen Quellen als bei den lautstarken Paria- und Führer-Apologeten, eine Nobilitierung des Dichters erfolgen, die sich ebenfalls der Führer-Metaphorik bedient. Für Lothar Schreyer, einen der maßgeblichen ›Wortkunst‹-Theoretiker im ›Sturm‹-Kreis, sind es »zwei Menschen«, welche das Reich des Geistes verkünden: »der Priester und der Künstler.

Beide sind Seher. Beide sind der Vision, der Offenbarung teilhaftig. Beide verkünden ihr Gesicht ihren Gläubigen« (zit. Pirsich 1985, 563).

Trotz unterschiedlicher Ausgangspunkte korrespondieren derartige Nobilitierungsstrategien mit Positionen, wie sie in der Lyrik der *Menschheitsdämmerung* begegnen; so beispielhaft in Johannes R. Bechers berühmtem Gedicht »Vorbereitung«, das mit den Versen beginnt: »Der Dichter meidet strahlende Akkorde./Er stößt durch Tuben, peitscht die Trommel schrill./Er reißt das Volk auf mit gehackten Sätzen.« (Menschheitsdämmerung, 213). Hierher gehört nicht zuletzt die Konzeption des **politischen Dichters** wie in dem 30 Strophen umfassenden Programmgedicht dieses Titels von Walter Hasenclever, in dem es heißt:

> Der Dichter träumt nicht mehr in blauen Buchten.
> Er sieht auf Höfen helle Schwärme reiten.
> Sein Fuß bedeckt die Leichen der Verruchten.
> Sein Haupt erhebt sich, Völker zu begleiten.
>
> Er wird ihr Führer sein. Er wird verkünden.
> Die Flamme seines Wortes wird Musik.
> Er wird den großen Bund der Staaten gründen.
> Das Recht des Menschentums. Die Republik.
> (Menschheitsdämmerung, 216).

Während der Revolutionsjahre werden expressionistische Künstler sich anschicken, diese Vorstellung vom politischen Dichter in die Tat umzusetzen. Die Vehemenz aber, mit der über Dichter und Literat im Expressionismus – und dies zumal an den historischen Bruchstellen 1914 und 1918 – gestritten wird, signalisiert einen Neubeginn in den Auseinandersetzungen über den sozialen und ideologischen Status der Intellektuellen, markiert insofern die »Entstehung der Intellektuellendebatte in der deutschen Literaturgeschichte« überhaupt (Stark 1982; vgl. Deutsche Intellektuelle) und ist zugleich Auftakt zu den entsprechenden Diskursen in den zwanziger Jahren (s. III.1.5).

2.5 Urbanität

Der Lebens-, Erfahrungs- und Wahrnehmungshorizont der expressionistischen Generation ist nicht allein durch ein hochintellektuelles, sondern auch durch ein spezifisch großstädtisches Ambiente, insbesondere Berlins, entscheidend geprägt worden. **Berlin** war unstrittig Zentrum des Expressionismus, welches die jungen Autoren anzog, falls sie dort nicht sowieso, wie Blass, Heym, Hiller, van Hoddis, Kronfeld, Lichtenstein, Nebel, Rubiner, Walden u.v.a. geboren oder, wie Heym, aufgewachsen waren (vgl. Raabe 1992, 567ff.). Ein spätdadaistischer Autor wie Walter Mehring kann gar 1921 Tempo und Mobilität der Großstadt feiern und mit dem eher konservativ besetzten Traditionsbegriff »Heimat« versehen und ein Gedicht »Heimat Berlin« nennen (Berlin! Berlin!, 140f.).

Mehr noch als zu Zeiten der Naturalisten, die erstmals in Deutschland eine nennenswerte Großstadtliteratur geschrieben hatten, faszinierte Berlin nicht nur als Industriestadt, zu der sie sich ganz rapide entwickelt hatte, sondern als ein Ort mit »urbaner Öffentlichkeitsstruktur« (Becker 1993, 158), mit einer ausgesprochenen **Metropolenkultur**. Berlin hatte mit seinen am Vorabend des Ersten Weltkrieges rund drei Millionen Einwohnern längst die alten, z.T. feudalen Zentren des kulturellen Lebens wie München, Leipzig, Dresden oder Frankfurt abgelöst. Gerade wegen seiner geringen historischen Verwurzelung bei gleichzeitigem explosivem Wachstum konnte Berlin eine Offenheit für neue kulturelle Entwicklungen, ästhetische Trends, literarische Strömungen bieten, die *so* andere Städte in ihrem Traditionsreichtum nicht von vornherein zeigten. Heinrich Mann sprach 1921 in seinem Essay »Berlin« von einer »Menschenwerkstatt«, ja vom »Zivilisationsherd Berlin« (zit. Lämmert 1992/93, 193f.). Berlin avancierte zur »Kunstmetropole« par excellence, die bis 1933 Paris als der, so Walter Benjamin, »Hauptstadt des 19. Jahrhunderts« längst den Rang abgelaufen hatte (vgl. Kunstmetropole Berlin; Die Metropole; Das poetische Berlin; Berlin – Literary Images).

Auf die ganz besondere Modernität der Stadt hatte Werner Sombart 1907 in einem bereits erwähnten Essay verwiesen, als er Wien »einem modernen Gebilde wie Berlin« gegenüberstellte und früh den in den zwanziger Jahren dann ganz geläufigen gewordenen Vergleich mit Amerika zog: »um ganz in ›Modernität‹ aufzugehen, um sich ganz dafür begeistern zu können, daß in einem Restaurant 6000 Menschen speisen können, daß alle zwei Minuten ein Stadtnahzug fährt: dafür muß man so aller Tradition, aller Kultur, aller Qualität bar sein, wie der – New-Yorker [sic].« (Début eines Jahrhunderts, 38; s.o. S. 120). Tatsächlich war in Berlin bereits 1910 die Elektrifizierung der Straßenbahnstrecken abgeschlossen, seit 1899 fuhren die ersten Kraftdroschken, seit der Jahrhundertwende die ersten Automobil- und Lastkraftwagen mit Benzinmotor, seit 1902 bzw. 1903 motorisierte Omnibusse und Hochbahnen, wenig später die U-Bahn (vgl. Becker 1993, 35). Ein avantgardistischer, traditionsfeindlicher Sturmlauf »gegen das passatistische Venedig« wie im Manifest der italienischen Futuristen (Manif., 16f.) wäre im Falle Berlins weder möglich noch nötig gewesen. Berlin konnte dank seiner relativen Traditionslosigkeit bei kultureller ›Modernität‹ unbedingt als »Ort eines ins Großstädtische befreiten Lebens« gelten (Hermand 1988, 67). So verstand es auch die expressionistische Generation; 1912 ruft Oskar Loerke aus: »Wir wollen die Großstädte, die Weltstädte dichten, die beinahe so jung wie wir sind.« (Expr., 639).

Es ist die **Großstadt als Ort der Moderne**, die traditionelle Wahrnehmungsweisen verändert und neue Erfahrungsräume eröffnet. Der Soziologe und Kulturtheoretiker Georg Simmel hat bereits 1903 in seinem Essay »Die Großstädte und das Geistesleben« (Simmel, 192ff.) eine wegweisende Wahrnehmungsästhetik entworfen, die in der Forschung der letzten Jahre intensiv rezipiert und für die Metropolenkulturforschung nutzbar gemacht worden ist (Delabar 2010, 161ff.; L. Müller 1988; Becker 1993, 40ff.; vgl. Unwirklichkeit der Städte). Simmel, dessen Berliner Lehrveranstaltungen von den Frühexpressionisten und Großstadtlyrikern frequentiert wurden (Läufer, 21), analysiert das Neue der großstädtischen Reizüberflutung als eine »**Steigerung des Nervenlebens**«, welcher sich »der Typus des Großstädters« – »mit jedem Gang über die Straße, mit dem Tempo und den Mannigfaltigkeiten des wirtschaftlichen, beruflichen, gesellschaftlichen Lebens« (Simmel, 193) – ausgesetzt sieht:

> »Die psychologische Grundlage, auf der der Typus großstädtischer Individualitäten sich erhebt, ist die *Steigerung des Nervenlebens*, die aus dem raschen und ununterbrochenen Wechsel äußerer und innerer Eindrücke hervorgeht. Der Mensch ist ein Unterschiedswesen, d.h., sein Bewußtsein wird durch den Unterschied des augenblicklichen Eindrucks gegen den vorhergehenden angeregt; beharrende Eindrücke, Geringfügigkeit ihrer Diffe-

renzen, gewohnte Regelmäßigkeiten ihres Ablaufs und ihrer Gegensätze verbrauchen sozusagen weniger Bewußtsein, als die rasche Zusammendrängung wechselnder Bilder, der schroffe Abstand innerhalb dessen, was man mit einem Blick umfaßt, die Unerwartetheit sich aufdrängender Impressionen.« (ebd., 192f.).

Durch die Herausbildung eines besonderen »intellektualistischen Charakters des großstädtischen Seelenlebens« entfalten sich Verhaltensweisen wie die »Verstandesmäßigkeit«, die »Blasiertheit«, die »Reserviertheit«, zudem existieren relevante, der Provinz und der Kleinstadt gegenüber ungeahnte, von Toleranz geprägte, anonyme Frei- und Freiheitsräume zur Entfaltung individueller Neigungen. Schließlich sei es »die rasche Zusammendrängung wechselnder Bilder, der schroffe Abstand innerhalb dessen, was man mit einem Blick umfaßt, die Unerwartetheit sich aufdrängender Impressionen«, welche eine **Simultaneität der Wahrnehmung** und ihre Flüchtigkeit zugleich bestimmen (ebd., 192ff.).

Durch die seit der Jahrhundertwende beschleunigte Medienentwicklung – in Berlin erschienen um 1900 mehr als hundert Tageszeitungen – taten sich zudem neue und vielfältige mediale Verbreitungsformen auf. Sie reichten vom Plakat an der Litfaßsäule bis zum Sandwich-Mann auf der Straße, vom Flugblatt, Handzettel und Aufkleber bis zum Reklametext und Zeitungsinserat. »Reklame-, Plakat- und Beleuchtungskunst treiben die Ästhetisierung der Stadtlandschaft voran [...]. Reklame- und Werbeschilder lassen eine urbane Zeichenwelt entstehen, die mit ihrer Bilderfülle und Reizflut die menschliche Wahrnehmung grundlegend verändern wird.« (Becker 1993, 35). Die Wirklichkeit

> »verflüchtigt sich zu einer Kette kurzer Impressionen, Reklameschildern, Plakaten, Werbeslogans. Die panoramatische Wahrnehmung läßt die wahrgenommene Erscheinungswelt zu einer Aneinanderreihung flüchtiger Eindrücke werden. Die wahrgenommenen Dinge sind ständig in Bewegung, die Bilder erscheinen nicht nacheinander, sondern gleichzeitig und nebeneinander, Impressionen fließen ineinander, Gegenstände fliegen vorbei, ihre Konturen lösen sich auf.« (ebd., 50).

Diese Momente ließen nicht nur neue Formen der Öffentlichkeit entstehen, sondern bedingten – und erforderten! – auch neue Gestaltungsprinzipien, die insbesondere die Avantgarde der Futuristen und Dadaisten erprobten. Strukturmomente der Gleichzeitigkeit, des Simultanen, finden sich aber auch im expressionistischen Prinzip der Parataxe, im lyrischen Reihungsstil und im Stationendrama. Walter Benjamin wird wenig später in seinen Moderne-Analysen vom **Schock** (Benjamin schreibt »Chock« oder »Chok«) sprechen: dem Großstädter ist »das Chockerlebnis zur Norm geworden« (Benjamin I/2, 614). Organon ist die »Chockwirkung des Films, die wie jede Chockwirkung durch gesteigerte Geistesgegenwart aufgefangen sein will« (ebd., 463). Die Simultaneität als Kompositionsprinzip futuristischer Gemälde, expressionistischer Großstadtgedichte oder dadaistischer ›performances‹ gründet in diesem urbanen Erfahrungsfeld ebenso wie **Collage** und **Montage**. Sie sind die großen ästhetischen Innovationen, mit denen Avantgarde und Moderne neue Wege in Literatur und Bildender Kunst mit dem Ziel einer adäquaten Aneignung und Wiedergabe dessen, was als die neuen urbanen Realitäten erfahren wurde, gehen (Becker 1993, 271ff.; Möbius 2000). Mit guten Gründen bezeichnet Sabina Becker die Berliner Dada-Jahre als »**Montagezeit**« (Becker 1993, 223ff.), wird anlässlich der Döblinschen Prosa vom »Montageroman als Epos der Moderne« gesprochen (Keller, 228ff.).

Sehr früh hat sich Rainer Maria Rilke bei der Gestaltung neuartiger Stadterfahrungen (in seinem Falle Paris) entsprechender Erzählweisen bedient. Sein 1904 begonnener, 1908–1910 in Paris vollendeter Roman *Die Aufzeichnungen des Malte Laurids Brigge* (1910) präsentiert einen Helden, dessen »urbane Wahrnehmungsweise« (Becker 1993, 85ff.) sich gleich auf der ersten Seite zeigt. Maltes Wahrnehmung ist auditiv und simultan:

> »Daß ich es nicht lassen kann, bei offenem Fenster zu schlafen. Elektrische Bahnen rasen läutend durch meine Stube. Automobile gehen über mich hin. Eine Tür fällt zu. Irgendwo klirrt eine Scheibe herunter, ich höre ihre großen Scherben lachen, die kleinen Splitter kichern. Dann plötzlich dumpfer, eingeschlossener Lärm von der anderen Seite, innen im Hause. Jemand steigt die Treppe. Kommt, kommt unaufhörlich. Ist da, ist lange da, geht vorbei. Und wieder die Straße. Ein Mädchen kreischt: Ah tais-toi, je ne veux plus. Die Elektrische rennt ganz erregt heran, darüber fort, fort über alles.«

Malte reflektiert über den Verlust der Fähigkeit zu traditionellem Erzählen: »Daß man erzählte, wirklich erzählte, das muß vor meiner Zeit gewesen sein« (vgl. Becker 1993, 93; Rilke-Handbuch, 319ff.). So erscheint die – bei Rilke ganz unabhängig vom Aufbruch des Expressionismus und der Avantgardebewegungen geformte – Stadtwahrnehmung als Auslöser von Zersetzungsprozessen, die ein Erzählen im Sinne der Schaffung eines homogenen erzählerischen Kontinuums, von erzählerischer Totalität des epischen Nacheinander (›und dann und dann und dann‹) unmöglich macht. Die großen **Stadtromane** wie *Manhattan Transfer* von John Dos Passos und *Berlin Alexanderplatz* von Alfred Döblin werden in den zwanziger Jahren diesen Erzählstrang der Moderne fortsetzen (vgl. Klotz).

Die großstädtischen Lebensumstände gerade auch der expressionistischen Generation mit neuen, ganz spezifischen Wahrnehmungsbedingungen lassen Bezüge zwischen »Urbanität und Moderne« (Becker 1993) erkennen (vgl. Fähnders 2007b). Sie ermöglichen allererst eine urbane Kunst (und die Kunst der Avantgarde überhaupt), wobei im deutschen Expressionismus die Stadterfahrungen durchaus nicht einhellig positiv verarbeitet werden. Die Großstadt selbst wiederum avanciert zum zentralen Gegenstand expressionistischer Werke – nicht allein als Sujet. Es sind Großstadterfahrungen, die bis in die ästhetische Machart der Texte schon der Frühexpressionisten, zumal in der Lyrik, den Werken ihren Stempel aufdrücken. Im Vorgriff (s. II.3.2) sei aus einem Großstadtgedicht von Ernst Wilhelm Lotz zitiert:

> Die Nächte explodieren in den Städten,
> Wir sind zerfetzt vom wilden, heißen Licht,
> Und unsere Nerven flattern, irre Fäden,
> Im Pflasterwind, der aus den Rädern bricht.
>
> In Kaffeehäusern brannten jähe Stimmen
> Auf unsre Stirn und heizten jung das Blut,
> Wir flammten schon. Und suchen leise zu verglimmen,
> Weil wir noch furchtsam sind vor eigner Glut.
> (zit. Becker 1993, 157f.).

Solche Stimmen deuten auf ein urbanes Bewusstsein, das die expressionistische Generation wie keine andere in Deutschland zuvor geprägt und artikuliert hat. Erst jetzt wird der Anschluss an die mit dem Namen Baudelaire verbundenen Leistungen der französischen Großstadtpoesie seit der Mitte des 19. Jahrhunderts erreicht.

Korrespondierend mit Robert Musils Charakterisierung der intellektuellen Atmosphäre der Jahrhundertwende im zweiten Kapitel (s.o. S. 12) sei aus einem Rückblick aus dem Jahr 1925 zitiert, in dem Kurt Pinthus – als expressionistischer Lektor und Herausgeber der Gedichtanthologie *Menschheitsdämmerung* mit vielen Autoren auch persönlich bekannt – die bestimmenden Erfahrungen seiner Generation, gerade auch die ästhetischen Wahrnehmungsweisen berücksichtigend, resümiert hat:

»Wer heute zwischen dreißig und vierzig Jahre alt ist, hat noch gesehen, wie die ersten elektrischen Bahnen zu fahren begannen, hat die ersten Autos erblickt, hat die jahrtausendelang für unmöglich gehaltene Eroberung der Luft in rascher Folge mitgemacht, hat die sich rapid übersteigenden Schnelligkeitsrekorde all dieser Entfernungsüberwinder, Eisenbahnen, Riesendampfer, Luftschiffe, Aeroplane miterlebt. [...] Wie ungeheuer hat sich der Bewußtseinskreis jedes einzelnen erweitert durch die Erschließung der Erdoberfläche und die neuen Mitteilungsmöglichkeiten: Schnellpresse, Kino, Radio, Grammophon, Funktelegraphie. Stimmen längst Verstorbener erklingen; Länder, die wir kaum dem Namen nach kennen, rauschen an uns vorbei. [...]. Im Jahre 1913 noch erließ eine Zeitschrift ein Preisausschreiben: ›Welche Nachricht würde Sie am meisten verblüffen?‹ Wie harmlos erschienen die Antworten gegen die Ereignisse, die kurz darauf einsetzten. Der Krieg begann sich über Erde, Luft und Wasser zu verbreiten, mit Vernichtungsmöglichkeiten, die die Phantasie auch der exzentrischsten Dichter zu ersinnen nicht imstande gewesen war. Unsere Heere überfluteten Europa; Dutzende von Millionen Menschen hungerten jahrelang; aus Siegesbewußtsein stürzten wir in Niederlage und Revolution; Kaiser, Könige und Fürsten wurden dutzendweise entthront. Wer soll noch durch Menschenunglück erschüttert werden, der erlebte, daß vier Millionen Menschen durch Menschenhand im Krieg umgebracht wurden? Die Länder erbebten von Attentaten und Revolten; politische und soziale Ideen, von denen unsere Großeltern noch nichts ahnten, wuchsen über die Menschheit und veränderten das Antlitz der Völker und der Erde. Das Geld, einziger Maßstab realen Besitzes, verlor seinen Wert und eroberte ihn wieder.« (zit. Vietta/Kemper, 11f.).

Poetik und Kunstpraxis des Expressionismus, der Avantgarde insgesamt verarbeiten derartige Erfahrungen, sei es mit positiver oder negativer Akzentuierung, sei es in sich ambivalent (s. II.3.2–3.5). Die Neue Sachlichkeit der zwanziger Jahre steht dann ganz im Zeichen einer Urbanität, deren stromlinienförmiger Modernisierungsschub kritisch bejaht wird und mit der zeitweiligen Stabilisierung der Weimarer Verhältnisse kongruiert (s. III.2).

2.6 Film und ›Kinostil‹

Einen wichtigen Anteil an der ästhetischen Formulierung der urbanen Wahrnehmungen und Wahrnehmungsbedingungen haben **die neuen Medien** (s. III.1.6): Bereits für den Naturalismus bedeuteten die technischen Reproduktionsmöglichkeiten durch Photographie und Phonograph ein Vorbild bei den Versuchen einer naturgetreuen Abbildung der Realität (s. I.2.8; 3.3). Für Expressionismus, Avantgarde und Moderne des 20. Jahrhunderts insgesamt ist es darüber hinaus der Film, der, seit den erfolgreichen Aufführungen in Paris sowie – im November 1895 – im Berliner ›Wintergarten‹ (vgl. C. Müller), ganz neue Möglichkeiten des ›Erzählens‹ eröffnet und sogleich Auswirkungen auf die Literatur hat. In den zwanziger Jahren wird dann die Entwicklung von Rundfunk und Hörspiel – neben der Ablösung des Stummfilms durch den Tonfilm – weitere ästhetische, von der Medienentwicklung bestimmte Innovationsschübe in Gang setzen (s. II.2.6).

Film, Kino und Großstadt gehören zusammen. Als »revueartige Form der Veranstaltung und in der Struktur der Filme generell wiederholt sich die Erfahrung des Urbanen der das Kino umgebenden Großstadt: ›Es kam der Tag, da einem neuen und dringlichen Reizbedürfnis der Film entsprach. Im Film kommt die chockförmige Wahrnehmung als formales Prinzip zur Geltung.‹ [Benjamin]« (Paech 1988, 124f.; vgl. Kino-Debatte, 4ff.). Die Expressionisten nun sind die erste Generation, deren urbane Existenz und deren literarische Produktion von diesen Erfahrungen geprägt ist – auch Kafka, wie man mittlerweile weiß, auch *Kafka geht ins Kino* und erfährt dort eine »dämonische Technik« (Zischler, 22). Die »**Chockwirkung des Films**« (Benjamin I/2, 463) wird ästhetische Grunderfahrung. Als Motiv durchziehen Film und Kinobesuch die Literatur der zwanziger Jahre, so bei Döblin, Irmgard Keun, Anita Loos, Arnold Höllriegel, Arnolt Bronnen, Joseph Roth u.a. (vgl. Capovilla). Arnold Hauser hat gar in seiner *Sozialgeschichte der Kunst und Literatur* sein letztes Kapitel über das 20. Jahrhundert ganz »Im Zeichen des Films« gesehen (Hauser, 996ff.).

Wechselwirkungen zwischen Film und Literatur zeigen sich ganz vordergründig motivisch (vgl. Kramer/Röhnert 2009) – so in Jakob van Hoddis' Gedicht »Kinematograph« (Gedichte des Expressionismus, 68; Läufer, 157ff.) oder in der »Kinodichtung« *Chaplinade* von Iwan (Yvan) Goll (1920). Bereits vor dem Ersten Weltkrieg finden sich zudem literarische Arbeiten von Schriftstellern für den Film – 1913 gesammelt in Kurt Pinthus' *Kinobuch*, in dem u.a. Albert Ehrenstein, Walter Hasenclever, Arnold Höllriegel, Else Lasker-Schüler, Heinrich Lautensack, Otto Pick, Ludwig Rubiner, Paul Zech vertreten sind. An den Diskussionen über Schädlichkeit und Nützlichkeit des neuen, wenig geachteten und eher den Jahrmärkten denn der Hochkultur zugerechneten Mediums beteiligte sich das Gros der expressionistischen Literaten und Kritiker (und nicht allein diese) seit dem Aufbruch der Avantgarde um 1910 (vgl. Expr., 473ff.; Kino-Debatte; Kurtz 1926/2007; Prolog vor dem Film; Hätte ich das Kino; Filmkultur in der Weimarer Republik; Prümm 1995; Wessels, 69ff.).

Heftige **Kontroversen über den Film** bestimmen die frühe Rezeption – negative Äußerungen finden sich bei Pfemfert in der ›Aktion‹, positive beim Drehbuchautor Walter Hasenclever, den Kino-Kommerz und das Trivialkino kritisierende in Carlo Mierendorffs Programmschrift von 1920, *Hätte ich das Kino!!* (Expr., 487ff.). Die Auswirkungen der Filmsprache auf die Literatur sind dabei unbestritten, auf den Expressionismus ebenso wie auf die ihm folgenden Ismen und Strömungen bis hin zu einem so exzeptionellen Werk wie Döblins *Berlin Alexanderplatz*. Dabei vollzog sich die »Integration des neuen Mediums in den Kontext kulturell anerkannter Ausdrucksformen [...] von der Apologie der ›Schaulust‹ über die Kritik der ›Trivialität‹ und die Erörterung von ›Konkurrenz‹- und ›Anpassungs‹-Problemen zwischen Literatur und Film zur ›Emanzipation‹ des neuen Mediums von der Literatur« (Expr., 474).

Der **expressionistische Film** selbst erprobt den Einsatz des Grotesken, Phantastischen und Unheimlichen und bevorzugt Sujets des Wahnsinns wie in Robert Wienes *Das Cabinet des Dr. Caligari* von Carl Mayer und Hans Janowitz (1920), *Der Golem* (1920) oder *Nosferatu* (1922) von Friedrich Wilhelm Murnau (vgl. Elsaesser 1999, 22ff., 57ff.; Expressionist film; Kasten, 39ff.; Kino-Debatte, 23ff.; Kracauer 1979; Roberts 2008). Fritz Langs *Metropolis* nach dem Drehbuch von Thea von Harbou (1927) schließlich markiert für die späten zwanziger Jahre einen expressionistischen Erinnerungsposten. **Filmischer Expressionismus** und **expressionistisches**

Theater treten in eine ganz enge Wechselbeziehung, indem die Theatertechniken – Mimik und Gestik, stilisiertes Bühnenbild (vgl. V. Zimmermann) – vom Film adaptiert werden, der sich zu dieser Zeit ja auch ganz äußerlich, etwa in seiner Akt-Einteilung, an das Theater anlehnt. »Expressionismus und Film forderten sich gegenseitig heraus«, bemerkt der Kritiker Herbert Jhering 1920 zu *Caligari* (Kino-Debatte, 133). Mit Recht hat man vom »Kino-Theater« als »Besonderheit« im Expressionismus gesprochen (Cossart).

Die 1920 erfolgte Verfilmung von Georg Kaisers 1917 uraufgeführtem expressionistischem Drama *Von morgens bis mitternachts* belegt diese **Wechselwirkungen**. »Die Entwicklung, unaufhaltsam«, so notiert Brecht 1920 anlässlich von Kaisers *Hölle Weg Erde*, »läuft zum Film hin.« (Brecht 15, 35). Auch so effektvolle Traumszenen wie in Ernst Tollers *Wandlung* und *Masse Mensch* sind nicht nur von einer raffinierten Beleuchtungstechnik abhängig, sondern ohne Adaption filmischer Techniken – wie das »filmverwandte Stationendrama« (Denkler 1979, 136) überhaupt – gar nicht denkbar.

Nun erweisen sich »strukturelle Konvergenzen zwischen Expressionismus und Film« (Expr., 175) nicht oder nicht allein in den Berührungen zwischen Film und Theater, sondern in der Anverwandlung der besonderen filmischen Darstellungsprinzipien für literarische, eben spezifisch nichtfilmische Bereiche. Bereits Filmschnitt und Filmmontage korrespondieren mit dem expressionistischen Prinzip der Parataxe – sei es im lyrischen Reihungsstil, sei es im Stationendrama (s. II.3.2; 3.3). Von den Rückwirkungen des Films auf die Literatur zeugt die Metapher »**Kinostil**« (Expr., 660), mit der Alfred Döblin 1913 in seinem »Berliner Programm« dem traditionellen Erzählen den Kampf ansagt. »Lernen Sie Kürze und Gedrängtheit vom Kinema«, hatte er bereits 1910 empfohlen (Expr., 475). Döblin, der das Gattungsprinzip des Romans keineswegs aufgeben, sondern konsequent modernisieren will, sucht nicht zufällig die Auseinandersetzung mit dem Film (und später dem Rundfunk) und entwickelt eigene Ansätze zu einer »Theorie des Kinos« (vgl. Melcher). Sein Konzept eines »modernen Epos« (Expr., 661) richtet sich massiv gegen die »psychologische Manier«, gegen die »Romanpsychologie« des traditionell erzählten Romans (Expr., 659), gegen dessen »Psychologismus« (Expr., 661). »Die Hegemonie des Autors ist zu brechen« (Expr., 660): »Entselbstung, Entäußerung des Autors, **Depersonation**« (Expr., 661) sind die Aufgaben des Erzählers, will er den neuen Wirklichkeiten der Großstadt genügen. Unter der Parole des »Döblinismus« (Manif., 34), den er 1913 in seinem »Offenen Brief an F. T. Marinetti« formuliert, setzt sich Döblin von dessen Futurismus polemisch ab (vgl. Becker 1993, 295ff.). Auch Carl Einstein – neben Döblin der konsequenteste Romantheoretiker während des expressionistischen Jahrzehnts – insistiert auf Ausschaltung traditioneller »Privatgefühle« aus dem Roman zugunsten einer Darstellung von »Bewegung« (Expr., 658; vgl. Romantheorie, 98ff.). Allerdings führen, wie auch sein *Bebuquin* zeigt, Einsteins romantheoretische Überlegungen in Richtung auf eine erzählerische A-Logik (s.u. S. 183), die wiederum mit dem phantastischen Film in Bezug zu setzen wäre.

›Kinostil‹ als Ensemble von Simultaneität, Montage, Bewegung, Großstadtrhythmus, ›Chock‹, »**filmische Schreibweise**« (Kaemmerling) oder »filmisches Schreiben« (vgl. Paech 1997) verweisen auf die inneren Bezüge zwischen Film, Kino und Literatur. »Der Wortfilm rollt«, repliziert 1913 im ›Sturm‹ ein Kritiker auf Döblin (zit. Knopf/Žmegač, 422). Es bestätigt sich bereits für den Expressionismus der Zusammenhang von Großstadtwahrnehmung und Medienentwicklung, Urbanität und Modernität, worauf Döblin in seiner Besprechung des *Ulysses* von James Joyce 1928 in aller Deutlichkeit hingewiesen hat:

> »In den Rayon der Literatur ist das Kino eingedrungen, die Zeitungen sind groß geworden, sind das wichtigste, verbreitetste Schrifterzeugnis, sind das tägliche Brot aller Menschen. Zum Erlebnisbild der heutigen Menschen gehören ferner die Straßen, die sekündlich wechselnden Szenen auf der Straße, die Firmenschilder, der Wagenverkehr. Das Heroische, überhaupt die Wichtigkeit des Isolierten und der Einzelpersonen ist stark zurückgetreten, überschattet von den Faktoren des Staates, der Parteien, der ökonomischen Gebilde. Manches davon war schon früher, aber jetzt ist wirklich ein Mann nicht größer als die Welle, die ihn trägt. In das Bild von heute gehört die Zusammenhanglosigkeit des Tuns, des Daseins überhaupt, das Flatternde, Rastlose. Der Fabuliersinn und seine Konstruktionen wirken hier naiv. Dies ist der Kernpunkt der sogenannten Krisis des heutigen Romans.« (WR, 384).

2.7 ›Messianismus‹ und ›Ichdissoziation‹

Offener Radikalismus, Opposition als Selbstbehauptung sind Bestimmungen, die eine zielgerichtete einheitliche programmatische Festlegung des Expressionismus zunächst gar nicht ermöglichen. Kurt Pinthus formuliert 1919 als Selbstverständnis seiner Generation, als »Gemeinsames« der expressionistischen Dichter: »die Intensität und der Radikalismus des Gefühls, der Gesinnung, des Ausdrucks, der Form« (Menschheitsdämmerung, 23). Das sind ausnahmslos formale Bestimmungen, die keine inhaltliche Richtung angeben. Dennoch sind, wie bereits skizziert, im expressionistischen Selbstverständnis Frontlinien auszumachen, die sich in folgenden Gegensatzpaaren resümieren lassen: Väter gegen Söhne, Bürger gegen Bruder (oder Mensch), Bürgerlichkeit gegen Revolution, Statik gegen Dynamik, Erstarrung gegen Leben, Gesellschaft (oder Masse) gegen Gemeinschaft, alter gegen neuer Mensch, alte gegen neue Welt und Utopie, Stagnation bzw. Untergang gegen Empörung. Subjektiv durchzieht den Expressionismus also ein **Dualismus**, der sich in diesen fundamentalen Gegensätzen manifestiert und die Kunst- und Lebenskonzeptionen, die ästhetischen Texte selbst und oft genug auch die soziale und politische Praxis der Expressionisten durchzieht und von diesen auch alternativ formuliert wird. In Johannes R. Bechers stichwortgebendem Gedicht »Mensch stehe auf« werden derartige Alternativen in immer neuen Bildern und Metaphern variiert, wird eine Entscheidung eingefordert:

> ... Grimmer Moloch oder Edens Küste.
> Giftgas-Speier oder Saat des Heils.
> Scheusal der Hyäne oder Palmen Zone.
> Christi Seiten-Wunde oder Essigschwamm.
> Sage mir o mein Bruder mein Mensch: *wer* wer von den beiden bist du?!
> Denn
> Brennende Gezeit brüllt fordernd dich auf:
> Entscheide dich! Antworte dir!
> (Menschheitsdämmerung, 253).

Das Feindbild, der generationstypische Grundkonsens einer Ablehnung des Alten mag einigermaßen konturiert erscheinen, nicht aber die angebotene Alternative, die Ausfaltung des Neuen, des Anderen, die Lösung, die Praxis. Aus ein und derselben Prämisse können einander diametral entgegenstehende Konsequenzen gezogen werden. So ergibt sich aus der gesellschaftlichen Isolation der Intellektuellen eine Auffassung vom Dichter, der einmal als Führer und Erlöser, ein andermal als das namenlose Glied der ersehnten Gemeinschaft erscheinen kann (s. II.2.4). Diese Isolation lässt das **messianische ›O Mensch‹-Pathos** mit seiner Sehnsucht nach Gemeinschaft und Brüderlichkeit entstehen, kann aber auch in der Ausmalung von abgrundtiefer Verzweiflung und von **Untergangsvisionen** münden. Das kritische Potenzial des Expressionismus ist gespalten und nicht auf die utopischen Sprengsätze des Messianismus allein zu reduzieren, auch wenn dies Pinthus' Gedichtauswahl der *Menschheitsdämmerung* nahelegt.

Gegenüber der einseitigen Betonung des Elementes von Aufbruch, Revolution und Schaffung des ›neuen Menschen‹, die in der älteren Forschung zumeist von den Selbstinterpretationen des Expressionismus abgezogen worden ist (vgl. Hamann/Hermand 1977c), haben Vietta/Kemper zurecht hervorgehoben,

> »daß die expressionistische Beschwörung eines ›neuen Menschen‹ nicht isoliert werden kann aus dem Spannungsfeld der Epoche, insofern sie selbst nur eine Reaktion ist auf die ebenfalls und vor allem in der frühen Phase des Expressionismus zur Darstellung kommende schwere Strukturkrise des modernen Ich. Letztlich ist die Lehre von der Erneuerung des Ich nur zu verstehen vor dem Hintergrund der Erfahrung der Ichdissoziation, die ihrerseits vielfältig motiviert ist.« (Vietta/Kemper, 18; vgl. 30ff.).

Insofern erscheint die »Signatur« dieser Epoche »als ein komplexes *Spannungsfeld* von tiefgreifender, vielfach bedingter Strukturkrise des modernen Subjekts und Erneuerungsvorstellungen, von **Ichdissoziation und Aufbruchstimmung**« (ebd., 19). Wassily Kandinsky, der nicht allein durch seine gegenstandslosen Bilder, sondern auch als Theoretiker und Dramatiker der Avantgarde Furore gemacht hat, markiert 1912 im Almanach *Der Blaue Reiter* »zwei Seiten der ›heutigen Bewegung‹«, welche das Selbstverständnis der Beteiligten verdeutlicht:

> »Der innere Inhalt des Werkes kann entweder einem oder dem anderen von zwei Vorgängen gehören, die heute [...] alle Nebenbewegungen in sich auflösen. Diese zwei Vorgänge sind:
>
> 1. Das Zersetzen des seelenlos-materiellen Lebens des 19. Jahrhunderts, d.h. das Fallen der für einzig fest gehaltenen Stützen des Materiellen, das Zerfallen und Sichauflösen der einzelnen Teile.
> 2. Das Aufbauen des seelisch-geistigen Lebens des 20. Jahrhunderts, welches wir miterleben und welches sich schon jetzt in starken, ausdrucksvollen und bestimmten Formen manifestiert und verkörpert.« (zit. H. G. Kemper, 92).

Die von (und nach) Vietta/Kemper in der Forschung betonte ›Dissoziation des Ich‹ erscheint als »Konvergenzpunkt« (ebd., 22) des Expressionismus, der nicht allein als lineare Aufbruchsbewegung begriffen wird, sondern der auch teilhat an der Dialektik der Moderne, deren gebrochenes, kritisches Potenzial er mitentfaltet und vorantreibt (vgl. Korte 1994a, 228ff.). So lassen sich »zwei Grundtendenzen« festhalten: »eine kultur- und zivilisationskritische und eine von messianischem Verkündigungspathos getragene Richtung« (Vietta/Kemper, 14). Beider Einheit gründet, trotz aller Gegensätzlichkeit, in der radikalen Skepsis und Ablehnung gegenüber der alten Welt, wobei sich beide Tendenzen bis ins Œuvre eines einzigen Autors verfolgen lassen. Vietta/

Kemper verweisen auf den Dramatiker Georg Kaiser, der in *Von morgens bis mitternachts* (1916) und *Gas* (1918) die Dissoziation des Ich beispielhaft präsentiert, in dem Verkündigungsdrama *Die Bürger von Calais* (1917) aber den Entwurf des ›Neuen Menschen‹ bietet (Vietta/Kemper, 23).

Auch in der Lyrik-Anthologie *Menschheitsdämmerung* lassen sich Nebeneinander und Entwicklung beider Linien erkennen: hier stehen die kaltschnäuzigen Gedichte von Gottfried Benn und die groteske Großstadtlyrik von Heym, van Hoddis oder Lichtenstein neben den überschwenglichen messianischen Gemeinschaftsentwürfen von Becher und Werfel, dessen erste Gedichtbände so charakteristische, epochentypische Titel tragen wie *Der Weltfreund* (1911), *Wir sind* (1913) und *Einander* (1915). Erneuerungs-, Wandlungs- und Gemeinschaftspathos, visionär-utopische Rebellion, der Neue Mensch sind Signaturen des messianischen Expressionismus; eine kritische und selbstkritische Brechung von Moderne-Erfahrung, von großstädtischer Erfahrung zumal, sowie eine ins skeptisch-groteske, ironische reichende Grundhaltung der Distanz machen das andere Gesicht des Expressionismus aus.

Dabei erweist sich die *Modernität des Expressionismus* (vgl. Modernität; Anz 2000, 18ff.; Krause 2006) eher in der zweiten Linie mit ihren »progressiv-ideologiekritischen« Tendenzen gegenüber den »regressiven, z.T. ersatzmetaphysischen« (Vietta/Kemper, 24) Zügen des messianischen Expressionismus, der bei Vietta/Kemper letzten Endes als Emanation von ›Ichdissoziation‹ verstanden wird:

> »Wenn subjektiv die expressionistische Idee der Erneuerung des Menschen zwar dessen ›Aufhebung‹ auf eine höhere Stufe meinte, so ist diese Erneuerung doch in den meisten Fällen nur blasse Antithese zu den dissoziierenden Faktoren der Moderne. Dialektik verkümmert im messianischen Expressionismus zur Antithetik. So werden im messianischen Expressionismus u.a. gegen die einseitige Herrschaft des Intellekts Begriffe wie ›Herz‹ und ›Seele‹ mobilisiert, wird das ›Wesen‹ des Menschen inständig beschworen, ohne den Stand kritischer Rationalität selbst noch einzuholen. [...] Und diese Schwäche verrät sich in der Sprache. Die Autoren des messianischen Expressionismus müssen vielfach durch lärmendes Pathos wettmachen, was ihnen an gedanklicher Verarbeitung und Durchdringung der Gegenwart fehlt. [...] Die im messianischen Expressionismus so häufige Verwendung religiöser Bilder und Symbole wirkt zumeist klischeehaft, weil der im Expressionismus selbst erarbeitete Stand der Metaphysikkritik nicht mehr rezipiert wurde. So wird die leere Phraseologie zum Indiz für die regredierte Form der Subjektivität und Religiosität, wird der messianische Expressionismus – gegen den Willen seiner Vertreter – zum Indiz der Ichdissoziation.« (ebd., 24).

Diese Präferenz, die eine einseitige Favorisierung des messianischen Expressionismus zurecht moniert, sollte nun ihrerseits dessen utopisches Potenzial nicht unterschätzen und als bloß **bürgerliche Bewegung** abtun, wie es Georg Lukács u.a. in der Expressionismus-Debatte während des Exils getan haben (vgl. Expressionismusdebatte; Begriffsbestimmung, 19ff.). Wenn auch die expressionistische Revolte viel zu begrenzt war, als dass sie einen »Totalaufstand gegen die bestehende Ordnung« bedeutet hätte (Hamann/Hermand 1977c, 18), so ist sie gerade in ihrer bürgerlichen-immanenten Dimension zu reflektieren. Denn der Angriff auf die bürgerliche Gesellschaft, den die Expressionisten sendungsbewusst und lauthals im Namen des ›Neuen Menschen‹ führen, »bezieht seine Kraft nicht aus dem Entwurf einer sozialistischen Gegenwelt, sondern aus einem bürgerlichen Radikalismus« und »nimmt die Werte der eigenen bürgerlichen Kultur und die Versprechungen der bürgerlichen Revolution beim Wort«

(Hüppauf, 78). Erst die Lokalisierung auch des utopisch-messianischen Expressionismus als spezifisch bürgerliche Rebellion wird deren Eigenheiten und Leistungen, sodann auch ihre Begrenztheit im Blick auf sozialistische Alternativen und Ansätze der Zeit erhellen. Darauf hat ein Interpret wie Ernst Bloch mit Blick auf die revolutionären Utopie-Entwürfe des Expressionismus insisitert, wenn er schreibt: »seine Probleme bleiben so lange denkwürdig, bis sie durch bessere Lösungen, als es die expressionistischen waren, aufgehoben sind.« (Expressionismusdebatte, 191).

2.8 Expressionismus und Futurismus

Der Futurismus als erste der europäischen Avantgardebewegungen hat seit etwa 1912 Einfluss auch auf den Expressionismus genommen – wobei stets vom italienischen Futurismus zu reden ist. In der Forschung wird oft genug übersehen, dass es bereits vor dem Ersten Weltkrieg einen reich entwickelten **Futurismus in Russland** gab (mit seinen Varianten des Ego- und des Kubo-Futurismus), von dessen Literatur allerdings (wie auch im Fall des russischen Dada) nur wenig ins Deutsche oder in andere westeuropäische Sprachen übertragen worden ist (vgl. Metzler Lexikon Avantgarde, 120f., 283ff.). Erst jüngst wurden zentrale Manifeste des russischen Futurismus erstmals übersetzt (Manif., 35ff.; vgl. Robel). Auch die expressionistischen Zeitgenossen wussten, wenn überhaupt, allenfalls äußerst wenig über die futuristischen Aktivitäten der Burljuk, Chlebnikov, Krutschonych, Larionow, Majakowski, Malewitsch u.a., die in Moskau und Petersburg dabei waren, das literarische Feld den etablierten Autoren wie Gorki streitig zu machen. Ihr erstes spektakuläres Futurismusmanifest »Eine Ohrfeige dem öffentlichen Geschmack« zeugt davon (Manif., 28). So bedeutende aus Russland stammende Avantgardisten wie Kandinsky, Malewitsch, Tretjakow u.v.a., die zeitweilig in Deutschland, zumal in Berlin, lebten, arbeiteten und publizierten, nahmen auf die deutsche Kunstszene eher mittelbar, vor allem aber erst später, seit den zwanziger Jahren, Einfluss, wie die einschlägigen Forschungen zeigen (vgl. Berlin – Moskau; Russen in Berlin; Berliner Begegnungen). Insofern fand im deutschen Expressionismus in der Tat eine Auseinandersetzung allein mit dem **italienischen Futurismus** statt (vgl. Terpin 2009; s.u. S. 187f.).

Dessen Rezeption war zwiespältig. Eine gewisse Skepsis gegenüber dem avantgardistischen Aufbruch in Italien durchzieht weite Teile des deutschen Expressionismus – so mokiert man sich in München über den italienischen Futurismus, wenn man 1913 das »14. Manifest des Futurismus« publiziert (Münchner Moderne, 641ff.). Gravierender sind die theoretischen Einwände, die Döblin mit seinem »Döblinismus« dem Futurismus F. T. Marinettis entgegenhält (vgl. Becker 1993, 295ff.), oder die anfängliche Polemik gegen Futurismus und ›Manifestantismus‹ in Franz Pfemferts ›**Aktion**‹ (vgl. Demetz, 63ff.).

Dagegen engagiert sich der ›Sturm‹-Herausgeber Herwarth Walden frühzeitig für den Futurismus, für seine Manifeste, die Walden erstmals in deutscher Übertragung bietet, und für die junge Bildende Kunst des Futurismus, die der ›Sturm‹ seit 1912 ausstellt (vgl. Demetz, 78ff.; Schmidt-Bergmann 1991, 106ff.). Die ›Wortkunst‹ des ›Sturm‹-Kreises und auch Dada mit der Zertrümmerung der Syntax und der Freisetzung der Worte verdankt viel der futuristischen Programmatik der ›parole in libertà‹ (s. II.3.5; 4.3).

Expressionismus und Futurismus haben trotz ihrer Berührungen unterschiedliche Voraussetzungen, die zu der Frage, inwieweit der Expressionismus einen »›deutschen Sonderweg‹« in Sachen Avantgarde (Manif., XXII) markiert, führen. Die Expressionisten »verstanden die Kunst als einen **Gegenentwurf zur industriellen Wirklichkeit**« (Schmidt-Bergmann 1991, 329) – gerade das ›O Mensch‹-Pathos suchte dieser in ja oft auch religiöser Färbung beizukommen. Damit war aber kein Rückweg in regressiv-konservative Wege der Konfliktbewältigung wie in der Heimatkunst der Jahrhundertwende propagiert. Gerade die ›Ich-Dissoziation‹ als spezifisch moderne Erfahrung verstellte diesen Weg und eröffnete und ermöglichte die Kritik der traditionellen Kunst. Die literarischen Innovationen des Expressionismus stellen sich gerade der industriellen Wirklichkeit, reagieren und reflektieren Urbanität, ohne sich ihr auszuliefern.

Anders der italienische Futurismus; gerade sein ungebrochenes Einverständnis mit Technik und Industrialisierung lässt sich »unschwer als eine mögliche Reaktion auf den Modernisierungsschub seit den letzten Jahrzehnten des 19. Jahrhunderts ausmachen« und hat »zu einer Gleichsetzung der ästhetischen Modernität mit dem wissenschaftlichen und industriellen Weltbild geführt« (ebd.; vgl. Hinz 1985). Die **futuristische Apologie der Technik** teilt der Expressionismus ebensowenig wie die »Geschwindigkeitsphantasien« des Futurismus (vgl. Loquai), wie sie bereits im ersten Manifest Marinettis formuliert werden: »Ein Rennwagen, [...] ein aufheulendes Auto, das auf Kartätschen zu laufen scheint, ist schöner als die Nike von Samothrake« (Manif., 5). Auch die Zerstörung der Kategorie des künstlerischen ›Werkes‹, wie ihn die performativen Soireen und Serate des Vorkriegs-Futurismus (und später des Dadaismus) praktizieren (s. II.5.4), macht der Expressionismus nicht mit. Er findet zwar neue, unerhörte und kühne literarische Bilder und Metaphern, zumal in der Lyrik, aber das Prinzip der Lyrik, der ›Institution Kunst‹ insgesamt tastet er nicht an. Ein »Theater der Überraschungen«, in dem die »sorgfältige Präparation von einigen Plätzen mit Leim« vorgenommen werden soll, »um Hosenböden und herumziehende Arschbacken anzukleben« – so der Futurismus in Italien –, wäre den Expressionisten bei ihren öffentlichen Kabarett-Auftritten nicht in den Sinn gekommen (vgl. Es gibt keinen Hund, 170).

Insofern sperrt sich der Expressionismus den ideologischen Positionen des Futurismus – zumal denen des ›zweiten Futurismus‹, der seine Allianz mit der faschistischen Bewegung Mussolinis besiegelt (vgl. Baumgarth; Hinz 1985; Hinz 1997b; Schmidt-Bergmann 1991). Zugleich bleibt der Expressionismus, konfrontiert man ihn mit einer Prämisse der Avantgarde wie der Aufgabe der Werkkategorie, in seiner »reinen Subjektivität« (Adorno 1973, 52) doch den Positionen traditioneller Literaturrevolte verklammert, deren ästhetische Innovationen innerhalb des vorgegebenen Systems der ›Institution Kunst‹ verbleiben und dieses selbst nicht aufsprengen. Dies versucht die historische Avantgarde (s. II.5.5). Insofern erweist sich im Expressionismus ein grundlegendes Spannungsverhältnis zwischen der ›Modernität‹ und dem ›Avantgardismus‹ dieser Bewegung, das noch weiterer Klärung in der Forschung bedarf (vgl. Modernität; Asholt 2004; Asholt/Fähnders; Fähnders 2007a).

2.9 Zur Expressionismus-Forschung

Keine Literatur- und Kunstbewegung hat seit den sechziger Jahren eine derartige Resonanz erfahren wie der Expressionismus. Bücher und Bilder, Erstausgaben, Zeichnungen und Zeitschriften des Expressionismus (wie der Avantgarde überhaupt) erzielen antiquarische Höchstpreise, und der internationalen Expressionismus-Forschung können Forschungsberichte nicht mehr Herr werden. Dabei waren die Ausgangsbedingungen für Expressionismus-Renaissance und -Forschung nach 1945 denkbar ungünstig. 1933 als ›entartet‹ stigmatisiert und verbrannt, war das Quellenmaterial entsprechend rar und verstreut. Zudem bestand in der Bundesrepublik während der fünfziger Jahre an einer Wiedereinbürgerung der Exilschriftsteller, und darunter fand sich auch das Gros der expressionistischen Künstler, soweit sie die NS-Zeit überlebt hatten, kaum Interesse. Wie jüngste wissenschaftsgeschichtliche Untersuchungen zur »Geschichte der germanistischen Expressionismusforschung« aufgezeigt haben, ignorierte die westdeutsche Germanistik bis in die sechziger Jahre hinein den Expressionismus oder aber sie folgte alten denunziatorischen Mustern der Vorkriegszeit (Gärtner, 73ff.). Innerhalb der Epoche wurde allenfalls ein Kanon gebildet, der »zwischen interpretationswürdiger expressionistischer ›Dichtung‹ und den zu vernachlässigenden Produkten des ›aktivistischen‹ wie des formal unkonventionellen Expressionismus« (ebd., 139) trennte und dergestalt den herrschenden, an Klassik und Romantik gewonnenen Literaturbegriff zu retten suchte.

Dies war in der DDR wohl anders, dort tat man sich aber gerade mit dem ›modernistischen‹ und ›formalistischen‹ expressionistischen Erbe, eingedenk der Lukácsschen Verdikte gegen den Expressionismus aus der Exilzeit, schwer. Die Nachwirkungen der im Exil geführten ›Expressionismus-Debatte‹ behinderten und verzögerten hier die angemessene Aufnahme der Literatur von Expressionismus und Avantgarde insgesamt (vgl. Hermand 1994, 121ff.; Sandor, 344ff.).

Zur Erforschung des Expressionismus bedurfte es eines sich als äußerst fruchtbar erweisenden Vorstoßes des **Deutschen Literaturarchivs im Schiller-Nationalmuseum Marbach am Neckar**, das 1960 eine große Expressionismus-Austellung, die erste ihrer Art, präsentierte und auch mit dem Ausstellungskatalog (vgl. Expressionismus. Literatur und Kunst) Neuland erschloss. Nicht zuletzt dank der Kooperation mit Zeitzeugen des Expressionismus wie den aus dem Exil zurückgekehrten Karl Otten und Kurt Pinthus avancierte das Archiv in der Folgezeit durch die Sammlung und Aufbereitung der selten gewordenen Bücher und Zeitschriften sowie durch den Ankauf wichtiger Nachlässe zum bedeutendsten, auch international frequentierten Forschungszentrum in Sachen Expressionismus. So wurden, insbesondere durch die Bemühungen von Paul Raabe, die Voraussetzungen für eine solide Expressionismus-Forschung durch **bio-bibliographische Grundlagenwerke** und die Nachlasserschließung gelegt. Das gilt für die Erfassung und Auswertung der gerade für einen ›Ismus‹ so relevanten Zeitschriften durch das »Repertorium der Zeitschriften, Bücher, Jahrbücher, Anthologien, Sammelwerke, Schriftenreihen und Almanache 1910–1921« (Raabe 1964). 1972 folgte mit dem an die 40.000 Titel verzeichnenden 18bändigen *Index Expressionismus* eine »Bibliographie der Beiträge in den Zeitschriften und Jahrbüchern des literarischen Expressionismus 1910–1925« (Index Expressionismus). Mit dem bibliographischen Handbuch *Die Autoren und Bücher des literarischen Expressionismus* (Raabe 1992) sind schließlich rund 350 Autoren erschlossen. Auch für den österreichischen Expressionismus liegt mittlerweile eine analytische Bibliographie der Zeitschriften und Anthologien vor (Wallas 1995).

Beflügelt wurde die Expressionismus-Forschung durch die seit den späten sechziger Jahren begonnenen **Reprints** verschollener Zeitschriften, Anthologien, Reihenwerke und Jahrbücher. Dazu gehören die Neudrucke der beiden in Berlin (anfangs wöchentlich) erscheinenden, wegweisenden Zeitschriften des Expressionismus, Herwarth Waldens ›Der Sturm‹ (1910–1932) und Franz Pfemferts ›Die Aktion‹ (1911–1932) ebenso wie René Schickeles seit 1916 im Schweizer Exil edierten ›Die weißen Blätter‹ (1913–1920) oder der linksradikale ›Gegner‹ (Berlin 1919–1923). Auch der Neudruck von Buchreihen wie ›Der Jüngste Tag‹ aus dem Kurt Wolff Verlag, die von Pfemfert herausgegebenen ›Aktions-Bücher der Aeternisten‹ (1916–1921) und die ›Aktions-Lyrik‹ (1916–1922), die Reihe ›Der dramatische Wille‹ (1919–1923) des Kiepenheuer-Verlages u.a.m. erleichtern das Quellenstudium. Diese in den einschlägigen Bibliographien bereits nachgewiesenen Reprints (Raabe 1992) sind es, die eingehende Analysen des seltenen, vielfach vernichteten, häufig aber auch nur in kleiner Auflage gedruckten und in kurzlebigen Kleinverlagen erschienenen Materials allererst ermöglicht hat. Die Expressionismus-Forschung der letzten Jahrzehnte konnte nicht zuletzt deshalb so üppig expandieren, weil – in diesem Umfang ein Novum in der Fachgeschichte – diese Reprints in fast jeder wissenschaftlichen Bibliothek zugänglich sind und somit expressionistische Texte in einem Ausmaß präsent sind, das für die Zeitgenossen undenkbar gewesen ist.

Daneben stehen einschlägige **Quellensammlungen** und Anthologien zur Verfügung: autobiographische Zeugnisse der Zeitgenossen (vgl. Expressionismus. Aufzeichnungen) sowie der Briefwechsel von Kurt Wolff, dem wichtigsten expressionistischen Verleger (vgl. Kurt Wolff); zudem Textsammlungen aller Gattungen, so bereits früh die von dem expressionistischen Heimkehrer Karl Otten besorgten Erzählsammlungen *Ahnung und Aufbruch* (1957) und *Ego und Eros* (1963) sowie seine Theater-Anthologie *Schrei und Bekenntnis* (1959); die von Gottfried Benn mit einem vieldiskutierten Vorwort (vgl. Weisstein) eingeleitete *Lyrik des expressionistischen Jahrzehnts* (1955 u.ö.). Hinzu treten kommentierte Textsammlungen (vgl. Expr.; Gedichte des Expressionismus; Theorie des Expressionismus; Manif.). Auswahl-, Sammel- bzw. **Gesamtausgaben** unterschiedlicher Qualität liegen mittlerweile für die ›großen‹ Autoren des Expressionismus wie Benn, Heym, Trakl oder Döblin und Sternheim ebenso vor wie für Autoren wie Franz Richard Behrens, Albert Ehrenstein, Carl Einstein, Reinhard Goering, Walter Hasenclever, Jakob van Hoddis, Franz Jung, Georg Kaiser, Simon Kronberg, Robert Müller, Else Lasker-Schüler, Alfred Lichtenstein, Walter Serner, August Stramm, Ernst Toller, Fritz von Unruh, Friedrich Wolf, Alfred Wolfenstein u.v.a. Wenn sich darunter auch ›Randfiguren‹ des Expressionismus wie Salomo Friedlaender/Mynona und poetae minores wie Emil Szittya oder Rudolf Andrian Dietrich finden, wenn immer noch bisher unbekannte Nachlasstexte aufgefunden und ediert oder gar ein noch unbekannter Autor wie Georg Baumgarten (vgl. Fähnders/Karrenbrock) entdeckt wird, so erhellen derartige Funde die Breite dieser Literaturbewegung ebenso wie ihre auffällige Suggestivkraft für die Zeitgenossen, von der ja die erfolgreiche Selbstvermarktung des Expressionismus Anfang der zwanziger Jahre zeugt. Die Erschließung regionaler Gruppen des Expressionismus (vgl. Expressionismus. Aufzeichnungen) wie Dresden (Schrei in die Welt; Almai 2005), Hamburg (Pirsich 1988) oder Kiel (Kunstwende) ist hier ebenso zu nennen wie spezielle Anthologien, die den Schriftstellerinnen des Expressionismus vorbehalten sind (Die rote Perücke; »In roten Schuhen«) oder den Beitrag jüdischer Autoren zu Expressionismus und Avantgarde in Österreich dokumentieren (Texte des Expressionismus).

Lebhaftes Echo hat die Frage nach dem **Expressionismus in außerdeutschen Ländern** gefunden (vgl. Brinkmann 1980, 140ff.; Expressionism), auch wenn der Expressionismus ein zunächst deutschsprachiges Phänomen ist und im Kontext der europäischen Avantgarde gleichsam einen deutschen Sonderweg markiert (vgl. Metzler Lexikon Avantgarde, 92ff.). So finden sich Sammelbände und Anthologien über expressionistische Literatur und Kunst in der Schweiz (vgl. Expressionismus in der Schweiz) und in Österreich bzw., vor 1918, der k.u.k.-Monarchie. Gerade der Expressionismus in Österreich ist bibliographisch und durch Einzelstudien, die auch den Blick auf die anderen Künste richten und das deutschsprachige Prag sowie ungarische und galizische Traditionen einbeziehen, in jüngster Zeit intensiv erforscht worden (Wallas 1995; ders. 2008; Expressionismus in Österreich; Berlin und der Prager Kreis; Fiala-Fürst 1996). Der Expressionismus in Russland und die russische Expressionismus-Rezeption haben ebenso Interpreten gefunden (Belentschikow 1993/94; ders. 1996) wie der Expressionismus in Amerika (Kaes 1975).

Der Blick auf **andere Kunstsparten** ist beim Expressionismus mehr noch als bei anderen Strömungen der Moderne unverzichtbar, nahm er doch seinen Ausgang in der Bildenden Kunst; zudem ist auf die auffallend große Zahl von Doppel- und Mehrfachbegabungen wie Arp, Barlach, Kandinsky, Kokoschka, Schlemmer, Schwitters u.a. zu verweisen (vgl. Brinkmann 1980, 5ff.). Architektur (Pehnt), expressionistischer Film (s.o. S. 152), expressionistische Musik (Troschke; Stuckenschmidt), die expressionistische Vision eines Gesamtkunstwerkes (vgl. Gesamtkunstwerk Expressionismus), wie sie insbesondere die malenden Theaterdichter und die dichtenden Dramatiker entwerfen (vgl. Anz 2002, 148ff.; Schober), bleiben wichtige Forschungsschwerpunkte. So bedarf es weiterer Untersuchungen über die Bezüge zwischen Malerei und Dichtung im Expressionismus, wie sie sich in Buchillustrationen (vgl. Lang), im expressionistischen Bühnenbild (vgl. V. Zimmermann) oder auch in der Konvergenz zwischen Dichtung und Malerei zeigen und wie es für Franz Marc und Georg Trakl (Mönig) sowie für Georg Heyms Lyrik im »Vergleich von Wortkunst und Bildkunst« (Salter) unternommen worden ist.

Didaktische Aufbereitungen expressionistischer Dichtungen für die Schule hat, nach dem Vorgang anderer Autoren (vgl. Giese; Meurer; An die Verstummten; Lill 2007), u.a. die Zeitschrift ›Deutschunterricht‹ in einem Themenheft (1990/2) vorgeschlagen.

Neben diesen Hilfsmitteln sind die bis 1990 reichenden einschlägigen, teilweise sehr ausführlichen **Forschungsberichte** unverzichtbar (Brinkmann 1961; ders. 1980; Knopf 1983; Korte 1994a). Sie klagen topisch über die unübersehbar gewordene Forschungsfülle, woran auch die auswärtige Germanistik (vgl. A Companion; Expressionism; Chiarini; Expressionismus. Una Enciclopedia; Godé) ihren Anteil hat. Es dominieren seit den achtziger Jahren die autorenbezogene monographische Untersuchung und die Detailanalyse einzelner Aspekte, Motive oder Problembereiche, so jüngst, um einige Beispiele herauszugreifen, die China-Rezeption bei expressionistischen Autoren (Han), das Bild der Prostituierten im deutschen Expressionismus (Schönfeld), die philologische Erschließung des Werkes von Georg Trakl in der zeitgenössischen Presse (Klettenhammer), die Würdigung des deutsch und französisch schreibenden Yvan/Iwan Goll (Knauf; Kramer/Vilain 2006; Müller-Lentrodt; Ullmaier) u.a.m.

Gesamtdarstellungen des literarischen Expressionismus datieren, nach ersten Ansätzen bei Sokel (1959) und der voluminösen Aufsatzsammlung *Expressionismus als Literatur* (1969), seit den siebziger Jahren; insbesondere die einführenden Arbeiten von Vietta/Kemper, Knapp, Anz (2002), Krause (2008) und, weniger ergiebig, Paulsen bleiben weiterhin zusammen mit einer englischen Einführung (A Companion) die verlässlichsten Überblicke.

Die **DDR-Forschung** hat sich aus den angedeuteten wissenschaftspolitischen Gründen – obwohl mit dem Kultusminister Johannes R. Becher einer der prominentesten ehemaligen Expressionisten eine führende Position im Staat (1954–1958) innehatte – erst spät ausführlicher dem Expressionismus zugewandt, so in den Untersuchungen von R. Weisbach (1973) und besonders S. Schlenstedt (1976), wie man dem Gesamtkomplex der historischen Avantgarde überhaupt erst spät größere Beachtung schenkte (vgl. Künstlerische Avantgarde). Der resümierende, auch die Bildende Kunst berücksichtigende Expressionismus-Band von Richard Hamann und Jost Hermand im Rahmen ihrer Reihe »Epochen deutscher Kultur von 1870 bis zur Gegenwart« erschien zuerst 1975 in der DDR, wurde allerdings – wie die anderen Bände der Serie auch –, erst durch die Taschenbuchausgabe 1977 breiter, und zwar in der Bundesrepublik, rezipiert (Hamann/Hermand 1977c). In der DDR-Forschung ging es vorrangig um politische Aspekte, zumal um das Verhältnis des Expressionismus zu Sozialismus und Revolution und die Begrenztheit des spezifisch ›Bürgerlichen‹ dieser Literatur sowie um Autoren, die – so Arnolt Bronnen, Becher, Rudolf Leonhard, Friedrich Wolf und andere – später sozialistische Positionen vertraten.

Gerade die Fragen nach der politischen Dimension des Expressionismus pointierte eine kritisch und ideologiekritisch verfahrende, die Impulse der Studentenbewegung aufgreifende Germanistik in der Bundesrepublik während der siebziger Jahre. In kritischer Auseinandersetzung mit der werkimmanenten Methodik und der Kanonisierung eines Höhenkamm-Expressionismus, etwa der Lyrik von Heym, Trakl und auch Benn zu unhistorisch gefassten Mustern der lyrischen Moderne schlechthin (vgl. H. Friedrich), wurden innovative **neuere Forschungen** präsentiert – es waren literatursoziologische, ideologiekritische, politologische, psychoanalytisch grundierte Fragestellungen nach der Intellektuellensoziologie (Stark 1982), nach Berührungen und Differenzen zwischen expressionistischer und proletarischer Literatur sowie nach den Bezügen zwischen Expressionismus, Anarchismus und Linksradikalismus (Kauffeldt; Fähnders/Rector I; Maier-Metz), schließlich nach der »Psychopathographie« des Expressionismus (Anz 1977; vgl. Psychoanalyse). Dies beflügelte die Forschung ebenso wie die Rezeption der im Exil geführten Expressionismus-Debatte, deren Dokumente allererst 1972 wieder zugänglich wurden (vgl. Expressionismusdebatte). Zumal im Zusammenhang mit dem großen Interesse an Brecht und Lukács tat sich hier Neuland auf.

Die Entwicklung der Expressionismus-Forschung zu mittlerweile nicht mehr überschaubarem Ausmaß hat mehrere Gründe. Einer dürfte im Nachholbedarf und auch einer Art Wiedergutmachung an den vertriebenen Dichtern des Expressionismus – deren Œuvre im Übrigen zumeist nicht allein die Phase des Expressionismus umschloss – liegen, wie sie die Exilforschung seit den siebziger Jahren insgesamt motiviert. Dies verbindet sich mit dem anhaltenden Erkenntnisinteresse an einem exponierten Strang von Moderne und Avantgarde. Dass die relativ günstigen Rahmenbedingungen ihrerseits auch zu den spezialisiertesten Forschungsbeiträgen ermuntert haben, sei hier angedeutet. Dissertationen zum Expressionismus jedenfalls, wie die diesbezügliche Liste bei Brinkmann und die bibliographischen Ergänzungen bei Vietta/Kemper zeigen (Brinkmann 1980, 332ff.; Vietta/Kemper, 416ff.), erfreuen sich seit Jahrzehnten ungebrochener Beliebtheit. Trotz dieses Fleißes, so wird aber in den Forschungsberichten und anderswo zurecht betont, steht ein so grundlegendes Problem wie das einer »konsensfähigen Expressionismus-Theorie« (Korte 1994a, 233) weiterhin zur Diskussion.

3. Expressionistische Literaturpraxis

3.1 Gattungspräferenzen

Der Expressionismus war, wie der Naturalismus und andere Ismen auch, eine stets von theoretischen Reflexionen, **Programmerklärungen**, Proklamationen und Manifesten begleitete Bewegung – es sind diese diskursiv-analytischen Texte, die Selbstverständnis, Programmatik und Polemik nach außen getragen und selbstreflexiv nach innen mobilisierend zurückgewirkt haben. Die vielen Dutzend Zeitschriften des Expressionismus boten das wichtigste Forum; allein die über 200 unter dem sehr weit gefassten Terminus »Manifest« zusammengestellten Einträge des *Index Expressionismus* (Index Expressionismus 18, 1152ff.) zeigen eine Fülle von Programmerklärungen, deren Formen, Themen und Sprechweisen sich durch rhetorische Aufladung und appellativ-aktivistische Publikumsansprache auszeichnen, die zumal nach 1918 eine strikte Politisierung von Kunst und Künstler zum Ziel haben und die nicht selten über diskursive Sprechweisen hinaus ins Poetische reichen (vgl. Expr.; Theorie des Expressionismus; Stark 1997).

    »Expressionismus ist lyrischer Zwang, dramatischer Drang, nicht epischer Gang.« (Soergel, 796). Dieses Diktum von Albert Soergel aus seiner opulenten Gesamtdarstellung des Expressionismus von 1926 ist nicht ohne Einfluss auf die Forschung nach 1945 geblieben – vor allem hinsichtlich der Beurteilung der Gattungen (vgl. Anz 2002, 178ff.). Am Beginn der expressionistischen Literaturbewegung stand die **Lyrik** als die wichtigste Domäne. Mit einem Gedicht, nämlich »Weltende« von Jakob van Hoddis aus dem Jahre 1910, wird gar der Beginn der expressionistischen Bewegung datiert (s.u. S. 169). Auch in seiner Bevorzugung der Lyrik ist der Expressionismus dem naturalistischen Aufbruch vergleichbar und bestätigt insofern die Prognose von Samuel Lublinski, dass sich »jede Wandlung des Kulturzustandes am frühesten in der Lyrik, die stets zuerst in Gährung gerät«, äußere, »ohne daß es ihr immer gelingt, einem neuen Inhalt die neue Form zu finden« (Lublinski 1976, 194; vgl. Expr., 630ff.). Aber während die Naturalisten gegen die mediokre gründerzeitliche Epigonenlyrik opponierten, sah sich die expressionistische Generation nicht allein mit der ›modernen‹ naturalistischen, sondern auch mit der Fin de siècle-Dichtung und ihren Spitzenleistungen konfrontiert. Sie hatte also mit lyrischen Vorbildern zu tun, deren Rang bereits damals unbestritten war. Die traditionelle **Gattungsdominanz**

der Lyrik tastete der Frühexpressionismus nicht an. Die ›Institution Lyrik‹, das Gedicht als eigenständige Gattung mit eigenem Kommunikations- und Verweissystem wird erst mit wachsender Entfaltung der Avantgarde problematisiert und durch Dada vollends in Frage gestellt.

Eine ausgearbeitete Lyriktheorie hat es im Expressionismus nicht gegeben (vgl. Expr., 630ff.; Brinkmann 1980, 241ff.). Gleichwohl bildet die Lyrik nicht allein von der Breite ihres Verfasserkreises her, sondern auch in ihrer ästhetischen Relevanz nach den lyrischen Höhenflügen der Jahrhundertwende einen erneuten Höhepunkt in der deutschsprachigen Dichtung überhaupt, wie allein die längst sakrosankten Namen Benn, Heym und Trakl ausweisen (s. II.3.2).

Eine im Vergleich zu den Entstehungszeiten verspätete öffentliche Rezeption (vgl. Steinlein, 24ff.) erfuhr als gattungsmäßige Domäne des Expressionismus das **Drama** – nicht wenige Stücke wie Walter Hasenclevers *Der Sohn* (geschrieben 1913) konnten erst gegen Kriegsende bzw. nach 1918 aufgeführt werden. Zu dieser Zeit aber erlebte mit dem expressionistischen Theater der Expressionismus überhaupt seine größte Breitenwirkung, die bis weit in die zwanziger Jahre reichte. Das Theater, das Drama wie die Institution Theater, schienen das messianische Anliegen der Wandlung, des ›Neuen Menschen‹, der Herstellung von utopischer Gemeinschaft am ehesten realisieren zu können – unter scharfer Kritik naturalistischer Milieudarstellungen und psychologisierender Verfahrensweisen. Mit gattungssprengenden Theaterexperimenten wie dem Theater der ›Sturm‹-Bühne wird konsequent die illusionistische Theaterauffassung unterminiert und auch in Richtung auf das Konzept eines Gesamtkunstwerkes transzendiert (s. II.3.5). Das Theater entfaltete sich schließlich am üppigsten im Spätexpressionismus, nicht zuletzt auch wegen der Abschaffung der Zensur 1918, gegen die die Naturalisten noch ihre eigenen Theatervereine gründen mussten (vgl. Expr., 672ff.; Brinkmann 1980, 241ff.; Theater für die Republik I; s. II.3.3).

Obwohl mit Ehrensteins *Tubutsch* (1911), Einsteins *Bebuquin* (1912), Bechers *Erde* und Jungs *Trottelbuch* (1912) bereits zu Beginn des expressionistischen Aufbruchs markante Prosaarbeiten erschienen waren, tut sich die Expressionismus-Forschung mit dieser Gattung schwer. Sicher bringen die »relativ disparaten Schreibweisen« der expressionistischen **Erzählprosa** »Zuordnungsprobleme« mit sich (Expr., 650; vgl. Knapp, 91ff.; Paulsen, 73ff.), was sich u.a. an der umstrittenen Einordnung von Kafka oder Heinrich Mann zeigt – Zuordnungsfragen, die sich bei anderen Gattung auch stellen, sei es bei Else Lasker-Schülers Lyrik oder den proletarischen Theaterversuchen der frühen Piscatorbühne. Sicher erschwert zudem die unerlässliche Einbeziehung diskursiver Texte, der Programmatiken und Manifeste, die eigene und sehr charakteristische Genres bilden, synthetisierende Aussagen über den Komplex expressionistischer Prosa, die allerdings auch von den Beteiligten selbst ungleich weniger diskutiert wurde als andere Gattungen und die in der Gattungs- Hierarchie nicht besonders hoch eingeschätzt wurde (vgl. Expr., 650ff.). Die Expressionismus-Forschung wiederum hat sich der Prosa kaum angenommen; selbst bei kanonisierten Autoren wie Heym oder Benn wurde das erzählerische Werk zugunsten des lyrischen vernachlässigt. So datieren zwar aus dem expressionistischen Jahrzehnt exponierte Beispiele eines neuen, ›modernen‹ Erzählens sowie relevante erzähltheoretische Überlegungen, so von Döblin, angemessene Analysen bleiben aber Desiderat (vgl. Brinkmann 1980, 265ff.; Baßler; Krull; Expressionistische Prosa; s. II.3.4).

3.2 ›O Mensch‹-Lyrik und Lyrik der Simultaneität

Der hohe Stellenwert der Lyrik in der überkommenen Gattungshierarchie ist für die Expressionisten quasi selbstverständlich. Auch wenn Kurt Hiller 1911 im ›Sturm‹ gegen den traditionell positiv besetzten Lyrikbegriff polemisiert, möchte er ihn doch nur durch »Poesie« ersetzen; das Genre selbst tastet er nicht an (Expr., 634f.). Wie denn entgegen landläufiger Auffassung über »zerbrochene Formen« im Expressionismus (vgl. K.L. Schneider) die expressionistische Lyrik nicht nur von strengem Formbewusstsein bestimmt war, sondern sich auch am traditionellen Kanon lyrischer Formen orientierte. So zählt beispielsweise Raabes Gattungsrepertorium (Raabe 1992, 696ff.) neben Balladen- und Hymnen-Bänden nicht weniger als 18 expressionistische Sonett-Bücher auf. Das traditionsreiche, hochangesehene und formal durch Strophenbau, Vers- und Reimschema festgelegte Sonett ist auch in der *Menschheitsdämmerung* eine der beliebtesten Gedichtformen, und die Lyrik eines so prominenten Expressionisten wie Heym zeichnet sich durch die Sonett-Form bzw. die Stereotypie von gereimten jambischen Vierzeilern aus. Formen werden nicht zerbrochen. Titel wie die grotesken, von Friedrich Eisenlohr, Ludwig Rubiner und Livingstone Hahn kollektiv verfassten *Kriminal-Sonette* (1913) oder Rudolf Leonhards *Spartakussonette* (1921) verweisen zwar auf neue Tonlagen und Sujets, nicht zwangsläufig aber schon auf Formrevolte.

Den **Traditionsbruch** kennt die expressionistische Lyrik allerdings auch. Neben der traditionell gereimten Strophik eines Heym, Hasenclever oder Lichtenstein stehen Formexperimente. Becher, Stadler, Trakl oder Werfel erproben freie Rhythmen und ungebundene Strophik, die sich über mehrere Druckzeilen erstreckenden Langverse bei Ludwig Rubiner oder Ernst Stadler kontrastieren mit dem Telegrammstil August Stramms und anderer Autoren des ›Sturm‹, deren Verse allenfalls ein oder zwei Wörter umfassen, die dann zu oftmals mehrere hundert Zeilen umfassenden Säulen aufgetürmt werden. Die Syntax wird destruiert – eine im Kontext der futuristischen Forderung nach der Freisetzung der Wörter, der ›parole in libertà‹ stehende, gleichwohl nicht allein vom Futurismus ableitbare Entwicklung im Expressionismus. Sie radikalisiert sich zur Reduktion auf das Wort, in letzter Konsequenz bei Dada schließlich vom Wort auf die Buchstaben als bildliche oder lautliche Einheiten (s. II.4.3).

»Die Krone der Schöpfung, das Schwein, der Mensch –«, so beginnt Gottfried Benn sein Gedicht »Der Arzt II« und demontiert mit derart flapsig-ordinären, nihilistischen Wendungen nicht nur alle Regeln bürgerlichen Anstandes, sondern erschließt gerade dem lyrischen Sprechen ein unverwechselbares **Protestpotenzial des Schockierens**. Die ungeahnte Metaphorik gerade in den bekanntesten Gedichten von Georg Heym, etwa »Krieg«, oder Trakls Hang der zunehmenden Chiffrierung von Sprache, welche seine Lyrik prinzipiell ›dunkel‹ und nicht mehr entschlüsselbar erscheinen lässt, deuten auf die Suche nach »poetischen Freiräumen« (Knopf/Žmegač, 441), welche in der als feindlich und chaotisch erfahrenen Realität noch Orientierung versprechen. Bei Heym u.a. äußert sich das in einer auffälligen Bevorzugung traditioneller Bauformen bei Strophik, Reimschema und Versmaß, die mit der innovativen Bildlichkeit und Metaphorik kollidiert, somit eklatante Spannungen provoziert und lyrische Sprengsätze legt. Das weitgehende Verschwinden des lyrischen Ich, wie es bereits Heyms Lyriksammlung *Der ewige Tag* (1911) zeigt, oder die Farbsymbolik bei Trakl verweisen auf eine Abkehr von mimetischen Ansprüchen zugunsten einer Ent-Naturalisierung und Allegorisierung, die naturalistische Prinzipien weit hinter sich lässt.

Dabei findet programmatisch **das Hässliche** in der expressionistischen Lyrik einen besonderen Platz im Ensemble der ästhetischen Provokationen, den es in Frankreich bereits seit Baudelaire und Rimbaud innehat. Der Expressionismus richtet sich gegen die ästhetische Ausgrenzung gerade des Hässlichen und proklamiert es zum Teil des ›Lebendigen‹ (vgl. Anz 2002, 163ff.). So findet sich in der expressionistischen Lyrik immer wieder jenes Personal der gesellschaftlich Geächteten, das schon bei den ideologischen Selbstbestimmungen eine Rolle gespielt hat: Krüppel, Selbstmörder, Irre, Blinde. Das gilt bis hin zur Beschwörung der Leichen, der »Häßlichkeit des Fleisches« in Benns früher Lyrik (Eykmann 1985, 138ff.), bei Heym, Trakl u.a. (ebd., 23ff.). Benns erste selbstständige Veröffentlichung hieß nicht zufällig *Morgue und andere Gedichte* (1912).

Damit sind Trends expressionistischer Lyrik benannt, die sich weder durch ihr Traditionsverhältnis noch durch motivische Schwerpunkte oder besondere ästhetische Strukturen festlegen lässt. Expressionistische Lyrik kann sich traditioneller Formen und Sprechweisen, einschließlich der geläufigen Syntax, bedienen oder sie zersprengen, kann das lyrische Ich zurecknehmen (wie Heym), exponieren (wie Lasker-Schüler) oder durch ein emphatisches ›Wir‹ ersetzen (Lotz, Werfel), kann kaum mehr dechiffrierbare Bilder und Metaphern finden (wie Trakl), Neologismen einsetzen, kann aber auch im ordinären Kasino-Slang daherkommen (wie Benn). Dies sind Beispiele für Gestaltungsprinzipien, die nur schwerlich einheitliche ästhetische Strategien erkennen lassen (vgl. Brinkmann 1980, 224ff.; Korte 1994a, 241ff.; Knapp, 35ff., 70ff.; Sprengel 2004, 660ff.; Vietta/Kemper, 229ff.; Gedichte und Interpretationen 5, 118ff.; Mautz; Gottfried Benn; Interpretationen. Gedichte von Gottfried Benn; Über Gottfried Benn; Hillebrand 1986; Schünemann; Korte 1981; Expressionismus als Literatur, 107ff., 215ff.; Chick; Gerhard).

Dennoch können zwei Stränge festgemacht werden, die das Gros expressionistischer Lyrikproduktion umfassen: die ›O Mensch‹-Lyrik und die Lyrik der Simultaneität. Mit expressionistischer Lyrik wird zuallererst ›O Mensch‹-Pathos, wird ›**O Mensch**‹-**Lyrik** des utopischen Messianismus assoziiert – mit Recht. Diese Gedichte schreien ihre Botschaft vom ›Neuen Menschen‹ geradezu heraus, sie sprengen die Gedichtform auf und markieren einen Hauptstrang expressionistischer Dichtung überhaupt (Becher, Werfel). Das lyrische Innovationspotenzial des Expressionismus gründet dagegen eher in einer, von den urbanen Entwicklungen geprägten, Veränderung der ästhetischen Wahrnehmungs- und Gestaltungsweise, welche bis in die innere Struktur des Gedichtes eingreift. Diese **Lyrik der Simultaneität** kann dabei ihren traditionellen Bau durchaus wahren und ihre innovativen Funken gerade aus der Konfrontation zwischen äußerer Formstrenge und innerer Formauflösung schlagen (van Hoddis, Lichtenstein). Dagegen sucht der messianische Expressionismus die Einheit der inneren und äußeren Paralyse traditioneller Formenwelten. Beiden Konzepten gemeinsam ist die oft unerhört kühne, ins Mythische reichende (Heym) oder eine unglaubliche Intellektualisierung betreibende (Benn) Metaphorik und Bildlichkeit, die oft genug das Verfremdend-Groteske pointieren. Hierher gehört auch die sog. Wortkunst des ›Sturm‹-Kreises, die sich von mimetischen Prinzipien am weitesten entfernt, die das Wort vor allem als Material nimmt und es willkürlich, auch gegen jede Ordnung von Grammatik oder Wortbildungslehre, zugunsten von Neologismen verändert. Die völlige Zerschlagung semantischer Zusammenhänge in den lyrischen Produkten von Dada, den Lautgedichten, die wiederum in Richtung Musik oder Bild streben, markieren dann radikalisierte Positionen der Avantgarde (s. II.4.3).

Die Rezeption expressionistischer Gedichte ist, hierin mit der Lyrikrezeption anderer Epochen kaum vergleichbar, maßgeblich von einer einzigen zeitgenössischen Anthologie bestimmt: von der 1919 bei Rowohlt erschienenen, auf 1920 vordatierten *Menschheitsdämmerung* mit dem synästhetischen Untertitel: »Symphonie jüngster Dichtung«. Diese umfängliche Sammlung des als Lektor im Rowohlt- und Kurt Wolff-Verlag und Weggefährten seiner Generation kundigen Herausgebers Kurt Pinthus ist nicht nur ein einzigartiges Dokument der lyrischen Selbstverständigung und des Resumees am Ausgang der Bewegung. Sie hat auch allein bis 1922 vier Nachauflagen mit insgesamt 20.000 Exemplaren erreicht und als leicht greifbare Taschenbuch-Neuausgabe bei Rowohlt seit 1959 – in der DDR erschien 1968 eine Neuausgabe als Reclam-Band – die Expressionismus-Rezeption maßgeblich beeinflusst (vgl. Menschheitsdämmerung; Winterhager; Gedichte der ›Menschheitsdämmerung‹). Zusammen mit der von Gottfried Benn eingeleiteten Anthologie *Lyrik des expressionistischen Jahrzehnts* von 1955 rückte bei der Nachkriegsrezeption des Expressionismus seine Lyrik in den Mittelpunkt. Eine zumindest für die Zeitgenossen vergleichbar wichtige Anthologie ebenfalls aus dem Jahre 1919, die von Ludwig Rubiner herausgegebene und gattungsübergreifende Sammlung *Kameraden der Menschheit* erfuhr zwar in der DDR 1971 einen leicht zugänglichen Reclam-Nachdruck, fand aber als Selbstzeugnis eines ungleich ›politischeren‹ Expressionismus keinen vergleichbaren Widerhall.

In der *Menschheitsdämmerung* präsentiert Pinthus 23 Lyriker (darunter Else Lasker-Schüler als einzige Frau), zusammengestellt in den vier Kapiteln: »Sturz und Schrei«, »Erweckung des Herzens«, »Aufruhr und Empörung«, »Liebe den Menschen«. Damit wird der Akzent auf die **Lyrik des messianischen Expressionismus** gelegt, der in der expressionistischen Spätphase und im Kontext der revolutionären Ereignisse 1918/19 Konjunktur hatte – und den nicht zuletzt auch durch diese Akzentuierung die Expressionismus-Forschung lange Zeit als den einzigen oder doch als den wichtigsten in den Mittelpunkt gerückt hat.

»Man begann, die Um-Wirklichkeit zur Un-Wirklichkeit aufzulösen, durch die Erscheinung zum Wesen vorzudringen, im Ansturm des Geistes den Feind zu umarmen und zu vernichten«, schreibt Kurt Pinthus im Vorwort (Menschheitsdämmerung, 26) und akzentuiert damit jenes ›**O Mensch**‹-Pathos, das im Genre der Lyrik seinen intensivsten Ausdruck gefunden hat. Als Wortführer ist nicht zufällig Franz Werfel der am häufigsten vertretene Autor. Bei ihm und bei Lyrikern wie Becher, Hasenclever, Heynicke, Otten, Rubiner, Stadler u.a. finden sich die bis ins religiös-ekstatisch überhöhten metaphysischen Pathos-Formeln: so bei Franz Werfel in dem stichwortgebenden Gedicht »An den Leser« von 1911: »Mein einziger Wunsch ist, Dir, o Mensch, verwandt zu sein! (ebd., 279) oder bei Kurt Heynicke: »Brich auf ins Licht! O Mensch, ins Licht!« (ebd., 224). Johannes R. Becher ruft aus: »Mensch Mensch Mensch stehe auf« (ebd., 258), und Ludwig Rubiner forciert in Langversen die aktivistischen Führungsansprüche des Dichters: »O Mund, der nun spricht, hinschwingend in durchsichtigen Stößen über die gewölbten Meere.« (»Die Stimme«, ebd., 234).

Motivisch ist dies eine Lyrik, die Jugend, Aufbruch, Wandlung, den ›Neuen Menschen‹, den Bruder, das Volk und den verkündenden Dichter, den Menschen, die Brüderlichkeit, das Wir, die Gemeinschaft, das Weltall und Gott besingt, sich schließlich des Krieges erinnert und emphatisch die Revolution feiert– »Ewig in Aufruhr« wie bei Becher (ebd., 262f.), als »Thronerhebung des Herzens« wie bei Karl Otten (ebd., 245), in Erinnerung an den Krieg wie in der »Stimme über Barbaropa« von

Albert Ehrenstein (ebd., 248). Hierin spiegeln sich Zukunftserwartung und ihre Kehrseite, die apokalyptische Untergangsvision, wie das geläufige »Weltende«-Sujet signalisiert, die bereits im Titel der *Menschheitsdämmerung*-Anthologie programmatisch angedeutet ist und auch im Titel der renommierten Reihe »Der jüngste Tag« des Kurt Wolff-Verlages mitschwingt (vgl. Eykmann 1974, 44ff.). Mit guten Gründen schreibt Pinthus, dass es um »Mensch, Welt, Bruder, Gott« gehe und deshalb auch kein Platz etwa für das Landschaftsmotiv sei (Menschheitsdämmerung, 29). Auch die expressionistische Anti-Kriegslyrik, insbesondere aber die politische Lyrik des Expressionismus steht in diesem Kontext (vgl. Korte 1981).

Bei diesem Strang expressionistischer Lyrik fällt – bei eklatanten Niveauunterschieden im Einzelnen – der Widerspruch zwischen »formaler Modernität« und »klappernder Metaphorik« (Vietta/Kemper, 190) eines nicht selten zur Parodie einladenden, unfreiwillig komischen Überschwanges der Herzens auf: Strophik und Versschemata werden aufgebrochen, ›Formlosigkeit‹ unterstreicht vehement das intendierte Aufsprengen der Konventionen und Zwänge – aber diese Regellosigkeit schafft keine neuen lyrischen Strukturen, die Metaphorik wirkt oft genug leer, die Gedichte sagen nur das, was in ihnen ausgerufen wird. Gerade die Dialektik von neuen Inhalten und der Möglichkeit, aber auch Notwendigkeit von neuen Formen geht bei einer bloß äußerlichen Umwälzung der Formen verloren, wie sich an Einzelanalysen zeigen lässt (vgl. Gedichte der Menschheitsdämmerung).

Vor einem blanken Austauschen von Sujets hat der Lyriker und Essayist Oskar Loerke bereits 1912 gewarnt. Er thematisiert die für eine Ästhetik der Moderne und der Avantgarde fundamentale Frage nach dem Verhältnis zwischen neuen Sujets und neuen Formen:

> »Wenn man in einer Ode auf eine Postkutsche statt Postkutsche immer Aeroplan einsetzt und statt trabte flog sagt, so wird das Endergebnis doch wieder eine Postkutschenode sein. Umgekehrt gelingt bei manchem modernen Hymnus auf das Automobilfahren die Umwandlung rückwärts, indem man nur aus Motor Pferd und aus Hupe Posthorn macht.« (Expr., 640).

Entsprechend sucht ein zweiter Strang des Expressionismus, eine ästhetisch adäquate Umsetzung des Neuen bzw. des als neu Erfahrenen mit modernen, nicht bloß modernisierten Mitteln. Darum geht es in der *Menschheitsdämmerung* auch, und Pinthus selbst verweist ausdrücklich auf jene Autoren wie van Hoddis, Lichtenstein und Blass (der in der Anthologie freilich ebenso fehlt wie Paul Boldt und Ferdinand Hardekopf), die mit »varietéhaftem Zynismus« und »ironischer Überlegenheit sich der Umwelt zu erwehren, ihre Erscheinungen grotesk durcheinander zu würfeln« wüssten (Menschheitsdämmerung , 26). Es geht hierbei um eine Lyrik, welche die neuen Lebens- und Wahrnehmungsbedingungen, und das sind diejenigen der Großstadt (s. II.2.5), verarbeitet und simultanestisch wiederzugeben suchen. Diese **Lyrik der Simultaneität** antwortet auf die zerstreute Wahrnehmung in der Großstadt, auf die Gleichzeitigkeit unterschiedlicher Sinneseindrücke nicht mit dem Versuch, sie durch unabschließbare Reihungen in freien Langversen nachzuahmen, sondern durch ein möglichst vielfältiges Nebeneinander der Eindrücke zu konstruieren. Georg Heym reflektiert darüber 1910 im Tagebuch, dass es »wenig Nacheinander« gibt: »Es ist alles ein Nebeneinander« (Heym III, 140), Georg Trakl kommentiert ebenfalls 1910 sein ähnlich ›nebeneinander‹ komponiertes Gedicht »Der Gewitterabend« von der »bildhaf-

ten Manier«, mit der er einzelne Bilder »zu einem einzigen Eindruck zusammenge-
schmiedet« habe (zit. Vollmer, 89). Damit korrespondierend fordert Pinthus auch für
die Rezeption expressionistischer Texte: »man höre zusammen, zugleich, simultan«
(Menschheitsdämmerung, 22). Die gleichzeitigen bildkünstlerischen Ansätze simultanen Darstellens, zumal beim italienischen Futurismus, der auch in seinen literarischen Manifesten Simultaneität einfordert, sowie die Perfektionierung derartiger Dar-
stellungsprinzipíen durch den Zürcher Dadaismus, bei dem mehrsprachige Texte gleichzeitig vorgetragen wurden (vgl. Dada Zürich,130ff.), bezeugt Verbreitung und Virulenz dieses Verfahrens bereits während der zehner Jahre.

Es ist dieser Strang der expressionistischen Lyrik, den bereits Pinthus mit dem
Abdruck des Gedichtes »**Weltende« von Jakob van Hoddis** am Beginn der *Menschheitsdämmerung* unterstreicht:

> Dem Bürger fliegt vom spitzen Kopf der Hut,
> in allen Lüften hallt es wie Geschrei.
> Dachdecker stürzen ab und gehn entzwei
> und an den Küsten – liest man – steigt die Flut.
>
> Der Sturm ist da, die wilden Meere hupfen
> an Land, um dicke Dämme zu zerdrücken.
> Die meisten Menschen haben einen Schnupfen.
> Die Eisenbahnen fallen von den Brücken.
> (Menschheitsdämmerung, 39)

Dieses Gedicht, das zu den meistzitierten des Expressionismus überhaupt zählt und
nicht zufällig zum Repertoire des ›Cabaret Voltaire‹ der Zürcher Dadaisten gehörte,
stammt aus dem Jahre 1910 und hat für den expressionistischen Aufbruch als Initial-
zündung gewirkt (vgl. Paulsen 77ff.; Läufer). In ihm sind alle Merkmale von Simultaneität versammelt; der **Reihungs- oder Zeilenstil** demonstriert das Repertoire der
Gleichzeitigkeit: Parataxe, Austauschbarkeit der Verse bei strenger Wahrung der Form
in Strophik und Metrik. Hier kollidiert die gebundene, sozusagen Sicherheit verspre-
chende traditionelle Architektur des lyrischen Baus mit der prinzipiellen Offenheit
der Reihungen: man hat von »**Parataxe als epochales Textmerkmal**« gesprochen (Anz
1977, 71ff.). Sie ist Domäne des Frühexpressionismus, so beispielhaft in Alfred Lichtensteins Gedicht »Die Dämmerung« von 1911, das dieser in einer poetologisch aufschlussreichen Selbstrezension auch entsprechend theoretisch expliziert hat (Menschheitsdämmerung, 47; Expr., 643ff.; vgl. Anz 2002, 175ff.; Vollmer, 95ff.).

Im Falle von »Weltende«, das u.a. als Spottgedicht über die Endzeiterwartun-
gen im Mai 1910, als der Halleysche Komet die bürgerlichen Gemüter beunruhigte
(vgl. Knapp, 27f.), gelesen werden kann, bekräftigt noch der Hinweis auf die »Zeitung« die Neuartigkeit in der lyrischen Machart. Die **Zeitung** erscheint als Ort, wo
(derartige) Informationen in besonderer Weise dargeboten, transportiert und mit anderen Informationen zusammenmontiert werden, die dann zur schnellen, flüchtigen
Lektüre einlädt und auf Sensation und Simultaneität der Wahrnehmung bedacht ist.
»Die *Form* des Massenmediums (Zeitung) ins Gedicht übertragen, die *spezifische
Ausdrucksweise des Mediums lyrisch* umgebrochen« und damit der Lyrik neue Aus-
drucksmöglichkeiten erschlossen zu haben (Knopf 1983, 46), macht das Literaturrevolutionäre dieses Gedichtes und Gedichttypus aus, dessen Innovation wiederum auf
den Komplex Urbanität zurückweist (vgl. II.2.5).

So ist es kein Zufall, dass sich die ästhetischen Konstruktionsprinzipien der Simultaneität auch und gerade an jenem Sujet bewährt haben, dem sie gleichsam empirisch abgewonnnen worden sind: der Großstadt. Nachdem der Naturalismus das Sujet entdeckt und zu gestalten versucht hatte (s.o. S. 37f.), bedeutet die **expressionistische Großstadtdichtung** einen qualitativen Durchbruch beim Versuch, dem neuen Sujet auch durch neue, adäquate Gestaltungsmittel gerecht zu werden. Die expressionistische Generation bekennt sich nicht nur zur Großstadt, sondern zu ihr auch als ästhetischer Vorlage: »Wir wollen die Großstädte, die Weltstädte dichten, die beinahe so jung sind wie wir«, schreibt Loerke 1912 und fordert die umfassende Wahrnehmung der modernen Welt einschließlich der industriellen Arbeitswelt: »Wir wollen die Sinfonien des Stahls, des Eisens und aller schnellen Kräfte hören, die fast noch jünger sind als wir. Wir wollen das moderne Tempo wiederschaffen« (Expr., 640).

Kurt Hiller behauptet 1911 für seine Generation, »daß der Potsdamerplatz uns schlechthin mit gleich starker Innigkeit zu erfüllen vermag, wie das Dörfli im Tal den Herrn Hesse« (Expr., 35), und so fordert er 1912 im Vorwort seiner expressionistischen Anthologie *Kondor* die Gestaltung der »Erlebensart des geistigen Städters« (Expr.; 432). Die Differenz zum Naturalismus liegt darin, dass der Expressionismus diese Bereiche nicht allein als Sujets verarbeitet. Es geht nicht um das »Großstadtmilieu«, sondern um die in der Metropole lebendige »kritische, beschwingte, frechlustige Daseinsstimmung selbst«. Der »kommende Lyriker«, schreibt Ernst Blass in der Vorrede zu seinem Gedichtband *Die Straßen komme ich entlang geweht*, »wird kein Schilderer der Weltstadt sein, sondern ein weltstädtischer Schilderer« (Expr., 638). Der Schritt von einer »**Literatur über die Großstadt**« zur »**Literatur der Großstadt**« (Becker 1993, 19ff.) ist vollzogen – ein fundamentaler Schritt, der über die Thematisierung von Großstadt als soziales Gebilde, als Ort von Klassengegensätzen, der Industrie usw., die durch die »Verwendung von Fabel und Figurenensemble Erfahrung letztlich *in* der Großstadt ansiedelt« (Köhn, 8), hinausgeht. Die Großstadt erscheint, so heben vor allem jüngere Forschungen hervor, als ein »die Wahrnehmungskapazität des Subjekts überwältigendes Objekt«, als ein »mit traditionellen literarischen Techniken nicht mehr abbildbares Phänomen, als eine dynamisierte Bilderwelt« (Becker 1993, 23; Fähnders 2007b; Foderer; Läufer; Rölleke; Vietta 1974; vgl. In der großen Stadt; Unwirklichkeit der Städte).

Die expressionistische Lyrik hat Teil an diesen die Literatur der Moderne insgesamt durchziehenden, in den Romanen von Dos Passos (*Manhattan Transfer*, 1925) und Döblin (*Berlin Alexanderplatz*, 1929) gipfelnden Bemühungen. Die literarische Simultaneität des Zeilenstils ist ein wichtiges Mittel neben einem urbanen, groteskspielerischen, ironischen Umgang mit dem Sujet wie in Lichtensteins »Gesänge an Berlin«:

> In fremden Städten treib ich ohne Ruder.
> Hohl sind die fremden Tage und wie Kreide.
> Du, mein Berlin, du Opiumrausch, du Luder,
> Nur wer die Sehnsucht kennt, weiß, was ich leide.
> (Berlin! Berlin!, 139)

Diese positive Großstadterfahrung kontrastiert mit jener Dämonisierung und Mythologisierung der Stadt, wie sie die expressionistische Lyrik, überdeutlich bei Georg Heym, auch kennt. Eines seiner berühmtesten Gedichte, »Der Gott der Stadt« (Menschheitsdämmerung, 42f.), mündet in Vernichtung (vgl. Mautz). Auch bei Becher, Stadler, Trakl, Wolfenstein u.a. erscheint Großstadt als Bedrohung – es sind »Die Dämonen der Städte«, so Heyms Gedicht (Menschheitsdämmerung, 51f.), die zutiefst verunsichern, sind die Städte doch auch die Orte der vielbeschworenen, negativ besetzten, typischen Leichenhäuser, Spitäler, Irrenanstalten.

Es macht die **ambivalente Stadtwahrnehmung des Expressionismus** aus, wenn die Großstadt – die realiter ja die besondere literarische Existenzweise des expressionistischen Dichters allererst ermöglicht – einerseits ob ihrer spezifischen, eben urbanen Chancen als positiv erfahrenes Lebensfeld besungen wird; wenn andererseits aber die Großstadt allegorisch für Untergang, Weltende, Hässlichkeit, Verzweiflung, Einsamkeit, Entfremdung, Ichdissoziation steht. Diese Ambivalenz gerade der intellektuellen Großstadterfahrung und ihrer Darstellung verlängert die Haltung naturalistischer Autoren zur Großstadt, akzentuiert aber den Aspekt der Dämonisierung und Mythologisierung. In dem Maße, wie die Großstadt nicht allein als Ort der großen Industrie und der Klassenantagonismen erfahren wird wie im Berlin der Naturalisten, sondern zum undurchdringlichen »Dickicht der Städte« (Brecht) avanciert, scheint auch das von der Stadt ausgehende Bedrohungspotenzial bis ins Apokalyptische anzuwachsen. Diese Ambivalenz der Großstadterfahrung ist spezifisch expressionistisch – der italienische Futurismus verherrlicht gerade die modernistisch-technizistische Seite von Großstadt (s. II.2.8).

Dabei kommt bei aller Dämonisierung, Mythologisierung und damit auch Enthistorisierung der Stadt aber für den Expressionismus die Alternative, die Rückkehr aufs Land, auch virtuell nicht in Frage. René Schickele beginnt 1910 sein Gedicht »Großstadtvolk« mit den Versen: »Nein, *hier* sollt Ihr bleiben!/in diesen gedrückten Maien, in glanzlosen Oktobern./Hier sollt Ihr bleiben, weil es die Stadt ist« (Deutsche Großstadtlyrik, 68). Man mag darin eine späte Replik auf die »Predigt ans Großstadtvolk« von Richard Dehmel (1893) lesen, in dem es heißt: »Ja; die Großstadt macht klein«, und: »so geht doch, schafft euch Land! Land! rührt euch!/vorwärts! rückt aus!« (ebd., 59). Es sind gerade Intellektualität und Urbanität des Expressionismus, der »intellektuellen Städter« (S. Becker 1993, 165ff.), die derartige Orientierungen nicht gestatten. Erst nach 1918, nach der gescheiterten Revolution, finden sich Tendenzen, der Stadt den Rücken zu kehren: sei es, dass der linksradikal-expressionistische Kreis um Heinrich Vogeler, Ludwig Bäumer, Friedrich Wolf und andere auf dem traditionsreichen Barkenhof in Worpswede eine kollektivistische Landkommune einrichten (vgl. Fähnders/Rector I, 150ff.), sei es, dass ein Autor wie Johannes R. Becher sich vorübergehend ins schwäbische Urach als das ländliche Zentrum von Aussteigern unterschiedlichster Couleur zurückzieht (vgl. Schlenstedt, 147ff.). Aber hierbei handelt es sich um spezifische Weisen der Revolutionsverarbeitung, nicht um eine militant-regressive, obendrein reaktionäre Stadtfeindschaft wie in der provinzlerischen Heimatkunstbewegung der Jahrhundertwende.

Das ändert abert nichts an der urbanen Grundierung des Expressionismus, der in Deutschland eine Großstadtdichtung von Rang hervorgebracht hat; forciert ließe sich vom **Expressionismus als Großstadtdichtung** schlechthin sprechen. Selbst dort, wo Großstadt nicht explizit thematisiert ist, ist sie als Medium, als Handlungsort, als Aktionsfeld des lyrischen Ich doch präsent wie in Johannes R. Bechers berühmtem Gedicht »Vorbereitung«, in dem es heißt:

O Trinität des Werks: Erlebnis Formulierung Tat
Ich lerne. Bereite vor. Ich übe mich.
... bald werden sich die Sturzwellen meiner Sätze zu einer unerhörten Figur verfügen.
Reden. Manifeste. Parlament. Das sprühende politische Schauspiel. Der Experimental-
roman.
Gesänge von Tribünen herab vorzutragen.
Menschheit! Freiheit! Liebe!
(Menschheitsdämmerung, 213).

3.3 Stationen- und Verkündigungsdrama

Die Erforschung des expressionistischen Dramas stand lange Zeit im Schatten der
Lyrik, obwohl der Expressionismus seine große »Publizität« (Expr., 672) gerade dem
Drama und Theater verdankt. Darauf hat bereits in der Expressionismusdebatte des
Exils einer der führenden Vertreter des Weimarer Agitprop-Theaters, Gustav von
Wangenheim, hingewiesen: »Wer las schon ›Sturm‹, ›Aktion‹, Lyrikbücher usw.,
wer ging schon in Ateliers und Ausstellungen? Aber das expressionistische Theater
hat viele begeistert.« (Expr., 672; Expressionismusdebatte, 115). Ähnliche Stimmen
ließen sich bereits während des expressionistischen Jahrzehnts vernehmen: »Keiner
Kunst ist der Expressionismus gemäßer als der Schauspielkunst«, heißt es 1917 in
einem Aufsatz über den »Expressionismus des Schauspielers« (Expr., 676). Mittlerweile liegt auch zum expressionistischen Drama eine Fülle von Untersuchungen zu
Dramentypen, zu Dramatikern und einzelnen Stücken sowie ihrer Rezeption vor
(Brauneck 2003, 300ff.; Brinkmann 1980, 241ff.; Theater für die Republik I; Expr.,
672ff.; Expressionismus als Literatur, 127ff., 439ff.; Denkler 1979; Durzak 1978;
Durzak 1979; Evelein; Hohendahl; Knapp, 52ff.; Lämmert 1965; Oehm, 125ff., Siebenhaar; Vietta/Kemper, 83ff.; Viviani).

Strukturelles Grundprinzip ist das **Stationendrama**, ein Terminus, der sich für
das expressionistische Drama bewährt hat (Oehm, 125ff.; Evelein, 6ff.). Im Stationendrama findet das expressionistische Theater seine adäquate, die tradierten Gat-
tungsstrukturen des Dramas aufbrechende Form. Der Begriff verweist auf August
Strindberg, der mit seiner *Nach Damaskus*-Trilogie (1898–1904), im *Traumspiel* (1901)
und auch in seinem letzten Stück, *Die große Landstraße. Ein Wandererdrama mit
sieben Stationen* (1909) diese Technik entwickelt hat (vgl. Oehm, 129ff.). *Nach Damaskus I* ist der Prototyp des Stationendramas, das für das expressionistische Theater prägend wurde – wie denn Strindbergs immenser Einfluss auf das expressionistische Drama (vergleichbar der Bedeutung Ibsens für den Naturalismus) kaum zu überschätzen ist (vgl. Strindberg auf der deutschen Bühne).

Bei der Stationentechnik wird der Spielfortgang nicht mehr in einer psychologisch grundierten und motivierten Abfolge nachvollziehbarer Handlungsschritte präsentiert, sondern in einer Folge locker oder gar nicht verbundener, oft autonomer
Handlungsfetzen, eben ›Stationen‹ oder auch ›Bilder‹ vorgeführt. Dabei geht es stets
um die Entwicklung einer einzigen Figur, eines Protagonisten (oder ›Monagonisten‹),
der im Zentrum steht – isoliert, aber in der Regel zu ›Wandlung‹ bereit und befähigt.
Bereits Strindberg durchmischt dabei Ebenen der Realität mit solchen des Traumes:

> »Traum, Phantasie, Märchenwelt und Realwirklichkeit stehen bruchlos nebeneinander,
> bilden eine äußerst komplexe, lediglich im Erlebniszentrum des Protagonisten konver-

gierende Spielwelt. Die Stationen folgen keinem kontinuierlichen Zeitablauf, sie sind leicht umzustellen; Vergangenes, Gegenwärtiges und Zukünftiges durchdringen sich.« (Brauneck 1986, 206).

Darin findet nichts anderes als die Umsetzung der expressionistischen Ästhetik von **Simultaneität und Parataxe** auf der Bühne statt – die bereits in der Lyrik zu beobachtende parataktische Reihung erlaubt auch im Drama die assoziative statt logische Aneinanderreihung disparater Sequenzen (vgl. Anz 1977, 79). Zugleich berühren sich Stationendrama, Film und Kino – »frühes Kino und Theater« (Mühl-Benninghaus) gehen vielfältige Allianzen ein (s. II.2.6). Als markante Ausnahme vom parataktischen Dramentypus sei auf Reinhard Goerings Kriegstragödie *Seeschlacht* (1917) verwiesen, die an den klassischen Einheiten des Ortes, der Zeit und der Handlung festhält.

Am Strukturmodell des Stationendramas ist – oft bereits im Titel kenntlich – das Gros des expressionistischen Dramas ausgerichtet: *Das letzte Gericht. Eine Passion in vierzehn Stationen* von Julius Maria Becker (1919); *Die rote Straße. Ein dramatisches Werk in vierzehn Bildern* von Franz Csokor (1918); *Die Menschen* von Walter Hasenclever (1920); *Von Morgens bis Mitternachts* und *Hölle Weg Erde* von Georg Kaiser (1916 bzw. 1919); *Das schöne Fräulein. Ein Stück in acht Szenen* und *Die Schwester. Ein Tragödie in acht Stationen* von Hermann Kasack (1918 bzw. 1920); *Himmel und Hölle* von Paul Kornfeld (1920); *Der Bettler. Eine dramatische Sendung* von Johannes Sorge (1912); *Die Wandlung* und *Masse-Mensch* von Ernst Toller (1919 bzw. 1920); *Der Unbedingte. Ein Weg in drei Windungen und einer Überwindung* von Friedrich Wolf (1919) (vgl. Evelein, 26f.; Theater für die Republik I).

Traditionelle theatralische Ordnungskategorien wie Handlung, Zeit und Raum werden außer Kraft gesetzt, die psychologische Einheit der Figuren ist aufgelöst. Damit gerät der Protagonist, eine monologische Ich-Figur, ins Zentrum des Geschehens, wodurch die seit dem 19. Jahrhundert gestörte Kommunikationssituation auf dem Theater eine neue Dimension erhält. Hatte das naturalistische Theater des dramatischen Sekundenstils auf milieugerechte und wortgetreue Abbildung von Realität insistiert, so löst sich das Stationendrama von dieser Abbildungsversessenheit – die Realität löst sich auf in Realitäten, die Deskription weicht der Botschaft, der ›Verkündigung‹ durch den Protagonisten, dessen ›Wandlung‹ in Richtung auf den expressionistischen ›Neuen Menschen‹ vorgeführt bzw. eingefordert wird.

Die Stationentechnik lässt sich unter verschiedenen Aspekten untersuchen: sie kann eine Kreis- oder einer lineare Struktur aufweisen; das ›Ich‹ des Protagonisten kann zwischen Solipsismus und Gemeinschaftskult angesiedelt sein; es kann auch unter Aufnahme des Doppelgänger-Motivs aufgespalten sein; es begegnen typische Außenseiterrollen wie Kain, Ahasver, aber auch Adam oder Jakob sowie die oft weiblichen Nebenfiguren gegenüber den in der Regel männlichen Protagonisten u.a.m. (vgl. Evelein, 87ff.). Literarhistorisch entscheidend ist als Novum des Stationendramas der Versuch einer Neuordnung der seit dem ausgehenden 19. Jahrhundert gewandelten Subjekt-Objekt-Beziehung, auf die Peter Szondi in seiner *Theorie des modernen Dramas* rekurriert:

>»Die Stationentechnik hält zwar die Vereinzelung des Menschen formal auf gültige Weise fest, aber zum thematischen Ausdruck gelangt in ihr nicht das isolierte Ich, sondern die entfremdete Welt, der es gegenübersteht. Erst in der Selbstentfremdung, durch die es

mit der fremden Objektivität zusammenfällt, hat sich das Subjekt dennoch auszudrücken versucht.« (Szondi 1964, 107).

In **Ernst Tollers** *Die Wandlung* mit dem Untertitel »Das Ringen eines Menschen« lässt sich ein ganzes Bündel von epochentypischen Formen und Vorstellungen finden; es gilt als »Paradigma für das einpolige Stationendrama überhaupt« (Denkler 1979, 215; vgl. Durzak 1979, 101ff.; Grunow-Erdmann, 46ff.; Knapp, 57ff.; Oehm, 155ff.; Theater für die Republik I, 156ff.; Wardy 2009). Toller zeigt einen Protagonisten, den Bildhauer Friedrich, der freiwillig in den Krieg zieht, dem aber bald die Augen über die ökonomischen Hintergründe des Krieges geöffnet werden und der nun als pazifistischer Revolutionär »zu den Menschen geht«, um sie aufzurütteln. Im bereits erwähnten Eröffnungsgedicht reklamiert Toller dabei für Dichter und Künstler einen unbedingten gesellschaftlichen Führungsanspruch (s.o. S. 144), in der Schlussapotheose setzt sich das Volk, geleitet vom Künstler-Protagonisten, selbst allegorisch als »Revolution«: »ALLE: Brüder recket zermarterte Hand,/Flammender freudiger Ton!/ Schreite durch unser freies Land/Revolution! Revolution!« (Toller, 285).

Tollers Drama , das »in Europa vor Anbruch der Wiedergeburt« spielt, das ein die Strindbergsche Wege-Metaphorik aufgreifendes Motto »Ihr seid der Weg« trägt und auf der vorderen bzw. hinteren Bühne Traum- und Realszenen präsentiert, kann exemplarisch für den aktivistischen Anspruch eines gewichtigen Teiles des expressionistischen Theaters auf ›Wandlung‹ und ›Aufrüttelung‹ der Menschen, auf **politische Wirkung**, stehen. Expressionistisches Drama und Theater zielen wie selten in der Theatergeschichte zuvor darauf, »über die Bühne hinweg Aktionen zu entzünden« (Lämmert 1965, 144), die Tat zu provozieren, in soziale und politische Prozesse einzugreifen. Entsprechend gilt auch für den Schauspieler: er »muß zum Empörer werden« (Expr., 676); zurecht lässt sich von »aktivistischem Drama« sprechen (Expr., 514). So hat Toller nach eigenem Bekunden Teile des während des Krieges 1917 begonnenen, 1918 während seiner Militärhaft beendeten Stückes als Flugblätter verteilt (vgl. Zeit und Theater II, 909f.). Nach der Premiere der *Wandlung* am 30.9.1919 in der Berliner ›Tribüne‹ suchten die Gewerkschaften um Sonderaufführungen im Rahmen des Streiks von Berliner Metallarbeitern nach (vgl. Literatur im Klassenkampf, 225f.).

Über Tollers Drama hinaus ist das **Prinzip der Wandlung** »Strukturmodell« des expressionistischen »Programmdramas« überhaupt (Denkler 1979, 68). Gerade der messianische Expressionismus mit seinen Erneuerungs-Postulaten und seiner Verkündigungs-Attitüde sucht und braucht einen »Wandlungstopos« (Siebenhaar, 188). Thematisch von der Entwicklung des Protagonisten und nicht strukturell von der szenischen Machart des Dramas ausgehend, wird vom **Verkündigungs- oder Wandlungsdrama** gesprochen, das als charakteristischer Dramentypus des Expressionismus überhaupt begegnet und seinerseits nicht selten als Stationendrama gebaut ist. Im Mittelpunkt steht der »Wandlungsprozeß und Erlösungsvorgang des Protagonisten« (Denkler 1979, 142) – deshalb auch der Terminus **Protagonistendrama** (oder auch Erlösungsdrama). Denkler hat eine Typologie der Wandlungsdramen vorgeschlagen, die sich an den benachbarten Gattungen des Filmes und der Oper orientiert (ebd., 108ff.):

– »filmverwandte« Wandlungsdramen wie z.B. Johannes R. Bechers »Festspiel« *Arbeiter Bauern Soldaten* (1921); Yvan Golls satirisches Drama *Methusalem oder Der ewige Bürger* (1922); Hasenclevers *Menschen* (1918), Carl Hauptmanns *Krieg*

(1914), Franz Jungs proletarischer Einakter *Wie lange noch?* (1921) und *Die Gewaltlosen* von Ludwig Rubiner (1919);
- »opernnahe« Wandlungsdramen wie z.B. Arnolt Bronnens *Die Geburt der Jugend* (1922); Reinhard Goerings »Tragödie« *Seeschlacht* (1917); Georg Kaisers *Die Bürger von Calais* (1917); Paul Kornfelds *Himmel und Hölle* (1919), Fritz von Unruhs *Geschlecht* (1917).

Quer hierzu steht die Kategorie des »einpoligen Wandlungsdramas«, nichts anderes als ein Stationendrama, das »die Tribüne als Podium für die Selbstdarstellung des primär im Wort von sich zeugenden Helden« (Denkler 1979, 183) braucht und beispielhaft in Dramen wie Sorges *Bettler,* Tollers *Wandlung* und Hasenclevers *Sohn* begegnet.

Als Muster des expressionistischen Verkündigungsdramas gilt **Georg Kaisers *Die Bürger von Calais***, ein 1914 entstandener Dreiakter, den das Bildwerk von Auguste Rodin und die mittelalterliche Chronik von Froissart angeregt hatten (vgl. Lämmert 1965; Durzak 1978, 139ff.; Vietta/Kemper, 195ff.; Walach; Malsch 2007, 117ff.). Die historische Vorlage, nach der sich sechs Bürger des belagerten Calais dem englischen König ausliefern, um die Stadt zu retten, modelt Kaiser um, indem er statt der sechs sieben Bürger sich melden lässt: auf diese Weise wird der Konflikt auf innere Läuterung, auf ›Wandlung‹ also, zugeschärft. Mit dem Opfergang des Protagonisten, der durch seine Selbsttötung die Mitbürger von der Notwendigkeit des Opfers überzeugen will – das die überraschende Begnadigung wiederum überflüssig macht –, wird eine, so Lämmert, nur mehr vage »sakrale Pose« zelebriert, bei der »anstelle der Sache die Intensität der Opferbereitschaft zum Maßstab des Handelns« gesetzt wird (zit. Vietta/Kemper, 197). Hier scheint jener offene Radikalismus auf, der sich bereits als Disposition des Vorkriegsexpressionismus zeigte, eine »Ersatzmetaphysik«, die sich auch in seinem anderen Verkündigungsdrama, *Hölle Weg Erde* (1918/19), erkennen lässt (Vietta/Kemper, 196). Dass die Uraufführung im Neuen Theater zu Frankfurt/Main am 29.1.1917 ein durchschlagender Erfolg war, belegt die Faszinationskraft des messianischen Expressionismus (Theater für die Republik I, 53ff.).

Gerade Georg Kaiser allerdings ist als der erfolgreichste Theaterautor des Expressionismus auf diesen messianischen Expressionismus allein nicht festzulegen. Der andere Strang expressionistischer Literatur, der mit dem Stichwort **Ichdissoziation** umrissen ist, begegnet bei ihm wie im Theater des Expressionismus überhaupt – und zwar mit eher grotesken, gebrochenen, anti-utopischen, reflektierenden Formen. Hier ist an Carl Sternheims »Komödie ohne Happy-End« (Freund, 109) *Die Hose* zu denken, die aus Gründen der Zensur 1911 unter dem veränderten Titel »Der Riese« an den Berliner Kammerspielen aufgeführt wurde und zusammen mit *Der Snob* (1914) und *1913* (1915) die Trilogie *Aus dem bürgerlichen Heldenleben* bildet. In ihr geht es um **Satire**, um den lächerlichen Aufstieg eines Kleinbürgers in die Aristokratie, um ätzende Anklage gegen den Wilhelminismus also , nicht um eine abstrakte Vision von Wandlung oder Erlösung (vgl. Durzak 1978, 61ff.; Freund; Sprengel 2004, 546ff.; vgl. Theater für die Republik I, 134ff.).

Im Theater des Expressionismus finden sich also durchaus Zurückweisungen des messianischen Utopismus, und dies bei so unterschiedlichen Dramatikern wie Rolf Lauckner, Sternheim oder Kaiser. Kaisers »bestes Drama«, so Lukács (Begriffsbestimmung, 53), das Stationendrama *Von morgens bis mitternachts* (1916), bietet in

der Zentralfigur eines mit dem Geld seiner Bank durchgebrannten, nun in der Großstadt herumirrenden Kassierers die »Versuchsfigur einer gescheiterten Selbsterneuerung,
deren Möglichkeiten Kaiser in einer streng geometrisch komponierten Testreihe experimentell durchprobiert hat.« (Oehm, 150; vgl. Vietta/Kemper, 86ff.; G.-M. Schulz).

Damit ist das Spektrum des expressionistischen Dramas umrissen. In seiner
Gesellschaftkritik sucht es einmal mit den »vorrangig über ethisch und emotional
vermittelten Kategorien (Empörung, Aufschrei, Ekel)« (Siebenhaar, 140) messianisch
eine Wandlung zum ›Neuen Menschen‹ hin vorzuführen. Dieser Dramentypus ist bei
seinem oft aktivistischen Anspruch, eine gültige Botschaft zu vermitteln, vor der Gefahr eines plakativen Utopismus sicher nicht gefeit. So charakterisierte der junge Brecht
Ludwig Rubiners *Die Gewaltlosen* als einen »durch Dramatisierung verdorbenen
Essay« (Brecht 15, 34). Ein anderer Typus operiert mit grotesken, satirischen, ironischen, also auf Distanz und Verfremdung zielenden Mitteln, die anstelle des ›O
Mensch‹-Pathos den kalten Duktus von Entlarvung und Karikatur bevorzugen.

Der Siegeszug des expressionistischen Theaters begann auf den Bühnen erst
gegen Ende des Ersten Weltkrieges, merklich ›verspätet‹ gegenüber den Entstehungszeiten vieler Texte. Als »**Vorläuferdramen**« (Denkler 1979, 27ff.) gelten Wassily Kandinskys 1909 geschriebene »Bühnenkomposition« *Der gelbe Klang* (1912), eine Synästhesie aus Farbe, Ton, Bewegung und Rhythmus (vgl. Klussmann; Schober, 95ff.;
333ff.), die ebenso wie später Oskar Schlemmers Theaterversuche auf eine Synthese
der Künste zielt (vgl. Expr., 6546ff.; Der Blaue Reiter, 321). Auch Oskar Kokoschkas
Mörder, Hoffnung der Frauen (1907, zuerst 1910 im ›Sturm‹) wäre zu den Vorläufern
zu zählen (vgl. Expr., 685).

Allerdings folgt das expressionistische Theater diesen Ansätzen zu einem **Gesamtkunstwerk** nicht. Zwar gemahnen Bühnenbild und Beleuchtungseffekte, die gerade beim Stationendrama immer wieder an Film-Effekte erinnern und nichts anderes
als bewusst zeitgemäß die »Bühne der Großstadt« präsentieren (V. Zimmermann,
166ff.), an eine »Vereinigung der Künste im Bühnenbild« (ebd., 75ff.), nicht aber an
eine Aufhebung des Theaters als Theater. Das expressionistische Drama sprengt zwar
den klassischen Mehrakter zugunsten der parataktischen Szenenreihung auf, hält aber
am Illusionstheater, an der traditionellen Trennung zwischen Spieler und Publikum
fest und greift das Theater als Institution nicht an, wie es Dada und andere Ismen der
Avantgarde tun. Insgesamt unterscheidet sich das expressionistische Theater »durch
sein weltanschauliches Engagement und seine inhaltliche Programmatik (›Neuer
Mensch‹, ›Aufbruch‹, ›Wandlung‹, ›Tat‹) deutlich von den Theaterexperimenten des
Futurismus und der Dadaisten.« (Brauneck 1986, 206).

Als Beginn des expressionistischen Dramas wird **Reinhard Johannes Sorges** »dramatische Sendung« *Der Bettler* (1912) gesehen, für das er im selben Jahr von Richard
Dehmel den Kleist-Preis erhielt. Im *Bettler* vereinigt sich ein ganzes Bündel expressionistischer Charakteristika: trotz der Akteinteilung die Orientierung an Stationen, die
Anonymität und Typisierung der Figuren (»Der Dichter«, »Der Vater«, »Das Mädchen«), das Großstadtambiente mit Scheinwerferkulisse, das messianische Sendungs-
bewusstsein des Dichters, der sich an die Massen wendet, um seine Isolation zu überwinden, der Nietzscheanismus, das Wandlungsmotiv, das an der Figur des Vaters ex-
emplifizierte Wahnsinnsmotiv (vgl. Knapp, 41ff.; Oehm, 137ff.; Siebenhaar, 47ff.,150ff.).

Das erst postum 1917 im Deutschen Theater Berlin durch Max Reinhardt mit
Erfolg uraufgeführte Drama (vgl. Zeit und Theater II, 843ff.; Theater für die Repu-

blik I, 97ff.) ist Beispiel für die Schere zwischen der Entstehung vieler Stücke z.T. schon vor oder im Ersten Weltkrieg und ihrer erst Jahre später, unter veränderten Bedingungen erfolgten öffentlichen Darbietung im Druck oder auf der Bühne. Das Verhältnis zwischen »Theater und Krieg« (Kuhla) stellt sich für den Expressionismus besonders kompliziert dar.

So schrieb Walter Hasenclever sein Furore machendes Drama *Der Sohn* bereits 1913, es wurde 1914 im Kreise von Hillers Kabarett »Gnu« gelesen und erschien im selben Jahr bei Kurt Wolff als Buch. Die Uraufführung fand aber erst 1916 in Prag statt. Wegen eines Aufführungsverbotes in Deutschland konnte nur eine einmalige geschlossene Aufführung am 30.9.1916 in Dresden stattfinden. Am 24.3.1918 wurde das Stück im Deutschen Theater Berlin von der expressionistischen Bühne des ›Jungen Deutschland‹ gespielt und in dieser Besetzung (mit Ernst Deutsch in der Rolle des Sohnes) dann mit großem Erfolg mehr als drei Dutzend Male in den Kammerspielen des Deutschen Theaters gegeben (Zeit und Theater II, 852ff.; vgl. Scheuer 1996; Kasties; Theater für die Republik I, 106ff.).

Hier zeigen sich **Phasenverschiebungen zwischen Produktion und Rezeption** des Textes: der Vater-Sohn-Konflikt hatte während der Entstehungszeit des Dramas eine ganz andere, ungleich größere Brisanz als während des Kriegs und nach 1918. Wohl deshalb sah sich der Autor 1916 zu einem »Manifest zum ›Sohn‹« genötigt, in dem der Vater-Sohn-Konflikt mit dem im Krieg besonders virulenten Bruder-Motiv verknüpft wird: »Der Verfasser weiß, daß wir alle Söhne, daß wir mehr als Söhne: daß wir Brüder sind.« (Zeit und Theater II, 863; Expr., 674). Vergleichbares ließe sich für Arnolt Bronnens Stück *Vatermord* anführen, das 1915 geschrieben und erst 1920 uraufgeführt wurde (vgl. Fähnders 2010).

Mit der erfolgreichen *Bettler*-Inszenierung begann der Reigen expressionistischer Premieren an der von Max Reinhardt getragenen Experimentierbühne des Deutschen Theaters in Berlin, des Theatervereins ›Das junge Deutrschland‹ als einer, so ein Dramaturg, »Tribüne der jungen Generation« (Expr., 676), das den Siegeszug des expressionistischen Theaters seit 1917 einleitete. Hier wurden bis 1920 ein Dutzend wegweisende Dramen des Expressionismus aufgeführt: Goerings *Seeschlacht*, Hasenclevers *Sohn*, Werfels *Besuch aus dem Elysium*, Koffkas *Kain*, Unruhs *Geschlecht*, Lauckners *Sturz des Apostel Paulus*, Lasker-Schülers *Wupper*, Kokoschkas *Hiob* und *Der Brennende Dornbusch*, Zweigs *Sendung Semaels* und Kornfelds *Himmel und Hölle* (vgl. Expr., 101; 676f.; Theater für die Republik I). Max Reinhardts Programm eines expressionistischen Inszenierungstils zielte auf ein Regietheater, bei dem ein »Bund mit dem Dichter« geschlossen werden sollte, bei dem der Regisseur »sein eigenes Tiefstes mit dem Tiefsten des Dramas vereinigen, in seiner Brust die Seele des Dichters mit der Seele des Schauspielers verschmelzen« sollte (Expr., 677).

Es ist den historischen Umständen zwischen Kaiserreich und Republik geschuldet, dass zumal das Theater des messianischen Expressionismus um 1920 – wie der Expressionismus überhaupt – sich festzulaufen begann, dass er zwar von den Bühnen nicht verschwand, Originalität und Innovationskraft aber längst verloren hatte. Parodistisch addierte Franz Werfel, selbst ein Meister messianischer Wortkaskaden, 1920 in seinem *Spiegelmensch* das »seelische Menue« expressionistischer Dramatik und ihrer Ideologeme: »Eucharistisch und tomistisch,/Doch daneben auch marxistisch/ Theosophisch, kommunistisch,/Gotisch kleinstadt-dombau-mystisch,/Aktivistisch, erzbuddhistisch,/Überöstlich, taoistisch,/Rettung aus der Zeit-Schlamastik/Suchend in der Negerplastik,/Wort und Barrikaden wälzend,/Gott und Foxtrott fesch verschmelzend.« (Expr., 677).

3.4 Roman und Reflexionsprosa

Prosa und Roman sind Stiefkinder (Expressionistische Prosa, 9ff.) eher der Expressionismus-Forschung denn des Expressionismus selbst, trotz des zitierten Diktums von Soergel, dieser sei »nicht epischer Gang«. Auch Peter Bürger führt in seiner *Prosa der Moderne* keinen Beleg aus der Prosa des Expressionismus an (Bürger 1992). Dabei verzeichnet bereits 1984 ein Abriss über die *Prosa des Expressionismus* nicht weniger als 100 Prosaisten (Krull, 111ff.), und Raabes Gattungsrepertorium zeigt zudem, dass im Expressionismus Prosa aller Subgattungen geschrieben worden ist – von Roman, Novelle und Erzählung bis zu Groteske, Märchen und Parodie (Raabe 1992, 710ff.). Dennoch tun sich **Forschungsdefizite** auf. In dem umfänglichen Sammelband *Expressionismus als Literatur* finden sich gerade acht Prosaautoren: Heinrich Mann, Mynona (d.i. Salomo Friedlaender), Alfred Döblin, Ernst Weiß, Carl Einstein, Gustav Sack, Albert Ehrenstein, Kasimir Edschmid (Expressionismus als Literatur, 609ff.), wobei die Zuordnung von Heinrich Mann ob seines dezidiert realistisch-satirischen Ansatzes dieser Jahre sicher problematisch ist (s.u. S. 185).

Die expressionistische Prosa bleibt in Forschung und Forschungsberichten weiterhin »das dünnste Kapitel« (Brinkmann 1980, 265; vgl. Korte 1994a, 270ff.), obwohl sie in den einschlägigen Werkausgaben und in eigenen Anthologien leicht greifbar ist (vgl. Ahnung und Aufbruch; Ego und Eros; Prosa des Expressionismus; Die rote Perücke; Sekunde durch Hirn). Mit mangelnder Substanz, so zeichnet sich ab, lassen sich diese Defizite nicht erklären. Jedenfalls ist man von einer Gattungsgeschichte und Gattungstheorie noch weit entfernt, und hier können weder frühe Versuche (vgl. Arnold 1972) noch neuere Überblicksdarstellungen (vgl. Dierick), die über Beobachtungen zu einzelnen Autoren kaum hinausgehen, befriedigen. Auch Wolfgang Paulsens Rubrizierungen wie »Fragmentierung der Wirklichkeit« oder »Parabel und Gesellschaftskritik« bleiben vorläufig (Paulsen, 94ff.). Manche Expressionismus-Darstellungen beschränken sich dann auch auf den Vergleich der Prosa einzelner Autoren (Brockington) oder auf Spezialstudien zu einzelnen Motiven, Texten, Autoren (vgl. Krull; Baßler; Steutermann 2004). Zudem ist die nicht-fiktionale, diskursive, analytische, oft appellativ-suggestive **Prosa der Programmschriften**, der Manifeste, Pamphlete, Aufrufe und Proklamationen, zu berücksichtigen, die in einer Gattungsgeschichte nicht fehlen dürften und die, wie in der historischen Avantgarde insgesamt, oft genug in poetische Sprechweisen übergehen und deren Erforschung erst in jüngster Zeit in den Blick geraten ist (vgl. Manif.; Stark 1997; »Die ganze Welt ist eine Manifestation«). Ein eigenes Kapitel bildet der kaum erforschte expressionistische Duktus der reichhaltigen Sachprosa (vgl. Raabe 1992, 676ff.), zumal der theoretisch-philosophischen Literatur der Zeit, etwa von Ernst Blochs *Geist der Utopie* (1918) oder seines *Prinzip Hoffnung* (vgl. Bothner).

Die Unsicherheiten der Expressionismus-Forschung zeigen sich exemplarisch bei **Zuordnungsfragen** – bezogen auf Heinrich Mann oder Robert Walser, der gelegentlich umstandslos dem Expressionismus zugeschlagen wird (vgl. Scheffer 1982, 298ff.). Dies gilt insbesondere für Franz Kafka, bei dem die Zuordnung zum Expressionismus gänzlich umstritten ist (vgl. Raabe 1967). Sein zu Lebzeiten gedrucktes Œuvre jedenfalls ist in Publikationsorten des Expressionismus erschienen: *Der Heizer* (1913) und *Das Urteil* (1916) in Kurt Wolffs so wichtiger Buchreihe *Der jüngste Tag*; so auch *Die Verwandlung* (1915), die zudem in den ›Weißen Blättern‹ abgedruckt wurde.

Exkurs Franz Kafka

Sicher ist Kafkas Werk keinem Ismus zuzuschlagen. Sein Werk wurde erst postum in angemessener Breite rezipiert und hat seine Wirkungen beim internationalen Lesepublikum wie der Wissenschaft in großem Umfange erst nach dem Zweiten Weltkrieg gezeitigt. Mitte der zwanziger Jahre edierte Max Brod die Nachlassromane, also *Prozeß*, *Amerika* und *Schloß*, erst 1935–1937 gaben Max Brod und Heinz Politzer in Berlin bzw. dann Prag eine sechsbändige Ausgabe heraus; 1950–58 erfolgte Brods neunbändige Ausgabe im S. Fischer-Verlag; darin erschienen u.a. erstmals die *Tagebücher* (1951). Lange Jahre war nicht einmal der Textbestand, so bei den Nachlassromanen, philologisch genau gesichert. Erst seit 1982 werden verlässliche kritische bzw. Faksimile-Ausgaben der Manuskripte geboten.

Kafkas Œuvre hat die Literaturwissenschaft in einem Ausmaß beschäftigt, wie es allenfalls noch bei Thomas Mann zu beobachten ist. Forschungsberichte und Bibliographien können dem kaum Herr werden. Immerhin existieren Bibliographien der Quellen (Caputo-Mayr/Herz 1982) und der Sekundärliteratur (Caputo-Mayr/Herz 1987), Dokumentationen seiner Rezeption (vgl. Franz Kafka 1979, Franz Kafka 1983), Forschungsüberblicke (vgl. M. Müller) sowie einführende Kompendien, Kommentare und neuere Interpretationssammlungen, welche Orientierungen gestatten (vgl. Kafka-Handbuch 2008; dass. 2010; Binder 1982; ders. 1986; Interpretationen. Franz Kafka; Phänomen Franz Kafka).

Lange Zeit bestimmten religiöse, metaphysische, transzendente, philosophische Erklärungsmuster die Kafkainterpretationen; sie fragten, wofür genau nun ›das Schloß‹ oder ›das ›Gesetz‹ oder auch ›der Prozeß‹ symbolisch oder gleichnishaft stehen könnten – etwa für eine positive religiöse oder philosophische Instanz (vgl. Brod; Emrich). Was sich als falscher Schein selbst erweist, erweist aber zugleich auch seine Macht – in diesem Paradox operieren Kafkas Figuren, über deren ›Sinn‹ eine Vielfalt divergierender Interpretationen, eine Flut von Deutungen im Umlauf sind – eine Interpretationswut, die ihrerseits ›kafkaeske‹ Züge annimmt. Die Suche nach einem archimedischen Punkt, von dem aus Kafkas Werk einhellig zu interpretieren wäre und die ganze Forschergenerationen beschäftigt hat, verfehlt offenkundig das Spezifische seines Werkes wie Analysen von Interpretationen zu »Vor dem Gesetz« (vgl. Andringa) oder »Das Urteil« (vgl. Kafkas »Urteil«) zeigen.

Zur Entmystifizierung und Versachlichung haben historische Quellenstudien beigetragen, die beispielsweise für die 1914 verfasste Erzählung *In der Strafkolonie* (1919) und auch für das *Schloß* (postum 1926) als Quelle bürokratiekritische Überlegungen der Soziologen Alfred und Max Weber (vgl. Lange-Kirchhheim; Dornemann) sowie die rechtswissenschaftlichen Diskussionen der Zeit nachgewiesen haben (vgl. Müller-Seidel 1986). Hartmut Böhme hat einen Literaturgeschichtsbeitrag über Kafka »Die Erfahrung von Entfremdung und der Block der Institutionen« genannt (Sozialgeschichte, 261ff.).

Festlegungsversuche zielen auf eine Eindeutigkeit der Botschaft, der Kafka sich wie kein anderer zumindest auf der Oberflächenebene verweigert – Gewissheiten über die Beschaffenheit des »Gesetzes« gibt er ebensowenig wie über diejenige des »Schlosses«. Bereits Walter Benjamin bemerkte, dass Kafka »alle erdenklichen Vorkehrungen gegen die Auslegung seiner Texte getroffen« habe (Benjamin II/2, 437). Insofern ist die

> »Verzweiflung des Interpreten, der einerseits zur Deutung herausgefordert ist, andererseits im Text keine Anhaltspunkte dafür findet, um einer Deutungsperspektive den Vorrang zu geben, den Texten eingeschrieben. Dadurch, daß das Hervorbringen der Wahrheit dem Leser zugewiesen wird, scheint dieser in eine überlegene Position einzurücken. Aber das scheint nur so; denn die Wahrheit, die er so hervorbringt, ist immer nur seine Wahrheit. Der Text entzieht sich der eindeutigen Interpretation, ohne deshalb undeutbar zu werden.« (Bürger 1992, 397).

Kafka versteht es offenkundig, das **Schreiben in der Moderne** – für ihn angesichts der familiären und beruflichen Verhältnisse als promovierter Versicherungsangestellter der halbstaatlichen ›Arbeiter-Unfall-Versicherungs-Anstalt‹ in Prag (Wagenbach) immer auch ein zutiefst persönliches Problem –, zum expliziten und impliziten Markstein seiner Arbeiten zu machen. Die Konfklikte zwischen subjektivem Erleben und Ansprüchen von außen, der Öffentlichkeit, scheinen einer »Verwandlung« zu bedürfen wie in der gleichnamigen, 1912 verfassten Erzählung, in welcher der Protagonist Gregor Samsa eines Tages als Riesenkäfer aufwacht, den die Familie schließlich dem Tode aussetzt. Kafkas Vorliebe für groteske, surreale, absurde Einfälle, Tieren eine menschliche Personalität zu verleihen bzw. umgekehrt, haben gleichzeitig eine reale und irreale Dimension und machen die interpretatorische Festlegung derartiger ›Untiere‹ so schwierig (vgl. Fingerhut). Das gilt, worauf ebenfalls Benjamin verwiesen hat, auch für den Gestaltenkreis der Gehilfen und der Boten. So lassen Kafkas Texte die »Realität als wandelbar erfahren, als eine von den Auslegungen des jeweiligen Individuums bestimmte, in sich geschlossene Partialwelt.« (Witte 1983, 289). Sie sind »kleine Literatur« (Deleuze/Guattari). Walter Benjamin resümiert mit Blick auf Kafkas spätesten Text, die Tierfabel »Josefine, die Sängerin oder Das Volk der Mäuse« (1924):

> »Kafka ist wie der Bursche, der auszog, das Fürchten zu lernen. Er ist in Potemkins Palast geraten, zuletzt aber, in dessen Kellerlöchern, auf Josefine, jene singende Maus gestoßen, deren Weise er so beschreibt: ›Etwas von der armen kurzen Kindheit ist darin, etwas von verlorenem, nie wieder aufzufindendem Glück, aber auch etwas vom tätigen heutigen Leben ist darin, von seiner kleinen, unbegreiflichen und dennoch bestehenden und nicht zu ertötenden Munterkeit.‹« (Benjamin II/2, 416).

Wenn nicht auf der Oberflächenebene, so lassen sich bei Kafka dennoch Signale entschlüsseln, die immer wieder auf Probleme eines Schreiben in der Moderne zurückweisen. In einem Brief an die Verlobte Felice Bauer heißt es im Juni 1913: »Ich brauche zu meinem Schreiben Abgeschiedenheit, nicht ›wie ein Einsiedler‹, das wäre nicht genug, sondern wie ein Toter. Schreiben in diesem Sinne ist ein tieferer Schlaf, also Tod, und wie man einen Toten nicht aus seinem Grabe ziehen wird und kann, so auch mich nicht vom Schreibtisch in der Nacht.« (zit. Witte 1983, 290f.). So lassen sich Schreiben, Literatur, überhaupt die Möglichkeit beider auf einer Metaebene dann doch als zentrale Aussagebereiche bei Kafka entziffern. Verweigerung und Negation, ein »Spannungsverhältnis zwischen Erkenntnisdrang und Erkenntnisverweigerung«

bilden sein Sujet und seine Botschaft zugleich (Interpretationen. Franz Kafka, 9). Ein Schlüsseltext »Von den Gleichnissen« (1920/22), selbst als Gleichnis angelegt und letztlich die moderne, auch selbstreferentielle Skepsis gegenüber den Möglichkeiten von Literatur thematisierend, lautet:

> »Viele beklagten sich, daß die Worte der Weisen immer wieder nur Gleichnisse seien, aber unverwendbar im täglichen Leben und nur dieses allein haben wir. Wenn der Weise sagt: ›Gehe hinüber‹, so meint er nicht, daß man auf die andere Seite hinüber gehn solle, was man immerhin noch leisten könnte, wenn das Ergebnis des Weges wert wäre, sondern er meint irgendein sagenhaftes Drüben, etwas was wir nicht kennen, was auch von ihm nicht näher zu bezeichnen ist und was uns also hier gar nichts helfen kann. Alle diese Gleichnisse wollen eigentlich nur sagen, daß das Unfaßbare unfaßbar ist und das haben wir gewußt. Aber das womit wir uns eigentlich jeden Tag abmühen, sind andere Dinge.
> Darauf sagte einer: Warum wehrt ihr euch? Würdet ihr den Gleichnissen folgen, dann wäret ihr selbst Gleichnisse geworden und damit schon der täglichen Mühe frei.
> Ein anderer sagte: Ich wette daß auch das ein Gleichnis ist.
> Der erste sagte: Du hast gewonnen.
> Der zweite sagte: Aber leider nur im Gleichnis.
> Der erste sagte: Nein, in Wirklichkeit; im Gleichnis hast du verloren.« (Kafka 8, 131f.)

Expressionistische Prosa hat ihre eigene Auslegungsproblematik. Das Theater und das Gedicht des Expressionismus zeigen im Stationen- und Verkündigungsdrama, in der ›O Mensch‹-Lyrik und der Lyrik der Simultaneität unverwechselbare, authentische Formen, so dass hier einigermaßen verlässliche Fixpunkte gesetzt werden können. Das weite Feld der fiktionalen Prosa mit ihren Subgattungen erschwert die Gewinnung verlässlicher Kriterien zu Gattungsgeschichte und vor allem Gattungstheorie. Dass thematische, motivische oder stilistische Klassifizierungen bei der expressionistischen Prosa noch weniger taugen als bei den anderen Gattungen, liegt dabei auf der Hand (vgl. Expressionistische Prosa, 13ff.).

Einen formal-erzähltechnischen Vorschlag hat Walter Sokel unterbreitet, wenn er aus der immanenten Poetik der expressionistischen Prosa heraus zwei konträre, idealtypische Haupttendenzen des Erzählens ausmacht, die durch sprachliche und erzähltechnische Differenzen festgemacht werden. Für die eine Linie steht Carl Einstein (mit dem *Bebuquin*), die sich durch intellektuelle, abstrakte, reflexive, subjektivistische Züge auszeichnet, für die andere Linie Alfred Döblin (mit *Die drei Sprünge des Wang-lun*), die sich durch »naturalistisch-objektivierende« Depersonalisierung, Unpersönlichkeit auszeichnet.

> »Während Döblin das Bewußtsein des Schreibenden völlig in dessen Produkt, den dargestellten Vorgang, verschwinden und es nur mittelbar in seiner Wirkung, dem Werk, erscheinen läßt, manifestiert sich in der Einsteinschen Richtung dieses Bewußtsein entweder unmittelbar in den Reflexionen des Erzählers – daher die Bevorzugung der Ichform – oder mittelbar in den Reflexionen einer Figur, die das Erzählte dauernd kommentiert und bedenkt, ja deren Reflexionen an die Stelle von Darstellung treten.« (Sokel 1969, 157).

Demnach finden sich vergleichbare Schreibweisen einmal bei Döblin, Edschmid, Heym u.a., das andere Mal bei Einstein, Benn, Lichtenstein, Ehrenstein, Sack u.a. Grundlegende Gemeinsamkeit beider Linien sei, so Sokel weiter, der **Antipsychologismus** – zurecht ist eingewandt worden, dass demnach die beiden Pole so weit dann doch nicht auseinander liegen und also zur Differenzierung doch kaum taugen (vgl. Krull, 3f.; Oehm, 190f.). Auch bei die Aufzählung entscheidender sprachlicher Faktoren: »Parataxe, Ellipsis und schließlich syntaktische Satzverzerrung« muss hierbei unscharf und unspezifisch bleiben (Sokel 1969, 165).

Dagegen entwickelt Wilhelm Krull in der *Prosa des Expressionismus* vier Haupttendenzen, die historisch-systematisch angelegt sind: im Frühexpressionismus die sprachskeptische »Normen- und Wissenschaftskritik« mit zentralen Motiven wie Entfremdung und Wahnsinn (vgl. Ihekweazu), parallel dazu bis in die zwanziger Jahre reichend die »vitalistische und utopische Prosa«, sodann, geprägt von Krieg und Revolution, eine Prosa des Aktivismus und der Gesellschaftskritik, schließlich die »dadaistische Prosa« (Krull, 17ff.).

Am wenigsten kontrovers ist wohl die Beobachtung, dass von Beginn der expressionistischen Revolte ihre Erzählprosa einen wenig narrativen, gleichsam unepischen, tief reflexiv-selbstreflexiven Zug hat, wie es Sokel bereits erzähltechnisch angedeutet hat. Einen – qualitativ bedeutenden – Strang expressionistischer Prosa macht diese »**experimentelle Reflexionsprosa**« aus (Oehm, 190ff.). Mit dieser Kategorisierung ist Krulls Ansatz (vgl. Krull, 4; 17ff.) sowie Vietta/Kempers Formulierung von der »erkenntnistheoretischen Reflexionsprosa« (Vietta/Kemper, 151) auf sinnvolle Weise modifiziert (vgl. Expressionistische Prosa).

Hier geht es um ein erkenntnisskeptisches, stets auf Reflexion und auch Selbstreflexion bedachtes Erzählen. Als Beispiele werden von Oehm herangezogen: Franz Kafkas »Beschreibung eines Kampfes« (1904/05 bzw. 1909/10), Albert Ehrensteins *Tubutsch* (1911), Carl Einsteins »Bebuquin« (1912), Reinhard Goerings Erstlingswerk, der Roman *Jung Schuk* (1913), das 1913/14 abgebrochene Romanfragment »Paralyse« von Gustav Sack, Paul Adlers *Nämlich* (1915) sowie die »Rönne«-Novellen von Gottfried Benn (*Gehirne*, 1916), Ernst Barlachs *Seespeck* (postum 1948) sowie Hugo Balls *Tenderenda der Phantast* (postum 1968) (Oehm, 195ff.). Gemeinsam sei diesen Prosastücken das großstädtische Ambiente, die Außenseiterfigur mit ihrer »prinzipiell unabschließbaren Reflexivität« als »strukturbildendes Moment« (Oehm, 193). Bezeichnende Differenz zum Stationendrama, das dynamisch Aufbruch und Wandlung präsentiert, ist in der Reflexionsprosa ein dem Protagonisten selbst »unbegreiflicher Absturz aus der selbstverständlichen Sicherheit kausal-empirischer Zusammenhänge«, eine »Bewegungsdynamik der destruktiven, immanent in sich kreisenden Reflexivität« und die »Dialektik von Selbstwerdung und Selbstzerstörung« (Oehm, 193). Insofern ist Reflexionsprosa zu einem guten Teil auch *Literatur der Existenz* (Anz 1977), Literatur der »Ich-Konstruktion und Ich-Auflösung« (Scheffer 1982, 309ff.). Bei Benns *Gehirne* hat man gerade den »artifiziellen Pluralismus«, den Aspekt der Ich-Zertrümmerung als jene Thematik herausgestellt, die »heute nahtlos ins Postmoderne überführt werden könnte«, so wenn es heißt: »Wo wäre etwas, das sich nicht zersplittern ließe in Regenbogen und Fontänen und in den Rausch der Zusammenhangsentfernung.« (zit. Hillebrand 1996, 198; vgl. Preiß 1999; Expressionistische Prosa 93ff.; Gottfried Benn (1886–1956), 117ff.).

Die »Selbstthematisierung und Selbstreflexion« (ebd., 307) betrifft auch den Schreibprozess selbst – bis hin zur fiktiven **Publikumsansprache**, welche die Beziehungen zur Öffentlichkeit reflektiert. Mit provozierender Aggressivität verfährt Franz Jung: »Es ist beschämend, daß ein Autor dem Leser ausgeliefert sein soll. Ich brauche keine Leser. *Denn ich hasse Euch alle!*«, heißt es 1918 in der Erzählung »Babek«

(Jung I/1, 203; vgl. Maier-Metz, 72ff.; Fähnders 1984, 225ff.). Die historische Avantgarde wird diese Verachtung des Publikums handgreiflich werden lassen – so, wenn die italienischen Futuristen sogar die »Lust, ausgepfiffen zu werden« (Brandt, 28f.), zu genießen wissen.

Im Zusammenhang mit einer der herausragendsten Leistungen des Expressionismus überhaupt, **Carl Einsteins *Bebuquin oder Die Dilettanten des Wunders***, aber auch mit der Prosa von Benn ist auch von **»absoluter Prosa«** (oder absoluter Dichtung) gesprochen worden (vgl. Expr., 651; Baßler; Bleinagel). Einsteins Erzählung, 1906–09 geschrieben, 1912 in Pfemferts ›Aktion‹ und als Buch erschienen, entfaltet einen, so Benn, »halluzinatorisch-konstruktiven Stil«, der so noch ein Jahrzehnt zuvor undenkbar gewesen wäre und mit seinem ästhetischen Innovationspotenzial weit über das hinausgeht, was z.B. Kasimir Edschmid in seinen von den Zeitgenossen gerühmten Erzählungen *Die sechs Mündungen* (1915) bietet (vgl. Expressionistische Prosa, 147ff.). *Bebuqin* beginnt:

> »Die Scherben eines gläsernen, gelben Lampions klirrten auf die Stimme eines Frauenzimmers: Wollen Sie den Geist Ihrer Mutter sehen? Das haltlose Licht tropfte auf die zartmarkierte Glatze eines jungen Mannes, der ängstlich abbog, um allen Überlegungen über die Zusammensetzung seiner Person vorzubeugen.« (Prosa des Expressionismus, 49; vgl. Geuen 2009; Krämer; Sabel 2002; Sorg 1998).

Sokel verweist darauf, dass nach Einstein von allem, was gesagt werden kann, auch »›das Umgekehrte genau so richtig‹ sei«, und dass in Einsteins Bemerkungen »Über den Roman« von 1912 gar »die Grundidee der Musilschen ›Parallelaktion‹ des *Mannes ohne Eigenschaften* (1930) vorweggenommen (werde): ›Jede Handlung‹, so schreibt Einstein fast zwanzig Jahre vor Musils Roman, ›kann auch anders endigen.‹« (Sokel 1969, 155; Expr., 657; vgl. Expressionistische Prosa, 79ff.; Oehm, 218ff.).

Carl Einsteins Pionierrolle für Avantgarde und Moderne in Literatur und – dank seiner erfolgreichen Schriften *Negerplastik* (1915) und *Die Kunst des 20. Jahrhunderts* (1926; vgl. Kleinschmidt) – auch der Kunstgeschichte ist erst in den letzten Jahrzehnten genauer herausgearbeitet worden, beginnend 1973 mit der Nachlassedition seiner Räsonnements über die Rolle des Künstlers in der *Fabrikation der Fiktionen* (vgl. Korte 1994a, 268ff.). In Fortschreibung der Auseinandersetzung mit der Sprachkrise der Jahrhundertwende (s. I.6.12), im Kampf gegen jedwede Psychologisierung und kausale Handlungsverknüpfung leistet Einstein Pionierarbeit in Sachen »literarischer Dekomposition« (Heisserer), »Konstruktion und Zerschlagung einer ästhetischen Theorie« (Dethlefs), operiert er auf dem Felde andauernder angestrengter Reflexivität, der »Entstofflichung« des Erzählens (Expr., 657; vgl. Ihrig, 35ff.; Carl-Einstein-Kolloquium 1986; dass. 1994).

Grundsätzlich lässt sich in der Reflexionsprosa ein für den Expressionismus konstituierendes Grundmuster erkennen, das, so H. Oehm, auch für das Stationendrama gilt:

> »In der ausweglosen labyrinthischen Spiegelstruktur der sprach- und erkenntnisskeptischen Reflexionsprosa und in der entgrenzten, kreisförmig verlaufenden Weg-Form des Stationendramas, in welchen beiden sowohl auf einen einheitlichen psychologischen Charakter verzichtet wird, wird der fortwährende Aufschub lebensgeschichtlicher Identität des Monagonisten und die beständige Subversion vernünftigen Sinnes zum Organisationsprinzip der Dichtung, die auf diese Weise Einspruch gegen das selbstidentische,

einheitliche Transzendentalsubjekt [...] erhebt: Die expressionistische Werkstruktur selbst vollzieht so die permanente Destruktion der logisch-diskursiven Vernunft und ihres Identitätsbegriffs.« (Oehm, 284).

Die **Sprengung der Romanform** ist dabei im Expressionismus angelegt, wie auch romantheoretischen Überlegungen der Zeit zu entnehmen ist. Der zeitweilig dem Expressionismus verbundene Otto Flake verbindet 1919 im Vorwort zu seinem Roman *Die Stadt des Hirns* den Kurzabriss über die expressionistischen Künste mit einer aufschlussreichen, geradezu atemlosen Prognose über den neuen Roman, welche die »drastische Zäsur« (M. Bauer, 2; vgl. Krull, 104f.) zwischen traditioneller und neuer Erzählkunst verdeutlicht und auf eine strikt intellektuelle Romankunst abhebt:

> »Bildende Kunst läuft mit vollen Segeln von den behaglich bewohnten Küsten des Realismus Impressionismus durch die glückliche Ausfahrt des Expressionismus auf die unbefleckte Insel des ABSTRAKTEN die sich vielleicht zu einem neuen Kontinent weiten wird, Lyrik quillt aus geöffneter Tiefe des SIMULTANEN, Benn Ehrenstein formten die Novelle des UNBÜRGERLICHEN – der Roman ist nicht über den Expressionismus hinausgelangt.
> Der neue Roman wird möglich sein durch Vereinigung von **Abstraktion Simultanität Unbürgerlichkeit.** Es fallen dort konkrete Erzählung Ordnung des Nacheinander bürgerliche Probleme erobertes Mädchen Scheidungsgeschichte Schilderung des Milieus Landschaftsbeschreibung Sentiment.« (Expr., 665f.).

Flake plädiert für »Philosophie und Reflexion im Roman« und fordert »Denken Verstand Reflexion – Eroberung all dieser Mittel für die Epik«, einen Mosaikroman und löst damit eine Kontroverse mit Döblin aus, nennt aber bereits zentrale Stichworte der Romandiskussion während der zwanziger Jahre, insbesondere zu Annäherung von Essay und Roman (vgl. Expr., 666f.; Romantheorie, 123; Becker, 306; Farin; s. III.4.2; 4.5).

Reflexionsprosa markiert nur einen Strang expressionistischer fiktionaler Prosa, wenn auch ihren ›modernsten‹. Ein anderer Erzählstrang ist der ›O Mensch‹-Lyrik vergleichbar. Er hat weder die Destruktion von Identität noch von Vernunft im Sinn – diese Art der Prosa will ohne Umwege zu aktivistischer Weltverbesserung aufrufen. Wichtiges Beispiel hierfür ist Leonhard Franks 1918 im Schweizer Exil erschienener Erzählungsband *Der Mensch ist gut*, der erst 1919 auch in Deutschland erscheinen konnte, bereits 1929 eine Auflage von über 100.000 Exemplaren erzielte und eines der meistverkauften Werke des Expressionismus überhaupt ist. Diese zusammenhängenden, »den kommenden Generationen« gewidmeten Erzählungen greifen die zeittypische Wandlungsthematik auf, um mit pazifistischer Zielrichtung Handlungsorientierungen zu bieten (vgl. Expressionistische Prosa, 187ff.). Es ist aber gerade diese **aktivistisch-utopische Prosa des Expressionismus,** die in ihrem Überschwang zwar den politischen Zeitbezug herstellen möchte, wegen ihrer Abstraktheit aber Gefahr läuft, gerade diesen zu versäumen. Leonhard Frank sucht dem zu entgehen, indem er in der Ausgabe von 1919 den Namen des ermordeten Karl Liebknecht für die in der Erstausgabe genannten »Knechte der Liebe« hinzufügt und diesen so als Chiffre für Pazifismus, Sozialismus und Revolution einsetzt. Ein Vertreter des utopischen Überschwangs gerade in erotisch-sexueller, eschatologischer Richtung ohne explizit politische Botschaften ist Curt Corrinth, so in seinen »Ekstatischen Visionen«, dem Roman *Potsdamer Platz oder die Nächte des neuen Messias* (1919). Seine Sujets des

Geschlechterkampfes und der Gemeinschaftsutopie berühren sich wiederum mit der expressionistischen Prosa von Franz Jung (vgl. K.-W. Schmidt; vgl. Expressionistische Prosa, 115 ff., 165ff.).

Eine ausgemacht politische Erzählprosa gelingt im expressionistischen Jahrzehnt **Heinrich Mann**, dem großen Anreger und Mentor des Expressionismus (s. II.2.4), mit seinem zwei Monate vor Kriegsbeginn abgeschlossenen Roman *Der Untertan*. Dieser vor 1914 nur auszugsweise gedruckte, 1918 erschienene und ungemein erfolgreiche Roman schließt die Reihe seiner ›Wilhelminischen‹ Romane (*Im Schlaraffenland*, 1900; *Professor Unrat*, 1904) ab und zeichnet sich durch scharfe Bourgeoisie- und Wilhelminismus-Kritik im satirischen Gewande aus (vgl. Emmerich; Heinrich Manns Roman »Der Untertan«; Heinrich Mann, 125ff.). Er bedeutet, wie seine Fortsetzungen, *Die Armen* (1917) und *Der Kopf* (1925) und auch bereits sein ›italienischer‹ Roman *Die kleine Stadt* (1909), für Heinrich Mann die Verabschiedung seiner ästhetizistischen Positionen. Als »Entwurf eines sozialen Zeitromans« (Scheunemann, 66ff.) markiert *Der Untertan* allerdings eine Erzählstrategie, die weniger auf einen Traditionsbruch setzt, wie die Reflexionsprosa des Expressionismus es tut, sondern die auf »Kompatibilität von literarischer Form und politischer Wirkungsabsicht« (Krull, 71) insistiert und damit ein Realismuspotenzial erschließt, das über den Expressionismus weit hinausweist.

Die Entwicklungen von 1918/19 umschlossen das Ende des Krieges, Ausrufung der Republik, Kampf um deren sozialistische Transformation, Räterepubliken in Bayern und Bremen, Konterrevolution. Sie bedeuteten historisch ein abruptes Ende der abstrakt-menschheitlichen Appelle oder ließen diese doch überholt erscheinen. So wie das Wort ›Krieg‹ vor 1914 noch als Chiffre für Veränderung gelten konnte, nach 1914 aber den konkreten Erfahrungshorizont der Materialschlachten und Gas- und Tankeinsätze umriss, so materialisierte sich auch das bereits im Frühexpressionismus geschätzte Reizwort ›Revolution‹ nach den russischen Revolutionen vom Februar und Oktober 1917 und dem Novemberumsturz in Deutschland 1918 in einem völlig anderen Bedeutungszusammenhang. Nach dem »›Bruder Mensch‹« war nun der »›Genosse Arbeiter‹«, wie Friedrich Wolf es formulierte, gefragt (Sozialgeschichte, 23).

Bis weit in den Krieg hinein findet sich in der gesamten expressionistischen Prosa der Primat der kleinen Form, der Kurzprosa, oftmals mit »konstitutivem Fragmentcharakter« (Oehm, 193), die dem auf ›Tempo‹ bedachten Anspruch auf Simultaneität, auf ›Schock‹ am ehesten genügt und auch in den Zeitschriften des Expressionismus rasch ihre Publikationsorte finden konnte. Kurt Pinthus plädiert 1913 für »das Essentielle«, das der Kürze bedürfe: »nicht aus Faulheit, nicht aus Unfähigkeit, Größeres zu schreiben, sondern weil sie uns Erfordernis sind.« (Expr., 654f.). Edschmids exotistische Novellensammlung *Die sechs Mündungen* wird 1915 in der Öffentlichkeit, so in der ›Frankfurter Zeitung‹, als »Musterbeispiel des literarischen Expressionismus«, gewertet (Expr., 55; vgl. Vietta/Kemper, 330ff.; Expressionistische Prosa, 147ff.).

Dazu gehören Franz Jungs Erzählungen und Kurzromane, u.a. *Der Sprung aus der Welt* (1918; vgl. Karrenbrock 2001), der österreichische Expressionist und Aktivist Robert Müller mit seinen Romanen *Tropen* (1915) und *Der Barbar* (1920) (vgl. Expressionismus – Aktivismus; Pflaum 2008), vor allem aber Alfred Döblins 1912/13 geschriebener »Chinesischer Roman« *Die drei Sprünge des Wang-lun* (1915; vgl. Fee; Luo) und *Wadzeks Kampf mit der Dampfturbine* (1918), die zusammen mit

Berlin Alexanderplatz (1929) den Roman revolutioniert haben (vgl. Becker 2001; s. III.4.2).

Romantheoretisch und literarhistorisch auf neue, bereits nachexpressionistische Entwicklungen verweist die Konzeption des »**dramatischen Romans**« von Lion Feuchtwanger, die dieser 1920 im Vorwort (und Untertitel) zu seinem Roman *Thomas Wendt* formuliert und die ein Pendant zum ›epischen Theater‹ Brechts darstellt (Romantheorie, 124ff.). Ebenfalls auf neue Erzähltendenzen verweisen Konzepte einer auf »Gemeinschaftsrhythmus« zielenden, die anonyme Masse als kollektiven Helden darstellenden »**proletarischen Erzählungskunst**«, so Franz Jung 1920 (Literatur im Klassenkampf, 116ff.). Sie transzendiert den Expressionismus, findet sich im Agitationskontext des politischen Linksradikalismus und hat in den Romanen von Franz Jung (*Die Rote Woche*, 1921; *Die Eroberung der Maschinen*, 1923) ihre Ausprägung gefunden, ohne dass die spätere revolutionäre Literatur der Weimarer Republik diese Erzählkonzeption fortgeführt hätte (vgl. Fähnders/Rector I, 160ff.; Michaels; Rieger, 99ff.; Graczyk; Vom »Trottelbuch«; s. III.3.4).

3.5 ›Wortkunst‹

›**Wortkunst**‹ bezeichnet keine Gattung, sondern ein ästhetisches Verfahren speziell des ›Sturm‹-Kreises um Herwarth Walden (vgl. Möser; Pirsich 1985; Schmidt-Bergmann 1991, 179ff.). Den Begriff freilich verwendet zuerst Arno Holz 1899 im Zusammenhang mit seinen literaturrevolutionären Überlegungen zu Kunstgesetz, Sekundenstil und *Revolution der Lyrik* (Holz X, 645; s. I.3.3). Den Terminus greift dann seit 1911 Herwarth Waldens ›Sturm‹ auf (Günther, 42), wobei Arno Holz nicht müde wird, die Urheberschaft an diesem Terminus einzuklagen (vgl. Schmidt-Bergmann 1991, 190f.). Der ›**Sturm**‹-Kreis jedenfalls ist es, der Theorie und Praxis dieser Wortkunst vor allem in Lyrik und Drama ausarbeitet und erprobt. Dabei beansprucht die ›Wortkunst‹ des ›Sturm‹ den Status eines ganz eigenständigen, sich deutlich von anderen Tendenzen und Vertretern des Expressionismus abgrenzenden Dichtungsexperimentes – ein durchaus elitäres, ausschließendes Vorgehen: als Kunst ließ der ›Sturm‹ nur gelten, was seinen eigenen Prinzipien entsprach. So formuliert Herwarth Walden 1919 in einem Aufsatz »Kunst und Leben«: »Wir nennen in diesem Jahrzehnt die Kunst Expressionismus, um sie von dem zu unterscheiden, was nicht Kunst ist.« (zit. Fähnders/Karrenbrock, 36).

Zur Differenzierung der naturalistischen und der expressionistischen Wortkunst lässt sich formulieren: »›Wortkunst‹ bei Arno Holz meint die rhythmische Verknüpfung von Worten, die jedes für sich einzelne Eindrücke, Impressionen aufnehmen. ›Wortkunst‹ im Sinne des ›Sturm‹ ist: äußerste Konzentration auf die den Sinn und das Gefühl des Erlebnisses tragenden Worte und rhythmische Reihung dieser Worte zu einem von jedem gegenständlichen Vorwurf abgehobenen Ausdruck des inneren Erlebens.« (M. Trabitzsch, zit. Schmidt-Bergmann 1991, 194). Theoretische Basis ist dabei die von Kandinsky vertretene und für den ›Sturm‹ maßgebliche Auffassung von der ›inneren Verwandtschaft der Künste‹. Sie beruht auf einem synästhetischen Verständnis der Künste als Organisation eines »einheitlichen ›inneren Erlebnisses‹ [...], welches vom Künstler in differentem Material und damit in verschiedenen Einzelkünsten gestaltet werden kann« (Möser, 67). Die Annahme des engen Zusammenhangs der Einzelkünste ist dabei ausschlaggebend für die Versuche, eine »globalere, alle

Künste meinende Ästhetik« (ebd., 68) zu inaugurieren und sich sowohl um die Herausbildung übergreifender Kategorien wie Stil, Form, Rhythmus zu bemühen als auch für die Produktion einer derartigen ›Neuen Kunst‹, wie Walden sie nennt, verbindlich zu machen. Als eine solche Kategorie gilt das ›Wort‹:

> »Das Material der Dichtung ist das Wort. Die Form der Dichtung ist der Rhythmus. In keiner Kunst sind die Elemente so wenig erkannt worden. Der Schriftsteller stellt die Schrift, statt das Wort zu setzen. Schrift ist die Zusammenstellung der Wörter zu Begriffen. Mit diesen Begriffen arbeiten Schriftsteller und Dichter. Der Begriff aber ist etwas Gewonnenes. Die Kunst jedoch muß sich jedes Wort neu gewinnen. Man kann kein Gebäude aus Mauern aufrichten. Stein muß zu Stein gefügt werden. Wort muß zu Wort gefügt werden, wenn ein Wortgebäude entstehen soll, das man Dichtung nennt.« (Expr., 618).

Ziel ist eine, so Walden 1918 wörtlich, »**ungegenständliche Dichtung**« (Expr., 621), die vom einzelnen Wort ausgeht und dieses aus seinen hergebrachten syntaktischen und semantischen Bezügen befreit – »Der Künstler hat als Material nicht die Sprache, sondern das Wort« (ebd., 603), und »Nur das Wort, jedes Wort ist Material der Dichtung, nicht der Begriff, der das Wort verstellt.« (ebd., 620).

Hier wird die Sprachkritik der Jahrhundertwende radikalisiert und auf eine radikale Spracherneuerung gesetzt, nicht auf – fingiertes – Verstummen wie im Falle von Hofmannsthals »Chandos-Brief« (s. I.6.12; vgl. Fähnders 2004). Auf die Tradition der Sprachkritik der Jahrhundertwende deutet die Verwendung des Terminus ›Wortkunst‹ durch Fritz Mauthner in seinen *Beiträgen zu einer Kritik der Sprache* (1901), wo es heißt: »Es ist unmöglich, den Begriffsgehalt der Worte auf die Dauer festzuhalten; darum ist Welterkenntnis durch Sprache unmöglich. Es ist möglich, den Stimmungsgehalt der Worte festzuhalten; darum ist eine Kunst durch Sprache möglich, eine Wortkunst, die Poesie. Die deutsche Bezeichnung ›Dichtkunst‹ ist unsäglich geschmacklos.« (zit. Schmidt-Bergmann 1991, 192).

Die ›Wortkunst‹-Konzeption bezieht sich aber auch auf Ernst Cassirers 1910 publizierte »Urwort«-Theorie, die auch im ›Sturm‹ aufgegriffen wird: Urworte, so Cassirer, sind »als reine Empfindungslaute der unmittelbare Ausdruck eines Affekts« (zit. Anz 1995, 57). Hier kehren zudem Positionen des **italienischen Futurismus** wieder, für dessen Literatur und Kunst Herwarth Walden sich im ›Sturm‹ und der ›Sturm‹-Galerie seit 1912 stark gemacht hatte. Marinettis Konzept des »**parole in libertà**« wollte die »Wörter in Freiheit« entlassen: Zerstörung der Syntax, Gebrauch von Verben nur im Infinitiv, Beseitigung aller Adjektive, Adverbien und Konjunktionen, Abschaffung der Interpunktion – so fordert es Marinetti im »Technischen Manifest der futuristischen Literatur«, das der ›Sturm‹ ebenso wie sieben weitere Futurismus-Manifeste dem deutschen Publikum 1912/13 durch Übersetzungen zugänglich machte (Manif., 24ff.; Demetz, 193ff.). Die gleichzeitigen und in dieselbe Richtung zielenden Bestrebungen des russischen Futurismus zur »Befreiung des Wortes«, die »Deklaration des Wortes als solches« (vgl. Manif., 35f.; 48f.; 69f.) blieben seinerzeit unübersetzt und sind zunächst nicht rezipiert worden (s. II.2.8).

Die **deutsche Futurismus-Rezeption** war uneinheitlich. Der ›Aktion‹-Kreis stand dem Futurismus, zumal seinem, so Franz Pfemfert, »Manifestantismus« (Manif., 63f.), anfangs skeptisch gegenüber, widmete dann aber besonders durch die Vermittlung Theodor Däublers und der Übersetzerin Else Hadwiger zumal der futuristischen Lyrik größeren Raum (vgl. Demetz, 63ff.). Alfred Döblin setzte – nach anfänglich enthusiastischer Rezeption früher futuristischer Malerei – 1913 in einem »Offenen Brief an F.T. Marinetti« in Sachen »Futuristischer Worttechnik« gegen den »Marinettismus« seinen »Döblinismus« (Manif., 30ff.; Becker 2001; Schmidt-Bergmann 1991, 154ff.). Inwieweit die ›Wortkunst‹ – und insbesondere sein herausragendster Vertreter **August Stramm** – nun vom italienischen Futurismus beeinflusst oder gar bestimmt sind, ist umstritten (vgl. Eltz; Chiellino; Möser, 92ff.; Schmidt-Bergmann 1991, 69ff.; August Stramm). Gerade für Stramm dürfte gelten, dass seine Lyrik und Prosa den Gedanken eines »eigenen Futurismus« (Demetz, 86) nahelegen, der auf einem experimentellen Reduktionismus der Wörter, auf Erfahrungen des Krieges und der Front mit gänzlich veränderten Wahrnehmungsweisen, aber auch einer Rezeption des Futurismus basierte (vgl. August Stramm; Möser, 69ff.; Brockington, 151ff.; Mandalka). Sein bekanntestes Gedicht »Patrouille« lautet:

> Die Steine feinden
> Fenster grinst Verrat
> Äste würgen
> Berge Sträucher raschlig
> Gellen
> Tod.
> (Menschheitsdämmerung, 87).

Hier finden sich semantische und syntaktische Dekonstruktionen, die Stramm selbst in seinem weiteren Œuvre noch weitertreibt. Walter Benjamin hat in seinem »Kunstwerk«-Aufsatz darauf verwiesen, dass mit derartigen Operationen der Jahrhunderte alten »Versenkung« ins Kunstwerk ein Riegel vorgeschoben und das avantgardistische »Anstoß nehmen« eingeleitet ist: »Es ist unmöglich, vor einem Bild von Arp oder einem Gedicht August Stramms sich wie vor einem Bild Derains oder einem Gedicht von Rilke Zeit zur Sammlung und Stellungnahme zu lassen.« (Benjamin I/2, 463).

Eine radikalisierte Fassung des »Wortkunstwerkes« bietet unter den ›Sturm‹-Artisten Rudolf Blümner, für den das Wortkunstwerk zugleich »**Sprachtonwerk**« ist (Expr., 629). Konsequent erscheint diese Dekonstruktion in der Spätphase des Expressionismus. Bei Blümner finden sich Lautgedichte (vgl. Scholz I, 221ff.) wie »Ango Laïna«, die auf den Komplex des Lautgedichtes bei Dada verweisen, allerdings aus anderen Überlegungen als bei Dada resultierten (s. III.4.3): »Oiaí laéla oía ssíialu/ensúdio trésa súdio mischnumi/ja lon stuáz [...].« (Lyrik des expressionistischen Jahrzehnts, 188).

Diese Lyrik galt dem ›Sturm‹ als »**absolute Dichtung**« (Metzler Lexikon Avantgarde, 21; vgl. J. Petersen 2006), zudem als »Sprachtongebilde«, die, wie der ›Sturm‹-Autor Lothar Schreyer überliefert, als vollkommene »Wortklangentsprechung« (Expressionismus. Aufzeichnungen, 349) zur Malerei Kandinskys angesehen wurde. Sie realisierte sich zudem allein in der mündlichen Präsentation durch den Vortragskünstler Blümner selbst: Nicht zuletzt diese performative Ausrichtung verweist auf das ›Projekt Avantgarde‹, an dem diese Art von ›Wortkunst‹ ungleich größeren Anteil hat als der messianische Expressionismus der sich überstürzenden Metaphorik. Ein Bezug zu Dada ist gelegentlich unterstellt worden (vgl. Philipp), aber nicht gegeben (Brinkmann 1961, 76; Jordan in August Stramm, 133).

Der ›Sturm‹-Kreis hat – nach dem frühen Tod von Stramm an der Ostfront 1915 – sein Konzept ›Wortkunst‹ in unterschiedlichen ästhetischen Feldern bearbeitet. Walden trieb einen regelrechten Stramm-Kult und druckte bis in die zwanziger Jahre lyrische Proben von sog. »›Strammepigonen‹« (vgl. Möser, 115ff.; vgl. Fähnders/Karrenbrock). Als eigenständiger Kopf in der Stramm-Nachfolge gilt zurecht Franz Richard Behrens (vgl. Günther).

Die ›Wortkunst‹ realisiert sich, gerade wegen der Prämisse eines Zusammenhanges der Einzelkünste und des Wortes als eines systematischen Zugangs zu ihnen über die traditionellen Gattungsgrenzen hinaus, in Richtung auf das Konzept vom **Gesamtkunstwerk** (vgl. Finger 2006; Fornoff 2004). Das zeigt die Einrichtung der »**Sturm-Bühne**«, bei der das Wortkunstwerk sich vom traditionellen Drama emanzipiert – das »Wort«, der »Wortton« bzw. die »Worttonreihe« sind nun Ausdrucksmittel, die gleichberechtigt neben Bewegung, Farbe, anderen Tönen stehen und im Bühnenwerk, den »Spielgängen«, so Schreyer, sogar fehlen könnten. Das Theater emanzipiert sich gegebenenfalls sogar vom Wort – es ist in Richtung Gesamtkunstwerk angelegt. Die 1917 in Berlin erfolgte Gründung der »Sturm-Bühne«, die 1919 in Hamburg von Schreyer gegründete »Kampf-Bühne« und auch seine eigenen Texte, so das Drama *Kreuzigung* (1920), bieten zwar nicht die große Synthese aller Künste, zeigen aber den Weg dorthin. Hier lassen sich Parallelen zu einem neben dem Stationendrama weniger bekannten und diskutierten Strang des expressionistischen Theaters erkennen, das auf die »Festspielidee«, so Hugo Ball 1914 über das intendierte »neue Theater« zielt (zit. Brauneck 1986, 217). Auch Kandinskys Theater-Bemühungen zielen auf ein »synthetisches Gesamtkunstwerk«, auf eine »**abstrakte Bühnensynthese**«, deren Fazit er 1927 zieht:

> »Also streng genommen ist die reine abstrakte Form des Theaters die Summe der abstrakten Klänge:
> 1. der Malerei – Farbe,
> 2. der Musik – Klang,
> 3. des Tanzes – Bewegung,
> im gemeinsamen Klange der architektonischen Gestaltung.« (zit. Brauneck 1986, 214).

Für die ›Wortkunst‹ des ›Sturm‹, die im Avantgarde-Kontext bis etwa 1920 zu den avanciertesten deutschen Ansätzen zählte, die in den zwanziger Jahre allerdings kaum mehr eine Rolle spielt, bleiben mit Kurt Möser folgende Bereiche und Namen zu resümieren: der Poetische Konstruktivismus (Franz Richard Behrens); Merzkunst und Wortkunst (Kurt Schwitters); Absolute Dichtung und Vortragskunst (Rudolf Blümner); Abstraktes Theater (Lothar Schreyer, ›Sturmbühne‹) (Möser, 146ff.).

4. Dada

4.1 Begriffsgeschichte und Bedeutungsverweigerung

Das Wort ›Dada‹ wurde 1916 in Zürich in Umlauf gebracht, kursierte dort allerdings bereits vor dem Ersten Weltkrieg als Marke für eine »Lilienmilchseife« (Metzler Lexikon Avantgarde, 69ff.). Hugo Ball, einer der Dada-Gründer, bezieht sich darauf ausdrücklich in seinem Manifest zur Eröffnung des Ersten Dada-Abends in Zürich, der nicht zufällig auf den Jahrestag der Französischen Revolution, den 14. Juli 1916, gelegt wurde (Manif., 121). Die Urheberschaft an der **Wortfindung** für die neue Bewegung ist bei den Beteiligten wie in der Forschung umstritten. Hugo Ball hat es wohl zusammen mit Richard Huelsenbeck gefunden, als beide im Wörterbuch nach dem Zufallsprinzip den Künstlernamen für eine Sängerin suchten.

Dada bedeutet im Französischen ›Steckenpferd‹, im Rumänischen – der Muttersprache des Dada-Mitbegründers Tristan Tzara – ›ja, ja‹ und ist im Deutschen bekanntlich Ausdruck kindlichen Redens. Internationalität und Polyvalenz des Wortes boten sich zur Lanzierung eines neuen ›Ismus‹ geradezu an, wenn man sich von anderen Richtungen der im Aufbruch befindlichen Avantgarde, etwa der erst wenige Jahre alten Bewegungen des Futurismus und Expressionismus, abzugrenzen suchte. Das »Markenzeichen« Dada (Richter, 33) jedenfalls avancierte rasch zur allseits einsetzbaren, suggestiven Chiffre, die weltweit Verbreitung fand und Gegenstand eines regelrechten **Namensmythos** wurde (van den Berg 1999, 34ff.).

Dada nahm seinen Ausgangspunkt in **Zürich 1916**. Die internationale Gründergruppe, die vor Krieg und Kriegsdienst in die neutrale Schweiz emigriert war, umfasste neben Ball, Huelsenbeck und Tzara die Schriftsteller und Künstler Emmy Hennings, Hans Arp und Marcel Janco, später auch Hans Richter und Walter Serner. Was zunächst als eher traditionelle Künstlerkneipe und als Varieté mit dem Zürcher ›Cabaret Voltaire‹ begann und sich Positionen des deutschen Frühexpressionismus und des italienischen Futurismus zu eigen machte, entwickelte sich rasch zu einem Experimentierfeld der jungen Avantgarde. Dada ließ dabei in seiner Ästhetik wie seinem Manifestantismus bis dahin entwickelte Positionen des avantgardistischen Aufbruchs bald hinter sich (vgl. Dada Zürich; Dada in Zürich; Meyer; Crisis and the arts. Bd 2). Dass Dada insgesamt nur rund ein Jahrfünft aktiv war und Anfang der zwanziger Jahre als Gruppenbewegung bereits aufhörte zu existieren, lässt den weltweiten Einfluss dieser Bewegung noch unglaublicher erscheinen.

Die große Anziehungs- und Ausstrahlungskraft von Dada zeigte sich in seiner raschen Ausbreitung nach **Berlin**, wo der aus Zürich kommende Huelsenbeck auf die Gruppe um Franz Jung, Raoul Hausmann, den »Oberdada« Johannes Baader, Wieland Herzfelde, John Heartfield, George Grosz u.a. stieß. In Berlin perfektionierte Dada einerseits die »Bluff-, Skandal- und Reklamestrategie« (Bergius, 28f.), griff nicht zuletzt bis zur »Ersten Internationalen Dada-Messe« vom Sommer 1920 (vgl. Adkins 1998a) aber auch in die politischen Verhältnisse ein. Der Berliner Dadaismus war im Umfeld der Novemberrevolution eine hochpolitisierte Angelegenheit, die, so der Kreis um den Malik-Verlag, auf Berührungen zwischen Dada und Linksradikalismus, zwischen politischer und ästhetischer Avantgarde verweist (vgl. Dada Berlin, 61ff.; Bergius; Fähnders/Rector I; Maier-Metz; Siepmann; van den Berg 1999).

Regionale »Dadaismen« (Dachy) finden sich des Weiteren in Köln im Kreis um Max Ernst (J. Schäfer; Schröder/Merkel) und zumal in Hannover (vgl. Crisis and the arts Bd 3). Hier kultivierte Kurt Schwitters seine aus der »Wortkunst« des ›Sturm‹ (s. II.3.5) weiterentwickelte Dadakunst unter dem Signum **MERZ**, das er aus dem Wort ›Kommerz‹ geschnitten hatte (vgl. Franz 2009; Lach; Scheffer 1978; Schmalenbach). Die internationale Verbreitung des Dadaismus zeigt sich in Paris, wo Tristan Tzara, einer der großen dadaistischen Wortführer überhaupt (vgl. Schrott), nach seinem Weggang aus Zürich aktiv wird. **Dada Paris** (vgl. Sanouillet) wird Nährboden für die surrealistische Bewegung 1924. Bereits während des Ersten Weltkrieges formierte sich in den USA **Dada New York**, ein Emigrantenkreis um den Mäzen Walter Arensberg, zu dem zeitweilig Marcel Duchamp, Francis Picabia, Man Ray u.a. geh[...] Naumann). Die vielen ›Dadaländer‹ wie Holland und Russland, Italien u[...] sind in jüngster Zeit ebenso erforscht worden wie die zahlreichen ›Dadastäd[...] Barcelona, Prag, Weimar oder Zagreb (Dada; Dada global; Dada total; Dad[...] Tendenzen der Zwanziger Jahre 3/1ff.).

Dass alles, was unter ›Dada‹ firmierte, unter einer einheitlichen Definition nicht zu fassen ist, liegt auf der Hand. Darin bestätigt sich aber die Sogwirkung dieses einzigartigen Labels, das allerdings auch für einen singulären programmatischen Ansatz steht. Zwar kennen wir auch bei anderen Ismen definitorische Kontroversen; diese resultieren aber aus dem Bemühen um eine verbindliche, eindeutige Bestimmung. Dada aber verweigert sich programmatisch der Festlegung. Eine von den Dadaisten selbst immer wieder betriebene Reflexion, Definition, Paraphrase des Namens geht einher mit einer grundsätzlichen **Bedeutungsverweigerung** (vgl. van den Berg 1999, 34ff.). Als Beispiele seien einige Selbstbestimmungen von Hauptvertretern des Dadaismus zitiert:

> »Ball: ›Dadaist: kindlicher, donquichottischer Mensch, der in Wortspiele und grammatische Figuren verstrickt ist.‹
> Tzara: ›Dada bedeutet nichts.‹ – ›Dada ist im Munde hergestellt.‹
> Arp: ›Dada ist der Urgrund aller Kunst. Dada ist für den ›Ohne-Sinn‹ der Kunst, was nicht Unsinn bedeutet. Dada ist ohne Sinn wie die Natur.‹
> Janco: ›Dada war nicht eine Schule, sondern ein Alarmsignal des Geistes gegen die Verbilligung, die Routine und die Spekulation, ein Alarm-Schrei für alle Manifestationen der Künste um eine schöpferische Basis, ein neues und universelles Bewußtsein der Kunst zu schaffen.‹
> Baader: ›Ein Dadaist ist ein Mensch, der das Leben in allen seinen unübersehbaren Gestalten liebt, und der weiß und sagt: nicht allein hier, sondern da, da, da ist das Leben.‹
> Hausmann: ›Dada ist die völlige Abwesenheit dessen, was man Geist nennt. Wozu Geist haben in einer Welt, die mechanisch weiterläuft?‹
> Huelsenbeck: ›Wir fanden Dada, wir sind Dada, und wir haben Dada. Dada wurde in einem Lexikon gefunden, es bedeutet nichts.‹
> Picabia: ›Was Dada angeht: es riecht nicht, es bedeutet ja nichts, gar nichts.‹« (zit. Mathy, 103).

Damit ist die **Spannweite dadaistischen Selbstverständnisses** angedeutet. Dada zielt einerseits auf eine neue Kunst und bestimmt sich als Kunstrichtung, versteht sich aber auch als allgemeine Geistesrichtung, die über den Bereich der Kunst weit hinausreicht. Derartige Bestimmungen wiederum kollidieren mit negativen Selbstaussagen, nach denen Dada ›nichts‹ bedeute und auch nichts wolle. Blickt man auf die ästhetische Praxis der Dadaisten, so bestätigt sich diese Doppelheit: einerseits zeichnen sich die Dadaisten – aller Verweigerungsmetaphorik zum Trotz – durch die Verfertigung von Kunstwerken aus, seien es Gedichte und Lautgedichte oder Collagen und MERZ-Bilder. Man bewegt sich darin also in bekannten Formen der Kunstproduktion. Andererseits aber verweigert man sich dem ›Werk‹, setzt auf Kunstverweigerung und -aktion und übt sich in permanenten Grenzüberschreitungen, um den Bruch zwischen Kunst und Leben zu überwinden. Insofern proklamiert Raoul Hausmann 1921: »**Dada ist mehr als Dada**« (vgl. Frenkel, 20ff.). Dies alles wiederum geschieht in einer die Kommunikationsmöglichkeiten – bis hin zum Kommunikationsbruch – radikalisierenden Reihe von Postulaten, die zugleich stets wieder dementiert und negiert werden. Eine wahre Definitionsflut und -wut möchte bei den Dadaisten verbindliche Aussagen prinzipiell zunichte machen. Darin unterscheidet sich Dada kategorial von anderen Ismen der Avantgarde. So sucht ja beispielsweise der italienische Futurismus, durch seine Vielzahl von Manifesten alle Kunstsparten und Lebensbereiche flächendeckend zu erfassen und neu zu definieren (vgl. Die ganze Welt ist eine Manifestation, 109ff., 132ff.).

Der Dadaismus unterminiert alle eindimensionalen, auf Eindeutigkeit zielenden Interpretationen, wie sie z.B. die Fragestellung ›Sinn‹ oder ›Unsinn‹ impliziert. Selbst die differenziertere Formel *Sinn aus Unsinn*, wie ein literaturwissenschaftlicher Sammelband über »Dada International« 1982 überschrieben ist, legt den Dadaismus – nun auf die Komponente ›Sinn‹ – ungebührlich fest. Der Dadaismus schätzt zwar die Negation, es ist aber zurecht darauf verwiesen worden, dass das dadaistische »Nein« zwar »fundamental«, dieser »Nihilismus« aber »letztlich instrumentell« geblieben ist (Dada global, 37). So greift es zu kurz, von dadaistischer »Negativität« zu sprechen, die »keine Positivität mehr anerkannte« (Korte 1994b, 108), und auch die Rede von »dadaistischer Chaotologie« (Sloterdijk 1983, 2, 711ff.) ist wenig erhellend. Auch der immer wieder begegnenden Charakterisierung des Dadaismus als ›anarchistisch‹ ist jüngst zurecht widersprochen worden, selbst wenn sporadische Berührungen zwischen Dadaismus und der historischen Bewegung des Anarchismus nachzuweisen sind (van den Berg 1999). Die Reduktion von Dada schließlich auf eine »Lachkultur« (Korte 1994b, 108) ignoriert die politischen Ziele, die sich im »Lachen Dadas« (Bergius) zweifellos nicht erschöpfen.

Der Dadaismus operierte durchaus auf einem festen Fundament, von dem aus er über die traditionelle Kunst und die Bourgeoisie einschließlich ihrer Kultur und Politik herfiel, und er unternahm seine Angriffe auf die gesamte abendländischen Kultur, die ihre Glaubwürdigkeit und Legitimität spätestens mit dem Ersten Weltkrieg verloren hatte. Insofern läßt sich durchaus von »**dadaistischen Grundkonstanten**« und programmatischen »Konturen« reden (Schmitt, 8ff.; van den Berg 1999, 65ff.). Merkmale, so allgemein sie auch sein mögen, sind sicher: »ein internationaler Charakter, Kriegsgegnerschaft, anti-bürgerlicher Impetus, Negation und Destruktion von Herkömmlichem, Zurückweisung konventioneller Kunstauffassungen, das provokative Auftreten seiner Repräsentanten, die Zuwendung zu radikalen, ästhetischen Innovationen« (van den Berg 1999, 34). Auch die Beteuerungen der Negativität und des Nihilismus sind hierin eingebunden.

Allerdings geschieht dies nicht durch einfache Negationen. Vielmehr favorisiert Dada das Prinzip einer »**Selbstaufhebung der eigenen Aussage**« (Bürger 1996a, 40) und bricht mit gängigen, vor allem logischen, Aussagestrukturen. So endet einer der dadaistischen Schlüsseltexte, das von Huelsenbeck verfasste und von den Hauptvertretern des Zürcher und Berliner Dadaismus unterzeichnete »Dadaistische Manifest« von 1918 mit den Worten: »Gegen dies Manifest sein, heißt Dadaist sein!«, nachdem doch zuvor ohne erkennbare Vorbehalte Postulate einer neuen Kunst, so nach dem simultaneistischen Gedicht, erhoben worden sind (Manif., 147). Mit alogischen Figuren wie »ja = nein« oder »− = +« (Manif., 224f.; 218; s.u. S. 203f.) wird eine Unterminierung verbindlicher Aussagen betrieben. Dies lässt sich in allen Genres erkennen, auch und gerade beim Manifest, das sich doch durch Eindeutigkeit der Aussage auszeichnen sollte, das aber von den Dadaisten zu einer Arena der Metasemiotik umfunktioniert und destruiert wird (s. II.5.3): »die echten dadas [sic] sind gegen DADA«, postuliert Tzara in seinem »Dada Manifest über die schwache Liebe und die bittere Liebe« (Tzara, 46). So versucht Dada, sich Vereinnahmungsversuchen gegenüber zu immunisieren. Das dadaistische Selbstverständnis zielt auf eine Art Null-stellenposition, von der aus eindeutige semantische Festlegungen zugunsten einer »›Schöpferischen Indifferenz‹« (van den Berg 1995b) zunächst einmal verneint werden. So übt Dada eine

> »Balance zwischen Widersprüchen, die Haltung des Ja und Nein und die Indifferenz. Indem er [der Dadaismus] die Grenze zwischen Kunst und Leben einebnet, verabschiedet er das Konzept des geschlossenen Werkes zugunsten eines prozessualen und intermedialen Kunstbegriffs. Durch den Dadaismus werden alle Materialien und Verfahren kunstfähig. ›Because of dada everything, anything, everywhere, is art‹ [B. Vautier in: Dada Spectrum, 252].« (G. Jäger 1997b, 326)

4.2 Kunst und Kunstzerstörung

Trotz der unbestreitbaren Negativbefunde in Sachen Kunst: Dada ist *auch* eine Kunst- und Literaturbewegung, versteht sich in Teilen ausdrücklich selbst so und produziert schließlich ›Kunst‹. Diese allerdings erweist sich als experimentell, als avanciertester Versuch, die gerade entstandenen Ismen der Avantgarde aufzugreifen, hinter sich zu lassen und zu überbieten. Im »Dadaistischen Manifest« wird 1918 ausdrücklich »**die höchste Kunst**« eingefordert und definiert als eine, »die in ihren Bewußtseinsinhalten die tausendfachen Probleme der Zeit präsentiert [...]. Die besten und unerhörtesten Künstler werden diejenigen sein, die stündlich die Fetzen ihres Leibes aus dem Wirrsal der Lebenskatarakte zusammenreißen, verbissen in den Intellekt der Zeit, blutend an Händen und Herzen.« (Manif., 145). Dies ist ganz ohne ironische Volte formuliert und steht im Kontext der neuen, von ›Urbanität‹ geprägten und veränderten Wahrnehmungsweisen, die seit dem Beginn des 20. Jahrhunderts manifest werden (s. II.2.5; S. Becker 1993, 223ff.).

Dabei ist man sich einig in einer vernichtenden **Kritik des Expressionismus**, genauer des utopisch-messianischen ›O Mensch‹-Expressionismus mit seinem Wandlungskonzept und seiner aktivistischen Vorstellung vom ›Neuen Menschen‹ (s. II.2.7; vgl. H.-G. Kemper; Korte 1995b). Zumal die Berliner Dadaisten werden nicht müde, den »brutalsten Kampf gegen alle Richtungen sogenannter geistiger Arbeiter (Hiller, Adler), gegen deren versteckte Bürgerlichkeit und gegen den Expressionismus und die nachklassische Bildung, wie sie vom ›Sturm‹ vertreten wird«, zu verkünden (Manif., 175). Der expressionistische Maler Oskar Kokoschka ist dann auch Zielscheibe in der sog. ›Kunstlump‹-Affäre, in welcher 1920 der Berliner Politdada um Grosz und Heartfield zu einem Rundumschlag gegen bürgerliche Kunst und Kunstverehrung ausholt und damit zugleich eine Grundsatzdebatte über die Funktionsbestimmung einer Literatur für das Proletariat auslöst (vgl. Manif., 203ff.; Literatur im Klassenkampf, 43ff.; Lexikon sozialistischer Literatur, 272ff.).

Dennoch ist der Dadaismus dem innovativen Frühexpressionismus der urbanen Groteske und der ›Ich-Dissoziation‹, den Simultaneitätsprinzipien des ›reflexiven‹ Expressionismus (s. II.2.5; 2.7; 3.2; 3.4) mehr verpflichtet, als manch ein Dadaist einzugestehen bereit war. Das gilt mehr noch für die ästhetischen Innovationen des italienischen **Futurismus**, den man im »Dadaistischen Manifest« vom April 1918 allerdings freundlicher behandelte als den Expressionismus (Manif., 146f.). Gerade die futuristische ›parole in libertà‹ und der futuristische Bruitismus – also die nach dem französischen Wort für Lärm, ›bruit‹, so genannte Geräuschkunst – haben Dada unübersehbare Impulse verliehen (s. II.4.3; vgl. Sheppard). So lässt sich für die dadaistische Kunstauffassung und auch Kunstpraxis resümieren, dass hier die **fortgeschrittensten ästhetischen Techniken** entwickelt und erprobt werden. Es sind dies in erster Linie:

– Destruktion von Syntax und Wort zugunsten einer Freisetzung von Buchstaben und Lauten;
– Simultaneitätsprinzip;
– Montage- und Collageverfahren (vgl. Möbius 2000);
– die Einführung des Zufallsprinzips in die ästhetische Produktion (s. II.4.3; vgl. Schulze 2000).

Systematisieren ließen sich diese Verfahrensweisen im Begriff des **Materials**, der auf das qualitativ Neue von Dada verweist: sowohl die Sprache selbst als auch jedes Partikel und jeder Gegenstand der Realität, das ›objet trouvé‹ als zufällig aufgelesenes Fundstück, können unter dadaistischer Ägide zum Element von Literatur und Kunst und somit »kunstfähig« werden. Auch ein industriell bereits vorgefertigter Gegenstand kann als ›ready-made‹ Kunstcharakter gewinnen, wenn er in die Institutionen des Kunstbetriebes eingebracht wird. Berühmtes und Schule machendes Beispiel ist Marcel Duchamps »Fountain« von 1917, ein industriell gefertigtes und von ihm mit »R. Mutt« signiertes Urinoir, das er für eine Kunstausstellung einreichte. Es ist der Zusammenhang zwischen ›Kunstwerk‹ und ›Institution Kunst‹, der hier von Dada und von den radikalsten Avantgardisten überhaupt ausgereizt wird: »Das Wesentlich am Ready-made«, heißt es in einer Duchamp-Analyse, »ist, daß es ausgestellt wird – ein nicht ausgestelltes Ready-made ist eigentlich gar nicht denkbar. Erst die Kunstausstellung macht das Ding zum Ready-made, ohne Konfrontation mit dem Kunstkontext würde das Objekt ein simpler Gegenstand bleiben.« (Daniels, 167; vgl. Bürger 1974, 70f.).

In derartigen Verfahrensweisen, zu denen auch das performative Überschreiten des ›Werkes‹ zugunsten der einmaligen ›Aktion‹ rechnet, hat die dadaistische Destruktion ihre radikalste Ausprägung gefunden. Zwar destruieren auch die bereits genannten ästhetischen Innovationen – von Collage bis Lautgedicht – traditionelle Kunstformen und Sichtweisen auf die Kunst. Aber diese finden sich auch in anderen Ismen der Avantgarde und führen letzten Endes zu einer Erweiterung des Kunstbegriffs – nicht zu seiner Zerstörung, weil sie noch innerhalb der traditionellen Bereiche der Kunstdistribution verbleiben (Zeitschriften, Bücher, Ausstellungen; Orientierung an den künstlerischen Prinzipien der literarischen Gattung oder des Tafelbildes).

Dagegen destruiert der **Angriff auf die ›Institution Kunst‹** diese nicht durch Form- oder Gattungsinnovation, sondern durch eine Infragestellung und Verweigerung aller traditionellen Kunstorganisation: angefangen von der Definition der Kunst über ihre gesellschaftliche Separierung bis hin zur Anerkennung ihrer Autonomie (vgl. Bürger 1974, 63ff.). Walter Benjamin hat die dadaistischen Sprengsätze mit folgenden Worten charakterisiert:

> »Auf die merkantile Verwertbarkeit ihrer Kunstwerke legten die Dadaisten viel weniger Gewicht als auf ihre **Unverwertbarkeit** als Gegenstände kontemplativer Versenkung.

Diese Unverwertbarkeit suchten sie nicht zum wenigsten durch eine grundsätzliche **Entwürdigung ihres Materials** zu erreichen. Ihre Gedichte sind ›Wortsalat‹, sie enthalten obszöne Ausrufe und allen nur vorstellbaren Abfall der Sprache. Gar nicht anders ihre Gemälde, denen sie Knöpfe oder Fahrscheine aufmontierten. Was sie mit solchen Mitteln erreichen, ist eine rücksichtslose **Vernichtung der Aura** ihrer Hervorbringungen, denen sie mit den Mitteln der Produktion das Brandmal einer **Reproduktion** aufdrücken. Es ist unmöglich, vor einem Bild von Arp oder einem Gedicht August Stramms sich wie vor einem Bild Derains oder einem Gedicht von Rilke Zeit zur Sammlung und Stellungnahme zu lassen. Der **Versenkung,** die in der Entartung des Bürgertums eine Schule asozialen Verhaltens wurde, tritt die **Ablenkung** als eine Spielart sozialen Verhaltens gegenüber. Das durch den Dadaismus provozierte soziale Verhalten ist: Anstoß nehmen. In der Tat gewährleisten seine Kundgebungen eine recht vehemente Ablenkung, indem sie das Kunstwerk zum Mittelpunkt eines Skandals machten. Dieses Kunstwerk hatte vor allem *einer* Forderung Genüge zu leisten: öffentliches Ärgernis zu erregen. Aus einem lockenden Augenschein oder einem überredenden Klanggebilde wurde es zu einem Geschoß.« (Benjamin I/2, 463).

Freilich hat sich längst gezeigt, dass eine liberale Öffentlichkeit ihrerseits derartige Angriffe in ihren eigenen Umgang mit Kunst integrieren kann.

4.3 Zwischen Gattungsinnovation und Gattungsauflösung

Es ist missverständlich, bei Dada von **Anti-Kunst** zu reden (vgl. Richter; Stahl, 24ff.), weil nicht wenige dadaistischen Werke Kunstcharakter haben – und noch in der semantischen Verweigerung mit ästhetischen Mitteln operieren. Allerdings produziert der Dadaismus, wie auch andere Ismen der Avantgarde, »Anti-Werke« in einem performativen Sinne, weil sie sich der ›Geschlossenheit‹ des traditionellen Werkes (vgl. Bürger 1974, 76ff.), seiner ›Totalität‹ im Lukácsschen Sinne verweigern; hierin besteht ja ein zentraler Differenzpunkt zwischen ›historischer Avantgarde‹ und ›Moderne‹ (s.o. S. 7).

Zweifellos radikalisiert der Dadaismus seine Kunstproduktion – deren Kunstcharakter freilich bereits die Zeitgenossen massiv angezweifelt haben – in Richtung auf die avantgardistischen Verfahrensweisen der Simultaneität, der Montage und des Zufallsprinzips. Nicht, dass die Dadaisten, von Ball bis Huelsenbeck und Serner, nicht auch konventionellere Gedichte verfasst hätten, die dem frühexpressionistischen Groteskstil verpflichtet sind und sich insofern auf die traditionelle Semantik einlassen. So ist Huelsenbecks frühe Lyrik jüngst einer Analyse unterzogen worden, die derartige Traditionsbezüge freilegt (Nenzel 1994). Die entscheidenden dadaistischen Gattungsinnovationen liegen jedoch in einem die traditionellen Wahrnehmungsweisen durchbrechenden Umgang mit Lauten und Buchstaben, bei dem das Verhältnis von signifiant (Bedeutendes) und signifié (Bedeutetes) zugunsten des signifiant gewichtet wird. Das unterminiert die Semantik und setzt Assoziationsketten beim Rezipienten frei, die das ästhetische Gebilde vollenden (vgl. Fähnders 2004).

Am bekanntesten sind die dadaistischen Laut- und Buchstabengedichte. Sie gründen in der futuristischen Konzeption der »Zerstörung der Syntax« und der »Befreiten Worte« (parole in libertà), wie sie Marinetti 1913 in einem einschlägigen Manifest proklamiert und auch selbst erprobt hat (Manif., 39ff.). Die Dadaisten nehmen Sprache, verwenden Wörter als Material und atomisieren es. In Richtung der Akustik bleiben dabei nichts als Laute übrig, **Lautgedichte,** die von den Dadaisten zwar nicht erfunden, aber etabliert und perfektioniert worden sind. Hugo Ball hat 1916 im Zürcher ›Cabaret Voltaire‹ derartige »Vokalreihen rezitativ im Kirchenstile« (Dada Zürich, 21) vorgetragen, darunter die berühmte »Karawane«: »gadji beri bimba glandriri laula lonni cadori« usw. (ebd., 68; vgl. Philipp, 184ff.; Scholz I, 109ff.; Keith, 164ff.; J. Petersen 2006, 143ff.).

In optischer Richtung werden die Wörter nicht auf Laute, sondern auf graphische Zeichen hin destruiert, die nun arrangiert und als Gedicht im Plakat verbreitet werden. Raoul Hausmann verfasst solche **Buchstaben- und Plakatgedichte**, etwa aus der Buchstabenfolge »fmsbwtözäu«, die Kurt Schwitters wiederum zum Ausgangspunkt seiner »Ursonate« (Scholz I, 196ff.) macht. Hausmann proklamiert seine Vorgehensweisen eigens in einem »Manifest über die Gesetzmäßigkeit der Laute« (Manif., 148f.). Seine synästhetischen »Optophonetischen Gedichte« (Dada Berlin, 64) verweisen auf Wort-Bild-Kombinationen, die in Dada und Surrealismus erprobt (Freeman; Pictogrammatica) und als **visuelle Poesie** bis heute gepflegt werden (vgl. die Reproduktionen in: Stahl, 421ff.).

Bei diesen ästhetischen Verfahrensweisen bleibt die traditionelle Künstlerrolle unangetastet. Eine Demontage dieser Schöpferrolle findet sich in jenen Artefakten, die mit dem Zufall arbeiten – hier gibt nicht nur der Künstler das Heft aus der Hand, sondern Poesie und Kunst wird machbar von allen, auch und gerade vom ›Nicht-Künstler‹. Die Kategorie nicht des Werkes, sondern des Künstlers und der traditionellen schöpferischen Originalität wird im **Zufallsgedicht** also außer Kraft gesetzt.

Tristan Tzara gibt per Manifest eine genaue Gebrauchsanweisung, »Um ein dadaistisches Gedicht zu machen«: man schneidet aus einem Zeitungsartikel die einzelnen Wörter aus, schüttelt sie in einer Tüte durcheinander und schreibt sie in der Reihenfolge ab, in der sie aus der Tüte gekommen sind: »Das Gedicht wird Euch ähneln. Und damit seid Ihr ein unendlich origineller Schriftsteller mit seiner charmanten, wenn auch von den Leuten unverstandenen Sensibilität.« (Tzara, 47). Hans Arp hat dem Setzer kaum leserliche Handschriften gegeben, damit dieser gehalten war, so Arp, beim Entziffern des Textes »dichterisch mitzuwirken« (zit. Faust, 228). Mit »Zerreißbildern« (»papiers déchirés«), dem Kombinieren von Werkschnipseln, wird für die Bildende Kunst ein ähnliches Zufallsprinzip angewandt (vgl. Döhl; Faust). Dabei ist es weniger erheblich, ob – wie später auch beim surrealistischen Verfahren der ›écriture automatique‹ – die Autoren ihre ›zufällig‹ entstandenen Produkte vor der Veröffentlichung nicht vielleicht doch bearbeitet haben. Wichtiger ist die Bereitschaft, die Schöpferrolle des Künstlers zu verabschieden, ist der Anspruch, dass ›Kunst‹ von allen gemacht werden kann und ist die dadurch bedingte Veränderung der ›Werk‹-Kategorie. Denn die Zufallspoesie erschließt sich nicht als fertiger Text dem Rezipienten, sondern – wie die visuelle Poesie – erst durch eine mitschöpferische Rezeption.

Dies verweist insgesamt auf die **neue Produktions- und Rezeptionsformen** bei Dada wie in der historischen Avantgarde insgesamt: ihre performative Orientierung, ihre ›Theatralisierung‹, die sich im dadaistischen Kabarett wie in Theaterversuchen, in den zahllosen dadaistischen ›Aktionen‹ wie den Grenzüberschreitungen ins Politische zeigt (vgl. Hippen; Brandt, 35ff.) und als Grundzug der Avantgarde überhaupt begegnet (s. II.5.4).

4.4 Dada und kein Ende

Die semantische Verweigerungsstrategie von Dada (s. II.4.1) hat weder die Geschichts-schreibung des Dadaismus noch seine wissenschaftliche Analyse unterbunden. Im Gegenteil: Es gehört zu den dadaistischen Strategien, die Historiographie und Analy-se der Bewegung selbst in die Hand zu nehmen. 1920 erscheint Tzaras »Chronique zurichoise 1915–1919« (Dada-Almanach, 10–29), ebenfalls 1920 veröffentlicht Ri-chard Huelsenbeck gleich drei Schriften, die den Anspruch dadaistischer Geschichts-schreibung erheben: *Dada siegt. Eine Bilanz des Dadaismus* und *Deutschland muß untergehen! Erinnerungen eines alten dadaistischen Revolutionärs* sowie *En avant Dada. Eine Geschichte des Dadaismus* (Raabe 1992, 230). Mit Hugo Balls Tage-buchaufzeichnungen aus der Zürcher Dadazeit, *Die Flucht aus der Zeit*, erstmals 1927 erschienen, liegt zudem eine der wichtigsten, wenn auch wohl nachträglich re-digierten, Quellen vor (vgl. Dada Zürich, 7ff.).

Zudem lebte der Dadaismus von öffentlicher Resonanz, inszenierte wie kein anderer Ismus der Avantgarde vor und nach ihm diese selbst und schickte immer wieder Fragebündel los wie: »Was ist der Dadaismus und was will er in Deutsch-land?«, die sich rasch als Fangfragen erwiesen (Manif., 175f.). Die internationale Medienöffentlichkeit hat durch höhnische Ablehnung wie durch ernsthafte Kritik rea-giert. 1919 zählte der dadaistische Großmeister Tristan Tzara am Ende seiner »Chro-nique zurichoise« hochzufrieden 8.590 Artikel über den Dadaismus (Meyer, 130).

Vor allem aber waren es einige Veteranen des Dadaismus, die nach Vertrei-bung, Exil und Zweitem Weltkrieg Dada in der Bundesrepublik allererst wieder in Erinnerung riefen – so Richard Huelsenbeck 1964 mit einer weitverbreiteten Antho-logie (vgl. Dada) und Hans Richter 1964 mit seiner Geschichte der internationalen Dada-Bewegung (vgl. Richter). Raoul Hausmann hat durch seine Interventionen in Sachen Neo-Avantgarde die Erinnerung an Dada und dessen Erstgeburtsrecht an Be-wegungen von Neo-Dada bis Fluxus wachgehalten; dies gilt insbesondere für die ›Wiener Gruppe‹, für die ›Konkrete Dichtung‹, speziell für Autoren und Autorinnen wie Konrad Bayer, Ernst Jandl, Friederike Mayröcker, aber auch Max Bense, Franz Mon u.a. (vgl. A. Koch).

Zudem profitierte die Erforschung des Dadaismus von der Explosion der Ex-pressionismus-Forschung seit den sechziger Jahren, als deren Randgebiet sie zumin-dest mittransportiert wurde, zumal viele der dadaistischen Autoren aus dem expres-sionistischen Umfeld stammen (s. II.2.9). So findet sich wie beim Expressionismus Dank einschlägiger Textsammlungen (Dada; Dada Berlin; Dada Zürich; Dada total; Almanacco Dada; sankt ziegensack [sic]) und Reprints der wichtigsten internationa-len Dada-Zeitschriften (nachgewiesen in: Dada global, 460ff.) eine gleichsam flä-chendeckende Präsenz des Dadaismus zumal seit den achtziger Jahren. Einschlägige Dada-Sammlungen wie die des Kunsthauses Zürich (vgl. Dada in Zürich; Dada glo-bal) sowie Ausstellungskataloge zu einzelnen Künstlern und Künstlergruppen spie-geln und befördern dieses anhaltende internationale Interesse an Dada, das mittler-weile eine Fülle z.T. aufwendiger und kostspieliger Dokumentationen und Bildbände sowie eine schwer zu überblickende, internationale Forschung hervorgebracht hat. Eine überzeugende Gesamtdarstellung des deutschsprachigen Dadaismus steht den-noch aus; die vorliegenden Versuche bleiben entweder selektiv (Philipp) oder haben allenfalls einführenden Charakter (Korte 1994b). In wieweit eine postmoderne Wahlverwandtschaft zum Dadaismus, zumindest hinsichtlich der dadaistischen Transformation von tendenziell *allen* Gegenständen der Realität in ›Kunst‹ dabei eine Rolle spielt, wäre zu prüfen.

So bleibt man in Ermangelung einschlägiger Forschungsberichte auf allerdings recht aktuelle Bibliographien verwiesen. Die jüngste, rund 1.000 Titel umfassende Bibliographie in dem Sammelband *Dada global* aus dem Jahre 1994 erfasst die internationalen Dada-Hochburgen und Literatur zu den wichtigsten Autoren (Dada global, 443ff.). Sie schließt an die bis 1983 reichende Dada-Bibliographie von Hans Bolliger an (Dada in Zürich, 287ff.). Die wohl umfassendste Bibliographie findet sich 2005 im Abschlussband der zehnbändigen Dada-Gesamtdarstellung *Crisis and the Arts* (Crisis and the Arts. Bd 10). Nach allgemeinen Darstellungen über Dada (Bde. 1, 7, 9) handelt diese »History of Dada« über Dada in Zürich (Bd 2), in Berlin (Bd 5), in Köln und Hannover (Bd 3), im »Osten« (Russland, Georgien, Ukraine bis Japan, Bd 4), in Paris (Bd 6) und New York (Bd 8). So scheint es, als finde noch die letzte Verästelung dieser zweifellos eigensinnigsten unter den Avantgardebewegungen der zehner und zwanziger Jahre in den zahlreichen Dadaländern ihre Rekonstruktion (vgl. Dachy 2005; Dada; Dada Spectrum; Bergius; Naumann; Riha 1987; vgl. Dada global). Eines der berühmtesten Dada-Gedichte, »An Anna Blume« von Kurt Schwitters, hat mittlerweile eine Legion von Interpreten gefunden (vgl. Hereth).

Dabei stellen sich der Dada- wie auch Teilen der Avantgarde-Forschung bestimmte Grenzen, die im Forschungsgegenstand selbst begründet liegen. Bereits im Dadaismus selbst war 1920 proklamiert worden: »Die echten Werke Dadas dürfen höchstens sechs Stunden leben.« (Manif., 187). Bei der historischen Rekonstruktion des Dadaismus wird man jene grundlegenden avantgardistischen Tendenzen im Auge behalten müssen, die auf die Zerstörung und Überwindung des traditionellen ›Werkes‹ zielen und dadurch ja einen deutlichen Trennungsstrich zur Werkorientierung der Moderne ziehen (s.o. S. 7). Theatralisierung von Dada und Avantgarde, der Ansatz des Performativen führen zu einer historischen Singularität des ›Artefaktes‹, die, da historisch unwiederholbar, letzten Endes nicht mehr angemessen rekonstruiert werden kann (s. II.5.4; vgl. Benson; Wagner). Das wird bei den futuristischen und eben besonders den dadaistischen Soireen und Aktionen deutlich, die Dank der Quellen zwar nacherzählt und nachgestellt, nicht aber als historisch einmalige Kunstpraxis verlebendigt werden können. So ist beispielsweise der Berliner Dada-Abend vom 12. April 1918 ausgezeichnet dokumentiert, gerade diese Dokumentation macht aber deutlich, dass eine derartige Dada-Selbstinszenierung nur begrenzt nachzustellen ist (vgl. Urlaute). Dies verweist auf einen letzten Grund für das große Forschungsinteresse an Dada: Dada profitiert insbesondere von der Avantgarde-Forschung, weil Dada als das exponiertestes Feld der ›historischen Avantgarde‹ gilt. Das »dadaistische Projekt« (van den Berg 1999, 34ff.) erscheint als fortgeschrittener Teil im »›Projekt Avantgarde‹« (Asholt/Fähnders). Der Dadaismus dient als schon klassischer Beleg für das avantgardistische Bemühen, mit dem künstlerischen ›Werk‹ auch die besondere Rolle des Künstlers zu demontieren und damit eine ›Kunst für alle‹ und ›von allen‹ zu propagieren. Dies aber führt zur Grundsatzbestimmung der historischen Avantgarde als Versuch, Kunst in Leben zu überführen.

5. Historische Avantgarde

5.1 Begriffsgeschichte und Begriffsproblematik

Der Terminus entstammt dem militärischen Sprachgebrauch und meint, so Clausewitz, eine kleine **Vorhut**, welche die Aufgabe hat, »des Feindes Anrücken zu erfahren und zu erforschen« (zit. van den Berg/Fähnders 2009, 4; vgl. Böhringer; Hardt). Im 19. Jahrhundert beziehen Vertreter des utopischen Sozialismus, Saint-Simonisten und Fourieristen, erstmals den Terminus auf die Rolle des Künstlers und messen diesem eine Vorreiterrolle bei der Vermittlung neuer fortschrittlicher Gedanken – so 1825 Olinde Rodrigues und 1845 Gabriel Désiré Laverdant (Literarische Avantgarden, 13ff.; Böhringer, 96ff.). Im späteren 19. Jahrhundert gewinnt der Terminus durch den linken Journalismus Breitenwirkung und fungiert im appellativen Sinne des »Vorwärts! Avanti! Uns nach!« (Böhringer, 101). Im Marxismus-Leninismus bezeichnet ›Avantgarde‹ seit Lenins Schrift *Was tun?* (1902) die führende Rolle der **Kaderpartei** (vgl. Böhringer, 94ff.).

Als **Selbstbezeichnung** begegnet der Terminus in der Kunstdiskussion seit der Jahrhundertwende eher selten. Ein Führer des niederländischen Dadaismus und Konstruktivismus, Theo van Doesburg, schreibt 1921 in einer Heerschau der Ismen, dass »Avant-garde de collectieve benaming voor alle revolutionaire kunstenaarsgroepen« sei (zit. van den Berg 1999, 46). Ein im Wortsinn **avantgardistisches Selbstbewusstsein** durchzieht allerdings die Programmatiken der ›historischen Avantgarde‹ von Anfang an. Im ersten Manifest des italienischen Futurismus finden sich eindeutige Vergleiche und Metaphern: »Wir stehen auf dem äußersten Vorgebirge der Jahrhunderte«, heißt es dort 1909 (Manif., 5), und

> »Ein ungeheurer Stolz schwellte unsere Brust, denn wir fühlten, in dieser Stunde die einzigen Wachen und Aufrechten zu sein, wie stolze Leuchttürme oder vorgeschobene Wachposten vor dem Heer der feindlichen Sterne, die aus ihren himmlischen Feldlagern herunterblicken.« (Manif., 3).

Angesichts des inflationären und uneinheitlichen Gebrauches des Terminus in Öffentlichkeit und Wissenschaft sollte ›Avantgarde‹ – wie in der Einleitung entwickelt – im Sinne von ›historischer Avantgarde‹ verwendet werden und den **Avantgardebewegungen** vorbehalten bleiben. Damit ist der Gruppencharakter dieser Avantgarde markiert: ›historische Avantgarde‹ steht für künstlerische Bewegungen in organisierten Gruppen (wie den Futuristen um Marinetti oder den Surrealisten in Paris), was Einzelaktivitäten wie die eines Kurt Schwitters aber nicht ausschließt (vgl. Fähnders 2007a).

Das muss nicht heißen, nicht auch von Vorläufern und Vorbildern der Avantgarde zu sprechen, wie es der Surrealismus getan hat. Bereits Baudelaire spricht von »Avant-Garde«, von der er sich allerdings ausdrücklich abgrenzt (vgl. van den Berg/ Fähnders 2009, 5). Anders als in der angloamerikanischen Forschung, die einen weiten, ins 19. Jahrhundert zurückgreifenden Avantgarde-Begriff bevorzugt (vgl. Russell) oder unspezifisch von ›modernism‹ spricht, sollte ein eher **enger Avantgarde-Begriff** zugrunde gelegt werden. Er bezeichnet die einzelnen, historisch, national-regional wie gesamteuropäisch und international agierenden Bewegungen und Ismen zwischen dem futuristischen Aufbruch 1909 und dem Zweiten Weltkrieg (vgl. Metzler Lexikon Avantgarde). Damit ist auch eine Abgrenzung zum **Moderne-Begriff** möglich, der teils als Ober-, teils als Gegenbegriff zur Avantgarde fungiert (vgl. Asholt 2004; Fähnders 2007a): Als ›historische Moderne‹ lässt sich die Moderne-Kategorie für die Bewegungen des Naturalismus und der Jahrhundertwende historisieren wie die ›historische Avantgarde‹ im Sinne ihrer einzelnen Ismen zu historisieren ist (s. I.2.5; 6.6; II.1.1).

Angesichts der Vielzahl und Disparatheit der Ismen stellt sich die Frage nach der **Einheitlichkeit der Avantgarde.** Stilistische und ideologische Bestimmungen gestatten weder einen einheitlichen Avantgarde- noch Moderne-Begriff: der »Rationalismus der De Stijl-Bewegung ist ebenso ›modern‹ wie der antirationalistische Subjektivismus der Surrealisten« (Bürger 1992, 30). Bewährt hat sich Peter Bürgers Zugriff auf der Metaebene, bei dem als Fluchtpunkt die historische Avantgarde durch ihren Angriff auf den **Autonomie-Status der Kunst** und des Werkes bestimmt wird – den die ›historische Moderne‹ der Jahrhundertwende allererst vollendet hat und den die ›klassische Moderne‹ von Döblin bis Kafka, Musil, Thomas Mann oder Dos Passos und Joyce nicht antastet. Daraus folgt das avantgardistische Ziel, durch ein Aufbrechen des autonomen Teilsystems Kunst diese nicht einfach zu zerstören, obwohl Kunstzerstörung auch ein Programmpunkt ist, sondern einen »Angriff auf den Status der Kunst in der bürgerlichen Gesellschaft« überhaupt zu führen. »Negiert wird nicht eine voraufgegangene Ausprägung der Kunst (ein Stil), sondern die **Institution Kunst** als eine von der Lebenspraxis abgehobene.« (Bürger 1974, 66). Über die Kunstzerstörung hinaus entfaltet die Avantgarde ihre Teleologie, »von der Kunst aus eine neue Lebenspraxis zu organisieren« (ebd., 67) bzw. eine »**Überführung der Kunst in Lebenspraxis**« zu leisten (ebd., 72). André Breton spricht 1924 im ersten *Manifest des Surrealismus* ausdrücklich davon, die »Poesie zu praktizieren« (Manif., 330). Die Avantgarde ist ihrem Anspruch nach **anti-elitär** und strebte nicht nur eine alle Rezipienten betreffende Aufhebung von Kunst in Lebenspraxis an, sondern unternahm im Konzept von ›Theatralisierung‹ auch ganz konkrete Anstrengungen zur Aufhebung des passiven Rezipienten-Status (s. II.4.3; 5.4). Darauf hat Jacob Taubes ganz energisch verwiesen: »Das Implikat in Avantgarde bleibt ein Versprechen an alle, das Implikat in Elite bleibt die konstitutive Differenzierung«, und trotz des elitären Anscheins mancher Avantgarde-Zirkel »bleibt es bei der prinzipiellen Unterscheidung zwischen denen, die an die Katholizität des Auftrags glauben und wissen, daß Wahrheit gar nicht Wahrheit ist, wenn sie nicht an alle geht, wenn nicht alle mitgemeint sind, und denen, die eben Wahrheit für wenige als Ziel ansehen können.« (zit. Plumpe 1995, 76).

Mit dem Konstrukt ›**Projekt Avantgarde**‹ (Asholt/Fähnders; s. II.5.5) schließlich ist der Versuch unternommen, die Einheitlichkeit der Avantgarde zu begründen. Einzelne Ismen mögen unterschiedlich Anteil an diesem Projekt nehmen – sicher ist es aber methodisch unbefriedigend, beispielsweise den Expressionismus aus der Avantgarde-Analyse kurzerhand auszuschließen, wie es, obwohl von unterschiedlichen Prämissen ausgehend, sowohl Bürger (Bürger 1974) als auch Hardt (Literarische Avantgarden) tun.

5.2 ›Ismen‹ der Avantgarde

Ein **Ismus**, so konstatiert Franz Pfemfert, der 1913 die vom italienischen Futurismus ausgelöste Manifeste-Konjunktur in der ›Aktion‹ zur Sprache bringt, ein »Ismus bedeutet die panische Besitzergreifung der Welt durch einen Gedanken« (Manif., 64;

vgl. Demetz, 63ff.; 264ff.). In diesem Sinn sind von Anbeginn an die Ismen der Avantgarde verfahren – nicht zufällig stehen dabei in noch viel größerem Umfang als bei den Kunstbewegungen der Jahrhundertwende die Manifeste und Proklamationen im Vordergrund (vgl. »Die ganze Welt ist eine Manifestation«). Zudem ist die Avantgarde eine gesamteuropäische, bis weit nach Amerika ausstrahlende, internationale Bewegung, bei der Ismen und Manifeste oft genug die Rolle grenzüberschreitender Homogenisierung spielen (vgl. Europäische Avantgarde; Les Avant-gardes Littéraires; Europa, Europa; Metzler Lexikon Avantgarde).

Der **Aufbruch der Avantgarde** beginnt mit der spektakulären Veröffentlichung des **ersten futuristischen Manifestes** durch F. T. Marinetti im Pariser ›Figaro‹ vom 20. Februar 1909 (Manif., 3ff.; Hinz 1997a; Fähnders 1997a, 22ff.). Die griffigen Parolen dieses Manifestes geben den Anstoß zum Siegeszug der futuristischen Avantgarde. So folgen zunächst in Italien die Vertreter der anderen Kunstsparten, von den Malern bis zu den Musikern, mit ihren Manifesten, und lassen kaum einen Kunst- und Lebensbereich unkommentiert – der italienischen Futurismus wird mehr als jeder andere Ismus zu einer Bewegung des flächendeckenden Manifestantismus schlechthin (vgl. Manif.). Spätestens durch die Futuristische Kunstausstellung, die 1912 in Paris, London, Berlin und anderen Orten gezeigt wird, erfährt er rasch gesamteuropäische Resonanz, so auch in Deutschland durch die Initiativen des ›Sturm‹ (s. II.2.8).

Dennoch gibt es keine deutschsprachige futuristische Bewegung – der Aufbruch der künstlerisch-intellektuellen Jugend um 1910 vollzieht sich im Zeichen des **Expressionismus**, der keine in Form und Tenor der futuristischen Avantgarde vergleichbaren Manifeste hervorgebracht hat (vgl. Stark 1997; s. II.2.3). Der deutschsprachige Beitrag zur historischen Avantgarde wird sich wenig später, dann aber radikal, nämlich im Dadaismus, der sich seit 1916 im schweizer Exil konstituiert, ausbilden (s. II.1.1; II.4). Der Krieg, vom italienischen Futurismus als »Hygiene der Welt« herbeigesehnt (Manif., 5) und anfangs auch von Teilen des Expressionismus begrüßt, verändert die avantgardistischen Parameter, zumal er auch seine Opfer unter den Avantgardisten fordert.

Mit **Dada** startet der radikalste Flügel der Avantgarde (s. II.4). Es ist eine Bewegung, die für ein gutes Jahrfünft, von 1916 an, alle Avantgarde-Zentren – in Berlin wie in Paris, in Polen wie in Georgien, in Barcelona, Leiden oder Zagreb – prägen sollte (vgl. Dada global; Dachy 2005). Die ästhetische ›Vorhut‹ steht zu dieser Zeit ganz unter dem Signum von Dada. Bei Kriegsende haben Berlin und wenig später Paris den Ursprungsort Zürich als Zentrum dadaistischer Aktivitäten abgelöst; Dada internationalisiert sich. Während sich in Paris provozierende Happenings, Soireen und Inszenierungen entfalten, die für zwei Jahre glauben lassen, hier würden tatsächlich Kunst und Leben zusammengeführt, stellt sich Dada Berlin in den Dienst der Revolution: Einer antikünstlerischen tritt eine politisch-radikale Avantgarde gegenüber (vgl. Bergius; Maier-Metz, 188ff.). Walter Serners großangelegte »Letzte Lockerung« (Manif., 141ff.) als kaum mehr zu überbietender Gipfelpunkt der deutschsprachigen Avantgarde und zudem die markanten Verlautbarungen eines Kurt Schwitters – dies alles ergibt einen Manifestantismus in Deutschland, der gerade in seinen politischen Zuspitzungen den Expressionismus weit hinter sich lässt. Er bricht allerdings auch rasch ab – die deutsche Avantgarde orientiert sich während der zwanziger Jahre entweder in Richtung KPD oder in Richtung Neue Sachlichkeit, oder sie verbleibt individuell, partisanenhaft und ohne feste Gruppenbildung im Fall von Raoul Hausmann oder Kurt Schwitters (vgl. Manif., 119f.; A. Koch; s. III.1.7)

1925 geben El Lissitzky und Hans Arp eine erste **Zusammenschau der Ismen**
der europäischen Avantgarde der Jahre von 1914 bis 1924; in ihrer Schrift *Die Kunst-
ismen/Les Ismes de l'Art/The Ismes of Art* führen sie mehr als ein Dutzend Strömungen an, die das Bild der Avantgarde im Umfeld der Bildenden Kunst bestimmt haben:
u.a. Konstruktivismus, Verismus, Proun, Merz, Purismus, Dada, Simultaneismus,
Suprematismus, Abstraktivismus, Futurismus, Expressionismus. Ein unübersichtli-
ches **Nebeneinander der Ismen**, das die Avantgarde der frühen zwanziger Jahre bestimmt, zeigt regionale und nationale Phasenverschiebungen, macht aber auch erneut
den ausgesprochen internationalen Charakter der Avantgarde deutlich (vgl. van Beyme 2005; Europa! Europa?; Europa, Europa III; Manif., 195ff.; Tendenzen der Zwanziger Jahre). So zeigen sich enge Berührungen beispielsweise zwischen dem »Zenitismus« der serbischen Avantgarde um Ljubomir Micić und dem deutsch-französischen
Avantgardisten und Surrealisten Iwan Goll (vgl. Ullmaier; H. Siegel), zwischen dem
Surrealismus und dem bis in die späten zwanziger Jahre reichenden »Poetismus« des
Prager Kreises um Karel Teige und Viteslav Nezval (vgl. Liska).

Einen neuen Schub erfährt die Avantgarde 1924 mit der Proklamation des **Surrealismus** durch André Breton, der das letzte Kapitel in der Geschichte der mit dem
Beginn des Zweiten Weltkrieges endenden historischen Avantgarde aufschlägt; für
die deutsche Szene hat der Surrealismus keine unmittelbaren Auswirkungen (vgl.
Manif., 327ff.; Metzler Lexikon Avantgarde, 315ff.).

5.3 Manifest und Manifestantismus

Das Manifest ist die **Hauptgattung** der historischen Avantgarde, das sie für sich entdeckt, entwickelt, propagiert, mit dem sie ihre Ismen begründet, definiert, struktu-
riert und mit dem sie bis zur Selbstnegation des Genres experimentiert – bei historisch
jeweils unterschiedlicher Dichte in den einzelnen Ismen, den einzelnen Kunstsparten
und den einzelnen Avantgarde-Etappen (vgl. Manif.; »Die ganze Welt ist eine Manifestation«; Manifeste: Intentionalität). Es ist das Manifest, das die europäische Avantgardebewegungen begleitet und bestimmt: vom futuristischen Aufbruch durch Marinettis »Gründung und Manifest des Futurismus« vom 20.2.1909 (Manif., 3ff.) bis
zum Ende der historischen Avantgardebewegungen am Vorabend des Zweiten Weltkrieges, als André Breton und Leo Trotzki 1938 in Mexiko das Manifest »Für eine
freie revolutionäre Kunst« (Manif., 421ff.) schreiben und in Paris die dortige Surrea-
listengruppe gegen den trügerischen Frieden des Münchner Abkommens ausruft:
»Weder Euren Krieg noch Euren Frieden« (Manif., 426f.). Die »Häufung von Manifesten« gilt als »Charakteristikum« der Avantgardebewegungen (Bürger 1996a, 59).
In der ›Aktion‹ prägt bereits 1913 Franz Pfemfert angesichts der italienischen Mani-
feste-Welle den Neologismus **Manifestantismus** (Manif., 63ff.).

Dabei ist der **Terminus Manifest** für den künstlerisch-literarischen Bereich in
den europäischen Sprachen bis zum vor dem Aufbruch der Avantgardebewegungen
viel weniger geläufig, als es angesichts der wenige Jahre später begegnenden Fülle
avantgardistischer Manifeste den Anschein haben mag. So gibt es kaum naturalistische, ästhetizistische oder Fin de siècle-Texte in Europa vor dem Ersten Weltkrieg, die
sich ausdrücklich ›Manifest‹ nennen, wie ein Blick in die einschlägigen Quellensammlungen zeigt (vgl. LMN; Nat.; Jhw.; Manif.; s. I.2.3). Der Terminus Manifest ist bis in
die Anfänge des 20. Jahrhunderts durch die Hauptbedeutung als »**Staatsmanifest**«,

als ›Kriegs-‹ oder ›Wahlmanifest‹, als Staatserklärung im politischen Sprachgebrauch also, besetzt und spielt im künstlerisch-literarischen Bereich der europäischen Sprachen eine eher marginale Rolle (Fähnders 1997b, 19ff.; van den Berg 1997, 58ff.). Als Selbstbezeichnung ist ›Manifest‹ für künstlerisch-literarische Manifestationen im 19. Jahrhundert die Ausnahme, so wie auch das *Kommunistische Manifest* (1848) vom Titel her eine Ausnahme darstellt. Erst mit dem bis in die Titelgebung hinein durchkalkulierten »Probelauf« des ersten Manifestes von Marinetti 1909 und mit frühen Überlegungen zu einer Poetik des Manifestes – Marinetti nennt »Genauigkeit« und »Gewalt« als entscheidende Kriterien –, beginnen Konjunktur und Karriere des Manifestes in der Avantgarde (Fähnders 1997b, 22ff.): so bei den Hunderten von Manifesten des italienischen Futurismus, aber auch den Groß-Manifesten des französischen Surrealismus oder tschechischen Poetismus (vgl. Manif.). Wie in anderen Bereichen auch geht der deutsche Expressionismus hierbei eigene Wege: Manifeste, zumindest solche, die sich ausdrücklich als Manifeste bezeichnen, sind ihm eher fremd (vgl. Stark 1997).

Frühzeitig beginnt die Avantgarde, die neu eroberte Gattung zu problematisieren und im selbstreferenziellen Spiel sogleich Möglichkeiten und Grenzen des Manifestes auszuloten. Francis Picabia verfasst ein »Von Hinten durchbohrtes Manifest«, Theo van Doesburg ein »Manifest 0,96013«, Sándor Barta das »Manifest einer aktiven Leiche« (Manif., 216f., 288, 233ff.). So lassen sich »**zwei Linien**« (Manif., XIXff.) avantgardistischen Manifestierens ausmachen: eine, die ohne Umschweife direkt aufs Ziel losstürmt, wie im italienischen Futurismus. Ein anderer Strang weigert sich, ein genaues Ziel umstandslos anzugehen. Aus dem Ungenügen am Erstellen bloßer Forderungskataloge resultiert der Versuch, das **Manifest als Aktion**, als ästhetische und soziale Praxis selbst zu inszenieren. Hier fordert das Manifest kein ›Werk‹ mehr, will es keine ästhetischen Produkte mehr nach sich ziehen, ist es nicht auf Exterritoriales aus, das es zu verändern oder zu verwirklichen gälte – es ist bereits das Werk, das Ziel. Das Manifest findet in sich selbst seine Teleologie. Insofern ist die »Verbindung von Aktivismus und Manifest« mit recht als »Herzstück des Projekts Avantgarde« (Wagner, 55) ausgemacht worden.

Dies gilt insbesondere für **Dada und seine ›Anti-Manifeste‹** (s. II.4.2), die auch eine Kritik traditionellen Manifestierens leisten, so wenn Tristan Tzara in seinem berühmten »Manifest Dada 1918« sich programmatisch dem Manifestieren verweigern will: »Ich schreibe ein Manifest und ich will nichts, trotzdem sage ich gewisse Dinge und bin aus Prinzip gegen Manifeste, wie ich auch gegen Prinzipien bin.« (Manif., 150). Durch das Prinzip der »Selbstaufhebung der eigenen Aussage« (Bürger 1996a, 40) bricht Dada mit gängigen, auch und gerade avantgardistischen Manifeststrukturen: man will den Aporien der bestimmten Negation, die doch immer zugleich auch die »Affirmation des Gegenteils des Negierten« ist (Bürger 1996a, 44), entgehen. So werden Figuren bevorzugt, die dem gattungseigenen Anspruch des Manifestes auf Eindeutigkeit Hohn sprechen: »Wenn jeder das Gegenteil sagt so deshalb weil er recht hat« oder »ja = nein« oder »– = +« (Manif., 197; 224f.; 218).

Auch in Manifesten, die ihre eigenen Forderungen ridikülisieren, wie 1919 bei Raoul Hausmann, Richard Huelsenbeck und Jefim Golyscheff, wenn sie »die Einführung der progressiven Arbeitslosigkeit« und die »sofortige Durchführung einer großdadaistischen Propaganda mit 150 Cirkussen zur Aufklärung des Proletariats« fordern (Manif., 175), zeigen sich Tendenzen zur **Unterminierung des Manifestes durch**

die Avantgarde selbst. Damit ist auf eine Ebene der **Metasemiotik** verwiesen, die mit der Selbstkritik des Manifestierens deren Struktur und Semantik problematisiert, unterminiert und destruiert (vgl. Backes-Haase).

Damit scheint ein definitiver Endpunkt im avantgardistischen Manifestieren erreicht – von der Entdeckung und Privilegierung des Manifestes als Hauptgattung über die Selbstproblematisierung bis hin zur Selbstaufhebung. Die erst in jüngster Zeit in Gang gekommenen genauere Sammlung und Erforschung der Manifeste und des Manifestierens der Avantgarde bedarf hinsichtlich der internationalen Verflechtungen, der Bedeutungen der Manifeste für die Konstituierung der einzelnen Ismen sicher noch der Präzisierung (vgl. Manif.; »Die ganze Welt ist eine Manifestation«; Manifeste: Intentionalität; Bürger 1996a, 40ff.).

5.4 Theatralisierung, Publikum, Gesamtkunstwerk

In ihrem Kampf gegen die ›Institution Kunst‹ sucht die Avantgarde mit dem ›Werk‹ auch die **Gattungsüberwindung**. In ihrem Ganzheitsentwurf eignet der Avantgarde ein Hang zum **Gesamtkunstwerk** (vgl. Finger 2006; Fornoff 2004), in dem allein sie ihren Prozess der ›Überführung von Kunst in Lebenspraxis‹, der eine Selbstaufhebung des einzelnen Kunstwerkes ebenso einschließt wie eine Transzendierung der Kunst schlechthin, verwirklichen kann. Bereits 1919 hatte sich Kurt Schwitters in seinem Manifest »An alle Bühnen der Welt« zu Wort gemeldet: ›Ich fordere die Merzbühne. Ich fordere die restlose Zusammenfassung aller künstlerischen Kräfte zur Erlangung des Geamtkunstwerkes. Ich fordere die prinzipielle Gleichberechtigung aller Materialien.« (zit. Fähnders 1995b, 127; vgl. Schmähling, 271ff.). Selbst wenn die Avantgarde sich eine Gattung neu erschließt wie im Fall des Manifestes, wird diese zum Ausgangspunkt der Gattungsüberschreitung: Die Manifeste siedeln am »Übergang zwischen ›Kunst und‹ und ›politischer Praxis‹«. Ihre»performative Form [ist]: erschaffen/erfinden« (Wagner, 52).

Eine Neubestimmung der Rolle von **Publikum** und Kunstrezipienten überhaupt ist dabei unumgänglich. So übt sich die Avantgarde zwar auch in der traditionellen Gattung Drama und der Institution ›Theater‹ (vgl. Drama und Theater der europäischen Avantgarde; Metzler Lexikon Avantgarde, 324ff.), strebt aber zentrifugal von diesen Einrichtungen weg. **Theatralisierung** der gesamten Kunst ist ein Weg, dem avantgardistischen Zielen der Gattungsmischung und -überwindung, des veränderten Publikumsbezugs u.a.m. entgegenkommen. Das **Theater** ist mit seinen besonderen Distributions- und Rezeptionsweisen ein Hebel. »Alles, was wichtig ist, ist theatralisch«, schreiben 1915 Marinetti, Settimelli und Corra in einem Theater-Manifest (Brauneck 1986, 93). Die Rolle des Publikums ist dabei

> »archimedischer Punkt des avantgardistischen Theaters, von dem aus traditionelles ›Werk‹ und bürgerliche ›Institution Kunst‹ aus den Angeln gehoben werden könnten: ließe sich doch in der Aufhebung der bloßen Rezipientenrolle der Zuschauer, in ihrer Umfunktionierung zu Mit-Produzenten auch ein Stück (Selbst-)Aufhebung von Kunst und damit ein Stück Überführung der Kunst in Leben verwirklichen. ›Das Theater allein ist imstande, die neue Gesellschaft zu formen‹, notiert der Avantgardist Hugo Ball in seinem Tagebuch.« (Fähnders 1995b, 120; vgl. Fischer-Lichte 1993, 261ff.).

Das Publikum im Visier (vgl. Fischer-Lichte 1997), entfesselt bereits der italienische Vorkriegs-Futurismus verschiedene Strategien, um seine Kämpfe gegen Tradition und

›Passatismus‹ zu führen. Er kreiert neue Theaterformen, und er theatralisiert seine Kunst-Aktionen in seinen legendären **Serate** und **Soireen,** wie viele Berichte über einschlägige Veranstaltungen belegen (vgl. Baumgarth, 40ff., Brandt, 21ff.; Brauneck 1986, 85ff.). Ziel ist es, nicht das traditionelle Theater zu reformieren, sondern zu zerstören – es als Theater ›aufzuheben‹. Der Entwurf eines »**Theater der Totalität**« durch den Bauhaus-Künstler László Moholy-Nagy 1930 ist zu diesem Konzept von Theatralisierung ebenso zu zählen wie die Theater- und Ballett-Experimente von Oskar Schlemmer, so seines *Triadischen Balletts* (Brauneck 1986, 145ff.; Schober, 333ff.).

An dem 1922/1923 von Theo van Doesburg, Kurt Schwitters u.a. inszeniert Dadaismus-Feldzug in Holland lässt sich erkennen, dass eine umfasssende Theatralisierung von Veranstaltungen unter Aufhebung bzw. Umkehrung der traditionellen Spieler-Publikum-Rollen zeitweilig gelang. Kurt Schwitters berichtet, dass

> »plötzlich das Publikum aufhörte, Publikum zu sein. Eine Bewegung wie Würmer durchwogte den Leichnam des verschiedenen Publikums. Auf die Bühne (het toneel) kamen Würmer gekrochen. Ein Mann mit Zylinderhut und Gehrock verlas ein Manifest. Ein gewaltiger alter Lorbeerkranz vom Friedhofe, verrostet und verwittert, wurde für Dada gespendet. Eine ganze Groentenhandlung etablierte sich op het toneel. Wir konnten uns eine Zigarette anzünden und zusehen, wie unser Publikum statt unserer arbeitete.« (zit. Fähnders 1995b, 125).

Das Geschehen, so Marinetti 1913, spielt sich »auf der Bühne, in den Logen und im Parkett ab« (Manif., 61). Die Vorliebe für unkonventionelle und subkulturelle Handlungsorte wie Varieté, Kabaret, Music Hall ist bekannt. Im frühen sowjetischen Revolutionstheater, das von der Avantgarde geprägt ist, trägt gar eine ganze Stadt mit einem Großteil seiner Bewohner das neue ›Theater‹. In Masseninszenierungen wird ein Massenpublikum aktiviert, das Mitakteur und Mitproduzent wird im Sinne einer **Theatralisierung des Lebens,** wie Meyerhold sie beispielhaft in der legendären Nachstellung der *Erstürmung des Winterpalais* am Jahrestag der Oktoberrevolution 1920 zu verwirklichen sucht (15.000 Spieler und insgesamt 100.000 Beteiligte im gesamten Stadtgebiet von Leningrad). So suchte also die frühe sowjetische Theateravantgarde um Meyerhold, Eisenstein und Tretjakow mit der offensiven Beteiligung des Publikums am Spiel »ein ›Zuendeschaffen‹ des Spiels durch die Phantasietätigkeit der Zuschauer zu organisieren« (Brauneck 1986, 318).

Zu Beginn der zwanziger Jahre zeigt sich in der deutschen Theaterszene ein ganz unverhohlenes Interesse am aktiven Mit-Machen des Publikums; es sind dezidiert politische Interessen, die die post-expressionistische Avantgarde ihre proletarischen Theaterexperimente starten lässt, während es ein ebenso programmatisches antipolitisches Interesse ist, das Kurt Schwitters zu seiner MERZ-Aktion veranlasst. Man könnte an die griffige Formel von der »Kunst der direkten Aktion« und der »direkten Aktion der Kunst« denken, die Rudolf Leonhard 1919 prägte (Literatur im Klassenkampf, 164). Auch bestimmte Spielformen des Agitprop-Theaters der Weimarer Republik lassen sich unter dem avantgardistisch-politischen Aspekt der Publikumsbeziehung – die hier primär durch die klassenspezifische Homogenität der proletarischen Spieler und der proletarischen Rezipienten gegeben ist – interpretieren (s. III.3.5). Nicht zuletzt versucht **Brecht** nach seiner marxistischen Wende gegen Ende der zwanziger Jahre, mit seinen **Lehrstücken** (»Der Jasager und Der Neinsager«, 1930; »Die Maßnahme«, 1930) in Theorie und Praxis eines neuen Theatertyps zu schaffen, in

dem es Zuschauer nicht mehr gibt. Weil es nicht um eine traditionell-didaktisch ver-
mittelte ›Lehre‹ in diesen Stücken geht, sondern um Stücke, die allein »für die Darstellenden lehrhaft sind« (Steinweg, 87), wird ein Publikum gar nicht benötigt. (vgl. Brecht
17, 1022ff.; Brechts Modell der Lehrstücke; Krabiel; Steinweg; s. III.4.4). Damit ist
ein Theaterkonzept entworfen, das außerhalb der historischen Avantgardebewegungen steht, zu denen Brecht im Übrigen kaum Beziehungen hatte und die gegen Ende
der Weimarer Republik auch kaum mehr eine Rolle spielten; wohl aber ist ein Trend
von ›**Theateravantgarde**‹ angedeutet, die über die historische Avantgarde im engeren
Sinne hinausweist (vgl. Drama und Theater der europäischen Avantgarde).

5.5 ›Projekt Avantgarde‹

Wenn Jürgen Habermas von der »Moderne« als einem »unvollendeten Projekt« (Ha-
bermas 1981) spricht, so lässt sich auch die Avantgarde als ›**Projekt**‹ charakterisieren
(Asholt/Fähnders; vgl. Der Blick vom Wolkenkratzer, 69ff., 97ff.). Ein bestimmter
Projektbegriff bietet im Fall der Avantgarde die Möglichkeit, dem fragmentarisch
gebliebenen Charakter vieler Avantgardeströmungen Rechnung tragen zu können.
Gerade die Polemik gegen das ›Werk‹ im klassischen Sinne ist Charakteristikum der
Moderne wie der historischen Avantgarde. Ein Blick auf unvollendet gebliebene, nur
als ›**Fragment**‹ auf uns gekommene Werke wie der voluminöse (und unabschließbare)
Mann ohne Eigenschaften Musils oder Kafkas Romane, machen das ganz äußerlich
bereits sinnfällig. Adorno verweist in seiner *Ästhetischen Theorie* auf dieses Phänomen, dass die Ismen nicht unbedingt immer im ›Werk‹ sich realisierern oder gar vollenden:

> »Der Aspekt der Ismen gewinnt heute erst seine Aktualität. Der Wahrheitsgehalt man-
> cher künstlerischer Bewegungen kulminiert nicht durchaus in großen Kunstwerken; Ben-
> jamin hat das am deutschen Barockdrama dargetan. Vermutlich gilt Ähnliches für den
> deutschen Expressionismus und den französischen Surrealismus, der nicht zufällig den
> Begriff Kunst selbst herausforderte – ein Moment, das seitdem aller authentischen neuen
> Kunst beigemischt blieb. Da sie aber gleichwohl Kunst blieb, wird man als Kern jener
> Provokation die Präponderanz der Kunst übers Kunstwerk suchen dürfen. Sie verkör-
> pert sich in den Ismen. Was unterm Aspekt des Werks als mißlungen oder bloßes Beispiel
> sich präsentiert, bezeugt auch Impulse, die kaum mehr im Einzelnen Werk sich objekti-
> vieren können; solche einer Kunst, die sich selbst transzendiert; ihre Idee wartet der
> Rettung.« (Adorno 1973, 44f.).

Unabhängig vom Begriff der Kunst, mit dem Adorno operiert – hier ist das Phänomen
des prinzipiellen **Fragmentarismus der Moderne** angesprochen, auf das mit Blick auf
die frühromantischen Fragment-Theorie auch Bürger aufmerksam macht:

> »Das romantische Fragment ist einer der bedeutenden Formgedanken der Moderne,
> weil es die Grunderfahrung der Entzweiung zugleich festhält und transzendiert. Das
> Unfertige, auf Zukunft Bezogene, ist Form gewordene Entzweiung, die auch im monadi-
> schen Nebeneinander der Fragmente sich ausspricht. Als in sich Vollendetes, von der
> Welt Abgesondertes aber transzendiert es die Entzweiung, indem es punktuell das Entge-
> gengesetzte zur Einheit zusammenschließt.« (Bürger 1992, 79).

Bei Friedrich Schlegel verbindet sich diese Fragment-Theorie mit der **Perspektive des
Projekts** und gewinnt damit erst eigentlich ihre Kohärenz: »Ein Projekt«, so Schlegel,

»ist der subjektive Keim eines werdenden Objekts. Ein vollkommnes Projekt müßte zugleich ganz subjektiv und ganz objektiv, ein unteilbares und lebendiges Individuum sein. [...] Der Sinn für Projekte, die man Fragmente aus der Zukunft nennen könnte, ist von dem Sinn für Fragmente aus der Vergangenheit nur durch die Richtung verschieden, die bei ihm progressiv, bei jenem aber regressiv ist.« (zit. Bürger 1992, 77). Der zur Projekt-Perspektive hinzugezogene Fragment-Begriff kehrt also den tradierten Zeitpfeil des Fragmentes um und verleiht ihm eine **Zukunfts-Dimension**. Das Fragment ist nicht mehr überlieferter Teil einer für immer verlorenen Totalität, sondern Vorgriff auf sie und damit ein Zukünftiges. Anders als das auf Vollendung hin konzipierte Projekt der Moderne von Habermas wäre das ›Projekt Avantgarde‹ ein aus der Zukunft schon in die Gegenwart hereingeholtes **antizipatorisches Potenzial**. Ihm kommt als Gesetztes, als Imaginiertes bereits Realität, wenn nicht gar ›Vollendung‹, zu (Asholt/Fähnders, 2ff.). – Nicht zuletzt der **Totalitarismusvorwurf** gegenüber der Avantgarde bliebe kritisch zu überprüfen (vgl. van den Berg 1997b), aber auch die unstreitigen Berührungen zwischen **Faschismus und Avantgarde**, zumal im Futurismus Italiens (vgl. Faschismus und Avantgarde; E. Hesse; Hinz 1997b).

Solche Überlegungen haben durchaus Konsequenzen für die Frage nach der Einheitlichkeit der ›historischen Avantgarde‹ und für einen einheitlichen Avantgarde-Begriff. Mit der Auffassung eines ›Projektes Avantgarde‹ ließe sich der Zerfaserung einzelner Avantgardebewegungen, wie sie die Aufgabe eines einheitlichen Avantgarde-Begriff bedeutet, zugunsten ihrer theoretischen Rekonstruktion begegnen (vgl. Literarische Avantgarden). Debatten über **Scheitern und Tod der Avantgarde**, über den »Abschied« von ihr, wie sie in der ›Neuen Rundschau‹ 1995 (in Heft 4) und, mit anderem Ausgangspunkt, über die »Zukunft der Moderne« ebenfalls 1995 im ›Kursbuch‹ (in Heft 122) geführt worden sind, könnten mit diesem Parameter neue Impulse gewinnen – ebenso die Überlegungen zum »Theorie-Tod« der Avantgarde (vgl. P. Mann), die nach dem Vorgang der Entwicklung einer *Theorie der Avantgarde* (Bürger 1974) neue Blicke auf die ›historische Avantgarde‹ gestatten (vgl. Asholt/Fähnders, 12ff.; P. Mann, 74ff.).

III. Neue Sachlichkeit, proletarisch-revolutionäre Literatur und ›Moderne‹

1. Schriftsteller und Literatur in der Weimarer Republik

1.1 Die Republik von Weimar

Seit ihrer Ausrufung am 9. November 1918 hatte die Republik die **Hypothek des Wilhelminismus** zu tragen. Die Weimarer Republik war Ergebnis des verlorenen Krieges und hatte für die Dauer ihrer Existenz mit der politisch so leicht ausbeutbaren Last des Versailler Vertrages zu leben. Die Weimarer Republik gründete im Erfolg von Massenbewegungen, in denen sich Kriegsmüdigkeit mit demokratischen und sozialistischen Impulsen verband, hatte aber vom Wilhelminismus die ungelöste soziale Frage und die Frage nach der Einrichtung eines demokratischen Staatswesens übernommen.

Als Ergebnis erbrachte die Novemberrevolution die bürgerlich-parlamentarisch verfasste **Republik** auf der Basis des allgemeinen und gleichen Wahlrechts, das nun auch den Frauen zugestanden wurde; elementare politische und soziale Rechte wurden erkämpft: Presse- und Versammlungsfreiheit, Anerkennung der Gewerkschaften als Tarifpartner, die Kodifizierung des Achtstundentages (eine alte Forderung der Zweiten Internationale). Weitergehende Forderungen zumal des revolutionären Flügels der Arbeiterbewegung, insbesondere nach Sozialisierung zumindest der Schlüsselindustrie, blieben erfolglos. Das gilt auch für die Versuche, die bürgerliche Republik in eine sozialistische umzuformen bzw. nach dem Rätemodell zu organisieren – entsprechende Bestrebungen in München und Bremen wurden von der Sozialdemokratie im Verein mit Reichswehr und Freikorps niedergeschlagen.

> »Die Misere der ›verspäteten Nation‹ (Plessner) wird in dieser Zeit besonders deutlich, wenn man bedenkt, daß die bürgerliche Republik von Weimar letztlich erst möglich wurde durch den Kampf der Arbeiterklasse, die zum Teil durchaus proletarische Kampfformen wie Massenstreik, Generalstreik usw. anwandte; daß aber eben die Arbeiterbewegung insgesamt insofern scheiterte, als sie sich mit der bürgerlich-parlamentarischen Republik begnügte – begnügen mußte.« (Sozialgeschichte, 7f.).

Dass andererseits die staatstragende ›Weimarer Koalition‹, bestehend aus der Mehrheitssozialdemokratie, dem katholischen Zentrum und den fortschrittlichen Liberalen der DDP, bereits 1920 in die Minderheit geriet, signalisiert, dass große Teile der Bevölkerung die Weimarer Verfassung und das System der Weimarer Republik insgesamt ablehnten: die Republik wurde nicht zum »Normalfall« (Weyergraf, 1995a, 17). Gruppierungen und Parteien auf der Rechten suchten die monarchistische Restauration oder eine vergleichbar autoritär-antidemokratische Formation des Völkischen, bald auch Nationalsozialistischen. Die Linke suchte, die Revolution zu vollenden und die Selbstbestimmung der arbeitenden Massen zu verwirklichen, wie man es in der Sowjetunion erreicht zu haben glaubte.

Die ideologische und mit Gründung der KPD an der Jahreswende 1918/19 auch organisatorisch vollzogene **Spaltung der Arbeiterbewegung** in eine ›reformistische‹ SPD und eine ›revolutionäre‹ KPD, die auf Dauer keine Varianten sozialistisch-kommunistischer Politik jenseits dieser Blöcke, also unabhängig vom sozialdemokratischen Etatismus und kommunistischen Zentralismus, zuließ, beraubte die Republik ihrer tendenziell kräftigsten Stütze. Insofern lässt sich für die Spätphase der Republik, als Kräfte gegen den Nationalsozialismus gesammelt wurden, von einer »antifaschistischen Mission ohne Adressaten« reden, wie es für die Wochenschrift ›Deutsche Republik‹ (1929–1933) festgestellt worden ist (Prümm 1982). **Bürgertum und kleinbürgerliche Schichten** bildeten alles andere als ein republikanisches Zentrum oder eine demokratische Mitte – gerade das traditionelle Defizit an demokratischen Traditionen in Deutschland hatte bekanntermaßen das Wilhelminische Bürgertum ins Arrangement mit den feudalen Kräften Preußens getrieben und 1871 allererst die Reichsgründung ›von oben‹ ermöglicht. Der Historiker Arthur Rosenberg hat in seinen weiterhin lesenswerten Analysen zur Entstehung und Geschichte der Weimarer Republik die Klassen- und Parteienkonstellationen verdeutlicht, die seit der Reichsgründung das Profil der Wilhelminischen Gesellschaft und dann, als ›Vorgeschichte‹, die der Weimarer Republik mitbestimmten (vgl. Rosenberg).

Das von Anfang an in die Wege geleitete Arrangement der sozialdemokratischen Kräfte mit den alten Eliten in Verwaltung, Justiz und Armee ließ an der Weimarer Republik »nichts wirklich neu, aber alles anders« als im Wilhelminismus erscheinen (Weyergraf 1995a, 7). *Der Kaiser ging, die Generäle blieben*, nannte Theodor Plievier 1932 seinen »deutschen Roman« über die gescheiterte Revolution von 1918. Insbesondere die Justiz, eine Klassenjustiz par excellence, machte mit Schriftstellerprozessen und Literaturverboten den Autoren in allen Sparten und Medienbereichen zu schaffen. Die »Diffamierung, Behinderung und Verfolgung progressiver Intellektueller« beginnt bereits in den zwanziger Jahren, so Hans-Albert Walter in seiner Darstellung der Exilliteratur (Walter, 33ff.; vgl. Sozialgeschichte, 138ff.; K. Petersen 1988; ders., 1995).

Als die Inflation 1923 den Mittelstand förmlich enteignete, entstand ein »Sekuritätsverlust«, der mentalitätsgeschichtlich gesehenen nachhaltiger noch als die militärische Niederlage und die revolutionären Nachkriegswirren wirkte (Weyergraf 1995a, 17). Gegen die formalen Errungenschaften von Demokratie und Republik stand letzten Endes der Skandal der alten unangetasteten Eigentumsverhältnisse. Das angesichts der Katastrophe von 1933 formulierte Diktum Max Horkheimers, dass vom Faschismus schweigen solle, wer vom Kapitalismus nicht reden wolle, ist bereits auf die Weichenstellungen von 1918/19 zu beziehen. Der Rückgriff auf Weimar – als realer Ort wie als symbolischer Ort von Klassik und Humanismus (vgl. John) – signalisiert zweierlei: ein lokales, ganz handfestes Ausweichen vor der Revolution, denn die Reichshauptstadt galt 1918/19 als revolutionäre Hochburg und politisch wie militärisch entsprechend unsicher. Symbolisch aber sollte ›Weimar‹ den Anspruch auf das klassisch-humanistische Erbe in der deutschen Geistesgeschichte demonstrieren; in diese Richtung zielten die Goethe-Feiern zu den Jahrestagen 1922 und 1932 und bereits die offiziellen Feiern zu Gerhart Hauptmanns 60. Geburtstag 1922, die im Reich mit großem Aufwand betrieben wurden (vgl. WR, 85ff., 109ff.).

Das **Konstrukt** ›Weimarer Republik‹ als Versuch einer »deutschen Moderne« (Sloterdijk 1983, II, 699ff.) war unter seinen Teilnehmern nicht konsensfähig. Die gängige Periodisierung ihrer nur wenig mehr als ein Dutzend Existenzjahre zeigt ein desolates Bild: Die revolutionäre Nachkriegsphase der Republik endete mit der definitiven Niederlage aller Bestrebungen, den halbherzigen Novemberumsturz in eine sozialistische Revolution zu transformieren, aber auch mit der gigantischen Ausplünderung der zumal bürgerlichen und kleinbürgerlichen Schichten durch die Inflation. Ihre Überwindung dank des amerikanischen Kapitals leitete 1924 eine Phase der relativen Stabilisierung der Republik ein, die gemeinhin mit dem Attribut der ›Goldenen Zwanziger Jahre‹ versehen ist – jedenfalls gab es ein Jahrfünft der republikanischen Ruhe, die im Gefolge der Weltwirtschaftskrise von 1929 ihr Ende fand. Die Krisenjahre der Präsidialkabinette, der Faschisierung der Republik und schließlich die – rechtlich im Übrigen völlig legale – Übergabe der Macht an Hitler durch seine Ernennung zum Reichskanzler 1933 besiegelten Weimars Ende (vgl. Kolb; Mommsen; Peukert; Sontheimer 1992; Republik von Weimar; Weimarer Republik; Weimars Ende; H.A. Winkler).

Gerafft lässt sich das so lesen: »1919 bis 1924, das Chaos, die Arbeitslosigkeit, der politische Mord, 1925–1929/30, die trügerische Prosperität des Dawes-Plans, der internationalen Kredite und der industriellen Rationalisierung, 1930–1933, wiederum das Chaos, die Arbeitslosigkeit, der politische Mord.« (Tomás Maldonado, zit. Weyergraf 1995a, 19). Die geläufige Wendung vom »**Vernunftrepublikaner**« (vgl. Gay, 44ff.; Sontheimer 1974, 13f.) signalisiert die distanzierte Skepsis selbst jener, die sich, wenn auch eher notgedrungen denn aus innerer Überzeugung, der Republik verschreiben wollten. Von einer »Republik ohne Gebrauchsanweisung« sprach Döblin 1922 (zit. Schütz 1986, 16). Die denunziatorische Formulierung von der ›Novemberrepublik‹, den ›Novemberverbrechern‹, schließlich der ›Judenrepublik‹ (vgl. Schütz 1986, 14ff.) bezeugt die abgrundtiefe Verachtung eines ›Systems‹, das buchstäblich keine Chancen hatte. So lässt sich für die mentalen Dispositionen in der Weimarer Republik insgesamt festhalten, was speziell über die Geschichtsprophetie des ›neuen Konservativismus‹ bei Oswald Spengler, Ernst Jünger u.a. gesagt worden ist: Es war die »Erwartung der Katastrophe« (vgl. Koebner).

1.2 »Jahrgang 1899«

Die Grunderfahrung der Autoren der Weimarer Republik ist der Krieg, in den der Wilhelminismus mündete, der sein Ende besiegelte und die Republik entstehen ließ. Walter Benjamin beschreibt das immer wieder zitierte Epochenereignis jener »Generation, die 1914–1918 eine der ungeheuersten Erfahrungen der Weltgeschichte gemacht hat« –

> »die strategischen durch den Stellungskrieg, die wirtschaftlichen durch die Inflation, die körperlichen durch den Hunger, die sittlichen durch die Machthaber. Eine Generation, die noch mit der Pferdebahn zu Schule gefahren war, stand unter freiem Himmel in einer Landschaft, in der nichts unverändert geblieben war als die Wolken, und in der Mitte, in einem Kraftfeld zerstörender Ströme und Explosionen, der winzige gebrechliche Menschenkörper.« (Benjamin II, 214).

Diese **Kriegserfahrung** bestimmte bereits die Lebenswelt der expressionistischen Generation, die sich im Krieg anfangs noch die Befreiung von der Väterwelt versprochen, rasch aber eine grundlegende ›Wandlung‹ durchgemacht hatte. Mehr noch prägte der Erste Weltkrieg jene Generation von Autoren, die ihre Sozialisation erst im und durch den Krieg erfuhr und die auch in der Regel erst nach dem Expressionismus zu schreiben begonnen hat, ihr Debüt also zusammen mit der Republik gab. Der Kriegserfahrung – derjenigen, die nicht ›dabeigewesen‹ sind, wohl aber die ›Heimatfront‹ kennen – gibt Ernst Glaeser in seinem Roman mit dem demonstrativen Titel *Jahrgang 1902* Ausdruck (vgl. Bartz, 77ff.). Erich Kästner, einer dieser Vertreter der post-expressionistischen Generation, hat 1928 in seinem Lyrikband *Herz auf Taille* mit seinem autobiographisch grundierten Rollengedicht »Jahrgang 1899« illusionslos das Erfahrungsprofil zumindest der kleinbürgerlich-intellektuellen Schichten gegeben, das hier als charakteristische Selbstaussage zitiert sei:

> Wir haben die Frauen zu Bett gebracht,
> als die Männer in Frankreich standen.
> Wir hatten uns das viel schöner gedacht.
> Wir waren nur Konfirmanden.
>
> Dann holte man uns zum Militär,
> bloß so als Kanonenfutter.
> In der Schule wurden die Bänke leer,
> zu Hause weinte die Mutter.
>
> Dann gab es ein bißchen Revolution
> und schneite Kartoffelflocken;
> Dann kamen die Frauen, wie früher schon,
> und dann kamen die Gonokokken.
>
> Inzwischen verlor der Alte sein Geld,
> da wurden wir Nachtstudenten.
> Bei Tag waren wir bureau-angestellt
> und rechneten mit Prozenten.
>
> Dann hätten wir fast ein Kind gehabt,
> ob von dir, ob von mir – was weiß ich!
> Das hat ihr ein Freund von uns ausgeschabt.
> Und nächstens werden wir Dreißig.
>
> Wir haben sogar ein Examen gemacht
> und das meiste schon wieder vergessen.
> Jetzt sind wir allein bei Tag und bei Nacht
> und haben nichts rechtes zu fressen!
>
> Wir haben der Welt in die Schnauze geguckt,
> anstatt mit Puppen zu spielen.
> Wir haben der Welt auf die Weste gespuckt,
> soweit wir vor Ypern nicht fielen.
>
> Man hat unsern Körper und hat unsern Geist
> ein wenig zu wenig gekräftigt.
> Man hat uns zu lange, zu früh und zumeist
> in der Weltgeschichte beschäftigt!
>
> Die Alten behaupten, es würde nun Zeit
> für uns zum Säen und Ernten.
> Noch einen Moment. Bald sind wir bereit.

Noch einen Moment. Bald ist es soweit!
Dann zeigen wir euch, was wir lernten!
(zit. D. Walter, 309f.).

Nach der Übermacht des Wilhelminischen Vaters und seiner symbolischen Ermordung durch die expressionistische Generation hat man nach der Novemberrevolution in sozialpsychologischer Hinsicht von der »**vaterlosen Gesellschaft**« gesprochen, von einer »Jugend ohne Väter« (Prümm 1985), um Dispositionen der Nachkriegspsyche und das dann im Nationalsozialismus ganz evident gewordene »Autoritätssyndrom der Deutschen« zu fassen. Erich Fromm formulierte 1941, dass nach dem Ersten Weltkrieg »in Deutschland vielleicht noch mehr als in anderen Ländern eine Entwicklung eingetreten (war), bei der die Autorität des Vaters und die alte bürgerliche Moral schwer erschüttert wurde [...]. Der Zerfall der alten gesellschaftlichen Autoritätssymbole wie Monarchie und Staat beeinflußte auch die Rolle der individuellen Autoritäten, nämlich der Eltern.« (zit. Baureithel 1991, 143). Die unterschiedlichsten Kompensationsversuche, zumal die Suche nach Ersatzautoritäten, prägte Verhaltensweisen des Autoritären und sensibilisierte für ein »**Krisenbewußtsein**«, das die »psychopolitische Grundschicht« der Weimarer Kultur bildete (Weyergraf 1995a, 9).

1.3 Vom ›Dichter‹ zum ›neuen Schriftstellertyp‹

Unmittelbar nach Kriegsende, in der Spanne zwischen Kaiserreich und Republik, sah die im Krieg politisierte und oft inkriminierte Intelligenz der expressionistischen Generation die Stunde ihres Engagements. Kurzfristig und kurzlebig realisierte sich in der Einrichtung sog. ›Räte Geistiger Arbeiter‹ 1918/19 in Berlin oder München jene **Geistesaristokratie des Aktivismus** um Kurt Hiller, der Republikanismus mit Elitarismus zu vermitteln suchte (vgl. Habereder; WR, 3ff.). Allgemein findet die expressionistisch-aktivistische **Dichter-Führer-Auffassung** (s. II.2.4) während der Revolutionszeit im ganz handfesten politischen Engagement von Künstlern und Literaten ihre Zuschärfung, aber auch ihre Modifikation. Das zeigt sich bei Mitgliedern des ›Aktions‹-Kreises um Franz Pfemfert, der 1918/19 den im Januar 1919 ermordeten Spartakus-Führern Karl Liebknecht und Rosa Luxemburg nahestand, oder beim Kreis um den Berliner Malik-Verlag, der sich vom Elitarismus zum Egalitarismus wandelte und der revolutionären Bewegung anschloss (vgl. Albrecht, 74ff.; Anz 2002, 142ff.; Maier-Metz; Scheideler, 155ff.; Weinstein).

Es wäre also verkürzt, im politischen Engagement der Expressionisten allein die praktische Umsetzung jener Selbstnobilitierung zu sehen, wie sie vor 1918 formuliert worden war (s. II.2.4). Dennoch führte das zeitweilige Machtvakuum zu einer »kurzfristigen Gleichsetzung von literarischer und politischer Öffentlichkeit« (Manif., XX). In der ›praktischen Kollision‹ überlagerte sich der traditionelle Führungsanspruch mit konkreter politischer Aktion. Der Eintritt nicht weniger am Expressionismus beteiligter Autoren in die neugegründete **KPD** – Johannes R. Becher, Wieland Herzfelde, sein Bruder John Heartfield, Franz Jung, Franz Pfemfert, Erwin Piscator, Friedrich Wolf, zeitweilig sogar der Anarchist Erich Mühsam u.a. – ist dafür organisatorischer Ausdruck. Das Scheitern der Novemberrevolution und die Schwäche der revolutionären Organisationen führten das Engagement der politisierten Intelligenz zu dezidiert **linksradikalen Positionen**, zeitweilig auch in linker Opposition zur KPD.

Der sozialdemokratische Flügel der Arbeiterbewegung dagegen fand gerade wegen seiner Revolutionsfeindschaft unter den Schriftstellern kaum Anhang (vgl. Fähnders/ Rector I, 75ff.).

Bei Autoren wie Jung oder Becher lässt sich modellhaft ein **Abbau des traditionellen Führungsanspruches** des Dichters und die Akzeptanz von praktischer revolutionärer Tätigkeit auch jenseits spezifisch literarischer Arbeit verfolgen: Jung als Exponent eines linkskommunistischen Rätemodells sucht die anonyme Gemeinschaft von Revolution und Proletariat und engagiert sich in KPD und KAPD und dann für Jahre im Wirtschaftsaufbau Sowjetrusslands (vgl. Jung, 5; Rieger, 136ff.). Becher schließt sich ebenfalls der KPD an und wird nach langen persönlichen Krisen seit Mitte der zwanziger Jahre zu einem der einflussreichsten kulturpolitischen Kader der KPD, der die Selbstaufgabe des Intellektuellen und seine Verschmelzung mit Partei und Proletariat fordert und schließlich Exponent der proletarisch-revolutionären Literaturbewegung wird (Albrecht, 162ff.; Rohrwasser 1980; Schlenstedt, 113ff.; s. III.3).

Auch in der **Münchner Räterepublik**, die als »Schriftstellerrepublik« in die Geschichte eingegangen ist (Kreiler; Viesel), engagierten sich die Schriftsteller in teilweise maßgeblichen Führungspositionen: so (aus der älteren Literatengeneration) der 1919 ermordete Kurt Eisner, dann Ernst Toller, Erich Mühsam, Gustav Landauer, Ret Marut/Traven u.a.; Toller wurde zu fünf, Mühsam zu fünfzehn Jahren Festungshaft verurteilt. Gustav Landauer hatte man bei Niederschlagung der Räterepublik sofort nach seiner Gefangennahme erschlagen, Franz Jung lebte bis 1928 in der Illegalität.

Damit war das Bild des revolutionären Intellektuellen und Schriftstellers zwar in Theorie und Praxis entworfen und vorgeführt, aber in seinem öffentlichen Anspruch zugleich auch demontiert. Der Dichter in seiner traditionellen Rolle als Dichter-Seher in spezifisch deutscher Tradition (s. I.4.5; II.2.4) hatte historisch abgedankt. Das heißt aber nicht, dass derartige Dichterbilder nicht auch weiter lebendig geblieben wären. **Dichter-Führer-Ansprüche** der expressionistischen Generation wurden zweifellos revidiert – sei es selbstkritisch im Sinne eines desillusionierten *Hoppla, wir leben!*, wie Ernst Toller 1927 sein nachrevolutionäres Drama nennt, sei es eher ambivalent wie bei Brecht, der einer Vergötterung von Kunst und Künstler wie in Hanns Johsts Drama *Der Einsame* Asozialität und Vitalismus des einsamen Grenzgängers *Baal* entgegensetzte.

Der **Demontage des Dichterbildes** hatte bereits Dada vorgearbeitet, aber auch die historische Avantgarde insgesamt, wenn sie in der Aufhebung der Künstlerrolle einen Weg zur Überführung von Kunst in Leben erkannte (s. II.5.5). Zudem entstand im Verlauf der Weimarer Republik auch unabhängig von den Konzepten der Avantgarde ein neues Intellektuellen- und Schriftstellerbild, das gegen die Emphase überzeitlichen Dichtertums die versachlichte Selbstreflexion eines der Zeit verantwortlichen Schriftstellers setzte (vgl. Honold). Die Literaturentwicklungen der späteren zwanziger Jahre ließen einen »**neuen Typus des Schriftstellers**« entstehen, so Siegfried Kracauer 1931: »Journalist und Schriftsteller (vertauschen) unter dem Druck der ökonomischen und sozialen Verhältnisse beinahe die Rollen«, und es wird nun Aufgabe des »Schriftstellers im neuen Sinne«, Rechenschaft abzulegen über die aktuelle gesellschaftliche und politische Situation (WR, 190; vgl. Bienert, 16). Gegen die Schriftsteller älteren Typs spottet aus ganz anderer Warte Ernst Jünger mit dem ihm eigenen »analytisch-modernistischem Antirationalismus« (WR, XLIII), wenn er sie mit den

»letzten Büffeln im Yellowstonepark« vergleicht. In seinem Buch *Der Arbeiter* (1932) hält er ihnen einen neuen Typus entgegen, der aus dem »romantischen Raume hinüber in die Sphäre der Macht« tritt (zit. Lethen 1983, 170).

Dies verdeutlicht die ungemeine Aufwertung, welche Reporter und Reportage gegenüber dem ›Dichter‹ und der ›Dichtung‹ in den zwanziger Jahren erfahren und der Heinrich Mann bereits 1911 in seinem epochalen Pamphlet »Geist und Tat« den Weg gewiesen hatte (Expr., 269ff.; s. II.2.4). Im Umfeld von Neuer Sachlichkeit und proletarisch-revolutionärer Literaturentwicklung vollzieht sich nicht allein ein Funktionswandel der Literatur, sondern auch des Literaturproduzenten. Die Vorstellung vom aktiven, eingreifenden, operativen Schriftsteller findet sich in Figuren wie dem »**rasenden Reporter**«, so das selbstgewählte Attribut von Egon Erwin Kisch (WR, 319ff.), sowie in der Charakterisierung des Kritikers als »**Stratege im Literaturkampf**« durch Walter Benjamin in seiner *Einbahnstraße* von 1928 (Benjamin IV/1, 108). Diese politisch-operative Funktionsbestimmung des Intellektuellen opponiert nicht allein gegen das traditionelle Bild vom Dichter, der im Elfenbeinturm der Gegenwart sich versagt, sondern stilisiert ihn zu einer Figur, die »sich aus ihrer marginalen Position ins Zentrum eines Arbeitsprozesses versetzt« sieht: »Bis in den Kleidungshabitus (Monteur-Anzug des László Moholy-Nagy, stilisierte Arbeitskluft von Bertolt Brecht, Motorrad-Ausrüstung von Johannes R. Becher) prägt sich das neue Idol des ›Konstrukteurs‹ oder ›Arbeiters‹« (Lethen 1983, 170) erkennbar selbst.

Maßstab für den Dichter ist die Praxis. Walter Benjamin nimmt deshalb einen bestimmten Typ aufs Korn, dessen Werk eine soziale Wirkung nicht mehr erkennen lässt. So attackiert er 1931 in seinem Aufsatz »Linke Melancholie« Erich Kästner und andere neusachliche Lyriker wie Walter Mehring, weil diese eine »Haltung« einnähmen, der »überhaupt keine politische Aktion mehr entspricht« (Benjamin III, 279ff.). Gerade ein Handlungsfeld aber wird dem Schriftsteller abverlangt. Benjamin polemisiert gegen »publizistischen Hazard«, der »an die Stelle der literarischen Verantwortlichkeit« getreten sei: »Es ist absurd, wie die neusachlichen Literaten es tun, **politische Wirkung** ohne den Einsatz der Person zu beanspruchen«. Dies könne praktisch in »einer parteipolitisch disziplinierten Tätigkeit« geschehen oder »literarisch« in der »grundsätzlichen Publizität des Privatlebens«, wie Benjamin es das eine Mal bei den Surrealisten in Frankreich zu erkennen glaubt, das andere Mal wohl bei kommunistisch organisierten Autoren wie Johannes R. Becher (Benjamin VI, 178).

Bild und Selbstbild des Schriftstellers in der Weimarer Republik waren also immer auch bestimmt von den Herausforderungen, welche die Einrichtung des neuen Staates stellten. Über Fragen nach Republik und Republikanismus, nach Schriftsteller und Demokratie, nach ›Zeitgenossenschaft‹ (s. III.1.8) ist in kaum einer Epoche zuvor so gründlich, so leidenschaftlich und kontrovers diskutiert worden. Dies zeigen die einschlägigen Quellensammlungen (WR; Deutsche Intellektuelle) und Analysen über Intellektuelle, über die ›freischwebende Intelligenz‹ (WR, 631ff.; Hoeges), über die **Intellektuellendiskurse** der Zeit insgesamt (vgl. Intellektuellendiskurse; Intellektuelle in der Weimarer Republik; Trommler 1982; Weimarer Republik zwischen Metropole und Provinz). Wie intensiv die Betroffenen selbst über die Rolle des Intellektuellen reflektiert haben, zeigen zudem Arbeiten von so unterschiedlichen Autoren wie Bertolt Brecht mit seinem fragmentarischen, 1930–1942 entstandenen *Tui-Roman* (Brecht-Handbuch 3, 155ff.; Brechts Tui-Kritik) und Carl Einsteins nachgelassene, ebenfalls fragmentarisch gebliebene *Fabrikation der Fiktionen* (Sello; Kiefer).

1.4 Demokratie und Republik

Die ideologiegeschichtlich wie literarhistorisch gewichtige Grundfrage war die nach dem Verhältnis der Schriftsteller zu Demokratie und Republik. Am Entwicklungsweg dreier Autoren, deren Anfänge in der Frühphase der historischen Moderne im 19. Jahrhundert liegen, lässt sich dies aufzeigen: an **Gerhart Hauptmann**, der als »geistiger König der Republik« ein heute kaum mehr nachvollziehbares Ansehen genoss (WR, XXI; vgl. Sprengel 1984; Tschörtner), und an den Brüdern Mann (vgl. Heinrich und Thomas Mann; Banuels; Kantorowicz; Link; Schröter). **Thomas Mann**, der 1918 mit seinen *Betrachtungen eines Unpolitischen* einer ganzen Generation das Stichwort von der »machtgeschützten Innerlichkeit« gegeben und den Kampf gegen die ›Zivilisationsliteraten‹, gerade in der Gestalt seines Bruders, wie kein anderer geführt hat, bekennt sich 1922 in seiner Rede »Von deutscher Republik« (WR, 46ff.) in aufsehenerregender Weise zur Republik – »demokratierelevante Äußerungen« sind es, die ihn ins Exil treiben werden (Fechner; vgl. Thomas Mann-Handbuch).

    Heinrich Mann, der bereits unter dem Wilhelminismus mit seinem »Zola«-Essay und dem Manifest »Geist und Tat« (1911) die Parole eines unversöhnlichen aktivistischen Kampfes gegen die Macht und für eine Geistesrepublik ausgegeben hatte, wird nun zum unermüdlichen Verteidiger der Republik in »Kritik und Loyalität« (Berle, 120ff.) und nähert sich sozialistischen Positionen (Dittberner, 143ff.; Stein 2002, 87ff.; Heinrich Mann; Heinrich Mann. Sein Werk in der Weimarer Republik).

    Die alte Polarität Dichter/Geistiger versus Literat/Schriftsteller wird in der Weimarer Republik präzisiert durch Grundfragen nach Legitimät, Möglichkeit und Notwendigkeit des **politischen Engagements von Schriftstellern** überhaupt. In diesem Sinn haben 1930 Johannes R. Becher und Gottfried Benn in einem Rundfunkgespräch über die Aufgaben von Dichtung, Dichter und Politik gestritten (Zur Tradition I, 167ff.). Die utopisch-messianische Dichter-Konzeption des expressionistischen Aktivismus war darauf ebenso eine Antwort wie die KPD-Version des vorbehaltlos sich in die Reihen des Proletariats einordnenden Intellektuellen, wie ihn Johannes R. Becher als »Weg zur Masse« weist (Zur Tradition I, 77ff.). Einen parteiungebundenen, gleichwohl aber engagierten parteiergreifenden Weg haben seit der Stabilisierungsphase der Republik die großen linksbürgerlichen Publizisten vorgeführt, die mit der Zeitschrift ›Die Weltbühne‹ (vgl. Madrasch-Groschopp; Nickel; Die Weltbühne) verbunden sind – beispielhaft Kurt Tucholsky (vgl. Hepp; Kurt Tucholsky; Porombka; Stoltenberg; Suhr) und Carl von Ossietzky (vgl. Suhr).

    Die **konservative Seite** hielt – aus ganz anderen Quellen gespeist als bei Expressionismus und Aktivismus der Revolutionsjahre – in ihrer grundsätzlichen Wendung gegen die Moderne an Stereotypen des Dichter-Seher-Ideals fest. Hier ist auf **Stefan George** zu verweisen, dessen ästhetische Konstruktion eines dichterischen Führertums bis zu seinem Tod 1933 eine ebenso antimoderne wie historisch ›ungleichzeitige‹ Haltung markieren, dessen breitere Wirkung aber erst in den zwanziger Jahren, nicht zuletzt durch die Gesamtausgabe 1927/28 und seinen letzten Gedichtband *Das neue Reich* einsetzt und der Beifall bei der ›konservativen Revolution‹ findet (vgl. Breuer; Stefan George; Stefan George. Werk und Wirkung). Auch **Hugo von Hofmannsthal** hält in seiner betont elitären Zeitschrift ›Neue deutschen Beiträge‹ (1922–27) den intellektuellen Führungsanspruch aufrecht, was ihm, so Hans Mayer, als »Unzeitgemäßheit« vorzuhalten ist (zit. Köhn, 120). Hofmannsthals bewusste Ferne vom zeitgenössischen Literaturbetrieb war durchaus repräsentativ für die Mentalität bürgerlich-konservativer Intellektueller, die sich vom Konzept einer ›konservativen Revolution‹ ansgesprochen fühlten. Nicht zuletzt Hofmannsthals Rede »Das Schrifttum als geistiger Raum der Nation« von 1927 zeugt davon (WR, 487ff.; vgl. Ketelsen 1976, 58ff.; K. Müller 2007; Perrig).

Die Zusammenführung derartiger Dichter-Bilder mit nationalistischen »Deutschlandphantasien« und »Ideen der deutschen Sendung« (WR, 485ff.), schließlich mit rassistischen und antisemitischen Vorstellungen zumal in der Literaturkritik (WR, 528ff.) beförderte faschistische Positionen. So wiederholt sich die aus dem 19. Jahrhundert überkommene, bereits vor dem Ersten Weltkrieg zugespitzte Kontroverse zwischen ›Dichter‹ und ›Literat‹; Letzterer erfährt bis in den Nationalsozialismus hinein die Denunziation als ›Asphalt‹- oder ›Zivilisationsliterat‹ (Lethen 1983, 172ff.). Damit verbunden ist die bereits aus der Heimatkunstbewegung der Jahrhundertwende geläufige Großstadtfeindschaft (s. I.6.7), in der sich anti-intellektuelle und antimoderne Ressentiments bündeln. In der späteren Weimarer Republik erscheint z.B. der Gegensatz zwischen der Metropole Berlin und der Provinz als durch und durch provinzieller »**Aufstand der Landschaft gegen Berlin**«, wie der einflussreiche Herausgeber der völkischen Zeitschrift ›Das deutsche Volkstum‹, Wilhelm Stapel, 1930 in seinem Aufsatz »Der Geistige und sein Volk« schreibt (zit. Kaes 1993, 488; vgl. Delabar 2010, 182ff.; Köhn, 132ff.; Berlin Provinz; Weimarer Republik zwischen Metropole und Provinz). Deutlicher Ausdruck dieser Entwicklungen waren die aufsehenerregenden Auseinandersetzungen in der ›Sektion Dichtkunst‹ der Preußischen Akademie der Künste: aus Protest gegen Berliner ›Literaten‹ erklärten 1931 die völkischen Schriftsteller Wilhelm Schäfer, Emil Strauß und Erwin Guido Kolbenheyer ihren Austritt (vgl. WR, 101ff.; Jens; Mittenzwei 1992). Alfred Döblin hat in diesem Zusammenhang ausdrücklich gegen die Auffassung eines »von Gott inspirierten Dichter jenseits von Zeit und Raum« (WR, 102) polemisiert und die Unzeitgemäßheit derartiger Positionen bloßgelegt, die nicht zuletzt ihren Anteil an der Faschisierung der Republik hatten.

1.5 Die ›Not der geistigen Arbeiter‹ und der organisierte Schriftsteller

Auf dem Höhepunkt der Inflation, 1923, publizierte der Soziologe Alfred Weber eine Studie über *Die Not der geistigen Arbeiter*, in der er festhielt: das »moderne Intellektuellentum ist wirtschaftlich-sozial fast durchgängig **Rentenintellektuellentum**« (WR, 71). Es verfüge über ein kleines oder mittleres Vermögen und benötige dieses zur Ergänzung der eher spärlichen Einkommen auch. Die Inflation vernichtete diese Vermögenswerte der Schriftsteller, Professoren, Juristen, Ärzte und führte zu Deklassierung und Pauperisierung, ein Prozess, der sich in der großen Krise seit 1929/30 erneut verschärfte. In einem spektakulären Prozess wurde 1921 der expressionistische Dramatiker Georg Kaiser wegen Diebstahls, zu dem er sich aus persönlicher Not getrieben sah, zu einem Jahr Gefängnis verurteilt (WR, XXIII).

Die »Rentenintellektuellen« standen im Gegensatz zur, so Weber, neu entstehenden Schicht von »Arbeitsintellektuellen«, die besonders im technischen Bereich der Ingenieure und Techniker materielle Sicherheit eher fanden. Die literarisch tätigen Intellektuellen partizipierten in der Regel daran nicht. Von materiell tatsächlich unabhängigen Großschriftstellern wie Thomas Mann einmal abgesehen waren sie angewiesen auf Arbeiten für die neuen Medien, also Film und Radio sowie die Presse. Es war eher die Ausnahme, wenn einer der brillantesten Kritiker der Zeit, Siegfried Kracauer, an der liberalen ›Frankfurter Zeitung‹ zeitweilig festangestellt – nämlich als Leiter der Berliner Feuilleton-Redation 1930 bis 1933 – arbeiten konnte. Dies galt trotz des enormen Bedarfs an Texten für die neue »**Informationsindustrie**«: 1928 wurden 2.633 Zeitschriften und Zeitungen, allein für Berlin 147 politische Tageszeitungen, davon 93 wenigstens sechsmal die Woche erscheinend, registriert (Bienert, 7).

Wie vor der Jahrhundertwende der junge Frank Wedekind als Texter in der Werbebranche unterkam (bei Maggi), so arbeitete in diesem Berufszweig in den zwanziger Jahren auch der Dada-Merz-Künstler Kurt Schwitters (für Pelikan-Schreibutensilien). Ein Blick auf die Vita von Walter Benjamin zeigt die Not journalistisch-kritischer Brotarbeiten (vgl. Witte 1985, 65ff.). Aus eigener Erfahrung konnte Benjamin gegen die Auffassungen von einer sozial wie ideologisch ›freischwebenden Intelligenz‹, wie Karl Mannheims *Ideologie und Utopie* von 1929 sie popularisiert hatte, auf den definitiven »**Verfall der ›freien Intelligenz‹**« insistieren (Benjamin III, 174; Sozialgeschichte, 261ff.; s. II.2.4;). »Muße als Nährboden für jede Geistbetätigung«, schrieb die ›Neue Rundschau‹ 1923, »ist nicht mehr.« (Manif., XXIII).

Nach dem Modernisierungsschub im späteren 19. Jahrhundert und den damit einhergehenden Veränderungen im sozialen und ökonomischen Status des Schriftstellers in Richtung auf die vielbeklagte ›**Tintensklaverei**‹ (s. I.4.1) stellt sich unter rationalisierten Bedingungen das alte Problem neu. Im Kontext der Novemberrevolution wurden zwar Sozialisierungsmodelle erwogen, so von Kurt Eisner, der eine auch materielle Fürsorgepflicht des Staates gegenüber dem Künstler einräumte (WR, 61f.), oder von Walther Borgius, der sich vergebens für eine Sozialisierung des Buchwesens aussprach (WR, 63ff.). Gottfried Benns Polemik von 1927 schließlich, der Staat subventioniere alles Mögliche, nur nicht die Kunst (»Hohenzollern oder Republik« – »der Staat hat nie etwas für die Kunst getan«; WR, 83f.) erinnert an diesbezüglichen Auseinandersetzungen in der Bismarckära (s. I.4.4). Auch in der Weimarer Republik geht es um den »organisierten Schriftsteller« (Kaes 1995, 42ff.; Scheideler, 193ff.).

Dabei ist zum einen an literarische Gruppenbildungen zu denken – an die eher informellen Gruppierungen um **Zeitschriften**, etwa die aus der ›Schaubühne‹ von Siegfried Jacobsohn hervorgegangenen ›Weltbühne‹ mit Tucholsky und Ossietzky als den führenden publizistischen Köpfen; an die sich durch ihre Offenheit und Fortschrittlichkeit auszeichnende ›Literarische Welt‹ (1925–1934) von Willy Haas, an den von Paul Flechtheim gegründeten, die Moderne repräsentierenden ›Querschnitt‹ als »Magazin der aktuellen Ewigkeitswerte« (1924–1933; vgl. Querschnitt), das ebenfalls für die Moderne aufgeschlossene Ullstein-Magazin ›Uhu‹ (1925–1933, vgl. Uhu), an fortschrittliche Rundschau-Zeitschriften wie die als Sprachrohr des Naturalismus 1890 gegründete ›Neue Rundschau‹ des S. Fischer-Verlages und das von Stefan Großmann, später von Leopold Schwarzschild herausgegebene ›Tage-Buch‹ (1920–1933). Auch die exklusiven ›Neuen deutschen Beiträge‹ (1922–1927) von Hofmannsthal wären hier zu nennen, auf dem KPD-orientierten Flügel die ›Linkskurve‹ (1929–1932) als Organ des ›Bundes proletarisch-revolutionärer Schriftsteller‹ (vgl. Deutsche literarische Zeitschriften; Deutsche Literatur, Bd 9, 61ff.; Schlawe). Dass Berlin zwar unbestrittene Metropole war, aus der Provinz aber nicht allein provinzielle Stimmen zu vernehmen waren, belegt der ›Scheinwerfer‹ aus Essen, ein bemerkenswertes Forum der Neuen Sachlichkeit (1927–1933, vgl. Scheinwerfer).

Zum anderen ging es erneut und weiterhin um die **Selbstorganisation der Schriftsteller**. Nach dem Ende der Organisierungsversuche während der Revolutionsjahre fanden sich 1925 rund zwei Dutzend linksliberaler Schriftsteller zur Vereinigung ›**Gruppe 1925**‹ zusammen, welche ausdrücklich »nach innen die Schriftsteller aus ihrer Isolierung heben« und »nach außen das endliche Hervortreten einer Repräsentanz der modernen geistradikalen Bewegung« (WR, 91) suchte, ohne allerdings auf Dauer eine stabile Gruppe bilden zu können. Unter den Mitgliedern finden sich Autoren wie Becher, Bloch, Brecht, Döblin, Haas, Hasenclever, Kasack, Klabund, Toller, Westheim, Wolfenstein u.a. (K. Petersen 1981). Größere Stabiltät im politisch dezidiert linken Flügel zeigte 1928 der bis zur Selbstauflösung 1935 aktive ›Bund proletarisch-revolutionärer Schriftsteller‹ (BPRS; s. III.3.4).

Eine angemessene Interessenvertretung eher auf gewerkschaftlicher Ebene suchte der 1909 gegründete ›**Schutzverband Deutscher Schriftsteller**‹ (SDS) zu erreichen (Scheideler, 283ff.). Auch etablierte Autoren wie Th. Mann, Hauptmann, Döblin und Tucholsky waren im SDS aktiv, der während der zwanziger Jahre zur mitgliederstärksten Schriftstellerorganisation der Republik avancierte und 1932 rund 2.800 Mitglieder umfasste (WR, 69; Kron). Dennoch blieb die materielle Lage nicht weniger Autoren prekär. Die sich als Kulturstaat mit dem Attribut ›Weimar‹ schmückende Republik, so wurde es empfunden, vermochte zwar Dichterfeiern auszurichten wie 1922 zu Ehren von Goethe und Hauptmann, ließ aber »seine Dichter verhungern«. Zur »Delegitimierung der Republik« trug dies zweifellos bei (WR, XXV). – Auch die **proletarische Gegenöffentlichkeit** (s. III.3.6) konnte den revolutionären Schriftstellern alles andere als materiellen Schutz gewähren. Im Gegenteil, gerade die jungen Arbeiterschriftsteller fanden, wie ihre Biographien zeigen, paradoxerweise erst in Phasen der Arbeitslosigkeit (wie Hans Marchwitza) oder aber während ihrer aus politischen Gründen erfolgten Inhaftierung (wie Willi Bredel) überhaupt Anlass und Gelegenheit, zu schreiben. Insofern misslangen die unterschiedlichsten Versuche des »organisierten Schriftstellers« (Kaes 1995, 42ff.), adäquate materielle Sicherheit zu finden.

1.6 Die neuen Medien

Den traditionellen **Printmedien** kam für die Literaturentwicklung schon deshalb eine erhöhte Bedeutung zu, weil der Bedarf speziell an tagesjournalistischer, essayistischer, dokumentarischer, reportagehafter Literatur seit Mitte der zwanziger Jahre enorm stieg. Der »Abbau der ›schönen Literatur‹« (Kaes 1995, 56ff.) zugunsten von Gebrauchsprosa ging einher mit einem »Umbau des Literaturbetriebs« (Delabar 2010, 29ff.). Auch die **Distributionsformen für Literatur** erweiterten und modernisierten sich: so durch die Einrichtung billiger Buchreihen wie Ullsteins gelbe ›Eine-Mark-Romane‹, denen die proletarische Literaturbewegung ihre Reihe der ›Roten Eine-Mark-Romane‹ entgegensetzte, oder die von Thomas Mann 1927 eröffnete und mitverantwortete, in der Kritik heftig umstrittene Reihe ›Romane der Welt‹ des Th. Knaur-Verlages (WR, 287ff.). Brecht sang Songs aus seiner *Dreigroschenoper* auf Grammophonplatten (WR, 299f.). Dem Umsatz und der Demokratisierung der Literaturdistribution dienten auch die seit 1919 entstehenden **Buchgemeinschaften**, so der ›Volksverband der Bücherfreunde‹ (1919), die ›Deutsche Buchgemeinschaft‹ (1924), die katholische ›Buchgemeinschaft‹ (1925), seitens der Arbeiterbewegung der sozialdemokratische ›Bücherkreis‹ (1924), die ›Büchergilde Gutenberg‹ der Buchdruckergewerkschaft (1924) sowie 1926 die kommunistische ›Universum-Bücherei für Alle‹ (WR, 294ff.; s. III.3.6).

Des Weiteren gab es Kampagnen zur Verbilligung der Bücher. Thomas Manns *Buddenbrooks* (1901) erschienen 1929 im S. Fischer-Verlag als »ungekürzte Sonderausgabe« in einer Auflage von 900.000 zu dem seinerzeit sensationell niedrigen Preis von 2,85 Mark. Am ›Tag des Buches‹ 1930 fanden in Berlin Dichterlesungen mit Vicki Baum, Kisch, Kästner u.a. im Warenhaus Karstadt statt (WR, 300f.). Die ›Literarischen Welt‹ richtete absatzfördernde Bestsellerlisten ein (WR, 291f.). Lapidar konstatierte 1930 in der Zeitschrift ›Die Literatur‹ ein regelmäßiger Beobachter der Buchproduktion: »**Massenfabrikation, Serienherstellung, Überschwemmung des Marktes**« (WR, 297). In der Tat war es ein neues Phänomen, dass ein Roman wie *Im Westen nichts Neues* innerhalb seines Erscheinungsjahres 1929 die Auflage von fast einer Million erzielen konnte (Schütz 1986, 37; Der Fall Remarque). Insgesamt also wurden ungewohnte und **neuartige Distributionswege** geschaffen, die Ansätze zu einer Demokratisierung der traditionellen literarischen Kultur ermöglichten, auch wenn diese durch die Wirtschaftskrise und die entsprechende Pauperisierung potenzieller Käuferschichten nur zeitweilig wirksam werden konnte (vgl. Kaes 1995, 56ff.).

Einen enormen Innovationsschub auf den Ebenen von Produktion, Distribution und Rezeption bedeutete auch für die Literatur die **Entwicklung der neuen Medien** (vgl. Medientheorie, 1929): also des noch jungen **Films** und des erst 1923 eingerichteten öffentlichen **Rundfunks** (WR, 197ff.; Fromhold; Führer; Hermand/Trommler, 261ff.; Lerg; Schütz 1986, 35ff.; Wessels). Die neuen Medienverhältnisse zeigten sich deutlich bei der **Mehrfachverwertung** eines literarischen Textes oder Sujets. Wohl als erster vermarktete Döblin seinen Roman *Berlin Alexanderplatz* (1929) auf diese Weise: zunächst als Fortsetzungsroman in der ›Frankfurter Zeitung‹ erschienen und dann als Buch bei S. Fischer herausgekommen, erarbeitete Döblin zusammen mit Max Bing und Hugo Döblin eine 1930 in der Berliner Funkstunde gesendete Hörspielfassung (Materialien zu Alfred Döblins ›Berlin Alexanderplatz‹, 199ff.). 1931 verfilmte Phil Jutzi den Roman mit Heinrich George in der Hauptrolle, wobei das Drehbuch (vgl. Berlin-Alexanderplatz) eine genauere Analyse der Umsetzung der Döblinschen »filmischen Schreibweise« (Kaemmerling) ins Filmische gestattet.

Über derartige Verwertungen und filmische Adaptionen literarischer Stoffe hinaus – etwa die US-Verfilmungen von Vicki Baums *Menschen im Hotel* oder Erich Maria Remarques *Im Westen nichts Neues* sowie Brechts *Dreigroschenfilm* – bedeutete der Film einen wichtigen, auch ästhetischen, Faktor für die Ausbildung der Literatur von Avantgarde und Moderne. Die sog. **Russenfilme**, also die jüngste sowjetischen Avantgarde-Produktion von Sergej Eisenstein (»Panzerkreuzer Potemkin«, 1925), Wsewolod Pudowkin (»Mutter«, 1924) u.a. stießen zumal beim intellektuellen Publikum ob ihrer authentischen Filmästhetik auf größtes Interesse (WR, 224ff.). Gerade die filmische Collage- und Montagetechnik entsprach den neuen urbanen Wahrnehmungsweisen und ermöglichte und schuf wiederum eine neue Form der Wirklichkeitsaneignung zumal bei dem »avantgardistischen Kinozuschauer« (Paech 2004; vgl. II.2.6; Filmkultur in der Weimarer Republik). László Moholy-Nagys Filmskizze »Dynamik der Gross-Stadt« (1921) ist ein früher komplexer Beleg dafür (vgl. Opitz). Ein Film wie Walther Ruttmanns »Berlin – Die Symphonie der Großstadt« (1927) erwies – sogar und gerade gegenüber der eher konventionellen, auf den Helden zugeschnittenen, ›unfilmischen‹ *Alexanderplatz*-Verfilmung – Chancen und Grenzen neusachlich montierter Dokumentaristik (vgl. Combes; Wessels, 82f.). Insgesamt war die Institution **Kino** nach der Lösung des Kintopp vom Jahrmarkt zu Beginn des Jahrhunderts wichtiger Ort republikanischer Massenkultur. Siegfried Kracauer spricht in seiner Anlayse der Berliner Lichtspielhäuser 1926 vom »Kult der Zerstreuung« (WR, 248ff.). Film und Kino sind immer auch »Medium der Massen« (Heller, 168ff.; s. II.2.6).

Im Gegensatz zu Film und Kino galten in der literarischen Öffentlichkeit **Radio und Rundfunk** als weniger suspekt, auch wenn zivilisationskritische Vorbehalte gemacht wurden (Wessels, 84ff.; Radio-Kultur, 15ff.). Seit Beginn des Radiobetriebes am 29. Oktober 1923 in Berlin sah sich der Rundfunk als Medium ›für alle‹ mit dem Ziel von »›Volksbildung‹ und demokratischer Integration«, woraus nach 1933 rasch das Ziel der »›Volkbildung‹ und der Kontrolle« wurde (Flemming, 63). Der Anteil des Radios an der Schaffung einer klassenübergreifenden ›Massenkultur‹ sollte allerdings nicht überschätzt werden (Führer; Wessels, 86f.). Quellensammlungen (Literatur und Rundfunk; Radio-Kultur), Analysen und Abrisse (Hörburger; Kalin; Keckeis; Soppe; Würffel) lassen die Bedeutung der »*Schriftsteller vor dem Mikrophon*« (2009) erkennen.

Ansätze zu einer **Radioästhetik** finden sich – neben Lesungen, die für die Weimarer Autoren auch aus wirtschaftlichen Gründen von Belang waren – in Theorie und Praxis des Hörspiels. Das **Hörspiel** (»Funkstück«) als spezifisch rundfunkeigene Kunst schien in seinen Anfängen zunächst als ›Theater für Blinde‹ und folgte in seiner Ästhetik naturalistischen Abbild-Prinzipien, die um das Visuelle gleichsam beschnitten worden waren. So handelt das literarhistorisch allererste Hörspiel, »A Comedy of Danger« von Richard Hughes (Radio London 1924), von einem Unglück in einem dunklen Bergwerkstollen und entwirft gleichsam »Handlungen ohne Bilder« (Würffel, 15). Das Hörspiel erfreute sich wachsender Beliebtheit: In der ›Berliner Funkstunde‹ stieg die Zahl der Hörspiele zwischen 1928 und 1929 von 810 auf über 2.000 (Wessels, 93), so dass man für 1929 bis 1933 von einer »ersten ›Blütezeit‹« spricht (Würffel, 27ff.). Bei etwa 3 Millionen Radiobesitzern lag die Zahl der Hörer 1929 bei rund 9 Millionen.

Gattungspoetische Überlegungen zielten bei der Avantgarde auf eine antimimetische, auf Laut und Geräusch setzende **akustische Kunst** des »Schallspiels«, wie sie, eine Ausnahme im Rundfunk der Weimarer Republik, Kurt Schwitters 1932 im Süddeutschen Rundfunk mit seiner »Ursonate«, zuvor Walther Ruttmann mit »Weekend« (1927) darbieten konnten (Wessels, 93f.). Neben derartigen »experimentellen Geräuschhörspielen« finden sich während der zwanziger Jahre Vorlieben für Hörspiele über Pioniere und Abenteurer der Zeit, die Polarforscher, Bergsteiger und Flieger, in deren Kontext noch Brechts »Ozeanflug« entsteht, daneben »dramatische Reportagen und **Zeithörspiele**« sowie Beispiele für Hörspiele des inneren Monologes wie bei Hermann Kesser, Hermann Kasack u.a. (Würffel, 22ff.). Hörspiele und Hörspieltheorien sozialkritischer Schriftsteller wie Friedrich Wolf, Ernst Ottwalt und Hanns Eisler, schließlich Brecht (vgl. Groth) berühren sich mit der sozialistischen Hörspiel- und **proletarischen Rundfunkbewegung** (Hörburger, 309ff.; Reis/Zielinski/Radevagen).

Den Rundfunk – in dem die Zensur eine unrühmliche Rolle spielte (Radio-Kultur, 201ff.) – zu einer demokratischen Einrichtung zu transformieren und umzufunktionieren, versuchten auf avancierte Weise Benjamin und Brecht (I. Müller). Walter Benjamin erprobte im Rundfunk Wege der Literaturvermittlung mit seinen Features,

»Hörmodellen« und Hörspielen, die er auch für ein Kinderpublikum schrieb, so »Radau um Kasperl« (Benjamin IV/2, 674ff.; vgl. Schiller-Lerg; I. Müller, 42ff.). Brecht gehörte mit dem 1927 gesendeten Bühnenstück »Mann ist Mann« neben Bronnen, Kaiser und Werfel zu einem der ersten zeitgenössischen Dramatiker, der auch gesendet wurde. **Brechts »Radiotheorie«** (Brecht 18, 119ff.; vgl. Schwering 2007) zielte auf die Umrüstung des Rundfunks zum »denkbar großartigsten Kommunikationsapparat des öffentlichen Lebens«, indem dieser »aus einem Distributionsapparat« in einen »Kommunikationsapparat« verwandelt, der Empfänger zugleich in einen Sender umgebaut würde (WR, 216ff.; Brecht 18, 129; I. Müller, 63ff.). Mit seinem »Flug der Lindberghs« (1929, später »Der Ozeanflug«), einem für Kinder gedachten »**Radio-Lehrstück**« mit der Musik von Kurt Weill und Paul Hindemith, startete Brecht einen praktischen Versuch zur Veränderung des Rundfunks (Groth, 220ff.; Würffel, 34ff.), der nicht zuletzt wegen der Besitzverhältnisse, wie Brecht später im *Dreigroschenprozeß* ausführte (s.u. S. 257), ebenso scheitern musste wie die Umkehrung des traditionellen Sender-Empfänger-Modells.

Brechts »Medienästhetik« (Herrmann) hat auf avancierte Weise die Relevanz der ›neuen Medien‹ für literarische Gestaltungsprinzipien verarbeitet. Im *Dreigroschenprozeß* macht Brecht auf die folgenreiche Durchmischung der Einflüsse der neuen und der alten Medien bei Produktion und Rezeption aufmerksam, die auch für gegenwärtige Medienerfahrungen mit Videoclips, dem ›Zappen‹ und anderen TV-Wahrnehmungen seine Gültigkeit nicht verloren haben dürfte:

> »Die alten Formen der Übermittlung nämlich bleiben durch neu auftauchende nicht unverändert und nicht neben ihnen bestehen. Der Filmsehende liest Erzählungen anders. Aber auch der Erzählungen schreibt, ist seinerseits ein Filmsehender. Die Technifizierung der literarischen Produktion ist nicht mehr rückgängig zu machen.« (Brecht 18, 156).

1.7 Zur Weimarer Literaturentwicklung

Die Literatur in der Weimarer Republik ist heterogen. Für das Gros der Autoren und Autorinnen, die das künstlerisch-literarische Gesicht dieser Zeit geprägt haben, bedeutet die Phase der Republik nur einen Ausschnitt im Lebens- und Gesamtwerk, nicht immer auch den wichtigsten. Das gilt für ältere Autoren wie George, Hauptmann, Hofmannsthal, Holz, die Brüder Mann u.a., Schriftsteller also, die bereits im Naturalismus und Fin de Siècle öffentliche Anerkennung gefunden haben und die im Ersten Weltkrieg und während der zwanziger Jahre trotz unterschiedlicher Biographien zum Teil heftige und »fundamentale **Weltanschauungskrisen**« durchleben (Sozialgeschichte, 261). Zum Teil nehmen sie, wie Holz, Schlaf u.a., am literarischen Leben der Weimarer Republik kaum mehr Anteil, zum Teil reicht ihr Œuvre wie bei Hauptmann bzw. den Brüdern Mann noch bis in die ›Innere Emigration‹ bzw. das Exil und sogar in die Nachkriegsära. Dagegen: Rilke stirbt 1926, Holz und Hofmannsthal 1929, George 1933.

Auf unterschiedliche Weise orientiert sich diese ältere Generation neu: Abseits des Literaturbetriebs verbleiben Rilke und George, gleichermaßen für die Republik engagiert sind die Brüder Mann, eher als Klassizist denn als Republikaner agiert Hauptmann, als Stichwortgeber der ›konservativen Revolution‹ fungiert Hofmannsthal. In ihren literarischen Produktionen und in der Öffentlichkeit präsent – Thomas Mann erhält 1929 den Nobelpreis –, haben sie ihre Schlüsselpositionen aus der Jahrhundertwende aber doch an andere Autoren abgegeben: an Vertreter der desillusionierten expressionistischen Generation, an jüngere literarische Wortführer wie Brecht, Döblin oder Musil (der seit 1931 in Berlin lebt) und an die opinion leader der Neuen Sachlichkeit (s. III.2). Das Neben- und teilweise Gegeneinander dieser Generationen oder auch nur Jahrgänge ist es, welches das Bild der Weimarer Literatur gleichermaßen prägt wie unübersichtlich macht.

Das Werk dieser älteren Generation gehört ebenso zur Literatur der Weimarer Republik wie das der jüngeren Autoren der ›expressionistischen Generation‹. Die unter Kästners Flagge vom »Jahrgang 1899« charakterisierten Schriftsteller wiederum sind diejenigen, deren literarische Anfänge mit der Entstehung der Republik zusammenfallen; schließlich finden sich Autoren, die, wie Günther Eich oder Peter Huchel, erst gegen Ende der Republik literarisch an die Öffentlichkeit treten, deren Hauptwerke aber erst später, zum Teil erst nach 1945, entstehen und die an der Literatur der Weimarer Jahre also nur peripheren Anteil nehmen.

Damit ist auf die **Problematik des Epochenbegriffs** verwiesen. Als eine der Geschichte entlehnte Epochenbezeichnung ist mit der Signatur ›Weimarer Republik‹ zunächst eine politische Einheit und eben keine literarhistorische Epoche benannt. Entscheidende ästhetische Zäsuren und Innovationen vollzogen sich nicht 1918, sondern, wie aufgezeigt, europaweit bereits in den Jahren unmittelbar vor dem Ersten Weltkrieg (s. II.1.1). Insofern liegt die mit den Daten 1918 und 1933 bezeichnete Periode auf einer anderen Ebene als die Bestimmung des ›expressionistischen Jahrzehnts‹ von 1910 bis 1920, die sich als dezidiert literarhistorische Bezeichnung bewährt hat. Auch die Bestimmungen ›historische Moderne‹ bzw. ›Jahrhundertwende‹/ ›Fin de Siècle‹ mit dem Naturalismus und seinen Gegenströmungen sind nicht der politischen Geschichte des ›Wilhelminismus‹, sondern – in ihm situiert – der künstlerischen Entwicklung und Trendbildung abgewonnen (s. I.6.6; 6.8).

Literatur der Weimarer Republik ist demnach ein Ensemble von Strömungen, Ismen und künstlerischen Einzelleistungen, deren Heterogenität bereits ganz äußerlich durch das Nebeneinander unterschiedlicher **Generationen** vorgegeben ist und wobei die ›**Gleichzeitigkeit des Ungleichzeitigen**‹ (und des ›Ungleichen‹ zudem) auf der Hand liegt. Dies heißt nicht, dass sich nicht epochentypische Trends ausmachen lassen, bedeutet aber auch nicht, dass die Jahre 1918 bzw. 1933 in jedem Einzelfall einen Bruch in Leben und Werk bedeutet hätten. Die literarhistorischen Kontinuitäten der Jahre vor und nach 1918 sind allerdings ganz andere als vor und nach 1933: 1918 können Avantgarde und Moderne ihre Arbeit fortsetzen, 1933 werden sie vertrieben und verbrannt. 1918 bedeutet Kontinuität für konservative und rechte Autoren, die nun unter republikanischen Verhältnissen ihre antidemokratischen Positionen ungehindert vertreten – oder modifizieren. 1933 bedeutet auch Kontinuität für die bereits seit den zwanziger Jahren lebendige, republikfeindliche, völkische und präfaschistische Literatur, aber Vernichtung von Avantgarde und Moderne sowie aller, oft damit verbundenen, jüdischen Traditionen (s. III.5).

Der Blick auf einige Erscheinungsdaten macht die **Heterogenität** augenfällig. In der Gründungsphase der Republik dominiert die im Jahrzehnt zuvor, also noch vor 1914 enstandene und während des Kriegs profilierte Avantgarde: der Expressionismus, der nun seine größte Breitenwirkung erlebt, und Dada. So erscheinen in den **Stichjahren 1919/20** die für den Expressionismus und den literarischen Aktivismus repräsentativen Anthologien *Menschheitsheitsdämmerung* sowie *Kameraden der Menschheit*, Tollers Stationendrama *Die Wandlung*, Bronnens *Vatermord*, Kafkas Erzählung *In der Strafkolonie*. 1919/20 erfährt auch der Dadaismus, zumindest im deutschsprachigen Bereich, seinen Gipfel- und Endpunkt, so durch seine Zeitschriften ›Der Dada‹, ›Die Pleite‹, ›Die Schammade‹, durch Kurt Schwitters *Anna Blume*, durch die von George Grosz und John Heartfield angezettelte »Kunstlump-Debatte« oder in den praktischen, kunstüberschreitenden Aktionen des Oberdada Baader (s. II.4; Tempo dieser Zeit).

Zur selben Zeit entsteht aber bereits eine antidemokratische Literatur des Krieges wie Ernst Jüngers tagebuchartige Aufzeichnungen von 1920, *In Stahlgewittern* (vgl. Kunicki), und seinem *Der Kampf als inneres Erlebnis* (1922). Ein republikfeindliches, auch völkisches und präfaschistisches Potenzial findet sich bereits seit der Frühphase der Republik. Auf dem Höhepunkt der Inflation, 1923, als Dada passé ist und die Expressionismus-Konjunktur sich ihrem Ende zuneigt, erscheint zudem mit Franz Jungs *Eroberung der Maschinen* ein frühes Beispiel für proletarische Erzählkunst. Gleichzeitig veröffentlicht Rilke seine (1912 begonnenen) *Duineser Elegien* und die *Sonette an Orpheus* – ganz und gar hermetische, kaum ausdeutbare Gedichte ›hohen‹ Stils, die als Höhepunkte moderner deutscher Lyrik überhaupt gelten und abseits des Literaturbetriebs stehen. Fast gleichzeitig, 1924, präsentiert Thomas Mann mit seinem *Zauberberg* ein Epochenresümee von Weltrang, Hans Grimm aber seinen den Nationalsozialisten ein zentrales Stichwort gebenden Roman *Volk ohne Raum* (1926).

Im Ideologischen verweisen die Beispiele auf das gesamte Spektrum von links bis rechts, im Ästhetischen auf die Ausdifferenzierung von Moderne und Avantgarde. Dabei fällt auf, dass die Angriffe der historischen Avantgarde auf die ›Werk‹-Kategorie wie auf die ›Institution Kunst‹ für die folgende Literaturpraxis alles andere als verbindlich gewesen sind, wie sich bereits zu Beginn der zwanziger Jahre erweist. Im Gegenteil; die kanonisierten literarischen Leistungen aus der Zeit der Weimarer Republik insgesamt – von Rilke und Thomas Mann bis zu Broch, Kafka, Musil, in Teilen auch Brecht – finden sich im Feld der **klassischen Moderne**, nicht auf dem Feld der **historischen Avantgarde**. Der um 1920 in Dada aggressiv sich aufgipfelnden Avantgarde folgen in der Weimarer Literatur keine weiteren vergleichbaren Ismen – insofern unterscheidet sich dieses Entwicklung von Tendenzen anderer Nationalliteraturen dieser Zeit. In Frankreich beginnt 1924 mit der Ausrufung des Surrealismus ein zweiter großer Innovationsschub der Avantgarde, der bis in die dreißiger Jahre gesamteuropäische Dimensionen annimmt, ohne dass die deutschsprachige Literatur davon sonderlich berührt worden wäre. In Italien unterwirft sich der Marinetti-Futurismus dem Mussolini-Faschismus. In Sowjetrussland existieren bis zur Stalinisierung von Gesellschaft und Politik und der Ausrufung des ›Sozialistischen Realismus‹ noch relative Freiräume der ›ästhetischen‹ gegenüber der ›politischen‹ Avantgarde bis Ende der zwanziger Jahre. In Deutschland geht die Avantgarde eigene Wege. Während der Weimarer Republik kristallisieren sich mit der **Neuen Sachlichkeit** und der **proletarisch-revolutionären Literaturbewegung** halbwegs homogene Literaturströmungen heraus, welche die Avantgarde eher ablösen, als dass sie ihr Erbe fortführten. Die seit Mitte der zwanziger Jahre dominante Neue Sachlichkeit ist dabei die einzige große Literaturströmung, die ganz und authentisch der Weimarer Republik zugehörig ist; sie flaut noch vor 1933 ab (s. III.2).

Nimmt man das Ende der zwanziger Jahre als weiteren Stichpunkt – es sind die letzten noch eher ruhigen Jahre vor der großen Krise –, so findet sich folgender **Querschnitt 1928/29**: es erscheinen Erich Kästners neusachliche Gedichtsammlung *Herz auf Taille*, Kurt Tucholskys Satiren *Mit 5 PS*, Heinrich Manns Roman *Eugénie oder die Bürgerhochzeit*, Döblins *Berlin Alexanderplatz*, Luwig Renns *Krieg* und Remarques *Im Westen nichts Neues* als wegweisende Antikriegsromane sowie Theodor Pliviers Revolutionsroman *Des Kaisers Kulis*; Friedrich Wolfs aktuelles Stück gegen den Abtreibungsparagraphen 218, *Cyankali*; Brechts *Dreigroschenoper* und sein Radio-Lehrstück vom *Lindbergh*-Flug. Seitens der jüngeren Generation: Klaus Manns *Alexander*-Roman und Marieluise Fleißers Stück *Fegefeuer in Ingolstadt*. Abseits des Betriebs stehen Hans Henny Jahnns *Perrudja* und Stefan Georges Gedichte *Das neue Reich*.

1932 kommen heraus: Brechts *Heilige Johanna der Schlachthöfe*, Hans Falladas *Kleiner Mann – was nun?*, Gerhart Hauptmanns im Titel sich auf seinen Erstling beziehendes Drama *Vor Sonnenuntergang*, Thomas Manns »Goethe«-Rede, Ernst Jüngers *Der Arbeiter*. **1933**, im Jahr von Machtergreifung, Reichstagsbrand und Bücherverbrennung erscheinen von Thomas Mann der erste Band seiner 1943 im Exil beendeten *Josephs*-Trilogie, das NS-Drama *Schlageter* des vormaligen Expressionisten Hanns Johst und, bereits im Prager Exil, der Bauernroman *Maulwürfe* von Adam Scharrer. Am 7. März 1933 erscheint das letzte Heft der ›Weltbühne‹, ab September 1933 werden in Prag als eine der ersten Exilzeitschriften die ›Neuen Deutschen Blätter‹ von Jan Petersen, Oskar Maria Graf, Wieland Herzfelde und Anna Seghers herausgebracht.

Eine **Periodisierung** dieser in ideologischer, ästhetischer und auch generationsbezogener Hinsicht so heterogenen und ungleichzeitigen Literaturentwicklung, dies zeigen Diachronie und Synchronie von Erscheinungsdaten und literarischen Trends, ergibt sich aus den drei historischen Etappen der wenigen Jahre der Republik:

– im Zeichen der revolutionären Nachkriegskrise stehen der Expressionismus und die dadaistische Avantgarde (1919–23);
– die Phase der relativen Stabilität mit der Neuen Sachlichkeit als dafür charakteristische Strömung (1923–29);
– der Etappe der großen Wirtschaftskrise und der Faschisierung der Republik (1929–33), in der sich zwar eine einheitliche literarische Strömung wie die proletarisch-revolutionäre Literaturbewegung herausbildet, in der aber keine künstlerische Richtung als Dominante sich bis zur Zäsur 1933 durchzusetzen wüsste (Prümm 1972, 615f.).

Insgesamt erscheint die Weimarer Republik als Experimentier- und Ausdrucksfeld der Moderne, als ihre »Explosion« (vgl. Weimar ou l'explosion de la modernité; vgl. Möller; Sozialgeschichte, 7ff.; 261ff.; Weyergraf 1995a; Willett 1981). Peter Sloterdijk resümiert Weimar als die »wacheste Epoche der Geschichte«, als ein »hochreflexives, nachdenkliches, phantasievolles und ausdrucksstarkes Zeitalter, das durchpflügt ist von den vielfältigsten Selbstbetrachtungen und Selbstanalysen.« (Sloterdijk 1983, II, 708). Es ist das »›Laboratorium Vielseitigkeit‹«.

1.8 Zeitgenossenschaft, Politisierung, Zerstreuung

Trotz aller Heterogenität lassen sich einheitliche politisch-ästhetische Trends ausmachen, die in ihrer Besonderheit – zumal gegenüber den skizzierten Entwicklungen der Avantgarde in Frankreich, Italien oder Sowjetrussland – auf charakteristische und einmalige Züge der zwanziger Jahre in der Weimarer Republik verweisen. **Einheitlichkeit und Homogenität** der literarischen Kultur zeigt sich in einer emphatischen **Zeitgenossenschaft** und einem **Aktualitätsbewusstsein**, das viele Schriftsteller in der Auseinandersetzung mit den neuen Verhältnissen üben. Ein Teil der Autoren sicher nur, aber gewiss der avancierteste, der für eine Kunst und Literatur steht, welche »die gesellschaftlichen Widersprüche inhaltlich und formal zu ihrem Problem machte und sich nicht länger auf elitäre überkommene Positionen zurückzog« (Sozialgeschichte, 20). So geht es um »verarbeitete Zeitgenossenschaft« (Schütz 1986, 9), die unter den Autoren der Weimarer Republik heftig umstritten war. Anlässlich einer Umfrage zum Thema »Können die Dichter die Welt ändern?« in der ›Literarischen Welt‹ 1930 schrieb Gottfried Benn: »Aber ich lasse Ihnen ja Ihre Techniker und Krieger, Wissenschaft, Literatur – das ganze freischwebende Gemecker der Zivilisation, ich fordere für den Dichter nur die Freiheit, sich **abzuschließen gegen eine Zeitgenossenschaft** [...]: er will seine eigenen Wege gehen.« (zit WR, LI).

Das verweist auf engagierte Literatur (vgl. Engagierte Literatur) und auf **Polarisierungen** zwischen den Lagern von ›links‹ und ›rechts‹.

Konsequent äußert sich diese Zeitgenossenschaft in der sozialen Neubestimmung der Schriftstellerrolle – weg vom traditionellen Dichter, hin zum neuen Typ des von vornherein auf ›Aktualität‹ schauenden Autors, der dem Journalisten und Publizisten eng verwandt ist (s. III.1.3). Die unmittelbare Nähe zum Tag, die Fähigkeit und Bereitschaft zu Zeitdiagnostik, Zeitkritik, Engagement und Eingreifen zeichnet gerade diese spezifische Weimarer Generation aus. Davon zeugt auch der hohe Grad an **Politisierung**, dem die Weimarer Literatur sich ausgesetzt sieht, sich aber auch selbst aussetzt. Das beginnt bereits programmatisch mit der Ausrufung des ›politischen Dichters‹ durch den Expressionismus und reicht bis zur Ausfaltung der Arbeiterliteratur, deren proletarisch-revolutionärer Flügel ein politästhetisches Konzept von eingreifender Literatur, von einer ›Kunst als Waffe‹ postuliert und erprobt (s. III.3). Auch das Weimarer Theater, allen voran die Bühnenexperimente von Erwin Piscator, der darüber 1929 mit seiner programmatischen Schrift *Das politische Theater* Rechenschaft ablegt, ist in hohem Grade politisiert (s. III.4.3). Einer unbedingten »**Politisierung der Kunst**« redet epochentypisch schließlich Walter Benjamin das Wort, um einer »Ästhetisierung der Politik«, wie der Faschismus sie betreibt und worauf vor 1933 bereits die völkisch-nationale Literatur in ihrer Wendung gegen die Moderne insgesamt verweist (Bormann 1974; Ketelsen 1976; WR, XXXVIIIff., 545ff.), Paroli zu bieten (Benjamin I/2.508; vgl. Hillach; Spielräume).

Der hochkarätige Gegenwartsbezug – er scheint noch in einer sich der Realität verweigernden Figur wie der des Harry Haller im *Steppenwolf* (1927) des literarischen Einzelgängers Hermann Hesse auf (vgl. Hermann Hesses Steppenwolf) – findet sich aber nicht allein als radikale Politisierung, sondern auch als **Demokratisierung** von Literatur und Literaturbetrieb. Das Spektrum reicht von der Praxis der **massenkulturellen Zerstreuung** bis zur grandiosen **Essayistik und Publizistik** von Arnheim, Benjamin, Bloch und Kracauer, Ossietzky und Tucholsky, die sich in ihrer »Zeitdiagnostik« (Sloterdijk

1995) wiederum gerade diesen Fragen stellen. Ihr Anliegen ist das Ausloten der modernen Welt, also Großstadt, Geschlechterrollen, Generationsfragen, Jugendkonflikte, Klassenkonflikte. Dazu gehören auch die neuen Orte der Kultur und Kulturindustrie, Unterhaltung, Zerstreuung in ihren neuen Erscheinungsformen, bei denen die traditionelle Hierarchie zwischen hoher und niederer Literatur, E- und U-Musik, Kunst und Reklame (vgl. Müting 2004) in den Revuen der Music-Halls und in den Kabaretts Berlins sich annähern oder verschwinden (Kähler; F. Schneider). So hält ein Kritiker wie Kracauer gerade die Massenkultur für sozial »legitim«, wie er in seiner Polemik gegen den Elitarismus der »Gebildeten« ausführt: »Was die Menge unterhält, richten sie [die Gebildeten] als Zerstreuung der Menge. Entgegen ihrer Meinung ist das ästhetische Wohlgefallen an den ornamentalen Massenbewegungen legitim.« (zit. F. Schneider, 460). Es entsteht, so Kracauer, das »*homogene Weltstadt-Publikum*, das vom Bankdirektor bis zum Handlungsgehilfen, von der Diva bis zur Stenetopystin *eines* Sinnes ist.« (WR, 249).

Gerade Film und Kino – als, so Kracauer, »Gesamtkunstwerk der Effekte« (WR, 249) – haben an der Zerstreuungskultur wie am »Kult der Zerstreuung« (Kracauer, WR, 248ff.) maßgeblichen Anteil und rufen eine der Moderne entsprechende **Rezeptionshaltung** hervor. »An die Stelle der ›Kontemplation‹ tritt die ›Gewöhnung‹, die ›taktische Rezeption‹, die auch in der Zerstreuung noch möglich ist. Die Erfahrung des Films entspricht so der Erfahrung der modernen Wirklichkeit«, wobei die fachmännische Kompetenz des Publikums hervorzuheben ist (F. Schneider, 462). Insbesondere Benjamin und Brecht haben diese neuen, nicht-auratischen Wahrnehmungsweisen in der Moderne und durch die modernen Kommunikationsmittel analysiert und auf sie auch politisch gesetzt (vgl. I. Müller).

Neue Publikumsschichten finden Zugang zu ästhetischen Produkten und Inszenierungen, werden einbezogen in ästhetische Prozesse – eine Demokratisierung auch in Richtung auf die Massenkunst zeichnet sich erstmals in Deutschland ab. Die Entwicklung einer neuen kulturellen Träger- und Rezipientenschicht, die der Angestellten (s.u. S. 238), spielt dabei eine ebenso wichtige Rolle wie die Veränderungen des Marktes und der neuen Medien. Im Attribut ›golden‹, das man den zwanziger Jahren stereotyp zugeordnet hat, schwingt trotz aller Ideologisierung dieser Zeit noch ein Hauch dieser Entwicklung mit.

1.9 Literatur der ›Goldenen zwanziger Jahre‹: Zur Forschungslage

Die westdeutsche Literaturgeschichtsschreibung nach 1945 zeichnete sich zunächst durch eine gezielte »Tabuisierung der Weimarer Republik« (Bier, 340ff.) aus. Wurde sie dennoch wahrgenommen, so in der Glorifizierung der ›Goldenen zwanziger Jahre‹, deren Mythos längst als »Produkt einer **rein selektiven Kulturgeschichte**« (Sontheimer 1974, 9) erkannt ist. Mit den ›Goldenen zwanziger Jahren‹ war jene Phase der relativen Stabilität der Republik zwischen Inflation und Wirtschaftskrise gemeint, in der sich die bundesrepublikanische Restaurations- und Wohlstandsperiode der fünfziger und sechziger Jahre auf legitimatorische Weise spiegeln konnte. Gegen eine derart kritiklose Glorifizierung (vgl. Hermand 1978, 77f.) hat Ernst Bloch unmissverständlich auf die historischen Bezüge verwiesen: »›Golden Twenties‹: das Nazi-Entsetzen keimte in ihnen« (Bloch 4, 22).

Erst mit der Öffnung der Germanistik für ausgreifende sozial- und ideologiegeschichtliche, materialistische und literatursoziologische Ansätze im Gefolge der ›Krise der Germanistik‹ nach 1968 begann eine ernsthafte »Rekonstruktion der Weimarer Republik«. Als ›Epoche‹ findet sie sich bei den zeitgenössischen Autoren nicht, und sie hat sich auch erst seit den achtziger Jahren in der Literaturgeschichtsschreibung (gegenüber der Rede von den ›zwanziger Jahren‹) durchgesetzt (Bier, 342ff.).

Dabei ging es insbesondere um die Aufarbeitung der anti-elitären, radikal-demokratischen, revolutionären sozialistisch-kommunistischen und proletarischen, aber auch der avantgardistischen und spezifisch modernen Traditionen in der Republik. So wollte der Sammelband *Die deutsche Literatur in der Weimarer Republik* von 1974 ausdrücklich »**gesellschaftskritische und politisch engagierte Literatur** [...] eingehender als die gleichzeitige bürgerliche ›Dichtung‹ (behandeln), obgleich diese nach Umfang, Verbreitung und vielleicht auch ihrer formalen Qualität jene übertraf«. (Deutsche Literatur in der Weimarer Republik, 8). Auch Jost Hermand und Frank Trommler postulierten 1978 in ihrer die einzelnen Kunstsparten abhandelnden Gesamtdarstellung *Die Kultur der Weimarer Republik*, dass es um »jene Kunst« gehe, »die den Anspruch des ›Demokratischen‹, das heißt Massenhaften dieser Republik wirklich ernst nahm und sich gegen alles bloß Reaktionäre wandte [...]. Weimarer Kultur bedeutet damit im besten Sinne des Wortes stets progressive **Massenkultur**.« (Hermand/Trommler, 12; vgl. Die sogenannten zwanziger Jahre; Das literarische Leben in der Weimarer Republik). Die Republik erscheint auch als Synonym für die ›Explosion der Moderne‹ (vgl. Weimar ou l'explosion de la modernité).

In Ausstellungen und entsprechenden umfänglichen Katalogwerken wurden gerade diese Traditionen aufgearbeitet (vgl. Wem gehört die Welt; Theater in der Weimarer Republik; Tendenzen der zwanziger Jahre). Die Analyse des Komplexes der in der Weimarer Republik bis zur Zäsur von 1933 reich entfalteten Arbeiterliteratur erfolgte dabei zum Teil im kritischen Anschluss, teilweise in Kontroverse zur DDR-Germanistik, die sich dieser Literatur besonders angenommen hatte (s. III.3.1). Auch die **Neue Sachlichkeit** wurde seit dem Buch von Helmut Lethen über den »Weißen Sozialismus« (Lethen 1970) Gegenstand wegweisender Kontroversen (s. III.2.8).

Ein weites Feld bleibt die **Frauenliteratur** der zwanziger Jahre, die nach der Jahrhundertwende – und dem auffallend geringen Anteil von Frauen in der virilen historischen Avantgarde (vgl. Febel) – einen qualitativ wie quantitativ neuen Innovationsschub erfährt und vor allem im Kontext der geschlechtsspezifischen Codierungen der ›neuen Frau‹ zu sehen ist (s. III.2.6; vgl. Autorinnen; Bubikopf; Capovilla 2004; Kupschinsky; Neue Frauen; Schüller 2005; Soltau; Veth).

Notorisch unterbelichtet blieb lange Zeit die **Kinder- und Jugendliteratur** der Weimarer Republik. Gerade für die neusachlichen Züge im Kinderroman, etwa Erich Kästners, liegen mittlerweile einschlägige Analysen vor (Karrenbrock 1995a; dies. 1995b; Tost 2003; dies. 2005; Mikota 2004; vgl. »›Laboratorium Vielseitigkeit‹«). Dies gilt auch für proletarisch-revolutionäre Traditionen dieser Literatursparte (Dolle-Weinkauff; Sozialgeschichte, 76ff.).

Ein literarhistorisches **Zwischenresümee der Forschungen** der siebziger Jahre präsentierte 1981 das umfängliche Weimar-Kapitel in der *Sozialgeschichte der deutschen Literatur von 1918 bis zur Gegenwart* (Sozialgeschichte, 7ff.). Als »heuristischen Rahmen« für die Innenansicht der Epoche hat Willi Bolle 1994 »Epochenmerkmale« montiert, welche Frageraster und Kategorien der einschlägigen Forschungsergebnisse von den sechziger bis achtziger Jahren bündig resümieren:

- Strukturwandel der Öffentlichkeit;
- Politisierung der Intelligenz;
- Parteilichkeit und Avantgardismus;
- Sozialismus und Faschismus;
- Gewalt; Krise; Massenkultur. (Bolle, 134ff.). Hinzuzufügen wären:
- ›Austauschdiskurse‹ (s.u. S. 228f.);
- Moderne/Anti-Moderne;
- Historische Avantgarde.

Auf theoretischer Ebene half die Aneignung der ›Kritischen Theorie‹ der Frankfurter Schule, insbesondere der Schriften von **Walter Benjamin,** die in größerem Umfang erst mit den späten sechziger Jahren einsetzte und mittlerweile, wie die einschlägigen Forschungsberichte und Bibliographien ausweisen, eine kaum mehr zu übersehende Fülle von Sekundär- bzw. Tertiärliteratur hervorgerufen hat (vgl. Garber; Literatur über Walter Benjamin; Benjamin-Handbuch). Neben Benjamin ist es Brecht, dessen Schriften nicht allein zum Theater, sondern zu allgemeinen ästhetischen Fragen einer Produktions- und Rezeptionsästhetik der zwanziger und dreißiger Jahre wichtige Bausteine zum Bild der Weimarer Republik und ihren Konzeptionen einer »dialektischen Ästhetik« (I. Müller) lieferten (vgl. Knopf 1974; ders. 2004). Auch die im Exil geführten Literaturdebatten – Expressionismusdebatte, Brecht-Lukács-Kontroverse –, die theoretischen Schriften von Bloch, Brecht, Horkheimer u.a. ließen ein Bild von der Weimarer Republik erkennen, das auch vom Ende der Republik im Faschismus her gedeutet wurde (vgl. Weimars Ende).

Dies bedeutete einen polemischen Gegensatz und einen innovativen Neuansatz gegen die apologetischen Literaturauffassungen der fünfziger Jahre, denen Autoren wie Werner Bergengruen, Gertrud von Le Fort, Erwin Guido Kolbenheyer oder Wilhelm von Scholz als Musterbeispiele für ›Literatur der Weimarer Republik‹ galten. Aus dem literaturwissenschaftlichen Kanon sind sie seither weitgehend verschwunden. Sicher zurecht, wenn man sich dem Phänomen der **Moderne** widmete – diese Autoren vertreten einen literarischen Traditionalismus, mit dem sie sich aus der Moderne ausschließen. Zu Unrecht, wenn man sich die Weimarer Literaturverhältnisse vergegenwärtigt und den literarischen Anteil wie die Mächtigkeit gerade jener **Anti-Moderne** am kulturellen und politischen Gang der Republik ausmessen will. Wenn auch nicht die geringste Veranlassung zu einer ästhetischen oder politischen Rehabilitierung derartiger Autoren besteht, so widmen sich doch jüngere Forschungen solchen dezidiert antimodernen Autoren (vgl. Hey'l; vgl. Haß 1993; dies. 2004; Weyergraf 1995c). Dabei geht es auch um Autoren, die, verkürzt formuliert, politisch der Rechten, ästhetisch der Moderne zuzurechnen sind, um Probleme einer »Modernität der Antimoderne« (Haß 1995, 344ff.), etwa um den *Militanten Modernismus* bei Ernst Jünger (Brenneke; Bohrer 1978; vgl. Ernst Jünger. Eine Bilanz).

Damit sind **neuere Forschungstrends** angedeutet, die seit mehr als einem Jahrzehnt die sozialhistorisch-politischen Parameter im Gefolge der Nach-68er-Germanistik ausdifferenzieren oder aufbrechen wollen. Es geht dabei um die Auflösung bzw. Überschreitung der ideologischen Trennungslinien im Schema von Rechts-Links, auch um »Unheimliche Nachbarschaften« beider, wie Helmut Lethen seinen diesbezüglichen Forschungsabriss überschreibt (Lethen 1995b). Dies aber nicht in kruder Gleichsetzung von ›Rot‹ gleich ›Braun‹, sondern z.B. in der Problematisierung von »**Aus-**

tauschdiskursen«, wie sie in neueren Analysen zu den Weimarer Intellektuellendiskussionen herausgearbeitet worden sind (Lethen 1995b, 77; vgl. Intellektuellendiskurse, 11). Für die Rekonstruktion von zeitgenössischen Krisenerfahrungen und -verarbeitungen und ihrer Wahrnehmung in unterschiedlichen politischen Kontexten sind derartige Ansätze ebenso unverzichtbar wie die älteren Ansätze einer Funktionsgeschichte der Literatur, welche die politischen Lager der Zeit mitbedenkt.

Gesamtdarstellungen reichen von Kurzabrissen (Kaes 1993) über Einführungen (Delabar 2010) und eine englische Monographie (Midgley 2000) bis zu den betreffenden Bänden der einschlägigen neueren Literaturgeschichten (Geschichte der deutschen Literatur III/1; Sozialgeschichte). Dabei reduziert der 9. Band der »Sozialgeschichte« der *Deutschen Literatur* die Periode der Weimarer Republik auf die Kategorien »Avantgardismus« und »Parteilichkeit«, welche die Periode 1918–1933 doch nur partiell fassen können. Als jüngste umfassende Gesamtdarstellung ist 1995 in »Hansers Sozialgeschichte der deutschen Literatur« der Band *Literatur der Weimarer Republik* erschienen, dessen Einzelbeiträge neben den klassischen Feldern der demokratischen, neusachlichen und proletarischen Literatur gerade auch die ›rechten‹, konservativen, völkischen Tendenzen in ihrer republikfeindlichen Relevanz berücksichtigen und neue Forschungsimpulse vermitteln. Letzteres gilt auch für das seit 1995 erscheinende ›Jahrbuch zur Literatur der Weimarer Republik‹. Mit Blick auf die Schule hat die Zeitschrift ›Deutschunterricht‹ der Weimarer Republik ein Themenheft gewidmet (1997/2).

2. Neue Sachlichkeit

2.1 Begriffsgeschichte und Selbstverständnis

Der Begriff ›Neue Sachlichkeit‹ wurde in der Epoche selbst – wie später auch in der Forschung – kontrovers diskutiert. Einigkeit besteht darüber, dass die Neue Sachlichkeit kein neuer Ismus, insbesondere keiner der Avantgarde ist, sondern zunächst ein »Schlagwort, das ideologische und formalästhetische Tendenzen nicht mehr gültig zusammenfaßt« (K. Petersen 1982, 467; vgl. Becker 2000, 1, 13ff.).

Das ästhetische Postulat der ›**Sachlichkeit**‹ findet sich bereits um die Jahrhundertwende bei der Beschreibung urbaner Dispositionen – so in Georg Simmels Arbeit über »Die Großstädte und das Geistesleben« (Simmel, 193; 194; s. II.2.5), so im Bereich der Architektur, wo Hermann Muthesius die neue funktionalistische Architektur als ›Neue Sachlichkeit‹ charakterisiert (Becker 2000, 1, 75ff.). 1906 spricht Hans Poelzig in einem Aufsatz zur Dresdner Kunstgewerbe-Ausstellung von »Sachlichkeit«, und zu dieser Zeit ist der Terminus intern vom späteren Herausgeber des ›Sturm‹, Herwarth Walden, gebraucht worden (Sprengel 1993, 179ff.). Auch Alfred Döblin spricht in seinem »Offenen Brief an F.T. Marinetti« bereits 1913 von »Sachlichkeit« (Manif., 13). In der Weimarer Republik populär wurde der Terminus zunächst im Bereich der **Bildenden Kunst**.

Als eine der großen ›Stationen der Moderne‹ (vgl. Stationen der Moderne) präsentierte der Direktor der Mannheimer Kunsthalle Gustav Friedrich Hartlaub 1925 in einer Ausstellung »Deutsche Malerei seit dem Expressionismus«, für die er den wegweisenden Titel »**Die Neue Sachlichkeit**« wählte. Er zeigte Bilder, die in den Jahren 1917 bis 1925 entstanden waren und die Situation der Nachkriegsjahre zum Sujet machten – Bilder, so Hartlaub bereits 1923, die »weder impressionistisch aufgelöst noch expressionistisch abstrakt, weder rein sinnenhaft äußerlich noch rein konstruktiv innerlich« gehalten, sondern »der positiven greifbaren Wirklichkeit mit einem bekennerischen Zuge treu geblieben« seien. Dazu werden »sowohl der ›rechte‹ Flügel von Neu-Klassizisten als auch der linke ›veristische‹ Flügel« gezählt (zit. Adkins 1988a, 217; Schmied; D. Mayer; Heizmann, 29ff.; vgl. Becker 2000, 1, 59ff.).

Ausgestellt waren Arbeiten u.a. von Max Beckmann, Rudolf Schlichter, Karl Hubbuch, vom ›linken Flügel‹ der **Veristen** waren es Bilder von George Grosz, Otto Dix und Georg Scholz, zudem Münchner ›Klassizisten‹ wie Alexander Kanoldt und Georg Schrimpf. Die Auswahl entsprach also »nicht unbedingt unserem heutigen Verständnis der Neuen Sachlichkeit« (Adkins 1988a, 219), traf aber den Zeitgeist, wie der große Erfolg der bis 1926 gezeigten Wanderausstellung und die Karriere des Terminus zeigt. In der Folgezeit avancierte der Terminus zur gängigen Sammelbezeichnung für die Bildende Kunst der Stabilisierungsphase insgesamt, ohne dass allerdings seitens der Bildenden Künstler – anders als dann bei den Schriftstellern – genauere theoretische Bestimmungen für das neue Etikett gegeben worden wären. Ein Kritiker der Ausstellung, Wilhelm Michel, resümiert:

> »Es handelt sich um eine *neue* Sachlichkeit. Es handelt sich keineswegs um eine Rückkehr zur Sachlichkeit der vorexpressionistischen Zeit. Es handelt sich um die *Ding*-Entdeckung nach der Ich-Krise. Es handelt sich um eine *Welt*ergreifung nach jener wichtigen Wandlung, die das schroff idealistische Zwischenspiel des letzten Jahrzehnts herbeigeführt hat.« (zit. Tendenzen der zwanziger Jahre, 4/24).

Die Ausstellung nahm auch Bezug auf das 1925 erschienene Buch *Nach-Expressionismus. Magischer Realismus* des Kunsthistorikers Franz Roh, in dem dieser mit **Magischer Realismus** einen weiteren Terminus einführte, der auf gesamteuropäische Tendenzen in der Malerei der Zeit anspielte (Carrà, Severini, Picasso, de Chirico u.a.) und ursprünglich mit ›Neuer Sachlichkeit‹ identifiziert wurde. In der Kunstgeschichte werden sie jedoch kontrovers, auch antipodisch verwendet (vgl. Tendenzen der Zwanziger Jahre, 4/26ff.).

Basis des zeitgenössischen Selbstverständnisses der ›Neuen Sachlichkeit‹ war das Bewusstsein einer, so Franz Roh, »**Wende von 1920**« (zit. D. Mayer, 320), eines Paradigmenwechsels, der von den Zeitgenossen also noch während der Hochzeit von Expressionismus und Dada angesiedelt wird und zudem in unterschiedliche Tendenzen ausdifferenziert wird. Gemeinsam ist ihnen die Ablehnung des Expressionismus, die also nicht erst Mitte der zwanziger Jahre anzusetzen ist, auch wenn ›Neue Sachlichkeit‹ seit dieser Zeit zur wahlverwandten Signatur der Stabilisierungsphase der Weimarer Republik wird und in der breiteren Öffentlichkeit auch erst seit der Ausstellung von 1925 geläufig ist.

Wenn mit Dada seit 1916 eine scharf anti-expressionistische Avantgardelinie an die Öffentlichkeit geht, so tritt also seit etwa 1920 in der Bildenden Kunst eine ebenfalls anti-expressionistische Bewegung auf den Plan, deren Charakteristika nicht auf die ›historische Avantgarde‹, sondern auf Traditionslinien des Realismus zurückweisen. 1921 schreibt der wenig zuvor noch in Dada involvierte George Grosz: »Die

Sachlichkeit und Klarheit einer Ingenieurzeichnung ist ein besseres Leitbild als das unkontrollierbare Geschwafel von Kabbala und Metaphysik und Heiligenekstase.« (zit. Ch. Jäger, 79).

Die Kunst von Neuer Sachlichkeit und Magischem Realismus, der sich später mit einer Tendenz im malerischen Surrealismus verbindet, lassen sich in etwa so resümieren:

– insgesamt eine neue **forcierte Gegenstandstreue**;
– Präzision und »Nüchternheit« des Blicks;
– Alltäglichkeit der Sujets bis hin zu ›Hässlichkeit‹;
– Isolierung des Objekts aus seinen gewohnten Zusammenhängen;
– »statischer Bildaufbau«;
– »mosaikhafte Verbindung von ›Erfahrungspartikeln‹« ohne Anspruch auf Schaffung einer »organischen Ganzheit«;
– »Austilgung der Spuren des Malprozesses«;
– Auseinandersetzung mit »Dingwelt« und »›Verdinglichung‹ des Menschen.« (Tendenzen der zwanziger Jahre, 4/25; Schmied, 26ff.; Realismus und Sachlichkeit; Scheffel; Vierhuff).

In seiner einflussreichen Darstellung Neue *Sachlichkeit und Magischer Realismus* differenziert Wieland Schmied die Bildende Kunst beider Richtungen zudem in Verismus, politisch engagiertem Realismus, Konstruktivismus, Klassizismus und poetischem Realismus (Schmied, 31).

Auch in der **Literatur** finden sich Forderungen nach ›Sachlichkeit‹ und ›Neuer Sachlichkeit‹ bereits seit Beginn der zwanziger Jahre, der Terminus begegnet in Feuilletons, Rezensionen, Kritiken und wird spätestens seit 1926 vollends zum Modewort (Lethen 1970, 8ff.; Becker 2000, 1, 27ff.). Man spricht von »Zeitungs-Sachlichkeit«, der Komponist Hans Heinz Stuckenschmidt schreibt über »Neue Sachlichkeit in der Musik« am 7.5.1927 in der ›Vossischen Zeitung‹, in der Erich Kästner am 20.4.1928 sein wichtiges Gedicht »Sachliche Romanze« (Pietzcker 1997) veröffentlicht. Graf Hermann Keyserling schreibt am 10.1.1928 im ›Berliner Börsen-Courier‹ über »Deutsche Sachlichkeit«, aber auch ein Völkischer Roman wie *Volk ohne Raum* von Hans Grimm kann unter dem Titel »Neue Sachlichkeit« rezensiert werden (Ch. Jäger, 84ff.). Gegen Ende der zwanziger Jahre dagegen häufen sich eher kritische Urteile der Zeitgenossen. So schreibt Alice Rühle-Gerstel (vgl. Capovilla 2004) 1929 in der ›Literarischen Welt‹ über »**Anti-Sachlichkeit**«, gleichzeitig räsonniert der Kritiker Ludwig Marcuse über »Sachlichkeit, eine unsachliche Verstiegenheit« mit den Worten:

> »Die Verstiegenheit vor der letzten Sachlichkeit war die Ausschaltung der Dinge: die Überbewertung menschlichen Dekretierens. Man fing wieder mit den Dingen an – und wollte den Menschen ausschalten. (Und das sollte sachlich sein.) Alles Erlebnis wurde ›Bericht‹. Alle Erfahrung wurde ›Reportage‹. Das Schlagwort hatte einen guten Sinn: in ihm wehrte sich die vergewaltigte Realität. Aber heute schon deckt es – ironischerweise – eine Realität, die ihm absolut konträr ist.« (zit. Ch. Jäger, 92).

1930 schließlich fordert Joseph Roth in der ›Literarischen Welt‹: »**Schluß mit der ›Neuen Sachlichkeit‹**«, weil diese zur »Mode« verkommen und nur mehr die »rein stoffliche Neugier« erfülle (WR, 655): »Erst Mitte der zwanziger Jahre einer breiteren Öffentlichkeit bekannt, mehren sich ab 1929 schon die Polemiken, Parodien und Abrechnungen«, was auf einen raschen Verbrauch dieser Bewegung verweist, wenn man sich dagegen die relativen Länge des ›expressionistischen Jahrzehnts‹ vergegenwärtigt (Lethen 1995, 375). Dagegen ist allerdings jüngst geltend gemacht worden, dass sich zwar nach 1929 die kritischen Stimmen gemehrt haben, literarische Prinzipien der Neuen Sachlichkeit aber bis 1933 und noch in der Exilliteratur wirksam gewesen seien (Becker 1995, 17f.).

Es finden sich zu dieser Zeit auch weiterhin positive Wertungen der ›Sachlichkeit‹. Der Journalist Frank Matzke bestimmt in seiner Schrift über das Lebensgefühl der jungen Generation *Jugend bekennt: So sind wir!* (1930) die »Sachlichkeit« als »das erste und durchgehendste Zeichen unserer Generation«: »›Sachlichkeit‹ ist ein Merkmal unserer Form, nicht unserer Inhalte. Es bedeutet nicht: selber Sache sein, sondern: sich sachlich verhalten – sich an die Sachen halten« (WR, 183).

Ansehen und Bedeutung der Neuen Sachlichkeit hat sich, folgt man dem Selbstverständnis der Zeit, dem Trend nach dennoch innerhalb eines knappen Jahrzehnts umgekehrt. Am Beginn standen die Ablösung der expressionistisch-messianischen Abstraktionen zugunsten eines neuen, konkreten, ›sachgerechten‹ Realitätsbezuges, der mit deren genauer Wahrnehmung auch ein positives Verhältnis zu ihr gestattete, zumindest gestatten sollte. Die in der Forschung immer wieder betonte, aber auch angezweifelte Affinität bzw. **Kongruenz zwischen Neuer Sachlichkeit und ökonomischer Stabilisierungsphase** der Republik ist hierin situiert (Lethen 1995, 377; Becker 1995, 16ff.; vgl. dies. 2000, 1, 56ff.).

Zugleich verbindet Expressionismus und Neue Sachlichkeit der erneute Versuch, Mentalität, Kultur und Ästhetik des Wilhelminismus endgültig, in einem nachavantgardistischen zweiten Schub, zu überwinden. Das betont der Kritiker Rudolf Arnheim in der ›Weltbühne‹: dass nämlich »die Sachlichen und die Expressionisten ein und dieselbe Generation sind, dass sie nur verschiedene Typen der Reaktion auf dasselbe ›Thema‹ darstellen: Protest gegen die Lebenshaltung des Vorkriegsbürgertums« (WR, 185).

In der Neuen Sachlichkeit allerdings fand sich dieser Protest nicht als Schock der vorausgegangenen Avantgarde, sondern, diese überspringend bzw. hinter sie zurückgehend, als Rücknahme des Utopischen zugunsten von Realem.

Walter Benjamin hat in seinem sympathetischem Blick auf den weiteren Gang der Avantgarde, zumal des Surrealismus, die konträren Entwicklungen in Frankreich und Deutschland polemisch zugespitzt. Ende der zwanziger Jahre forciert er den Vergleich bis hin zur Gegenüberstellung des deutschen naturalistischen Erfolgsdramatikers Hermann Sudermann mit dem französischen Anarchisten Ravachol: der Expressionismus, so Benjamin,

> »suchte die Zeit, in der er entstanden ist, zu überwinden, indem er sich zu ihrem Ausdruck machte. Da war der Negativismus von Dada weit revolutionärer. Und bis zum Mouvement Dada setzt sich auch noch eine solidarische Grundhaltung der deutschen Intelligenz mit der französischen durch. Während es aber dort zur surrealistischen Entwicklung kam, wurde von der jüngsten deutschen Literaturgeneration das Denken gekappt und die Flagge der neuen Sachlichkeit aufgezogen. Die wahren Tendenzen dieser letzten Bewegung lassen sich nur bei einem Vergleich mit dem Surrealismus erkennen. Beides sind Erscheinungen eines Rückgangs auf 1885. Auf der einen Seite Rückgang auf Sudermann, auf der anderen auf Ravachol. Immerhin ist da ein Unterschied.« (Benjamin VI, 177).

Damit ist eine Stimme aus der Linken zitiert, die für die rigide **Ablehnung der Neuen Sachlichkeit** stehen mag, auch wenn Benjamin im Übrigen der »neusachliche Gestus« (Lethen 1983, 171) etwa in seiner *Einbahnstraße* (1928) alles andere als fremd war. Ernst Bloch erörtert bei der Entfaltung seiner Kategorien der Gleichzeitigkeit/Ungleichzeitigkeit (Bloch 4, 104ff.) die »Sachlichkeit«: Er sieht sie »›gleichzeitig‹ im beschränkten, ja unechten Sinn, nämlich im bloßen Up to date.« (ebd., 212). Dialektisch gewendet, erscheint Neue Sachlichkeit aber doch auch als »Hohlraum«, der durch den »Einsturz der bürgerlichen Kultur entstanden« sei und insofern auch »Navigation im Up-to-date-Meer« versprechen könnte (ebd., 214; 213). Ähnlich urteilt Brecht, der in seinem Verdikt über die Neuen Sachlichkeit diese dennoch begrüßt, weil sie einen relativen »Fortschritt« angesichts gegenwärtiger Stagnation markiere: Sie setze die gesellschaftlich-technische Modernisierung in Gang und überwinde alte ungleichzeitige Fesseln, durch die hindurch das Neue sich allererst entfalten könne:

> »Die Sachlichkeit wird kommen, und es wird gut sein, wenn sie kommt – ich wünsche es
> bei Lenin –, vorher kann man gar nichts weiter unternehmen; aber dieser unvermeidliche und absolut nötige Fortschritt wird eine reaktionäre Angelegenheit sein [...]. Die neue Sachlichkeit ist reaktionär.« (Brecht 15, 161).

Hinter dieser dialektischen Volte steckt der Gedanke, dass, so Siegfried Kracauer, der Kapitalismus »nicht zu viel, sondern zu wenig rationalisiert« (zit. Lethen 1983, 170).

Diese Stimmen sind auch deshalb zitiert worden, weil die Neue Sachlichkeit als »Zeit ohne Kunstprogramm« (Lethen 1983, 170ff.) zwar kein verbindliches Manifest hervorgebracht, aber ein auch gegenüber der expressionistischen Programmatik unerhörtes Niveau der Selbstreflexion erreicht hat. Gerade die kritischen Literatur- und Kulturtheoretiker der zwanziger und dreißiger Jahre haben nicht nur als Beteiligte am Sachlichkeits-Diskurs, sondern auch als Gewährsleute bis heute an der Rekonstruktion der Weimarer Literatur relevanten Anteil (s. III.2.8).

2.2 Modernisierung und Synchronisierung

Das Verhältnis zwischen **Künstler, Kunst und technisch-industrieller Entwicklung** ist zumal in Deutschland kompliziert. Der ›verspätete‹, dann ungemein beschleunigte Industrialisierungs- und Modernisierungsprozess im Wilhelminismus hatte verschärft Ängste vor Industrie und Fabrik, Urbanisierung und Technisierung hervorgerufen. Die Problematik des ›deutschen Sonderwegs‹ ist darin angezeigt. Bereits die Heimatkunstbewegung und andere antimoderne Bewegungen der Jahrundertwende (s. I.6.7) opponierten gegen diese Entwicklungen. Andererseits suchte der Naturalismus, zumal seine radikale Spitze des ›konsequenten Naturalismus‹, den naturwissenschaftlichen Gesetzmäßigkeiten und technischen Innovationen in seiner Sekundenstil-Ästhetik gerecht zu werden (s. I.2.8).

Dagegen verweigerte sich der Expressionismus einem planen, industriell-technizistischen **Fortschrittsdenken**, reflektierte aber in seiner Ästhetik durchaus die neuen urbanen, also hochgradig technisch bestimmten Wahrnehmungsweisen. In den Avantgardebewegungen insgesamt schließlich bleibt die Beziehung zwischen Kunst und Technik ambivalent: Futurismus und Konstruktivismus sind ihre Fürsprecher, Expressionismus und Surrealismus ihre Widersacher.

In der konkreten Weimarer Situation der Jahre 1923/24, also der Abfolge von Inflation, den letzten Revolutions- und Aufstandsversuchen, der Einführung der Rentenmark und der Neuregelung der Finanzen durch die »Dollarsonne« (Rosenberg, 170) des Dawesplanes, setzte eine ökonomische und soziale Stabilisierung der Verhältnisse ein, die dem Sachlichkeits-Diskurs entscheidende Impulse verlieh. Wenn ›Sachlichkeit‹, wie bereits die Begriffsgeschichte erweist (s. III.2.1), auch nicht Produkt der Stabilisierungsperiode ist, so findet diese in der neuen ›Sachlichkeit‹ doch ihren adäquaten, wahlverwandten Ausdruck.

Anhand der Ende 1923 in deutscher Übertragung erschienenen Autobiographie des amerikanischen Autopioniers Henry Ford, *Mein Leben und Werk*, ist beispielhaft verfolgt worden, wie dessen »weißer Sozialismus« durch industrielle Modernisierung und Technisierung höhere Löhne und eine breite Konsumbefriedigung ermöglichte (Lethen 1970, 20ff.). Seine gerade auch von Gewerkschaften und Liberalen geschätzte Utopie eines »krisenlosen Zeitalters des Organisationskapitalismus«, auch als **Fordismus** bezeichnet, zielte auf völlige »Entfeudalisierung des Daseins unter dem Kapitalismus« (Lethen 1970, 22f.), meinte also eine Modernisierung als Vereinheitlichung, als Produktion einer ökonomischen, mentalen und kulturellen ›Gleichzeitigkeit‹ (vgl. Delabar 2004). Es ist dies ein »**Akt der Synchronisierung**«, ein tiefgreifender und umfassender Prozess, über den Helmut Lethen ausführt:

> »Der Wille zur Synchronisation greift auch direkt in die Entwürfe der Menschenbilder ein. Der ›Psychologismus‹ wird aus der Schreibweise entfernt, um den Geboten des schnelleren Systems Genüge zu tun. ›Psychologisierung‹ gilt als Bindung an die Sphäre der Trägheit der Mentalitäten, die die Bummelei des Sonderwegs verursacht hat. Ent-Psychologisierung soll mobilitätsgeeignetere Figuren schaffen. In Brechts *Lesebuch für Städtebewohner* und Jüngers *Der Arbeiter* findet man die extremen Entwürfe des synchronisierten Menschen. Die Schriftsteller versuchten Wahrnehmungsweisen zu entwickeln, die nicht den Blickpunkt des ›angewurzelten Beobachters‹, sondern den der Menschen nachahmen, ›die sich mit hundert Kilometer Geschwindigkeit fortbewegen‹. Gefragt sind symbolische Praktiken, die sich zu den ›industriellen Realitäten des entzauberten Lebens angemessen‹ [Kracauer] verhalten. [...] Gottfried Benn hat später die fixe Idee der Synchronisation als eine Modeerscheinung behandelt: ›Das ewige Hinstarren auf die Technik, ihre Inbezugsetzung zu heterogenen Dimensionen ist ein typisches Zeichen des Konformismus, der alles in Einklang bringen muß: die Lyrik mit dem Hubschrauber, die Impfstoffe mit den Kirchenvätern – nur nichts auslassen, sonst ist der globale Koalitionismus gefährdet.‹« (Lethen 1995, 381f.).

Der Gesamtkomplex ›Neue Sachlichkeit‹ nun ist als Ausdruck dieser Synchronisationsprozesse zu verstehen. Der Wunsch nach Synchronisation ergibt den benannten »**Habitus des Einverständnisses**«, der in allen Kunstsparten zu einem Ausgleich von künstlerischer Praxis und technisch-industriell bestimmtem Alltag führen soll und auf dem Boden der Stabilisierung die »**Moden des ›Technikkults‹ und des ›Amerikanismus‹**« erklärt (Lethen 1983, 168; Schütz 1986, 70ff.). Die Auseinandersetzung gerade mit dem »Amerikanismus« durchzieht die Kulturkritik der zwanziger Jahre (WR, 265ff.), wobei bis in die neusachliche Reportageliteratur – etwa Heinrich Hausers *Feldwege nach Chicago* (1931) – hinein zu verfolgen ist, wie Fordismus und Taylorisierung die emphatische Berichterstattung dominieren (vgl. Sozialgeschichte, 219ff.; Schütz 1977; ders. 1995; 580ff.; Fähnders 2006). Kischs Reportagesammlung mit dem distanzierenden Kinotitel *Egon Erwin Kisch beehrt sich darzubieten: Para-*

dies Amerika (1930) und die Oper *Aufstieg und Fall der Stadt Mahagonny* (1930) von Brecht/Weill sind ideologische und ästhetische Versuche zur Desillusionierung dieses Amerikanismus.

Als Beleg aber für neusachliches Selbst- und Einverständnis mit Technik sei der Bauhaus-Theoretiker Hannes Meyer zitiert, der 1926 ein ganzes Bündel neusachlicher Ideologeme schnürt:

> »Die genaue Stundeneinteilung der Betriebs- und Bürozeit und die Minutenregelung der Fahrpläne läßt uns bewußter leben [...]. Bouroughs Rechenmaschine befreit unser Gehirn, der Parlograph unsere Hand, Fords Motor unseren ortsgebundenen Sinn und Handley Page (Verkehrsflugzeug) unseren erdgebundenen Geist. Radio, Marconigramm und Telephoto erlösen uns aus völkischer Abgeschiedenheit zur Weltgemeinschaft. Grammophon, Mikrophon, Orchestrion und Pianola gewöhnen unser Ohr an das Geräusch unpersönlich-mechanisierter Rhythmen: ›His Masters Voice‹, ›Vox‹ und ›Brunswick‹ regulieren den Musikbedarf.« (zit. Lethen 1983, 173).

Es ist dieser stromlinienförmige, technik- und moderngläubige Typus, den Brecht, konkretisiert in der Figur des Intellektuellen, 1929 in seinem Gedicht »700 Intellektuelle beten einen Öltank an« böse karikiert hat: »Du Häßlicher/ Du bist der Schönste!/ Tue uns Gewalt an/ Du Sachlicher! Lösche aus unser Ich!/ Mache uns kollektiv!/ Denn nicht, wie wir wollen: Sondern, wie du willst. [...] Darum erhöre uns/ Und erlöse uns von dem Übel des Geistes./ Im Namen der Elektrifizierung/ Des Fortschritts und der Statistik!« (Brecht 8, 316ff.). Die Parolen der Synchronisierung sind hier benannt. Nähe und Ferne zur historischen Avantgarde, zum italienischen Futurismus zumal, sind erkennbar: Man erklärt sein Einverständis mit den Explosionen des technischen Fortschritts, mit einer Rundum-Modernisierung, will dabei aber nicht ›Vorhut‹ sein, Avantgarde, sondern will Gleichzeitigkeit, will »Schritt halten« (Lethen 1995, 383). Selbst dann, wenn man sich nicht allein der Faszinationskraft des Neuen passiv, illusionslos und distanziert hingibt, sondern die Modernisierungsprozesse noch beschleunigen will, markiert dies allenfalls einen Aktiv-, keinen Avantgardeposten.

2.3 »Präzisionsästhetik«

Der Anspruch, mit der modernen Welt in allen Lebensbereichen gleichzuziehen, erfordert Synchronisierung auch im Ästhetischen. Es sind die neuen Tatsachen und Fakten, die neuer Darstellungsweisen bedürfen – eine »Ästhetik des laufenden Bandes«, wie Béla Balász 1928 in der ›Weltbühne‹ polemisch formuliert (zit. Fähnders 1995a, 69). »Die Konstruktion des Lebens liegt im Augenblick weit mehr in der **Gewalt von Fakten** als von Überzeugungen«, beobachtet Benjamin zur selben Zeit (Benjamin IV/ 1, 85). Auf dieser Faktengewalt beruht die neusachliche Ästhetik, die auf die Präsentation von ›facts‹, Tatsachen, authentischem Material, Dokumenten setzt, die ihre Nähe zur Publizistik herausstellt und in der Figur des Reporters – in seiner ebenso rationalen wie rationellen Arbeitsweise und mit seinem Arbeitsergebnis, dem ›sachlichen‹ Gebrauchstext – die Alternative zum Dichter alten Typs setzt (s. III.1.3).

Analog zur »**Präzision der Technik**«, im Vergleich mit dem von der Maschine »genau gebohrten Loch« und mit dem »Willen zur Standardleistung« spricht der neusachliche Autor Erik Reger 1928 von »»Präzisionsästhetik‹« (Scheinwerfer, 20; vgl. Fähnders 1995a, 81f.; Becker 2000, 1, 129ff.). Er selbst hat mit seinem Industrieroman *Union der festen Hand* (1931), einem Standardwerk der Neuen Sachlichkeit, für das ihm noch im Erscheinungsjahr der Kleist-Preis verliehen wurde, das radikale Beispiel einer »zeitgeschichtlichen Sozioanalyse« vorgelegt, die er, wie seinen Folgeroman *Das wachsame Hähnchen* (1932), eher als »Vivisektion der Zeit« denn als Erzählwerk verstanden wissen wollte – »**Publizistik als Roman**« (Schütz/Uecker, 91; vgl. Uecker 2007, 312ff.). Wahrheitsgehalt und Wahrheitsanspruch seines das Großkapital entlarvenden Romanes speist sich aus den autobiographisch verbürgten genauen Kenntnissen, die der Autor über die industriellen Machinationen der Weimarer Republik hatte – er arbeitete des Längeren in der Krupp-Zentrale in Essen als Pressesprecher und etablierte sich zudem als Publizist. Das Modell des Autors wird in dieser Funktion gesehen: »der Schriftsteller [hat] keine poetischen, sondern publizistische Funktionen« (zit. Schütz/Uecker, 96). Basis dieser »›Präzisionsästhetik‹« ist nicht dichterische Imagination, sondern »**Tatsachensinn**«, »ordentliche Kenntnisse« der Gegenstände – »der politische Dichter muß in seinem Stoff Bescheid wissen«. Arnolt Bronnens völkischem Oberschlesiensroman *O.S.* (1929) hält Reger vor, dass allem neusachlichen Erzähltempo zum Trotz der Autor nicht einmal die Geographie und die Förderungsstatistiken des Industrrreviers kenne (zit. Fähnders 1995a, 83f.).

Zunächst kommt es auf Genauigkeit des Dargestellten an. So hat ein Reporter nicht unbedingt operativ-entlarvende Aufgaben – dies ist eine Bestimmung, die sich allerdings im Verlauf der Weimarer Republik in der proletarischen **Reportagekonzeption** durchsetzen wird (vgl. Schütz 1977; Ch. Siegel, 121ff.). Der frühe Kisch postuliert 1924 dagegen im Vorwort zu seinem Buch *Der rasende Reporter*, dieser verfolge »keine Tendenz« und »keinen Standpunkt«, er habe »unbefangen Zeuge zu sein und unbefangene Zeugenschaft zu liefern« (vgl. Becker 2000, 2, 162ff.). Gerade diese Selbstausschaltung des Autors, die (vermeintliche) **Standpunktlosigkeit** ermögliche neue Blicke: »Nichts ist verblüffender als die einfache Wahrheit, [...] nichts ist phantasievoller als die Sachlichkeit.« (WR, 319). Döblin sprach bereits 1913 von »Tatsachenphantasie« (Expr., 661; vgl. Tatsachenphantasie).

Unabhängig davon, inwieweit Reger sein Konzept der »Präzisionsästhetik« eingelöst hat und ob nicht traditionelles Erzählen und traditionelle Metaphorik den Ansatz einholen (Schütz/Uecker, 98ff.) – sein **radikales Mimesis-Konzept** steht exemplarisch für den neusachlichen Anspruch auf authentisch gedachte, unverfälschte **Abbildung von Wirklichkeit**. Auch dort, wo nicht ausdrücklich ein publizistischer Anspruch erhoben wird, bleiben Ansatz und Begründung des Erzählens ›tatsachengerecht‹. Im Vorwort zu seinem Roman *Die Flucht ohne Ende* (1927) fomuliert Joseph Roth das (später von ihm widerrufene) Grundanliegen der Neuen Sachlichkeit:

> »Im Folgenden erzähle ich die Geschichte meines Freundes, Kameraden und Gesinnungsgenossen Franz Tunda. Ich folge zum Teil seinen Aufzeichnungen, zum Teil seinen Erzählungen. Ich habe nichts erfunden, nichts komponiert. Es handelt sich nicht mehr darum zu ›dichten‹. Das Wichtigste ist das Beobachtete.« (zit. Wild, 27).

2.4 Literarische Gebrauchsanweisungen

Mit der neusachlichen Präzisionsästhetik wird die Literaturproduktion in einer Phase avancierter ökonomischer Entwicklung versachlicht, dieser angepasst. Entsprechend soll aber auch ihre **Rezeption** neu formuliert und insbesondere von der Aura disfunktionaler und asynchroner Innerlichkeit befreit werden. Nicht nur werden in den zwanziger Jahren ganz neue Wege der Literaturvermittlung gefunden (WR, 287ff.; s.o. S. 218f.). Auch die literarischen Texte selbst möchten ›sachliche‹ Lektüren provozieren. Deshalb werden ihnen, wie einer zu bedienenden Maschine oder einem technischen Gerät, Gebrauchsanweisungen beigegeben. Reger stellt seinem Roman eine derartige orientierende »Gebrauchsanweisung« voran. Brecht – anfangs nicht nur ein Kritiker der Neuen Sachlichkeit – fügt seiner *Hauspostille* (1927) eine ausdrückliche »Anleitung zum Gebrauch der einzelnen Lektionen« bei, in der es heißt: »Diese Hauspostille ist für den Gebrauch der Leser bestimmt. Sie soll nicht sinnlos hineingefressen werden.« (Brecht 8, 169). Lion Feuchtwanger nimmt sie zum Vorbild für eine versifizierte »Gebrauchsanweisung« seines neusachlichen »Amerikanischen Liederbuches« *PEP* (vgl. Knopf 1997; Lethen 1970, 455ff.). Es ist eine »Lyrik mit Gebrauchswert« (Korte 1995a, 601ff.).

Auch die Versachlichung der Literaturrezeption ist Teil jenes Kampfes, den die Moderne insgesamt führt gegen die, so Walter Benjamin 1930, »Hydra der Schulästhetik mit ihren sieben Köpfen: Schöpfertum, Einfühlung, Zeitentbundenheit, Nachschöpfung, Miterleben, Illusion und Kunstgenuß.« (Benjamin III, 286).

2.5 Sujets und Gattungspräferenzen

Gemäß ihrer Realitätsversessenheit, ihrem Anspruch auf Zeitgenossenschaft und der Gebrauchswertorientierung ihrer Produkte favorisiert die Neue Sachlichkeit gegenwartsbezogene, aktuelle, auch aufklärende Sujets. Die Gattungspräferenzen zeugen davon (vgl. III.4.1). Am angemessensten schien vom Selbstverständnis her die **Prosa**, und dabei wiederum die tatsachenfixierten Formen der Reportage, der Dokumentaristik, des Sachberichtes und Sachbuches, z.T. auch der Autobiographie und der Biographik (Schütz 1997, 247f.). Noch die erzählerische Fiktion bedient sich der (realen oder fiktionalen) Beglaubigung durch die Autorität des Wirklichen wie im zitierten Vorwort zur *Flucht ohne Ende* von Joseph Roth (s.o. S. 236).

Die **Lyrik** ›versachlicht‹ sich in Richtung auf die Prosa der Verhältnisse: Beispiele sind Brechts Großstadt- und Technik-Lyrik *Hauspostille* (1927) und *Aus dem Lesebuch für Städtebewohner* (1930), Kästners bereits im Titel eine urbane Schnodderigkeit andeutenden Sammlungen *Herz auf Taille* und *Gesang zwischen den Stühlen* (1932), Walter Mehrings und Mascha Kalékos Gedichte (*Lyrisches Stenogrammheft*, 1933). Bereits die Überschriften künden von Bejahung der urbanen Verhälnisse, betonen kalte Distanzierungen, es sind Exempel des häufigen Tagesbezuges und dezidierter ›Gebrauchslyrik‹.

Im Bereich der **Dramatik** zeugt das große Interesse an dokumentarischen Verfahrensweisen wie im Theater Erwin Piscators mit seinem multimedialen Stil und technisch hochgerüsteten Inszenierungen von der neusachlichen Dominanz, ohne dass aber gerade das hochpolitisierte Theater in Neuer Sachlichkeit ganz aufginge (s. III.4.4).

Der Primat der Prosa manifestiert sich am deutlichsten bei der Gestaltung des **Industrie- und Arbeitsthemas** und der Bereiche Wirtschaft und Technik. Es ist dies *die* Domäne der Neuen Sachlichkeit, wie bereits das herausragende Beispiel Erik Regers zeigt. Mit diesen Themenbereichen, die sich mit denen der proletarischen Literatur berührten, hat die Neue Sachlichkeit neues Terrain für die deutsche Literatur erschlossen. Auch im Theater der zwanziger Jahre, etwa in Leo Lanias *Konjunktur* (1928) oder Mehrings *Kaufmann von Berlin* (1929), ist dieses Sujet gegenwärtig. Im Betriebsroman findet das Industriethema Ende der zwanziger Jahre sein proletarisch-revolutionäres Gegenstück (s. III.3.5; 3.6).

Der motivische Komplex **Amerika/Amerikanismus** zeigte sich in der Reportageliteratur mit so unterschiedlichen Berichterstattern wie Heinrich Hauser und Egon Erwin Kisch, vor allem aber in den neuen Medien: in Film, Revue, Musik, hier besonders beim Jazz, aber auch in einer Oper des Amerikanismus wie *Jonny spielt auf* (1927) von Ernst Krenek, die zur erfolgreichsten der Weimarer Ära wurde (Sozialgeschichte, 220f.). Reiseberichte und Reportagen, nun auch von Frauen wie Maria Leitner und Larissa Reissner, entsprachen dem aktuellen Informationsbedürfnis und dem nach Zerstreuung und wurden über alle Länder der Welt produziert. Eine besondere Rolle kommt dabei der Berichterstattung über Sowjetrussland zu, die gerade von den proletarisch-revolutionären Autoren als Alternative zu Amerikanismus favorisiert wurde (Fähnders 2006; Schütz 1977; ders. 1995, 568ff.).

Über die Literatur hinausweisend und im Konzept von Zerstreuung zu sehen ist die **Kultur der urbanen Alltagswelt**. Sie realisierte sich als **Angestelltenkultur** forciert in der Metropole Berlin mit ihren wahrnehmungsverändernden Verkehrsstrukturen und ›schnellen‹ Reklamewelten (Die Metropole, 134ff., 184ff.). Dazu rechnen die massenkulturellen Veranstaltungen des Sport – so die Sechstagerennen oder der von Intellektuellen wie Brecht so geschätzte Boxkampf (ebd., 174ff.; Sozialgeschichte, 224ff.); die Revuen, so die von Kracauer u.a. diskutierten Auftritte der amerikanischen ›Tillergirls‹ (Lethen 1970, 43ff.); die massenmedialen Erzeugnisse wie die Presse (neben der Tagespresse die Illustrierten und Magazine mit ihrer Aufwertung der Fotografie), des Rundfunks, des Films, aber auch der Kabaretts, Varietés und anderer urbaner Vergnügungszentren (s. II.2.5).

Diese massenkulturellen Phänomene wiederum hinterließen ihre Spuren in der Literatur – sei es im Medienroman wie Bronnens *Film und Leben Barbara La Marr* (1928), in einer Boxererzählung wie Brechts »Der Kinnhaken« (1926), im Sportroman (Sicks 2008; vgl. H.-M. Müller 2004), in Berlin- und Großstadtdarstellungen wie Kästners *Fabian* (1931; vgl. Ladenthin 1996) oder Gabriele Tergits *Käsebier erobert den Kurfürstendamm* (1931; vgl. I. Stephan), bei Frauenfiguren in Angestelltenromanen wie Irmgard Keuns Bestseller *Gilgi, eine von uns* (vgl. Reinhardt-Becker 2005) aus dem Jahre 1931.

Die Literaturgeschichte der zwanziger Jahre kennt eine Fülle aktueller, gegenwartsbezogener, zeit- und sozialkritischer Sujets, die sich in die immer wiederkehrenden Genres Sachbericht, Tatsachenroman, Dokumentensammlung, Sachbuch (z.B. das Jahrbuch, das Lesebuch) kleiden. Hier seien das Sujet ›**Jugend**‹ (etwa Peter Martin Lampels *Revolte im Erziehungshaus*, 1928; vgl. Sozialgeschichte, 152f.) sowie der ganz große Komplex der **Revolutions- und Kriegsdarstellung** genannt. Neben den Kriegsbüchern Ernst Jüngers und dem Welterfolg *Im Westen nichts Neues* (1929) von Erich Maria Remarque (vgl. Der Fall Remarque) sind dies u.a. Edlef Koeppens *Heeresbericht* (1930; vgl. Schütz 1986, 213ff.), Ludwig Renns *Krieg* (1928; vgl. A. Jäger), Theodor Plieviers *Der Kaiser ging, die Generäle blieben* (1932; vgl. »Friede, Freiheit, Brot!«, 269ff.).

Hier allerdings wiederholen sich erneut **Zuordnungsfragen** (vgl. Becker 1995). Neusachliche Stilformen lassen sich unabhängig vom Sujet einsetzen, werden von allen ›modernen‹ Richtungen privilegiert und erscheinen in der Literatur dezidiert

›rechter‹ und ›linker‹ Autoren, selbst wenn diese wiederum ideologische Vorbehalte gegen den ›Habitus‹ der Neuen Sachlichkeit geltend machen. Deshalb lassen sich vergleichbare Stilzüge des Dokumentarischen bei so gegensätzlichen Autoren wie Bronnen oder Kästner, Jung oder Fleißer festmachen, und insofern ist es kein Widerspruch, bei Brecht ein Faible für neusachliche Technikbegeisterung und zugleich seine scharfe Kritik an der Neuen Sachlichkeit zu registrieren. Als Beispiel für einen neusachlichen Erzählkanon sei auf eine neuere Aufsatzsatzsammlung zum Roman der Neuen Sachlichkeit verwiesen, die folgende Werke aufnimmt: *Die Flucht ohne Ende* von Joseph Roth, die »Josef«-Romane von Hermann Kesten, Franz Jungs »oberschlesischen Industrieroman« *Gequältes Volk*, Erik Regers *Union der festen Hand*, Ernst Glaesers *Jahrgang 1902*, Arnold Zweigs *Streit um den Sergeanten Grischa*, Ludwig Renns *Krieg*, Erich Kästners *Fabian*, Marieluise Fleißers *Mehlreisende Frieda Geier*, der »Roman vom Rauchen, Sporteln [sic], Liebe und Verkaufen«, Martin Kessels *Herrn Brechers Fiasko*, Hans Falladas *Kleiner Mann – was nun?*, Irmgard Keuns *Gilgi, eine von uns* sowie ihr *Kunstseidenes Mädchen*, Gabriele Tergits *Käsebier erobert den Kurfürstendamm*, von Lion Feuchtwanger *Erfolg* sowie Untersuchungen zum Kinderroman der Neuen Sachlichkeit (vgl. Neue Sachlichkeit im Roman; vgl. Becker 2003).

Sie decken zentrale Sujets und thematische Vorlieben der Neuen Sachlichkeit ab: Sport (Keun, Fleißer), ›Girlkultur‹ (Keun, Fleißer, Kästner) und Massenkultur (Tergit), Film (Fallada), Technisierung, Kapitalisierung und Rationalisierung der Gesellschaft (Reger, Jung, Kästner, Fallada). Die Zielsetzung der Romane bezeugt, dass neusachliches Erzählen bei aller Faszination an Vorgängen umfassender Modernisierung dabei nicht durchweg affirmativ sein muss (Becker 1995, 19; vgl. Autorinnen).

2.6 Die ›neue Frau‹

Der Frauentypus der zwanziger Jahre unterscheidet sich deutlich von dem des 19. Jahrhunderts (vgl. Bubikopf; Drescher 2003; Haunhorst 2008; Kupschinsky; Neue Frauen; Schüller 2005; Soltau; Veth). Gründe dafür liegen in den sozialen und politischen Erfolgen, die Frauen und Frauenbewegung – die proletarische wie die bürgerliche – bis und seit 1918 erzielten. Eine wichtige Rolle spielen dabei Erfahrungen des Ersten Weltkrieges, in dem Frauen zunehmend Männertätigkeiten ausüben mussten und dies auch zu leisten wussten, einschließlich des Kampfes gegen den Krieg – »ihre einmal gemachten Erfahrungen (ließen) sich nicht mehr rückgängig machen.« (Kupschinsky, 166). Die **Erwerbstätigkeit** war ein zentraler Punkt dieser Entwicklung. Selbst als nach Kriegsende, verschärft dann in den Jahren der Wirtschaftskrise, die Frauen viele ihrer Positionen vor den heimkehrenden Männern wieder räumen mussten, stieg der Anteil von weiblichen Angestellten und Beamten 1925 gegenüber 1907 von 6,5 auf 12,6 %. Es waren 1927 über 40 % der Frauen in Berlin erwerbstätig gegenüber nur 35 % im Reich. Moderne Technologien in der Büroarbeit ließen jene neue Schicht der Angestellten entstehen, an der Frauen deutlichen Anteil hatten.

Die ›neue Frau‹ ist Mitte der zwanziger Jahre, also zu Zeiten der stabilisierten Verhältnisse der Republik, zum »vieldiskutierten **Prototyp der Modernisierung** geworden« (Veth, 460). Sie macht zum Teil glänzende Karrieren wie die Protagonistin in Vicki Baums Roman *Stud. chem. Helene Willfüer* (1928), zeichnet sich durch Selbstständigkeit, Berufstätigkeit, Arbeitseifer und Begeisterung für die urbane Freizeitwelt aus – »Arbeit hat Sinn und Vergnügen hat Sinn«, lautet die Botschaft in Irmgard Keuns Roman *Gilgi, eine von uns* von 1931 (zit. Veth, 460; vgl. Reinhardt-Becker 2005). So erscheint sie nicht zuletzt auch als »emanzipierte Frau« in männlicher Optik, wie ein Blick auf Romane unterschiedlichster Couleur der Weimarer Republik zeigt (Harrigan). Diese ›modernen‹ Frauen haben Teil am Status der Angestellten und ihrer Kultur der Zerstreuung, die, so Kracauer, jenes homogene Publikum bilden, das »vom Bankdirektor bis zum Handlungsgehilfen, von der Diva bis zur Stenotypistin *eines* Sinnes ist.« (WR, 249; s. III.1.8).

Die Charakteristika dieses Typus im Selbstbild (vgl. Florack 2008) der vor allem neusachlichen Autorinnen lassen sich so resümieren:

> »Sie wollen und müssen für sich allein verantwortlich sein. Die meisten sind vater- oder elternlose Mädchen und Frauen ohne Männer, denen wie den Kriegerwitwen oder dem verarmten Mittelstand direkt oder im übertragenen Sinn der Versorger fehlte. Wenn sie einen Freund haben, so ist dieser zu jung oder unfähig, Ernährer einer Familie zu werden. Aber das ist für diese Heldinnen kein Problem: sie selbst möchten die Rolle des Versorgers für sich und die Kinder übernehmen.« (Veth, 460).

Derartige Aufstiegshoffnungen finden sich im Stereotyp des ›Mädels‹, das aus der Provinz nach Berlin zieht und auf das Glück in der Metropole hofft, ein Motiv, das im Übrigen auch die proletarisch-revolutionäre Literatur aufgreift und als Illusionen demontiert, so in Rudolf Braune in *Das Mädchen an der Orga Privat* (1930; Sozialgeschichte, 61).

Die urbane Kultur der Republik erschloss neue und bessere **Publikationsmöglichkeiten** für Frauen, als sie im Wilhelminismus gegeben waren: in Prosa, Feuilleton, Publizistik (vgl. Bubikopf), auf der Bühne – Else Lasker Schülers Drama *Die Wupper* aus dem Jahre 1909 konnte 1919 (und wieder 1927) aufgeführt werden, Marieluise Fleißers Provinzstück *Fegefeuer in Ingoldstadt* durch Brechts Vermittlung 1929 in Berlin (Veth, 464ff.). Vicki Baum erzielte mit ihrem Roman *Menschen im Hotel* (1928) und der anschließenden Hollywood-Verfilmung einen Welterfolg, der Großstadtroman fand in Gabriele Tergits Berlin-Roman *Käsebier erobert den Kurfürstendamm* ein herausragendes Exempel (vgl. I. Stephan). Dennoch bestanden weiterhin Vorurteile gegenüber schreibenden Frauen, der weibliche Anteil an der Literaturproduktion blieb quantitativ gering – 1925 wurden 800 freie Schriftstellerinnen und 450 Redakteurinnen gezählt gegenüber 36.000 männlichen Autoren (Veth, 447).

Literarhistorisch ist auffällig, dass zum Zeitpunkt der »Erschöpfung« der Neuen Sachlichkeit um 1930 Autorinnen aktiv werden – Fleißer, Keun, Tergit, Elisabeth Hauptmann –, die der männlich dominierten Sachlichkeit, wie sie sich in den Frauenfiguren, den »Girls« der Angestelltenromane zeigt, entgegentreten (Schütz 1986, 160ff.). »Sie geben zu bedenken, ob der neusachliche Männlichkeitskult nicht letzten Endes dazu dient, die Frau zu verurteilen, die Sachlichkeitsideale, an denen die männlichen Helden scheiterten, ihrerseits realisieren zu müssen« (Lethen 1995, 376f.; vgl. Baureithel 1991; Becker 2003).

Wie sehr die Entwicklung der Frauen seit dem Ersten Weltkrieg eine **Irritation der Männlichkeitsvorstellungen** nach sich zog, verdeutlicht der 1929 von Friedrich Markus Huebner herausgegebene, über die Neue Sachlichkeit hinausweisende Sammelband *Die Frau von Morgen und wie wir sie wünschen* (vgl. WR, 349ff.; Bovenschen 1990). Er enthält ausschließlich männliche Stimmen, darunter Max Brod, Arnolt Bronnen, Robert Musil, Axel Eggebrecht, Hans Henny Jahnn und Alfons Paquet, und zeigt, wie tief der Schock saß und wie massiv die Beunruhigungen waren, die bereits vom äußeren Wandel des weiblichen Erscheinungsbildes ausgingen – Bubikopf, Korsettfreiheit –, in der Ausübung qualifizierter Männerberufe gipfelte und das Gespenst einer Gleichheit der Geschlechter beschwor (ebd., 15, 18).

Die Bedrohung korrespondiert mit der **Zerstreuung**, mit der ›weibliche‹ Sujets und Darbietungen goutiert werden können. Beispielsweise gerät die Thematisierung selbstbestimmter Sexualität in den Revueschlager, der nun auf ein männliches Publikum abzielt: »Warum soll eine Frau kein Verhältnis haben, kein Verhältnis haben, kein Verhältnis haben?« – so in der von dem erfolgreichen Star Fritzi Massary am Metropoltheater Berlin 1932 kreierten Operette mit dem sprechenden Titel *Eine Frau, die weiß was sie will* (Kupschinsky, 170; vgl. E.E. Bauer). Die erst eine Generation alte männliche Imagination der Frau als Femme fatale (s. I.6.10) ist rundum modernisiert, ihr tödliches Ende annuliert und männlichen Zuschreibungen einer eiskalt kalkulierenden Härte wie in der Figur der Seeräuber-Jenny mit ihren männermordenden Phantasien in Brechts *Dreigroschenoper* von 1928 gewichen (vgl. Interpretationen. Brechts Lyrik, 53ff.).

Auf linker Seite finden sich im Umkreis des Bundes proletarisch-revolutionärer Schriftsteller (BPRS) Reporterinnen wie Lili Körber (vgl. Fähnders 2008), Maria Leitner und Larissa Reissner, Kritikerinnen und Autorinnen wie die Übersetzerin und Kinderbuchautorin Hermynia zur Mühlen (vgl. Hammel 2002), wie Anna Seghers, deren Erzählung vom *Aufstand der Fischer von St. Barbara* 1928 mit dem Kleist-Preis ausgezeichnet wurde (Veth, 468ff.).

2.7 Kritik der Tatsachenliteratur

Die neusachliche Faktenpräferenz ist bereits bei den Zeitgenossen auf heftige Kritik gestoßen. Erkenntnismöglichkeit und Erkenntniswert einer ihrem Anspruch nach die Wirklichkeit bloß verdoppelnden Literatur und Ästhetik waren Thema kontroverser Diskussionen der zwanziger ebenso wie später der sechziger und siebziger Jahre, als Dokumentarliteratur und Dokumentartheater erneut Konjunktur hatten und das Stichwort von der »dokumentarischen Mode« (Pallowski) kursierte. Dahinter steht das Problem, inwieweit das Dokumentarische, das Rohmaterial schon ›die Sache selbst‹ sei oder inwieweit hierbei ein bloßer **Oberflächenrealismus** geboten, also leere Verdoppelung betrieben werde (vgl. Uecker 2007). Nun ist die mit vorgefundenen Materialien operierende Literatur immer vom arrangierenden Eingriff des Autors geprägt und insofern nie das, was sie vom Anspruch her sein möchte: unmittelbare, unverfälschte, unbearbeitete und somit ›authentische‹, ›wahre‹ Wiedergabe von Realität. Entsprechend stellte sich das Problem im neusachlichen Film. Einer der prononciertesten deutschen Großstadtfilme, Walther Ruttmanns heftig diskutierte Dokumentar-Montage *Berlin – Die Sinfonie der Großstadt* (1927), stieß auf die Kritik der Zeitschrift ›bauhaus‹, die gerade die Funktionslosigkeit und Sinnentleerung der auf Tempo bedachten Filmsprache monierte:

> »Tempo! tempo! tempo! welche verkennung wahrer künstlerischer ziele, daß die avantgarde filmisches tempo fast nur als futuristisch-pointillistisches szenengeflimmer, rhythmus nur als mechanistische zerstückelung zu begreifen vermag. was nützt uns die rein-

heit der mittel, wenn sie im dienste einer kurzatmigen, großstädtisch-technischen aller-
weltsgesinnung stehen und immer nur hinter fliehenden nervensensationen hergejagt
werden.« (zit. Combes, 265).

Gerade der emphatische Authentizitäts- und Wahrheitsanspruch dieser »Tatsachenpoetik« (Becker 2000, 1, 105ff.) berücksichtigt nicht die zwar zurückgenommene,
aber weiterhin existente, allerdings veränderte **Rolle des Autors** in Richtung auf den
Publizisten und Reporter, der nun als Arrangeur und Monteur des Materials oder als
protokollierender Berichterstatter, also immer auch verantwortlich, auftritt. Ein zeitgenössischer Kritiker fasst diese Punkte 1929 in der ›Literarischen Welt‹ kritisch zusammen:

> »Seit Jahren schreit man nach Sachlichkeit: Auf das Theater! Vor das Film-Objektiv! In
> den Roman und in das journalistische Feuilleton! Keiner belästige mehr mit seiner priva-
> ten Empfindung! Keiner stelle seine Persönlichkeit frech zwischen die Tatsache und das
> Publikum! Unmittelbare Berichte! [...] Gäbe es doch nur schon mechanische Mittel, die
> direkt vom Ding zur Masse hinüberführen und den vermittelnden Autor überhaupt über-
> flüssig machen!« (zit. Ch. Jäger, 93).

Max Brod klagt 1929: »Die jungen Autoren sehen nur den Alltag, das Dokument, die
Photographie, Reportage, Sachlichkeit, über die hinaus es nichts zu erobern, hinter
der es keinen Sinn zu erschließen gibt.« (WR, 350). Zurecht ist darauf verwiesen
worden, dass im Sachlichkeitspostulat die **Subjektkritik** des Poststrukturalismus und
die These vom Tod des Autors antizipiert ist. Dabei wird allerdings nur zu oft übersehen, dass auch der die Tatsachen bloß abspiegelnde Dokumentarist ein wenn auch
reduzierter Autor ist – ist *er* es doch, der das Material auswählt, arrangiert, montiert,
präsentiert, und zwar *so* und eben nicht anders.

Linke Kritiker der Neuen Sachlichkeit argumentierten gegen den **Wahrheitsanspruch von Dokumentaristik**: »Die Tatsachen an sich ergeben nämlich gar keine Wirklichkeit«, so Balász (zit. Fähnders 1995a, 79). Brecht äußerte im *Dreigroschenprozeß*,

> »daß weniger denn je eine einfache ›Wiedergabe der Realität‹ etwas über die Realität
> aussagt. Eine Photographie der Kruppwerke oder der AEG ergibt beinahe nichts über
> diese Institute. Die eigentliche Realität ist in die Funktionale gerutscht. Die Verdingli-
> chung der menschlichen Beziehungen, also etwa die Fabrik, gibt die letzteren nicht mehr
> heraus.« (Brecht 18, 161f.).

Dagegen setzt Kracauer im *Ornament der Masse* gerade auf die Analyse von Oberflä-
chenphänomenen – »Der Ort, den eine Epoche im Geschichtsprozeß einnimmt, ist
aus der Analyse ihrer unscheinbaren Oberflächenäußerungen schlagender zu bestimmen als aus den Urteilen der Epoche über sich selbst« (zit. Bürger 1992, 384).

Walter Benjamin, der die Figuren des Sammlers und Lumpensammlers zu schätzen wusste, formuliert in seinen »Dreizehn Thesen wider Snobisten« aufschlussreiche
antipodische Sätze, die vom heftigen Kampf um die Sachlichkeit zeugen und ihrer
Übersichtlichkeit wegen zitiert seien:

I.	Der Künstler macht ein Werk.	Der Primitive äußert sich in Dokumenten.
II.	Das Kunstwerk ist nur nebenbei ein Dokument.	Kein Dokument ist als ein solches ein Kunstwerk.
III.	Das Kunstwerk ist ein Meisterstück.	Das Dokument dient als Lehrstück.
IV.	Am Kunstwerk lernen Künstler das Metier.	Vor Dokumenten wird ein Publikum erzogen.
[...]		
VI.	Inhalt und Form sind im Kunstwerk eins: Gehalt.	In Dokumenten herrscht durchaus der Stoff.
[...]		
X.	Das Kunstwerk ist synthetische Kraftzentrale.	Die Fruchtbarkeit des Dokuments will: Analyse.
[...]. (Benjamin IV/1, 107f.).		

Diese Korrespondenzen differenzieren die Kritik am Dokumentarismus und zeigen in der Gegenüberstellung von Kunstwerk und Dokument, dass Letzterem enormes ästhetisches Potenzial zugemessen werden kann. Benjamins Oppositionssätze denunzieren insofern nicht das Dokumentarische, sondern weisen ihm einen, zweifellos begrenzten, Stellenwert zu, bei dem das ›Dokument‹ partiell produktive Funktionen gewinnen kann, sei es als Lehrstück, als Moment von Analyse, der Erziehung des Publikums und anderes mehr. Bei einem Frontverlauf von Fakt/Tatsache/Dokument/ Reportage versus Erfindung/Gestaltung/Kunst/Werk muss die Hinwendung zum Dokument nicht zwangsläufig und nicht in jedem Fall Unterwerfung unter die Tatsachen und Akklamation der Verhältnisse, für die diese Tatsachen auch stehen, bedeuten.

Zwar zielten Technikkult und Amerikanismus der Neuen Sachlichkeit auf bloße Addition von Beobachtungsfolgen, es blieben dann notwendig unbegriffene Tatsachen. Eine partiell produktive Funktion gewinnt aber die Anverwandlung des ›Tatsächlichen‹ durch den ›Schriftsteller‹. »Hundert Berichte aus einer Fabrik«, schreibt Siegfried Kracauer 1929 in den *Angestellten*,

> »lassen sich nicht zur Wirklichkeit der Fabrik addieren, sondern bleiben bis in alle Ewigkeit hundert Fabrikansichten. Die Wirklichkeit ist eine Konstruktion. Gewiß muß das Leben beobachtet werden, damit sie erstehe. Keineswegs jedoch ist sie in der mehr oder weniger zufälligen Beobachtungsfolge der Reportage enthalten, vielmehr steckt sie einzig und allein in dem Mosaik, das aus den einzelnen Beobachtungen auf Grund der Erkenntnis ihres Gehalts zusammengestiftet wird. Die Reportage photographiert das Leben; ein solches Mosaik wäre sein Bild.« (Kracauer 1, 216.).

Das Problem blanker Widerspiegelung (gar Wiederspiegelung) weist also zurück auf die aktive Funktion des Autors, worauf auch Brecht insitiert hat: »es ist also tatsächlich ›etwas aufzubauen‹, etwas ›Künstliches‹, ›Gestelltes‹. Es ist also eben tatsächlich Kunst nötig«, heißt es im *Dreigroschenprozeß*. »Aber der alte Begriff der Kunst, vom Erlebnis her, fällt eben aus.« (Brecht 18, 162). Damit ist den Chancen eines bestimmten Dokumentarismus das Wort geredet, der an der produktiven Destruktion des traditionellen Dichterbildes und der auratischen einfühlenden Dichtungsauffassung Anteil hat und insofern Teil des Modernisierungsprojektes der Neuen Sachlichkeit ist.

2.8 Forschungspositionen

Einschlägige Arbeiten zum Thema datieren erst seit den siebziger Jahren. Sie haben gezeigt, dass ein Hauptproblem bei Bestimmung und Eingrenzung der Neuen Sachlichkeit die Divergenzen ihrer ästhetischen und politischen Ziele und Implikationen ist. Ganz verkürzt gesagt: Neusachliche Positionen und Schreibweisen finden wir links, rechts und in der politischen Mitte, und zugleich wird aber die Neue Sachlichkeit von links und von rechts heftig angegriffen. Die Schwierigkeiten liegen in den unterschiedlichen Bedeutungsebenen, auf denen die Neue Sachlichkeit angesiedelt wird.

Nimmt man sie als Stilbegriff, so bleiben die ideologischen Differenzen und Antagonismen der Bewegung ungeklärt – legt man sie politisch fest, so umschließt der Begriff nicht mehr die gesamte Bewegung (vgl. Becker 2000, 1, 45ff.). Insofern wird in einem neueren Forschungsbericht zurecht gefragt, ob man die Neue Sachlichkeit als »**Stilbegriff, Epochenbezeichnung oder Gruppenphänomen**« zu begreifen habe (K. Petersen 1982). Neue Sachlichkeit gefasst als bloßer Stilbegriff lässt auf fahrlässige Weise ideologische Differenzen unberücksichtigt, ideologische Festlegungen aber korrespondieren nicht mit neusachlichen Stilpräferenzen (Fähnders 2007c). Einzelne Aspekte dieser heterogenen Strömung konnten »über mehrere Zwischenstufen umfunktioniert und pervertiert werden« (Olbrich, 68). Umgekehrt konnten in der Literatur der zwanziger Jahre

> »stilkünstlerische Intentionen und politische Überzeugungen einerseits gänzlich unabhängig voneinander operieren, andererseits sich aber in einer Vielzahl von Möglichkeiten verbinden, ohne daß das eine oder andere notwendigerweise von dem praktisch-politischen Engagement des Autors [...] oder den literatur-theoretischen Einsichten determiniert worden wäre.« (K. Petersen 1982, 472).

Diese Probleme sind noch nicht ausdiskutiert (vgl. Becker 2000, 1, 27ff.; Uecker 2007, 67ff.).

Die Erforschung der Neuen Sachlichkeit hatte an Rekonstruktion und Aufarbeitung der Weimarer Literatur und Kultur insgesamt entschiedenen Anteil und begann, wie diese, erst im Gefolge der Politisierung der Germanistik Ende der sechziger Jahre (vgl. Denkler 1968). Entscheidend wirkte die ebenso innovative wie umstrittene Darstellung von Helmut Lethen aus dem Jahre 1970. Darin begriff er die Neue Sachlichkeit rundweg als »kulturelle Repräsentanz« des Kapitalismus und als »**Normbegriff der herrschenden Klasse**« (Lethen 1970, 8). Die Neue Sachlichkeit erschien als avancierter Versuch zur Unkenntlichmachung der Klassengesellschaft und ihrer Faschisierung – und dies trotz durchaus konzedierter »materialistisch brauchbarer Elemente« in dieser Literatur (ebd., 57).

Die nicht zuletzt Dank ihrer Einzelanalysen immer noch studierenswerte Abhandlung erfuhr heftigen Widerspruch. In den Kontroversen über diesen Ansatz ging es einmal um die Legitimität einer derartig einsträngigen politischen Fixierung, die sowohl bekräftigt (Hermand 1978; vgl. Olbrich) als auch zugunsten einer Festlegung auf linke und linksliberale Autoren bestritten worden ist (Prümm 1972). Aber auch die Festlegung auf politische Richtungen überhaupt wurde abgelehnt (K. Petersen 1982).

Die jüngst erneut resümierte Problematik des Begriffs (Heizmann, 15ff.; Becker 2000, 1; Lethen 1995, 377ff.) erweist sich auch darin, dass er über die einzelnen Kunstsparten hinausweist. Bereits im Sachlichkeits-Diskurs der zwanziger Jahre ist die Kategorie der Neuen Sachlichkeit auf systematisch unterschiedlichen Ebenen angesiedelt: der Terminus bezeichnet eine positiv oder negativ eingeschätzte Richtung innerhalb der einzelnen Kunstsparten einschließlich der neuen Medien, ist also durchaus auch eine **Form- bzw. Stilkategorie.** Dazu gehört zudem die Vorliebe für bestimmte Sujets der Zeit, für die Privilegierung von ›Tatsachen‹ u.a.m. (s. III.2.5).

Über den Bereich der Künste hinaus aber bezeichnet Neue Sachlichkeit auch eine Mentalität, einen »**Habitus**«, wie Helmut Lethen es in seinen späteren Studien ausführt (Lethen 1983; ders. 1994, 16ff.; ders. 1995a). So erscheint Sachlichkeit in der jüngeren Forschung auch als »**Lebenshaltung**« (Ch. Jäger, 78), als ethische Haltung und »›Ethos‹« (Lethen 1970, 11ff.), als »**Verhaltenslehre**« (Lethen 1994, 16ff.; vgl. Becker 2000, 1, 27ff.; Metzler Lexikon Avantgarde, 226ff.).

Gerade bei der Revision seiner früheren politischen Verdikte hat Lethen in der Metapher von den *Verhaltenslehren der Kälte* (Lethen 1994) auf eine komplexe Verhaltensweise hingewiesen, nämlich auf den »Habitus des Einverständnisses« (Lethen 1983, 168ff.) mit den Modernisierungsprozessen zumal der zwanziger Jahre, der Stabilisierungsjahre der Republik also. Die Neue Sachlichkeit erscheint als radikales »**Modernisierungsprinzip**« (Lethen 1995, 376), das der Modernisierung nicht mit Widerspruch, sondern mit Einverständnis begegnet und das als Verfahrensweise der Konfliktbewältigung und der Krisenlösung erprobt wird. Dafür steht, so Lethen, die **Kälte-Metapher**, in der Malerei der »Habitus des ›kalten Blicks‹«:

> »In der Kälte-Metapher konzentriert sich die Erfahrung, daß nur in der Trennung von wärmenden familiären Binnenräumen auch die Chance erhöhter Mobilität liegt. In dem ›eisigen Raum‹ (Arnold Zweig) wird die ›Kälte‹ nicht nur als ein Effekt der ›Obdachlosigkeit‹ in einem von ›Metaphysik entleerten Raum‹ (Siegfried Kracauer) beklagt, sondern als eine Möglichkeit der Selbstbestimmung erblickt.« (Lethen 1983, 174).

Das »Lob der Kälte« (Lethen 1987) ist Stereotyp der zwanziger Jahre, die »kalte persona« (Lethen 1994, 133ff.) in der neusachlichen Literatur ihre Allegorie. Beide richten sich gegen den ›Wärmestrom‹ der alten traditionellen Gemeinschaften, über die im Anschluss an die Soziologen Ferdinand Tönnies und Helmuth Plessner in der Weimarer Republik intensiv diskutiert worden ist (Lethen 1994, 75ff.). Aus der Kälte-Metapher lässt sich auf ein ganzes Bündel benachbarter, als ›typisch neusachlich‹ einzustufender Termini und Sachverhalte schließen, auch assoziieren: Fakten, Tatsachen, Objektivität, Dokumentarismus, Härte, Präzision, Anti-Psychologismus, Anti-Sentimentalität und Anti-Pathos. Für die neusachliche »Mode der Urbanität« hat Lethen eine Umkehrung traditioneller Vorbehalte gegen die »Modernisierung« ausgemacht: »der romantische Affekt gegen die ›Zivilisation‹ hatte in der Regel den Pol von Symbiose/Wachstum/Wärme positiv, den Pol von Trennung/Planung/Kälte negativ besetzt« (Lethen 1986, 197). Für die Verkehrung dieser Vorstellungen entwickelt Lethen folgendes Schema:

Verwurzelung	–	Mobilität
Symbiose	–	Trennung
Wärme	–	Kälte
Undurchsichtigkeit	–	Transparenz
Wachstum	–	Planung
Erinnerung	–	Vergessen
Organismus	–	Apparat
Individuum	–	Typus

Original	–	Reproduktion
natürlicher Zyklus	–	mechanische Zeit
Dunkelheit	–	Helligkeit. (ebd.).

Damit ist auf ganz allgemeine Dispositionen der Intelligenz verwiesen und der spezifische Bereich der literarischen Neuen Sachlichkeit überschritten. Mit der Auflösung des literatur- und kunsttheoretischen Terminus der Neuen Sachlichkeit zugunsten eines Meta-Begriffs hat die neuere Forschung sicherlich Schritte getan, um den Widerspruch zwischen ästhetischer und politischer Festlegung der Neuen Sachlichkeit aufzulösen. So überschreitet Lethen beispielsweise das Links-Rechts-Schema und liefert Porträts u.a. des Dadaisten Walter Serner, von Brecht, Kracauer, Fleißer, aber auch von Ernst Jünger und Carl Schmitt, schließlich von Arnolt Bronnen und Arnold Zweig (Lethen 1993,150ff.; vgl. Lindner).

Dem ›habituellen‹ Ansatz ist entgegengehalten worden, dass das spezifisch Literarische im neusachlichen Diskurs bei ihm zu kurz komme bzw. aufgelöst werde. So will Sabina Becker einen eher eigenständigen Begriff von **literarischer Neuer Sachlichkeit** etablieren und diesen von der Bildenden Kunst, aber auch von der Stabilisierungsphase als ihrem Modernisierungsäquivalent abkoppeln. In diesem Sinne wird die Neue Sachlichkeit als die »letzte Phase jener literarischen Moderne verstanden, die sich in Auseinandersetzung mit den Prozessen der Industrialisierung und Urbanisierung seit 1890 konstituiert« und die seither in »der industrialisierten Lebenswelt adäquaten urbanen Literatur mit Begriffen wie Wahrheit, Objektivität, Beobachtung der äußeren Wirklichkeit, Antisubjektivismus und Antipsychologismus« operiert (Becker 1995, 15). Damit wäre die Neue Sachlichkeit in einer Hochphase der modernen Industriegesellschaft situiert, die ihren Ausgang im Wilhelminismus genommen und von den **Modernebewegungen** des Naturalismus über den italienischen Futurismus bis zu Expressionismus und Dada sich als Auseinandersetzung mit der technisierten und urbanisierten Welt kontinuierlich entwickelt hätte. Die Literatur der Neuen Sachlichkeit wäre dabei von der »neusachlichen Massen- und Unterhaltungskultur« zu trennen, so dass ›Sachlichkeit‹ sich gar »als eine mögliche Kategorie zur kritischen Hinterfragung der gesellschaftlichen Modernisierungsschübe« erweise (ebd., 15f.; 18). Eine deratige Konstruktion übersieht allerdings die stark technikkritischen Tendenzen im messianisch-utopischen Expressionismus und negiert ebenfalls die gerade avantgardekritischen Ansätze der Neuen Sachlichkeit.

In der Forschung umstritten (vgl. Becker 2000, 1, 59ff.; Fähnders 2007c) bleibt die Einbeziehung von Autoren, die der politischen Rechten zuzuordnen sind, die sich aber neusachlicher Schreibtechniken bedienen – wie Arnolt Bronnen in seinem aufsehenerregenden Oberschlesien-Roman *O.S.* von 1929 (vgl. Lethen 1993, 262ff.). Auf der anderern Seite finden sich im Umkreis der proletarisch-revolutionären Literaturbewegung, die die Neue Sachlichkeit wegen mangelnder ›Parteilichkeit‹ scharf attackiert hat, ebenfalls Autoren und Werke, die sich typisch neusachlicher Verfahrensweise wie der Dokumentaristik und der Reportage mit Erfolg bedienen, so Ernst Ottwalt 1931 in seinem Justizroman *Denn sie wissen, was sie tun* (vgl. Verding; s. III.3.4).

Der bereits von Simmel gegebene Hinweis auf den »Aufstand der Sachen« erweist sich als umfassendes Phänomen auch der zwanziger Jahre, in der Literatur wie z.B. in der amerikanischen Slapstick-Komödie (vgl. Siegfried Kracauer, 24). Als Minimalkonsens ergibt sich, unter Neuer Sachlichkeit »eine komplexe gesamtkulturelle Bewegung in der Weimarer Republik« zu verstehen, die »sich auf **Akzeptanz und Entwicklung massendemokratischer und konsumkultureller Tendenzen** bezieht«.

Für den Bereich der Literatur sind zu nennen: »Gegenstands- und Aktualitätsorientierung, Dominanz dokumentaristisch-veristischer, medial neuer Formen« wie »Reportage, Dokumentation, Montage, Zeitroman, Zeitstück, Autobiographie, Reisebericht, Gebrauchslyrik, Dokumentarfilm, Hörspiel, Fotobuch u.ä. Das intendierte Funktionsspektrum der Wirklichkeitsrepräsentation reicht dabei von Affirmation des Bestehenden (resignativ oder heroisch) bis zu Kritik und Krisenverschärfung (evolutionär oder revolutionär). Bevorzugte Themenbereiche sind Krieg und Technik (Medien, Verkehr und Energie), Alltag und Lebensverhältnisse (Jugend, Sexualität, Wohnen, Sport, Angestellte).« (Schütz 1997, 245f.).

Einzeluntersuchungen zur Neuen Sachlichkeit finden sich im Vergleich zur Expressionismus-Forschung eher spärlich – so zu Lyrik und Theater (vgl. Jung-Hofmann; Knopf 1997; Pietzcker 1997) und zum Verhältnis einzelner Autoren zur Neuen Sachlichkeit. Hierbei geht es neben einem Sammelwerk zu neusachlichen Romanen (Neue Sachlichkeit im Roman) u.a. um Alfred Döblin (Becker 1995/96), Lion Feuchtwanger (Modick), Erich Kästner (Ladenthin 1988), Paul Kornfeld (Weber), Joseph Roth (Heizmann). Angesichts dieser jüngsten Positionsbestimmungen wird man zwischen massenkulturellen Phänomenen der Neuen Sachlichkeit sowie ihrer Literatur im engeren Sinne differenzieren müssen, die beide sicher nicht einhellig über den Kamm des Modernisierungseinverständnisses zu scheren sind. Zudem bleibt aber der habituelle Ansatz fortzuschreiben, der Aufschluss über Dispositionen gibt, die das engere Feld von Neuer Sachlichkeit und ihrer Literatur allerdings überschreiten. Gesamtdarstellungen zur Neuen Sachlichkeit in Malerei und Fotografie (Michalski; Schmied; Vierhuff, Realismus und Sachlichkeit) liegen ebenso vor wie zur literarischen Neuen Sachlichkeit (Becker 2000, 1; vgl. Uecker 2007); die einschlägigen Quellen und Programmatiken sind mittlerweile gesammelt (vgl. Scheinwerfer; Becker 2000, 2).

3. Proletarisch-revolutionäre Literatur

3.1 Begriff und Rezeption

Der im 19. Jahrhundert geprägte Terminus **Arbeiterliteratur** wird widersprüchlich als Literatur *von* Arbeitern, als eine *für* sie oder *über* sie definiert (vgl. Fähnders 1997a). Am tauglichsten ist ihre funktionale Bestimmung als Literatur, die sich den proletarischen Interessen bewusst dienstbar macht und als »Klassenliteratur« (Stieg/Witte, 12) den proletarischen Emanzipationsprozess zu befördern sucht. Als Oberbegriff wäre Arbeiterliteratur als eine der Arbeiterbewegung und ihren Zielen verbundene Literatur zu bestimmen – stamme sie nun von Arbeitern selbst oder von sympathisierenden Intellektuellen. Sie ist historisch und politisch auszudifferenzieren, so dass genauer zu reden ist von ›Arbeiterdichtung‹, von ›sozialistischer‹ (und ›anarchistischer‹) und ›proletarisch-revolutionärer‹ Literatur. Letztere ist Selbstbezeichnung für die kommunistische Literaturbewegung der Weimarer Republik, die sich seit Mitte der zwanziger Jahre in scharfer Abgrenzung zur Literatur der SPD heranbildet. Letztere wiederum firmiert unter ›Arbeiterdichtung‹, während das Attribut ›sozialistisch‹ für eine diesbezügliche Tendenzliteratur seit dem 19. Jahrhundert, das Attribut ›proletarisch‹ für eine tatsächlich von Arbeitern verfasste Literatur reserviert bleiben sollte (Fähnders 1997a, 120ff.).

Arbeiterliteratur stand in der westdeutschen Germanistik lange Zeit im Schatten eines restriktiven Literaturbegriffs, der erst im Gefolge des literaturwissenschaftlichen Paradigmenwechsels nach 1968 aufgebrochen wurde (vgl. Fähnders 1977, 17ff.; ders. 1996). Wie bei der Erforschung von Naturalismus und Arbeiterbewegung (s. I.5) datieren verlässliche Analysen erst seit den siebziger und achtziger Jahren. Die **DDR-Germanistik** war hier mit bibliographischen (vgl. Melzwig), editorischen (vgl. Zur Tradition; Deutsches Arbeitertheater) und monographischen Arbeiten (vgl. Albrecht; Kändler; Klein 1975; Nössig/Rosenberg/Schrader) sowie Werkausgaben zu Becher, Bredel, Marchwitza, Scharrer, Weiskopf, Wolf u.a. vorausgegangen. Dabei stand ein anhand von Kategorien des Sozialistischen Realismus entwickelter Begriff von **Parteilichkeit** und **Realismus** der Literatur im Mittelpunkt, der sich eng an die Weimarer KPD anlehnte und zugleich mit der DDR-Literaturpolitik verbunden war (vgl. Hermand 1994, 121ff.).

Dies führte zu einer **Kanonbildung** eigener Art, die bestimmte Entwicklungen und bestimmte Autoren der Weimarer revolutionären Arbeiterliteratur zu Vorläufern und Wegbereitern der sozialistischen DDR-Literatur avancieren ließ, so Johannes R. Becher, Willi Bredel, Hans Marchwitza, Friedrich Wolf u.v.a. Brisant und prekär wurde diese Rezeption bei nichtkommunistischen bzw. dissidentischen Arbeiterschriftstellern wie Georg Glaser, dem Anarchisten Mühsam oder bei sog. Renegaten (vgl. Rohrwasser 1991) wie Franz Jung, Arthur Koestler oder Gustav Regler, die nur geringe oder keine Beachtung fanden. Dies gilt auch für die sozialdemokratischen **Arbeiterdichter** wie Max Barthel, Karl Bröger und Heinrich Lersch. Diese wiederum wurden, wenn überhaupt, gerade wegen ihrer antirevolutionären, klassenharmonisierenden, unhistorisch-menschheitlichen Ideologie, die sie auch für den Nationalsozialismus verwertbar machte, in der westdeutschen Nachkriegsgermanistik favorisiert (vgl. Deutsche Arbeiterdichtung; Rülcker 1970; ders. 1974; Sozialgeschichte, 65ff.).

Die nach 1968 in Gang gekommene **westdeutsche Rezeption**, die ihrerseits oftmals marxistisch orientiert war, konnte an die DDR-Forschungen anknüpfen, setzte aber auch eigene Akzente (vgl. Handbuch zur deutschen Arbeiterliteratur). Einschlägige Sammlungen theoretischer Quellen (vgl. Marxismus und Literatur; Die rote Fahne; Literatur im Klassenkampf) sowie Anthologien und Ausgaben der seit 1933 verschollenen oder nur schwer zugänglichen literarischen Texte (vgl. Proletarische Lebensläufe; Texte der proletarisch-revolutionären Literatur) und Gesamtdarstellungen (Fähnders 1977; Ludwig; Safranski/Fähnders; Stieg/Witte; Trommler 1976) ergänzten, erweiterten und korrigierten DDR-Forschungen (vgl. Fähnders 1996). Das gilt für die Auseinandersetzungen um Theorie und Praxis des 1928 im Umfeld der **KPD** gegründeten ›Bund proletarisch-revolutionärer Schriftsteller‹ als eines Zentrums der revolutionären Arbeiterliteratur in der Weimarer Republik, der 1991 eine monographische Gesamtdarstellung erfuhr (Ch. Hein; vgl. Gallas). Auch die quer zur Parteilinie stehenden Autoren erfuhren Aufmerksamkeit, wobei die Orientierung an die kommunistische Parteigeschichte und -geschichtsschreibung insgesamt weniger rigide als in der DDR vollzogen wurde.

So fanden bedeutende Autoren außerhalb des engeren KPD-Spektrums Aufmerksamkeit, was insbesondere auch für die Entdeckung und Würdigung so wichtiger ›undogmatischer‹ **Theoretiker** wie Walter Benjamin, Ernst Bloch oder auch Brecht gilt, dessen literaturtheoretisches Œuvre – zumal im Zusammenhang seiner Auseinandersetzung mit Lukács – nun intensiv rezipiert wurde (vgl. Expressionismusdebatte; Lehrstück Lukács; Mittenzwei 1975b). Ein häufig weniger strikt gebundener Begriff von Partei, Parteilichkeit und Realismus gestattete die Rekonstruktion von revolutionären Traditionssträngen innerhalb und außerhalb der KPD, etwa von Anarchismus und Linksradikalismus (vgl. Fähnders 1987; Fähnders/Rector; Kauffeldt), von Bezügen zur Avantgarde (vgl. Maier-Metz; van den Berg 1999), von Einzelanalysen zur Arbeiterkorrespondentenbewegung (vgl. Hempel-Küter), zur Literaturpolitik der KPD (vgl. G. Friedrich; Gallas). Als wissenschaftsgeschichtliches Unikum sei vermerkt, dass ein überfälliges, die einschlägige Forschung rekapitulierendes, noch in der DDR konzipiertes Lexikon zum Thema, das grundlegende *Lexikon sozialistischer Literatur* erst 1994, nun gesamtdeutsch, erschienen ist (vgl. Fähnders 1996).

3.2 Trends seit der Novemberrevolution

Die aus der **Arbeiterbewegung der Vorkriegszeit** überkommene sozialistische und proletarische Literatur zeichnet sich in der Schreibpraxis wie der ästhetischen Theorie durch ihre Orientierung an bürgerlichen Normen aus (vgl. Münchow 1981; Trommler 1976, 173ff.). Nicht zuletzt die Auseinandersetzungen der Arbeiterbewegung mit dem **Naturalismus** haben das erwiesen (s. I.5). Dieser Traditionsstrang einer »proletarischen Dichtung ohne Klassenbewußtsein« (Rülcker 1974) findet nach 1918 in der **Arbeiterdichtung** ihre Verlängerung, die politisch an der SPD orientiert und in ihrem ästhetischen Potenzial spätexpressionistischen Einflüssen sowie einem grundsätzlichen »Kompromiß zwischen politischer Dichtung und reiner Kunstausübung« (Sozialgeschichte, 67) verpflichtet ist. Zumal in der Lyrik zeichnet sich diese Arbeiterdichtung durch Stereotype der Naturalisierung sozialer Prozesse, etwa von Arbeit und Technik, aus, so beispielhaft bei Karl Bröger und Heinrich Lersch (vgl. Trommler 1976, 370ff.; Czapla 2008). Politisch ist sie durch ihre kriegsbejahende Lyrik während des Ersten Weltkrieges diskreditiert.

Dieser Strang kann zwar nicht umstandslos als repäsentativ für die gesamte Literatur und Literaturpolitik der Sozialdemokratie gelten, die sich zumal gegen Ende der zwanziger Jahre auch modernen Gestaltungsweisen, besonders im Roman, öffnet (vgl. Sozialgeschichte, 72ff.; Trommler 1976, 542ff.). Er markiert aber literarhistorisch eine relevante, z.T. bis in die NS-Zeit reichende Linie in der Arbeiterliteratur, für die der Terminus ›Arbeiterdichtung‹ reserviert ist. Unter dem Aspekt der Moderne gesehen, macht gerade sie die neuen technologischen Entwicklungen des Industrieproletariats wie auch die damit zusammenhängenden Veränderungen der Arbeit nicht mit. Dagegen opponiert jener Strang der Arbeiterliteratur, der sich in der Weimarer Republik als **proletarisch-revolutionäre Literatur** neu formiert. Das Attribut ›proletarisch-revolutionär‹ bezeichnet dabei das Zusammengehen von Autoren proletarischer Herkunft und von revolutionären Intellektuellen (Fähnders 1977, 11ff.; Ch. Hein, 13ff.).

Ein erster **Innovationsschub** in Sachen Arbeiterliteratur erfolgte zu Beginn der Weimarer Republik seitens der expressionistischen Generation, nicht etwa von der neugegründeten KPD, die diesen Autoren vielmehr reserviert bis verständnislos gegenüberstand, selbst wenn sie Mitglieder der Partei waren. Autoren wie Grosz, Heartfield, Jung, Pfemfert, Piscator u.a. suchten um 1920 das Verhältnis zwischen Literatur, Revolution, Proletariat und Schriftsteller neu zu bestimmen, wobei sie mit ihren auch ästhetischen Radikalisierungsprozessen ein avantgardistisches Potenzial einbrachten (vgl. Literatur im Klassenkampf). Dabei finden sich auffällige Berührungen und Gemeinsamkeiten mit der Programmatik des politischen **Linksradikalismus und Linkskommunismus** über hemmende ›subjektive Faktoren‹ im Proletariat und die Notwendigkeit von ›Selbstbewusstseinsentwicklung‹ bei den Arbeitern. Gerade diese während der Revolutionszeit lebendigen Positionen, wie sie ›links‹ der KPD in der KAPD (Kommunistischen Arbeiter-Partei Deutschlands) vertreten wurden, fanden mit ihren rätedemokratischen, antiautoritären, auf die Spontaneität der Massen setzenden Auffassungen gerade auch unter den Intellektuellen und Künstlern Anklang (vgl. Fähnders/Rector I). Strukturell vergleichbar ist dieses Engagement mit demjenigen naturalistischer Autoren bei den ›Unabhängigen Sozialisten‹ und Anarchisten um 1890 (s. I.5.1; 5.2).

Die ästhetische Konzeption dieser frühen revolutionären Literatur bricht mit den psychologisierenden, didaktischen Identifikationsangeboten der traditionellen Arbeiterliteratur, will – Ausdruck ihrer avantgardistischer Schulung – den unbedingten Bruch mit bürgerlichen Traditionen, entwirft anonyme und kollektive Helden und ist strikt auf politische Wirkung, auf ›Operationalität‹ aus. Prämissen von politischer und ästhetischer Spontaneität fallen in der revolutionären Nachkriegsphase zu einer innovativen **Politästhetik** zusammen und markieren im Verein mit antibürgerlichen, massiv traditionsfeindlichen Positionen der Avantgarde ein zwar kurzes, aber in seiner Offenheit doch relevantes Experimentierfeld (vgl. Literatur im Klassenkampf; Fähnders/Rector I). Das zeigen um 1920 die Agitationsromane eines Franz Jung (Fähnders 1984; ders. 2003), die frühen Theaterexperimente des Berliner ›Proletarischen Theaters‹ um Erwin Piscator, die belletristischen Publikationen des Malik-Verlages (vgl. Maier-Metz; Faure; Stucki-Volz) und des linksradikalen Kreises um Franz Pfemferts Zeitschrift ›Die Aktion‹ (Baumeister; Peter; Ranc 2004; Safranski/Fähnders, 174ff.).

Grundsätzliche kunsttheoretische Auseinandersetzungen fanden 1920 in der sog. **Kunstlump-Kontroverse** statt, bei der Vertreter der radikalen Avantgarde wie George Grosz und John Heartfield einerseits gegen den Expressionismus, hier am Beispiel des Malers Oskar Kokoschka, polemisierten, sich aber zugleich auch gegen kulturkonservative Tendenzen der jungen KPD richteten, die zu dieser Zeit noch ganz dem Erbe der Vorkriegssozialdemokratie, etwa Franz Mehrings, verhaftet war (WR, 453ff.; Fähnders/Rector I, 100ff.; Nössig/Rosenberg/Schrader, 173ff.; s. I.5.5).

So wurden zu Beginn der Weimarer Republik im Schnittfeld von Linksradikalismus und politisierter avantgardistischer Intelligenz Fragen nach Möglichkeit, Notwendigkeit und Machart von Literatur und Kunst fürs Proletariat im ganz handfesten Kontext der Revolutionsereignisse diskutiert. Mit dem Ende der Revolutionszeit endete aber auch diese Experimentierphase, die in dieser Weise keine Fortsetzung fand. Während die Sozialdemokratie an diesen Entwicklungen keinen Anteil nahm, revidierte die in diesen Jahren alles andere als homogene KPD erst seit Mitte der zwanziger Jahre ihre traditionalistischen Positionen und machte sich die bald zum Schlagwort avancierte Parole ›**Kunst ist Waffe!**‹ zu eigen, mit welcher der kommunistische Arzt und vormalige Expressionist Friedrich Wolf 1928 seine ästhetische Programmschrift überschrieben hatte (Zur Tradition I, 57ff.). Gegen Ende der zwanziger Jahre schien das Terrain für einen erneuten Innovationsschub der proletarisch-revolutionären Literatur bereitet, die nun im Umfeld der KPD stand und 1928 organisatorischen Ausdruck in der Gründung des ›**Bundes proletarisch-revolutionärer Schriftsteller Deutschlands**‹ (BPRS) fand. Dieser konstituierte sich durch das Zusammengehen von schreibenden Arbeitern, die aus der von der KPD ins Leben gerufenen sog. **Arbeiterkorrespondentenbewegung** hervorgegangen waren, mit linken bürgerlichen **Intellektuellen**, die sich im Verlauf der Weimarer Republik der KPD angeschlossen hatten. Dabei bot der BPRS zweifellos ein stabileres Fundament für eine revolutionäre Literaturentwicklung, als es in den Revolutionsjahren möglich war (vgl. Ch. Hein; Gallas).

3.3 Arbeiterkorrespondentenbewegung

Mit der nach heftigen inneren Auseinandersetzungen Mitte der zwanziger Jahre erfolgten Neuorientierung der KPD, die sich nun auf der Basis von Straßen- und Betriebszellen und nicht mehr als bloße Mitgliederpartei organisierte, wuchs die Notwendigkeit neuer Kommunikationsstrukturen, insbesondere im **Pressewesen**. Die Entwicklung von **Betriebszeitungen** und die damit verbundene Qualifizierung von schreibenden Arbeitern als Berichterstatter erfolgte im Rahmen der Arbeiterkorrespondentenbewegung, die das Bild der KPD-Presse mitbestimmte. So verfügte das KPD-Zentralorgan, die ›Rote Fahne‹, 1930 über 500, 1932 über 1.200 regelmäßig schreibende Korrespondenten. Hinzu kamen die kommunistische Regional- und Lokalpresse und die oppositionellen Betriebszeitungen. Die Zahl aller Korrespondenten dürfte 1930 bei 15.000 gelegen haben (Hempel-Küter, 149ff.; vgl. Die rote Fahne; Möbius 1977, 27ff.; Ch. Siegel, 107ff.). Die Form der Korrespondenzen – dokumentarisch-sachlich angelegte Berichterstattung, Einzelepisoden aus den Klassenkämpfen der Zeit, Tatsachenmaterial – hinterließ erkennbar Spuren in der entstehenden proletarisch-revolutionären Literatur, deren proletarischer Flügel sich aus dieser Bewegung rekrutierte, so Willi Bredel, Eduard Claudius, Hans Marchwitza, Ludwig Turek u.a. Von ganz anderen Prämissen her als bei den Literaturdiskussionen der Neuen Sachlichkeit ergab sich in dieser Basisbewegung schreibender Arbeiter also ein naturwüchsiges Interesse an ästhetischen Prinzipien der **Dokumentaristik** und **Tatsachengestaltung**, Prinzipien, die innerhalb der KPD-Theoriebildung, so bei Lukács, umstritten waren.

3.4 ›Offene‹ oder ›geschlossene‹ Form?

Der ›**Bund proletarisch-revolutionärer Schriftsteller**‹ (BPRS) war Kristallisationsort der neuen Arbeiterliteratur der Weimarer Republik. Er umfasste einerseits Arbeiterkorrespondenten, andererseits eine wachsende Zahl von z.T. prominenten, linken bürgerlichen Schriftstellern, so Johannes R. Becher, Egon Erwin Kisch, Kurt Kläber, Berta Lask, Ludwig Renn, Erich Weinert u.a. Das Zusammengehen dieser proletarischen mit bürgerlich-intellektuellen Autoren bestimmte das Profil der nun entstehenden proletarisch-revolutionären Literatur. Der ›Bund‹ hatte 1930 etwa 350, Ende 1932 rund 600 Mitglieder (vgl. Gallas; Ch. Hein; Safranski/Fähnders, 207ff.).

In seinen Programmdebatten ging der BPRS von der Minimalformel aus, der proletarisch-revolutionäre Schriftsteller sei jemand, »der die Welt vom Standpunkt des revolutionären Proletariats aus sieht und sie gestaltet.« (Zur Tradition I, 115). Notwendigkeit und Wirkungsmächtigkeit von Kunst insgesamt wurden betont; Johannes R. Becher erklärte 1929 im BPRS-Organ ›Die Linkskurve‹, die proletarisch-revolutionäre Literatur sei nicht

> »Armeleutepoesie oder Mitleidsdichtung, sie bewimmert nicht tränenbeflissen das Elend des Proletariats [...]. Im Trommelfeuer und in Straßenkämpfen ist sie geboren, sie ist unter dem Druck der Zensur groß geworden [...]. Proletarisch-revolutionäre Literatur singt Klassenliebe und Klassenhaß. Sie marschiert mit unter der Parole: ›Krieg dem Krieg!‹« (Zur Tradition I, 157f.).

Eine Abgrenzung gegenüber sozialdemokratischen Traditionen war damit ebenso gegeben wie gegenüber linksbürgerlichen Autoren, von denen man sich rigide absetzte, vor allem gegenüber so prominenten Linksintellektuellen und ›Mitläufern‹ wie Alfred Döblin, Ernst Toller oder Kurt Tucholsky. Grund war die sog. ›Geburtshelfer-These‹, nach der allein die proletarische Herkunft der Autoren entscheidend sei und Intellektuellen bürgerlicher Herkunft allenfalls die Rolle von ›Geburtshelfern‹ bei der Entfaltung der neuen Literatur zukommen könne. Erst mit der, so Becher 1931, »Wendung zur **Massenliteratur**« (Zur Tradition I, 409ff.) wurde erkannt, dass es auch um andere Schichten und Klassen gehen müsse, so um eine Literatur für nichtrevolutionäre Arbeiter, für Bauern, für die Mittelschichten und Intellektuellen, für die Frauen, für die Arbeiterkinder.

Der BPRS plädierte für den Einsatz des gesamten Repertoires **didaktischer und operativer Genres** wie »Kurzgeschichte, Reportage, Glosse, Agitationsvers, Agitpropszene usw.«, wie es im »Programmentwurf« hieß (Zur Tradition I, 432f.). Die »Kontroversen« im Bund (vgl. Gallas; Nössig/Rosenberg/Schrader, 522ff.) konzentrierten sich jedoch zunehmend auf die **Großform des Romans**. Hier war es vor allem **Georg Lukács**, der, zu dieser Zeit in Berlin lebend, 1931/32 in der ›Linkskurve‹ in seinen großen Essays über »Tendenz oder Parteilichkeit« und »Reportage oder Gestaltung« Grundlinien einer – allerdings heftig umstrittenen – marxistischen Ästhetik entwarf (Lukács, 109ff.; Krämer 2006; Gallas, 119ff.; Klein 1990; Uecker 2007, 323ff.; Mittenzwei 1975b; Scheunemann, 218ff.).

Lukács forderte für die proletarische Literatur (wie für ›realistische Literatur‹ überhaupt) die Gestaltung gesellschaftlicher Widersprüche mit der Perspektive ihrer dialektischen, sozialistischen Aufhebung. Das ließ ästhetisch keine Brüche, keine Widersprüche, etwa Montage, Collage, oder die Durchmischung diskursiver und fiktionaler, authentischer und narrativer Bereiche zu. Die Forderung nach **Gestaltung von gesellschaftlicher Totalität**, die Lukács als ›Parteilichkeit‹ fasste, musste zwangsläufig ›**offene Formen**‹ verwerfen. Solche Formen hatte vornehmlich die ästhetische Avantgarde in ihrer Kritik am bürgerlichen Werkbegriff favorisiert, hatten von ganz anderen Prämissen her aber auch proletarische Autoren erprobt, wenn sie in ihren Erzählversuchen an die Episodenform der Arbeiterkorrespondenz anknüpften oder im Agitproptheater nicht-aristotelische Spielweisen bevorzugten. ›Offene Formen‹ also verfielen dem Verdikt, sie seien nicht ›gestaltet‹ und böten nur punktuell eine ›**Widerspiegelung**‹ gesellschaftlicher Totalität. Mit einem derart verengten Widerspiegelungsbegriff schrieb Lukács letztlich ästhetische Normen des bürgerlich-kritischen Romans des 19. Jahrhunderts fest: Im großen bürgerlichen Roman, bis hin zu Tolstoi und Thomas Mann, fand er sein Totalitäts-Modell verwirklicht.

Während Lukács also im großen bürgerlichen Roman die Komplexität der Klassenbeziehungen auf vorbildliche Weise widergespiegelt sah, erschien ihm der neuentstehende proletarische Roman um 1930 weder ›gestaltet‹ noch ›parteilich‹ noch ›geschlossen‹. Dieser bot gesellschaftliche und klassenmäßige Ausschnitte, und dies in teilweise nicht episch-erzählerischer, sondern dokumentarisch-reportagehafter Machart. So übte Lukács massive Kritik an den Romanen Willi Bredels, der sich der Praxis der Arbeiterkorrespondenten verpflichtet sah, und an der reportageartigen Erzählweise Ernst Ottwalts, der traditionelles Erzählen zugunsten von montierten Tatsachenberichten aufgab gemäß seiner programmatischen Forderung nach »›Tatsachenroman‹ und Formexperiment« (Zur Tradition I, 524ff.). Diese Favorisierung einer Literatur der Tatsachen berührt sich hier mit Positionen der Neuen Sachlichkeit, ohne allerdings deren Anspruch auf politische Tendenzlosigkeit zu teilen (s. III.2.7).

Die Kontroversen des BPRS wurden in seinem 1929–1932 erschienenen Organ ›Die Linkskurve‹ publiziert und waren auch von der sowjetischen Literaturdiskussion dieser Jahre abhängig (Zur Tradition I, 447ff.; Lukács, 312ff.; Fähnders 1977, 79ff.; Gallas, 119ff.; Klein 1990; Münz-Koenen; Verding). Die anti-avantgardistischen, an Lukács orientierten, auf Gestaltung, positives Heldenbild und Identifikationsangebot setzenden traditionalistischen Auffassungen haben im Exil dann die ›Expressionismusdebatte‹ mitbestimmt und bei der Formulierung des ›Sozialistischen Realismus‹ eine zentrale Rolle gespielt (vgl. Expressionismusdebatte; Sozialistische Realismuskonzeptionen; Trommler 1976, 645ff.). Rekonstruktion und Interpretation dieser Auseinandersetzungen ist genauer erst seit den siebziger Jahren geleistet worden, wobei die DDR-Forschung lange Zeit den Bahnen von Georg Lukács folgte (vgl. Dialog und Kontroverse mit Georg Lukács; Klein 1990), während die seit der Studentenbewegung ausgelösten Erbe-Debatten in der Bundesrepublik den Positionen, für die der Name Lukács steht, kritisch gegenüberstand (vgl. Lehrstück Lukács; Der Streit mit Georg Lukács; Lukács und 1968).

Dass es hierbei nicht um eine auf die Person Lukács oder die **Antipoden Brecht-Lukács** zu personalisierende Debatte ging, sondern um auch politisch festmachbare Fraktionierungen – einmal in Richtung auf eine Bündnispolitik gegenüber bürgerlichen Schichten, einmal um die Auffassung von einer authentisch anti-bürgerlichen, Positionen der Avantgarde mitbedenkenden Linie –, zeigen zum anderen die parallel verlaufenden Auseinandersetzungen über die proletarische **Theaterbewegung.** Hier plädierten Anhänger eines aristotelischen Konzeptes von Illusions- und Identifikationsbühne wie Friedrich Wolf (vgl. Klatt) für eine Vermittlung des Allgemeinen mit dem Individuellen und Besonderen im ›Typischen‹, wie Lukács formulieren würde, um Identifikation durch Katharsis zu bewirken. Sie zielten auf das aristotelische große ›geschlossene‹ Stück, das große sozialistische (Berufs-)Theater. Dagegen bevorzugten die vornehmlich proletarischen Agitproptruppen ein auf Verfremdung und Publikumseinbeziehung zielendes operatives Theater der Desillusionierung und der ›offenen Form‹, um Lerneffekte zu erreichen (vgl. Theater in der Weimarer Republik, 843ff.; Deutsches Arbeitertheater; Wem gehört die Welt, 414ff.; Kändler, 298ff.; Seelbach). Auch Brechts Theaterkonzeption vor und nach 1933 mit ihrem Verfremdungseffekt ist dieser anti-aristotelischen Linie verpflichtet (s. III.4.4).

So ist zu resümieren: Die mit dem Namen von Georg Lukács verbundenen Positionen markieren innerhalb der linken Literaturdebatten der zwanziger und dreißiger Jahre den Flügel einer eher verengten Realismus-Doktrin, deren Wirklichkeitsauffassung und deren Auffassung von künstlerischer Realitätsaneignung strikt **mime-**

tisch, geschlossen und auf gesellschaftliche Totalität aus ist. Konträre Positionen formulierten innerhalb des BPRS ansatzweise die Arbeiterkorrespondenten, deren Auffassungen eher in eine **rezeptionsästhetische** Richtung gingen und die auf Operationalität der Literatur, nicht auf ihre Totalität, insistierten: Sie wollten unmittelbar wirken. Linke Theoretiker wie Benjamin, Brecht, Hanns Eisler u.a., die dem BPRS fern standen, entwarfen **materialästhetische** Ansätze, die von der Produktion und der Funktion, vom Material und von der Technik der Kunst und ihrer Verfertigung ausgingen (vgl. Mittenzwei 1975a, 695ff.) und, wie Benjamin seinen in den siebziger Jahren berühmt gewordenen Aufsatz überschreibt, den »Autor als Produzenten« sehen (Benjamin II/2, 683ff.).

3.5 Agitprop und Massenliteratur

Die Literaturpraxis stimmte nicht unbedingt mit den Theoriediskussionen im ›Bund proletarisch-revolutionärer Schriftsteller‹ überein – sie lief diesen eher voraus, wenn sie auch immer wieder den Anlass zu den einschlägigen Debatten lieferte. Es waren die ganz praktischen Notwendigkeiten des proletarischen Pressewesens, aber auch grundsätzliche Erwägungen über die ›Operationalität‹ der proletarisch-revolutionären Literatur, die eine kaum überschaubare Fülle von Kurztexten aller Gattungen und Genres entstehen ließen – Gedichte, Lieder, Erzählungen, Reportagen, Satiren und andere **kleinen Formen,** denen aufgrund ihrer relativ raschen Produzier- und vor allem Rezipierbarkeit ein hoher, auch politisch gewichtiger Gebrauchswert zugemessen wurde (vgl. Texte der proletarisch-revolutionären Literatur). In der Tradition der sozialistischen und proletarischen Literatur seit dem 19. Jahrhundert spielten derartige Kleinformen auch in der Arbeiterliteratur der Weimarer Republik durchweg eine privilegierte Rolle, und so florierten das Gedicht und insbesondere das **Arbeiterlied** als auch gemeinschaftsstiftendes Genre. Populärster Lyriker war Erich Weinert, der als bester Interpret seiner selbst mit seiner polemischen und aggressiven ›**Tribünenlyrik**‹, z.T. mit Kompositionen von Hanns Eisler, gegen Kapital, Faschismus, ›Sozialfaschismus‹ und Krieg zu Felde zog (vgl. Albrecht, 284ff.; Trommler 1976, 458ff.).

Vergleichbares zeigt sich im Theaterbereich, wo vor allem seit Beginn der Weltwirtschaftskrise eine Fülle von regionalen **Agitproptruppen** entstand, die jeweils kurzfristig und tagespolitisch flexibel ihre typisierenden Entlarvungsstrategien und Handlungsappelle umzusetzen wussten. Sie zielten auf nicht-aristotelische Spielweisen, die die ›Vierte Wand‹ vor dem Zuschauer einreißen und diesen tendenziell ins Geschehen einzubeziehen suchten. Gerade die Homogenität zwischen den Spielenden und denjenigen, vor denen gespielt wurden, nämlich Arbeiter und Arbeiterinnen, und die Spielorte, öffentliche Plätze, Straßen und Hinterhöfe der proletarischen Stadtbezirke, machten die Agitproptruppen außerordentlich beliebt. Gegen Ende der Weimarer Republik sahen sie sich zunehmend polizeilichen Verboten ausgesetzt (vgl. Deutsches Arbeitertheater; Seelbach). Der Auftritt des ›Roten Sprachrohr‹ in Brechts Film »Kuhle Wampe« vermittelt einen Eindruck dieser Gruppen.

Die Kritik von Georg Lukács an der proletarisch-revolutionären Literaturkonzeption hatte sich am **proletarischen Roman,** u.a. dem Erstling *Maschinenfabrik N&K* (1930) von Willi Bredel entzündet. Bredel, Maschinenschlosser, Arbeiterkorrespondent und Redakteur der KPD-Presse, erzählt aus eigenem Erleben gespeist und nach Art der Enthüllungstechnik von Arbeiterkorrespondenzen. Es geht um Kampf und

Niederlage einer kommunistischen Betriebszelle, um das heterogene Spektrum der Arbeiter und den Führungsanspruch der KPD-Zelle. Prosatexte über das Sujet ›Betrieb‹, über Arbeit, Produktionssphäre, Ausbeutung, Widerstand – thematische Domäne vor allem der Arbeiterautoren – gehören zu literarhistorisch wichtigen Innovationen (vgl. Klein 1975, 358ff.; Möbius 1977). Bei dieser eng dem BPRS verbundenen, von revolutionären Arbeitern verfassten Erzählliteratur handelte es sich, so Johannes R. Becher, um eine durch und durch »**wirklichkeitsbesessene Dichtung**« (WR, 325ff.). Ziel ist die »Eroberung der Wirklichkeit«, wie Becher 1929 in seiner Einleitung zu Karl Grünbergs Revolutionsroman *Brennende Ruhr* formulierte (zit. Safranski/Fähnders, 224), was sie formal mit Ansprüchen der so heftig befehdeten Neuen Sachlichkeit durchaus verbindet (s. III.2.7).

Weitere zentrale Sujets der proletarisch-revolutionären Romane sind Revolution und zeitgenössische Klassenauseinandersetzungen, so Hans Marchwitzas *Sturm auf Essen* über die Niederschlagung des Kapp-Putsches von 1920 oder der mit dokumentarischen Materialien gespickte Tatsachenroman *Barrikaden am Wedding* von Klaus Neukrantz über die blutigen Maidemonstrationen in Berlin 1929 (vgl. Möbius 1977, 57ff.). Die Leistung dieser Art des revolutionären Romans, des **Massenromans**, der sich also nicht an das Proletariat oder gar das revolutionäre Proletariat allein richtet, war sicher begrenzt durch die rigide Politisierung, die ein spontanes, nichtorganisiertes Widerstandspotenzial, die ›Privatheit‹ kaum zu Wort kommen ließ (vgl. Unger 2004). Lebenszusammenhänge von Arbeitern werden letztlich doch stilisiert, Arbeiterinnen, Frauen insgesamt spielen nur selten eine aktive Rolle, und wenn, dann quasi im Männergewand. Das patriarchalische Frauenbild, das die proletarisch-revolutionäre Literatur durchzieht, ist dabei sichtbares Produkt eines ›potenten‹ Männerkommunismus (vgl. Beck 2009; Rohrwasser 1975).

Ein anderer Erzählstrang widmet sich der eher subversiven **Tradition autobiographischen Erzählens,** die sich bereits in Arbeiterlebenserinnerungen der Jahrhundertwende ausgeprägt findet (vgl. Proletarische Lebensläufe; Trommler 1976, 339ff.) und sich während der Weimarer Republik ausdifferenziert. Es sind proletarische Autoren wie Georg K. Glaser, Oskar Maria Graf, Kurt Kläber, Adam Scharrer und Ludwig Turek, die in ihren Romanen und Lebensberichten Erfahrungen aus Krieg und Revolution, Elternhaus und Familie, aus Schule, Fürsorgeheim, den Arbeitsstellen und dem Betrieb wiedergeben. Ihnen gemeinsam sind Züge einer spontanen Rebellion gegen Ausbeutung und Unterdrückung. In ideologischer Hinsicht stehen sie den (zur KPD oppositionellen) linksradikalen Programmatiken des Spontaneismus, Anarchismus und Antiautoritarismus nahe, ohne allerdings an entsprechenden linksradikalen Organisationen teilzuhaben (Fähnders/Rector II, 154ff.; Safranski/Fähnders, 193ff.).

Charakteristisch für diese **proletarische Rebellenliteratur** ist Ludwig Tureks *Ein Prolet erzählt* (1930), wo es im Vorwort über die Schreibmotivation heißt:

> »Warum habe ich geschrieben? Erinnerungen gibt es doch noch mehr als Pfennige in der Mark. Aber ihre Verfasser sind Generale, Könige, Kapitalgewaltige, Staatsmänner oder Abenteurer [...]. Um mitzuhelfen, die Duldsamkeit zu brechen, – darum habe ich geschrieben. Nicht für Literaten und Schwärmer, sondern für meine Klasse. Wenn ich auch vielfach abenteuerliche Begebenheiten schildere, so wird der Leser doch erkennen, daß die Ursache des Erlebens durchaus nicht Sensationslust war, sondern der leidenschaftliche Zusammenprall zwischen dem starren System sogenannter Ordnung und der Tatauswirkung einer sozialistischen Ideenwelt.« (Klein 1975, 678).

Mit proletarischer Pfiffigkeit wird eine lockere **Episodenreihung** geboten, deren erzählerisch offenes Grundmuster in der autobiographischen Authentizität liegt. Dabei spielen ein spontanes, linksradikal inspiriertes Rebellen- und Selbsthelfertum eine beträchtliche Rolle, die ideologisch und ästhetisch von deutlicher Distanz zu KPD- und BPRS-Positionen zeugen. Ähnliches gilt auch für andere Exempel derartiger Rebellenliteratur, so für Georg K. Glasers Roman *Schluckebier* (1932) über die blutige Revolte depravierter Fürsorgezöglinge (vgl. Rohrwasser 2005). Zeitlich vorangegangen waren Kurt Kläber (*Passagiere der III. Klasse*, 1927) und Oskar Maria Graf (*Wir sind Gefangene*, 1927). Auf vergleichbare Weise erzählt der Hirtensohn und gelernte Schlosser Adam Scharrer in seinen autobiographischen Berichten und Romanen, darunter in seinem Kriegsroman *Vaterlandslose Gesellen* (1930), der in der Konjunktur der Kriegsromane Ende der zwanziger Jahre ein Fanal als das, so der Untertitel, »erste Kriegsbuch eines Arbeiters«, zu setzen suchte (vgl. Bartz, 163ff.; Fähnders/Rector II, 243ff.; Klein 1975, 250ff.). Zur bürgerlichen Kriegs- und Revolutionsliteratur setzte sich auch der erfolgreiche Revolutionsroman *Des Kaisers Kulis* (1930) des ehemaligen Anarchisten Theodor Plievier in Opposition, der das Autobiographische mit Dokumentarischem vermittelt (vgl. Fähnders/Rector II, 224ff.). Von einer ganz anderen Position her gestaltet Anna Seghers in ihrer Erzählung *Der Aufstand der Fischer von St. Barbara* (1928) das spontane Aufbegehren verarmter Fischer. Im Übrigen verweist der säkulare Erfolg des nachweislich auch in Arbeiterkreisen viel gelesenen **B. Traven**, der in den zwanziger Jahren zum Hausautor der Büchergilde Gutenberg avancierte (Dragowski, 63ff.; Guthke; Neue »BT-Mitteilungen«), auf das proletarische Interesse an einer Literatur des politisch ›offenen‹, organisatorisch zumindest nicht strikt gebundenen Widerstandes gegen Ausbeutung und Unterdrückung.

3.6 ›Lagermentalität‹ und ›Gegenöffentlichkeit‹

In ihrer Analyse »bürgerlicher und proletarischer Öffentlichkeit« sprechen Oskar Negt und Alexander Kluge von einer »Lagermentalität«, welche die KPD bei ihrer Identitätssuche von den realen politischen Gegebenheiten entfernt und abgeschottet habe (Negt/Kluge, 384ff.; F. Schneider, 457f.). Dies zeige sich in der Sozialfaschismusthese, nach der die SPD letzten Endes ein Teil der faschistischen Bedrohung darstellte, und in der starken Identifikation mit Sowjetrussland und der Politik der sowjetischen KP. Diese Positionen finden sich inhaltlich-motivisch auch in der proletarisch-revolutionären Literatur selbst, soweit diese, wie im Betriebsroman oder bei Arbeiterlied und Agitproptruppen, tagespolitisch-aktuelle Bezüge herstellen und ›operativ‹ ins politische Geschehen zugunsten kommunistischer Parteipolitik eingreifen will. Während Teile der sozialdemokratisch ausgerichteten Arbeiterdichtung, vor allem die, so Klaus Neukrantz, »Feierabendlyriker« (Zur Tradition I, 227ff.) eine **Integration der Arbeiter** in die kapitalistische Gesellschaft bewirken, sucht die proletarisch-revolutionäre Literatur deren **Desintegration** zu befestigen und eine ›Gegenöffentlichkeit‹ herzustellen. Am Beispiel der Reichspräsidentenwahlen 1925 zeigen Negt/Kluge die politischen Aporien einer derartigen ›Lagermentalität‹ (Negt/Kluge, 396ff.): Die KPD beharrte im zweiten Wahlgang auf ihrem Kandidaten, was mit dazu beitrug, dass der demokratische Kandidat bei der Ebert-Nachfolge dem rechten Kandidaten Hindenburg unterlag. (Dass dieser dann später Hitler zum Reichskanzler ernennen wird, bleibe hier undiskutiert.)

Eine rigide Auffassung vom ›Primat der Politik‹, die blanke Gegenüberstellung von Privatem und Politischem (auch in der Literatur) jedenfalls hatte die Ausblendung von subjektiven Faktoren zur Folge. Ernst Bloch bemerkte darüber 1935 in seiner *Erbschaft dieser Zeit*, die Kommunisten sprächen wahr, aber über Sachen, während die Nazis betrügend redeten, aber zu Menschen (vgl. Sozialgeschichte, 15). Dies lässt sich bis in die Literatur verfolgen, so, wenn im Betriebsroman, etwa in Willi Bredels *Maschinenfabrik N&K* (1930) Privates dezidiert ausgeblendet oder allein als Irritation des ›eigentlich Politischen‹ begegnet.

Die Hegemonie der bürgerlichen Distributionsapparate im kulturellen Bereich führte zum Aufbau einer Gegenöffentlichkeit, die den Weg selbstständiger, in der Regel von der KPD bestimmter oder in ihrem Umfeld angesiedelter Institutionen ging. Denn der Staat tolerierte revolutionäre Kunst nur partiell, wie die massiven Eingriffe der 1918 eigentlich abgeschafften **Zensur** zeigten: Werke von Johannes R. Becher und vieler anderer linker und pazifistischer Autoren wurden inkriminiert. 1926 verabschiedete der Reichstag das »Gesetz zur Bewahrung der Jugend vor Schund- und Schmutzschriften«, das der politischen Zensur Tür und Tor öffnete und gegen das die Creme der demokratischen und sozialistischen Schriftsteller von Heinrich Mann bis Becher, Thomas Mann bis Alfred Kerr, Carl von Ossietzky, Kurt Tucholsky u.a. vergebens opponierten (vgl. WR, 139ff.; K. Petersen 1988; ders. 1995).

Dass auch die materielle **Verfügungsgewalt über die Produktionsapparate** massive Einflussnahme auf die künstlerischen Produkte selbst bedeuten konnte, bekam Brecht bei der Verfilmung seiner *Dreigroschenoper* zu spüren. Vergebens klagte er in einem Aufsehen erregenden Prozess gegen Veränderungen, welche die Filmfirma an seinen Entwürfen vorgenommen hatte. **Brechts »Dreigroschenprozeß«**, seine 1931 erschienene Analyse des Falles, war ein »soziologisches Experiment« (Brecht 18, 139ff.), das Illusionen der bürgerlich-liberalen Öffentlichkeit über Kunstfreiheit und Freiheit der künstlerischen Produktion zu zerstören suchte. Zudem analysierte Brecht hier den Einfluss von Markt und Technifizierung auf die Kunst und ihre Rezeption und machte die Schrift zu einem Haupttext marxistischer Ästhetik überhaupt (vgl. Kopf 1984, 506ff.; Giles, 133ff.; Lethen 1970, 114ff.).

Auch unter diesen Prämissen sind die Versuche zur Schaffung von Gegenöffentlichkeit bei der proletarischen Literaturbewegung zu verstehen. Dies geschah durch Einrichtung eines Netzes von **Kommunikationsmedien**. So wandte man sich den neuen Medien des Films und des Radios zu (vgl. Wem gehört die Welt, 480ff., 564ff.; Film und revolutionäre Arbeiterbewegung; Radio-Kultur), am wichtigsten blieben jedoch die Printmedien: Presseorgane – vom Zentralorgan ›Die rote Fahne‹ bis zu Regionalblättern wie die ›Hamburger Volkszeitung‹ (vgl. Die rote Fahne; Hempel-Küter); Illustrierte – so die ›Arbeiter-Illustrierte Zeitung‹ (AIZ) mit den berühmten Fotomontagen von John Heartfield (vgl. Siepmann; Willmann); Verlage – so vor allem das Verlagsimperium von Willy Münzenberg (vgl. Surmann); Buchgemeinschaften – so die ›Universum-Bücherei für Alle‹ seitens der KPD (vgl. H. Lorenz), der ›Bücherkreis‹ seitens der SPD (H.-H. Müller, 75ff.; Ruthmann), die ›Büchergilde Gutenberg‹ seitens der Buchdrucker-Gewerkschaften (vgl. Dragowski; Bühnemann/Friedrich; Lexikon sozialistischer Literatur, 84ff.; 474ff.). Es wurden eigene belletristische Buchreihen herausgegeben, so im KPD-eigenen ›Internationalen Arbeiter-Verlag‹ die Reihe ›Der Rote Eine-Mark-Roman‹, konzipiert als Alternative zu einer ähnlich billigen Reihe des Ullstein-Verlages. Grenzen derartiger Orte und Organe von proletarischer Gegenöffentlichkeit markierten einerseits die Zensur, andererseits aber die bereits bei Brecht analysierte Macht der bürgerlichen Kulturindustrie. So berechnete die ›Linkskurve‹ des BPRS, dass der Gesamtumsatz des bürgerlichen Buchhandels 1930 bei 600 Millionen, derjenige proletarischer Verlage bei 6 Millionen, also gerade bei 1% lag (vgl. Sozialgeschichte, 65).

4. Literarischer Form- und Funktionswandel

4.1 Essayistik und ›kleine Form‹

Der Naturalismus stand im 19. Jahrhundert vor dem Problem, seine dichterische Produktion angesichts des Primats der Naturwissenschaften allererst legitimieren zu müssen. Er versuchte dies einerseits durch eine Verwissenschaftlichung von Poetik und Poesie (s. I.2.6; 2.7), andererseits durch eine **Privilegierung diskursiver Darstellungsweisen** – durch wissenschaftliche Abhandlungen, Kritik, Proklamation, Thesen (s. I.2.3). Dagegen bevorzugten die antinaturalistischen Bewegungen des Fin de Siècle literarische und essayistische Kleinformen, die sich durch ihre ausgesprochen poetische Qualität auszeichneten (s. I.6.11). Expressionismus und Avantgarde wiederum markierten ihren Anspruch des elementaren historischen Bruches und der Innovation durch ausgesprochen proklamatorische Formen des Manifestes und Manifestierens, in welchen sich das ›Projekt Avantgarde‹ zum Teil bereits realisiert fand (s. II.5.3; 5.5). Die revolutionäre Aufbruchstimmung zwischen Kaiserreich und Republik beförderte zudem politische Auseinandersetzungen, die den Schriftstellern diskursive, essayistische und proklamatorische Sprechweisen, so den aktivistischen »Aktionsessay« (Kähler, 98ff.), nahelegten (s. III.1.8; 2.5).

Die relative Stabilisierung der Verhältnisse ›versachlichte‹ den programmatischen Diskurs – es blieb aber ein Diskurs der politischen Kontroversen und republikanischen wie republikfeindlichen Grundsatzerklärungen, der ausgefeilten Kultur- und Literaturkritik, des reichhaltigen Feuilletons. Die ausgemachte Zeitungs- und Zeitschriftenkultur der Weimarer Republik und Berlins zumal, die sich entfaltende ›Gegenöffentlichkeit‹ der proletarischen Presse eingerechnet, beförderte die Konjunktur dieser Kleinformen (vgl. Delabar 2010, 81ff.; Göttsche 2005) und schuf ihr umgekehrt eine auch quantitativ neue Resonanz (s. III.1.6). Das ist kein Zufall.

Gattungsspezifische Affinitäten bestehen nicht allein zwischen Großstadt und Roman im Sinne von »erzählter Stadt« (Klotz), sondern auch und gerade die kleine Prosaform spielt im Gesamtkomplex von »Urbanität und Moderne« (Becker 1993) eine herausragende Rolle. So ist der spezifische Bezug zwischen **Großstadt und ›kleiner Form‹** anhand der **Figur des Flaneurs** nachgewiesen worden (E. Köhn, 7ff.) – einer Figur zwar bereits des 19. Jahrhunderts, wie ihre Rekonstruktion durch Walter Benjamin gezeigt hat, aber auch eine, die in den zwanziger Jahren wieder auflebt. In Franz Hessels **Großstadtminiaturen** und literarischen Streifzügen durch Berlin zeigt sich diese ›Wiederkehr des Flaneurs‹ (vgl. E. Köhn, 153ff.; Der Flaneur Franz Hessel; Neumeyer; Berlin-Flaneure), präsentiert sich der »Liebhaber der Großstadt« (Plath). Mit dieser kleinen Prosa entfaltet sich ein urbanes literarisches Genre par excellence –

»Städtebilder zwischen Literatur und Journalismus« (Jäger/Schütz 1999). Dies lässt sich verfolgen bis hin zu Joseph Roth mit seinen bis ins Exil reichenden »Fiktionen des Faktischen« (vgl. Wirtz).

Die Kultivierung der essayistischen Kleinform, die nicht zuletzt dem Bedürfnis und der Nachfrage in Presse und Feuilleton gerecht zu werden sucht, findet im **Denkbild** Benjaminscher Prägung als »kleine Prosaform zwischen Dichtung und Gesellschaftstheorie« (Schlaffer) einen originären Ausdruck, aber auch in den *Spuren* von Ernst Bloch (1930) und in den Essays von Siegfried Kracauer (vgl. Kähler; E. Köhn; Mülder). Es sind die, so Benjamin, »unscheinbaren Formen, die ihrem Einfluß in tätigen Gemeinschaften besser entsprechen als die anspruchsvolle Geste des Buches« und die »in Flugblättern, Broschüren, Zeitschriftenartikeln und Plakaten ihre Wirkung ausbilden« (Benjamin IV/1, 85; vgl. Benjamin-Handbuch, 639f.).

Das hohe Maß an Reflexivität und Selbstreflexion und die besondere Rolle der **Presse** zeigt sich beispielhaft in der großbürgerlich-liberalen ›Frankfurter Zeitung‹. Eine Analyse des Jahrgangs 1929 verweist auf folgende **Feuilleton**-Beiträge: In Fortsetzungen erscheinen Kracauers Studie *Die Angestellten* und Döblins Roman *Berlin Alexanderplatz*; sodann Texte von Bloch, die später in seinen *Spuren* gesammelt wurden; Beiträge der avantgardistischen Architekten Adolf Loos und Le Corbusier, Adornos Musik-Aphorismen, frühe medienkritische Feuilletons von Günther Anders. Der Jahrgang von 1929 betritt gegenüber dem traditionellen, bildungsbürgerlich ausgerichteten Feuilleton in Sujet und Machart Neuland und stößt, wie Analysen zeigen, beim Publikum auf geteilte Resonanz. Der Jahrgang 1929 muss »als ein Höhepunkt der deutschen Feuilletonpublizistik angesehen werden, und gerade er trägt bereits offen die Zeichen einer wachsenden Ablehnung bei der Leserschaft, nicht einzelner Beiträge, sondern dieses Feuilletons als ganzem.« (Todorow, 111).

Die Feuilletonpublizistik zwischen »Sachlichkeit und Operativität« (Kähler, 155ff.) in der Presse der Weimarer Republik (s. III.1.6) ist noch längst nicht hinreichend erforscht; einschlägige Untersuchungen fehlen zu einzelnen Presseorganen wie zu wichtigen Publizisten, angefangen bei noch zu erstellenden Mitarbeiterlisten und Textregistern (vgl. Deutsche literarische Zeitschriften). Für sozialistische Autoren existiert eine freilich ergänzungsbedürftige Bibliographie ihrer Publikationen in ausgewählten Organen der linken Presse (Veröffentlichungen deutscher sozialistischer Schriftsteller).

Die theoretischen Denkgebäude zumal der linksbürgerlichen und linken Kritiker der Weimarer Republik haben in nicht geringem Maße zu der Rekonstruktion der Weimarer Kultur seit den späten sechziger Jahren beigetragen und mussten selbst erst aus dem Exil von 1933 zurückgewonnen werden (s. III.1.9). Im Folgenden seien einige Titel genannt, die beispielhaft für **das kritische Potenzial der Weimarer Jahre** stehen: von Siegfried Kracauer der »Traktat« *Der Detektiv-Roman* (1925), seine Analyse über *Die Angestellten* (1929), die Artikelserie über *Das Ornament der Masse* (1920–31) sowie die immer noch nicht komplett edierten weiteren kulturkritischen Essays (vgl. Mülder; Siegfried Kracauer); von Ernst Bloch die 1935 in seinem Buch *Erbschaft dieser Zeit* gesammelten Aufsätze über Gleichzeitigkeit/Ungleichzeitigkeit und Sachlichkeit, Zerstreuung usw. (Bloch 4, 104ff.; vgl. R. Hoffmann); *Der sichtbare Mensch oder Die Kultur des Films* (1924) von dem kommunistischen Kritiker und Filmtheoretiker Béla Balázs (vgl. Filmkultur in der Weimarer Republik, 26ff.; 128ff.); *Film als Kunst* (1932) des ›Weltbühne‹-Autors und »Materialisten der ästhetischen Illusion«

(G. Koch) Rudolf Arnheim; von Erwin Piscator *Das politische Theater* (1929; vgl. Willett 1982); und schließlich Brechts *Dreigroschenprozeß* (1931; vgl. Giles).

Auf im engeren Sinne literaturtheoretischem Sektor ist zu verweisen auf: *Die Kunst ist in Gefahr* (1925) von George Grosz und Wieland Herzfelde (vgl. Faure); die weithin unbekannt gebliebene materialistische Analyse der technischen Seite von künstlerischer Produktion durch Lu Märten (vgl. Kambas) in ihrer Schrift *Wesen und Veränderung der Formen und Künste* (1924); die Auseinandersetzung über Reportage und Tatsachenliteratur, die mit dem Namen von Georg Lukács verbunden ist (s. III.3.4), schließlich Benjamins *Einbahnstraße* (1928) sowie seine viele verstreuten Analysen, die z.T. erst im Exil erscheinen und die erst in den letzten Jahrzehnten ihre Wirkung entfalten konnten. Dazu gehören insbesondere die Essays »Der Autor als Produzent« (1934) und »Das Kunstwerk im Zeitalter seiner technischen Reproduzierbarkeit« von 1936 (vgl. Literatur über Walter Benjamin; Benjamin-Handbuch).

Selbstverständlich ist die Essayistik der Weimarer Republik nicht auf die innovativen Trends der urbanen Denkbilder und Spurensuche allein zu reduzieren. Der Anspruch auf ›Zeitgenossenschaft‹ profilierte auch die große Essayistik der älteren Generation, für die die ungleichen Brüder Heinrich und Thomas Mann stehen (s. III.1.8) – »Weltanschauungsessayistik und Zeitdiagnose« in einem (Sloterdijk 1995).

4.2 Zwischen Epochen- und Zeitroman

Seit Ende der Revolutionsperiode ist der Roman Domäne der Weimarer Literatur. Standen die Nachkriegsjahre unter der Präferenz des expressionistischen Theaters, so verschiebt sich der **Gattungsparameter** im Kontext der Neuen Sachlichkeit zu Roman und Prosa. Die ästhetischen Innovationen der expressionistischen Reflexionsprosa, wie Alfred Döblin, Carl Einstein u.a. sie im Kontext der Avantgarde- und Futurismus-Auseinandersetzung vor dem Ersten Weltkrieg diskutiert und erprobt haben (s. II.3.4), bilden einen wichtigen Fundus für die Moderne (vgl. Interpretationen. Erzählungen des 20. Jahrhunderts 1). Die weitere Romanentwicklung der zwanziger Jahre hat ihren Ausgangspunkt aber weniger in den eher abstrakten literaturrevolutionären Überlegungen zu einer neuen Ästhetik des Erzählens wie bei der Vorkriegsavantgarde, sondern sie sucht im Konzept von ›Zeitgenossenschaft‹ und ›Politisierung‹ (s. III.1.8) den Ausgangspunkt für neue Funktionsbestimmungen der Gattungen.

Die »eigentliche Revolutionierung des Romans« verortet Hartmut Böhme für diese Zeit in der »zunehmenden Komplexität der gesellschaftlichen Wirklichkeit«, die für die **ästhetische Romanstruktur** drei Konsequenzen zeitige:

1. die »Mehrdimensionalität des Erzählens (historisch, soziologisch, psychologisch, philosophisch) und den Polyperspektivismus als Mittel, die komplizierten funktionalen Verflechtungen der Realität zu gestalten«;

2. »die Aneignung anderer Medien, um weiterer Formen der Wirklichkeitserfassung habhaft zu werden (Filmtechnik, Dokumentarismus, Collage, Theorie)«;

3. »neue Formen der Verallgemeinerung, die gegenüber den hergebrachten der mythischen, religiösen, symbolischen Verallgemeinerung vor allem in einer dem experimentellen und soziologischen Denken abgenommenen Modelltechnik besteht.« (Sozialgeschichte, 272).

Verwissenschaftlichung, Rationalisierung, Taylorisierung und beschleunigte Modernisierung der Gesellschaft provozieren Reflexivität und führen zum Interesse an dokumentarischen und auch zur Vermengung von erzählerisch-fiktionalen mit essayistisch-diskursiven Darstellungsweisen. Die Konjunktur der Tatsachen-, Reise-, Sach- und biographisch/autobiographischen Literatur (Schütz 1995; s. III.2.5) legt davon ebenso Zeugnis ab wie die Entpsychologisierung und Versachlichung des Erzählens mit dem Interesse an Räsonnement in der erzählerischen Fiktion – so bei den großen Erzählern dieser Jahre, bei Hermann Broch, Thomas Mann oder Robert Musil. Musil erprobt in einer, wie er es im *Mann ohne Eigenschaften* nennt, »Utopie des Essayismus« eine geradezu »paradoxe Verbindung von Genauigkeit und Unbestimmtheit« (zit. Kremer, 443).

Den Grundanspruch auf Realitätsabbildung, auf Präzision und mimetische Tatsachenwiedergabe gewährleisten also am ehesten – neben den neuen Medien – essayistische und dokumentaristische Prosa (s. III.2.3). Diese tendenzielle Verwissenschaftlichung der Prosa zeigt sich in den Formen der ›kleinen Prosa‹ (s. III.4.1) ebenso wie im Roman der Neuen Sachlichkeit (s. III.2.5; 2.7). Seine ästhetischen Innovationen eines Primats der Fakten und der Faktenwiedergabe bestimmt den ›**Zeitroman**‹ (Lindner; Wendler), macht die Zeitgenossenschaft des Weimarer Romans von Feuchtwanger bis Kästner, Jung bis Reger, Glaeser bis Ottwalt, Baum und Fleißer bis Keun und Tergit aus (s. III.2.5; Neue Sachlichkeit im Roman; Schütz 1986; Engagierte Literatur; German Novelists). **Sujets und Subgattungen** sind sicher nicht rundum der Neuen Sachlichkeit zuzuordnen, aber ein Großteil entsteht doch in Auseinandersetzung mit ihr. Das gilt für den Bereich der ›neuen Frau‹ (s. III.2.6), für Formen historischen Erzählens (Kittstein 2006) und den historischen Roman (Hey'l), für soziale Romane (Thöming), den Kriegsroman (Bartz; Von Richthofen bis Remarque), die »Provinzliteratur« (Pfanner), den neusachlichen Kinderroman (Karrenbrock 1995a) u.a.m. (vgl. Weyergraf/Lethen; Sozialgeschichte 261ff.; Der deutsche Roman). Die »radikalisierte Tradition des **Antimodernismus**« fortführend, bilden dagegen bestimmte Formen der Provinzliteratur sowie Kolonialerzählung und Blut-und-Boden-Dichtung die Domäne der völkisch-national-konservativen Literatur, die sich dem antirepublikanischen Kampf verschreibt (Ketelsen 1976, 58ff.; ders. 1992; Haß 1993; dies. 2004).

Die Neue Sachlichkeit ist die Dominante, die mikroskopisch den Blick auf die Gegenwart richtet. Im mehrdimensionalen **Großstadtroman** *Berlin Alexanderplatz* von 1929 ist dieser Blick bereits dank montiertem Erzählen zu einem virtuosen Panorama der Moderne und der Urbanität erweitert (vgl. S. Becker 1993; Leidinger 2010; Materialien zu Alfred Döblins ›Berlin Alexanderplatz‹). Einen »Zeitroman im doppelten Sinn«, so **Thomas Mann** (zit. Sozialgeschichte, 307), bietet der 1924 erschienene *Zauberberg*, der eine historische Bestimmung des Bürgertums wie eine Reflexion der ›Zeit‹ selbst zum Thema macht. Das Romanmodell weist über den tagespolitischen Bezug des späteren neusachlichen Zeitromans weit hinaus auf eine Epochendarstellung, bei der das Mittel der Ironie zur Selbstaufhebung von Subjektivität eingesetzt wird (vgl. Alt; Kurzke 1991; Vaget; Thomas Mann; Thomas-Mann-Handbuch). Das »ironische Erzählen« im *Zauberberg* wird dann auch mit der gebrochenen Darstellung im *Mann ohne Eigenschaften* verglichen (Alt), in jenem **Epochenroman**, in dem der tagesaktuelle Zeit- und Tatsachenroman sein Pendant findet (vgl. Interpretationen. Romane des 20. Jahrhunderts).

Die Kritik am neusachlichen Programm des »ästhetischen Objektivismus« fasst bereits **Hermann Broch** Anfang 1933 in seinem Vortrag »Das Weltbild des Romans« zusammen, der gegen ein von Reportageelementen durchsetztes Erzählen opponiert: »Das technische Amerika, das übertechnische Russland werden ins Heroische erhoben, kurzum es waltet ein Auswahlprinzip, das bei aller angestrebten Sachlichkeit den Stempel unsagbarer Verlogenheit trägt.« (zit. Weyergraf 1995a, 25). Mit seinem Konzept des **polyhistorischen Romans** beabsichtigt Broch in seiner Romantrilogie *Die Schlafwandler* (1930/31) ähnlich wie Joyce und Musil eine Auflösung einstimmigen Erzählens zugunsten eines Nebeneinanders von Episoden, Stilen, Essayeinlagen u.a.m. Gegliedert nach Stufen jeweils eines halben Generationsabschnittes, nach den Jahren 1888, 1903 und 1918, denen die Attribute »Romantik«, »Anarchie« und »Sachlichkeit« zugeordnet werden, präsentiert Broch seine Werttheorie und die Auffassung vom umfassenden »Wertzerfall« (vgl. Hermann Broch; Lützeler; Steinecke).

Musils *Mann ohne Eigenschaften*, einer der umfangreichsten Romane der Weltliteratur, hat seit der Nachkriegsedition der fünfziger Jahre und der Taschenbuchausgabe 1978 die Auflagenhöhe von einer Million überschritten. Er ist dennoch ein ausgemachtes »Dissertationsthema« (Luserke, 1f.) geblieben (Fiala-Fürst 1991). Neuere Arbeiten widmen sich nach dem Primat der psychoanalytischen, autobiographischen Deutungsansätze der fünfziger bis siebziger Jahre Themenbereichen wie *Narzißmus und Utopismus* (Schaerer) und geschlechtsspezifischen Fragen des Musilschen Utopismus (Schwartz), dem *Schreiben als ein anderes Leben* (Nadermann), dem Verhältnis zwischen *Aphorismus und Romanstruktur* (Pfeiffer), dem Komplex des »Möglichkeitsdenkens« (Völse) oder der Frage nach *Muße und Müßiggang* bei Musil (Puppe). Mit Broch und Musil, aber auch Joseph Roth, Hofmannsthal, dem späten Schnitzler und nicht zuletzt Karl Kraus sind Autoren der jungen österreichischen Republik genannt, die einen »Abschied von Habsburg« formulieren (Schmidt-Dengler 1995; Kucher 2007; Magris).

Musil steht sicher für jenen Strang der Moderne, die durch ihre auktoriale ironische Verfahrensweise Realität darstellt – die sog. Parallelaktion, ein historisches Ereignis des Krönungsjubiläums, von dem der Leser weiß, dass es nicht eintreten kann. So wird das Nichtreale »in einem bisher undenkbaren Maße zum thematischen Zentrum des Romans«, und zwar im Sinne »einer Fiktionalisierung und Virtualisierung des Wirklichen«. Die »Entwirklichung der Handlungen und Figuren transformiert den Roman zu einem Instrument der Erkenntnis der gesellschaftlichen Moderne« (Bürger 1992, 400; vgl. Arntzen 1982; Laermann; Luserke; Pekar; Robert Musil). Damit ist exemplarisch neben der dokumentaristisch-mimetischen eine zweite ästhetische Strategie in der Moderne umrissen, die auf Realitätsbrechung, Wirklichkeitsreflexion setzt und eine Ästhetik der Distanzierung ist (s. III.4.5).

4.3 Zwischen Gebrauchs- und Naturlyrik

In den wenigen Jahren der Weimarer Republik macht die Lyrik eine rasante Entwicklung durch. Sie durchläuft die Phase des messianischen **Spätexpressionismus** und des dem Expressionismus feindlichen **Dadaismus** mit seinen Laut-, Simultan- und Buchstabengedichten. Mitte der zwanziger Jahre steht die Lyrik ganz im Zeichen der **Neuen Sachlichkeit** und insistiert auf Gebrauchswert und dokumentarischem Verfahren, gleichzeitig formiert sich auf der Linken die parteiliche **proletarisch-revolutionäre Lyrik**.

Mit dem Rückgang neusachlicher Tendenzen in der Spätphase der Weimarer Republik gewinnt schließlich ein **lyrischer Traditionalismus** an Gewicht, der gegen die Positionen der Moderne opponiert (Bormann 1983; Korte 1995a; ders. 1995b; Sozialgeschichte, 162ff.; WR, 439ff.).

Ein **Paradigmenwechsel** zeichnet sich Mitte der zwanziger Jahre ab: »durch Umschichtungen des Lesepublikums und durch Verlagerungen im Medienbereich«, so Jürgen Thöming, werden »lyrische Formen dominant, die zuvor keine wesentliche Rolle spielten. Lyrische Texte erhalten nach Inhalt und Distributionsweisen immer stärker **Öffentlichkeitscharakter**. Das subjektive Monologisieren über Phänomene der Innerlichkeit und ahistorisch erlebte Erscheinungsweisen von Welt tritt in den Hintergrund.« (Sozialgeschichte, 162). Mit dem Tod des großen lyrischen Dreigestirns der Jahrhundertwende – Rilke, Hofmannsthal, George sterben 1926, 1929, 1933 – geht auch jene Epoche der historischen Moderne zu Ende, deren Lyrik sich ästhetizistischer, symbolistischer, hermetischer Sprechweisen bedient und die auf eine entsprechende Rezeption der Innerlichkeit gesetzt hat. Nach Hofmannsthals lyrischem Verstummen zu Beginn des Jahrhunderts bilden Rilkes späte Gedichte, also die *Sonette an Orpheus* und die *Duineser Elegien* (beide 1923) neben Georges *Das neue Reich* (1928) die letzten große Beispiel dieser Art von Lyrik. Sie erweist sich gerade in ihrer Erhabenheit durchaus als »Flucht in eine vorkapitalistische Vergangenheit« (Schwarz, 103) und als »kritische Abkehr von der Moderne« (Bormann 1983, 240), was ihrer Wirkung bis weit nach dem Zweiten Weltkrieg keinen Abbruch getan hat (vgl. Rilke heute; Rilke-Handbuch; Por 2005; A. Stahl). Eine 1927 von Klaus Mann und Willi Fehse herausgegebene und von Stefan Zweig eingeleitete *Anthologie jüngster Lyrik* (WR, 446ff.) stand mit Gedichten eher unbekannter Autoren wie W.E. Süskind, Martin Raschke, Hanns Vogts in der George-Rilke-Nachfolge. Die Kritik sprach dementsprechend von »Butzenscheiben-Reimern« (WR, 448). Ein Autor wie Benn dagegen jongliert in seinen nachexpressionistischen Gedichten zwischen Vergangenheitsbeschwörung und neuestem Jargon von Wissenschaft und Journalistik und »taucht damit ins ›Mythenmeer‹« (Bormann 1983, 241; vgl. Gottfried Benn; Hillebrand; Interpretationen. Gedichte von Gottfried Benn; Über Gottfried Benn).

Eine dem romantischen Erbe verpflichtete Innerlichkeit, die Muster traditioneller Erlebnislyrik und das expressionistische Pathos weichen einer versachlichten, demonstrativen Gebrauchswertorientierung der Lyrik. Der Gebrauchswert wird oberstes Kriterium – der Kampf gilt der Überschätzung »solch ›rein‹ lyrischer Produkte« wie derjenigen »des Im- und Expressionismus« (Brecht 18, 55), und so hat man zurecht nicht allein von einem »Ge-«, sondern von einem ausgesprochenen »Verbrauchscharakter« der Lyrik gesprochen, die Brecht und anderen vorschwebte (Sozialgeschichte, 179). Lyrische Gebrauchsanweisungen erläutern und steuern dabei das Rezeptionsverhalten (s. III.2.4). Es entsteht eine **Öffentlichkeitslyrik**, die zu raschem Verbrauch, zum Teil auch mit kommerziellen Interessen – durch die Konsumenten gedacht ist: lyrische Kleinkunst, Rollengedichte, Kabarettlyrik, Songs, Chansons, Couplets in der Wedekind-Nachfolge bei Brecht, Max Herrmann-Neiße, Erich Kästner, Klabund, Walter Mehring, Joachim Ringelnatz, Kurt Tucholsky (Sozialgeschichte, 164ff.; Riha 1974; Budzinski/Hippen; Otto/Rösler).

Eine parallele Entwicklung zeigt sich in der politischen Lyrik, wo die in der Öffentlichkeit, häufig vor einem proletarischen Massenpublikum, vorgetragene **Tribünenlyrik** die traditionell operativen Ansprüche sozialistischer Lyrik aktualisiert bzw.

im kollektiven Gesang eigener Lieder Gemeinschaftsbewusstsein realisiert wird (s. III.3.5). Manche dieser linken Lieder und darin enthaltenen Embleme wurden durch die Nationalsozialisten vor und nach 1933 adaptiert, was oft genug allein durch Texteingriffe und -manipulation möglich wurde (vgl. Fähnders/Rector II, 107ff.).

Der geläufige, 1928 von Kurt Tucholsky verwendete Terminus »**Gebrauchslyrik**« bezieht sich zunächst auf politische Lyrik im Sinne von »gereimtem oder rhythmischem Parteimanifest«, wird aber auch verallgemeinert bezogen auf die neue, neusachlich inspirierte und jeder Innerlichkeit abholde Lyrik, die ganz profan gebraucht, benutzt werden und bestenfalls nützlich sein soll, wie Brecht, Kästner, Tucholsky und andere Lyriker ausführen: »Es hat zu allen Zeiten eine Sorte Lyrik gegeben, bei der die Frage nach dem Kunstwert eine falsch gestellte Frage ist«, formuliert Tucholsky und gibt damit das Stichwort zur Demontage einer bestimmten Dichtungsauffassung (WR, 607ff.; vgl. Kurt Tucholsky).

Der Paradigmenwechsel Mitte der zwanziger Jahre erscheint als »**Öffentlichkeitskrise der Lyrik**«, die im Umfeld der Neuen Sachlichkeit kontrovers diskutiert wurde (WR, 439ff.). Symptomatisch ist ein Preisausschreiben der ›Literarischen Welt‹ 1927, für dessen Lyrik-Sparte **Brecht** als Preisrichter fungierte. In seinem spöttischen »Kurzen Bericht über 400 (vierhundert) junge Lyriker« begründete er im distanziert-neusachlichen Duktus des Sportinteressierten seine Wahl, den Preis einem Gedicht zuzusprechen, das er (angeblich) »in einem Radsportblatt« gefunden habe. Es ist ein »Song«, der »zum Gegenstand eine interessierende Sache, nämlich den Sechs-Tage-Champion Reggie MacNamara« habe und insofern auch von »dokumentarischem Wert« sei. Hierbei handelt es sich um ein Gedicht des neusachlichen Autors Hannes Küpper mit dem Titel »He! He! The Iron Man!«: »Es kreist um ihn die Legende,/daß seine Beine, Arme und Hände/wären aus Schmiedeeisen gemacht/zu Sidney in einer taghellen Nacht/He! he! the Iron Man! [...]« (Brecht-Handbuch 3, 95ff.).

Brecht selbst, dessen Lyrik dieser Jahre sich »vom anarchischen Nihilismus zum Marxismus« wandelt (Pietzcker 1974) und der neben Benn immer deutlicher als einer der ganz großen Lyriker des 20. Jahrhunderts erkannt wird (vgl. Interpretationen. Gedichte von Bertolt Brecht; Knopf 1996; Bergheim), exerziert in der *Hauspostille* diesen kaltschnäuzigen Duktus, der den Tod des bürgerlichen Individualismus proklamiert (Knopf 1984, 10ff.; Schuhmann). Einer der wenigen während der Weimarer Republik wirklich populären Lyriker, Erich Kästner, stößt in dieselbe Kerbe (Hug 2006). Er polemisiert 1929 in der ›Literarischen Welt‹ unter dem beredten Titel »Diarrhöe des Gefühls« gegen das alte Modell der »Gefühlslyriker« und »Grossisten der Intuition« (WR, 449; Korte 1995a, 605ff.; Pietzcker 1997; D. Walter). Walther Kiaulehn dagegen diagnostiziert 1930 in einem heftig diskutierten Essay den »**Tod der Lyrik**« – »Die Lyrik muß sterben, damit der Fortschritt leben kann« – und zählt zur Begründung die Accessoires der Neuen Sachlichkeit auf: »Die Lyrik stirbt an dem technischen Fortschritt, an den Automobilen, an der Hygiene und an den kurzen Röcken.« (WR, 451). So markiert die Öffentlichkeitskrise der Lyrik deren Paradigmenwechsel – er zielt auf die Konstruktion einer Lyrik des Gebrauchswertes, ist zugleich Ablösung einer Lyrik der Innerlichkeit und des bürgerlichen Individualismus.

Gerade diese formiert sich gegen die Neuen Sachlichkeit in der Spätphase der Republik neu. So lässt sich literarhistorisch eine deutliche Wendung zum **lyrischen Traditionalismus** (Korte 1995a, 615ff.) beobachten, die eine allgemeine Abkehr von experimentellen Formen signalisiert. In der mehrfach aufgelegten, von Otto Heuschele 1928 bei Reclam herausgegebenen Anthologie *Junge deutsche Lyrik* wird ausdrücklich »der seelenlosen amerikanischen Modelyrik« eine Absage erteilt und (zit. Bormann 1983, 247) und sich des klassischen Formarsenals der Oden, Sonette, Hymnen und Lieder bedient.

Die **Moderne-Kritik** manifestiert sich im neuerlichen Interesse an **Naturlyrik**, Naturmagie, in mythisierenden Sprechweisen, die die Positionen von Urbanität und Gebrauchswertorientierung zugunsten einer neuen Heiligung der Dichtung revidieren. Symptomatisch dafür ist die 1929 bis 1932 in Dresden erschienene Zeitschrift ›Die Kolonne‹, an der u.a. Martin Raschke, Günter Eich, Peter Huchel, Georg Britting, Elisabeth Langgässer und Gertrud Kolmar mitarbeiteten (WR, 674ff.). Für diese Lyrik mag ein Diktum des jungen, erst nach dem Zweiten Weltkrieg bekannter gewordenen Günter Eich aus dem Jahre 1932 stehen: »Gedichte haben keinen beabsichtigten Nutzwert.« (WR, 688; H.D. Schäfer, 367). Gegenüber der Forderung nach einer Funktionsbestimmung von Lyrik wird die »Absichtslosigkeit eines Naturphänomens«, als das Dichtung erscheint, gesetzt, so Eich in Polemik gegen den auf die Modernität von Sprache und Sujet bedachten Kritiker Bernhard Diebold (WR, 688f.).

Vorbild für eine Reihe dieser Lyriker war aus der älteren Generation Oskar Loerke, 1913 Träger des Kleist-Preises und seit 1917 Lektor im Fischer-Verlag, dessen Lyrik nach 1933 für das Konzept der ›Inneren Emigration‹ steht (Oskar Loerke; Sozialgeschichte, 397f.; Korte 1995a, 630ff.). Gerade die »Beschwörung der Sprache der Natur, des Atems der Erde, der mythischen Zelebritäten« (Bormann 1983, 248), die diese Lyrik auszeichnet, blieb in der Bundesrepublik bis in die frühen sechziger Jahre hinein tonangebend. Sie figuriert in der Forschung als Teil der ›Klassischen Moderne‹, ist zugleich aber Kritik der Moderne par excellence (Bormann 1983, 247ff.; Korte 1996a, 630ff.; Geschichte der deutschen Literatur III/1, 100ff.).

Der Frontenverlauf verlief nicht allein zwischen Neuer Sachlichkeit und Naturlyrik. Die Polarisierung der politischen Verhältnisse in der Endphase der Republik führte zur »**Politisierung** [...] aller Literatur bis in die Lyrik hinein« (Just, 376). Die Offensive der Tribünenlyrik wurde bereits genannt. Gerade am Beispiel der Lyrik Brechts lassen sich derartige Politisierungsprozesse verfolgen, bei dem sich nun eine »politisch argumentierende Öffentlichkeitslyrik« gegen seine frühe »Individuallyrik« durchsetzt (Sozialgeschichte, 182). Brechts von Hanns Eisler vertontes »Solidaritätslied« für den gemeinsam mit Slatan Dudow gedrehten Film »Kuhle Wampe« (1932) ist ein herausragendes Beispiel für radikal politische Lyrik (Brecht Lexikon, 226f.). Bestimmte Konstellationen des Exils (vgl. Lyrik im Exil) und der ›Inneren Emigration‹ (vgl. Schnell) zeichnen sich als Konfrontation zwischen politisch-parteilicher und explizit unpolitischer Naturlyrik bereits vor 1933 ab.

4.4 Dokumentartheater – Politisches Theater – Episches Theater

Drama und Theater der Weimarer Republik stehen während der Nachkriegsjahre im Banne des **Expressionismus**, der mit dem Stationen- und Verkündigungsdrama eigenständige Formen erprobt hat (s. II.3.3). Im expressionistischen ›Sturm‹-Kreis finden sich zudem 1920 Ansätze eines radikalen ›Wortkunst‹-Theaters in der ›Sturm-Bühne‹ (s. II.3.5). Gleichzeitig verfolgt die historische **Avantgarde** ihren Ansatz einer umfassenden **Theatralisierung** der Kunst beim Versuch, diese in Leben zu überführen. Avantgardistische Konzepte des Gesamtkunstwerkes gehen dabei oft genug von der Bühne aus, die am ehesten sowohl die Vereinigung als auch Überwindung der einzelnen Kunstsparten zu gestatten scheint (s. II.5.4). Ein eigenständiges Avantgarde-Theater als Theater der Avantgardebewegungen ist in Deutschland weniger ausgearbeitet als in Italien, Frankreich oder Sowjetrussland (vgl. Fähnders 1995b; Brauneck 2003, 48ff., 129ff.). Angesichts der Sonderentwicklung der deutschen Avantgarde im weiteren Verlauf der Weimarer Republik – ihrer relativen Schwäche im Vergleich mit der Entwicklung anderer europäischer Länder und der Dominante der Neuen Sachlichkeit (s. III.1.7) –, findet sich auch im Theaterbereich kaum eine Fortführung der Ansätze der historischen Avantgarde. Einzig das **Bauhaus** experimentiert mit einer eigenen Experimentierbühne. Die ›Bühnenwerkstatt‹ am Bauhaus bleibt dem Impetus der historischen Avantgardebewegungen verpflichtet, insbesondere die dortigen theatralischen Bemühungen von Oskar Schlemmer mit seinem *Triadischen Ballett* (vgl. Brauneck 1986, 225ff.; Fischer-Lichte 1993, 319ff.; Schober, 333ff.).

Das Theater der Weimarer Republik ist **Regietheater** (Völker, 255ff.; Brauneck 1986). Ihm leuchtet das Dreigestirn Reinhardt – Jessner – Piscator: Max Reinhardt, der seine aus dem Wilhelminismus überkommenen spektakulären Masseninszenierungen fortsetzt; Leopold Jessner, Leiter des Staatlichen Schauspielhauses Berlin (1919–30), dessen zeitgemäße Klassikerinszenierungen einen ausgemacht republikanischen Anspruch erheben (u.a. *Wilhelm Tell*; *Don Carlos*; *Richard III.*); schließlich Jessners Antipode Erwin Piscator, der Exponent des politischen Theaters (vgl. Theater für die Republik I; II; Brauneck 2003, 269ff., 399ff.).

Ein Paradigmenwechsel vollzieht sich vom Theater des Expressionismus und der Avantgarde hin zum realistischen, dokumentarischen, politischen, epischen Theater. Seine Konstituanten sind nicht immer leicht von einander abzugrenzen, gemeinsam aber ist ihnen ein hohes Maß an **Politisierung** und politischem Wirkungsanspruch. Was als »Publikumskrise des Bildungstheaters« (WR, 396ff.) erscheint, führt unmittelbar zu einer hochgradigen »Politisierung der Bühne« (ebd., 413ff.), die mit der Novemberrevolution beginnt und mit der Zäsur 1933 endet. »Das politisch-revolutionäre Theater« (Trommler 1974) bzw. »Revolutionäres Theater – Theaterrevolution« (Völker) sind die einschlägigen Bezeichnungen dieser Etappe des Weimarer Theaters. Vermittelt sind diese Tendenzen mit der **Neuen Sachlichkeit**, deren dokumentarischer Ansatz und Technikorientierung für das neue Theater der Republik maßgeblich wird, ohne dass dieses rundweg dem Habitus der Neuen Sachlichkeit folgen würde (vgl. Röber 2001). Bei Ernst Toller z.B., neben Georg Kaiser der prominenteste unter den Dramatikern des Expressionismus, lässt sich die Entwicklung »vom expressionistischen Stationendrama zum dokumentarischen Zeitstück«, hier mit den Mitteln der Historisierung, sehr genau ablesen (Grunow-Erdmann, 53ff.; Jung-Hofmann). Neusachlicher Anspruch auf Dokumentaristik kann durchaus mit politischem Anspruch auf Parteinahme zusammengehen, wie das Beispiel Piscators zeigt.

Die Problematik beim Terminus **Politisches Theater** liegt darin, dass er einerseits für das Theater Erwin Piscators reserviert ist – auch wegen Piscators gleichnamiger Programmschrift aus dem Jahre 1929 –, zugleich aber als Oberbegriff für verschiedene Theaterversuche der Republik dient. Manfred Brauneck nennt vier derartige »Grundformen politischen Theaters, die sich sowohl in ihren Wirkungsstrategien wie in ihrer Ästhetik deutlich unterschieden«:

1. die politische Revue des kommunistischen proletarischen Agitproptheaters, das in der Weimarer Republik breiten Zuspruch fand (s.o. S. 254);
2. Brechts ›Episches Theater‹; hinzuzufügen wäre der Hinweis auf Brechts ›Lehrstücke‹ und seine Lehrstücktheorie (s.o. S. 205f.; 221);
3. das »›Dokumentartheater‹, das mit unterschiedlichen Strukturmodellen arbeitet, deren Gemeinsamkeit aber eben auf der (nicht objektiven, sondern parteilichen) Verwendung authentischer Dokumente beruht, die gleichsam als Beweisstücke in der Theateraktion ausgestellt werden« – so bei Piscator;
4. schließlich das »konventionelle realistische Theater, das politische Inhalte eindeutig parteilich behandelt« und sich seit Mitte der dreißiger Jahre als Theater des ›Sozialistischen Realismus‹ mit seinen traditionellen Spielformen der Guckkastenbühne und des positiven Helden durchsetzt (Brauneck 1986, 311ff.).

Außerhalb dieser Liste steht das ›**Volksstück**‹, das während der Weimarer Republik mit Carl Zuckmayer und Marieluise Fleißer neue Impulse erfährt und in Ödön von Horváths »offener Dramaturgie des ›Zeigens‹« (J. Hein, 270) Elemente des Zeittheaters aufgreift.

Vom Innovationspotenzial her gesehen, ermöglicht die seit und durch Brecht geläufige Trennung zwischen **aristotelischem** und **nicht-aristotelischem Theater** eine Differenzierung: Der alte aristotelische Ansatz operiert mit Katharsis und Identifikation, der nicht-aristotelische mit Lernprozess und Distanzierung. Sowohl die Spielweisen der Weimarer Agitprop-Bühnen Arbeiter-, Berufs- und Agitproptheater (Brauneck 2003, 425ff.; Safranski/Fähnders, 228ff.) als auch das Epische und das Lehrstücktheater markieren den nicht-aristotelischen Ansatz, dem das Dokumentartheater, wie Piscators Versuche zeigen, teilweise folgt, teilweise nicht folgt (vgl. Interpretationen. Dramen des 20. Jahrhunderts).

Ein gemeinsamer Nenner des nachexpressionistischen Theaters ist die Rückerinnerung an die Wirklichkeitsabbildung des Naturalismus, die sich mit dem neusachlichen Ansatz verbindet, und damit die prinzipielle Wendung vom einfühlenden zum vorführenden Theater, von der Illusionsbühne zur episierenden Präsentation vollzieht. Der Funktionswandel auf dem Theater vollzieht sich als dessen **Episierung**.

Sie hat in **Theorie und Praxis des Brechtschen Epischen Theater** ihre epochentypische Gestalt gefunden – in diese Richtung jedenfalls experimentiert Brecht in der *Dreigroschenoper* (1928), im *Aufstieg und Fall der Stadt Mahagonny* (1930), der *Heiligen Johanna der Schlachthöfe* (1930) (vgl. Brecht-Handbuch 1; Knopf 1980; Interpretationen. Brechts Dramen).

Auf epische Elemente bereits des politischen Theaters hat Peter Szondi verwiesen: Die

> »Einbeziehung des Films in die Inszenierungen wendet aber das politisch-soziale Drama nicht nur wegen der immanenten Epik des Films ins Epische. Episierend (weil relativierend) wirkt auch das Nebeneinander von Bühnengeschehen und Leinwandgeschehen. Die Bühnenhandlung hört auf, die Ganzheit des Werks in Alleinherrschaft zu begründen. Die Ganzheit entsteht nicht mehr dialektisch aus dem zwischenmenschlichen Geschehen, sondern ergibt sich aus der Montage von dramatischen Szenen, Filmberichten, ferner Chören, Kalenderprojektionen, Hinweisen u.a.« (Szondi 1964, 114).

Diesen Ansatz eines politischen Theater trägt Brecht bedingt mit, was sich in seiner Mitarbeit an Piscators Regiearbeiten zeigt. Auch Brecht hat sich für die neuen technischen Mittel auf der Bühne, so die Simultanbühne, engagiert. Berühmt wurde 1928 Piscators »›Episierung‹ der Bühne durch das ›laufende Band‹« in der Aufführung *Die Abenteuer des braven Soldaten Schweik* (Knopf 1980, 398). Der technikbegeisterte Habitus der Neuen Sachlichkeit – hier in der Verwendung des Symbols für den Taylorismus, das Fließband – ist also auch dem politischen Theater nicht fremd. Insofern nennt Brecht Piscator zwar den »großen Baumeister des epischen Theaters« (Brecht 15, 316), betont aber: Der »Piscatorsche Versuch der Theatererneuerung« ist »revolutionär« »weder in bezug auf die Produktion noch in bezug auf die Politik, sondern lediglich in bezug auf das Theater.« (Brecht 15, 139).

Erwin Piscator sucht mit seinen avanciertesten technischen Mitteln ausdrücklich Identifikation und Emotionalisierung der Rezipienten: Das »Hineinreißen jedes einzelnen Zuschauers in die Handlung schweißt erst das Publikum ganz zur Masse, für die Kollektivismus nicht ein angelernter Begriff bleibt, sondern erlebte Wahrheit wird« (zit. Fähnders 1995b, 134; vgl. Brauneck 1986, 328ff.; ders. 2003, 407ff.). Auf seinen drei Bühnen (1927–31) hat er epochale Inszenierungen eingerichtet, darunter *Hoppla, wir leben!* von Ernst Toller, *Konjunktur* von Leo Lania, das Anti-Abtreibungsstück *§ 218* von Carl Credé, die Theaterversion des Revolutionsromans *Des Kaisers Kulis* von Theodor Plievier, *Tai Yang erwacht* von Friedrich Wolf (Goertz, 55ff.; Willett 1981, 46ff.; Kreidt, 243ff.).

Eine entscheidende Differenz zwischen Piscators politischem und Brechts epischem Theater liegt in der **Funktionsbestimmung des Zuschauers**. Brechts Theorie resümierend, schreibt Jan Knopf über die neue Funktion des Zuschauers: »**Das Brechtsche Theater** will dem Zuschauer eine neue Haltung des ›Sehens‹ und Verstehens vermitteln; dazu richtet es die Bühne neu ein, die Handlung neu aus, gibt den Darstellern neue Möglichkeiten und sorgt z.T. dafür, daß auch der Zuschauer schon, wenn er das Theater betritt, eine andere Haltung einnimmt (Forderung nach bequemen Sesseln, Aufhebung des Rauchverbotes u.a.), als dies im ›Musentempel‹ der Fall zu sein pflegt« (Knopf 1980, 399). Der als Plakat in der Berliner Aufführung von *Trommeln in der Nacht* aufgehängte Merkspruch »Glotzt nicht so romantisch« (Brecht 1, 70) ist dabei nur eines unter vielen, provokanten Beispielen für Desillusionierung und Verwehrung von ›Einfühlung‹.

Ein erstes Schema des epischen Theaters hat Brecht 1930 in seinen »Anmerkungen zur Oper ›Aufstieg und Fall der Stadt Mahagonny‹« veröffentlicht, das nicht »absolute Gegensätze«, aber deutliche »Gewichtsverschiebungen vom dramatischen zum epischen Theater« aufzeigt und Brechts Selbstverständnis in Sachen Episches Theater vor 1933 verdeutlicht:

Dramatische Form des Theaters	*Epische Form des Theaters*
Die Bühne ›verkörpert‹ einen Vorgang	sie erzählt ihn
verwickelt den Zuschauer in eine Aktion und	macht ihn zum Betrachter, aber
verbraucht seine Aktivität	weckt seine Aktivität
ermöglicht ihm Gefühle	erzwingt von ihm Entscheidungen
vermittelt ihm Erlebnisse	vermittelt ihm Kenntnisse

der Zuschauer wird in eine Handlung hineinversetzt	er wird ihr gegenübergesetzt
es wird mit Suggestion gearbeitet	es wird mit Argumenten gearbeitet
die Empfindungen werden konserviert	bis zu Erkenntnissen getrieben
der Mensch wird als bekannt vorausgesetzt	der Mensch ist Gegenstand der Untersuchung
der unveränderliche Mensch	der veränderliche und verändernde Mensch
Spannung auf den Ausgang	Spannung auf den Gang
eine Szene für die andere	jede Szene für sich
die Geschehnisse verlaufen linear	in Kurven
natura non facit saltus	facit saltus
die Welt, wie sie ist	die Welt, wie sie wird
was der Mensch soll	was der Mensch muß
seine Triebe	seine Beweggründe
das Denken bestimmt das Sein	das gesellschaftliche Sein bestimmt das Denken

(Brecht 17, 1009f.).

Brecht hat zeit seines Lebens an diesem Konzept von Epischem Theater als Theater des wissenschaftlichen Zeitalters weitergearbeitet und, so unter Einführung des Begriffs »V-Effekt« (Verfremdungseffekt), präzisiert – beispielhaft 1938 in der »Straßenszene« des *Messingkauf* und 1948 im *Kleinen Organon für das Theater*. Modellhaft formalisiert Brecht die Grundposition von Epischem Theater in dieser »Straßenszene« mit den Worten:

> »Die Vorführung hat einen Vorfall zum Anlaß, der verschieden beurteilt werden kann, der sich in der einen oder anderen Form wiederholen kann und der noch nicht abgeschlossen ist, sondern Folgen haben wird, so daß die Beurteilung von Bedeutung ist. Zweck der Vorführung ist es, die Begutachtung des Vorfalls zu erleichtern.«

(Brecht 16, 558; vgl. Brecht-Handbuch 4, 192ff.). Das Epische Theater Brechts ist ein Bereich, in dem das Prinzip der **Umfunktionierung** bestehender ästhetischer Normen sich umfassend realisiert (s.u. S. 272).

4.5 Ästhetische Strategien in der Moderne

Mit Präzisionsästhetik und Dokumentaristik steht die Neue Sachlichkeit in einem Traditionszusammenhang von **Mimesis in der Moderne**, die einen ersten Höhepunkt im Naturalismus gefunden hat. Dessen naturwissenschaftlich fundierter Anspruch auf phonophotographische Genauigkeit bei der Realitätsabbildung gipfelte im ›konsequenten Naturalismus‹ mit seinem ›Sekundenstil‹, der die Wiedergabe von positivistisch gefasster Wirklichkeit, der **äußeren Realität**, zu perfektionieren suchte (s. I.2.8;

3.3). Die Gegenbewegungen zum Naturalismus hielten den mimetischen Anspruch durchaus aufrecht: Der Impressionismus verfeinerte ihn noch mit erhöhter Auflösungsschärfe, der Ästhetizismus und die Wiener Moderne suchten mit dem ›inneren Monolog‹ etwas Ähnliches zu erwirken wie die Naturalisten mit der äußeren Realitätswiedergabe. Nur dass nun der mimetische Imperativ wie im Falle des inneren Monologs auf die Bewusstseinsströme des Inneren, auf die **innere Realität**, ausgeweitet wird – Stichwort ›Nervenkunst‹. Hermann Bahr hatte dafür die Formulierung von den »états de choses« (»Sachenstände«) und der »états d'âmes« (»Seelenstände«), gefunden (Bahr, 49; s. I.6.3). So entsteht »die Form des inneren Monologs nicht zufällig an der Nahtstelle zwischen Naturalismus und Ästhetizismus; sie verknüpft den Objektivismus der ersten mit dem Subjektivismus der zweiten Bewegung«. Der beiden zugrundeliegende »Versuch, die Kontingenz des Alltäglichen in seiner Struktur zu erfassen (und nicht nur als Erzähl-Element aufzunehmen), führt paradoxerweise zu einer **Perfektionierung der Illusion.**« (Bürger 1992, 394). Diese Verfahrensweisen des Naturalismus und der Nervenkunst hat Rolf Grimminger – neben der futuristischen Avantgarde – als die drei Hauptstränge in seiner »**Typologie modernen Schreibens**« überhaupt ausgemacht (Grimminger 1995a, 21ff.).

Eine andere Typologie entwirft Jürgen H. Petersen, nach dem in der Kunst der Moderne »das sinnliche Erscheinen des gänzlich Unbestimmten, nämlich der reinen Möglichkeit selbst, das Wesen des Artistischen« ausmache (J. Petersen 1991, 38). Eine spezifisch moderne Wirklichkeit könne allein als Setzung, als »reine Möglichkeit« gedacht werden, entsprechend setze die moderne Kunst ganz selbstherrlich eine solche Wirklichkeit, die als »polyvalentes und unscharfes Bedeutungsgeflecht« sich präsentiere und keinen traditionell zu entziffernden »Sinn« biete (ebd., 39). Bezogen auf den deutschen Roman »der Moderne« werden **drei Strategien** markiert: Es wird der »Leser als Souverän« eingesetzt wie bei Rilke und Carl Einstein; es erscheint »die Welt als Spielfeld reiner Möglichkeiten« wie bei Kafka und Musil; oder die »Preisgabe des Erzählten als Fiktion« wie bei Thomas Mann oder Max Frisch (ebd., 68ff.).

Die Veränderungen der Wirklichkeit – Stichwort Industrialisierung und Urbanität – bewirkte zweierlei: Offenkundig erforderten sie gegenüber den alten realistischen Prämissen **neue Gestaltungsprinzipien**, aber sie ermöglichten diese auch. Jedenfalls ist das mähliche Erzählen des ›und dann‹ mit problemlos arrangiertem Erzähl- und Figurengerüst angesichts des Verlustes authentischer Erfahrung, wie Benjamin im »Erzähler«-Aufsatz ausgeführt hat, vorbei (Benjamin II/2.438ff.). Die Sensibilisierung der Wahrnehmung und der Wahrnehmungsweisen durch die neuen Medien – Photographie, Phonograph, Telegraphie, Rundfunk, Film, Presse/Reklame (s. II.2.5; 2.6; III.1.6) – eröffnet der mimetischen Anverwandlung von Realität, von ›Tatsachen‹, avancierteste Möglichkeiten, die vom Sekundenstil bis zur Dokumentaristik in Prosa und Theater reichen, vom inneren Monolog bis zur Geräuschproduktion als Realitätsnachahmung im Bruitismus der Avantgarde. Selbst ästhetische Prinzipien wie Simultaneitäts- und Montageverfahren, etwa im Großstadtroman vom Typ *Berlin Alexanderplatz* entfalten eine mimetische **Kraft des Authentischen**; in der Faktizität soll die Wahrheit erscheinen können. Dass die Suggestivkraft des Authentischen ungebrochen andauert, lässt sich nicht nur an der Dokumentaristik-Welle der sechziger Jahre, sondern auch am gegenwärtigen ›Reality-TV‹ ablesen.

Damit ist ein weiterer Aspekt verbunden. Benjamin bemerkt über die Funktion des Dokumentarischen der Avantgarde: »Der Dadaismus betonte das Authentische:

ging gegen die Illusion an.« (Benjamin VI, 183). Der Authentizitätsanspruch mag zwar eine besonders raffinierte Weise der ästhetischen Illusionierung sein, er impliziert aber doch eine neue Wirklichkeitsauffassung, die dem alten **Autorenbegriff**, dem Dichter-Seher-Bild, den Garaus macht. Damit korrespondiert die neue **Rezipientenrolle**. Der Textarrangeur und Bildmonteur, der Reporter und ›neue Schriftstellertyp‹ (s. I.4.5; II.2.4; III.1.3) demontieren mit der Seher-Attitüde auch die Aura des Werks, machen die alte passive Ergriffenheit vor dem Werk zunichte, setzen auf distanzierende Rezeption oder auf politisch-operatives Eingreifen in die Verhältnisse. So jedenfalls beanspruchen es das Epische Theater Brechts wie die neusachliche Gebrauchslyrik, das Denkbild der Essayisten wie der Aufklärung vermittelnde proletarische Massenroman oder das neusachliche Dokument. Im Extremfall erscheint das Werk als ›Gebrauchstext‹ mit beigefügter ›Gebrauchsanweisung‹ und wird auch entsprechend auf seinen ›Gebrauchswert‹ hin taxiert (s. III.2.4).

Mimesis und Realitätsillusion sind die eine ästhetische Strategie der Moderne. Die andere verzichtet zumindest partiell auf die Mimesis und Illusion – es ist die realitäts- und sinnüberschreitende Linie von Teilen der Avantgarde, die mit dem italienischen und russischen Futurismus entstanden ist und in Dada ihre prägnanteste Ausfaltung erfahren hat. Grimminger hat neben Naturalismus und Nervenkunst als dritten Punkt seiner Typologie des »modernen Schreibens«, die bis heute wirksam sei, die futuristischen Experimente genannt: »Zerstörung des gleichsam ›natürlichen‹ Zusammenhangs und Neuarrangement der isolierten Teile«, was zum »**Experiment mit dem Medium selbst**« führe (Grimminger 1995a, 23f.). Dies ist Domäne der historischen Avantgarde und geschieht unter Verzicht auf mimetische Ansprüche, auch wenn diese, selbst im Lautgedicht, nicht immer ausgeschaltet sind (s. II.4.3). Entscheidend ist hier die Sinnverweigerung, die sich durch die Abkoppelung des ›Textes‹ von der traditionellen Semantik ergibt, was selbstverständlich neue Sinnstiftungen nicht ausschließt; sie liegen aber auf einer metasemiotischen Ebene, wie sich z.B. beim Manifestantismus zeigen ließ (s. II.5.3). Die **anti-mimetische Moderne** will nicht mehr Realität abbilden, sondern diese auflösen, Gegenstände und Gegenständlichkeiten transzendieren, was zum Konzept der begrifflich missverständlichen ›Anti-Kunst‹ führen kann (s. II.4.2). Eine neue Sinnstiftung ist damit keineswegs ausgeschlossen.

Eine ganz andere Weise der Problematisierung der Abbild-Ästhetik leistet jene Moderne, die jeden Schein der Unmittelbarkeit, den das authentische Dokument von sich behauptet, von sich weist und sich durch **Realitätsbrechung** und **Wirklichkeitsreflexion** bestimmt. Dahinter steht das Ungenügen an den Realitätsillusionen noch der subtilsten künstlerischen Techniken wie Sekundenstil oder innerer Monolog – wegen der Skepsis, ob man Realität wirklich angemessen abbilden könne, wird auf Realitätsillusion verzichtet und, so Bürger, die »Fiktion als Fiktion« erkennbar gemacht: »Indem er [der Autor] den Zweifel des Lesers an der Realität des Berichteten selbst anspricht, macht er deutlich, daß die Wahrheit des Textes von der Realität des Berichteten unabhängig ist.« (Bürger 1992, 395).

Fallen beide im naturalistisch-ästhetizistischen Ansatz zusammen, so treten sie in einer **Ästhetik der Distanzierung** auseinander und machen sich als solche auch kenntlich, vorrangig im Mittel der Ironie. Die »ironische Relativierung der Allmacht des auktorialen Erzählers über das Erzählgeschehen« bricht den Anspruch auf Realitätsabbildung auf und schafft sich dergestalt eine neue, eigene Wirklichkeit des Erzählens, die in Auseinandersetzung mit der realen Wirklichkeit gerät und dem Leser aufträgt, Textbotschaften allererst herzustellen. »Die Fiktionsironie kann zwar sagen, worin die Wahrheit der Erzählung nicht liegt; aber sie vermag nicht zu sagen, worin sie liegt.« (Bürger 1992, 395). Entgegen der mimetischen Konzeption von Naturalismus, Nervenkunst, Neuer Sachlichkeit und dokumentarischen Verfahrensweisen gründet diese Strategie der Moderne in dem Diktum, dass »ästhetische Wahrheit nicht vorgefunden und abgebildet werden kann, sondern produziert werden muß.« (ebd.).

Insofern lassen sich mit Bürger ästhetische Strategien der Moderne auch mit Blick auf eine Systematik des **Werkbegriffs** und des **Wahrheitsanspruchs** differenzieren: nach der »Einstellung des Autors zu seinem Werk (handwerklicher vs. emphatischer Werkbegriff)« und nach der Frage, »*wo* die Wahrheit verortet wird, von der der Text spricht (in der Realität oder im Text).« (Bürger 1992, 387).

Es ist ersichtlich, dass Moderne und Avantgarde sich nicht auf eine dieser Linien festlegen lassen, sondern als beide übergreifende Einheit zu verstehen ist. Allein die konkrete historische Analyse wird die jeweiligen Positionskämpfe rekonstruieren können.

Als ein weiterhin anregendes Beispiel für die avancierten Auseinandersetzungen zu Beginn der dreißiger Jahre sei ein die künstlerischen Produktions- und Rezeptionsweisen berücksichtigendes Schema von Walter Benjamin zitiert, das er 1934 im Zusammenhang mit seinen Brecht-Kommentaren (Benjamin II/2, 506ff.) sowie »Der Autor als Produzent« (ebd., 683ff.) entworfen hat. Es geht von der Kategorie der **Umfunktionierung** aus und zielt auf die Auflösung des Werkbegriffes.

> Die Umfunktionierung (**Produktionsseite**)
>
> Theoretiker: Brecht, Tretjakow
> Elemente: Auflösung des Werkcharakters durch
>   Kollektivarbeit
>   Didaktische Transparenz
>   Einbeziehung der Kritik
>   Varianten
>   Nicht schöpferisch sondern fortschrittlich
>   nicht Belieferung des Produktionsapparates sondern Besetzung
> Umfunktionierung im Drama
>   Das epische Theater
> Umfunktionierung im Roman
>   Das Lesebuch
>
> Die Umfunktionierung (**Konsumseite**)
>
> Der Leser wird
>   nicht überzeugt sondern unterwiesen
>   nicht als Publikum sondern als Klasse erfaßt
>   weniger aufgeregt als erheitert
>   weniger in seinem Bewußtsein als in seinem Verhalten verändert
> Die Umfunktionierung als spezifische Aufgabe des Intellektuellen
>   Sein Weg zum Kommunismus nicht der nächste sondern der weiteste
>   Umfunktionierung als Aufgabe des Spezialisten
>   Destruktion von innen
>   Kulturbolschewismus
> (Benjamin VI, 182).

»Widerstände gegen die Umfunktionierung« sieht Benjamin im Expressionismus, zu dem hier neben Sternheim, Kaiser, Goll, Edschmid auch Gottfried Benn und Ernst Jünger gerechnet werden, in der Neuen Sachlichkeit – genannt werden Kästner, Tucholsky, Hermann Kesten und Walter Mehring, aber auch Heinrich Hauser, sowie, als »Outsider«, Hiller, Kracauer und Döblin (ebd.). Das Schema aus der Zeit 1933/34 lässt sich als umfassendes Projekt lesen, die bestehenden Produktions- und Rezeptionsbedingungen für Kunst ›umzufunktionieren‹. Es ist ein radikales Konzept der »Politisierung der Kunst« (Benjamin I/2, 508), welches Positionen der historischen Avantgarde und der Moderne auf eine parteiliche Weise und in einer historischen Krisensituation, dem Beginn der nationalsozialistischen Herrschaft in Deutschland, erneut zur Sprache bringt. Die Gewährsleute Brecht und Tretjakow verweisen auf Avantgarde und Moderne. Tretjakow steht für Traditionen der futuristischen Avantgarde in Russland bzw. Sowjetrussland, die seit der Stalinisierung der sowjetischen Gesellschaft seit Ende der zwanziger Jahre liquidiert werden, Brecht für die fortgeschrittensten revolutionären Literaturansätze in Deutschland, die mit der Machtergreifung 1933 verbrannt werden.

5. Die Zäsur 1933

Selten hat ein politisches Datum so unmittelbare, handfeste und konkret greifbare Auswirkungen auf die Literatur gehabt wie die Ereignisse des Jahres 1933. Das gilt für die Produktion, Distribution und Rezeption von Literatur und Kunst, es gilt für die Lebensläufe exponierter und weniger bekannter Autoren und Autorinnen, für den literarischen Markt, die literarischen Organisationen und für den Zugang zu Literatur überhaupt. Der den Kommunisten zugeschriebene Reichstagsbrand am 27./28.2.1933 diente zum Vorwand für die Außerkraftsetzung elementarer Grundrechte und zog die bekannte Verhaftungs- und Emigrationswelle nach sich. Noch am 28.2.1933 flohen Becher, Brecht, Döblin, im Verlauf des März u.a. Benjamin, Bloch, L. Frank, Heartfield, Herzfelde, Horváth, Kesten, Kracauer, Lasker-Schüler, Erika und Klaus Mann, Otten, Pfemfert, Plievier, Regler, Tergit, F. Wolf, Wolfenstein, Wolfskehl und A. Zweig.

Säuberungsmaßnahmen in der bereits vor 1933 umkämpften ›Sektion Dichtkunst‹ (s.o. S. 216) der Preußischen Akademie der Künste zwischen März bis Mai 1933 führen zu Rücktritt und Ausschluss der republikanischen Creme der Akademie von Alfred Döblin bis Leonhard Frank, Ricarda Huch bis Heinrich Mann, René Schickele bis Franz Werfel (vgl. Jens; Literatur und Dichtung im Dritten Reich, 15ff.). Die nominell von der ›Deutschen Studentenschaft‹ getragene Kampagne »Wider den undeutschen Geist« mit Bücherverbrennungen in allen wichtigen Universitätsstädten am 10.5.1933 richtete sich in den »Feuersprüchen« namentlich gegen Freud und Marx, Heinrich Mann, Ernst Glaeser, Erich Kästner, Erich Maria Remarque, Kurt Tucholsky, Carl von Ossiezky (Literatur und Dichtung im Dritten Reich, 49f.; vgl. Bücherverbrennung; In jenen Tagen; 10. Mai 1933).

Das renommierte Bauhaus, letzter Avantgardestützpunkt in Deutschland und bereits vor 1933 Ziel nationalsozialistischer Angriffe, wird 1933 geschlossen, Lehrer und Schüler emigrieren (vgl. bauhaus berlin [sic]). Die Einstellung bzw. Exilierung zahlreicher bedeutender Zeitschriften 1933 und die während der dreißiger Jahre andauernde Schließung von Verlagen, die Berufs-, Schreib- und Bücherverbote sowie die ›Schwarzen Listen‹ für Bibliotheken und Buchhandel (gesammelt 1938 in der in Leipzig erschienenen *Liste des schädlichen und unerwünschten Schrifttums*) taten ein Übriges. Ein Blick auf die »verbrannten Dichter« (Serke) zeigt die Prominenz der Neuen Sachlichkeit ebenso versammelt wie die proletarisch-revolutionären Autoren, vereinigt im Exil einen ›Großschriftsteller‹ wie Thomas Mann mit seinem Antipoden wie Brecht und bestätigt die Stoßrichtung der NS-Herrschaft gegen jüdische, linke, liberale, gegen ›moderne‹ Literatur schlechthin. Die Ausstellung ›Entartete Kunst‹ von 1937 in München demonstrierte öffentlich Unterdrückung und Ende von Avantgarde und Moderne in Deutschland (vgl. Lüttichau 1988b).

Die einschlägige Faschismus- und Exilforschung hat minutiös erwiesen, wie umfassend und in welchen Etappen – auch in teilweise widersprüchlichen Vorgehensweisen – die Vertreibung und Liquidierung der dem Nationalsozialismus nicht genehmen Literatur und Kunst vollzogen wurde. Dabei geht es immer auch um den Aufweis von Kontinuitäten zur Weimarer Republik, deren antidemokratische Strömungen längst vor 1933 das Terrain für die Machtübernahme mitbereitet haben – Tendenzen, die sich administrativ in den Weimarer Zensurmaßnahmen und ideologisch in der republikfeindlichen Literatur selbst manifestiert haben. Dabei ist aber auch das qualitativ Neue der NS-Herrschaft zu berücksichtigen, die ein bis dahin ungeahntes Ausmaß an Vertreibung und Vernichtung betrieb.

Die Forschung hat dem Rechnung getragen (vgl. Hansers Sozialgeschichte 9; Ziegler 2010). Vor allem die kritische Neuorientierung der westdeutschen Germanistik seit den siebziger Jahren hat bis dato überfällige, einschlägige Untersuchungen angestellt. Das betrifft die Rekonstruktion der NS-Dichtung und ihrer Vorläufer (vgl. Literatur und Dichtung im Dritten Reich; Ketelsen 1976), die Entfaltung des literarischen Repressionsapparates (vgl. Barbian) und die Innere Emigration (vgl. Ketelsen 1992; Die Juden in Deutschland; Schnell; Erfahrung Nazideutschland), die Reste oppositionellen Schreibens in Deutschland in Fortsetzung der Traditionen des Bundes proletarisch-revolutionärer Schriftsteller (vgl. Brekle, Vaßen).

Für Literatur und Literaturdiskurs im Exil existieren wichtige Quellensammlungen (Exil; Expressionismusdebatte; Zur Tradition I-III) sowie eine Vielzahl einschlägiger Analysen. So wurde seitens der DDR eine siebenbändige Gesamtdarstellung des Exils in den wichtigsten europäischen und nichteuropäischen Ländern erarbeitet (Kunst und Literatur im antifaschistischen Exil). Seitens der westdeutschen Forschung liegen zahlreiche Überblicke und Gesamtdarstellungen vor (Exilliteratur 1933–1945; A. Stephan; Trapp; H.-A. Walter; Die Künste und die Wissenschaften im Exil). Zudem gestattet die Öffnung zahlreicher Archive nach 1989 den Zugang zu einschlägigen neuen Materialien, u.a. zum Exil in der Sowjetunion (vgl. Die Säuberung). So bleibt die Erforschung von Avantgarde und Moderne Aufgabe auch unter der Frage ihrer Liquidierung – und ihres antifaschistischen Exils seit 1933.

IV. Avantgarde und Moderne – Forschungsbericht (1999–2010)

1. Moderne/Avantgarde: Begriffsbestimmung und Definitionsproblematik

Avantgarde und Moderne bilden – weiterhin – ein sehr weitläufiges und forschungsintensives Terrain, und dies gilt auch für den in dieser Darstellung dargebotenen Zeitraum von 1890 bis 1933. Diese Spanne des Wilhelminismus und der Weimarer Republik umfasst die Strömungen von Naturalismus, Ästhetizismus, Décadence und Fin de siècle, von Expressionismus und Dada, umfasst die klassische Moderne einschließlich der Zeit der Weimarer Republik mit den kanonisierten Großschriftstellern wie Thomas Mann, Brecht oder Döblin, mit der Neuen Sachlichkeit, aber auch der proletarischen Literatur oder den antimodernen Gegenbewegungen. Auch wenn es keine neue umfassende Gesamtdarstellung dieses Zeitraumes gibt, so hat sich doch die Literaturwissenschaft den hier genannten Themenfeldern in einer Fülle von Überblicks- und Einzelstudien zugewandt, seien es Handbücher, Monographien, Sammelbände oder Aufsätze, von neueren Editionen und Spezialbibliographien ganz abgesehen.

Zu nennen sind zum einen **literaturgeschichtliche Gesamtdarstellungen**, so Peter Sprengels voluminöse zweibändige *Geschichte der deutschsprachigen Literatur* über den Zeitraum 1870 bis 1900 bzw. 1900 bis 1918 (Sprengel 1998a; ders. 2004), die sich freilich wenig um die Moderne-Kategorie kümmert, sowie der entsprechende Band von *Hansers Sozialgeschichte der deutschen Literatur* über »Naturalismus, Fin de siècle, Expressionismus« (Hansers Sozialgeschichte 7). Für die Weimarer Republik, über die die letzte große Literaturgeschichte 1995 erschien (Hansers Sozialgeschichte 8), liegt ein neuer einführender Abriss vor (Delabar 2010), andere Gesamtdarstellungen gehen von einzelnen Aspekten aus, so z.B. vom »Critical realism« in der Literatur der Weimarer Republik (Midgley 2000). Für diese Darstellungen gilt, dass ihre Periodisierungen dem historischen Umbruch von 1918, also Kriegsende und Novemberrevolution, folgen, aber damit die literarhistorische Periode des »expressionistischen Jahrzehnts« (s. S. 124f.) durchschneiden.

Zum anderen finden sich neuere Monographien, die von der Moderne-Kategorie ausgehen und dementsprechend keinen literarhistorischen, sondern **moderne-theoretische oder -kritische Ansätze** wählen, so Silvio Vietta in seiner *Ästhetik der Moderne* (Vietta 2001) oder Helmuth Kiesel mit seiner *Geschichte der literarischen Moderne* (Kiesel 2004), der sich auf die großen kanonisierten Autoren des 20. Jahrhunderts wie Döblin, Benn, Brecht u.a. einschließlich der Weiterentwicklungen der Moderne nach 1945 stützt, oder Sabine Kyora unter Konzentration auf die Hochzeit der klassischen Moderne zwischen 1910 und 1925 in ihrer *Poetik der Moderne*, in der es u.a. um Kafka, Benn und Carl Einstein geht (Kyora 2007). Insgesamt aber sind derartige epochenorientierte Monographien eher die Ausnahme – der Zeitgeist steht ersichtlich solch großen synthetisierenden Entwürfen entgegen, ganz abgesehen davon, dass sich weder Postmoderne noch Dekonstruktivismus zu derartigen Synthesen im Stande sehen. Nicht zufällig sind es ja aktuell pluralistisch angelegte Sammelbände oder Handbücher, die sich dem Thema der literarischen Moderne oder Avantgarde annehmen (vgl. Literarische Moderne. Begriff und Phänomen, 2007; Metzler Lexikon Avantgarde, 2009).

Die **Leitkategorien** ›Moderne‹ **und** ›Avantgarde‹ stoßen weiterhin auf das lebhafte Interesse der Forschung, nicht allein der literaturwissenschaftlichen, und die anhaltenden Diskussionen belegen die zentrale Bedeutung dieser Schlüsselkategorien von Literatur und Kunst im 19. und 20. Jahrhundert. Dabei geht es sowohl um die systematische als auch um die historische Begrifflichkeit sowie um das Verhältnis beider zueinander. Neuere, z.T. sehr umfängliche Lexikonartikel in den *Ästhetischen Grundbegriffen* (2000–05) und im *Metzler Lexikon Avantgarde* (2009) bieten Abrisse zu Moderne (Klinger 2002; Asholt 2009) und zu Avantgarde (Barck 2000; van den Berg/Fähnders 2009) mit vor allem semantischen und diskursanalytischen Zugriffen. Die Wort- und Bedeutungsgeschichte der beiden Termini ist mittlerweile recht gut erforscht (s. S. 1ff.; I.2.5.; II.5.1). Bei der ästhetischen bzw. literarischen Moderne geht es weiterhin um die Frage, wie ihre Beziehung zur politisch-sozialen Moderne zu fassen wäre, bei der Avantgarde darum, ob die Kategorie essentialistisch oder eher relational, also immer nur in Bezug zu Anderem, etwa Vorhergehendem, zu fassen wäre, und wie sie sich zur Moderne verhält (vgl. *Literarische Moderne. Begriff und Phänomen*, 2007).

Die **Moderne-Forschung** bleibt kontrovers (vgl. die Moderne-Debatte in: *IASL* 34, 2009, 1, 224ff.; 2, 177ff.), nicht zuletzt, weil daran verschiedene Disziplinen beteiligt sind. Eine interdisziplinäre Zusammenschau bietet der Berichtsband eines DFG-Symposions über »Konzepte der Moderne« (Konzepte der Moderne, 1999) oder auch ein interdisziplinärer Sammelband wie *Bausteine der Moderne* (Bausteine der Moderne, 2007), der unter »Moderne« auch Aspekte der Avantgarde subsumiert. Dagegen gibt es seit dem Abflauen der Diskussionen über die Postmoderne vom postmodernen Ansatz aus kaum mehr Anregungen (vgl. Zima 1997).

Eine soziologisch orientierte Moderne-Auffassung geht davon aus, dass die politisch-soziale Moderne alle Bereiche der Realität und damit auch Kunst und Literatur dem Prozess der Modernisierung unterwirft und insofern »alle literarischen Entwürfe als gleichermaßen modern auch im ästhetischen Diskurs« anzuerkennen seien (Delabar 1999, 41; vgl. Delabar 2005). Derartige Bestimmungen haben den Vorzug, Bezüge zwischen politisch-sozialer und ästhetisch-literarischer Moderne und den »Konflikt zwischen gesellschaftlicher Modernisierung und ästhetischer Moderne« (s. S. 2) zu vermitteln. Dadurch wird es möglich, nicht allein kanonisierte, unstrittig ›moderne‹ Texte der Hochliteratur, sondern auch unter einer normativen Moderne-Kategorie eigentlich »inakzeptable anachronistische Reaktionen und Beschreibungswesen von Realität« (Delabar 1999, 41) um- und erfassen zu können – bis hin zu Strömungen einer Anti-Moderne, die so als authentische Artikulation in der Moderne, als »antimoderne Modernität« (vgl. »Nichts als die Schönheit« 2007, 365) verstanden würde, ohne dass damit unbedingt die Konturen des Moderne-Begriffs »verschwimmen« müssten (Becker/Kiesel 2007, 13). Ein solcher einheitlicher Moderne-Begriff böte zweifellos die Chance, den Zwängen eines immer wieder aufgerufenen kleinen Kanons klassischer Autoren der Moderne, etwa Kafka, Döblin, Benn, Brecht bis Rilke und Thomas Mann, zu entgehen (vgl. die behandelten Autoren und Werke in Kiesel 2004).

Als Epochenbegriff bleibt ›Moderne‹ kontrovers, auch wenn zumindest für die historische oder klassische Moderne die in diesem Buch vorgeschlagene Periode akzeptiert ist, auch wenn ein anders gespannter Modernebegriff avantgardistische Strömungen wie Dada, Futurismus oder Surrealismus unter »modernist literature« subsumiert (A companion to modernist literature, 2006).

Die Gegenposition, die mehr oder weniger deutlich in der Tradition von Peter Bürgers *Theorie der Avantgarde* von 1974 steht (s. S. 7f.), sieht dagegen in der Avantgarde einen radikalen »Bruch mit der Moderne«, um mit »der ›Institution Kunst‹ Schluss zu machen« (Asholt 2009, 212). Von hier aus ist die Bestimmung der Avantgarde als »Projekt« (s. II.5.5) weitergeführt worden (Der Blick vom Wolkenkratzer, 2000, 69ff.; 97ff.), wobei neuerlich auch die Bestimmung der Avantgarde als »Netzwerk« formuliert worden ist (van den Berg/Fähnders 2009, 11ff.). Letztlich geht es darum, ob die Avantgarde normativ zu fassen ist, ob also essentialistische Bestimmungen zu formulieren sind, oder ob die Avantgarde relational, also stets in Bezug zu Vorigem und Anderem, aufgefasst wird (vgl. Fähnders 2007a). Auf jeden Fall aber sollte an einem **einheitlichen Avantgarde-Begriff** für das 20. Jahrhundert als dem »Jahrhundert der Avantgarden« (vgl. Das Jahrhundert der Avantgarden, 2004) festgehalten werden – ›Avantgarde‹ steht dabei als Oberbegriff für die ›historische Avantgarde‹ der zehner und zwanziger Jahre und für die ›Neo-Avantgarde‹ der Zeit nach dem Zweiten Weltkrieg (vgl. von Beyme 2005; vgl. van den Berg/Fähnders 2009, 7ff.).

2. Naturalismus, Fin de siècle und Moderne

2.1 Naturalismus

Dass allererst im Naturalismus das Wort «die Moderne» (1886) geprägt wurde, ist Ausgangspunkt einschlägiger Studien und verweist auf die Definitionsproblematik im Zusammenhang mit der ›historischen Moderne‹ zurück (s. S. 21, vgl. Kiesel 2004, 13ff.; Sprengel 1998a, 54ff.). Neue literarhistorische **Gesamtdarstellungen** bieten die zweibändige Literaturgeschichte von Peter Sprengel, die, von der Sozialgeschichte sich distanzierend, nach Gattungen und Autoren aufgebaut ist und jeweils auch die Entwicklungen in der deutschsprachigen Schweiz und in Österreich berücksichtigt (Sprengel 1998a; ders. 2004) sowie der betreffende Band von »Hansers Sozialgeschichte der Literatur« über *Naturalismus, Fin de siècle, Expressionismus 1890–1918*. Dieser ist mit seinen mehr als drei Dutzend Einzelbeiträgen zwar weniger einheitlich, erörtert aber Dank seines noch erkennbar sozialhistorischen Ansatzes auch gattungsübergreifende Fragen sowie Aspekte wie den Buchmarkt, den Anarchismus oder Themen wie »Weiblichkeit und Moderne« und »Phantastik« (Hansers Sozialgeschichte 7).

Bei der Erforschung einzelner Bewegungen, also von Teilbereichen und ›Ismen‹ im komplexen Stilpluralismus der Jahrhundertwende, fällt auf, dass der **Naturalismus** im Gegensatz zu seiner intensiven Erforschung in den siebziger und achtziger Jahren in der Germanistik kaum mehr auf Interesse stößt. Offenbar ruft gerade das sozialkritische und politische Moment, das dem Naturalismus eigen ist und das zu seinen Filiationen auch mit der Arbeiterbewegung geführt hat, im Zeichen von Post-moderne und Dekonstruktivismus keinerlei Neugier mehr hervor. Dabei sind doch gerade die ästhetischen Innovationen etwa des ›konsequenten Naturalismus‹ (s. I.2.8), so der Sekundenstil, im Kontext aktueller Fragen von ›Dokumentaristik‹ und ›Authentizität‹ von Literatur weiterhin von Bedeutung. Auch die Ansätze einer proletarischen und sozialistischen Literatur und Literaturtheorie dieser Zeit (zu Franz Mehring vgl. Beutin 2004, 71ff.) sind ebenso wie die Komplexe »Kunst und Proletariat« (I.5.5) und die Positionen der literarischen Intelligenz zwischen Anarchismus, Sozialdemokratie und Naturalismus (vgl. Fähnders 2000) seit geraumer Zeit aus der Forschung weitgehend ausgeblendet (vgl. Hansers Sozialgeschichte 7, 44ff.; 410ff.).

So sind allenfalls noch Gerhart Hauptmann, über den es weiterhin eine ausgedehnte, bibliographisch bis 2003 erschlossene Forschung gibt (Hoefert 2003), sowie Arno Holz und Johannes Schlaf, deren vom ästhetischen Material her avancierte Theaterstücke endlich eine umfassende Analyse erfahren haben (Fricke 2010), aus dem weiten Feld der naturalistischen Moderne präsent. Ein Abriss zum naturalistischen Theater im Kontext der europäischen Theaterentwicklungen und des Theaters der Jahrhundertwende ist Teil von Manfred Braunecks fünfbändiger Theatergeschichte (Brauneck 1999, 659ff.).

Die »**literaturgeschichtliche Marginalisierung**« des Naturalismus (Stöckmann 2009, 3) berührt auch die Quellenlage. Mit Ausnahme einer Edition des Briefwechsels sowie von Kritiken und Essays des wichtigen naturalistischen Kritikers Leo Berg (Im Netzwerk der Moderne, 2010) bleibt man weiterhin auf die alten, freilich ausgezeichneten, Quellensammlungen angewiesen (LMN; Nat., Mod. – letztere in neuer überarbeiteter Auflage). Dementsprechend datiert der letzte Forschungsbericht zum Naturalismus aus dem Jahr 1988 (Kafitz 1988). Neben einer Einführung (Bunzel 2008) widmen sich die wenigen neuen Monographien der naturalistischen Literaturkritik im Vergleich zu derjenigen des Realismus (L. Schneider 2005), sodann dem Naturalismus als »Wahrnehmungsgeschichte der Moderne«, in der »vor ›der Realität‹ die Bedingungen ihrer apperzeptiven und zeichenhafte Synthese erprobt« werde, es also um den »Willen zum Willen« nicht allein um die Frage nach der möglichst naturgetreuen Wirklichkeitsabbildung im Sinne des Holzschen Kunstgesetzes (s. S. 30f.) gehe (Stöckmann 2009, 3).

Zeittypische **Teilaspekte** behandeln Analysen zu Grundlagen und Voraussetzungen des Naturalismus. Dies gilt für die **Lage des Schriftstellers** – Stichwort: ›Tintensklaverei‹, Deklassierung, gesellschaftliche Isolation und Selbstnobilitierung (vgl. I.4) –, wobei auch die wirtschaftliche Situation der Intellektuellen und Autoren bei ihrer »Textwarenproduktion« und Organisationsversuche (Parr 2008, 29ff.; vgl. Sprengel 1998a, 15ff.) sowie die diesbezüglich besonders prekäre Lage von Autorinnen um 1900 einschließlich des »Gender Trouble« (M. Günther 2008, 289ff.) berücksichtigt wird (Hacker 2007; vgl. Hansers Sozialgeschichte 7, 137ff.). Auch Fragen der **Zensur** (vgl. Hansers Sozialgeschichte 7, 394ff.) spielten hier eine Rolle, so beispielsweise bei Sanktionen gegen Hauptmanns *Weber*, gegen Frank Wedekinds *Lulu*-Tragödie (Decker 2009), Arthur Schnitzlers *Reigen* (im Jahre 1920; vgl. Literaturskandale, 2009, 113ff.) oder auch hinsichtlich von »Skandalweibern« wie Lou Andreas-Salomé und Franziska zu Reventlow (vgl. Literaturskandale, 2009, 69ff.). Dem Versuch der naturwissenschaftlichen Fundierung von Literatur am Beispiel des **Darwinismus** folgt Sprengel (Sprengel 1998b). Der Vergleich des deutschen Naturalismus mit der gleichzeitigen Wiener Moderne (vgl. Sprengel/Streim 1998) zeigt unter genderspezifischem Aspekt den Versuch, die dominanten Männlichkeitsstereotypen der Berliner und Münchner Moderne aufzulösen (Helduser 2005).

Probleme des Verhältnisses zwischen subjektiver Wahrnehmung und äußerer Realität, also der Kontext der **Ich-Problematik** im Zusammenhang mit Ernst Machs und Hermann Bahrs Auffassungen vom ›unrettbaren Ich‹ (s. I.6.2) sind am Beispiel u.a. von Beer-Hofmann, Leopold Andrian und Hofmannsthal in Literatur und Psychologie um 1900 untersucht worden (Schwarz 2001), während kulturkonservative Aspekte des Individualismus u.a. bei Karl Kraus, Peter Altenberg und Hofmannsthal unter dem Stichwort »konservative Anarchie« gefasst worden sind (»Nichts als die Schönheit«, 2007, 205ff.). Es versteht sich, dass die so vehement diskutierte Ich-Problematik ebenso wie Umorientierungen in den Genderverhältnissen auch mit den Fortschritten der Psychologie und der Entstehung und Entwicklung der Psychoanalyse zu dieser Zeit zusammenhängen (s. IV.2.3).

»Ökonomie, Judentum und Weiblichkeit« bei Theodor Fontane, den Brüdern Mann, Schnitzler und Émile Zola ist Thema bei Franziska Schößler (Schößler 2009). Intermediale Aspekte des Verhältnisses zwischen Literatur und dem um 1900 erst wenige Jahre alten Film untersucht Dorit Müller am Beispiel des »Automobil« bei Otto Julius Bierbaum, in Thomas Manns *Königlicher Hoheit* sowie im Expressionismus (D. Müller 2004).

Dies berührt bereits Aspekte der Überwindung des Naturalismus, der Entfaltung von Gegen-Bewegungen und des Stilpluralismus der Jahrhundertwende, was unter dem Signum Fin de siècle gefasst wird.

2.2 Fin de siècle und Wiener Moderne

Zum **Fin de siècle** liegt ein umfassend orientierendes Handbuch vor (Handbuch Fin de Siècle, 2008). Darin wird zwar der Begriff ›Fin de siècle‹, der sich als Oberbegriff für die gegennaturalistischen Strömungen des Jahrzehnts vor bzw. nach 1900 bewährt hat (s. I.6.8), sehr weit gedehnt bzw. überstrapaziert – es werden zu Beginn der Naturalismus und am Schluss der Expressionismus einbezogen. Dabei wiederum kommt der Naturalismus zu kurz, und die Subsumierung sogar des Dadaismus unter Fin de siècle scheint wenig sinnvoll. Dennoch bietet das Handbuch nützliche Orientierungen zum europäischen Umfeld, indem Länder- und Städtepanoramen entwickelt werden; zudem finden sich Einträge zu den einzelnen Gattungen – neben Lyrik, Roman und Drama (vgl. Pankau 2005) auch Kurzprosa und »Literarische Gebrauchsformen« –, und es werden zentrale Autoren (einschließlich ihrer Werkverzeichnisse) und Themenbereiche behandelt. Der Interdisziplinarität des Ansatzes entsprechend, werden auch andere Künste wie Malerei, Musik, Tanz bis hin zum Städtebau sowie die Wissenschaften wie Philosophie, Psychoanalyse/Psychologie, Gesellschaftstheorien, Technik und Medizin/Biologie berücksichtigt. Wichtige Ausführungen finden sich zur Gruppenbildung, zu schreibenden Frauen sowie zu der deutsch-jüdischen Kulturgemeinschaft.

Der **Décadence** in Deutschland ist eine Studie gewidmet, in welcher der im Deutschen verwickelte Décadence-Begriff untersucht wird, der vom innovativen Terminus im Kontext von ›die Moderne‹ zur kulturkonservativ-reaktionären Denunziationsvokabel um- und abgewertet wird (Kafitz 2004). In diesem Zusammenhang finden auch Autoren wie die Brüder Mann, George, Hofmannsthal, Schnitzler Berücksichtigung. Unter »Dédoublement« werden jüngst Wahrnehmungsstruktur und ironisches Erzählverfahren bei Huysmans, Wilde, Hofmannsthal und H. Mann gefasst (A.M. Fischer 2010).

Mit dem Décadence-Begriff verbunden ist derjenige des **Ästhetizismus**, der sich im Sinne von L'art pour l'art der Kommunikation programmatisch zu verweigern sucht und diese Verweigerung doch auf z.T. hohem Reflexions- und Selbstreflexionsniveau kommuniziert (vgl. Fähnders 2004; Simonis 2000). Das verweist auf Fragen der **Essayistik** bis hin zur »Poetisierung des Essays« (seit) der Jahrhundertwende (Jander 2008; vgl. Wege des essayistischen Schreibens, 2010), sowie auf die Textform der ›kleinen Prosa‹ (Kleine Prosa, 2007) einschließlich des Prosagedichts (vgl. ebd., 123ff.) und insgesamt auf das Phänomen der »literarischen Selbstreflexion« (Bolterauer 2003) zumal in der Wiener Moderne. Letztere findet ihren immer wieder analysierten Schlüsseltext im sog. »Chandos-Brief« von Hugo von Hofmannsthal, dieser »Magna Charta der literarischen Moderne« (Hübener 2007; vgl. Kiesel 2004, 188ff.).

Die »Aktualität der **Wiener Moderne** in der Forschung« (Bolterauer 2003, 13ff.; vgl. Handbuch Fin de Siècle 2008, 423ff.; D. Lorenz) erweist sich einerseits in der anhaltenden Beschäftigung mit der Subjektproblematik in der Wiener Moderne (vgl. Kolb 2010 – am Beispiel Hugo von Hofmannsthals), andererseits in der anhaltenden Analyse von **Schlüsselfiguren der Wiener Moderne**. Das gilt für Hermann Bahr, der für das Innovations-Prinzip der ›Moderne‹ schlechthin (Hermann Bahr, 2004; s. S. 86ff.), der aber auch für eine »Zurücknahme der Moderne« steht (Bolterauer 2003, 163ff.; vgl. Psychoanalyse, 2006, 61ff.). Das gilt besonders für Hugo von Hofmannsthals. Während die 1975 begonnene »Kritische Ausgabe« seiner Schriften noch nicht abgeschlossen ist, bietet das seit 1993 erscheinende *Hofmannsthal-Jahrbuch. Jahrbuch zur europäischen Moderne* u.a. eine fortlaufende Bibliographie der Forschungsliteratur. Im Zusammenhang mit dem wachsenden Interesse an der österreichischen Literatur der Zwischenkriegszeit, die lange im Schatten der ungleich ausgedehnteren Forschungen zur Wiener Moderne stand (vgl. Kucher 2007), ist Hofmannsthal Anteil an der »Konservativen Revolution« (K. Müller 2007; vgl. »Nichts als die Schönheit«, 2007, 188ff.) sowie sein letztes Drama *Der Turm* (1928) neuerlich ins Licht gerückt (Twellmann 2004). Neuere Literatur findet sich zu weiteren Exponenten der Wiener Moderne wie Leopold Andrian (Theodorsen 2006), Peter Altenberg (bzw. zur Altenberg-Rezeption; vgl. Rößner 2006), Richard Beer-Hofmann (Hoffmann 2005; Jüdische Aspekte 2005, 51ff.; Über Richard Beer-Hofmann, 1996), Karl Kraus (Karl Kraus, 1999), Felix Salten (Dickel 2007), Arthur Schnitzler (Fliedl 2005; Malsch 2007; Wardy 2008; zur Schnitzler-Rezeption vgl. Arthur Schnitzler, 2003).

Systematische Zugriffe finden sich bei der Untersuchung der »Kritischen Wiener Moderne« unter Einbeziehung von Karl Kraus, Adolf Loos und Ludwig Wittgenstein (Gemmel 2005) und beim Vergleich der Wiener mit der Berliner Moderne (Sprengel/Streim 1998; vgl. den Wien-Berlin-Vergleich für die Weimarer Republik bei Jäger/Schütz 1999). Unter genderspezifischem Aspekt ist die chauvinistisch-virile Moderne in Berlin und München von der eher ›weiblichen‹ Wiener Moderne abzusetzen (Helduser 2005, 258; s. IV.2.3). In diesen Kontext gehört auch der Blick auf die **Psychoanalyse**. Ein großangelegtes Forschungsprojekt zum Thema »Psychoanalyse in der modernen Literatur« (Psychoanalyse in der modernen Literatur, 1999) präsentiert als ersten Band die Psychoanalyse in der literarischen Moderne am Beispiel der Wiener

Moderne, wobei Bahr, Hofmannsthal, Schnitzler und Karl Kraus ausführliche Kapitel gewidmet werden (Psychoanalyse, 2006).

Im Zusammenhang mit postkolonialen Ansätzen hat auch der »**Orientalismus** in der Literatur des Fin de siècle« (Grimm/Tellbach/Vogt, 2003) Aufmerksamkeit erfahren. So geht es beim Themenkomplex von »Orientalismus, Kolonialismus und Moderne« (Berman) um eine literarische Figur wie Salome (Winterhoff 1998), um Hofmannsthal (vgl. Mit Deutschland um die Welt, 2004, 282ff.; Wenn die Rosenhimmel tanzen, 2006, 165ff.), Peter Altenberg und Paul Scheerbart (Mit Deutschland um die Welt, 2004, 282ff.200ff.; 209ff.), Else Lasker-Schüler und ihre orientalischen Maskeraden und Sujets (Kirschnick 2007), nicht zuletzt um die Rezeption von *Tausendundeine Nacht* (Orientdiskurse, 2007, 351ff.).

Jüdische Aspekte der Wiener Moderne »im Kulturkontext des Fin de Siècle« werden in einem Sammelband untersucht, der u.a. Karl Kraus, Theodor Herzl, Stefan Zweig und Schnitzler berücksichtigt (Jüdische Aspekte, 2005). Der Zeitraum 1900 bis 1938 ist Thema des Sammelbandes *Wien und die jüdische Erfahrung* (2009). Das anhaltende und aktuelle Interesse an der »deutsch-jüdischen Kulturgemeinschaft« im Fin de siècle insgesamt (vgl. Handbuch Fin de Siècle 2008, 256ff.) und in der Wiener Moderne (vgl. Handbuch zur deutsch-jüdischen Literatur, 2002, 235ff.) manifestiert sich auch in den z.T. bereits genannten Studien zu jüdischen Autoren wie Richard Beer-Hofmann und Karl Wolfskehl (Hoffmann 2005) und zu »Felix Salten zwischen Zionismus und Jungwiener Moderne« (Dickel 2007). Die Spanne der Forschungen reicht von einer so vielseitigen, auch literarisch und kulturkritisch aktiven Persönlichkeit wie Walther Rathenau als einem »Phänotyp der Moderne« (Walther Rathenau, 2009) bis zu der Salonière und Journalistin Bertha Zuckerkandl, die in der literarischen Szene Wiens bis in die dreißiger Jahre eine wichtige Rolle spielte (vgl. »Not an essence«, 2009, 165ff.; Schulte 2006). Fragen der weiblichen Sozialisation mit denen der jüdischen Akkulturation werden in einer Gabriele Reuter, Hedwig Dohm und Lou Andreas-Salomé gewidmeten Monographie erörtert (Pechota Vuilleumier 2005).

Die »essentielle Leistung der Juden für die kulturelle Moderne« (Kiesel 2004, 77) manifestiert sich nicht allein in Wiener Moderne und Fin de siècle. »Das **jüdische Projekt der Moderne**« ist Thema bei Shulamit Volkov (Volkov 2001), auf die Moderne konstituierende jüdische Traditionen verweist Bernd Witte anhand der Autoren Heine, Martin Buber, Kafka und Walter Benjamin (Witte 2007). Es geht dabei aber auch um »Uncommon communities« in der Moderne des 20. Jahrhunderts (von Kafka ausgehend, vgl. Liska 2009b). In der Spannung zwischen der elementaren, der Ur-Erfahrung des Exils und der bei Autoren wie Kafka oder Benjamin je unterschiedlichen Neu- oder Umschreibung des jüdischen Erbes und von entsprechenden Traditionen scheint eine entscheidende Triebkraft eben dieser Leistungen der jüdischen Moderne zu liegen.

2.3 Genderverhältnisse

»Nichts ist eindeutig«, lautet eine Reflexion in Hermann Brochs zweitem *Schlafwandler*-Roman, in dem dieser Anfang der dreißiger Jahre den Zerfall der Werte, der Persönlichkeit und des Subjekts um 1900 diagnostiziert (zit. Der Blick vom Wolkenkratzer, 2000, 125). Nach den Gewissheiten des Positivismus und der das 19. Jahrhundert prägenden Überzeugung, dass es, naturwissenschaftlich fundiert, ein Gesetz sei, dass jedes Ding ein Gesetz habe, sind Jahrhundertende und Jahrhundertwende von Umbruchdenken und Auflösungstendenzen geprägt: Alle vermeintlichen Sicherheiten geraten ins Rutschen, man spricht von elementaren »**Erschütterungsdiskursen**« dieser Zeit (Männlichkeiten, 2008, 17).

Diese betreffen insbesondere die lange dominante Konstruktion von Männlichkeit – »bürgerlich-hegemoniale **Männlichkeitsstereotype**« werden hinterfragt und wenn nicht verabschiedet, so doch grundlegend und dauerhaft irritiert – bis hin zur Konzeption neuer Frauenbilder, so später das der Neuen Frau in den zwanziger Jahren. Der Naturalismus mit seiner ausgesprochenen »Virilitätsrhetorik« (Helduser 2005, 144) inszenierte sich noch als »männliches Programm« mit durchaus auch misogynen Zügen (ebd., 63). Diese finden sich um die Jahrhundertwende zeitweilig sogar bei einem anarchistischen Bohemien wie Erich Mühsam (van den Berg 1992).

Dagegen galt die Wiener Moderne wenn nicht gerade als feminin, so doch als ›femininer‹. Veränderungen im Männlichkeitskonzept lassen eine Verschiebung in den Geschlechterverhältnissen hin zu einer »**Verweiblichung**« des universalen, bis dahin als männlich gedachten Subjekts erkennen (Männlichkeiten, 2008, 25ff.; vgl. Helduser 2005). Das zeigt sich sogar im Jugendkult in der Literatur um 1900, wo zwar einerseits »Jugend als Epochensignal« (Dahlke 2006, 19ff.) fungiert, wo aber bereits auch »Müde Jünglinge« (ebd., 75ff.) gezeichnet werden. So wird zu Recht von einem »weiblichen Blick auf das Fin de siècle« gesprochen (Deutschsprachige Schriftstellerinnen, 1999, S. 1ff.). Das Postulat einer »Feminisierung der Kunst und Literatur« (Hansers Sozialgeschichte 7, 243) durchzieht aber generell die Kulturkritik der Jahrhundertwende, wobei ›Verweiblichung‹ auch ›Verweichlichung‹ meint (Helduser 2005, 60).

Derart grundlegende »**Umbrüche in den Frauenbildern**« (Handbuch Fin de Siècle, 2008, 242) und ein ebenso markantes wie massives Interesse an Weiblichem und an Weiblichkeit führen dazu, dass die Geschlechterverhältnisse ansatzweise neu geordnet werden und sich Frauen im Wilhelminismus bestimmte Freiräume – auch im Kontext der erstarkenden Frauenbewegung – erkämpfen können. Die auf radikale Selbstbestimmung zielende Lebensweise der Boheme (vgl. Joachimidis 2000), an der während der Jahrhundertwende auch Frauen wie Franziska zu Reventlow in München (vgl. Egbringhoff 2000; M. Günther 2008, 312ff; Kubitschek 1998; Über Franziska zu Reventlow, 2007) und Else Lasker-Schüler in Berlin (vgl. Di Rosa 2006, 21ff.; Bauschinger 2006; Prophet und Prinzessin, 2006) beteiligt waren, eröffneten Freiräume des Lebens und Schreibens, wie begrenzt diese auch immer geblieben sein mögen. In diesem Zusammenhang wäre auch der Versuch einer »transgressiven Inszenierung von Geschlecht«, so bei Annette Kolb und Franziska zu Reventlow, zu sehen (Schwellenüberschreitungen, 2007, 99ff.).

Das Interesse der Jahrhundertwende an Frauenbildern äußert sich traditionell auch in den Figuren der Femme fatale (vgl. über Salome: Winterhoff 1998) und der Femme fragile (vgl. Cessari 2008) sowie in »Weiblichkeitsentwürfen« einzelner Autorinnen (S. Günther 2007; Helduser 2005, 272ff.). Die in der Krise der Geschlechtsidentität des Fin de siècle virulenten »antisemitisch-misogyne[n] Repräsentationen« (Wien und die jüdische Erfahrung, 229ff.) kumulieren im vielrezipierten Werk von **Otto Weininger** (s. S. 110). Weininger reagiert aggressiv auf die ›weiblichen Tendenzen‹ der Zeit (Stauffer 2008, 67ff.) und findet mit seiner gleichermaßen misogynen wie antisemitischen Abwehr des Weiblichen auch sein Publikum (vgl. Dahlke 2006,

157ff.; Kottow 2006, 212ff.; Mehr oder Weininger [!], 2005). Schließlich ist es die um 1900 sich formierende Disziplin der Psychoanalyse, die im Kontext des Geschlechterdiskurses auch für die literarische Entwicklung neue Deutungsmuster produziert (vgl. Anz 2006; Psychoanalyse in der modernen Literatur, 1999; vgl. Psychoanalyse, 2006).

2.4 Schriftstellerinnen um 1900

Mit Diskussion und Aufwertung ›des Weiblichen‹ einher geht die zunehmende Produktivität von Schriftstellerinnen im Umfeld des Naturalismus und der Wiener Moderne, deren Bedeutung auch in neueren Literaturgeschichten (vgl. Sprengel 1998b; ders. 2004; Hansers Sozialgeschichte 7, 243ff.) und Handbüchern (Handbuch Fin de Siècle, 2008, 238ff.) mittlerweile angemessen gewürdigt wird, was man anderswo freilich immer noch vermisst (z.B. bei Ajouri 2009). Es existieren Studien über »Schriftstellerinnen zwischen Naturalismus und Expressionismus« (Deutschsprachige Schriftstellerinnen 1999, 1–47), neuere Editionen zu einzelnen Autorinnen wie Else Lasker-Schüler und Franziska zu Reventlow sowie Arbeiten zu übergreifenden Fragen in diesem ersten großen Schub schreibender Frauen der Moderne, dem in den zwanziger Jahren ein weiterer folgen wird.

Eine Untersuchung über die **Lebens- und Arbeitssituation** von Autorinnen um 1900 ermöglicht Einblicke in soziale Herkunft, Selbstverständnis und auch in das Verhältnis zur zeitgenössischen Frauenbewegung (Hacker 2007). Neben Studien zu Weiblichkeit und Weiblichkeitsentwürfen um 1900 (s. IV.2.3) und neben über die Literatur hinausreichenden Überblicken (Frauen der Wiener Moderne 1997; Denn da ist nichts mehr, 2001) finden sich zahlreiche **Einzelstudien** in der Sammlung *Deutschsprachige Schriftstellerinnen des Fin de siècle* (1999). Darin geht es um so unterschiedliche Autorinnen wie: Lou Andreas-Salomé (vgl. Cormican 2009; Pechota Vuilleumier 2005, 277ff.), Ida Boy-Ed, Helene Böhlau, Margarete Böhme und Else Jerusalem, Hedwig Dohm (vgl. Pechota Vuilleumier 2005, 173ff.; Rohner 2008; dies. 2010), Marie von Ebner-Eschenbach, Ricarda Huch (vgl. Liska 2000), Maria Janitschek, Minna Kautsky, Isolde Kurz, Mechthilde Lichnowsky (Beutin 2004, 177ff.; Emonts 2009), Gabriele Reuter (vgl. Pechota Vuilleumier 2005, 33ff.) sowie Franziska zu Reventlow. Letztere hat insbesondere in ihrer transgressiven (vgl. Schwellenüberschreitungen 2007, 99ff.) und ›skandalösen‹ (vgl. Literaturskandale, 2009, 69ff.) Lebensweise als Bohemienne anhaltendes Interesse gefunden (Egbringhoff 2000; Kubitschek 1998; Über Franziska zu Reventlow, 2007). Als »Übergangsgeschöpfe« tituliert werden neben Franziska zu Reventlow Gabriele Reuter, Hedwig Dohm und Helene Böhlau (Kaloyanova-Slavova 1998), des Weiteren geht es in der Forschung um weibliche Sozialisation und jüdische Akkulturation bei Gabriele Reuter, Hedwig Dohm und Lou Andreas-Salomé (Pechota Vuilleumier 2005), weitere Einzelstudien widmen sich Elsa Bernstein (vgl. From fin-de-Siècle, 2007), Clara Viebig (Die Provinz des Weiblichen, 2004; Schwellenüberschreitungen, 2007, 249ff.) u.a. Diese mittlerweile recht ausgedehnten Forschungen hätten wie diejenigen zur Jahrhundertwende insgesamt ausführlichere Forschungsberichte verdient.

3. Expressionismus, Dada und Avantgarde

3.1 Expressionismus

Hinsichtlich der entstehungs- und **begriffsgeschichtlichen Bedeutungszusammenhänge** des erstmals 1911 im Deutschen begegnenden Neologismus ›Expressionismus‹ gilt: Expressionismus ist eine Bezeichnung, »die um 1910 in West-, Nord- und Mitteleuropa in unterschiedlichen, sich teilweise überschneidenden Bedeutungen zur Charakterisierung einer sich von Impressionismus und Naturalismus absetzenden Kunst (›Ausdruckskunst‹) Verwendung findet« (Metzler Lexikon Avantgarde, 2009, 92). In Frankreich zunächst Gegenbegriff zur Malerei des Impressionismus, dient der Terminus zudem als Bezeichnung für den Fauvismus und in Deutschland für die Malerei eben der Fauvisten sowie der Kubisten; so entwickelt sich das Wort »in den 10er Jahren im deutschen bzw. mittel- und osteuropäischen Raum, in dem Deutsch die lingua franca ist, insgesamt zu einem stehenden Begriff für eine bildende Kunst, die den subjektiven Ausdruck in den Vordergrund stellt« (ebd.). Die Übertragung auf die Literatur führte dann zur charakteristischen Erweiterung des Begriffs, der sich in der deutschen Literatur während des Ersten Weltkrieges vollends durchsetzt und spätestens nach der Novemberrevolution in allen Kunstgattungen präsent ist (vgl. Bogner 2005, 59ff.). Das gilt insbesondere für den Bereich *Expressionismus und Film*, wie die frühe zeitgenössische Darstellung von Rudolf Kurtz aus dem Jahr 1926 lautet (Kurtz 1926/ 2007; s. S. 152; vgl. Expressionist film, 2003; Roberts 2008). Der Film war zudem wichtiges literarisches Motiv (Kramer/Röhnert 2009), auf ›Texte‹ weisen Schrift-Bild-Relationen im expressionistischen Stummfilm (vgl. Pictogrammatica, 2006, 145ff.).

Mittlerweile, rund fünf Jahrzehnte nach der wegweisenden Expressionismus-Ausstellung im Marbacher Schiller-Nationalmuseum von 1960 (s. S. 159) scheint der Zenit der **Expressionismus-Forschung**, zumindest was ihre Quantität angeht, überschritten. Klagten die einschlägigen Forschungsberichte aus den siebziger und achtziger Jahren noch über die kaum zu übersehende Publikationsfülle zum Thema, so ist die Forschung seit Jahren erheblich übersichtlicher. Der Gegenstand selbst ist dabei in bisher nicht gekanntem Maß kanonisiert und popularisiert worden – und dies nach seiner tiefgreifenden Verfemung durch den Nationalsozialismus als ›entartet‹.

Diese Kanonisierung scheint dem Befund zu widersprechen, dass der Expressionismus nur wenige »kanonische ›Meisterwerke‹« (Anz 2002, 205) hinterlassen hat (anders wohl die expressionistische bildende Kunst, die im Übrigen gleichermaßen musealisiert ist, wie große Ausstellungen zeigen). Das Paradox verdeutlicht aber, dass die Literatur des Expressionismus auf ihre Weise ganz auffällig die Signatur der Moderne trägt – unabhängig von der Frage nach dem großen Einzelwerk hat die expressionistische Literatur wie keine andere zuvor Krisenerscheinungen der sozialen und politischen Moderne registriert und diese in einer unerhörten Vielfalt der Sujets, der Schreibweisen und auch der ästhetischen Grenzüberschreitungen verarbeitet. Das gilt für das innovatorische Formarsenal des Expressionismus – von der Montage (vgl. Möbius 2000) bis zur Simultaneität, der dramatischen Stationentechnik bis zur lyrischen Wortkunst, vom Kinostil bis zum Anti-Psychologismus (s. II.3).

Damit ist auch die umstrittene Frage berührt, ob der **Expressionismus als ›Avantgarde‹** zu verstehen ist, was z.B. Peter Bürger in seiner einflussreichen Avantgarde-Theorie verneint (vgl. Bürger 1974). Soweit der Expressionismus sich als Bewegung und ›Ismus‹ formierte, hat er gewiss seiner Programmatik nach teil am avantgardistischen Projekt, das nicht nur eine neue Kunst, sondern auch einen neuen Menschen und ein neues Leben anvisierte und in diesem Zusammenhang auch eine neue Einheit von Kunst und Leben zu schaffen suchte (Metzler Lexikon Avantgarde, 2009, 94). Auch Ästhetik und Utopie des Gesamtkunstwerkes (vgl. Finger 2006; Fornoff 2004), an der der Expressionismus teilhat, weist auf die Avantgarde mit ihrem Ansatz, Grenzen der Einzelkünste zu überschreiten (vgl. Gesamtkunstwerk Expressionismus, 2010).

Indiz für die genannte Kanonisierung sind die neueren Literaturgeschichten aus den Jahren 2000 bzw. 2004 mit ihren umfänglichen Ausführungen zum Expressionismus (Hansers Sozialgeschichte 7, 437ff.; Sprengel 2004) sowie neuere **Überblicke bzw. Einführungen** unterschiedlicher Provenienz. Den Beginn machte 1999 ein französischer Abriss, der gattungsübergreifend u.a. auf die Krise des Subjekts sowie auf die Figur des ›neuen Menschen‹ abzielt (Godé 1999). Dem folgte 2002 der forschungsintensive Überblick von Thomas Anz (Anz 2002, aktualisierte Auflage 2010), dann 2005 eine als »Companion« angelegte englische Aufsatzsammlung, die sich vor allem den drei Gattungen widmet (A Companion, 2005). Zudem liegen zwei Einführungen vor (Bogner 2005; Krause 2008).

Auch wenn kein Forschungsbericht für die Zeit seit Mitte der neunziger Jahre existiert (s. S. 161f.; vgl. Anz 2002, 199ff.), so lässt sich doch erkennen: Das Œuvre der 300 oder 350 mit dem Expressionismus in Verbindung gebrachten Autoren und Autorinnen wurde zwischen den sechziger und neunziger Jahren bio-bibliographisch weithin erschlossen, es gibt für viele Expressionisten passable Werkausgaben und vielfach Biographien bzw. Monographien zu einzelnen Werken, und auch die bibliographische und editorische Kärrnerarbeit scheint getan.

Aber es gibt Leerstellen – so bei der **Regionalforschung**, wo neuere Studien zum *Expressionismus in Thüringen* (1999), in Dresden (Almai 2005; vgl. Psychoanalyse & Expressionismus, 2010) oder Worpswede (Avantgarde im Norden, 2000) vorliegen.

Immer noch kaum bekannt im Kontext des großen Kapitels »Moderne und Judentum« (Kiesel 2004, 74ff.) in der Literaturgeschichte des 20. Jahrhunderts sind die **»jüdischen Perspektiven«** (Krause 2008, 128ff.; vgl. Bogner 2005, 46f.) im Expressionismus. Der große Anteil von Autoren und Autorinnen jüdischer Herkunft am Expressionismus ist geläufig, so bereits im frühexpressionistischen »Neuen Club«, wo sich Jakob van Hoddis, Ernst Blass, Kurt Hiller, Erwin Loewenson, Erich Unger und Oskar Goldberg zusammenfanden (vgl. Handbuch zur deutsch-jüdischen Literatur, 2002, 103ff.). Es wären auch die Namen von Autorinnen wie Gertrud Kolmar (Brandt 2003) und Else Lasker-Schüler (s.u.) zu nennen. Aber es stehen Untersuchungen insbesondere dazu aus, wie sich Säkularisierungs- und Marginalisierungs-Erfahrungen jüdischer Autoren gerade im Expressionismus auf spezifische Weise treffen und verarbeitet werden (vgl. Cepl-Kaufmann 2002), auch hinsichtlich des Messianischen als Zentralbegriff des Expressionismus (s. S. 287f.; vgl. Liska 2009a).

Zu den häufig wenig beachteten **Autorinnen des Expressionismus** liegen resümierende Überblicke vor, die den lange unterschätzten oder auf die Ausnahmeerscheinung Else Lasker-Schüler reduzierten Anteil von Künstlerinnen an der Gesamtbewegung würdigen (A Companion, 2005, 287ff.; Kanz 1999; Vollmer 2003; Wie eine Nilbraut, 1998; vgl. Ranc 2004). Zu **Else Lasker-Schüler**, der eine 11-bändige kritische Ausgabe gewidmet ist (1996–2010; vgl. Prophet und Prinzessin, 2006, 175ff.), findet sich eine Fülle von biographischen und textorientierten Darstellungen, die auch über den Expressionismus hinaus bis ins Exil reichen (Bauschinger 2006; Di Rosa 2006; Kirschnick 2007; Rumold 2006). Im Gebiet der Expressionistinnen sind wie insgesamt im Bereich ›Künstlerinnen der Avantgarde‹ wohl noch weitere Erkundungen nötig, wie jüngst die Wiederentdeckung und Edition der expressionistischen Autorin Angela Rohr, die als Angela Hubermann u.a. für die Zeitschrift *Die Aktion* schrieb, ebenso deutlich macht (vgl. Bey 2010) wie die umfassende Aufarbeitung von Leben und Werk des Künstlerpaares Margarete und Stanislaw Kubicki (Gluchowska 2007) sowie von Alexandra Ramm-Pfemfert von der ›Aktion‹ (Ranc 2004).

Den **Forschungsstand bis etwa 2010** bietet mit seinen umfassenden und griffigen bibliographischen Nachweisen von Quellen und Spezialuntersuchungen zu einzelnen expressionistischen Autoren und Autorinnen der genannte Abriss von Anz, dessen zweite Auflage einschlägige Literatur bis 2010 verarbeitet (Anz 2002). Darauf sei hier ausdrücklich verwiesen; als umfassendste Bibliographie der Quellentexte ist weiterhin das bibliographische Handbuch von Paul Raabe maßgeblich (Raabe 1992).

Auch lange Zeit weniger erforschte Terrains wie die **Erzählprosa** des Expressionismus sind mittlerweile erkundet (vgl. Expressionistische Prosa, 2001; Hansers Sozialgeschichte 7, 522ff.; Steutermann 2004; Terpin 2009). Dabei spielen die großen Prosaisten des Expressionismus naturgemäß eine herausragende Rolle: So **Gottfried Benn** (vgl. Gottfried Benn (1886–1956), 2007; Hanna/Winkler 2006), vor allem mit seinen »Rönne«-Novellen (Preiß 1999; ders. 2001); so **Alfred Döblin**, dessen Bedeutung zwischen »Frühexpressionismus, Berliner Futurismus, ›Döblinismus‹ und ›neuem Naturalismus‹« (Becker 2001; vgl. Tatsachenphantasie, 2008) gar nicht zu überschätzen ist; so **Carl Einstein**, dessen *Bebuquin* ein Schlüsseltext der Moderne schlechthin ist (vgl. Geuen 2009; Sabel 2002; Sorg 1999) – vom Sonderfall **Franz Kafka**, dem seit 1995 eine verlässliche »historisch-kritische Ausgabe« gewidmet wird, ganz abgesehen (s. S. 179ff.; vgl. Kafka-Handbuch, 2008; dass., 2010; Kafkas »Urteil«, 2002).

Neuere Forschungen widmen sich resümierend dem **expressionistischen Theater** (Brauneck 2003, 300ff.; Hansers Sozialgeschichte 7, 537ff.), motivgeschichtlich einem Sujet wie dem Vatermord auf der Bühne (Fähnders 2010) oder exponierten Dramatikern wie Ernst Toller und seiner *Wandlung* (Wardy 2009), Georg Kaiser und seinen *Bürgern von Calais* (Malsch 2007, 117ff.) oder Carl Sternheim (Sprengel 2004, 546ff.).

Im Kontext der **expressionistischen Lyrik** (Beck 2009/10; Lill 2007), zu der neue Anthologien ediert wurden (Dich süße Sau nenn ich die Pest, 2003; Lyrik des Expressionismus, 2003) haben besonders die ›absolute Lyrik‹ (vgl. Metzler Lexikon Avantgarde, 2009, 21; J. Petersen 2006) und die Wortkunst-Tradition (Fähnders 2004), hier vor allem die des *Sturm*-Kreises (Vock 2006), Aufmerksamkeit erfahren.

Wichtige organisatorische Zentren des Expressionismus bildeten **Zeitschriften** (vgl. Hansers Sozialgeschichte 7, 437ff.), die bibliographisch längst erschlossen sind (Index Expressionismus; vgl. für Österreich: Wallas 2008). Insbesondere über den genannten *Sturm* bestätigen neuere Analysen nicht nur dessen große Bedeutung für die expressionistische Literatur (S. Arnold 1998) und im Sinne einer »Konvergenz der Künste« auch für die Malerei (Hodonyi 2010) und die Avantgarde insgesamt (vgl. Metzler Lexikon Avantgarde, 2009, 312ff.). Bisher nicht bekannt war, dass Herwarth Walden während des Ersten Weltkriegs sein ›Sturm-Imperium‹ in den Dienst des Wilhelminischen Nachrichtendienstes stellte und dabei bestimmte avantgardistische Vernetzungen genutzt hat (van den Berg 2005; ders. 2009). Diese wiederum ermöglichten einen künstlerischen Austausch, so z.b. auch mit den im Weltkrieg neutralen Ländern wie Schweden und den Niederlanden, wie etwa die auffällige Präsenz gerade der niederländischen (und flämischen) Avantgarde in Berlin und im *Sturm* zeigt (vgl. Literatur zum Gebrauch, 2002, 161ff.).

Anders als in der sozialgeschichtlich ausgerichteten Germanistik der siebziger und achtziger Jahre spielt die Frage nach **Expressionismus und Politik** kaum mehr eine Rolle. Bietet die Literaturgeschichte von Sprengel immerhin ein einschlägiges Kapitel über Literatur und Weltkrieg (Sprengel 2004, 763ff.; vgl. Krieg der Geister, 2000), so sind die Berührungen zwischen Expressionismus, Aktivismus und Novemberrevolution wie etwa in Leonhard Franks *Der Mensch ist gut* (vgl. Expressionistische Prosa, 2001, 187ff.) in den Hintergrund gerückt. Eine Ausnahme machen der österreichische Aktivist Robert Müller (Pflaum 2008) und ein so schillernder Autor wie **Franz Jung** mit seinem an der Nahtstelle von Expressionismus, Dada, Linksradikalismus und Psychoanalyse angesiedelten Werk (Fähnders 2003; Götz von Olenhusen 2005; Karrenbrock 2001; »Laboratorium Vielseitigkeit«, 2005, 31ff.; Mierau 1998). Eine vollständige Sammlung von Kritiken seiner Werke, die über sein expressionistisches Œuvre hinausgeht, bietet Einblicke in die Expressionismus-Rezeption, aber auch in die Geschichte der zeitgenössischen Literaturkritik bis in die zwanziger Jahre (Vom »Trottelbuch«, 2003).

Lebhaft ist das Interesse an Fragen nach **Expressionismus und Psychoanalyse** (vgl. Anz 2000; Kanz 1999; Psychoanalyse in der modernen Literatur, 1999). Hier ist es vor allem der Sigmund Freud-Schüler, Arzt, Bohemien, Anarchist, Rätekommunist und Schriftsteller **Otto Gross**, dessen Erbe u.a. von der Gross-Gesellschaft gepflegt und in umfassenden Dokumentation aufbereitet wird. Seine Bedeutung für Denken und Schreiben der expressionistischen Generation zeigte sich bereits am Vorabend des Ersten Weltkrieges im ausgezeichnet dokumentierten sog. ›Fall Gross‹ (s. S. 129f.; vgl. Der Fall Gross, 2002; Gross gegen Gross, 2005). Berührungen und Begegnungen der Psychoanalyse mit der expressionistischer Literatur und Kunst, so mit Franz Jung (vgl. Götz von Olenhusen 2005), aber auch zu Weggefährten aus der Boheme und auch mit Blick auf Grundsatzfragen des Verhältnisses zwischen Psychoanalyse und Moderne (vgl. Anz, 2006) bieten die Tagungsbände der Gross-Gesellschaft (u.a. Die Gesetze des Vaters, 2005; Die Rebellion des Otto Gross, 2006; »… da liegt der riesige Schatten Freuds«, 2008; Psychoanalyse & Expressionismus, 2010).

Die elementaren **Krisenerfahrungen der Moderne**, die im Expressionismus wie unterschiedlich auch immer thematisiert und entsprechend radikal oder auch traditionalistisch gestaltet werden, bleiben, so zeigt der Blick auf die Forschung, durchaus aktuell – ob dies bei aller akademischen Kanonisierung von der expressionistischen Literatur selbst auch gesagt werden kann, sei dahingestellt. Die Ambivalenz von ›Messianismus‹ und ›Ichdissoziation‹, die die Forschungen seit den achtziger Jahren hervorheben (s. II.2.7), bleibt bis heute problemgeschichtliche Basis, um für die divergierenden Positionen im Expressionismus Kategorien zu finden, die die Einheitlichkeit dieser Bewegung noch beschreiben können. Messianismus, Utopismus und besonders die Rede vom Neuen Menschen (vgl. Metzler Lexikon Avantgarde 2009, 225f.) sind ebenso wie Ichdissoziation, Selbstreflexion, Gespaltenheit und Ambivalenz Antworten auf Erfahrungen der Moderne und Ausweis der spezifischen ›**Modernität**‹ des

Expressionismus. Das Messianische mit seinen metaphysischen und religiösen, auch jüdischen Traditionen und Konnotationen bis hin zur »Sakralisierung« (Krause 2000) bekommt eine durchaus aktuelle Note (vgl. Krause 2008, 30ff.), das Moment der Dissoziation, das in Formulierungen wie »skeptischer Expressionismus« begrifflich variiert wird (ebd., 32ff.), verweist auf die Brüchigkeit, das Fraktale der modernen Existenz. So gilt für Expressionismus wie für die Avantgarde insgesamt der Anspruch, universale Gewissheiten utopisch-messianisch zurückzugewinnen – solche Gewissheiten zugleich aber auch zu destruieren. Diesen Widerspruch, der wohl allein in einem Metabegriff, dem der Moderne bzw. Avantgarde, aufzulösen ist, gilt es bei weiteren Bestimmungen des Expressionismus zu bedenken.

3.2 Dada

Probleme der Dada-Forschung ergeben sich durch die vielfältigen Konnotation, die mit dem **Namensmythos Dada** (s. S. 190) verbunden sind – »bereits in den frühen zwanziger Jahren ist Dada nicht nur die selbstgewählte Bezeichnung einer Kunstbewegung, sondern auch eine kritische (Dis-)Qualifikation für andere experimentell und/oder ikonoklastisch wirkende Avantgardisten« (Metzler Lexikon Avantgarde, 2009, 69). Das geläufige Missverständnis oder Vorurteil, Dada repräsentiere nicht Kunst, sondern eine wie auch immer zu fassende ›Anti-Kunst‹ und könne insofern als Synonym für »extremen ästhetischen Radikalismus und für destruktive Tendenzen« gelten (ebd., 69f.), ist aber zunehmend genaueren Untersuchungen dadaistischer Kunstpraxen gewichen. Insbesondere aber die Vorstellung von Dada als dem Chaotischen schlechthin sowie von der ›anarchistischen‹ Destruktion, die Dada eigen sei, ist durch die groß angelegte Studie von Hubert van den Berg zum Verhältnis zwischen Dada, Anarchismus und Avantgarde widerlegt bzw. präzisiert worden (van den Berg 1999).

Zu Fortschritten in der Dada-Forschung haben besonders die zunehmend internationalisierten sowie komparatistisch und in Ansätzen auch interdisziplinär angelegten Untersuchungen geführt. War die dadaistische Bewegung selbst seit ihrer Gründung 1916 in Zürich sowohl in ihrer personalen Zusammensetzung als auch in ihren künstlerischen Aktivitäten dezidiert **international** ausgerichtet, so gilt dies wie beim Gros der Avantgarde-Forschung insgesamt seit geraumer Zeit auch für die Dada-Forschung selbst. Sie ist nicht allein nationalphilologisch, sondern auch **komparatistisch** und in Ansätzen auch **interdisziplinär** angelegt, nicht zuletzt eben deshalb, um Anspruch und Praxis des genre-übergreifenden, intermedialen dadaistischen und avantgardistischen Projekts angemessen zu analysieren. Diese finden sich dann auch zum Teil in übergreifenden Avantgarde-Darstellungen (vgl. Der Blick vom Wolkenkratzer, 2000; Ehrlicher 2001; Keith 2005; von Beyme 2005).

Die ambitionierteste und bislang umfassendste **Gesamtdarstellung** hat der Dadaismus in der 10-bändigen Reihe *Crisis and the Arts. The History of Dada* gefunden, die der amerikanische Dada-Forscher Stephen C. Forster 1996 bis 2005 herausgegeben hat. Die einzelnen Bände erschließen den Dadaismus in grundlegenden monographischen Analysen bzw. in Aufsatzsammlungen (Bde 1, 7) sowie topographisch geordnet nach einzelnen **Dadastädte** wie Zürich (Bd 2), Berlin (Bd 5), Köln und Hannover (Bd 3), Paris (Bd 6) und New York (Bd 8). **Dadaländer** des »Ostens« (Russland, Georgien, Ukraine bis Japan; Bd 4) finden ebenso Berücksichtigung wie die dadaistische Presse (Bd 9), der letzte Band enthält eine Bibliographie.

Damit wird dem Anspruch eines *Dada global* (1996) Rechnung getragen – über die dadaistischen ›Kernländer‹ wie die Schweiz, Frankreich oder Deutschland hinaus hat es in wohl allen europäischen Ländern sowie in Asien, den USA und Lateinamerika dadaistische Strömungen und Tendenzen gegeben (vgl. Dachy 2005). Die vom Publikum mit großer Resonanz aufgenommene, umfassende Dada-Ausstellung des Pariser Centre Pompidou von 2005 mit ihrem opulenten Katalog, der einen unschätzbaren Fundus dadaistischer Dokumente und Kunstproduktionen abdruckt (vgl. Dada 2005), hat dem Rechnung getragen und berücksichtigt eine Vielzahl solcher Dadaländer und Dadaorte (vgl. die Länderlemmata in: Metzler Lexikon Avantgarde, 2009). Von Interesse ist dabei offenkundig immer auch die Frage der Zerstörung oder Aufhebung von traditionellen Gattungs- und Kunstgrenzen, Relationen zwischen Kunst und Kunstzerstörung (s. II.4.2), wie sich auch an Arbeiten über Manifeste des Dadaismus (Eisenhuber 2006) oder zu dadaistischer, fiktional-narrativer Prosa zeigt (Expressionistische Prosa, 2001, 211ff.; Fux 2007).

Weitere Forschungen widmen sich einzelnen Künstlern: Favoriten sind **Kurt Schwitters** und seine gattungssprengende ›Merz‹-Kunst (Franz 2009; Fux 2007; Merzgebiete, 2006), **Raoul Hausmann**, bei dem die o.g. avantgardistischen *Grenzüberschreitungen zwischen Kunst und Literatur* wie auch seine ›Optophonetik‹ auf Neugier stoßen (Hübner 2006; Wagener 2005; vgl. Pictogrammatica, 2006, 161ff.) und auch der spätere Avantgarde-Fotograf Erwin Blumenfeld (Erwin Blumenfeld, 2008).

Wie bei Fin de siècle und Avantgarde sind es auch beim Dadaismus die **Genderverhältnisse**, die auf zunehmendes Interesse stoßen und wo Forschungsdefizite evident sind. Dies betrifft die Frage nach Anteil und Leistung von **Dada-Künstlerinnen** – als »Dada's women« werden 2009 Emmy Hennings, Sophie Taeuber, Hannah Höch (vgl. Hannah Höch, 2007), Suzanne Duchamp und Céline Arnauld charakterisiert (Hemus 2009). Des Weiteren wäre die Dada-Baroness Elsa von Freytag-Loringhoven aus dem New Yorker Dadaismus zu nennen (Gammel 2005; vgl. Runte 2005, 201ff.). Der originäre Blick von Dadaistinnen wird in *Women in Dada* (1998) gewürdigt, wobei es auch um die Darstellung von Weiblichkeit bei Dada geht etwa bei den Frauen-Collagen von Schwitters (Women in Dada, 1998, 206ff.); parallel dazu erscheinen *Dada's boys. Male identity after Duchamp* (Hopkins 2008) u.a. über Francis Picabia, Marcel Duchamp, Man Ray, Max Ernst.

Um Kooperationen geht es bei den ästhetisch so produktiven avantgardistischen Künstlerpaaren: bei Emmy Hennings und Hugo Ball (Süllwold 1999; vgl. Crisis and the Arts Bd 2, 69ff.), bei Sophie Taeuber-Arp und Hans Arp (vgl. Künstlerpaare 2008, 224ff.), und bei den bereits erwähnten Hannah Höch und Raoul Hausmann (vgl. Künstlerpaare 2008, 204ff.; Wagener 2008).

Die reichhaltige Forschung zeigt, dass Dada unter den vielen Ismen der Avantgarde am lebendigsten geblieben ist. Der Dadaismus stellt jedenfalls für die Nationalphilologien der zahlreichen Dada-Länder ebenso eine Herausforderung dar wie für andere Fächer – von der Kunstgeschichte bis zur Musik- und Theaterwissenschaft –, sowie gerade auch für interdisziplinäre Forschungen (vgl. die fast 700-seitige Bibliographie in *Crisis and the arts*. Bd 10).

4. Neue Sachlichkeit, proletarisch-revolutionäre Literatur und Moderne

4.1 Schriftsteller und Literatur der Weimarer Republik

Der derzeit ambitionierteste Abriss über die Literatur der Weimarer Republik stellt diese unter den Oberbegriff »*Klassische Moderne*« (Delabar 2010) und signalisiert damit, dass in den wenigen Jahren der Republik sich »Durchsetzung und Krise der Moderne« gleichermaßen vollzogen habe (ebd., 19). Solche Einschätzungen folgen historischen Untersuchungen zur Weimarer Republik aus den achtziger Jahren, insbesondere dem Diktum Detlev J.K. Peukerts, dass Weimar »uns in kurzer Zeit und in rasantem Tempo die faszinierenden und fatalen Möglichkeiten einer modernen Welt« durchspielte (zit. ebd.). Insofern kann man – nach einer Notiz von Walter Benjamin über Brecht aus dem Jahr 1930 – von einem »*Laboratorium Vielseitigkeit*« sprechen, das gerade in Kunst und Kultur einen unerhörten und ungemein produktiven Innovationsschub bedeutete, und dies bis zur unwiderruflichen Zäsur von 1933 (Laboratorium Vielseitigkeit, 2005, 11ff.). Dabei ergeben sich zwei Modi der Betrachtung: der Aspekt des Aufkommens des Nationalsozialismus und entsprechend die Frage, ob und inwiefern die Weimarer Kunst und Literatur dem widersprochen bzw. ungewollt oder bewusst zugearbeitet hat, oder der Aspekt eben der ungemeinen Produktivität dieser Literatur der Moderne, die zu ihrer Kanonisierung als ›klassisch‹ geführt hat (vgl. Delabar 2010, 19f.). Allem Anschein nach sind ideologiekritische Grundsatzdebatten über derartige Prämissen angesichts der gegenwärtigen Verabschiedung sozialgeschichtlicher Parameter längst in den Hintergrund gerückt. Die anhaltend rege Forschung zur Literatur der Weimarer Republik hat zwar keine neuen Antworten auf diese alte Frage gefunden, wohl aber neue Aspekte und Zugänge erschlossen. Dabei ist der bereits bei der Naturalismus-Forschung (s. S. 277f.) vermerkte Trend zu Entpolitisierung und Skepsis gegenüber politischen Sujets und Zugängen erkennbar – wie überhaupt der Zeitgeist großen literarhistorischen Entwürfen entgegenzustehen scheint. So datiert die letzte große Literaturgeschichte zur Weimarer Republik aus dem Jahr 1995 (Hansers Sozialgeschichte 8) und der letzte große, durchaus ›parteiliche‹ Gesamtüberblick über die Kultur der Weimarer Republik von 1978 (Hermand/Trommler).

Eine Vielzahl neuerer Arbeiten zur Literatur der Weimarer Republik widmet sich Autoren und, wie zu zeigen ist, auch Autorinnen; das betrifft **neue Editionen, Handbücher, Biographien und Werkanalysen**. Dagegen gibt es nur wenige neue größere **Quellensammlungen**, so eine Lyrik-Anthologie (Deutsche Gedichte, 1999) und Textsammlungen zu spezielleren Themen wie der Neuen Sachlichkeit (Becker 2000, Bd 2), zur Literatur und Kunst der Vagabunden (vgl. Die Epoche der Vagabunden, 2009) und zur Rezeption des Werkes von Franz Jung in der zeitgenössischen Literaturkritik (Vom »Tottelbuch«, 2003).

Es ist paradox: Seit Jahrzehnten werden die bedeutendsten Autoren und zunehmend ja auch die Autorinnen der Moderne Gegenstand umfänglicher Analysen, aber erst in den letzten beiden Dezennien werden verlässliche, kritische oder auch historisch-kritische Ausgaben erarbeitet. Dass es bei der Erarbeitung solcher Ausgaben nicht um editionswissenschaftliche Spitzfindigkeiten geht, sondern um teilweise grundlegend neue Forschungsperspektiven, macht die neue Brecht-Ausgabe (*Werke. Große kommentierte Berliner und Frankfurter Ausgabe*, 1988–1997) deutlich. Sie bietet einen ›entideologisierten‹ Brecht mit einem neuen Blick »gegen Weltanschauungen«, so der Brecht-Experte Jan Knopf (Knopf 2004). Dies schlägt sich inzwischen auch in neueren Kompendien nieder (Brecht-Handbuch, 5 Bde., 2001–03; Brecht Lexikon, 2006, K.-D. Müller 2009).

Brecht ist kein Einzelfall. Es gibt neuere Ausgaben bzw. solche sind im Entstehen zu Top-Autoren der Moderne: **Gottfried Benn** (*Sämtliche Werke. Stuttgarter Ausgabe*, 7 Bde., 1986–2003; vgl. Gottfried Benn (1886–1956), 2007; Hanna/Winkler 2006); **Franz Kafka** (*Historisch-kritische Ausgabe sämtlicher Handschriften, Drucke und Typoskripte*, seit 1995; vgl. Kafka-Handbuch 2008; dass. 2010); **Else Lasker-Schüler** (*Werke und Briefe. Kritische Ausgabe*, 11 Bde., 1996–2010; vgl. Bauschinger 2006; Prophet und Prinzessin, 2006, 175ff.); **Heinrich Mann** (*Essays und Publizistik. Kritische Gesamtausgabe in neun Bänden*, seit 2009; vgl. Heinrich Mann, 2005; Stein 2002); **Thomas Mann** (*Große kommentierte Frankfurter Ausgabe. Werke – Briefe – Tagebücher*, seit 2001; vgl. Thomas Mann, 2005; Thomas Mann-Handbuch, 2005; *Die Thomas-Mann-Literatur*, 1997; Kurzke 2002; **Robert Musil** (*Klagenfurter Ausgabe. Kommentierte Edition sämtlicher Werke, Briefe und nachgelassenen Schriften*, 2009; mit einer DVD zur Navigation auch durch Textvarianten); **Anna Seghers** (*Werkausgabe*, seit 2000; vgl. Hilzinger 2000). Neue Ausgaben sind auch den großen Theoretikern **Walter Benjamin** (*Werke und Nachlaß. Kritische Gesamtausgabe*, seit 2008; vgl. Benjamin-Handbuch, 2006; Steiner 2004) und **Siegfried Kracauer** (*Werke*, seit 2005) gewidmet.

Umfassende Kompendien, Handbücher und Bibliographien sind kanonischen Autoren gewidmet, deren Schaffenszeit auch in die Weimarer Republik fällt und die deshalb hier genannt seien: **Stefan George** (Frank/Ribbeck 2000; Stefan George, 2005; Stefan George. Werk und Wirkung, 2001; vgl. Schäfer 2005), dessen Wirkungsgeschichte auf großes Interesse stößt (vgl. Karlauf 2007; Raulff 2009), **Gerhart Hauptmann** (Hoefert 2003) und **Rainer Maria Rilke** (Rilke-Handbuch, 2004).

Haben sich dergestalt die philologischen Arbeitsbedingungen hinsichtlich der Weimarer ›Großschriftsteller‹ merklich verbessert, so gilt dies auch für die Kenntnisse bisher weniger beachteter Texte, Textgruppen, Autoren und Autorinnen, wie sie in Monographien und mehr noch in Aufsatzsammlungen präsentiert werden.

4.2 Proletarisch-revolutionäre Literatur

Arbeiterliteratur hat nicht gerade Konjunktur, ist aber literarhistorisch präsent (s. III.3; vgl. Delabar 2010, 117ff.). Zu einzelnen **Autoren und Autorinnen** der proletarisch-revolutionären Literaturbewegung finden sich gelegentlich Analysen in einschlägigen Sammelwerken zur politisch engagierten Literatur der Weimarer Republik, so zu Johannes R. Becher, Rudolf Braune und Hermynia Zur Mühlen (vgl. Engagierte Literatur, 2002), zu Albert Daudistel, Karl Grünberg, Ludwig Renn und Theodor Plievier (vgl. »Friede, Freiheit, Brot!«, 2010), zu Georg Glaser und dem Anarchisten Erich Mühsam (vgl. »Laboratorium Vielseitigkeit«, 2005), zu Franz Jung (Fähnders 2003; vgl. Vom »Trottelbuch«, 2003), Anna Seghers (Delabar 2004; Hilzinger 2000) und Egon Erwin Kisch (Ruf 2005).

Zu Rudolf Braune existiert eine mustergültige Bibliographie (Hollender 2004), zu Adam Scharrer eine Untersuchung seines Kriegsromans *Vaterlandslose Gesellen* von 1930 (Von Richthofen bis Remarque, 2003, 375ff.), über B. Traven eine Sammlung mit Studien (vgl. Neue »BT-Mitteilungen«, 2009*)*. Weitere Themen sind »Konzeptionen der Weiblichkeit« anhand von Karl Grünbergs Roman *Brennende Ruhr* von 1929 (Beck 2009), der kommunistische Volksbegriff (Hebenstreit 2007), die »proletarische Lyrik vor 1933« (Heukenkamp 2007) und der »Bund proletarisch-revolutionärer Schriftsteller« (BPRS) (Krämer 2006). Berührungen zu Arbeiterliteratur und Arbeiterbewegung, insbesondere zum Anarchismus, zeigen Texte und Bilder von Vagabunden und aus der Vagabundenbewegung seit 1900 (Die Epoche der Vagabunden, 2009)

Eine groß angelegte Studie, die auch viele Untersuchungen zur proletarisch-revolutionären Literatur bis in die neunziger Jahre reflektiert, widmet sich dem **Thema** ›**Arbeit**‹ anhand der Darstellung von Arbeitslosigkeit in der proletarischen Literatur (Unger 2004; vgl. Schütz 2009). Dies ist nach den langen Debatten über die Figur des Arbeiters ein wegweisender Zugriff, lassen sich in dieser Thematik doch weitreichende, auch mentalitätsgeschichtliche Kennnisse über das Arbeitsethos im Proletariat gewinnen (vgl. Arbeit – Kultur – Identität, 2007).

4.3 Neue Sachlichkeit

Die Themen Arbeit, Arbeitswelt und konkrete Lebensbedingungen sind Domäne auch der Literatur der Neuen Sachlichkeit (vgl. Uecker 2007, 323ff.). Diese ist häufig bei Arbeiten aus dem Kontext der ›Neuen Frau‹ (s. III.2.6, s. S. X) und der Autorinnen der Weimarer Republik analysiert worden (s. IV.4.4), hat aber vor allem seit den Diskussionen über die von Helmut Lethen vertretenen Ansätze (Lethen 1970; ders. 1994; ders. 1995a) an Profil gewonnen (s. III.2.8).

In ihrer 2-bändigen Arbeit zum Thema hat Sabina Becker (Becker 2000) eine Revision bisheriger Auffassungen versucht, indem sie gerade den kritischen und sozialkritischen Impuls der Neuen Sachlichkeit hervorhebt – gegen die Auffassung von der synchronisierenden und damit letzten Endes herrschaftsstabilisierenden Funktion dieser Literatur, wie sie sich im Anschluss an Lethen durchgesetzt hat (vgl. Die (k)alte Sachlichkeit, 2004).

Bei Beckers Rekonstruktion der »**Dimensionen neusachlicher Ästhetik**« (Becker 2000, Bd 1, 97ff.) geht es um die »Analyse der literarischen Neuen Sachlichkeit mittels literarästhetischer Kategorien« (ebd., 37), also nicht um die interdisziplinär zu fassende Dimension dieser doch alle Kunstsparten imprägnierenden Richtung oder um die von Lethen beschriebene Dimension des neusachlichen ›habitus‹. Die Beschränkung auf die Literatur gestattet freilich eine ausführliche Rekonstruktion der neusachlichen Ästhetik. Dabei werden 15 Kategorien ausgemacht, die hauptsächlich dem Selbstverständnis der neusachlichen Autoren und Theoretiker abgewonnen werden, die aber ein nützliches Beschreibungsgerüst bieten: Antiexpressionismus, ›Neuer Naturalismus‹, Nüchternheit, Präzisionsästhetik, Realitätsbezug/Aktualität, Reportagestil, Beobachtung, Antipsychologismus, Neutralität/Objektivität, Dokumentarismus, Tatsachenpoetik, Bericht, Gebrauchswert, Entsentimentalisierung und Entindividualisierung.

Darüber hinaus wird die zeitgenössische »Kritik an der Neuen Sachlichkeit« (Becker 2000, Bd 1, 258ff.) expliziert, wobei es um ideologische (marxistische, rechtskonservative und völkisch-nationale Kritik) und poetologische Kritikpunkte geht

(Kritik an Dokumentarismus, Reportagestil u.a.m.). Der Arbeit ist ein umfänglicher Dokumentenband beigegeben, der eine Fülle auch entlegener zeitgenössischer Quellen zugänglich macht – es ist übrigens die einzige neue große Quellensammlung zur Literatur der Weimarer Republik aus unserem Berichtszeitraum.

Weiter zu klären bleibt das Verhältnis der Neuen Sachlichkeit zur Avantgarde, der sie einerseits, so bei ästhetischen Innovationen wie der Montage, verpflichtet ist, deren utopischen Ansatz der Weltveränderung sie sicher nicht teilt – was wiederum auf die sozialkritische Potenz der Neuen Sachlichkeit zurückweist (vgl. Metzler Lexikon Avantgarde, 2009, 226ff.). Insofern bleibt die Frage der Zeitgenossen, ob es sich um »Linkskunst« oder eine »reaktionäre Angelegenheit«, wie Brecht urteilte, handelt (Fähnders 2007c), weiterhin in der Diskussion.

4.4 Autorinnen der Weimarer Republik

Es war mehrfach von der Rolle der Schriftstellerinnen die Rede, deren Anteil an der Literatur von Moderne und Avantgarde lange Zeit im Schatten einer männlich dominierten Epistemologie stand. Nicht zuletzt Dank der feministischen und gender-orientierten Literaturwissenschaft und dem literarhistorischen Interesse auch an nichtkanonisierten Texten sind Autorinnen wiederentdeckt und teilweise neu ediert bzw. neu und umfassender als je zuvor interpretiert worden; jedenfalls ist seit geraumer Zeit das Wissen um Leben und Werk von Autorinnen gerade der Weimarer Republik erheblich erweitert und ihr **Anteil an der Weimarer Literaturentwicklung** bzw. ihr Beitrag dazu auch in Detailstudien erforscht worden (vgl. Autorinnen der Weimarer Republik, 2003; Delabar 2010, 145ff.). Das gilt vor allem für Autorinnen, die sich selbst bzw. deren Heldinnen sich im Kontext der Neuen Frau (s. III.2.6; vgl. Drescher 2003) bewegen, sich hierbei auch medial zu inszenieren wissen (Else Lasker-Schüler als Prinz Jussuf, Vicki Baum als Neue Frau; vgl. Florack 2008) und aktuelle Fragen der Weimarer Moderne angehen: Berufstätigkeit und Arbeitslosigkeit, die Neuordnung der Geschlechterbeziehungen, Eigen- und Fremdbilder/Identität, Widerstand (vgl. Döpper-Henrich 2004). Bild und Selbstbild der Neuen Frau, wie instabil es mit Blick auf die Zäsur von 1933 auch war (vgl. Rohlf 2003), reichen dabei von »Sportmädels« (Sicks 2008, 113ff.) bis zu ›Neuen Mädchen‹ in kinderliterarischen Texten (Tost 2003).

Dabei ist zu erkennen, wie Modernisierungseffekte der Republik zu Buche schlagen – das **Selbstverständnis schreibender Frauen** in den zwanziger Jahren ist von der Ablösung alter Dichter- und Dichtungsauffassungen geprägt, die den Autorinnen bestimmte Schreibweisen wie die des ›Beichtens‹ zuordnete (Karrenbrock 2003). Das gilt gerade auch für Autorinnen der Neuen Sachlichkeit (Becker 2003). Des Weiteren zeigt sich, wie literarische Vorbilder insbesondere des Erzählens adaptiert und auch umgeformt werden. So hat z.B. Ruth Landshoff-Yorck in ihren ersten drei Romanen drei erzählerische ›Formate‹ erprobt und sich Strukturen des Reise- und Liebesromans, des Venedig- und schließlich des biographischen Romans anverwandelt (vgl. Ruth Landshoff-Yorck, 2003).

Wohl am intensivsten ist das umfangsmäßig eher übersichtliche, bis ins Exil reichende Werk von **Irmgard Keun** untersucht, wohl auch im Zusammenhang mit ihrem 100. Geburtstag 2005, und dies sowohl biographisch (Häntzschel 2001), als auch textorientiert (vgl. Irmgard Keun, 2009; Irmgard Keun 1905/2005, 2005) – mit

Bezug auf das Bild der Neuen Frau (Haunhorst 2008), auf Genderverhältnisse (Bescansa Leirós 2007; Reinhardt-Becker 2005), auf Erzähl- und Diskursformen (Lickhardt 2009) und die Rezeption (Barndt 2003).

Weitere Autorinnen, die entsprechende Aufmerksamkeit gefunden haben, sind **Vicki Baum** (Bertschik 2003; Nothegger-Troppmair 2008; Marx 2009, 91ff.), **Marieluise Fleißer** (Delabar 1999, 97ff.; Schüller 2005), **Gabriele Tergit** als »Weimar's Forgotten Cassandra« (German Novelists, 2006, 193ff.; vgl. Schüller 2005; Schütz 2003) und **Anna Seghers** (s. IV.4.4). Eine vergleichende Untersuchung widmet sich unter der Frage nach »Entwürfen weiblicher Identität« (Capovilla 2004) Milena Jesenská, Vicki Baum, Gina Kaus und Alice Rühle-Gerstel, deren kinderliterarischen Arbeiten ebenfalls Aufmerksamkeit erfahren haben (Mikota 2004). Einzelstudien sind neben Else Lasker-Schüler (s. S. 285f.) Gertrud Kolmar (Brandt 2003), den aus dem Expressionismus stammenden Angela Rohr (Bey 2010) und Alexandra Ramm-Pfemfert (Ranc 2004) sowie den Österreicherinnen Mela Hartwig (Fraisl 2002) und Lili Körber (Fähnders 2008) gewidmet. Die zum Umfeld von Erika und Klaus Mann gehörige und in ihren literarischen Anfängen mit Berlin verbundene Schweizerin Annemarie Schwarzenbach hat seit ihrer Wiederentdeckung in den achtziger Jahren eine unglaubliche Forschungskonjunktur erfahren, wie zahlreiche Monographien und Sammelbände ausweisen (Annemarie Schwarzenbach. Analysen und Erstdrucke, 2005; inside out, 2008; Annemarie Schwarzenbach, 2010). Dass es gerade schreibende Frauen waren, deren erst sich abzeichnende Karriere 1933 durch Bücherverbrennung und Exil gewaltsam unterbrochen oder gar beendet wurde, machen die Verbotslisten deutlich (vgl. Rohlf 2003; Ziegler 2010).

4.5 Zur Weimarer Literaturentwicklung

Zentrale Aspekte der Weimarer Literaturentwicklung (s. III.1.7) kreisen um die Figur des Intellektuellen (vgl. Klein 2006) und die **Selbstdefinition des Schriftstellers**, um seine »Politisierung« seit dem Ersten Weltkrieg (s. II.2.4; vgl. Parr 2008, 71ff.; H.-A. Walter 2003, 459ff.). Im Rahmen seiner ausgedehnten Exil-Studien hat Hans-Albert Walter mit Blick auf die Vorgeschichte von 1933 die intellektuelle »Mentalität des Weimardeutschen« gerade auch hinsichtlich der Konstruktion von Feindbildern (von »jüdischer Zersetzung« bis zum »Kulturbolschewismus«) untersucht (H.-A. Walter 2003, 256ff.; 310ff.). Korrespondierend damit analysiert Georg Bollenbeck die Semantik insbesondere bildungsbürgerlicher Abwehrhaltungen gegenüber Moderne und Avantgarde (Bollenbeck 1999; vgl. Der Blick vom Wolkenkratzer 2000, 467ff.).

Auch wenn das sozialgeschichtliche Interesse der Germanistik in den Hintergrund getreten ist, so bleiben doch Aspekte jenseits der Beschäftigung allein mit der sog. Hoch- oder Höhenkammliteratur in der Diskussion. Das gilt für die Rolle der **neuen Medien** als Effekt der Modernisierung – der technischen wie der gesellschaftlichen (vgl. Medientheorie, 2002). Technische Neuerungen ermöglichen nicht allein in allen Künsten und Lebensbereichen neue Sehweisen, einen veränderten Habitus, wie ein Querschnitt durch das Medienjahr 1929 deutlich macht (vgl. 1929. Beiträge zur Archäologie der Medien, 2002). Der »Umbau des Literaturbetriebs« (Delabar 2010, 29ff.) betrifft auch die Verbreitung der Literatur selbst, etwa durch preisgünstige Buchausgaben oder durch die wachsende (auch finanzielle) Bedeutung von Autorenauftritten im erst 1924 gestarteten Rundfunk der Weimarer Republik (vgl. Schriftsteller vor dem Mikrophon, 2006). Gesellschaftliche Veränderungen zieht nach dem ersten Innovationsschub im Expressionismus (s. S. 284) vor allem der Film und mit ihm die Institution des Kinos und Kinoraums nach sich, auch für die Literatur – und sei es, dass der »avantgardistische Kinozuschauer« neue Sehgewohnheiten erprobt (Paech 2004).

Es sind verschiedene Themenkomplexe, denen sich die Germanistik mit Vorliebe in Sammelbänden widmet – sei es als Alternative zu synthetisierenden Analysen sei es aber auch, um neue Aspekte zu entwickeln und neue Akzente zu setzen. Der für die Weimarer Literaturentwicklung charakteristische Anspruch der Literatur auf **Zeitgenossenschaft** (s. III.1.8) zeigt sich in thematischen Präferenzen einer ›**Gebrauchsliteratur**‹ (vgl. Literatur zum Gebrauch, 2002), die gleichermaßen Politisierung wie Zerstreuung einschließt. Literatur der Weimarer Republik ist **engagierte Literatur,** wie einschlägige Sammelbände verdeutlichen – so zur Virulenz der Kriegsthematik bei Erich Maria Remarque u.a. (Von Richthofen bis Remarque, 2003; vgl. Delabar 2010) und zur erzählerischen Verarbeitung der Novemberrevolution im Roman bei Ernst Glaeser, Alfred Döblin u.a. (»Friede, Freiheit, Brot!«, 2009). Dieses politische Engagement, das in der proletarisch-revolutionären Literatur auf parteiliche Weise forciert wird (s. S. 291f.), ist Signum auch der reich entfalteten sog. linksbürgerlichen Literatur, wie sie sich beispielsweise um *Die Weltbühne* gruppiert hat (vgl. Die Weltbühne, 2003) und für die die u.a. das publizistische und literarische Werk von Kurt Tucholsky steht (vgl. Kurt Tucholsky 2002). Auch die Neue Sachlichkeit ist, wie engagiert auch immer, auf jeden Fall in ihren Sujets auf Aktualität aus (s. IV.4.3).

Politisierung ist eine Sache auch von rechts. Die ›konservative Revolution‹ mit ihren ideologischen Ausprägungen bereits in der Jahrhundertwende (vgl. »Nichts als die Schönheit«, 2007) ist in den zwanziger Jahren mit den Namen Hugo von Hofmannsthal (vgl. Kucher 2007; K. Müller 2007) und Ernst Jünger verbunden (vgl. Ernst Jünger. Eine Bilanz, 2010). Sie ist Teil jener Anti-Moderne, die sich gegen Republik und Modernisierung stellt und ihrerseits also Anteil am Komplex der Moderne hat (Haß 2004) und als «Antidot gegen Komplexität« fungiert (vgl. Delabar 1999, 135ff.).

Gebrauchsliteratur ist auch eine Literatur der **Zerstreuung,** ist eine nun medial mit Film und Kino, ansatzweise auch dem Radio konkurrierende, massenhaft verbreitete Literatur etwa in den billigen broschierten Ausgaben des Ullstein-Verlags, in denen lesenswerte Texte von Vicki Baum bis Wilhelm Speyer erschienen sind. Diese Zerstreuungskultur umfasst auch Kleinkunst, Kabarett und Varieté, die für die neue Positionsbestimmung von E- und U-Kunst stehen und für die stellvertretend der Name des Autors und Musikers Friedrich Hollaender genannt werden soll (vgl. Literatur zum Gebrauch, 2002, 15ff.).

Zu den bevorzugten Sujets dieser Gebrauchsliteratur gehört der nun auch literarhistorisch aufgearbeitete Sport, der **Sportroman** der Weimarer Republik einschließlich der »Sportmädels« und ›working girls‹ der zwanziger Jahre (Sicks 2008; vgl. H.-M. Müller 2004), die wiederum im Kontext der ›Neuen Frau‹ stehen (s. II.2.6).

Modernisierungseffekte gelten auch für die **Kinder- und Jugendliteratur.** Hier hat sich der Moderne-Parameter als äußerst produktiv erwiesen, um neuartige Schreibweisen, etwa das »Kästnern« (Karrenbrock 2004), zu analysieren. Moderne und Modernisierung bedeuten für die Kinder- und Jugendliteratur der Weimarer Republik auch thematisch Neuland, wie insbesondere das für diese Literatur neue Sujet der

Großstadt belegt (vgl. Tost 2005). Auch die Avantgarde, so der Bauhaus-Künstler und »Kinderbuch-Architekt« El Lissitzky, hat sich der Kinder- und Jugendliteratur angenommen (vgl. »Laboratorium Vielseitigkeit«, 2005, 89ff.).

Die Erschließung von Leben und Werk von Autoren und in diesem Zusammenhang eben auch von Autorinnen der Weimarer Republik (s. IV.4.4) gerade im **Zwischenbereich der Hoch- und Unterhaltungsliteratur** – die Analyse dieser Literatur neuen Typs, die auf neue Rezeptionsformen aus ist, die nicht auf traditionelle ›Versenkung‹ zielt, sondern gebrauchswertorientiert ist – bezieht sich auf Autoren wie Erich Kästner (vgl. Kästner-Debatte, 2007), Martin Kessel (vgl. Martin Kessel, 2004; Marx 2009, 50ff.), Hermann Kesten (Dichter – Literat – Emigrant, 2005), Wilhelm Speyer (Wilhelm Speyer, 2009) u.a.

In dieses Umfeld gehört in der Weimarer Republik die vor allem in den Medien reich entfaltete **Reiseliteratur**. Insbesondere die USA und Sowjetrussland ermöglichen Vergleiche, sei es bei Egon Erwin Kisch oder Arthur Holitscher. Dabei zielt der Vergleich auf die Systemkonkurrenz zwischen Kapitalismus und Sozialismus, oder aber beide Systeme werden unter dem Aspekt des ›Amerikanismus‹ der Moderne verglichen (vgl. Delabar 2010, 131ff.; Fähnders 2006). Die Reiseliteraturforschung ist gerade für die Weimarer Republik (vgl. Berlin, Paris, Moskau, 2005; Die Blicke der Anderen, 2006; Europa. Stadt. Reisende, 2006; Heeke 2003) sehr lebendig.

Mit der Reiseliteraturforschung verbunden ist diejenige der Metropolenkultur, jedenfalls beim **Metropolenvergleich**. Bei der Frage nach der ästhetischen Aneignung der Großstadt, die immer wieder auf Alfred Döblins *Berlin Alexanderplatz* zurückweist (Leidinger 2010; vgl. Tatsachenphantasie, 2008), gewinnt auch der europäische Städtevergleich – »Wo liegt Europa in Berlin?« (Schütz 2006) – an Aufmerksamkeit, so beim Städtebilder-Vergleich Wien/Berlin (Jäger/Schütz 1999). War Berlin als Lebens- und Publikationsort attraktiv gerade auch für österreichische Autoren und Autorinnen, so zeigen doch neuere Projekte zur Erforschung der österreichischen Literatur der Zwischenkriegszeit, die lange im Schatten der übermächtigen Forschungen zur Donaumonarchie und der Wiener Moderne standen, die literarischen Trends im **Österreich der zwanziger Jahre** (Literatur und Kultur, 2007; vgl. Wien und die jüdische Erfahrung 2009, 99ff.).

4.6 Die Zäsur 1933

Mit der Zäsur 1933, mit dem Ende der Republik ging die Welt einer ungemein experimentierfreudigen, kreativen, innovativen Moderne und Avantgarde in Deutschland zu Ende – mit welchen Widerständen diese auch immer bereits in der Republik zu kämpfen hatte. Die Zäsur von 1933 bedeutete für die Literatur radikale Schnitte auf den Ebenen der Produktion, der Distribution und der Rezeption (vgl. Hansers Sozialgeschichte 9). Das hieß freilich nicht ein Ende von ›Moderne‹ überhaupt – das Bild von der NS-Gesellschaft ist mittlerweile derart geschärft, dass deren auch ›moderne‹ Züge erkennbar sind. Insofern lassen sich auch für die Zeit von 1933 bis 1945 *Reflexe und Reflexionen von Modernität* erkennen, wie eine griffige Formel aus dem Jahr 2002 lautet, die sich solch ›modernen‹ Erscheinungen in der Literatur, dem Film, der Mode, der Presse u.a.m. zuwendet. Das ändert nichts am Befund der Zäsur, wie beispielsweise der Blick auf das Schicksal der ›Neuen Frau‹ zeigt (vgl. Rohlf 2003), und es ändert nichts am Untergang des »*Laboratorium Vielseitigkeit*«.

Bibliographie

Es werden alle Titel aufgeführt, aus denen im Text zitiert bzw. auf die verwiesen worden ist. Die Anordnung der Titel folgt dem alphabetischen Wortlaut, aber ohne Berücksichtigung der Artikel. Um die Erschließung von Spezialliteratur zu erleichtern, werden bei Aufsatzsammlungen Einzelbeiträge in der Bibliographie eigens aufgeführt, wenn sie im Text Erwähnung finden.

Auf die leicht zugänglichen Reclam-Bände ist durch Angabe der Reihentitel eigens verwiesen worden.

Folgende **Siglen** werden verwendet:

Expr. Expressionismus. Manifeste und Dokumente zur deutschen Literatur 1910–1920. Hrsg. Thomas Anz u. Michael Stark. Stuttgart 1982
Jhw. Jahrhundertwende. Manifeste und Dokumente zur deutschen Literatur 1890–1910. Hrsg. Ernst Ruprecht u. Dieter Bänsch. Stuttgart 1981
LMN Literarische Manifeste des Naturalismus 1880–1892. Hrsg. Erich Ruprecht. Stuttgart 1962
Manif. Manifeste und Proklamationen der europäischen Avantgarde (1909–1938). Hrsg. Wolfgang Asholt u. Walter Fähnders. Stuttgart, Weimar 1995; 2. Aufl. 2005
Mod. Die literarische Moderne. Dokumente zum Selbstverständnis der Literatur um die Jahrhundertwende. Hrsg. Gotthart Wunberg. Frankfurt/M. 1971 (2. Aufl. Freiburg/Br. 1998)
Nat. Naturalismus. Manifeste und Dokumente zur deutschen Literatur 1880–1900. Hrsg. Manfred Brauneck u. Christine Müller. Stuttgart 1987
WR Weimarer Republik. Manifeste und Dokumente zur deutschen Literatur 1918–1933. Hrsg. Anton Kaes. Stuttgart 1983

Folgende **bibliographische, lexikalische und literaturgeschichtliche Werke** können der raschen Information dienen. Alle diese Titel sowie Einzelbeiträge daraus finden sich erneut unter »Forschungsliteratur«.

Ästhetische Grundbegriffe. Historisches Wörterbuch in sieben Bänden. Hrsg. Karlheinz Barck, Martin Fontius, Dieter Schlenstedt u.a. 7 Bde. Stuttgart, Weimar 2000-05
Benjamin-Handbuch. Hrsg. Burkhardt Lindner. Stuttgart, Weimar 2006
Brecht-Handbuch. Hrsg. Jan Knopf. 5 Bde. Stuttgart, Weimar 2001-03
Brecht Lexikon. Hrsg. Ana Kugli u. Michael Opitz. Stuttgart, Weimar 2006
Deutsche literarische Zeitschriften 1880–1945. Ein Repertorium. Hrsg. Deutsches Literaturarchiv Marbach am Neckar. Bearb. Thomas Dietzel u. Hans-Otto Hügel. 5 Bde. München, New York u.a. 1987/88
Deutsche Literatur. Eine Sozialgeschichte. Horst Albert Glaser. *Bd 8*: Jahrhundertwende: Vom Naturalismus zum Expressionismus 1880–1918. Reinbek 1982
Deutsche Literatur. Eine Sozialgeschichte. Horst Albert Glaser. *Bd 9*: Weimarer Republik – Drittes Reich: Avantgardismus, Parteilichkeit, Exil 1918–1945. Reinbek 1983
Fundbuch der Gedichtinterpretationen. Hrsg. Wulf Segebrecht. Paderborn 1997
Geschichte der deutschen Literatur vom 18. Jahrhundert bis zur Gegenwart. *Bd II/2*: 1848–1918. Hrsg. Viktor Žmegač. Königstein/Ts 1980
Geschichte der deutschen Literatur vom 18. Jahrhundert bis zur Gegenwart. *Bd III/1*: 1918–1945. Hrsg. Viktor Žmegač. Königstein/Ts 1984
Handbuch Fin de Siècle. Hrsg. Sabine Haupt u. Stefan Bodo Würfel. Stuttgart 2008
Handbuch zur deutschen Arbeiterliteratur. Bd 2: Bibliographie. Hrsg. Heinz Ludwig Arnold. München 1977
Handbuch zur deutsch-jüdischen Literatur des 20. Jahrhunderts. Hrsg. Daniel Hoffmann. Paderborn 2002

Hansers Sozialgeschichte der deutschen Literatur vom 16. Jahrhundert bis zur Gegenwart. *Bd 6:* Bürgerlicher Realismus und Gründerzeit 1848–1890. Hrsg. Edward McInnes u. Gerhard Plumpe. München 1996

Hansers Sozialgeschichte der deutschen Literatur vom 16. Jahrhundert bis zur Gegenwart. *Bd 7:* Naturalismus, Fin de siècle, Expressionismus 1890-1918. Hrsg. York-Gothart Mix. München 2000

Hansers Sozialgeschichte der deutschen Literatur vom 16. Jahrhundert bis zur Gegenwart. *Bd 8:* Literatur der Weimarer Republik 1918–1933. Hrsg. Bernd Weyergraf. München 1995

Hansers Sozialgeschichte der deutschen Literatur vom 16. Jahrhundert bis zur Gegenwart. *Bd 9:* Nationalsozialismus und Exil 1933-1945. Hrsg. Wilhelm Haefs. München 2009

Index Expressionismus. Bibliographie der Beiträge in den Zeitschriften und Jahrbüchern des literarischen Expressionismus 1910–1925. Hrsg. Paul Raabe. 18 Bde. Nendeln 1972

Jahrhundertende – Jahrhundertwende. I. Teil. Hrsg. Helmut Kreuzer. Wiesbaden 1976

Jahrhundertende – Jahrhundertwende. II. Teil. Hrsg. Hans Hinterhäuser. Wiesbaden 1976

Just, Klaus Günther: Von der Gründerzeit bis zur Gegenwart. Geschichte der deutschen Literatur seit 1871. Bern, München 1973

Kafka-Handbuch. Leben – Werk – Wirkung. Hrsg. von Bettina von Jagow u. Oliver Jahraus. Göttingen 2008 (*Kafka-Handbuch 2008*)

Kafka-Handbuch. Leben – Werk – Wirkung. Hrsg. Manfred Engel u. Bernd Auerochs. Stuttgart, Weimar 2010 (*Kafka-Handbuch 2010*)

Lehnert, Herbert: Geschichte der deutschen Literatur vom Jugendstil bis zum Expressionismus (1978). Stuttgart 1996

Lexikon sozialistischer Literatur. Ihre Geschichte in Deutschland bis 1945. Hrsg. Simone Barck, Silvia Schlenstedt, Tanja Bürgel, Volker Giel, Dieter Schiller unter Mitarbeit von Reinhard Hillich. Stuttgart, Weimar 1994

Melzwig, Brigitte: Deutsche sozialistische Literatur 1918–1945. Bibliographie der Buchveröffentlichungen. Berlin u. Weimar 1975

Metzler Lexikon Avantgarde. Hrsg. Hubert van den Berg u. Walter Fähnders. Stuttgart, Weimar 2009

Moderne Literatur in Grundbegriffen. Hrsg. Dieter Borchmeyer u. Viktor Žmegač. Tübingen ²1994

Nietzsche-Handbuch. Leben – Werk – Wirkung. Hrsg. Henning Ottmann. Stuttgart, Weimar 2000

Raabe, Paul: Die Zeitschriften und Sammlungen des literarischen Expressionismus. Repertorium der Zeitschriften, Bücher, Jahrbücher, Anthologien, Sammelwerke, Schriftenreihen und Almanache 1910–1921. Stuttgart 1964 (*Raabe 1964*)

–: Die Autoren und Bücher des literarischen Expressionismus. Ein bibliographisches Handbuch. (1985). 2., verb. u. um Ergänzungen und Nachträge 1985–1990 erw. Auflage 1992 (*Raabe 1992*)

Rilke-Handbuch. Leben – Werk – Wirkung. Hrsg. Manfred Engel. Stuttgart, Weimar 2004

Schlawe, Fritz: Literarische Zeitschriften. Teil II: 1910–1933. Stuttgart ²1973

Soergel, Albert: Dichtung und Dichter der Zeit. Neue Folge. Im Banne des Expressionismus. Leipzig 1925

Sozialgeschichte der deutschen Literatur von 1918 bis zur Gegenwart. Hrsg. Jan Berg, Hartmut Böhme, Walter Fähnders u.a. Frankfurt/M. 1981

Sprengel, Peter: Geschichte der deutschsprachigen Literatur 1870–1900. Von der Reichsgründung bis zur Jahrhundertwende. München 1998 (*Sprengel 1998a*)

Sprengel, Peter: Geschichte der deutschsprachigen Literatur 1900–1918. Von der Jahrhundertwende bis zum Ende des Ersten Weltkriegs. München 2004 (*Sprengel 2004*)

Thomas Mann-Handbuch. Hrsg. Helmut Koopmann. 3. Aufl. Frankfurt/M. 2005

Die Thomas-Mann-Literatur. Bibliographie der Kritik. Hrsg. Klaus W. Jonas u. Helmut Koopmann. Frankfurt/M. 1997

Veröffentlichungen deutscher sozialistischer Schriftsteller in der revolutionären und demokratischen Presse 1919–1945. Berlin u. Weimar ²1969

Wallas, Armin A.: Zeitschriften und Anthologien des Expressionismus in Österreich. Analytische Bibliographie und Register. 2 Bde. München, New Providence u.a. 1995

Wallas, Armin A.: Österreichische Literatur-, Kultur- und Theaterzeitschriften im Umfeld von Expressionismus, Aktivismus und Zionismus. Wuppertal 2008 (*Wallas 2008*)

Zwischen den Weltkriegen. Hrsg. Thomas Koebner. Wiesbaden 1983

1. Quellen (Anthologien, Sammelwerke, Werkausaugaben)

Ahnung und Aufbruch. Expressionistische Prosa. Hrsg. Karl Otten. Darmstadt, Berlin-Frohnau u.a. 1957 (Neuausg. 1977)

Der Aktivismus 1915–1920. Hrsg. Wolfgang Rothe. München 1969

Almanacco Dada. Antologia letteraria-artistica. Cronologia. Repertorio delle reviste. Hrsg. Arturo Schwarz. Mailand 1976

Bahr, Hermann: Zur Überwindung des Naturalismus. Theoretische Schriften 1887–1904. Hrsg. Gotthart Wunberg. Stuttgart, Berlin u.a. 1968

Baudelaire, Charles: Der Künstler und das moderne Leben. Essays, ›Salons‹, intime Tagebücher. Hrsg. Henry Schumann. Leipzig 1990 (=Reclam 1357)

bauhaus berlin [sic]. Auflösung Dessau 1932. Schließung Berlin 1933. Bauhäusler und Drittes Reich. Eine Dokumentation. Hrsg. Bauhaus-Archiv. Berlin (West) 1985

Benjamin, Walter: Gesammelte Schriften. Hrsg. Rolf Tiedemann u. Hermann Schweppenhäuser. 7 Bde. Frankfurt/M. 1972–1989

Berg, Leo: Gefesselte Kunst. Berlin 1901

Berlin! Berlin! Eine Großstadt im Gedicht. Hrsg. Hans-Michael Speier. Stuttgart 1987 (=Reclam 8400)

Berlin-Alexanderplatz. Drehbuch von Alfred Döblin und Hans Wilhelm zu Phil Jutzis Film von 1931. Hrsg. Yvonne Rehhahn. München 1996

Die Berliner Moderne 1885–1914. Hrsg. Jürgen Schutte u. Peter Sprengel. Stuttgart 1987 (=Reclam 8359)

Der Blaue Reiter. Dokumente einer geistigen Bewegung. Hrsg. Andreas Hüneke. Leipzig ²1989

Bleibtreu, Carl: Revolution der Literatur. Neue verbesserte und vermehrte Auflage (1887). Hrsg. Johannes J. Braakenburg. Tübingen 1973

Bloch, Ernst: Gesamtausgabe in 16 Bänden. Frankfurt/M. 1977

Brecht, Bertolt: Gesammelte Werke. 20 Bde. Frankfurt/M. 1967

Bubikopf. Aufbruch in den Zwanzigern. Texte von Frauen. Hrsg. Anna Rheinsberg. Darmstadt 1988

Dada. Eine literarische Dokumentation. Hrsg. Richard Huelsenbeck (1964). Reinbek 1984

Dada Berlin. Texte, Manifeste, Aktionen. Hrsg. Karl Riha. Stuttgart 1977 (=Reclam 9857)

Dada total. Manifeste, Aktionen, Texte, Bilder. Hrsg. Karl Riha u. Jörg Schäfer. Stuttgart 1994

Dada Zürich. Texte, Manifeste, Dokumente. Hrsg. Karl Riha und Waltraud Wende-Hohenberger. Stuttgart 1992 (=Reclam 8650)

Dada-Almanach. Im Auftrag des Zentralamtes der deutschen Dada-Bewegung hrsg. von Richard Huelsenbeck. Berlin 1920 (Reprint: New York 1966; Hamburg 1980)

Deutsche Arbeiterdichtung 1910–1933. Hrsg. Günter Heintz. Stuttgart 1974 (=Reclam 9700–04)

Deutsche Gedichte zwischen 1918 und 1933. Hrsg. Helmut Kreuzer. Stuttgart 1999 (Reclam 9711)

Deutsche Großstadtlyrik vom Naturalismus bis zur Gegenwart. Hrsg. Wolfgang Rothe. Stuttgart 1973 (=Reclam 9448–52)

Deutsche Intellektuelle 1910–1933. Aufrufe, Pamphlete, Betrachtungen. Hrsg. Michael Stark. Heidelberg 1984

Deutsches Arbeitertheater 1918–1933. Ludwig Hofmann u. Daniel Hoffmann-Ostwald. 2., erw. Aufl. 2 Bde. Berlin/DDR 1972

Dich süße Sau nenn ich die Pest von Schmargendorf. Eine Anthologie erotischer Gedichte des Expressionismus. Hrsg. Hartmut Geerken. München 2003

Die Epoche der Vagabunden. Texte und Bilder 1900–1945. Hrsg. Walter Fähnders u. Henning Zimpel. Essen 2009

Ego und Eros. Meistererzählungen des Expressionismus. Hrsg. Karl Otten. Stuttgart 1963

Es gibt keinen Hund. Das futuristische Theater. Hrsg. Brigitte Landes. München 1989

Expressionismus. Aufzeichnungen und Erinnerungen der Zeitgenossen. Hrsg. Paul Raabe. Freiburg/Br. 1965

Expressionismus. Der Kampf um eine literarische Bewegung. Hrsg. Paul Raabe. München 1965

Die Expressionismusdebatte. Materialien zu einer marxistischen Realismuskonzeption. Hrsg. Hans-Jürgen Schmitt. Frankfurt/M. 1973 (*S. Arnold 1998*)

Film und revolutionäre Arbeiterbewegung in Deutschland 1918 bis 1932. Dokumente und Materialien zur Entwicklung der Filmpolitik der revolutionären Arbeiterbewegung und zu den Anfängen einer sozialistischen Filmkunst in Deutschland. Hrsg. Gertraude Kühn, Karl Tümmler, Walter Wimmer. 2 Bde. Berlin/DDR 1975

Fin de siècle. Erzählungen, Gedichte, Essays. Hrsg. Wolfgang Asholt u. Walter Fähnders. Stuttgart 1993 (=Reclam 8890)

Frühes Deutsches Arbeitertheater 1847–1918. Eine Dokumentation. Hrsg. Friedrich Knilli u. Ursula Münchow. München 1970

Gedichte des Expressionismus. Hrsg. Dietrich Bode. Stuttgart 1994 (=Reclam 8726)

Heym, Georg: Dichtungen und Schriften. Gesamtausgabe. Hrsg. Karl Ludwig Schneider. 4 Bde. Hamburg u. München 1960–68

Hofmannsthal, Hugo von: Gedichte. Dramen I. 1891–1898. Hrsg. Bernd Schoeller. Frankfurt/M. 1979 (=H. v. H.: Gesammelte Werke in zehn Einzelbänden) *(Hofmannsthal G)*

–: Reden und Aufsätze I. 1891–1913. Hrsg. Bernd Schoeller. Frankfurt/M. 1979 (=H. v. H.: Gesammelte Werke in zehn Einzelbänden) *(Hofmannsthal I)*

Holz, Arno: Das Werk. Erste Ausgabe. 10 Bde. Berlin 1924/25 *(zit. römische Band-Zahl)*

–: Werke. Hrsg. Wilhelm Emrich u. Anita Holz. 7 Bde. Neuwied u. Berlin-Spandau 1961–1964 *(zit. arabische Band-Zahl)*

–: Briefe. Hrsg. Anita Holz u. Max Wagner. München 1948 *(Holz 1948)*

Hülsen, Hans von: Vom Ranggefühl des Dichters. In: Die Aktion 1, 1911, Sp. 1353–1355

Huysmans, Joris Karl: Tief unten. Nachdr. der Ausgabe 1929. Berlin (West) 1985

Ich schneide die Zeit aus. Expressionismus und Politik in Franz Pfemferts ›Aktion‹ 1911–1918. Hrsg. Paul Raabe. München 1964

»*In roten Schuhen* tanzt die Sonne sich zu Tod.« Lyrik expressionistischer Dichterinnen. Hrsg. Hartmut Vollmer. Zürich 1993

Jung, Franz: Werke. 12 Bde. Hamburg 1981–1997

Das Junge Wien. Österreichische Literatur- und Kunstkritik 1887–1902. Hrsg. Gotthart Wunberg. 2 Bde. Tübingen 1976

Kafka, Franz: Gesammelte Werke in zwölf Bänden. Hrsg. Hans-Gerd Koch. Frankfurt/M. 1994

Kino-Debatte. Texte zum Verhältnis von Literatur und Film 1909–1929. Hrsg. Anton Kaes. München 1978

Das Kinobuch. Hrsg. Kurt Pinthus (1913). Frankfurt/M. 1983

Kunstmetropole Berlin 1918–1933. Die Kunststadt in der Novemberrevolution. Die ›goldenen‹ zwanziger Jahre. Die Kunststadt in der Krise. Hrsg. Bärbel Schrader u. Jürgen Schebera. Berlin, Weimar 1987

Kurt Wolff. Briefwechsel eines Verlegers 1911–1963. Hrsg. Bernhard Zeller u. Ellen Otten. Frankfurt/M. 1966

Literatur im Klassenkampf. Zur proletarisch-revolutionären Literaturtheorie 1919–1923. Eine Dokumentation. Hrsg. Walter Fähnders u. Martin Rector. München 1971 (wieder Frankfurt/M. 1974)

Literatur und Dichtung im Dritten Reich. Eine Dokumentation. Hrsg. Joseph Wulf (1963). Reinbek 1966

Literatur und Gesellschaft. Dokumentation zur Sozialgeschichte der Literatur seit der Jahrhundertwende. Hrsg. Beate Pinkerneil, Dietrich Pinkerneil u. Viktor Žmegač. Frankfurt/M. 1973

Literatur und Rundfunk 1923–1933. Hrsg. Gerhard Hay. Hildesheim 1975

Lyrik des Exils. Hrsg. Wolfgang Emmerich u. Susanne Heil. Stuttgart 1985 (=Reclam 8089)

Lyrik des Expressionismus. Hrsg. Hansgeorg Schmidt-Bergmann. Stuttgart 2003 (Reihe Reclam)

Lyrik des expressionistischen Jahrzehnts. Von den Wegbereitern bis zum Dada. Einleitung von Gottfried Benn (1955). München 1962

Lyrik des Naturalismus. Hrsg. Jürgen Schutte. Stuttgart 1982 (=Reclam 7807)

Mann, Thomas: Gesammelte Werke in zwölf Bänden. Frankfurt/M. 1960

Marxismus und Literatur. Hrsg. Fritz J. Raddatz. 3 Bde. Reinbek 1969

Mehring, Franz: Gesammelte Schriften. Hrsg. Thomas Höhle, Hans Koch, Josef Schleifstein. 12 Bde. Berlin/DDR 1961–1967

Menschheitsdämmerung. Symphonie jüngster Dichtung (1920). Hrsg. Kurt Pinthus. Neuausgabe Reinbek 1984

Die Münchner Moderne. Die literarische Szene in der ›Kunststadt‹ um die Jahrhundertwende. Hrsg. Walter Schmitz. Stuttgart 1990 (=Reclam 8557)

Musil, Robert: Der Mann ohne Eigenschaften. Hrsg. Adolf Frisé. 2 Bde. Reinbek 1978

Naturalismus-Debatte 1891–1896. Dokumente zur Literaturtheorie und Literaturkitik der revolutionären deutschen Sozialdemokratie. Hrsg. Norbert Rothe. Berlin/DDR 1986

Nietzsche, Friedrich: Werke in drei Bänden. Hrsg. Karl Schlechta. München ⁵1966

Nietzsche und die deutsche Literatur. Hrsg. Bruno Hillebrand. 2 Bde. Tübingen 1978

Proletarische Lebensläufe. Autobiographische Dokumente zur Entstehung der zweiten Kultur in Deutschland. Hrsg. Wolfgang Emmerich. 2 Bde. Reinbek 1975

Prolog vor dem Film. Nachdenken über ein neues Medium 1909–1914. Hrsg. Jörg Schweinitz. Leipzig 1992 (=Reclam 1432)

Prosa des Expressionismus. Hrsg. Fritz Martini. Stuttgart 1970 (=Reclam 8379)

Przybyszewski, Stanislaw: Studienausgabe. Werke, Aufzeichnungen und ausgewählte Briefe in acht Bänden und einem Kommentarband. Hrsg. Michael M. Schardt. Paderborn 1990–2003

Querschnitt. ›Das Magazin der aktuellen Ewigkeitswerte‹ 1924–1933. Hrsg. Christian Ferber. Berlin (West) 1981

Radio-Kultur in der Weimarer Republik. Eine Dokumentation. Hrsg. Irmela Schneider. Tübingen 1984

Realismus und Gründerzeit. Manifeste und Dokumente zur deutschen Literatur 1848–1880. 2 Bde. Hrsg. Max Bucher, Werner Hahl, Georg Jäger u.a. Stuttgart 1981

Rilke, Rainer Maria: Sämtliche Werke. Hrsg. Rilke-Archiv. 6 Bde. Wiesbaden 1955

Romantheorie. Dokumentation ihrer Geschichte in Deutschland seit 1880. Hrsg. Eberhard Lämmert, Hartmut Eggert, Karl-Heinz Hartmann u.a. (1975). Königstein/Ts. ²1984

Die rote Fahne. Kritik, Theorie, Feuilleton 1918–1933. Hrsg. Manfred Brauneck. München 1973

Die rote Perücke. Prosa expressionistischer Dichterinnen. Hrsg. Hartmut Vollmer. Paderborn 1996

sankt ziegensack springt aus dem ei [sic]. Texte, Bilder und Dokumente zum Dadaismus in Zürich, Berlin, Hannover und Köln. Hrsg. Klaus Schuhmann. Leipzig, Weimar 1991

Die Säuberung Moskau 1936. Hrsg. Reinhard Müller. Reinbek 1991

Der Scheinwerfer. Ein Forum der Neuen Sachlichkeit 1927–1933. Hrsg. Erhard Schütz u. Jochen Vogt. Essen 1986

Schrei in die Welt. Expressionismus in Dresden. Hrsg. Peter Ludewig. Zürich 1990

Schrei und Bekenntnis. Expressionistisches Theater. Hrsg. Karl Otten. Neuwied u. Berlin-Spandau 1959

Die Schriften des Neuen Clubs 1908–1914. Hrsg. Richard W. Sheppard. 2 Bde. Hildesheim 1980

Sekunde durch Hirn. 21 expressionistische Erzähler. Hrsg. Thomas Rietzschel. Leipzig 1987

Sozialistische Realismuskonzeptionen. Dokumente zum 1. Allunionskongreß der Sowjetschriftsteller. Hrsg. Hans-Jürgen Schmitt u. Godehard Schramm. Frankfurt/M. 1974

Strindberg auf der deutschen Bühne. Eine exemplarische Rezeptionsgeschichte der Moderne in Dokumenten. (1890–1925). Hrsg. Hans-Peter Bayerdörfer, Hans Otto Horch, Georg-Michael Schulz. Neumünster 1983

Texte der proletarisch-revolutionären Literatur Deutschlands 1919–1933. Hrsg. Günther Heintz. Stuttgart 1974 (=Reclam 9707–11)

Texte des Expressionismus. Der Beitrag jüdischer Autoren zur österreichischen Avantgarde. Hrsg. Armin A. Wallas. Linz, Wien 1988

Theater für die Republik im Spiegel der Kritik. Hrsg. Günther Rühle. 2 Bde. Bd 1: 1917–1925. Bd 2: 1926–1933 (1967). Überarb. Neuaufl. Frankfurt/M. 1988

Theorie des Expressionismus. Hrsg. Otto F. Best. Stuttgart 1978 (=Reclam 9817)

Theorie des Naturalismus. Hrsg. Theo Meyer. Stuttgart 1984 (=Reclam 9475)

Toller, Ernst: Prosa Briefe Dramen Gedichte. Reinbek 1961

Vom »Trottelbuch« zum »Torpedokäfer«. Franz Jung in der Literaturkritik 1912–1963. Hrsg. Walter Fähnders u. Andreas Hansen. Bielefeld 2003

Tzara, Tristan: Sieben Dada Manifeste. Hamburg ³1984

Uhu. Nachdruck der Erstveröffentlichungen aus den Original-Uhu-Bänden von 1924–1933. Hrsg. Christian Ferber. Frankfurt/M., Berlin u.a. 1979

Urlaute dadaistischer Poesie. Der Berliner Dada-Abend vom 12. April 1918. Hrsg. Jeanpaul Goergen. Hannover 1994

Die Wiener Moderne. Literatur, Kunst und Musik zwischen 1890 und 1910. Hrsg. Gotthart Wunberg. Stuttgart 2000 (=Reclam 7742)

Zeit und Theater. [1913–1945.] Hrsg. Günther Rühle. 6 Bde. Frankfurt/M., Berlin u.a. 1973

Zur Tradition der deutschen sozialistischen Literatur. Eine Auswahl von Dokumenten 1926–1949. 4 Bde. Berlin/DDR 1979

2. Forschungsliteratur

(In Klammern ist *kursiv* die Zitierweise bei jenen Autoren angegeben, die mit mehr als einem Titel vertreten sind.)

Adkins, Helen: Erste Internationale Dada-Messe, Berlin 1920 (1988). In: *Stationen der Moderne*, S. 156–183 *(Adkins 1988a)*
–: Neue Sachlichkeit – Deutsche Malerei seit dem Expressionismus, Mannheim 1925 (1988). In: *Stationen der Moderne*, S. 216–235 *(Adkins 1988b)*
Adorno, Theodor W.: George und Hofmannsthal. Zum Briefwechsel (1942). In: Th. W. A.: Prismen. Kulturkritik und Gesellschaft. München 1963, S. 190–231 *(Adorno 1963)*
–: Ästhetische Theorie. Hrsg. Gretel Adorno u. Rolf Tiedemann. Frankfurt/M. 1973 *(Adorno 1973)*
Ahn, Bang-Soon: Dekadenz in der Dichtung des Fin de siècle. Göttingen 1996
Ajouri, Philip: Literatur um 1900. Naturalismus – Fin de Siècle – Expressionismus. Berlin 2009 *(Ajouri 2009)*
Albrecht, Friedrich: Deutsche Schriftsteller in der Entscheidung. Wege zur Arbeiterklasse 1918–1933. Berlin, Weimar ²1975
Alewyn, Richard: Über Hugo von Hofmannsthal. Göttingen ⁴1967
Allen, Roy: Literary Life in German Expressionism and the Berlin Circles. Ann Arbor 1983
Almai, Frank: Expressionismus in Dresden. Zentrenbildung der literarischen Avantgarde zu Beginn des 20. Jahrhunderts in Deutschland. Dresden 2005 *(Almai 2005)*
Alt, Peter-André: Ironie und Krise. Ironisches Erzählen als Form ästhetischer Wahrnehmung in Thomas Manns »Der Zauberberg« und Robert Musils »Der Mann ohne Eigenschaften«. 2. veränd. Aufl. Frankfurt/M., Bern u.a. 1989
An die Verstummten. Expressionismus im Unterricht. Materialien zu Literatur, Malerei, Film, Musik. Hrsg. Dominique Tezlaff u. Jeanpierre Guindon. Königstein 1988
Androgyn. Sehnsucht nach Vollkommenheit. Ausstellungskatalog. Hrsg. Ursula Prinz. Berlin (West) 1986
Andringa, Els: Wandel der Interpretation. Kafkas ›Vor dem Gesetz‹ im Spiegel der Literaturwissenschaft. Opladen 1994
Annemarie Schwarzenbach. Analysen und Erstdrucke. Mit einer Schwarzenbach-Bibliographie. Hrsg. Walter Fähnders u. Sabine Rohlf. Bielefeld 2005
Annemarie Schwarzenbach. Werk, Wirkung, Kontext. Hrsg. Mirella Carbone. Bielefeld 2010
Anz, Thomas/Vogl, Joseph: Nachwort. In: Die Dichter und der Krieg. Deutsche Lyrik 1914–1918. Hrsg. Thomas Anz u. Joseph Vogl. München, Wien 1982, S. 225–248
Anz, Thomas: Literatur der Existenz. Literarische Psychopathographie und ihre soziale Bedeutung im Frühexpressionismus. Stuttgart 1977 *(Anz 1977)*
–: »Gesund« und »krank«. Kriterien der Kritik im Kampf gegen die literarische Moderne um 1900 (1986). In: *Kontroversen, alte und neue*, S. 240–250 *(Anz 1986)*
–: Expressionismus (1994). In: *Moderne Literatur in Grundbegriffen*, S. 142–152 *(Anz 1994a)*
–: Gesellschaftliche Modernisierung, literarische Moderne und philosophische Postmoderne. Fünf Thesen (1994). In: *Die Modernität des Expressionismus*, S. 1–8 *(Anz 1994b)*
–: Hunger nach Leben. August Stramm und der Expressionismus (1995). In: *August Stramm*, S. 53–60 *(Anz 1995)*
–: Psychopolitik nach Freud in der Literatur des Expressionismus und der Avantgarde (2000). In: *Der Blick,* S. 609ff. *(Anz 2000)*
–: Literatur des Expressionismus. Stuttgart, Weimar 2002, 2. Aufl. 2010 *(Anz 2002)*
–: Psychoanalyse in der literarischen Moderne. Beschreibung eines Kampfes (2006). In: *Psychoanalyse,* S. 11–43 *(Anz 2006)*
Arbeit – Kultur – Identität. Zur Transformation von Arbeitslandschaften in der Literatur. Hrsg. Dagmar Kift u. Hanneliese Palm. Essen 2007
Arnold, Armin: Die Literatur des Expressionismus. Sprachliche und thematische Quellen. Stuttgart, Berlin u.a. 1966 *(Arnold 1966)*
–: Prosa des Expressionismus. Herkunft, Analyse, Inventar. Stuttgart, Berlin u.a. 1972 *(Arnold 1972)*
Arnold, Sven: Das Spektrum des literarischen Expressionismus in den Zeitschriften »Der Sturm« und »Die weissen Blätter«. Frankfurt/M. 1998 *(S. Arnold 1998)*
Arntzen, Helmut: Karl Kraus und die Presse. München 1975 *(Arntzen 1975)*

–: Musil-Kommentar zu dem Roman »Der Mann ohne Eigenschaften«. Bonn 1982 *(Arntzen 1982)*
Arthur Schnitzler im zwanzigsten Jahrhundert. Hrsg. Konstanze Fliedl. Wien 2003
Asholt, Wolfgang/Fähnders, Walter: ›Projekt Avantgarde‹ (1997). In: *»Die ganze Welt ist eine Manifestation«*, S. 1–20
Asholt, Wolfgang: Theorien der Modernität oder Theorie der Avantgarde(n) (2004). In: *Unruhe*, S. 155–168 *(Asholt 2004)*
–: Moderne (2009). In: *Metzler Lexikon Avantgarde*, S. 211–213 *(Asholt 2009)*
Ästhetische Grundbegriffe. Historisches Wörterbuch in sieben Bänden. Hrsg. Karlheinz Barck, Martin Fontius, Dieter Schlenstedt u.a. 7 Bde. Stuttgart, Weimar 2000–05 (Sonderausgabe 2010)
Ästhetische Moderne in Europa. Grundzüge und Problemzusammenhänge seit der Romantik. Hrsg. Silvio Vietta u. Dirk Kemper. München 1997
Aufbruch ins 20. Jahrhundert. Über Avantgarden. Hrsg. Heinz Ludwig Arnold. München 2001
August Stramm. Beiträge zu Leben, Werk und Wirkung. Hrsg. Lothar Jordan. Bielefeld 1995
Autorinnen der Weimarer Republik. Hrsg. Walter Fähnders u. Helga Karrenbrock. Bielefeld 2003 (Studienbuch 5)
Avantgarde im Norden/Nordwesten. Avantgarde in het noorden/noordwesten. Hrsg. Hubert van den Berg u. Ralf Grüttemeier. Groningen 2000
Avantgarden in Ost und West. Literatur, Musik und bildende Kunst um 1900. Hrsg. Hartmut Kircher. Köln, Weimar u.a. 2002
Les Avant-gardes Littéraires au XXe Siècle. Hrsg. Jean Weisgerber. 2 Bde. Budapest 1984
Backes-Haase, Alfons: »Wir wollen triezen, stänkern, bluffen...«. Dada-Manifestantismus zwischen Zürich und Berlin (1997). In: *»Die ganze Welt ist eine Manifestation«*, S. 256–274
Banuels, André: Thomas Mann und sein Bruder Heinrich, »eine repräsentative Gegensätzlichkeit«. Stuttgart 1968
Barbian, Jan-Pieter: Literaturpolitik im ›Dritten Reich‹. Institutionen, Kompetenzen, Betätigungsfelder. Frankfurt/M. 1993
Barck, Karlheinz: Avantgarde (2000). In: *Ästhetische Grundbegriffe*, Bd 1, S. 544–577 *(Barck 2000)*
Barndt, Kerstin: »Eine von uns?« Irmgard Keuns Leserinnen und das Melodramatische (2003). In: *Autorinnen*, S. 137–162 *(Barndt 2003)*
Bartz, Thorsten: ›Allgegenwärtige Fronten‹ – Sozialistische und linke Kriegsromane in der Weimarer Republik 1918–1933. Motive, Funktionen und Positionen im Vergleich mit nationalsozialistischen Romanen und Aufzeichnungen im Kontext einer kriegsliterarischen Debatte. Frankfurt/M., Berlin u.a. 1997
Baßler, Moritz: Die Entdeckung der Textur. Unverständlichkeit in der Kurzprosa der emphatischen Moderne 1910–1916. Tübingen 1994
Bauer, Elisabeth Eleonore: Fritzi Massary – Eine Frau, die weiß, was sie will (1987). In: Triumph und Scheitern in der Metropole. Zur Rolle der Weiblichkeit in der Geschichte Berlins. Hrsg. Sigrun Anselm u. Barbara Beck. Berlin (West) 1987, S. 228–252 *(E.E. Bauer)*
Bauer, Gerhard: Gewissensblitze. Moderne Gedichte als Provokation. München 1995 *(G. Bauer)*
Bauer, Matthias: Romantheorie. Stuttgart, Weimar 1997 *(M. Bauer)*
Bauer, Roger: Altes und Neues über die Décadence. In: Literaturwissenschaftliches Jahrbuch N.F. 32, 1991, S. 149–173 *(R. Bauer)*
bauhaus berlin [sic]. Auflösung Dessau 1932. Schließung Berlin 1933. Bauhäusler und Drittes Reich. Eine Dokumentation. Hrsg. Bauhaus-Archiv. Berlin (West) 1985
Baumeister, Ursula Walburga: Die Aktion 1911–1932. Publizistische Opposition und literarischer Aktivismus der Zeitschrift im restriktiven Kontext. Erlangen, Jena 1996
Baumgarth, Christa: Geschichte des Futurismus. Reinbek 1966
Baureithel, Ulrike: »Kollektivneurose moderner Männer«. Die neue Sachlichkeit als Symptom des männlichen Identitätsverlusts – sozialpsychologische Aspekte einer literarischen Strömung. In: Germanica 9, 1991, S. 123–143 *(Baureithel 1991)*
–: Gefäße der Reinheit. Überlegungen zum Grenz- und Reinheitsdiskurs in Arnolt Bronnens Dramen ›Vatermord‹ und ›Rheinische Rebellen‹. In: Jahrbuch zur Literatur der Weimarer Republik 1, 1995, S. 171–201 *(Baureithel 1995)*
Bauschinger, Sigrid: Else Lasker-Schüler. Ihr Werk und ihre Zeit. Eine Monographie. Heidelberg 1980
–: Else Lasker-Schüler. Biographie. Frankfurt/M. 2006 *(Bauschinger 2006)*
Bausteine der Moderne. Eine Recherche. Hrsg. Cord-Friedrich Berghahn. Heidelberg 2007

Beck, Sandra: Erinnerungen an die Revolution – Konzeptionen der Weiblichkeit. Karl Grünbergs Brennende Ruhr. Roman aus dem Kapp-Putsch (2009). In: *»Friede, Freiheit, Brot!«*, S. 163–180 *(Beck 2009)*

–: Verdorbenes Fleisch. Das Erscheinen der Prostituierten in der expressionistischen Großstadtlyrik. In: Hugo-Ball-Almanach N.F. 1, 2009/10, S. 63–79 *(Beck 2009/10)*

Becker, Sabina: Urbanität und Moderne. Studien zur Großstadtwahrnehmung in der deutschen Literatur 1900–1930. St. Ingbert 1993 *(Becker 1993)*

–: Neue Sachlichkeit im Roman (1995). In: *Neue Sachlichkeit im Roman*, S. 7–26 *(Becker 1995)*

–: Alfred Döblin im Kontext der Neuen Sachlichkeit. In: Jahrbuch zur Literatur der Weimarer Republik 1, 1995, S. 202–229; 2, 1996, S. 1557–181 *(Becker 1995/96)*

–: Neue Sachlichkeit. 2 Bde. *Bd 1*: Die Ästhetik der neusachlichen Literatur (1920–1933). *Bd 2*: Quellen und Dokumente. Köln, Weimar u.a. 2000 *(Becker 2000)*

–: Zwischen Frühexpressionismus, Berliner Futurismus, »Döblinismus« und »neuem Naturalismus«. Alfred Döblin und die expressionistische Bewegung (2001). In: *Expressionistische Prosa*, S. 21–44 *(Becker 2001)*

–: »...zu den Problemen der Realität zugelassen«. Autorinnen der Neuen Sachlichkeit (2003). In: *Autorinnen*, S. 187–213 *(Becker 2003)*

Becker, Sabina/Kiesel, Helmuth: Literarische Moderne. Begriff und Phänomen (2007). In: *Literarische Moderne. Begriff und Phänomen*, S. 9–37 *(Becker/Kiesel 2007)*

Beetz, Manfred: Expressionismus. In: Reallexikon der deutschen Literaturwissenschaft. Neubearbeitung des Reallexikons der deutschen Literaturgeschichte. Hrsg. Klaus Weimar. 3 Bde. Berlin, New York 1997/98. Bd 1, S. 550–554

Begriffsbestimmung des literarischen Expressionismus. Hrsg. Hans Gerd Rötzer. Darmstadt 1976

Belentschikow, Valentin: Rußland und die deutschen Expressionisten 1910–1925. Zur Geschichte der deutsch-russischen Literaturbeziehungen.Teil 1: Prosa. Teil 2: Lyrik. 2 Bde. Frankfurt/M., Berlin u.a. 1993/94 *(Belentschikow 1993/94)*

–: Die russische expressionistische Lyrik 1919–1922. Frankfurt/M., Berlin u.a. 1996 *(Belentschikow 1996)*

Bellmann, Werner: Gerhart Hauptmann: Vor Sonnenaufgang. Naturalismus – soziales Drama – Tendenzdichtung (1988). In: *Interpretationen. Dramen des Naturalismus*, S. 7–44

Benjamin, Walter: Gesammelte Schriften. Hrsg. Rolf Tiedemann u. Hermann Schweppenhäuser. 7 Bde. Frankfurt/M. 1972–1989

Benjamin-Handbuch. Hrsg. Burkhardt Lindner. Stuttgart, Weimar 2006

Benson, Timothy: Conventions and Constructions: The Performative Text in Dada (1996). In: *Crisis and the Arts*. Bd 1, S. 83–106

van den Berg, Hubert: »Frauen, besonders Frauenrechtlerinnen, haben keinen Zutritt!«. Misogynie und Antifeminismus bei Erich Mühsam. In: Internationale wissenschaftliche Korrespondenz zur Geschichte der deutschen Arbeiterbewegung (IWK) 28, 1992, S. 479–510 *(van den Berg 1992)*

–: ›Übernationalität‹ der Avantgarde – (Inter-)Nationalität der Forschung. Hinweis auf den internationalen Konstruktivismus in der europäischen Literatur und die Problematik ihrer literaturwissenschaftlichen Erfassung (2000). In: *Der Blick vom Wolkenkratzer*, S. 255–288 *(van den Berg 2000)*

–: »... wir müssen mit und durch Deutschland in unserer Kunst weiterkommen.« Jacoba van Heemskerck und das geheimdienstliche »Nachrichtenbüro ›Der Sturm‹«(2005). In: *»Laboratorium Vielseitigkeit«*, S. 67–87 *(van den Berg 2005)*

–: Der Sturm als Kunsthandlung und Nachrichtenbüro in der deutschen Propagandapolitik in den neutralen Nachbarländern während des Ersten Weltkriegs. In: Capitales culturelles et Europe du Nord. Kulturhauptstädte Nordeuropas. Hrsg. Sylvain Briens u. Thomas Mohnike. Strasbourg 2009, S. 135–152 *(van den Berg 2009)*

van den Berg, Hubert/Fähnders, Walter: Die künstlerische Avantgarde im 20. Jahrhundert (2009). In: *Metzler Lexikon Avantgarde*, S. 1–19 *(van den Berg/Fähnders 2009)*

Bergheim, Brigitte: [Neue Brechtliteratur]. In: Jahrbuch zur Literatur der Weimarer Republik 3, 1997, S. 251–260

Bergius, Hanne: Das Lachen Dadas. Die Berliner Dadaisten und ihre Aktionen. Gießen 1989

–: Montage und Metamechanik. Dada Berlin – Artistik von Polaritäten. Berlin 2000 *(Bergius 2000)*

Berle, Waltraud: Heinrich Mann und die Weimarer Republik. Zur Entwicklung eines politischen Schriftstellers in Deutschland. Bonn 1983

Berlin-Flaneure. Stadt-Lektüren in Roman und Feuilleton 1910–1930. Hrsg. Peter Sprengel. Berlin 1998

Berlin – Literary Images of a City. Hrsg. Derek Glass u. Dietmar Rösler. Berlin 1989

Berlin – Moskau 1900–1950. Hrsg. Irina Antonowa u. Jörn Merkert. München, New York 1995

Berlin, Paris, Moskau. Reiseliteratur und die Metropolen. Hrsg. Walter Fähnders, Inka Fischer, Nils Plath u.a. Bielefeld: Aisthesis, 2005

Berlin Provinz. Literarische Kontroversen um 1930. Bearbeitet von Jochen Meyer. Marbacher Magazin 35, Marbach/N. 1985

Berlin und der Prager Kreis. Hrsg. Margarita Pazi u. Hans Dieter Zimmermann. Würzburg 1991

Berlin-Alexanderplatz. Drehbuch von Alfred Döblin und Hans Wilhelm zu Phil Jutzis Film von 1931. München 1996

Berliner Begegnungen. Ausländische Künstler in Berlin. Aufsätze – Bilder – Dokumente. Hrsg. Klaus Kändler, Helga Karolewski, Ilse Siebert. Berlin/DDR 1987

Berman, Nina: Orientalismus, Kolonialismus und Moderne. Zum Bild des Orients in der deutschsprachigen Kultur um 1900. Stuttgart, Weimar 1997

Bertschik, Julia: »Ihr Name war ein Begriff wie Melissengeist oder Leibnizkekse«. Vicki Baum und der Berliner Ullstein-Verlag (2003). In: *Autorinnen*, S. 119–135 (*Bertschik 2003*)

Bescansa Leirós, Carme: Gender- und Machttransgression im Romanwerk Irmgard Keuns . Eine Untersuchung aus der Perspektive der Gender studies. St. Ingbert 2007 (*Bescansa Leirós 2007*)

Beutin, Heidi/Beutin, Wolfgang: Rinnsteinkunst? Zur Kontroverse um die literarische Moderne während der Kaiserzeit in Deutschland und Österreich. Frankfurt/M. 2004 (*Beutin 2004*)

Bey, Gesine: Nachwort. In: Angela Rohr: Der Vogel. Gesammelte Erzählungen und Reportagen. Hrsg. Gesine Bey. Berlin 2010, S. 255–288 (*Bey 2010*)

Beyme, Klaus von: Das Zeitalter der Avantgarden. Kunst und Gesellschaft 1905–1955. München 2005 (*von Beyme 2005*)

Bibo, Claudia: Naturalismus als Weltanschauung? Biologistische, theosophische und deutsch-völkische Bildlichkeit in der von Fidus illustrierten Lyrik (1893–1902). Frankfurt/M., Berlin u.a. 1995

Bienert, Michael: Die eingebildete Metropole. Berlin im Feuilleton der Weimarer Republik. Stuttgart 1992

Bier, Jean Paul: Epoche [Weimarer Republik – Drittes Reich] in der Literaturgeschichtsschreibung (1983). In: D*eutsche Literatur*. Bd 9, S. 338–349

Binder, Hartmut: Kafka-Kommentar zu sämtlichen Erzählungen. München 1986 (*Binder 1986*)

–: Kafka-Kommentar zu den Romanen, Rezensionen, Aphorismen und zum »Brief an den Vater«. 2., bibl. erg. Auflage. München 1982 (*Binder 1982*)

Bleinagel, Bodo: Absolute Prosa. Ihre Konzeption und Realisierung bei Gottfried Benn. Bonn 1969

Der Blick vom Wolkenkratzer. Avantgarde – Avantgardekritik – Avantgardeforschung. Hrsg. Wolfgang Asholt u. Walter Fähnders. Amsterdam, Atlanta 2000

Die Blicke der Anderen. Paris – Berlin – Moskau. Hrsg. Wolfgang Asholt u. Claude Leroy. Bielefeld 2006

Bloch, Ernst: Gesamtausgabe in 16 Bänden. Frankfurt/M. 1977

Bock, Hans Manfred: Geschichte des ›linken Radikalismus‹ in Deutschland. Ein Versuch. Frankfurt/M. 1976

Bogdal, Klaus Michael: »Schaurige Bilder«. Der Arbeiter im Blick des Bürgers am Beispiel des Naturalismus. Frankfurt/M. 1978

Bogner, Ralf Georg: Einführung in die Literatur des Expressionismus. Darmstadt 2005, 2. Aufl. 2009 (*Bogner 2005*)

Böhm, Karl Werner: Zwischen Selbstzucht und Verlangen. Thomas Mann und das Stigma der Homosexualität. Würzburg 1991

Bohrer, Karl Heinz: Die Ästhetik des Schreckens. Die pessimistische Romantik und Ernst Jüngers Frühwerk. München u. Wien 1978 (*Bohrer 1978*)

–: Die Kritik der Romantik. Der Verdacht der Philosophie gegen die literarische Moderne. Frankfurt/M. 1989 (*Bohrer 1989*)

Böhringer, Hannes: Avantgarde – Geschichte einer Metapher. In: Archiv für Begriffsgeschichte 1978, Bd 22, S. 90–114

Bolle, Willi: Physiognomik der modernen Metropole. Geschichtsdarstellung bei Walter Benjamin. Köln, Weimar u.a. 1994

Bollenbeck, Georg: Tradition, Avantgarde, Reaktion. Deutsche Kontroversen um die kulturelle Moderne 1880-1945. Frankfurt/M. 1999 (*Bollenbeck 1999*)

Bolterauer, Alice: Selbstvorstellung. Die literarische Selbstreflexion der Wiener Moderne. Freiburg/Br. 2003 (*Bolterauer 2003*)

Bomers, Jost: Der Chandosbrief – Die Nova Poetica Hofmannsthals. Stuttgart 1991

Bormann, Alexander von: Vom Traum zum Tag. Über völkische Literatur (1974). In: *Die deutsche Literatur in der Weimarer Republik*, S. 304–333 (*Bormann 1974*)

–: Lyrik (1983). In: *Deutsche Literatur*. Bd 9, S. 235–254 (*Bormann 1983*)

Bothner, Roland: Kunst im System. Die konstruktive Funktion der Kunst für Ernst Blochs Philosophie. Bonn 1982

Bovenschen, Silvia: Die imaginierte Weiblichkeit. Exemplarische Untersuchungen zu kulturgeschichtlichen und literarischen Präsentationsformen des Weiblichen. Frankfurt/M. 1979 (*Bovenschen 1979*)

–: Über die Frage: Gibt es eine weibliche Ästhetik? (1981). In: Die Überwindung der Sprachlosigkeit. Texte aus der neuen Frauenbewegung. Hrsg. Gabriele Dietze. Darmstadt u. Neuwied [2]1981, S. 82–115 (*Bovenschen 1981*)

–: Krieg und Schneiderkunst. In: Die Frau von Morgen und wie wir sie uns wünschen. Hrsg. Friedrich Markus Huebner (1929). Frankfurt/M. 1990, S. 9–21 (*Bovenschen 1990*)

Brands, Heinz-Georg: Theorie und Stil des sogenannten »Konsequenten Naturalismus« von Arno Holz und Johannes Schlaf. Bonn 1978

Brandt, Marion: »Mehr als ein seltsam belebtes Bild – und weniger als eine Zauberin«. Über Gertrud Kolmar (2003). In: *Autorinnen*, S. 59–78 (*Brandt 2003*)

Brandt, Sylvia: Bravo! & Bum Bum! Neue Produktions- und Rezeptionsformen im Theater der historischen Avantgarde: Futurismus, Dada und Surrealismus. Eine vergleichende Untersuchung. Frankfurt/M., Berlin u.a. 1995

Braulich, Heinrich: Die Volksbühnenbewegung. Theater und Politik in der deutschen Volksbühnenbewegung. Berlin/DDR 1976

Brauneck, Manfred: Literatur und Öffentlichkeit im ausgehenden 19. Jahrhundert. Studien zur Rezeption des naturalistischen Theaters in Deutschland. Stuttgart 1974 (*Brauneck 1974*)

–: Theater im 20. Jahrhundert. Programmschriften, Stilperioden, Reformmodelle. Aktualisierte Neuausgabe. Reinbek 1986 (*Brauneck 1986*)

–: Die Welt als Bühne. Geschichte des europäischen Theaters. 6 Bde. Stuttgart, Weimar 1993–2007. Bd 3: 1999 (*Brauneck 1999*)

–: Die Welt als Bühne. Geschichte des europäischen Theaters. 6 Bde. Stuttgart, Weimar 1993–2007. Bd 4: 2003 (*Brauneck 2003*)

Brecht-Handbuch. Hrsg. Jan Knopf. 5 Bde. Stuttgart, Weimar 2001–03

Brechts Modell der Lehrstücke. Hrsg. Rainer Steinweg. Frankfurt/M. 1978

Brechts Tui-Kritik. Aufsätze, Rezensionen, Geschichten. Hrsg. Wolfgang Fritz Haug. Karlsruhe 1976

Brekle, Wolfgang: Schriftsteller im antifaschistischen Widerstand 1933–1945 in Deutschland. Berlin, Weimar [2]1990

Brenneke, Reinhard: Militanter Modernismus. Vergleichende Studien zum Frühwerk Ernst Jüngers. Stuttgart 1992

Breuer, Stefan: Ästhetischer Fundamentalismus. Stefan George und der deutsche Antimodernismus. Darmstadt 1995

Bridgwater, Patrick: The german Poets of the First World War. London, Sydney 1985

Brinker-Gabler, Gisela: Feminismus und Moderne: Brennpunkt 1900 (1986). In: *Kontroversen, alte und neue*, S. 228–234

Brinkmann, Richard: Expressionismus. Forschungs-Probleme 1952–1960. Stuttgart 1961 (*Brinkmann 1961*)

–: Expressionismus. Internationale Forschung zu einem internationalen Phänomen.Stuttgart 1980 (*Brinkmann 1980*)

Brix, Emil/Werkner, Patrick: Vorwort (1990). In: *Die Wiener Moderne. Ergebnisse*, S. 9–12

Brix, Emil: Das österreichische und internationale Interesse am Thema »Wien um 1900« (1990). In: *Die Wiener Moderne. Ergebnisse*, S. 136–150

Brockington, Joseph L.: Vier Pole expressionistischer Prosa. Kasimir Edschmid, Carl Einstein, Alfred Döblin, August Stramm. New York, Bern u.a. 1987

Brod, Max: Über Franz Kafka. Frankfurt/M. 1966

Brodersen, Momme: Spinne im eigenen Netz. Walter Benjamin: Leben und Werk. Bühl-Moos 1990

Bucquet-Radczewski, Jutta: Die neuklassische Tragödie bei Paul Ernst (1900–1910). Würzburg 1993

Budzinski, Klaus/Hippen, Reinhard: Metzler Kabarett Lexikon. Stuttgart, Weimar 1996

Die Bücherverbrennung. Zum 10. Mai 1933. Hrsg. Gerhard Sauder. München, Wien 1983

Bühnemann, Michael/Friedrich, Thomas: Zur Geschichte der Buchgemeinschaften der Arbeiterbewegung in der Weimarer Republik (1977). In: Wem gehört die Welt, S. 364–397

Bunzel, Wolfgang: Einführung in die Literatur des Naturalismus. Darmstadt 2008 (Bunzel 2008)

Bürger, Peter: Theorie der Avantgarde. Frankfurt/M. 1974 (Bürger 1974)

–: Einleitung: Naturalismus und Ästhetizismus als rivalisierende Institutionalisierungen der Literatur (1979). In: Naturalismus/Ästhetizismus, S. 10–55 (Bürger 1979)

–: Prosa der Moderne. Unter Mitarbeit von Christa Bürger (1988). Frankfurt/M. 1992 (Bürger 1992)

–: Der französische Surrealismus. Studien zum Problem der avantgardistischen Literatur. Um Neue Studien erweiterte Ausgabe. Frankfurt/M. 1996 (Bürger 1996a)

–: Moderne. In: Fischer Lexikon Literatur. Hrsg. Ulfert Ricklefs. 3 Bde. Frankfurt/M. 1996. Bd 2, S. 1287–1319 (Bürger 1996b)

Büssgen, Antje: Intellektuelle in der Weimarer Republik. In: Intellektuelle im 20. Jahrhundert in Deutschland. Ein Forschungsreferat. Tübingen 2000, S. 161-246 (Büssgen 2000)

Capovilla, Andrea: Der lebendige Schatten. Film in der Literatur bis 1938. Wien, Köln u.a. 1994

–: Entwürfe weiblicher Identität in der Moderne. Milena Jesenská, Vicki Baum, Gina Kaus, Alice Rühle-Gerstel. Studien zu Leben und Werk. Oldenburg 2004 (Capovilla 2004)

Caputo-Mayr, Maria Luise/Herz, Julius M.: Franz Kafkas Werke. Eine Bibliographie der Primärliteratur (1908–1980). Bern, München 1982 (Caputo-Mayr/Herz 1982)

–: Franz Kafka. Eine kommentierte Bibliographie der Sekundärliteratur (1955–1980). Mit einem Nachtrag 1985. Stuttgart 1987 (Caputo-Mayr/Herz 1987)

Carl von Ossietzky und die politische Kultur der Weimarer Republik. Symposion zum 100. Geburtstag. Hrsg. Gerhard Kraiker. Oldenburg 1991

Carl-Einstein-Kolloquium 1986. Hrsg. Klaus H. Kiefer. Frankfurt/M., Bern u.a. 1988

Carl-Einstein-Kolloquium 1994. Hrsg. Klaus H. Kiefer. Frankfurt/M., Bern u.a. 1996

Cepl-Kaufmann, Gertrude: Der Expressionismus. Zur Strukturhomologie von Epochenprofil und jüdischer Geisteswelt (2002). In: Handbuch zur deutsch-jüdischen Literatur, S. 151–183 (Cepl-Kaufmann 2002)

Cessari, Michela: Mona Lisas Enkelinnen. Reflexionen über die femme fragile. Würzburg 2008 (Cessari 2008)

Charle, Christoph: Vordenker der Moderne. Die Intellektuellen im 19. Jahrhundert. Frankfurt/M. 1997

Chiarini, Paolo: L'espressionismo tedesco. Storia e struttura. Bari 1985

Chick, Jean M.: Form as Expression. A Study of the lyric Poetry written between 1910 and 1915 by Else Lasker-Schüler, Stramm, Stadler, Benn, and Heym. New York 1988

Chiellino, Carmine: Die Futurismusdebatte. Frankfurt/M. 1978

Combes, André: Die sachliche Verzauberung der Großstadt im Film. In: Germanica 1991, Nr 9, S. 245–269

A companion to modernist literature and culture. Hrsg. David Bradshaw. Malden, Mass. 2006, 2. Aufl. 2008

A companion to the literature of german expressionism. Hrsg. Neil H. Donahue. Rochester, NY 2005

Corbineau-Hoffmann, Angelika: Paradoxie der Fiktion. Literarische Venedig-Bilder 1797–1984. Berlin 1993

Cormican, Muriel: Women in the Works of Lou Andreas-Salome. Negotiating identity. Suffolk 2009 (Cormican 2009)

Cossart, Axel von: Kino-Theater des Expressionismus. Das literarische Resümee einer Besonderheit. Essen 1985

Cowen, Roy C.: Der Naturalismus. Kommentar zu einer Epoche. München 1973 (Cowen 1973)

–: Der Naturalismus (1994). In: Die literarische Moderne in Europa. Bd 2, S. 68–111 (Cowen 1994)

Crisis and the Arts. The History of Dada. Hrsg. Stephen C. Foster. 10 Bde. New York 1996–2005

Czapla, Ralf Georg: Katholizismus, Nationalismus, Sozialismus. Zur Interferenz weltanschaulicher Formationen im Werk des Arbeiterdichters Heinrich Lersch. In: Moderne und Antimoderne. Der ›Renouveau catholique‹ und die deutsche Literatur. Freiburg/Br. 2008, S. 325–359 (Czapla 2008)

»... da liegt der riesige Schatten Freud's nicht mehr auf meinem Weg.« Die Rebellion des Otto Gross. Hrsg. Raimund Dehmlow, Ralf Rother u. Alfred Springer. Marburg 2008

Dachy, Marc: Archives Dada. Chronique. Paris 2005 (Dachy 2005)

Dada [Ausstellungskatalog des Centre Pompidou]. Hrsg. Laurent Le Bon. Paris 2005 (Dada 2005)

Dada global. Hrsg. Reinhard Meyer, Judith Hossli, Guido Magnaguagno u.a. Zürich 1994

Dada in Zürich. Hrsg. Hans Bolliger, Guido Magnaguagno, Raimund Meyer. Zürich 1985

Dada Spectrum. The Dialectics of Revolt. Hrsg. Stephen C. Foster u. Rudolf E. Kuenzli. Madison (Wisc.), Iowa City (Iowa) 1979

Dahlke, Birgit: Jünglinge der Moderne. Jugendkult und Männlichkeit in der Literatur um 1900. Köln, Weimar 2006 (Dahlke 2006)

Daniels, Dieter: Duchamp und die anderen. Der Modellfall einer künstlerischen Wirkungsgeschichte in der Moderne. Köln 1992

Daviau, Donald G.: Der Mann von Übermorgen. Hermann Bahr 1963–1934. Wien 1984

Début eines Jahrhunderts. Essays zur Wiener Moderne. Hrsg. Wolfgang Pirchler. Wien 1985

Decker, Jan-Oliver: Frank Wedekind. Lulu. Der Erdgeist. Die Büchse der Pandora (2009). In: Literaturskandale, S. 87–112 (Decker 2009)

Dehning, Sonja: Tanz der Feder. Künstlerische Produktivität in Romanen von Autorinnen um 1900. Würzburg 2000 (Dehning 2000)

Dekadenz in Deutschland. Beiträge zur Erforschung der Romanliteratur um die Jahrhundertwende. Hrsg. Dieter Kafitz. Frankfurt/M., Bern u.a. 1987

Delabar, Walter: Was tun? Romane am Ende der Weimarer Republik. Opladen 1999; 2. Aufl. Berlin 2004 (Delabar 1999)

–: Vermintes Gelände. Einige Bemerkungen zum Modernisierungsprozess im frühen 20. Jahrhundert und seinen literarischen Verarbeitungsformen (2004). In: Unruhe, S. 221–237 (Delabar 2004)

–: Moderne-Studien. Beiträge zur literarischen Verarbeitung gesellschaftlicher Modernisierungen im frühen 20. Jahrhundert. Berlin 2005 (Delabar 2005)

–: Klassische Moderne. Deutschsprachige Literatur 1918–33. Berlin 2010 (Delabar 2010)

Deleuze, Gilles/Guattari, Félix: Kafka. Für eine kleine Literatur. Frankfurt/M. 1976

Demetz, Peter: Worte in Freiheit. Der italienische Futurismus und die deutsche literarische Avantgarde (1912–1934). Mit einer ausführlichen Dokumentation. München, Zürich 1990

Denkler, Horst: Sache und Stil. Die Theorie der »Neuen Sachlichkeit« und ihre Auswirkungen auf Kunst und Dichtung. In: Wirkendes Wort 18, 1968, S. 167–185 (Denkler 1968)

–: Drama des Expressionismus. Programm, Spieltext, Theater (1967). München ²1979 (Denkler 1979)

Denn da ist nichts mehr, wie es die Natur gewollt. Portraits von Künstlerinnen und Schriftstellerinnen um 1900. Hrsg. Britta Jürgs. Berlin, Grambin 2001

Dethlefs, Hans Joachim: Carl Einstein. Konstruktion und Zerschlagung einer ästhetischen Theorie. Frankfurt/M., New York 1985

Deutsche Dichtung um 1890. Beiträge zu einer Literatur im Umbruch. Hrsg. Robert Leroy u. Eckart Pastor. Bern, Berlin u.a. 1991

Der deutsche Expressionismus. Formen und Gestalten. Hrsg. Hans Steffen. Göttingen 1965

Deutsche literarische Zeitschriften 1880–1945. Ein Repertorium. Hrsg. Deutsches Literaturarchiv Marbach am Neckar. Bearb. Thomas Dietzel u. Hans-Otto Hügel. 5 Bde. München, New York u.a. 1987/88

Deutsche Literatur. Eine Sozialgeschichte. Hrsg. Horst Albert Glaser. Bd 8: Jahrhundertwende: Vom Naturalismus zum Expressionismus 1880–1918. Reinbek 1982

Deutsche Literatur. Eine Sozialgeschichte. Hrsg. Horst Albert Glaser. Bd 9: Weimarer Republik – Drittes Reich: Avantgardismus, Parteilichkeit, Exil 1918–1945. Reinbek 1983

Deutsche Literatur der Jahrhundertwende. Hrsg. Viktor Žmegač. Königstein/Ts. 1981

Die deutsche Literatur in der Weimarer Republik. Hrsg. Wolfgang Rothe. Stuttgart 1974

Der deutsche Roman im 20. Jahrhundert. Analysen und Materialien zur Theorie und Soziologie des Romans. Hrsg. Manfred Brauneck. 2 Bde. Bamberg 1976

Deutschsprachige Schriftstellerinnen des Fin de siècle. Hrsg. Karin Tebben. Darmstadt 1999

Di Rosa, Valentina: »Begraben sind die Bibeljahre längst«. Diaspora und Identitätssuche im poetischen Entwurf Else Lasker-Schülers. Paderborn 2006 (Di Rosa 2006)

Dialog und Kontroverse mit Georg Lukács. Der Methodenstreit deutscher sozialistischer Schriftsteller. Hrsg. Werner Mittenzwei. Leipzig 1975

Dichter – Literat – Emigrant. Über Hermann Kesten. Mit einer Kesten-Bibliographie. Hrsg. Walter Fähnders u. Hendrik Weber. Bielefeld 2005

Dickel, Manfred: »Ein Dilettant des Lebens will ich nicht sein«. Felix Salten zwischen Zionismus und Jungwiener Moderne. Heidelberg 2007 (*Dickel 2007*)

Dierick, Augustinus P.: German Expressionist Prose. Theory and Practice. Toronto, Buffalo u.a. 1987

Diersch, Manfred: Empiriokritizismus und Impressionismus. Über Beziehungen zwischen Philosophie, Ästhetik und Literatur um 1900. Berlin/DDR 1977

Dieterle, Bernard: Die versunkene Stadt. Sechs Kapitel zum literarischen Venedig-Mythos. Frankfurt/M., Berlin u.a. 1995

Dittberner, Hugo: Heinrich Mann. Eine kritische Einführung in die Forschung. Frankfurt/M. 1974

Doerry, Martin: Übergangsmenschen. Die Mentalität der Wilhelminer und die Krise des Kaiserreichs. Weinheim, München 1986

Döhl, Reinhard: Das literarische Werk Hans Arps 1903–1930. Zur poetischen Vorstellungswelt des Dadaismus. Stuttgart 1967

Dolle-Weinkauff, Bernd: Das Märchen in der proletarisch-revolutionären Kinder- und Jugendliteratur der Weimarer Republik. Frankfurt/M. 1984

Döpper-Henrich, Angelika: »...es war eine trügerische Zwischenzeit.« Schriftstellerinnen der Weimarer Republik und ihr Verhältnis zu den gesellschaftlich-politischen Umgestaltungen ihrer Zeit. Kassel 2004 (*Döpper-Henrich 2004*)

Dornemann, Axel: Im Labyrinth der Bürokratie. Tolstojs »Auferstehung« und Kafkas »Das Schloß«. Heidelberg 1984

Dragowski, Jürgen: Die Geschichte der Büchergilde Gutenberg in der Weimarer Republik 1924–1933. Essen 1992

Drama und Theater der europäischen Avantgarde. Hrsg. Franz Norbert Mennemeier u. Erika Fischer-Lichte. Tübingen, Basel 1994

Drescher, Barbara: Die ›Neue Frau‹ (2003). In: *Autorinnen*, S. 163–186 (*Drescher 2003*)

Durand, Michel: Les romans berlinois de Clara Viebig (1860–1952). Contribution à l'étude du naturalisme tardif en Allemagne. Bern, Paris u.a. 1993

Durzak, Manfred: Das expressionistische Theater. Carl Sternheim – Georg Kaiser. München 1978 (*Durzak 1978*)

–: Das expressionistische Theater. Ernst Barlach – Ernst Toller – Fritz von Unruh. München 1979 (*Durzak 1979*)

–: Expressionistisches Drama (1982). In: *Deutsche Literatur.* Bd 8, S. 327–339 (*Durzak 1982*)

Egbringhoff, Ulla: Franziska zu Reventlow. Reinbek 2000 (*Egbringhoff 2000*)

Ehlenberger, Jan: Adoleszenz und Suizid in Schulromanen von Emil Strauß, Hermann Hesse, Bruno Wille und Friedrich Torberg. Frankfurt/M. 2006 (*Ehlenberger 2006*)

Ehrlicher, Hanno: Die Kunst der Zerstörung. Gewaltphantasien und Manifestationspraktiken europäischer Avantgarden. Berlin 2001 (*Ehrlicher 2001*)

Eisenhuber, Günther: Manifeste des Dadaismus. Analysen zu Programmatik, Form und Inhalt. Berlin 2006 (*Eisenhuber 2006*)

Elfe, Wolfgang D.: Weimar aus der Sicht der ›Linken Leute von rechts‹: Karl Otto Paetel (1982). In: *Weimars Ende*, S. 205–222

Elsaesser, Thomas: Das Weimarer Kino – aufgeklärt und doppelbödig. Berlin 1999 (*Elsaesser 1999*)

Eltz, Johanna: Der italienische Futurismus in Deutschland 1912–1922. Ein Beitrag zur Analyse seiner Rezeptionsgeschichte. Bamberg 1986.

Emig, Brigitte: Die Veredelung des Arbeiters. Sozialdemokratie als Kulturbewegung. Frankfurt/M., New York 1980

Emmerich, Wolfgang: Heinrich Mann »Der Untertan«. München 1980

Emonts, Anne Martina: Mechtilde Lichnowsky – Sprachlust und Sprachkritik. Annäherung an ein Kulturphänomen. Würzburg 2009 (*Emonts 2009*)

Emrich, Wilhelm: Franz Kafka. Das Baugesetz seiner Dichtung. Bonn, Frankfurt/M. 1958

Engagierte Literatur zwischen den Weltkriegen. Hrsg. Stefan Neuhaus, Rolf Selbmann u. Thorsten Unger. Würzburg 2002

Erdmann, Ulrich: Vom Naturalismus zum Nationalsozialismus? Zeitgeschichtlich-biographische Studien zu Max Halbe, Gerhart Hauptmann, Johannes Schlaf und Hermann Stehr. Mit unbekannten Selbstzeugnissen. Frankfurt/M., Berlin u.a. 1997

Erfahrung Nazideutschland. Romane in Deutschland 1933–1945. Berlin, Weimar 1987

Ernst Jünger. Eine Bilanz. Hrsg. Wojciech Kunicki, Natalia Zarska u. Gerald Diesener. Leipzig 2010

Erwin Blumenfeld. In Wahrheit war ich nur Berliner. Dada-Montagen 1916–1933. Hrsg. Helen Adkins. Ostfildern 2008

Esselborn, Hans: Der literarische Expressionismus als Schritt zur Moderne (1994). In: *Die literarische Moderne in Europa*. Bd 1, S. 416–429

Europa, Europa. Das Jahrhundert der Avantgarde in Mittel- und Osteuropa. Hrsg. Ryszard Stanislawsk u. Christoph Brockhaus. 4 Bde. Bonn 1994

Europa! Europa? The Avant-Garde, Modernism and the Fate of a Continent. Hrsg. Sascha Bru, Jan Baetens, Benedikt Hjartson u.a. Berlin 2009

Europa. Stadt. Reisende. Blicke auf Reisetexte 1918–1945. Hrsg. Walter Fähnders, Wolfgang Klein u. Nils Plath. Bielefeld 2006

Europäische Avantgarde. Hrsg. Peter V. Zima u. Johann Strutz. Frankfurt/M., Bern u.a. 1987

Evelein, Johannes F.: August Strindberg und das expressionistische Stationendrama. Eine Formstudie. New York, Washington D.C. u.a. 1996

Exil. Literarische und politische Texte aus dem deutschen Exil 1933–1945. Hrsg. Ernst Loewy. Stuttgart 1979

Exilliteratur 1933–1945. Hrsg. Wulf Koepke/Michael Winkler. Darmstadt 1989

Expressionism as an international literary phenomenon. 21 essays and a bibliography. Hrsg. Ulrich Weisstein. Paris, Budapest 1973

Expressionismus – Aktivismus – Exotismus. Studien zum literarischen Werk Robert Müllers (1887–1924). Mit zeitgenössischen Rezeptionsdokumenten und einer Bibliographie. Hrsg. Helmut Kreuzer u. Günther Helmes. Paderborn ²1989

Expressionismus als Literatur. Gesammelte Studien. Hrsg. Wolfgang Rothe. Bern, München 1969

Expressionismus in der Schweiz. Hrsg. Martin Stern. 2 Bde. Bern, Stuttgart 1981

Expressionismus in Österreich. Die Literatur und die Künste. Hrsg. Klaus Amann u. Armin A. Wallas. Wien, Köln u.a. 1994

Expressionismus in Thüringen. Facetten eines kulturellen Aufbruchs. Hrsg. Cornelia Nowak, Kai Uwe Schierz u. Justus H. Ulbricht. Jena 1999

Expressionismus und Kulturkrise. Hrsg. Bernd Hüppauf. Heidelberg 1983

Expressionismus. Literatur und Kunst. 1910–1923. Eine Ausstellung des Deutschen Literatur-Archivs im Schiller-Nationalmuseum Marbach a.N. vom 8. Mai bis 31. Oktober 1960. Hrsg. Paul Raabe u. Heinz Ludwig Greve. München 1960

Expressionismus. Una Enciclopedia Interdisciplinare. Hrsg. Paolo Chiarini, Antonella Gargano, Roman Vlad. Rom 1986

Expressionist film. New perspectives. Hrsg. Dietrich Scheunemann. Rochester, NY 2003

Expressionistische Prosa. Hrsg. Walter Fähnders. Bielefeld 2001

Eykmann, Christoph: Denk- und Stilformen des Expressionismus. München 1974 *(Eykmann 1974)*

–: Die Funktion des Hässlichen in der Lyrik Georg Heyms, Georg Trakls und Gottfried Benns. Zur Krise der Wirklichkeitserfahrung im deutschen Expressionismus. Bonn ³1985 *(Eykmann 1985)*

Faber, Richard: Männerrunde mit Gräfin. Die »Kosmiker« Derleth, George, Klages, Schuler, Wolfskehl und Franziska zu Reventlow. Mit einem Nachdruck des »Schwabinger Beobachters«. Frankfurt/M., Berlin u.a. 1994

Fähnders, Walter: Proletarisch-revolutionäre Literatur der Weimarer Republik. Stuttgart 1977 *(Fähnders 1977)*

–: »Was soll der Proletarier lesen?«. Nachwort. In: Franz Jung: Werke. Bd 2. Hamburg 1984, S. 211–232 *(Fähnders 1984)*

–: Anarchismus und Literatur. Ein vergessenes Kapitel deutscher Literaturgeschichte zwischen 1890 und 1910. Stuttgart 1987 *(Fähnders 1987)*

–: »... auf der Plattform innerer Bereitschaft«. Franz Jung und die ›Neue Sachlichkeit‹: »Gequältes Volk. Ein oberschlesischer Industrieroman« (1995). In: *Neue Sachlichkeit im Roman*, S. 69–88 *(Fähnders 1995a)*

–: »Der Widerspruch des Publikums als Kunstfaktor«. Avantgarde und Theater in den zwanziger Jahren. In: Jahrbuch zur Literatur der Weimarer Republik 1, 1995, S. 115–142 *(Fähnders 1995b)*

–: Anarchism and Homosexuality in Wilhelmine Germany: Senna Hoy, Erich Mühsam, John Henry Mackay. In: Gay Men and the Sexual History of the Political Left. Hrsg. Gert Hekma, Harry Oosterhuis, James Steakley. New York 1995, S. 117–153 *(Fähnders 1995c)*

–: Zur Erforschung proletarischer Literaturtraditionen. Am Beispiel eines Lexikons (1996). In: Literaturtheorie und Geschichte. Zur Diskussion materialistischer Literaturwissenschaft. Hrsg. Rüdiger Scholz u. Klaus-Michael Bogdal. Opladen 1996, S. 254–266 *(Fähnders 1996)*

–: Arbeiterliteratur. In: Reallexikon der deutschen Literaturwissenschaft. Neubearbeitung des Reallexikons der deutschen Literaturgeschichte. Hrsg. Klaus Weimar. 3 Bde. Berlin, New York 1997/98. Bd 1, S. 120–122 *(Fähnders 1997a)*

–: »Vielleicht ein Manifest«. Zur Entwicklung des avantgardistischen Manifestes (1997). In: *»Die ganze Welt ist eine Manifestation«*, S. 18–38 *(Fähnders 1997b)*

–: Naturalisten, Sozialisten, Anarchisten. Dispositionen der literarischen Intelligenz im ausgehenden 19. Jahrhundert. In: Intellektuelle und Sozialdemokratie. Hrsg. Ulrich von Aleman, Gertrude Cepl-Kaufmann, Hans Hecker u.a. Opladen 2000, S. 59–76 *(Fähnders 2000)*

–: Franz Jung und die Linkspresse. In: Kultur als Fenster zu einem besseren Leben. Hrsg. Fritz Hüser-Gesellschaft. Bielefeld 2003, S. 77–125 *(Fähnders 2003)*

–: Das Wort – Destruktion und Neukonzeption zwischen Jahrhundertwende und historischer Avantgarde. In: Krise und Kritik der Sprache. Literatur zwischen Spätmoderne und Postmoderne. Hrsg. Reinhard Kacianka u. Peter V. Zima. Tübingen, Basel 2004, S. 105–122 *(Fähnders 2004)*

–: ›Amerika‹ und ›Amerikanismus‹ in deutschen Rußlandberichten der Weimarer Republik (2006). In: *Die Blicke der Anderen*, S. 101–119 *(Fähnders 2006)*

–: Avantgarde – Begriff und Phänomen (2007a). In: *Literarische Moderne. Begriff und Phänomen*, S. 277–290 *(Fähnders 2007a)*

–: Metropolen und Metropolen-Erfahrung in der Literatur der Moderne. In: Die Welt erfahren – Zur Geschichtlichkeit von Wissen und Horizonten. Hrsg. Stefan Krimm u. Martin Sachse. München 2007, S. 212–245 *(Fähnders 2007b)*

–: »Linkskunst« oder »reaktionäre Angelegenheit«? Zur Tatsachenpoetik der Neuen Sachlichkeit (2007c). In: *Literatur und Kultur*, S. 83–102 *(Fähnders 2007c)*

–: »Roter Alltag« – Lili Körbers Blicke auf Sowjetrußland 1932 und 1942. In: Archiv für die Geschichte des Widerstandes und der Arbeit Nr. 18, 2008, S. 423–460 *(Fähnders 2008)*

–: Vatermord. Über Texte von Walter Hasenclever, Franz Werfel, Friedrich Wolf, Arnolt Bronnen und Mela Hartwig. Mit dem Erstdruck von Emil Szittya: »Ein verhängnisvoller Zufall«. In: *Psychoanalyse & Expressionismus*, S. 413–435 *(Fähnders 2010)*

Fähnders, Walter/Karrenbrock, Helga: Im Windschatten des ›Sturm‹. Der expressionistische Dichter Georg Baumgarten und sein Drama »Welten« (1918). In: Jahrbuch zur Literatur der Weimarer Republik 3, 1997, S. 27–46

Fähnders, Walter/Rector, Martin: Linksradikalismus und Literatur. Untersuchungen zur Geschichte der sozialistischen Literatur in der Weimarer Republik. 2 Bde. Reinbek 1974

Falk, Walter: Der kollektive Traum vom Krieg. Epochale Strukturen der deutschen Literatur zwischen ›Naturalismus‹ und ›Expressionismus‹. Heidelberg 1977

Der Fall Gross. Eine Pressekampagne deutscher Intellektueller im Winter 1913–14. Hrsg. Christina Jung u. Thomas Anz. Marburg 2002

Der Fall Remarque. Im Westen nichts Neues. Eine Dokumentation. Hrsg. Bärbel Schrader. Leipzig 1992

Farin, Michael: Otto Flakes Lauda-Romane »Die Stadt des Hirns« und »Nein und Ja«. Dokumentation, Analyse, Bibliographie. Frankfurt/M., Bern u.a. 1979

Farkas, Reinhard: Hermann Bahr. Dynamik und Dilemma der Moderne. Wien, Köln 1989

Faschismus und Avantgarde. Hrsg. Reinhold Grimm u. Jost Hermand. Königstein 1980

Faszination des Organischen. Konjunkturen einer Kategorie der Moderne. Hrsg. Hartmut Eggert. München 1995

Faure, Ulrich: Im Knotenpunkt des Weltverkehrs. Herzfelde, Heartfield, Grosz und der Malik-Verlag 1916–1947. Berlin, Weimar 1992

Faust, Wolfgang Max: Dada oder die befreite Phantasie (1983). In: *Gedichte und Interpretationen*. Bd 5, S. 221–229

Febel, Gisela: »Poesie-Erreger« oder von der signifikanten Abwesenheit der Frau in den Manifesten der Avantgarde (1997). In: »*Die ganze Welt ist eine Manifestation*«, S. 81–108

Fechner, Frank: Thomas Mann und die Demokratie. Wandel und Kontinuität der demokratierelevanten Äußerungen des Schriftstellers. Berlin 1990

Fee, Zheng: Alfred Döblins Roman »Die drei Sprünge des Wang-lun«. Eine Untersuchung zu den Quellen und zum geistigen Gehalt. Frankfurt/M., Bern u.a. 1990

Fiala-Fürst, Ingeborg: Robert Musil. Internationale Bibliographie der Sekundärliteratur 1984–1991. Saarbrücken 1991 *(Fiala-Fürst 1991)*

–: Der Beitrag der Prager deutschen Literatur zum deutschen literarischen Expressionismus. Relevante Topoi ausgewählter Werke. St. Ingbert 1996 *(Fiala-Fürst 1996)*

Filmkultur in der Weimarer Republik. Beiträge zu einer internationalen Konferenz vom 15. bis 18. Juni 1989 in Luxemburg. Hrsg. Uli Jung u. Walter Schatzberg. München, London u.a. 1992

Fin de Siècle. Zur Literatur und Kunst der Jahrhundertwende. Hrsg. Roger Bauer, Eckhart Heftrich u.a. Frankfurt/M. 1977

Finger, Anke: Das Gesamtkunstwerk der Moderne. Göttingen 2006 *(Finger 2006)*

Fingerhut, Karlheinz: Die Funktion der Tierfiguren im Werke Franz Kafkas. Offene Erzählgerüste und Figurenspiele. Bonn 1969

Fischer, Alexander Michael: Dédoublement. Wahrnehmungsstruktur und ironisches Erzählverfahren der Décadence (Huysmans, Wilde, Hofmannsthal, H. Mann). Würzburg 2010 *(A.M. Fischer 2010)*

Fischer, Jens Malte: Fin de siècle. Kommentar zu einer Epoche. München 1978

Fischer-Lichte, Erika: Kurze Geschichte des deutschen Theaters. Tübingen, Basel 1993 *(Fischer-Lichte 1993)*

–: Die Entdeckung des Zuschauers. Paradigmenwechsel auf dem Theater des 20. Jahrhunderts. Tübingen, Basel 1997 *(Fischer-Lichte 1997)*

Der Flaneur Franz Hessel. Hrsg. Michael Opitz, Jörg Plath, Fritz Fries u.a. Würzburg 1997

Fliedl, Konstanze: Arthur Schnitzler. Stuttgart 2005 *(Fliedl 2005)*

Florack, Ruth: Wedekinds ›Lulu‹. Zerrbild der Sinnlichkeit. Tübingen 1995

–: Prinz Jussuf und die Neue Frau. Else Lasker-Schüler und Vicki Baum im »Uhu«. In: Schriftsteller-Inszenierungen. Hrsg. Gunter E. Grimm u. Christian Schärf. Bielefeld 2008, S. 71–86 *(Florack 2008)*

Forderer, Christof: Die Großstadt im Roman. Berliner Großstadtdarstellungen zwischen Naturalismus und Moderne. Wiesbaden 1992

Fornoff, Roger: Die Sehnsucht nach dem Gesamtkunstwerk. Studien zu einer ästhetischen Konzeption der Moderne. Hildesheim, Zürich 2004 *(Fornoff 2004)*

Fraisl, Bettina: Körper und Texte. (De-)Konstruktionen von Weiblichkeit und Leiblichkeit bei Mela Hartwig. Wien 2002 *(Fraisl 2002)*

Frank, Lore/Ribbeck, Sabine: Stefan-George-Bibliographie 1976-1997. Mit Nachträgen bis 1976. Tübingen 2000 *(Frank/Ribbeck 2000)*

Franz Kafka. Kritik und Rezeption zu seinen Lebzeiten 1912–1924. Hrsg. Jürgen Born. Frankfurt/M. 1979 *(Franz Kafka 1979)*

Franz Kafka. Kritik und Rezeption 1924–1938. Hrsg. Jürgen Born. Frankfurt/M. 1983 *(Franz Kafka 1983)*

Franz, Sigrid: Kurt Schwitters' Merz-Ästhetik im Spannungsfeld der Künste. Freiburg/Br. 2009 *(Franz 2009)*

Die Frauen der Wiener Moderne. Hrsg. von Lisa Fischer u. Emil Brix. Wien. München 1997

Frauen Literatur Geschichte. Schreibende Frauen vom Mittelalter bis zur Gegenwart. Hrsg. Hiltrud Gnüg u. Renate Möhrmann. Stuttgart 1985 (Neuauflage 1998)

Freeman, Judi: Das Wort-Bild im Dadaismus und Surrealismus. München 1990

Freie Volksbühne Berlin 1890–1990. Hrsg. Dietger Pforte. Berlin 1990

Frenkel, Cornelia: Raoul Hausmann. Künstler. Forscher. Philosoph. St. Ingbert 1996

Freund, Winfried: Carl Sternheim: Die Hose. Komödie ohne Happy-End (1996). In: *Interpretationen. Dramen des 20. Jahrhunderts.* Bd 1, S. 109–126

Fricke, Thorsten: Arno Holz und das Theater. Biografie – Werkgeschichte – Interpretation. Bielefeld 2010 *(Fricke 2010)*

»*Friede, Freiheit, Brot!*«. Romane zur deutschen Novemberrevolution. Hrsg. Ulrich Kittstein u. Regine Zeller. Amsterdam 2009

Friedrich, Gerhard: Proletarische Literatur und politische Organisation. Die Literaturpolitik der KPD in der Weimarer Republik und die proletarisch-revolutionäre Literatur. Frankfurt/M. 1981 *(G. Friedrich)*

Friedrich, Hugo: Die Struktur der modernen Lyrik. Von der Mitte des neunzehnten bis zur Mitte des zwanzigsten Jahrhunderts (1956). Erw. Neuausgabe Reinbek 1967 (*H. Friedrich*)

Froehlich, Jürgen: Liebe im Expressionismus. Eine Untersuchung der Lyrik in den Zeitschriften ›Die Aktion‹ und ›Der Sturm‹ von 1910–1914. New York, Bern u.a. 1990

From Fin-de-Siècle to Theresienstadt. The works and life of the writer Elsa Porges-Bernstein. Hrsg. Helga W. Kraft. New York, NY 2007

Fromhold, Martina: Hermann Kasack und der Rundfunk der Weimarer Republik. Ein Beitrag zur Geschichte des Wechselverhältnisses zwischen Literatur und Rundfunk. Aachen 1990

Fuchs, Stefan F. J.: Dekadenz. Versuche zur ästhetischen Negativität im industriellen Zeitalter an Hand von Texten aus dem französischen und englischen Fin de Siècle. Heidelberg 1992

Führer, Karl Christian: Auf dem Weg zur »Massenkultur«? Kino und Rundfunk in der Weimarer Republik. In: Historische Zeitschrift 262, 1996, S. 739–781

Fülberth, Georg: Proletarische Partei und bürgerliche Literatur. Auseinandersetzungen in der deutschen Sozialdemokratie der II. Internationale über Möglichkeiten und Grenzen einer sozialistischen Literaturpolitik. Neuwied, Berlin 1972

Fundbuch der Gedichtinterpretationen. Hrsg. Wulf Segebrecht. Paderborn 1997

Fux, Evelyn: Schnitt durch die verkehrte Welt. Konzeptionen des Narrativen in der Prosa von Kurt Schwitters. Berlin 2007 (*Fux 2007*)

Gammel, Irene: Die Dada-Baroness. Das wilde Leben der Elsa von Freytag-Loringhoven. Berlin 2005 (*Gammel 2005*)

»Die ganze Welt ist eine Manifestation«. Die europäische Avantgarde und ihre Manifeste. Hrsg. Wolfgang Asholt u. Walter Fähnders. Darmstadt 1997

Gärtner, Marcus: Kontinuität und Wandel in der neueren deutschen Literaturwissenschaft nach 1945. Bielefeld 1997

Gay, Peter: Die Republik der Außenseiter. Geist und Kultur der Weimarer Zeit in 1918–1933 (1968). Frankfurt/M. 1987

Gedichte der ›Menschheitsdämmerung‹. Interpretationen expressionistischer Lyrik. Hrsg. Horst Denkler. München 1971

Gedichte und Interpretationen. Bd 5: Vom Naturalismus bis zur Jahrhundertmitte. Hrsg. Harald Hartung. Stuttgart 1983 (=Reclam 7894)

Gemmel, Mirko: Die Kritische Wiener Moderne. Ethik und Ästhetik. Karl Kraus, Adolf Loos, Ludwig Wittgenstein. Berlin 2005 (*Gemmel 2005*)

Gerhard, Cordula: Das Erbe der ›Großen Form‹. Untersuchungen zur Zyklus-Bildung in der expressionistischen Lyrik. Frankfurt/M. 1986

Gerhardt, Marlies: Franziska zu Reventlow oder Der Zauber der Boheme. In: M. G.: »Kein bürgerlicher Stern, nichts, nichts konnte mich je beschwichtigen.« Zur Kränkung der Frau. Darmstadt u. Neuwied 1982, S. 91–113

German Novelists of the Weimar Republic. Intersections of Literature and Politcs. Hrsg. Karl Leydecker. Rochester, NY 2006

Gesamtkunstwerk Expressionismus. Kunst, Film, Literatur, Theater, Tanz und Architektur 1905–1925. Hrsg. Ralf Beil u. Claudia Dillmann. Ostfildern 2010

Geschichte der deutschen Literatur vom 18. Jahrhundert bis zur Gegenwart. *Bd II/2:* 1848–1918. Hrsg. Viktor Žmegač. Königstein/Ts 1980

Geschichte der deutschen Literatur vom 18. Jahrhundert bis zur Gegenwart. *Bd III/1:* 1918–1945. Hrsg. Viktor Žmegač. Königstein/Ts 1984

Die Gesetze des Vaters. 4. Internationaler Otto Gross Kongress. Hrsg. Albrecht Götz von Olenhusen u. Gottfried Heuer. Marburg 2005

Geuen, Vanessa: Zwischen Philosophie und Literatur. Dichtung als Medium für eine neue Erkenntnistheorie am Beispiel von Carl Einsteins »Bebuquin«. Marburg 2009 (*Geuen 2009*)

Giese, Peter Christian. Interpretationshilfen: Lyrik des Expressionismus. Stuttgart, Dresden 1992

Giesing, Michaela: Theater als verweigerter Raum. Dramatikerinnen der Jahrhundertwende in deutschsprachigen Ländern (1985). In: *Frauen Literatur Geschichte*, S. 240–259

Giles, Steve: Bertolt Brecht and Critical Theory. Marxism, Modernity and the ›Treepenny‹ Lawsuit. Bern 1997

Gluchowska, Lidia: Avantgarde und Liebe. Margarete und Stanislaw Kubicki 1910–1945. Berlin 2007 (*Gluchowska 2007*)

Gnüg, Hiltrud: Erotisch-emazipatorische Entwürfe. Schriftstellerinnen um die Jahrhundertwende (1985). In: *Frauen Literatur Geschichte*, S. 260–280 *(Gnüg 1985)*

–: Kult der Kälte. Der klassische Dandy im Spiegel der Weltliteratur. Stuttgart 1988 *(Gnüg 1988)*

Godé, Maurice: L'expressionisme. Paris 1999

Goertz, Heinrich: Erwin Piscator. Reinbek 1974

Gottfried Benn (1886–1956). Studien zum Werk. Hrsg. Walter Delabar u. Ursula Kocher. Bielefeld 2007

Göttsche, Dirk: ›Denkbilder‹ der Moderne und kulturkritische Betrachtungen. Entwicklungen der Kurzprosa zwischen 1925 und 1955 (2005). In: *Modern times?*, S. 149–165 *(Göttsche 2005)*

Götz von Olenhusen, Albrecht: Wahnsinn in den Zeiten des Krieges. Otto Gross, Franz Jung und das Kriegsrecht (2005). In: *Die Gesetze des Vaters*, S. 82-129 *(Götz von Olenhusen 2005)*

Graczyk, Annette: Die Masse als Erzählproblem. Unter besonderer Berücksichtigung von Carl Sternheims »Europa« und Franz Jungs »Proletarier«. Tübingen 1993

Grimm, Gunter E./Tellbach, Michael/Vogt, Emely: Orientalismus in der Literatur des fin de siècle. In: www.germanistik2001.de. Vorträge des Erlanger Germanistentags 2001. Hrsg. Hartmut Kugler. Bielefeld 2003, Bd. 1, S. 199-211 *(Grimm/Tellbach/Vogt 2003)*

Grimm, Reinhold: Bange Botschaft. Zum Verständnis von Hofmannsthals ›Manche freilich...‹ (1983). In: *Gedichte und Interpretationen*. Bd 5, S. 34–42

Grimminger, Rolf: Aufstand der Dinge und der Schreibweisen. Über Literatur und Kultur der Moderne (1995). In: *Literarische Moderne*, S. 12–40 *(Grimminger 1995a)*

–: Der Sturz der alten Ideale. Sprachkrise, Sprachkritik um die Jahrhundertwende (1995). In: *Literarische Moderne*, S. 169–200 *(Grimminger 1995b)*

Gross gegen Gross. Hans & Otto Gross. Ein paradigmatischer Generationskonflikt. Hrsg. Gerhard Dienes, Albrecht Götz von Olenhusen, Gottfried Heuer u.a. Marburg 2005

Die Großstadt als ›Text‹. Hrsg. Manfred Smuda. München 1992

Groth, Peter: Hörspiele und Hörspieltheorien sozialkritischer Schriftsteller in der Weimarer Republik. Studien zum Verhältnis von Rundfunk und Literatur. Berlin (West) 1980

Grunow-Erdmann, Cordula: Die Dramen Ernst Tollers im Kontext ihrer Zeit. Heidelberg 1994

Guenther, Katharina: Literarische Gruppenbildung im Berliner Naturalismus. Bonn 1972

Günther, Manuela: Im Vorhof der Kunst. Mediengeschichten der Literatur im 19. Jahrhundert. Bielefeld 2008 *(M. Günther 2008)*

Günther, Michael: B=Börse + Bordell. Franz Richard Behrens: Wortkunst, Konstruktivismus und das Verschwinden der Lyrik. Frankfurt/M., Bern u.a. 1994

Günther, Stephanie: Weiblichkeitsentwürfe des Fin de Siècle. Berliner Autorinnen: Alice Berend, Margarete Böhme, Clara Viebig. Bonn 2007 *(S. Günther 2007)*

Gumbrecht, Hans Ulrich: Modernität, Moderne. In: Gechichtliche Grundbegriffe. Historisches Lexikon zur politisch-sozialen Sprache in Deutschland. Hrsg. Otto Brunner. Bd 4. Stuttgart 1978, S. 93–131

Guthke, Karl S.: B. Traven. Biographie eines Rätsels. Rev. Ausgabe Zürich 1990

Gutjahr, Ortrud: Lulu als Prinzip. Verführte und Verführerin in der Literatur um 1900 (1989). In: *Lulu, Lilith, Mona Lisa...*, S. 45–76

Habereder, Juliane: Kurt Hiller und der literarische Aktivismus. Zur Geistesgeschichte des politischen Dichters des frühen 20. Jahrhunderts. Frankfurt/M., Bern 1981

Habermas, Jürgen: Strukturwandel der Öffentlichkeit. Untersuchungen zu einer Kategorie der Öffentlichkeit. Neuwied u. Berlin 1962 *(Habermas 1962)*

–: Die Moderne – ein unvollendetes Projekt. In: J. H.: Kleine philosophische Schriften (I–IV). Frankfurt/M. 1981, S. 444–464 *(Habermas 1981)*

Hacker, Lucia: Schreibende Frauen um 1900. Rollen – Bilder – Gesten. Münster 2007 *(Hacker 2007)*

Hädecke, Wolfgang: Poeten und Maschinen. Deutsche Dichter als Zeugen der Industrialisierung. München, Wien 1993

Hafemann, Katrin: Schamlose Tänze. Bewegungs-Szenen in Frank Wedekinds »Lulu«-Doppeltragödie und »Mine-Haha oder Über die körperliche Erziehung der jungen Mädchen«. Würzburg 2010 *(Hafemann 2010)*

Hajek, Edelgard: Literarischer Jugendstil. Vergleichende Studien zur Dichtung und Malerei um 1900. Düsseldorf 1971

Halliday, John D.: Karl Kraus, Franz Pfemfert and the First World War. A comparative Study of »Die Fackel« and »Die Aktion« between 1911 and 1928. Passau 1986

Hamann, Richard/Hermand, Jost: Naturalismus. München 1972 *(Hamann/Hermand 1972)*
–: Impressionismus. Frankfurt/M. 1977 *(Hamann/Hermand 1977a)*
–: Stilkunst um 1900. Frankfurt/M. 1977 *(Hamann/Hermand 1977b)*
–: Expressionismus. Frankfurt/M. 1977 *(Hamann/Hermand 1977c)*
Hammel, Andrea: Politisches Schreiben als Frau. Hermynia zur Mühlen als proletarisch-revolutionäre Schriftstellerin (2002). In: *Engagierte Literatur*, S. 192–204 *(Hammel 2002)*
Han, Ruixin: Die China-Rezeption bei expressionistischen Autoren. Frankfurt/M., Berlin u.a. 1993
Handbuch Fin de Siècle. Hrsg. Sabine Haupt u. Stefan Bodo Würfel. Stuttgart 2008
Handbuch zur deutschen Arbeiterliteratur. Bd 2: Bibliographie. Hrsg. Heinz Ludwig Arnold. München 1977
Handbuch zur deutsch-jüdischen Literatur des 20. Jahrhunderts. Hrsg. Daniel Hoffmann. Paderborn 2002
Hanna, Christian M./Winkler, Ruth: Gottfried Benn Bibliographie. Sekundärliteratur 1957–2003. Berlin, New York 2006 *(Hanna/Winkler 2006)*
Hannah Höch – aller Anfang ist DADA! Hrsg. Ralf Burmeister. Ostfildern 2007
Hansers Sozialgeschichte der deutschen Literatur vom 16. Jahrhundert bis zur Gegenwart. *Bd 6*: Bürgerlicher Realismus und Gründerzeit 1848–1890. Hrsg. Edward McInnes u. Gerhard Plumpe. München 1996
Hansers Sozialgeschichte der deutschen Literatur vom 16. Jahrhundert bis zur Gegenwart. *Bd 7*: Naturalismus, Fin de siècle, Expressionismus 1890–1918. Hrsg. York-Gothart Mix. München 2000
Hansers Sozialgeschichte der deutschen Literatur vom 16. Jahrhundert bis zur Gegenwart. *Bd 8*: Literatur der Weimarer Republik 1918–1933. Hrsg. Bernd Weyergraf. München 1995
Hansers Sozialgeschichte der deutschen Literatur vom 16. Jahrhundert bis zur Gegenwart. *Bd 9*: Nationalsozialismus und Exil 1933–1945. Hrsg. Wilhelm Haefs. München 2009
Hanstein, Adalbert von: Das jüngste Deutschland. Zwei Jahrzehnte miterlebter Litteraturgeschichte (1900). Leipzig ²1901
Häntzschel, Hiltrud: Irmgard Keun. Reinbek 2001 *(Häntzschel 2001)*
Hardt, Manfred: Zu Begriff, Geschichte und Theorie der literarischen Avantgarde (1983). In: *Literarische Avantgarden*, S. 145–171
Harrigan, Renny: Die emanzipierte Frau im deutschen Roman der Weimarer Republik. In: Stereotypen und Vorurteile in der Literatur. Untersuchungen zu Autoren des 20. Jahrhunderts. Hrsg. James Elliott, Jürgen Pelzer u. Carol Poore. Göttingen 1978, S. 65–83
Haß, Ulrike: Militante Pastorale. Zur Literatur der antimodernen Bewegungen im frühen 20. Jahrhundert. München 1993 *(Haß 1993)*
–: Vom »Aufstand der Landschaft gegen Berlin« (1995). In: *Hansers Sozialgeschichte*. Bd 8, S. 340–370 *(Haß 1995)*
–: Auf der Suche nach dem latenten Wissen der Antimoderne (2004). In: *Unruhe*, S. 239–249 *(Haß 2004)*
Hätte ich das Kino!! Die Schriftsteller und der Stummfilm. [Ausstellungskatalog.] Hrsg. Ludwig Greve. München 1977
Haunhorst, Kerstin: Das Bild der Neuen Frau im Frühwerk Irmgard Keuns. Entwürfe von Weiblichkeit am Ende der Weimarer Republik. Hamburg 2008 *(Haunhorst 2008)*
Hauser, Arnold: Sozialgeschichte der Kunst und Literatur (1953). Frankfurt/M., Wien u.a. 1970
Hebenstreit, Desiree: Der Volksbegriff und seine Bedeutung für die kommunistische Arbeiterliteratur der Weimarer Republik (2007). In: Internationales Archiv für Sozialgeschichte der deutschen Literatur 32, 2007, 2, S. 143–160 *(Hebenstreit 2007)*
Heeke, Matthias: Reisen zu den Sowjets. Der ausländische Tourismus in Rußland 1921–1941. Mit einem bio-bibliographischen Anhang zu 96 deutschen Reiseautoren. Münster, Hamburg u.a. 2003 *(Heeke 2003)*
Heftrich, Eckhard: Was heißt l'art pour l'art? (1977). In: *Fin de siècle. Zur Literatur und Kunst der Jahrhundertwende*, S. 16–29
Heimböckel, Dieter: Zivilisationskritik als dichterische Einbildungskraft. Überlegungen zur literarischen Aneignung der Modernisierung um und nach 1900. In: Die schönen und die nützlichen Künste. Literatur, Technik und Medien seit der Aufklärung. Hrsg. Knut Hickethier u. Katja Schumann. München 2007, S. 181–190 *(Heimböckel 2007)*

Hein, Christoph M.: Der »Bund proletarisch-revolutionärer Schriftsteller Deutschlands«. Biographie eines kulturpolitischen Experiments in der Weimarer Republik. Münster u. Berlin 1991 (*Ch. Hein*)

Hein, Jürgen: Volksstücke (1983). In: *Deutsche Literatur*. Bd 9, S. 264–272 (*J. Hein*)

Heinrich Mann (1871–1950). Hrsg. Walter Delabar u. Walter Fähnders. Berlin 2005

Heinrich Mann. Sein Werk in der Weimarer Republik. Zweites Internationales Symposion Lübeck 1981. Hrsg. Helmut Koopmann u. Peter-Paul Schneider. Frankfurt/M. 1983

Heinrich Manns Roman »Der Untertan«. Hrsg. Hermann Harder. Göttingen 1983

Heinrich und Thomas Mann. Ihr Leben in Text und Bild. Hrsg. Eckhardt Heftrich. Lübeck 1994

Heisserer, Dirk: Negative Dichtung. Zum Verfahren der literarischen Dekomposition bei Carl Einstein. München 1992

Heizmann, Jürgen: Joseph Roth und die Ästhetik der Neuen Sachlichkeit. Heidelberg 1990

Helduser, Urte: Geschlechterprogramme. Konzepte der literarischen Moderne um 1900. Köln, Weimar u.a. 2005 (*Helduser 2005*)

Heller, Heinz-B.: Literatur und Film (1983). In: *Zwischen den Weltkriegen*, S. 161–194

Hempel-Küter, Christa: Die kommunistische Presse und die Arbeiterkorrespondentenbewegung in der Weimarer Republik. Das Beispiel »Hamburger Volkszeitung«. Frankfurt/M., Bern u.a. 1989

Hemus, Ruth: Dada's women. New Haven, Conn. 2009 (*Hemus 2009*)

Hepp, Michael: Kurt Tucholsky. Reinbek 2002

Hereth, Hans-Jürgen: Die Rezeptions- und Wirkungsgeschichte von Kurt Schwitters, dargestellt anhand seines Gedichts »An Anna Blume«. Frankfurt/M., Berlin u.a. 1996

Hermand, Jost/Trommler, Frank: Die Kultur der Weimarer Republik. München 1978

Hermand, Jost: Der Schein des schönen Lebens. Studien zur Jahrhundertwende. Frankfurt/M. 1972 (*Hermand 1972*)

–: Einheit in der Vielfalt? Zur Geschichte des Begriffs »Neue Sachlichkeit« (1978). In: *Das literarische Leben in der Weimarer Republik*, S. 71–88 (*Hermand 1978*)

–: Das Bild der ›großen Stadt‹ im Expressionismus (1988). In: *Die Unwirklichkeit der Städte*, S. 61–80 (*Hermand 1988*)

–: Geschichte der Germanistik. Reinbek 1994 (*Hermand 1994*)

Hermann Bahr – für eine andere Moderne. Hrsg. Jeanne Benay u. Alfred Pfabigan. Bern u.a. 2004

Hermann Broch. Hrsg. Paul Michael Lützeler. Frankfurt/M. 1983

Hermann Hesses Steppenwolf. Hrsg. Egon Schwarz. Königstein 1980

Herrmann, Hans-Christian von: Sang der Maschinen. Brechts Medienästhetik. München 1996

Hesse, Eva: Die Achse Avantgarde – Faschismus. Reflexionen über Filippo Tommaso Marinetti und Ezra Pound. Zürich o. J. (1991)

Heukenkamp, Ursula: Ein großer Wurf und sein Scheitern. Proletarische Lyrik vor 1933 und ihr Ende in den Exiljahren. In: Benutzte Lyrik. Hrsg. Heinz Ludwig Arnold. München 2007, S. 42–53 (*Heukenkamp 2007*)

Hey'l, Bettina: Geschichtsdenken und literarische Moderne. Zum historischen Roman in der Zeit der Weimarer Republik. Tübingen 1994

Hillach, Ansgar: Ästhetisierung des politischen Lebens. Benjamins faschismustheoretischer Ansatz – eine Rekonstruktion (1985). In: *Walter Benjamin im Kontext*, S. 127–164

Hillebrand, Bruno: Benn. Frankfurt/M. 1986 (*Hillebrand 1986*)

–: Gottfried Benn: »Gehirne« (1996). In: *Interpretationen. Erzählungen des 20. Jahrhunderts* 1, S. 178–200 (*Hillebrand 1996*)

Hilmes, Carola: Die Femme fatale. Ein Weiblichkeitstypus in der nachromantischen Literatur. Stuttgart 1990

Hilzinger, Sonja: Anna Seghers. Stuttgart 2000 (*Hilzinger 2000*)

Hinz, Manfred: Die Zukunft der Katastrophe. Mythische und rationalistische Geschichtstheorie im italienischen Futurismus. Berlin, New York 1985 (*Hinz 1985*)

Hippen, Reinhard: Erklügelte Nervenkultur. Kabarett der Neopathetiker und Dadaisten. Zürich 1991

Hirdina, Karin: Pathos der Neuen Sachlichkeit. Tendenzen materialistischer Ästhetik in den 20er Jahren. Berlin 1981

Hodonyi, Robert: Herwarth Waldens »Sturm« und die Architektur. Eine Analyse zur Konvergenz der Künste in der Berliner Moderne. Bielefeld 2010 (*Hodonyi 2010*)

Hoefert, Sigfrid: Das Drama des Naturalismus (1968). 4., überarb. u. erg. Aufl. Stuttgart 1993

–: Internationale Bibliographie zum Werk Gerhart Hauptmanns. 3 Bde. Berlin 1986–2003 (*Hoefert*

2003)

Hoeges, Dirk: Kontroverse am Abgrund. Ernst Robert Curtius und Karl Mannheim. Intellektuelle und »freischwebende Intelligenz« in der Weimarer Republik. Frankfurt/M. 1994

Hoffmann, Daniel: Arbeitsbuch deutschsprachiger Lyrik 1880–1916. Vom Naturalismus bis zum Expressionismus. Tübingen, Basel 2001 (*Hoffmann 2001a*)

–: Arbeitsbuch deutschsprachiger Lyrik 1916–1945. Vom Dadaismus bis zum Ende des Zweiten Weltkriegs. Basel 2001 (*Hoffmann 2001b*)

–: Bruchstücke einer großen Tradition. Gattungspoetische Studien zur deutsch-jüdischen Literatur. Paderborn 2005 (*Hoffmann 2005*)

Hoffmann, Paul: Symbolismus. München 1987 *(P. Hoffmann)*

Hoffmann, Rainer: Montage im Hohlraum. Zu Ernst Blochs »Spuren«. Bonn 1977 *(R. Hoffmann)*

Hohendahl, Peter U.: Das Bild der bürgerlichen Welt im expressionistischen Drama. Heidelberg 1967

Honold, Alexander: Rückzugsgefechte: Die Dichter im Nachkrieg (1996). In: *Die Weimarer Republik zwischen Metropole und Provinz*, S. 71–84

Hopkins, David: Dada's boys. Male identity after Duchamp. New Haven, Conn. 2008 (*Hopkins 2008*)

Hollender, Martin: »eine gefährliche Unruhe im Blut...«. Rudolf Braune. Schriftsteller und Journalist (1907–1932). Biographie und Bibliographie. Düsseldorf 2004 (*Hollender 2004*)

Hörburger, Christian: Das Hörspiel der Weimarer Republik. Versuch einer kritischen Analyse. Stuttgart 1975

Hörner, Fernand: Die Behauptung des Dandys. Eine Archäologie. Bielefeld 2008 (*Hörner 2008*)

Horstmann, Ulrich: Ästhetizismus und Dekadenz. Zum Paradigmakonflikt in der englischen Literaturtheorie des späten 19. Jahrhunderts. München 1983

Hucke, Karl-Heinz: Utopie und Ideologie in der expressionistischen Lyrik. Tübingen 1890

Hübener, Andrea: Magna Charta der literarischen Moderne. Hugo von Hofmannsthal: Ein Brief (2007). In: *Bausteine der Moderne*, S. 89–110 (*Hübener 2007*)

Hübner, Corinna: Raoul Hausmann: Grenzgänger zwischen den Künsten. Eine Untersuchung zur Grenzüberschreitung zwischen Kunst und Literatur als künstlerisches Gestaltungsprinzip in Raoul Hausmanns Werk während der dadaistischen Phase. Bielefeld 2003 (*Hübner 2003*)

Hug, Remo: Gedichte zum Gebrauch. Die Lyrik Erich Kästners: Besichtigung, Beschreibung, Bewertung. Würzburg 2006 (*Hug 2006*)

Hüppauf, Bernd: Zwischen revolutionärer Epoche und sozialem Prozeß. Bemerkungen über den Ort des Expressionismus in der Literaturgeschichte (1983). In: *Expressionismus und Kulturkrise*, S. 55–83

Hurwitz, Emanuel: Otto Gross. Paradiessucher zwischen Freud und Jung. Leben und Werk. Zürich, Frankfurt/M. 1979

Ihekweazu, Edith: Verzerrte Utopie. Bedeutung und Funktion des Wahnsinns in expressionistischer Prosa. Frankfurt/M., Bern 1982

Ihrig, Wilfried: Literarische Avantgarde und Dandysmus. Eine Studie zur Prosa von Carl Einstein bis Oswald Wiener. Frankfurt/M. 1988

Im Netzwerk der Moderne: Leo Berg. Briefwechsel 1884–1891. Kritiken und Essays zum Naturalismus. Hrsg. Peter Sprengel. Bielefeld 2010

In der großen Stadt. Die Metropole als kulturtheoretische Kategorie. Hrsg. Thomas Steinfeld u. Heidrun Suhr. Frankfurt/M. 1990

In jenen Tagen ... Schriftsteller zwischen Reichstagsbrand und Bücherverbrennung. Hrsg. Friedemann Berger. Leipzig, Weimar 1983

Index Expressionismus. Bibliographie der Beiträge in den Zeitschriften und Jahrbüchern des literarischen Expressionismus 1910–1925. Hrsg. Paul Raabe. 18 Bde. Nendeln 1972

inside out. Textorientierte Erkundungen des Werks von Annemarie Schwarzenbach. Hrsg. Sofie Decock u. Uta Schaffers. Bielefeld 2008

Intellektuelle im Deutschen Kaiserreich. Hrsg. Gangolf Hübinger u. Wolfgang J. Mommsen. Frankfurt/M. 1993

Intellektuelle in der Weimarer Republik. Hrsg. Wolfgang Bialas u. Georg G. Iggers. Frankfurt/M. 1996

Intellektuellendiskurse in der Weimarer Republik. Hrsg. Manfred Gangl u. Gérard Raulet. Frankfurt/M., New York 1994

Interpretationen. Brechts Dramen. Hrsg. Walter Hinderer. Stuttgart 1995 (=Reclam 8813)
Interpretationen. Dramen des 20. Jahrhunderts. Bd 1. Stuttgart 1996 (=Reclam 9460)
Interpretationen. Dramen des Naturalismus. Stuttgart 1988 (=Reclam 8412)
Interpretationen. Erzählungen des 20. Jahrhunderts. Bd 1. Stuttgart 1996 (=Reclam 9462)
Interpretationen. Franz Kafka. Romane und Erzählungen. Hrsg. Michael Müller. Stuttgart 1994 (=Reclam 8811)
Interpretationen. Gedichte von Bertolt Brecht. Hrsg. Jan Knopf. Stuttgart 1995 (=Reclam 8814)
Interpretationen. Gedichte von Gottfried Benn. Hrsg. Harald Steinhagen. Stuttgart 1997 (=Reclam 17501)
Interpretationen. Romane des 20. Jahrhunderts. Bd 1. Stuttgart 1993. (=Reclam 8808)
The invention of politics in the European Avant-garde (1906-1940). Hrsg. Sascha Bru. Amsterdam, Atlanta 2006
Irmgard Keun 1905/2005. Deutungen und Dokumente. Stefanie Arend u. Ariane Martin Bielefeld 2005
Irmgard Keun. Hrsg. Stefan Scherer. München 2009 (Text und Kritik 183)
Jäger, Andrea: »Ich wollte den wahren Helden zeigen«. Ludwig Renns Antikriegsroman »Krieg« (1995). In: *Neue Sachlichkeit im Roman*, S. 157–175 *(A. Jäger)*
Jäger, Christian/Schütz, Erhard: Städtebilder zwischen Literatur und Journalismus. Wien, Berlin und das Feuilleton der Weimarer Republik. Wiesbaden 1999 *(Jäger/Schütz 1999)*
Jäger, Christian: Phase IV. Wandlungen des Sachlichkeits-Diskurses im Feuilleton der Weimarer Republik (1996). In: Jahrbuch zur Literatur der Weimarer Republik 2, 1996, S. 77–108 *(Ch. Jäger)*
Jander, Simon: Die Poetisierung des Essays. Rudolf Kassner – Hugo von Hofmannsthal – Gottfried Benn. Heidelberg 2008 *(Jander 2008)*
Das Jahrhundert der Avantgarden. Hrsg. Cornelia Klinger u. Wolfgang Müller-Funk. Paderborn 2004
Jahrhundertende – Jahrhundertwende. I. Teil. Hrsg. Helmut Kreuzer. Wiesbaden 1976
Jahrhundertende – Jahrhundertwende. II. Teil. Hrsg. Hans Hinterhäuser. Wiesbaden 1976
Jahrhundertwende. Der Aufbruch in die Moderne 1880–1930. Hrsg. August Nitschke, Gerhard A. Ritter, Detlev J.K. Peukert. Reinbek 1990
Janz, Marlies: »Die Frau« und »das Leben«. Weiblichkeitskonzepte in der Literatur und Theorie um 1900 (1995). In: *Faszination des Organischen*, S. 37–52
Janz, Rolf-Peter/Laermann, Klaus: Arthur Schnitzler. Zur Diagnose des Wiener Bürgertums im Fin de siècle. Stuttgart 1977
Japp, Uwe: Kontroverse Daten der Modernität (1986). In: *Kontroversen, alte und neue*, S. 125–134 *(Japp 1986)*
–: Literatur und Modernität. Frankfurt/M. 1987 *(Japp 1987)*
Jauß, Hans Robert: Literaturgeschichte als Provokation. Frankfurt/M. 1970 *(Jauß 1970)*
–: Studien zum Epochenwandel der ästhetischen Moderne. Frankfurt/M. 1989 *(Jauß 1989)*
Jens, Inge: Dichter zwischen rechts und links. Die Geschichte der Sektion Dichtkunst der Preußischen Akademie der Künste dargestellt nach den Dokumenten (1971). 2. erw. Aufl. Köln 1994
Joachimidis, Alexis: Boheme (2000). In: *Ästhetische Grundbegriffe*, Bd 1, S. 728–750 *(Joachimidis 2000)*
John, Jürgen: »Weimar« als regionales, intellektuelles Reform- und Experimentierfeld (1996). In: *Die Weimarer Republik zwischen Metropole und Provinz*, S. 11–21
Jost, Dominik: Literarischer Jugendstil. Stuttgart ²1980
Die Juden in Deutschland 1933–1945. Leben unter nationalsozialistischer Herrschaft. Hrsg. Wolfgang Benz. München 1988
Jüdische Aspekte Jung-Wiens im Kulturkontext des »Fin de Siècle«. Hrsg. Sarah Fraiman-Morris. Tübingen 2005
Jugendstil. Hrsg. Jost Hermand. Darmstadt 1971
Jung-Hofmann, Christina: Wirklichkeit, Wahrheit, Wirkung. Untersuchungen zur funktionalen Ästhetik des Zeitstückes der Weimarer Republik. Frankfurt/M. 1999
Just, Klaus Günther: Von der Gründerzeit bis zur Gegenwart. Geschichte der deutschen Literatur seit 1871. Bern, München 1973
Kaemmerling, Ekkehard: Die filmische Schreibweise (1975). In: *Materialien zu Alfred Döblins ›Berlin Alexanderplatz‹*, S. 185–198
Kaes, Anton: Expressionismus in Amerika. Rezeption und Innovation. Tübingen 1975 *(Kaes 1975)*
–: Schreiben und Lesen in der Weimarer Republik (1995). In: *Hansers Sozialgeschichte*. Bd 8, S. 38–64 *(Kaes 1995)*

–: Weimarer Republik (1993). In: Literatur Lexikon. Hrsg. Walther Killy. Bd 14: Begriffe, Realien, Methoden. Gütersloh, München 1993, S. 477–495 *(Kaes 1993)*

Kafitz, Dieter: Johannes Schlaf. Weltanschauliche Totalität und Wirklichkeitsblindheit. Ein Beitrag zur Neubestimmung des Naturalismus-Begriffs und zur Herleitung totalitären Denkens. Tübingen 1992 *(Kafitz 1992)*

–: Décadence in Deutschland. Studien zu einem versunkenen Diskurs der 90er Jahre des 19. Jahrhunderts. Heidelberg 2004 *(Kafitz 2004)*

Kafka-Handbuch. Leben – Werk – Wirkung. Hrsg. von Bettina von Jagow u. Oliver Jahraus. Göttingen 2008 *(Kafka-Handbuch 2008)*

Kafka-Handbuch. Leben – Werk – Wirkung. Hrsg. Manfred Engel u. Bernd Auerochs. Stuttgart, Weimar 2010 *(Kafka-Handbuch 2010)*

Kafkas »Urteil« und die Literaturtheorie. Zehn Modellanalysen. Hrsg. Oliver Jahraus u. Stefan Neuhaus. Stuttgart 2002

Kähler, Hermann: Von Hofmannsthal bis Benjamin. Ein Streifzug durch die Essayistik der zwanziger Jahre. Berlin u. Weimar 1982

Kalin, Sabine: Die Anfänge des Hörspiels in der Weimarer Republik. Versuch einer Analyse. Stuttgart 1991

Die (k)alte Sachlichkeit. Herkunft und Wirkungen eines Konzepts. Hrsg. Moritz Baßler u. Ewout van der Knaap. Würzburg 2004

Kaloyanova-Slavova, Ludmila: Übergangsgeschöpfe. Gabriele Reuter, Hedwig Dohm, Helene Böhlau und Franziska von Reventlow. New York, NY 1998 *(Kaloyanova-Slavova 1999)*

Kambas, Chryssoula: Die Werkstatt als Utopie. Lu Märtens literarische Arbeit und Formästhetik seit 1900. Tübingen 1988

Kändler, Klaus: Drama und Klassenkampf. Beziehungen zwischen Epochenproblematik und dramatischem Konflikt in der sozialistischen Dramatik der Weimarer Republik. Berlin, Weimar ²1974

Kantorowicz, Alfred: Heinrich und Thomas Mann. Die persönlichen, literarischen und weltanschaulichen Beziehungen der Brüder. Berlin/DDR 1956

Kanz, Christine: »Schriftstellerinnen um Freund und Gross. Literatur, Psychoanalyse und Geschlechterdifferenz« (1999). In: Psychoanalyse in der modernen Literatur 1999, S. 41–60 *(Kanz 1999)*

Karl Kraus. Hrsg. Friedrich Pfäfflin. Marbach a.N. 1999 (Marbacher Kataloge 52)

Karlauf, Thomas: Stefan George. Die Entdeckung des Charisma. München 2007 *(Karlauf 2007)*

Karrenbrock, Helga: Das stabile Trottoir der Großstadt. Zwei Kinderromane der Neuen Sachlichkeit: Wolf Durians »Kai aus der Kiste« und Erich Kästners »Emil und die Detektive« (1995). In: *Neue Sachlichkeit im Roman,* S. 176–194 *(Karrenbrock 1995a)*

–: Märchenkinder – Zeitgenossen. Untersuchungen zur Kinderliteratur der Weimarer Republik. Stuttgart 1995; 2. Aufl. 2001 *(Karrenbrock 1995b)*

–: Der Sprung aus der Welt. Zu Franz Jungs expressionistischer Prosa (2001). In: *Expressionistische Prosa,* S. 165–185 *(Karrenbrock 2001)*

–: »Das Heraustreten der Frau aus dem Bild des Mannes«. Zum Selbstverständnis schreibender Frauen in den Zwanziger Jahren (2003). In: *Autorinnen,* S. 21–38 *(Karrenbrock 2003)*

–: Das ›Kästnern‹ – oder: Über die schriftstellerische Herstellung eines Einverständnisses (2004). In: *Unruhe,* S. 335–347 *(Karrenbrock 2004)*

Kasten, Jügen: Der expressionistische Film. Abgefilmtes Theater oder avantgardistisches Erzählkino? Eine stil-, produktions- und rezeptionsgeschichtliche Untersuchung. Münster 1990

Kasties, Bert: Walter Hasenclever. Eine Biographie der deutschen Moderne. Tübingen 1994

Kästner-Debatte. Kritische Positionen zu einem kontroversen Autor. Hrsg. Bernhard Meier. Würzburg 2007

Kauffeldt, Rolf/Gertrude Cepl-Kaufmann: Berlin-Friedrichshagen. Literaturhauptstadt um die Jahrhundertwende. Der Friedrichshagener Dichterkreis. München 1994

Kauffeldt, Rolf: Erich Mühsam. Literatur und Anarchie. München 1983

Keckeis, Hermann: Das deutsche Hörspiel 1923–1973. Ein systematischer Überblick mit kommentierter Bibliographie. Frankfurt/M. 1973

Keith, Thomas: Poetische Experimente der deutschen und russischen Avantgarde (1912–1922). Berlin 2005 *(Keith 2005)*

Kemper, Dirk: Ästhetische Moderne als Makroepoche (1997). In: *Ästhetische Moderne*, S. 97–126 (*D. Kemper*)

Kemper, Hans-Georg: Vom Expressionismus zum Dadaismus. Kronberg/Ts 1974 (*H.-G. Kemper*)

Ketelsen, Uwe-K.: Völkisch-nationale und nationalsozialistische Literatur in Deutschland 1890–1945. Stuttgart 1976 (*Ketelsen 1976*)

–: Literatur und Drittes Reich. Schernfeld 1992 (*Ketelsen 1992*)

Kiefer, Klaus H.: Diskurswandel im Werk Carl Einsteins. Ein Beitrag zur Theorie und Geschichte der europäischen Avantgarde. Tübingen 1994

Kieruj, Mariusz: Zeitbewußtsein. Erinnern und die Wiederkehr des Kultischen. Kontinuität und Bruch in der deutschen Avantgarde 1910–1930. Frankfurt/M., Bern u.a. 1995

Kiesel, Helmuth: Geschichte der literarischen Moderne. Sprache, Ästhetik, Dichtung im zwanzigsten Jahrhundert. München 2004 (*Kiesel 2004*)

Kirner, Michael A.: Rebellion für das Leben. Zur Darbietung von Natur und Weiblichkeit im expressionistischen Drama. Regensburg 1992

Kirschnick, Sylke: Tausend und ein Zeichen. Else Lasker-Schülers Orient und die Berliner Alltags– und Populärkultur um 1900. Würzburg 2007 (*Kirschnick 2007*)

Kittler, Friedrich A.: Aufschreibesysteme 1800/1900. München ²1987

Kittstein, Ulrich: »Mit Geschichte will man etwas«. Historisches Erzählen in der Weimarer Republik und im Exil (1918–1945). Würzburg 2006 (*Kittstein 2006*)

Klatt, Gudrun: Korrespondenz und Widerspruch. Einige Aspekte der politisch-ästhetischen und literatur-theoretischen Auffassungen von Friedrich Wolf und Georg Lukács (1975). In: *Dialog und Kontroverse mit Georg Lukács*, S. 310–357

Klein, Alfred: Im Auftrag ihrer Klasse. Weg und Leistung der deutschen Arbeiterschriftsteller 1918–1933. Berlin u. Weimar ²1975 (*Klein 1975*)

–: Georg Lukács in Berlin. Literaturtheorie und Literaturpolitik der Jahre 1930/32. Berlin, Weimar 1990 (*Klein 1990*)

Klein, Wolfgang: Die Figur des Intellektuellen (2006). In: *Europa. Stadt. Reisende*, S. 215-230 (*W. Klein 2006*)

Kleine Prosa. Theorie und Geschichte eines Textfeldes im Literatursystem der Moderne. Hrsg. Thomas Althaus, Wolfgang Bunzel u. Dirk Göttsche. Tübingen 2007

Kleinschmidt, Erich: Von der Schwierigkeit, über Bilder zu schreiben. Zur Poetologie der Kunst in Carl Einsteins ›Die Kunst des 20. Jahrhunderts‹. In: Jahrbuch zur Literatur der Weimarer Republik 1, 1995, S. 255–278

Klettenhammer, Sieglinde: Georg Trakl in zeitgenössischen Zeitschriften und Zeitungen. Kontext und Rezeption. Innsbruck 1990

Klinger, Cornelia: Modern/Moderne/Modernismus (2002). In: *Ästhetische Grundbegriffe*. Bd 4, S. 121–167 (*Klinger 2002*)

Klotz, Volker: Die erzählte Stadt. Ein Sujet als Herausforderung des Romans von Lesage bis Döblin. München 1969

Klüsener, Erika: Else Lasker-Schüler. Reinbek 1980

Klussmann, Paul Gerhard: Über Wassily Kandinskys Bühnenkomposition ›Der gelbe Klang‹. In: Das Wagnis der Moderne. Festschrift für Marianne Kesting. Hrsg. Paul Gerhard Klussmann, Willy Richard Berger u. Burkhard Dohm. Frankfurt/M., Berlin u.a. 1993, S. 279–297

Knapp, Gerhard P.: Die Literatur des deutschen Expressionismus. Einführung – Bestandsaufnahme – Kritik. München 1979

Knauf, Michael: Yvan Goll. Ein Intellektueller zwischen zwei Ländern und zwei Avantgarden. Bern, Berlin u.a. 1996

Knopf, Jan/Žmegač, Viktor: Expressionismus als Dominante (1980). In: *Geschichte der deutschen Literatur vom 18. Jahrhundert bis zur Gegenwart*, Bd II/2, S. 413–500

Knopf, Jan: Bertolt Brecht. Ein kritischer Forschungsbericht. Fragwürdiges in der Brecht-Forschung. Frankfurt/M. 1974 (*Knopf 1974*)

–: Brecht-Handbuch. Theater. Eine Ästhetik der Widersprüche. Stuttgart 1980 (*Knopf 1980*)

–: »Expressionismus« – kritische Marginalien zur neueren Forschung (1983). In: *Expressionismus und Kulturkrise*, S. 15–53 (*Knopf 1983*)

–: Brecht-Handbuch. Lyrik, Prosa, Schriften. Eine Ästhetik der Widersprüche. Mit einem Anhang: Film. Stuttgart 1984 (*Knopf 1984*)

–: Gelegentlich: Poesie. Ein Essay über die Lyrik Bertolt Brechts. Frankfurt/M. 1996 *(Knopf 1996)*

–: Veränderung der Lyrik. Lion Feuchtwangers »Amerikanisches Liederbuch« ›Pep‹. In: Jahrbuch zur Literatur der Weimarer Republik 3, 1997, S.173–190 *(Knopf 1997)*

–: Gegen Weltanschauungen. Am Beispiel von Bertolt Brecht (2004). In: *Unruhe*, S. 507–520 *(Knopf 2004)*

Koch, Adelheid: Ich bin immerhin der größte Experimentator Österreichs. Raoul Hausmann, DADA und Neodada. Innsbruck 1994 *(A. Koch)*

Koch, Gertrud: Rudolf Arnheim: der Materialist der ästhetischen Illusion – Gestalttheorie und kritische Praxis (1992). In: *Filmkultur in der Weimarer Republik*, S. 15–25 *(G. Koch)*

Koebner, Thomas: Die Erwartung der Katastrophe. Zur Geschichtsprophetie des ›neuen Konservativismus‹ (Oswald Spengler, Ernst Jünger) (1982). In: *Weimars Ende*, S. 348–359

Koester, Eckart: Literatur und Weltkriegsideologie. Positionen und Begründungszusammenhänge des publizistischen Engagements deutscher Schriftsteller im Ersten Weltkrieg. Kronberg/Ts 1977

Köhn, Eckhardt: Straßenrausch. Flanerie und ›Kleine Form‹. Versuch zur Literaturgeschichte des Flaneurs von 1830 bis 1933. Berlin (West) 1988 *(E. Köhn)*

Köhn, Lothar: Überwindung des Historismus. Zu Problemen einer Geschichte der deutschen Literatur zwischen 1918 und 1933. In: DVjs 48, 1974, S. 706–766; 49, 1975, S. 94–164 *(L. Köhn)*

Kolb, Anne: »Wer ist das: ich? Wo hats ein End?« Zur ›Infragestellung des Subjekts‹ in der Wiener Moderne am Beispiel Hugo von Hofmannsthals. Ein Forschungsüberblick. Hamburg 2010 *(Kolb 2010)*

Kolb, Eberhard: Die Weimarer Republik. 3., überarb. u. erw. Aufl. München 1993

Kolinsky, Eva: Engagierter Expressionismus. Politik und Literatur zwischen Weltkrieg und Weimarer Republik. Eine Analyse expressionistischer Zeitschriften (1914–1920). Stuttgart 1970

Kolkenbrock-Netz, Jutta: Fabrikation. Experiment. Schöpfung. Strategien ästhetischer Legitimation im Naturalismus. Heidelberg 1981

Der »Kondor-Krieg«. Ein deutscher Literaturstreit. Hrsg. Michael Stark. Bamberg 1996

Kontroversen, alte und neue. Akten des VII. Internationalen Germanisten-Kongresses, Göttingen 1985. Bd 8: Ethische contra ästhetische Legitimation von Literatur. Traditionalismus und Modernismus: Kontroversen um den Avantgardismus. Hrsg. Walter Haug u. Wilfried Barner. Tübingen 1986

Konzepte der Moderne. [DFG-Symposion 1997]. Hrsg. Gerhart von Graevenitz. Stuttgart, Weimar 1999

Koopmann, Helmut: Die Klassizität der »Moderne«. Bemerkungen zur naturalistischen Literaturtheorie in Deutschland. In: Beiträge zur Theorie der Künste im 19. Jahrhundert. Hrsg. Helmut Koopmann u. J. Adolf Schmoll gen. Eisenwerth. 2 Bde. Frankfurt/M. 1972. Bd 2, S. 132–148 *(Koopmann 1972)*

–: Deutsche Literaturtheorien zwischen 1880 und 1920. Eine Einführung. Darmstadt 1997 *(Koopmann 1997)*

Koppen, Erwin: Dekadenter Wagnerismus. Studien zur europäischen Literatur des Fin de siècle. Berlin, New York 1973

Korte, Hermann: Der Krieg in der Lyrik des Expressionismus. Studien zur Evolution eines literarischen Themas. Bonn 1981 *(Korte 1981)*

–: Abhandlungen und Studien zum literarischen Expressionismus 1980–1990. In: IASL. Forschungsreferate. 3. Folge. 6. Sonderheft, 1994, S. 225–279 *(Korte 1994a)*

–: Die Dadaisten. Reinbek 1994, 4. Aufl. 2003 *(Korte 1994b)*

–: Lyrik am Ende der Weimarer Republik (1995). In: *Hansers Sozialgeschichte*. Bd 8, S. 601–635 *(Korte 1995a)*

–: Spätexpressionismus und Dadaismus (1995). In: *Hansers Sozialgeschichte*. Bd 8, S. 99–134 *(Korte 1995b)*

Köster, Udo: Die Moderne, die Modernisierung und die Marginalisierung der Literatur. Anmerkungen zu Hypothesen über Literatur und Gesellschaft in Deutschland um 1900. In: Polyperspektivik in der literarischen Moderne. Studien zur Theorie, Geschichte und Wirkung der Literatur. Karl Robert Mandelkow gewidmet. Hrsg. Jörg Schönert u. Harro Segeberg. Frankfurt/M., Bern u.a. 1988, S. 353–380 *(Köster 1988)*

–: Ideale Geschichtsdeutung und Mentalität der Gebildeten im Kaiserreich (1991). In: *Deutsche Dichtung um 1890*, S. 95–126 *(Köster 1991)*

Kottow, Andrea: Der kranke Mann. Medizin und Geschlecht in der Literatur um 1900. Frankfurt/M. 2006 *(Kottow 2006)*

Köwer, Irene: Peter Altenberg als Autor der literarischen Kleinform. Untersuchungen zu seinem Werk unter gattungspsychologischem Aspekt. Frankfurt/M., Bern u.a. 1987

Krabiel, Klaus-Dieter: Brechts Lehrstücke. Entstehung und Entwicklung eines Spieltyps. Stuttgart, Weimar 1993

Kracauer, Siegfried: Schriften. Hrsg. Inka Mueder-Bach. 8 Bde. Frankfurt/M. 1971–76

–: Von Caligari zu Hitler. Eine psychologische Geschichte des deutschen Films (1947). Frankfurt/M. 1979 (*Kracauer 1979*)

Kramer, Andreas/Röhnert, Jan Volker: »Auf allen Köpfen lag des Lichtes Traum«. Das Paradigma des Films im expressionistischen Gedicht. In: Euphorion 103, 2009, H. 4, S. 509–550 (*Kramer/ Röhnert* 2009)

Kramer, Andreas/Vilain, Robert: Yvan Goll. A bibliography of the primary works. Oxford u.a. 2006 (*Kramer/Vilain 2006*)

Krämer, Thomas: Carl Einsteins »Bebuquin«. Romantheorie und Textkonstitution. Würzburg 1991

Krämer, Wolf-Dieter: Masse und Klasse. Das Realismuskonzept des Bund proletarisch-revolutionärer Schriftsteller und die Wirkungen bis in die Gegenwart am Beispiel des ›Werkkreises Literatur der Arbeitswelt‹. In: *Realistisches Schreiben*, S. 303–320 (*Krämer 2006*)

Krause, Frank: Sakralisierung unerlöster Subjektivität. Zur Problemgeschichte des zivilisations- und kulturkritischen Expressionismus. Frankfurt/M. 2000 (*Krause 2000*)

–: Klangbewußter Expressionismus. Moderne Techniken des rituellen Ausdrucks. Berlin 2006 (*Krause 2006*)

–: Literarischer Expressionismus. Paderborn 2008 (*Krause 2008*)

Kreidt, Dietrich: Gesellschaftskritik auf dem Theater (1995). In: *Hansers Sozialgeschichte*. Bd 8, S. 232–265

Kreiler, Kurt: Die Schriftstellerrepublik. Zum Verhältnis von Literatur und Politik in der Münchner Räterepublik. Berlin (West) 1978

Kremer, Detlef: Franz Kafka und Robert Musil (1995). In: *Literarische Moderne*, S. 425–452

Kreuzer, Helmut: Die Boheme. Beiträge zu ihrer Beschreibung. Stuttgart 1968 (*Kreuzer 1968*)

Krieg der Geister. Erster Weltkrieg und literarische Moderne. Hrsg. Uwe Schneider u. Andreas Schumann. Würzburg 2000

Kriegserlebnis. Der Erste Weltkrieg in der literarischen Gestaltung und symbolischen Deutung der Nationen. Hrsg. Klaus Vondung. Göttingen 1980

Kron, Friedhelm: Schriftsteller und Schriftstellerverbände. Schriftstellerberuf und Interessenpolitik 1842–1973. Stuttgart 1976

Krull, Wilhelm: Prosa des Expressionismus. Stuttgart 1984

Kubitschek, Brigitta: Franziska Gräfin zu Reventlow. Leben und Werk. München, Wien 1998 (*Kubitschek 1998*)

Kucher, Primus-Heinz: »Eine der stärksten Zeiten der Weltgeschichte« (R. Musil). Der Umbruch 1918/19 und der Anbruch der 20er Jahre in der Wahrnehmung bei Hermann Bahr, Karl Kraus, Arthur Schnitzler, Hugo v. Hofmannsthal und Eugen Hoeflich (2007). In: *Literatur und Kultur*, S. 47–82 (*Kucher 2007*)

Kuhla, Holger: Theater und Krieg. Betrachtungen zu einem Verhältnis. 1914–1918 (1997). In: *Theater und Medien an der Jahrhundertwende*, S. 63–116

Kunicki, Wojiech: Projektionen des Gechichtlichen. Ernst Jüngers Arbeit an den Fassungen von ›In Stahlgewittern‹. Frankfurt/M., Bern u.a. 1993

Kunst und Literatur im antifaschistischen Exil. 1933–1945. Hrsg. Werner Mittenzwei. 7 Bde. Leipzig 1979

Die Künste und die Wissenschaften im Exil. 1933–1945. Hrsg. Edith Böhme und Wolfgang Motzkau-Valeton. Gerlingen 1992

Künstlerische Avantgarde. Annäherungen an ein unabgeschlossenes Kapitel. Hrsg. Karlheinz Barck, Dieter Schlenstedt, Wolfgang Thierse. Berlin/DDR 1979

Künstlerpaare. Liebe, Kunst und Leidenschaft. Hrsg. Barbara Schaefer u. Andreas Blühm. Ostfildern 2008

Kunstmetropole Berlin 1918–1933. Die Kunststadt in der Novemberrevolution. Die ›goldenen‹ zwanziger Jahre. Die Kunststadt in der Krise. Hrsg. Bärbel Schrader u. Jürgen Schebera. Berlin, Weimar 1987

Kunstwende. Der Kieler Impuls des Expressionismus 1915–1922. Hrsg. Bärbel Manitz u. Knut Nievers. Kiel 1992

Kunz, Ukrike: »Der Zeit ihre Kunst, der Kunst ihre Freiheit.« Ästhetizistischer Realismus in der europäischen Décadenceliteratur um 1900. Hamburg 1997

Kupschinsky, Elke: Die vernünftige Nephertete. Die ›neue Frau‹ der 20er Jahre in Berlin (1986). In: *Die Metropole*, S. 164–173

Kurt Tucholsky. Das literarische und publizistische Werk. Hrsg. Sabina Becker u. Ute Maack. Darmstadt 2002

Kurtz, Rudolf: Expressionismus und Film. Nachdruck der Ausgabe von 1926. Hrsg. Christian Kiening u. Ulrich Johannes Beil. Zürich 2007 (*Kurtz 1926/2007*)

Kurzformen des Dramas. Gattungspoetische, epochenspezifische und funktionale Horizonte. Hrsg. Winfried Herget u. Brigitte Schultze. Tübingen, Basel 1996

Kurzke, Hermann: Thomas Mann. Epoche – Werk – Wirkung. München ²1991, ³1997 (*Kurzke 1991*)

–: Thomas Mann: ›Tonio Kröger‹ (1996). In: *Interpretationen. Erzählungen des 20. Jahrhunderts*. Bd 1, S. 38–54 (*Kurzke 1996*)

–: Thomas Mann. Das Leben als Kunstwerk. Frankfurt/M. 2002 (*Kurzke 2002*)

Kuxdorf, Manfred: Die Lyrik Salomo Friedlaenders/Mynonas. Traum, Parodie und Weltverbesserung. Frankfurt/M., Bern u.a. 1990

Kyora, Sabine: Eine Poetik der Moderne. Zu den Strukturen modernen Erzählens. Würzburg 2007 (*Kyora 2007*)

»Laboratorium Vielseitigkeit«. Zur Literatur der Weimarer Republik. Hrsg. Petra Josting u. Walter Fähnders. Bielefeld 2005

Lach, Friedhelm: Der MERZ-Künstler Kurt Schwitters. Köln 1971

Ladenthin, Volker: Die Große Stadt bei Erich Kästner. In: Euphorion 90, 1996, S. 317–335 (*Ladenthin 1996*)

Laermann, Klaus: Eigenschaftslosigkeit. Reflexionen zu Musils Roman »Der Mann ohne Eigenschaften«. Stuttgart 1970

Lämmert, Eberhard: Das expressionistische Verkündigungsdrama (1965). In: *Der deutsche Expressionismus*, S. 138–156 (*Lämmert 1965*)

–: Der Dichterfürst (1971). In: Dichtung, Sprache, Gesellschaft. Akten des IV. Internationalen Germanistik-Kongresses 1970 in Princeton. Hrsg. Victor Lange u. Hans-G. Roloff. Frankfurt/M. 1971, S. 439–455 (*Lämmert 1971*)

–: Ekstasen der Großstadt. Das literarische Berlin 1880–1930. In: studi germanici (nuova serie) 30/31, 1992/93, S. 181–200 (*Lämmert 1992/93*)

Lang, Lothar: Expressionismus und Buchkunst in Deutschland 1907–1927. Leipzig ²1993

Lange, Wolfgang: Im Zeichen der Dekadenz: Hofmannsthal und die Wiener Moderne (1995). In: *Literarische Moderne*, S. 201–229

Lange-Kirchhheim, Astrid: Franz Kafka: »In der Strafkolonie« und Alfred Weber: »Der Beamte«. In: Germanisch-Romanische Monatsschrift, NF 27, 1977, S. 202–221

Lauer, Reinhard: Die literarische Avantgarde in Südosteuropa und ihre politische und gesellschaftliche Bedeutung. München 2001 (*Lauer 2001*)

Läufer, Bernd: Jakob van Hoddis: Der ›Varieté‹-Zyklus. Ein Beitrag zur Erforschung der frühexpressionistischen Großstadtlyrik. Frankfurt/M., Berlin u.a. 1992

Leidinger, Armin: Hure Babylon: Großstadtsymphonie oder Angriff auf die Landschaft? Alfred Döblins Roman »Berlin Alexanderplatz« und die Großstadt Berlin: eine Annäherung aus kulturgeschichtlicher Perspektive. Würzburg 2010 (*Leidinger 2010*)

Le Rider, Jacques: Der Fall Otto Weininger. Wurzeln des Antifeminismus und Antisemitismus. München 1985 (*Le Rider 1985*)

–: Das Ende der Illusion. Die Wiener Moderne und die Krisen der Identität. Wien 1990, 1999 (*Le Rider 1990*)

–: Hugo von Hofmannsthal. Historismus und Moderne in der Literatur der Jahrhundertwende. Wien 1996 (*Le Rider 1996*)

–: Kein Tag ohne Schreiben. Tagebuchliteratur der Wiener Moderne. Wien 2002 (*LeRider 2002*)

Lefebvre, Henri: Einführung in die Modernität. Zwölf Präludien. Frankfurt/M. 1978

Lehnert, Herbert: Geschichte der deutschen Literatur vom Jugendstil bis zum Expressionismus (1978). Stuttgart 1996

Lehrstück Lukács. Hrsg. Jutta Matzner. Frankfurt/M. 1974

Lerg, Winfried B.: Rundfunkpolitik in der Weimarer Republik. München 1980

Lethen, Helmut: Neue Sachlichkeit 1924–1932. Studien zur Literatur des »Weißen Sozialismus«. Stuttgart 1970 *(Lethen 1970)*

–: Neue Sachlichkeit (1983). In: *Deutsche Literatur*. Bd 9, S. 168–179 *(Lethen 1983)*

–: Chicago und Moskau. Berlins moderne Kultur der 20er Jahre zwischen Inflation und Weltwirtschaftskrise (1986). In: *Die Metropole*, S. 190–213 *(Lethen 1986)*

–: Lob der Kälte. Ein Motiv der historischen Avantgarden. In: Die unvollendete Vernunft. Moderne versus Postmoderne. Hrsg. Dietmar Kamper u. Willem van Reijen. Frankfurt/M. 1987, S. 282–324 *(Lethen 1987)*

–: Verhaltenslehren der Kälte. Lebensversuche zwischen den Kriegen. Frankfurt/M. 1994 *(Lethen 1994)*

–: Der Habitus der Sachlichkeit in der Weimarer Republik (1995). In: *Hansers Sozialgeschichte*. Bd 8, S. 371–445 *(Lethen 1995a)*

–: Unheimliche Nachbarschaften. Neues vom neusachlichen Jahrzehnt. In: Jahrbuch zur Literatur der Weimarer Republik 1, 1995, S. 76–92 *(Lethen 1995b)*

Lexikon sozialistischer Literatur. Ihre Geschichte in Deutschland bis 1945. Hrsg. Simone Barck, Silvia Schlenstedt, Tanja Bürgel, Volker Giel, Dieter Schiller unter Mitarbeit von Reinhard Hillich. Stuttgart, Weimar 1994

Lickhardt, Maren: Irmgard Keuns Romane der Weimarer Republik als moderne Diskursromane. Heidelberg 2009 *(Lickhardt 2009)*

Lill, Klaus: Großstadtlyrik des Expressionismus. Paderborn 2007 *(Lill 2007)*

Lindner, Martin: Leben in der Krise. Zeitromane der neuen Sachlichkeit und die Mentalität der klassischen Moderne. Mit einer exemplarischen Analyse des Romanwerks von Arnolt Bronnen, Ernst Glaeser, Ernst von Salomon und Ernst Erich Noth. Stuttgart, Weimar 1994

Linduschka, Heinz: Die Auffassung vom Dichterberuf im deutschen Naturalismus. Frankfurt/M. u.a. 1978

Link, Jürgen: ›Arbeit‹ oder ›Leben‹? Das Drama der ›Nationalcharaktere‹ und der Bruderzwist im Hause Mann (1994). In: *Intellektuellendiskurse in der Weimarer Republik*, S. 129–144

Liška, Pavel: Manifeste der tschechischen Avantgarde (1997). In: »*Die ganze Welt ist eine Manifestation*«, S. 204–221

Liska, Vivian: Die Moderne – ein Weib. Am Beispiel von Romanen Ricarda Huchs und Annette Kolbs. Tübingen, Basel 2000 *(Liska 2000)*

–: Messianic Endgames in German-Jewish Expressionist Literature (2009). In: *Europa! Europa?*, S. 342–358 *(Liska 2009a)*

–: When Kafka says we. Uncommon communities in German-Jewish literature. Bloomington 2009 *(Liska 2009b)*

Literarische Avantgarden. Hrsg. Manfred Hardt. Darmstadt 1989

Das literarische Leben in der Weimarer Republik. Hrsg. Keith Bullivant. Königstein/Ts. 1978

Literarische Moderne. Begriff und Phänomen. Hrsg. Sabina Becker u. Helmuth Kiesel. Berlin, New York 2007

Literarische Moderne. Europäische Literatur im 19. und 20. Jahrhundert. Hrsg. Rolf Grimminger, Jurij Murasov u. Jörn Stückrath. Reinbek 1995

Die literarische Moderne in Europa. Hrsg. Hans Joachim Piechotta, Ralph-Rainer Wuthenow u. Sabine Rothemann. Bd 1: Erscheinungsformen literarischer Prosa um die Jahrhundertwende. Bd 2: Formationen der literarischen Avantgarde. Bd 3: Aspekte der Moderne in der Literatur bis zur Gegenwart. Opladen 1994

Literaten an der Wand. Die Münchner Räterepublik und die Schriftsteller. Hrsg. Hansjörg Viesel. Frankfurt/M. 1980

Literatur über Walter Benjamin. Kommentierte Bibliographie 1983–1992. Hrsg. Reinhard Markner u. Thomas Weber. Hamburg 1993

Literatur und Kultur im Österreich der Zwanziger Jahre. Vorschläge zu einem interdisziplinären Epochenprofil. Hrsg. Primus-Heinz Kucher. Bielefeld 2007

Literatur zum Gebrauch: Hollaender und andere. Beiträge zu einer Kulturgeschichte der Weimarer Republik. Hrsg. Walter Delabar u. Carsten Würmann. Berlin 2002

Literaturskandale. Hrsg. Hans-Edwin Friedrich. Frankfurt/M. 2009

Lohner, Edgar: Die Lyrik des Expressionismus (1969). In: *Expressionismus als Literatur*, S. 107–126

Lohse, Petra: Neue Sachlichkeit in der Essener Zeitschrift »Der Scheinwerfer« (1927–1933). Siegen 1992

Loquai, Franz: Geschwindigkeitsphantasien im Futurismus und im Expressionismus (1994). In: *Die Modernität des Expressionismus*, S. 76–94

Lorenz, Dagmar: Wiener Moderne. Stuttgart, Weimar 1995, 2. Aufl. 2007 *(D. Lorenz)*

Lorenz, Heinz: Die Universum-Bücherei. Geschichte und Bibliographie einer proletarischen Buchgemeinschaft. 1926–1939. Berlin 1996 *(H. Lorenz)*

Lublinski, Samuel: Die Bilanz der Moderne (1904). Hrsg. Gotthart Wunberg. Tübingen 1974 *(Lublinski 1974)*

–: Der Ausgang der Moderne (1909). Hrsg. Gotthart Wunberg. Tübingen 1976 *(Lublinski 1976)*

Ludwig, Martin H.: Arbeiterliteratur in Deutschland. Stuttgart 1976

Lukács, Georg: Schriften zur Literatursoziologie. Hrsg. Peter Ludz. Neuwied u. Spandau 1961

Lukács und 1968. Eine Spurensuche. Hrsg. Rüdiger Dannemann. Bielefeld 2009

Lulu, Lilith, Mona Lisa... Frauenbilder um die Jahrhundertwende. Hrsg. Irmgard Roebling. Pfaffenweiler 1989

Luo, Zhonghua: Alfred Döblins »Die drei Sprünge des Wang-lun«, ein chinesischer Roman? Frankfurt/M., Bern u.a. 1991

Luserke, Matthias: Robert Musil. Stuttgart, Weimar 1995

Lüttichau, Mario-Andreas von: Erster deutscher Herbstsalon, Berlin 1913 (1988). In: *Stationen der Moderne*, S. 130–151 *(Lüttichau 1988a)*

–: Entartete Kunst (1988). In: *Stationen der Moderne*, S. 289–298 *(Lüttichau 1988b)*

Lützeler, Paul Michael: Hermann Broch. Eine Biographie. Frankfurt/M. 1988

Madrasch-Groschopp, Ursula: Die Weltbühne. Porträt einer Zeitschrift. Königstein/Ts 1983

Magris, Claudio: Der habsburgische Mythos in der österreichischen Literatur. Salzburg 1966

Mahal, Günther: Wirklich eine Revolution der Lyrik? Überlegungen zur literaturgeschichtlichen Einordnung der Anthologie ›Moderne Dichter-Charaktere‹ (1974). In: *Naturalismus*, S. 11–47 *(Mahal 1974)*

–: Naturalismus. München 1975 (3., unveränd. Auflage 1996) *(Mahal 1975)*

Maier-Metz, Harald: Expressionismus – Dada – Agitprop. Zur Entwicklung des Malik-Kreises in Berlin 1912–1924. Frankfurt/M. 1984

Malsch, Katja: Literatur und Selbstopfer. Historisch-systematische Studien zu Gryphius, Lessing, Gotthelf, Storm, Kaiser und Schnitzler. Würzburg 2007 *(Malsch 2007)*

Mandalka, Kristina: August Stramm – Sprachskepsis und kosmischer Mystizismus im frühen zwanzigsten Jahrhundert. Herzberg 1992

Manifeste: Intentionalität. Hrsg. Hubert van den Berg u. Ralf Grüttemeier. Amsterdam, Atlanta 1998

Mann, Paul: The Theory-death of the avant-garde. Bloomington, Indianapolis 1991 *(P. Mann)*

Männlichkeiten und Moderne. Geschlecht in den Wissenskulturen um 1900. Hrsg. Ulrike Brunotte u. Rainer Herrn. Bielefeld 2008

Marhold, Hartmut: Impressionismus in der deutschen Dichtung. Frankfurt/M., Bern u.a. 1985

Markov, Vladimir: Russian Futurism. A History. Berkeley, Los Angeles 1968

Marquardt, Katrin: Zur sozialen Logik literarischer Produktion. Die Bildungskritik im Frühwerk von Thomas Mann, Heinrich Mann und Hermann Hesse als Kampf um symbolische Macht. Würzburg 1997

Martens, Gunter: Vitalismus und Expressionismus. Ein Beitrag zur Genese und Deutung expressionistischer Stilstrukturen und Motive. Stuttgart 1971 *(G. Martens 1971)*

–: Nietzsches Wirkung im Expressionismus (1978). In: *Nietzsche und die deutsche Literatur*. Bd 2, S. 35–82 *(G. Martens 1978)*

Martens, Wolfgang: Lyrik kommerziell. Das Kartell lyrischer Autoren 1902 bis 1933. München 1975 *(W. Martens)*

Martin Kessel (1901–1990). Hrsg. Claudia Stockinger u. Stefan Scherer. Bielefeld 2004

Martini, Fritz: Modern, Die Moderne. In: Reallexikon der deutschen Literaturgeschichte. Bd 2. Hrsg. Werner Kohlschmidt und Wolfgang Mohr. Berlin (West) ²1965, S. 391–415

Marx, Sebastian: Betriebsamkeit als Literatur. Prosa der Weimarer Republik zwischen Massenpresse und Buch. Bielefeld 2009 *(Marx 2009)*

Materialien zu Alfred Döblins ›Berlin Alexanderplatz‹. Hrsg. Matthias Prangel. Frankfurt/M. 1975

Mathy, Dietrich: Europäischer Dadaismus oder: Die nichtige Schönheit (1994). In: *Die literarische Moderne in Europa*. Bd 2, S. 102–122

Mattenklott, Gert: Bilderdienst. Ästhetische Opposition bei Beardsley und George. München 1970 *(Mattenklott 1970)*

–: Nietzsche und die Ästhetik der Verzauberung. In: Sinn und Form 48, 1996, H. 4, S. 485–503 *(Mattenklott 1996)*

Mautz, Karl: Mythologie und Gesellschaft im Expressionismus. Die Dichtung Georg Heyms (1961). Frankfurt/M. ³1987

Mayer, Dieter: Neue Sachlichkeit. In: *Moderne Literatur in Grundbegriffen*, S. 319–326 *(D. Mayer)*

Mayer, Hans: Bertolt Brecht und die Tradition. München 1965 *(H. Mayer 1965)*

–: Brecht. Frankfurt/M. 1996 *(H. Mayer 1996)*

Mayer, Matthias: Hugo von Hofmannsthal. Stuttgart 1993 *(M. Mayer)*

Mayer, Michael: »Tropen gibt es nicht.« Dekonstruktionen des Exotismus. Bielefeld 2010 (*M. Mayer 2010*)

Medientheorie 1888–1933. Texte und Kommentare. Hrsg. Albert Kümmel u. Petra Löffler. Frankfurt/M. 2002

Mehr oder Weininger [!]. Eine Textoffensive aus Österreich/Ungarn. Hrsg. Amalia Kerekes. Wien 2005

Melcher, Andrea: Vom Schriftsteller zum Sprachsteller. Alfred Döblins Auseinandersetzung mit Film und Rundfunk. Frankfurt/M., Bern 1996

Melzwig, Brigitte: Deutsche sozialistische Literatur 1918–1945. Bibliographie der Buchveröffentlichungen. Berlin u. Weimar 1975

Mennemeier, Franz Norbert: Modernes deutsches Drama. Bd 1: 1910–1933. Kritiken und Charakteristiken., München 1973, 2. Aufl. Berlin 2001 *(Mennemeier 1973)*

–: Literatur der Jahrhundertwende I: Europäisch-deutsche Literaturtendenzen 1870–1910. Bern, Frankfurt/M., New York 1985 *(Mennemeier 1985)*

Merzgebiete. Kurt Schwitters und seine Freunde. Hrsg. Karin Orchard u. Isabel Schulz. Köln 2006

Die Metropole. Industriekultur in Berlin im 20. Jahrhundert. Hrsg. Jochen Boberg, Tilman Fichter u. Eckhart Gillen. München 1986

Mettler, Dieter: Stefan Georges Publikationspolitik. Buchkonzeption und verlegerisches Engagement. München, New York u.a. 1979

Metzler Lexikon Avantgarde. Hrsg. Hubert van den Berg u. Walter Fähnders. Stuttgart, Weimar 2009

Meurer, Reinhard: Gedichte des Expressionismus. Interpretationen. München 1988

Meyer, Raimund: Dada in Zürich. Die Akteure, die Schauplätze. Frankfurt/M. 1990

Meyer-Sickendiek, Burkard: Was ist literarischer Sarkasmus? Ein Beitrag zur deutsch-jüdischen Moderne. München 2009 *(Meyer-Sickendiek 2009)*

Michaels, Jennifer E.: Franz Jung. Expressionist, Dadaist, Revolutionary and Outsider. New York, Bern u.a. 1989

Michalski, Sergiusz: Neue Sachlichkeit, Malerei, Graphik und Photographie in Deutschland 1919–1933. Köln 1992

Middell, Eike: Literatur zweier Kaiserreiche. Deutsche und österreichische Literatur der Jahrhundertwende. Berlin 1993

Midgley, David: Writing Weimar. Critical realism in German literature 1918–1933. Oxford 2000 (*Midgley 2000*)

Mierau, Fritz: Das Verschwinden des Franz Jung. Stationen einer Biographie. Hamburg 1998 (*Mierau 1998*)

Mikota, Jana: Alice Rühle-Gerstel. Ihre kinderliterarischen Arbeiten im Kontext der Kinder- und Jugendliteratur der Weimarer Republik, des Nationalsozialismus und des Exils. Frankfurt/M. 2004 (*Mikota 2004*)

Mildner, Susanne: Konstruktionen der Femme fatale. Die Lulu-Figur bei Wedekind und Pabst. Frankfurt/M. 2007 (*Mildner 2007*)

Mit Deutschland um die Welt. Eine Kulturgeschichte des Fremden in der Kolonialzeit. Hrsg. Alexander Honold u. Klaus R. Scherpe. Stuttgart, Weimar 2004

Mitteleuropäische Avantgarden. Intermedialität und Interregionalität im 20. Jahrhundert. Hrsg. Pál Deréky. Frankfurt/M., Berlin u.a. 2006

Mittenzwei, Werner: Brecht und die Schicksale der Materialästhetik – Illusion oder versäumte Entwicklung einer Kunstrichtung? (1975). In: *Wer war Brecht*, S. 695–731 *(Mittenzwei 1975a)*

–: Der Streit zwischen nichtaristotelischer und aristotelischer Kunstauffassung. Die Brecht-Lukács-Debatte (1975). In: *Dialog und Kontroverse mit Georg Lukács*, S.153–203 *(Mittenzwei 1975b)*

–: Der Untergang einer Akademie oder Die Mentalität des ewigen Deutschen. Der Einfluß der natio-
nalkonservativen Dichter an der Preußischen Akademie der Künste 1918 bis 1947. Berlin 1992
(Mittenzwei 1992)

–: Das Leben des Bertolt Brecht oder Der Umgang mit den Welträtseln (1986). 2 Bde. Berlin 1997(Mittenzwei 1997)

Möbius, Hanno: Progressive Massenliteratur? Revolutionäre Arbeiterromane 1927–1932. Stuttgart
1977 (Möbius 1977)

–: Der Naturalismus. Epochendarstellung und Werkanalyse. Heildelberg 1982 (Möbius 1982)

–: Montage und Collage. Literatur, bildende Künste, Film, Fotografie, Musik, Theater bis 1933.
München 2000 (Möbius 2000)

Modern times? German literature and arts beyond political chronologies. Kontinuitäten der Kultur:
1925–1955. Hrsg. Gustav Frank, Rachel Palfreyman u. Stefan Scherer. Bielefeld 2005

Moderne Literatur in Grundbegriffen. Hrsg. Dieter Borchmeyer u. Viktor Žmegač. Tübingen
²1994

Modernism 1890–1930. Hrsg. Malcolm Bradbury u. James McFarlane. Sussex, New Jersey 1978

Die Modernität des Expressionismus. Hrsg. Thomas Anz u. Michael Stark. Stuttgart, Weimar 1994

Modernity and the text. Revisions of German Modernism. Hrsg. Andreas Huyssen u. David Bath-
rick. New York 1989

Modick, Klaus: Lion Feuchtwanger im Kontext der zwanziger Jahre: Autonomie und Sachlichkeit.
Kronberg/Ts. 1981

Moe, Vera Ingunn: Deutscher Naturalismus und ausländische Literatur. Zur Rezeption der Werke
von Zola, Ibsen und Dostojewski durch die deutsche naturalistische Bewegung (1880–1895). Frank-
furt/M., Bern u.a. 1983

Möller, Horst: Epoche [Weimarer Republik – Drittes Reich] – sozialgeschichtlicher Abriß (1983). In:
Deutsche Literatur. Bd 9, S. 14–30

Mommsen, Hans: Verspielte Freiheit. Der Weg der Republik von Weimar in den Untergang 1918 bis
1933. Berlin 1989

Mönig, Roland: Franz Marc und Georg Trakl. Ein Beitrag zum Vergleich von Malerei und Dichtung
des Expressionismus. Münster 1996

Mörchen, Helmut: Schriftsteller in der Massengesellschaft. Zur politischen Essayistik Heinrich und
Thomas Mann, Kurt Tucholskys und Ernst Jüngers während der zwanziger Jahre. Stuttgart 1973

Möser, Kurt: Literatur und ›Große Abstraktion‹. Kunsttheorie, Poetik und ›abstrakte Dichtung‹ im
›Sturm‹. Erlangen 1983

Mühl-Benninghaus, Wolfgang: Frühes Kino und Theater. Versuch einer Annäherung (1997). In: Theater
und Medien an der Jahrhundertwende, S. 169–190

Mülder, Inka: Siegfried Kracauer. Grenzgänger zwischen Theorie und Literatur. Seine frühen Schriften 1913–1933. Stuttgart 1985

Müller, Corinna: Frühe deutsche Kinematographie. Formale, wirtschaftliche und kulturelle Entwicklungen. Stuttgart, Weimar 1994 (C. Müller)

Müller, Désirée: Die todbringende Frau in Literatur und Kunst der Jahrhundertwende – Medium des
kreativen Verfalls. Heinrich Manns Roman »Die Göttinnen«. Marburg 2010 (D. Müller 2010)

Müller, Dorit: Gefährliche Fahrten. Das Automobil in Literatur und Film um 1900. Würzburg 2004
(D. Müller 2004)

Müller, Hans-Harald: Intellektueller Linksradikalismus in der Weimarer Republik. Seine Entstehung,
Geschichte und Literatur – dargestellt am Beispiel der Berliner Gründergruppe der Kommunistischen Arbeiter-Partei Deutschlands. Kronberg/Ts 1977 (H.-H. Müller)

Müller, Hanns-Marcus: »Bizepsaristokraten«. Sport als Thema der essayistischen Literatur zwischen
1880 und 1930. Bielefeld 2004 (H.-M. Müller 2004)

Müller, Inez: Walter Benjamin und Bertolt Brecht. Ansätze zu einer dialektischen Ästhetik in den
dreißiger Jahren. St. Ingbert 1993 (I. Müller)

Müller, Karl: Eine Zeit »ohne Ordnungsbegriffe«? Die literarische Antimoderne nach 1918 – ein
Fallbeispiel: Hugo von Hofmannsthals Programmstück der Salzburger Festspiele und die »Konservative Revolution« (2007). In: Literatur und Kultur, S. 21–46 (K. Müller 2007)

Müller, Klaus-Detlef: Bertolt Brecht. Epoche – Werk – Wirkung. München 2009 (K.-D. Müller 2009)

Müller, Lothar: Die Großstadt als Ort der Moderne. Über Georg Simmel (1988). In: Die Unwirklichkeit der Städte, S. 14–36 (L. Müller 1988)

–: Impressionistische Kultur. Zur Ästhetik von Modernität und Großstadt um 1900 (1990). In: *In der großen Stadt*, S. 41–70 *(L. Müller 1990)*

Müller, Michael: So viele Meinungen! Ausdruck der Verzweiflung? Zur Kafka-Forschung. In: Franz Kafka. Text + Kritik. Sonderband VII. Hrsg. Heinz Ludwig Arnold. München 1994, S. 8–41 *(M. Müller)*

Müller-Feyen, Carla: Engagierter Journalismus: Wilhelm Herzog und Das Forum (1914–1929). Zeitgeschehen und Zeitgenossen im Spiegel einer nonkonformistischen Zeitschrift. Frankfurt/M. 1996

Müller-Lentrodt, Matthias: Poetik für eine brennende Welt. Zonen der Poetik Yvan Golls im Kontext der europäischen Avantgarde. Mit einem Rückblick auf 50 Jahre Forschungsliteratur zu Yvan Goll. Bern, Berlin u.a. 1997

Müller-Seidel, Walter: Die Deportation des Menschen. Kafkas Erzählung »In der Strafkolonie« im europäischen Kontext. Stuttgart 1986 *(Müller-Seidel 1986)*

–: Franz Kafkas »Brief an den Vater«. Ein literarischer Text der Moderne. In: Orbis Litterarum 42, 1987, S. 353–374 *(Müller-Seidel 1987)*

Müller-Stratmann, Claudia: Wilhelm Herzog und »Das Forum«. »Literatur-Politik« zwischen 1910 und 1915. Ein Beitrag zur Publizistik des Expressionismus. Frankfurt/M., Berlin u.a. 1997

Münchow, Ursula: Arbeiterbewegung und Literatur 1860–1914. Berlin, Weimar 1981 *(Münchow 1981)*

Münz-Koenen, Ingeborg: Auf dem Wege zu einer marxistischen Literaturtheorie. Die Debatte proletarisch-revolutionärer Schriftsteller mit Georg Lukács (1975). In: *Dialog und Kontroverse mit Georg Lukács*, S. 105–152

Müting, Gisela: Die Literatur »bemächtigt sich« der Reklame. Untersuchungen zur Verarbeitung von Werbung und werbendem Sprechen in literarischen Texten der Weimarer Zeit. Frankfurt/M. 2004 *(Müting 2004)*

Nadermann, Peter: Schreiben als ein anderes Leben. Eine Untersuchung zu Robert Musils »Der Mann ohne Eigenschaften«. Frankfurt/M., Bern u.a. 1990

Naturalismus. Bürgerliche Dichtung und soziales Engagement. Hrsg. Helmut Scheuer. Stuttgart 1974

Naturalismus/Ästhetizismus. Hrsg. Christa Bürger, Peter Bürger, Jochen Schulte-Sasse. Frankfurt/M. 1979

Naumann, Francis M.: New York Dada 1915–23. New York 1994

Negt, Oskar/Kluge, Alexander: Öffentlichkeit und Erfahrung. Zur Organisationsanalyse von bürgerlicher und proletarischer Öffentlichkeit. Frankfurt/M. 1972

Nenzel, Reinhard: Es war eine Scham und doch eine Lust. Zur Sexualerziehung des Zöglings Huelsenbeck. In: Der junge Huelsenbeck. Entwicklungsjahre eines Dadaisten. Hrsg. Hildegard Feidel-Mertz. Gießen 1992, S. 199–218 *(Nenzel 1992)*

–: Kleinkarierte Avantgarde. Zur Neubewertung des deutschen Dadaismus. Der frühe Richard Huelsenbeck. Sein Leben und sein Werk bis 1916 in Darstellung und Interpretation. Bonn 1994 *(Nenzel 1994)*

Neue »BT-Mitteilungen«. Studien zu B. Traven. Hrsg. Mathias Brandstädter u. Matthias Schönberg. Berlin 2009

Neue Frauen. Die zwanziger Jahre. Hrsg. Kristine von Soden u. Maruta Schmidt. Berlin (West) 1988

Neue Sachlichkeit im Roman. Neue Interpretationen zum Roman der Weimarer Republik. Hrsg. Sabina Becker u. Christoph Weiß. Stuttgart, Weimar 1995

Neuhäuser, Rodolf: »Avantgarde« und »Avantgardismus«. Zur Problematik von Epochenschwellen und Epochenstrukturen (1987). In: *Europäische Avantgarde*, S. 21–36

Neumeyer, Harald: Der Flaneur. Konzeptionen der Moderne. Würzburg 1999

1929. Beiträge zur Archäologie der Medien. Hrsg. Stefan Andriopoulos u. Bernhard J. Dotzler. Frankfurt/M. 2002

»Nichts als die Schönheit«. Ästhetischer Konservativismus um 1900. Hrsg. Jan Anders, Wolfgang Braungart u. Kai Kauffmann. Frankfurt/M., New York 2007

Nickel, Gunther: Die Schaubühne – Die Weltbühne. Siegfried Jacobsohns Wochenschrift und ihr ästhetisches Programm. Opladen 1996

Nienhaus, Stefan: Das Prosagedicht im Wien der Jahrhundertwende. Altenberg – Hofmannsthal – Polgar. Berlin, New York 1986

Nietzsche-Handbuch. Leben – Werk – Wirkung. Hrsg. Henning Ottmann. Stuttgart, Weimar 2000

Nietzsche und die deutsche Literatur. Hrsg. Bruno Hillebrand. 2 Bde. Tübingen 1978

Noe, Helga: Die literarische Kritik am ersten Weltkrieg in der Zeitschrift »Die weißen Blätter«. Rene Schickele, Annette Kolb, Max Brod, Andreas Latzko, Leonhard Frank. Konstanz 1986

Noob, Joachim: Der Schülerselbstmord in der deutschen Literatur um die Jahrhundertwende. Heidelberg 1998 (*Noob 1998*)

Nössig, Manfred/Rosenberg, Johanna/Schrader, Bärbel: Literaturdebatten in der Weimarer Republik. Zur Entwicklung des marxistischen literaturtheoretischen Denkens 1918–1933. Berlin, Weimar 1980

»Not an essence but a positioning«. German-Jewish women writers (1900–1938). Hrsg. Andrea Hammel. München 2009

Nothegger-Troppmair, Sonja: Die neue Frau der 20er Jahre am Beispiel Vicki Baum. Literarische Fiktion oder konkreter Lebensentwurf? Saarbrücken 2008 (*Nothegger-Troppmair 2008*)

Oehm, Heidemarie: Subjektivität und Gattungsform im Expressionismus. München 1993

Olbrich, Harald: Die Neue Sachlichkeit im Widerstreit der Ideologie und Theorien zur Kunstgeschichte des 20. Jahrhunderts. In: Weimarer Beiträge 26, 1980, S. 65–76

Opitz, Michael: Laszlo Moholy-Nagys Filmskizze »Dynamik der Gross-Stadt«. Ein Bild-Text der Moderne. In: Jahrbuch zur Literatur der Weimarer Republik 3, 1997, S. 209–236

Orientdiskurse in der deutschen Literatur. Hrsg. Klaus Michael Bogdal. Bielefeld 2007

Oskar Loerke. Marbacher Kolloquium 1984. Hrsg. Reinhard Tgahrt. Mainz 1986

Otto Weininger. Werk und Wirkung. Hrsg. Jacques Le Rider u. Norbert Leser. Wien 1984

Paech, Joachim: Literatur und Film. Stuttgart 1988 (*Paech 1988*)

–: ›Filmisches Schreiben‹ im Poetischen Realismus. In: Die Mobilisierung des Sehens. Zur Vor- und Frühgeschichte des Films in Literatur und Kunst. Hrsg. Harro Segeberg. München 1997, S. 235

–: The Time for Action has Come oder Der avantgardistische Kinozuschauer (2004). In: *Unruhe*, S. 294–315 (*Paech 2004*)

Pallowski, G. Katrin: Die dokumentarische Mode. In: Literaturwissenschaft als Sozialwissenschaften. Grundlagen und Modellanalysen. Stuttgart 1971, S. 235–314

Pankau, Johannes G.: Sexualität und Modernität. Studien zum deutschen Drama des Fin de Siècle. Würzburg 2005 (*Pankau 2005*)

Parr, Rolf: Autorschaft. Eine kurze Sozialgeschichte der literarischen Intelligenz in Deutschland zwischen 1860 und 1930. Heidelberg 2008 (*Parr 2008*)

Paulsen, Wolfgang: Deutsche Literatur des Expressionismus. Bern 1983; 2. Aufl. Berlin 1998

Pechota Vuilleumier, Cornelia: „O Vater, laß uns ziehn!" Literarische Vater-Töchter um 1900. Gabriele Reuter, Hedwig Dohm, Lou Andreas-Salomé. Hildesheim, Zürich u.a. 2005 (*Pechota Vuilleumier 2005*)

Pehnt, Wolfgang: Die Architektur des Expressionismus. Stuttgart ³1997

Pekar, Thomas: Robert Musil zur Einführung. Hamburg 1997

Perkins, Geoffrey: Contemporary Theory of Expressionism. Bern, Frankfurt/M. 1974

Perlmann, Michaela L.: Arthur Schnitzler. Stuttgart 1987

Perrig, Severin: Hugo von Hofmannsthal und die Zwanziger Jahre. Eine Studie zur späten Orientierungskrise. Frankfurt/M., Berlin u.a. 1994

Peter, Lothar: Literarische Intelligenz und Klassenkampf. »Die Aktion« 1911–1932. Köln 1972

Peter Altenberg. Leben und Werk in Texten und Bildern. Hrsg. Hans Christian Kosler. München 1981

Petersen, Jürgen H.: ›Das Moderne‹ und ›die Moderne‹. Zur Rettung einer literarästhetischen Kategorie (1986). In: *Kontroversen, alte und neue*, S. 135–142 (*J. Petersen 1986*)

–: Der deutsche Roman der Moderne. Grundlegung – Typologie – Entwicklung. Stuttgart 1991 (*J. Petersen 1991*)

–: Absolute Lyrik. Die Entwicklung poetischer Sprachautonomie im deutschen Gedicht vom 18. Jahrhundert bis zur Gegenwart. Berlin 2006 (*J. Petersen 2006*)

Petersen, Klaus: Die ›Gruppe 1925‹. Geschichte und Soziologie einer Schriftstellervereinigung. Heidelberg 1981 (*K. Petersen 1981*)

–: »Neue Sachlichkeit«: Stilbegriff, Epochenbezeichnung oder Gruppenphänomen? In: DVjs 56, 1982, S. 463–477 (*K. Petersen 1982*)

–: Literatur und Justiz in der Weimarer Republik. Stuttgart 1988 (*K. Petersen 1988*)

–: Zensur in der Weimarer Republik. Stuttgart 1995 (*K. Petersen 1995*)

Peukert, Detlev J.K.: Die Weimarer Republik. Krisenjahre der Klassischen Moderne. Frankfurt/M. 1987

Pfanner, Helmut F.: Die ›Provinzliteratur‹ der zwanziger Jahre (1974). In: *Die deutsche Literatur in der Weimarer Republik*, S. 237–254

Pfeiffer, Peter C.: Aphorismus und Romanstruktur. Zu Robert Musils »Der Mann ohne Eigenschaften«. Bonn 1990

Pflaum, Bettina: Politischer Expressionismus. Aktivismus im fiktionalen Werk Robert Müllers. Hamburg 2008 *(Pflaum 2008)*

Pforte, Dietger: Die deutsche Sozialdemokratie und die Naturalisten. Aufriß eines fruchtbaren Mißverständnisses (1974). In: *Naturalismus*, S. 175–205

Das Phänomen Franz Kafka. Hrsg. Wolfgang Kraus u. Norbert Winkler. Prag 1997

Philipp, Eckhard: Dadaismus. Einführung in den literarischen Dadaismus und die Wortkunst des ›Sturm‹-Kreises. München 1980

Philippi, Klaus-Peter: Volk des Zorns. Studien zur poetischen Mobilmachung in der deutschen Literatur am Beginn des Ersten Weltkriegs, ihre Voraussetzungen und Implikationen. München 1979

Pictogrammatica. Die visuelle Organisation in den Medienavantgarden (1900–1938). Hrsg. Inge Münz-Koenen u. Justus Fetscher. Bielefeld 2006

Pietzcker, Carl: Die Lyrik des jungen Brecht. Vom anarchischen Nihilismus zum Marxismus. Frankfurt/M. 1974 *(Pietzcker 1974)*

–: Verzaubernde Entzauberung in der Lyrik der »Neuen Sachlichkeit«. In: Deutschunterricht 49, 1997, H. 2, S. 43–53 *(Pietzcker 1997)*

Pirsich, Volker: Der Sturm. Eine Monographie. Herzberg 1985 *(Pirsich 1985)*

–: Verlage, Presse und Zeitschriften des Hamburger Expressionismus. Frankfurt/M. 1988 *(Pirsich 1988)*

Plath, Jörg: Liebhaber der Großstadt. Ästhetische Konzeptionen im Werk Franz Hessels. Paderborn 1994

Plumpe, Gerhard: Epochen moderner Literatur. Ein systemtheoretischer Entwurf. Opladen 1995 *(Plumpe 1995)*

Das poetische Berlin. Metropolenkultur zwischen Gründerzeit und Nationalsozialismus. Hrsg. Klaus Siebenhaar. Wiesbaden 1992

Pommer, Frank: Variationen über das Scheitern des Menschen. Reinhard Goerings Werk und Leben. Frankfurt/M. u.a. 1996

Poole, Ralph J.: Performing Bodies. Überschreitungen der Geschlechtergrenzen im Theater der Avantgarde. Frankfurt/M., Berlin u.a. 1996

Por, Peter: »Zu den Engeln (lernend) übergehen«. Der Wandel in Rilkes Poetik zwischen den Neuen Gedichten und den Spätzyklen. Bielefeld 2005 *(Por 2005)*

Porombka, Beate: Verspäteter Aufklärer oder Pionier einer neuen Aufklärung? Kurt Tucholsky (1918–1935). Frankfurt/M. 1990

Pörtner, Paul: Was heißt »Expressionismus«? (1961). In: *Begriffsbestimmung*, S. 227–240

Positionen der literarischen Intelligenz zwischen bürgerlicher Reaktion und Imperialismus. Hrsg. Gert Mattenklott u. Klaus R. Scherpe. Kronberg 1973

Pouh, Lieselotte: Wiener Literatur und Psychoanalyse. Felix Dörmann, Jakob Julius David und Felix Salten. Frankfurt/M., Berlin u.a. 1997

Praz, Mario: Liebe, Tod und Teufel. Die schwarze Romantik (1930). München 1963

Preiß, Martin: »…dass es diese Wirklichkeit nicht gäbe.« Gottfried Benns Rönne-Novellen als Autonomieprogramm. St. Ingbert 1999 *(Preiß 1999)*

–: Gottfried Benns Rönne-Novellen (2001). In: *Expressionistische Prosa*, S. 93–114 *(Preiß 2001)*

Presler, Gerd: Die Brücke. Reinbek 2007 *(Presler 2007)*

Prophet und Prinzessin – Peter Hille und Else Lasker-Schüler. Hrsg. Walter Gödden u. Michael Kienecker. Bielefeld 2006

Die Provinz des Weiblichen. Zum erzählerischen Werk von Clara Viebig. Hrsg. Volker Neuhaus u. Michel Durand. Bern 2004

Prümm, Karl: Neue Sachlichkeit. Anmerkungen zum Gebrauch des Begriffs in neueren literaturwissenschaftlichen Publikationen. In: Zeitschrift für deutsche Philologie 91, 1972, S. 606–616 *(Prümm 1972)*

–: Die Literatur des Soldatischen Nationalismus der 20er Jahre (1918–1933). Gruppenideologie und Epochenproblematik. 2 Bde. Kronberg/Ts 1974 *(Prümm 1974)*

–: Antifaschistische Mission ohne Adressaten. Zeitkritik und Prognostik in der Wochenzeitschrift ›Deutsche Republik‹ 1929–33 (1982). In: *Weimars Ende*, S. 103–142 *(Prümm 1982)*

–: Jugend ohne Väter. Zu den autobiographischen Romanen der späten zwanziger Jahre. In: ›Mit uns zieht die neue Zeit.‹ Der Mythos Jugend. Hrsg. Thomas Koebner, Rolf-Peter Janz, Frank Trommler. Frankfurt/M. 1985, S. 563–589 *(Prümm 1985)*

–: Die beseelte Maschine. Das Organische und das Anorganische in der »Kino-Debatte« und in der frühen Filmtheorie (1995). In: *Faszination des Organischen*, S. 145–192 *(Prümm 1995)*

Psychoanalyse & Expressionismus. 7. Internationaler Otto Gross Kongress. Hrsg. Werner Felber, Albrecht Götz von Olenhusen, Gottfried Maria Heuer u.a. Marburg 2010

Psychoanalyse in der literarischen Moderne. Eine Dokumentation. Bd 1: Einleitung und Wiener Moderne. Hrsg. Thomas Anz u. Oliver Pfohlmann. Marburg 2006

Psychoanalyse in der modernen Literatur. Kooperation und Konkurrenz. Hrsg. Thomas Anz. Würzburg 1999

Puppe, Heinrich: Muße und Müßiggang in Robert Musils Roman »Der Mann ohne Eigenschaften«. St. Ingbert 1991

Raabe, Paul: Die Zeitschriften und Sammlungen des literarischen Expressionismus. Repertorium der Zeitschriften, Bücher, Jahrbücher, Anthologien, Sammelwerke, Schriftenreihen und Almanache 1910–1921. Stuttgart 1964 *(Raabe 1964)*

–: Der Expressionismus als historisches Phänomen (1965). In: *Begriffsbestimmung*, S. 241–262 *(Raabe 1965)*

–: Franz Kafka und der Expressionismus. In: Zeitschrift für deutsche Philologie 86, 1967, S. 161–175 *(Raabe 1967)*

–: Die Autoren und Bücher des des literarischen Expressionismus. Ein bibliographisches Handbuch. (1985). 2., verb. u. um Ergänzungen und Nachträge 1985–1990 erw. Auflage 1992 *(Raabe 1992)*

Ranc, Julijana: Alexandra Ramm-Pfemfert. Ein Gegenleben. Hamburg 2004 *(Ranc 2004)*

Rasch, Wolfdietrich: Die literarische Décadence um 1900. München 1986

Raulff, Ulrich: Kreis ohne Meister. Stefan Georges Nachleben (2009). 2. Aufl. München 2010 *(Raulff 2009)*

Realismus und Sachlichkeit. Aspekte deutscher Kunst 1919–1933. Hrsg. Roland März. Berlin/DDR 1974

Realistisches Schreiben in der Weimarer Republik. Hrsg. Sabine Kyora u. Stefan Neuhaus. Würzburg 2006

Die Rebellion des Otto Gross. 6. Internationaler Otto Gross Kongress. Hrsg. Raimund Dehmlow, Ralf Rother u. Alfred Springer. Marburg 2006

Reflexe und Reflexionen von Modernität 1933–1945. Hrsg. Erhard Schütz u. Gregor Streim. Bern 2002

Reinecke, Rüdiger: Widerstand Schreiben. Hans Lorbeer nach 1933 (2004). In: *Unruhe*, S. 349–368

Reinhardt-Becker, Elke: Liebeslehren der Kälte. Frauen und Männer im Versuchslabor von Irmgard Keuns *Gilgi*-Roman (2005). In: »*›Laboratorium Vielseitigkeit*‹«, S. 295–310 *(Reinhardt-Becker 2005)*

Reis, Erwin/Zielinski, Siegfried/Radevagen, Thomas: »An Alle«. Zum Kampf der Arbeiterbewegung um den Rundfunk in Deutschland 1918–1933 (1977). In: *Wem gehört die Welt*, S. 564–592

Die Republik von Weimar. Bd 1: Das politische System. Bd 2: Das sozialökonomische System. Düsseldorf 1979

Reschenberg-Rouzdar, Joke: Franziska Gräfin zu Reventlow. Partizipationschancen und -grenzen einer Frauenliteratur in der Schwabinger Bohème der Jahrhundertwende. Klagenfurt 1994

Richter, Hans: Dada-Kunst und Anti-Kunst. Der Beitrag Dadas zur Kunst des 20. Jahrhunderts. Köln 1964

Rieckmann, Jens: Aufbruch in die Moderne. Die Anfänge des Jungen Wien. Österreichische Literatur und Kritik im Fin de Siècle. Frankfurt/M. ²1986

Riedel, Wolfgang: »Homo Natura«. Literarische Anthropologie um 1900. Berlin, New York 1996

Riha, Karl: Literarisches Kabarett und Rollengedicht. Anmerkungen zu einem lyrischen Typus in der deutschen Literatur nach dem Ersten Weltkrieg (1974). In: *Die deutsche Literatur in der Weimarer Republik*, S. 382–395 *(Riha 1974)*

–: Naturalismus (1983). In: Geschichte der deutschen Lyrik vom Mittelalter bis zur Gegenwart. Hrsg. Walter Hinderer. Stuttgart 1983, S. 371–386 *(Riha 1983)*

–: Deutsche Großstadtlyrik. Eine Einführung. München 1983 *(Riha 1983a)*

–: Tatü Dada. Dada und nochmals Dada bis heute. Aufsätze und Dokumente. Hofheim 1987 *(Riha 1987)*

Rilke-Handbuch. Leben – Werk – Wirkung. Hrsg. Manfred Engel. Stuttgart, Weimar 2004

Rilke heute. Der Ort des Dichters in der Moderne. Frankfurt/M. 1997

Robel, Léon: Die Manifeste der russischen literarischen Avantgarde (1997). In: *»Die ganze Welt ist eine Manifestation«*, S. 184–203

Robert Musil. Hrsg. Renate von Heydebrand. Darmstadt 1982

Roberts, Ian: German expressionist cinema. The world of light and shadow. London, New York, NY 2008 (*Roberts 2008*)

Rohlf, Sabine: Der Bruch 1933. Die ›Neue Frau‹ im nationalsozialistischen Deutschland und im Exil (2003). In: *Autorinnen*, S. 257–277 (*Rohlf 2003*)

Rohner, Isabel: In litteris veritas. Hedwig Dohm und die Problematik der fiktiven Biografie. Berlin 2008 (Rohner 2008)

–: Spuren ins Jetzt. Hedwig Dohm – eine Biographie. Sulzbach 2010 (Rohner 2010)

Rohrwasser, Michael: Saubere Mädel – Starke Genossen. Proletarische Massenliteratur? Frankfurt/M. 1975 (*Rohrwasser 1975*)

–: Der Weg nach oben. Johannes R. Becher. Politiken des Schreibens. Basel, Frankfurt/M. 1980 *(Rohrwasser 1980)*

–: Der Stalinismus und die Renegaten. Die Literatur der Exkommunisten. Stuutgart 1991 *(Rohrwasser 1991)*

–: Georg K. Glasers Schluckebier. In: *»Laboratorium Vielseitigkeit«*, S. 351–366 (*Rohrwasser 2005*)

Rölleke, Heinz: Die Stadt bei Stadler, Heym und Trakl. Berlin (West) 1966

Rosenberg, Arthur: Geschichte der Weimarer Republik (1935). Frankfurt/M. 1961

Rosenhaupt, Hans Wilhelm: Der deutsche Dichter um die Jahrhundertwende und seine Abgelöstheit von der Gesellschaft (1939). Reprint Nendeln 1970

Rossbacher, Karlheinz: Heimatkunstbewegung und Heimatroman. Zu einer Literatursoziologie der Jahrhundertwende. Stuttgart 1975

Rößner, Christian: Der Autor als Literatur. Peter Altenberg in Texten der ›klassischen Moderne‹. Frankfurt/M. 2006 (*Rößner 2006*)

Rothe, Wolfgang: Der Expressionismus. Theologische, soziologische und anthropologische Aspekte einer Literatur. Frankfurt/M. 1977 *(Rothe 1977)*

–: Ernst Toller. Reinbek 1983, 1996 *(Rothe 1983)*

Ruf, Oliver: Kischs Frustrativ: Bussolen, Hochöfen und tätowierte Körper. Neusachliche Schreibstrategien im »Rasenden Reporter«. In: Jahrbuch zur Kultur und Literatur der Weimarer Republik 10 (2005/06), S. 73–99 (*Ruf 2005*)

Rülcker, Christoph: Ideologie der Arbeiterdichtung 1914–1933. Eine wissenssoziologische Untersuchung. Stuttgart 1970 *(Rülcker 1970)*

–: Proletarische Dichtung ohne Klassenbewußtsein. Zu Anspruch und Struktur sozialdemokratischer Arbeiterliteratur 1918–1933 (1974). In: *Die deutsche Literatur der Weimarer Republik*, S. 411–433 *(Rülcker 1974)*

Rumold, Inca M.: Gender, race and politics in the plays of Else Lasker-Schüler. Wuppertal 2006 (*Rumold 2006*)

Runte, Annette: Lesarten der Geschlechterdifferenz. Studien zur Literatur der Moderne. Bielefeld 2005 (*Runte 2005*)

Russell, Charles: Poets, Prophets, and Revolutionaries. The literary avant-garde from Rimbaud through postmodernism. New York, Oxford 1985

Russen in Berlin 1918–1933. Eine kulturelle Begegnung. Hrsg. Fritz Mierau. Berlin (West) 1988

Ruth Landshoff-Yorck, Karl Otten, Philipp Keller und andere. Literatur zwischen Wilhelminismus und Nachkriegszeit (Hrsg. Gregor Ackermann, Walter Fähnders u. Werner Jung. Berlin 2003

Ruthmann, Danièle: Vers une nouvelle culture social-démocrate. Conditions, objectifs et évolution de l'oeuvre éducative réalisée par la social-démocratie allemande sous la République de Weimar de 1924 à 1933. Frankfurt/M., Bern 1982

Sabel, Johannes: Text und Zeit. Versuche zu einer Verhältnisbestimmung, ausgehend von Carl Einsteins Roman »Bebuquin oder die Dilettanten des Wunders«. Frankfurt/M. 2002 (*Sabel 2002*)

Safranski, Rüdiger/Fähnders, Walter: Proletarisch-revolutionäre Literatur (1995). In: *Hansers Sozialgeschichte*. Bd 8, S. 174–231

Salter, Ronald: Georg Heyms Lyrik. Ein Vergleich zwischen Wortkunst und Bildkunst. München 1972

Sältzer, Rolf: Entwicklungslinien der deutschen Zola-Rezeption von den Anfängen bis zum Tode des Autors. Bern, Frankfurt/M. u.a. 1989

Sandgruber, Roman: Exklusivität und Masse. Wien um 1900 (1990). In: *Die Wiener Moderne. Ergebnisse*, S. 72–83

Sanouillet, Michel: Dada à Paris (1965). Nouvelle édition revue et corrigée. Paris 1993

Schaerer, Hans-Rudolf: Narzißmus und Utopismus. Eine literaturpsychologische Untersuchung zu Robert Musils »Der Mann ohne Eigenschaften«. München 1990

Schäfer, Armin: Die Intensität der Form. Stefan Georges Lyrik. Köln u.a. 2005 (*Schäfer 2005*)

Schäfer, Hans Dieter: Naturdichtung und Neue Sachlichkeit (1974). In: *Die deutsche Literatur in der Weimarer Republik*, S. 359–381 (*H.D. Schäfer*)

Schäfer, Jörgen: Dada in Köln. Wiesbaden 1992 (*J. Schäfer*)

Scheffel, Michael: Magischer Realismus. Die Gechichte eines Begriffes und Versuch seiner Bestimmung. Tübingen 1990

Scheffer, Bernd: Anfänge experimenteller Literatur. Das literarische Werk von Kurt Schwitters. Bonn 1978 (*Scheffer 1978*)

–: Expressionistische Prosa (1982). In: *Deutsche Literatur*. Bd 8, S. 297–312 (*Scheffer 1982*)

Scheible, Hartmut: Literarischer Jugendstil in Wien. Eine Einführung. München, Zürich 1984

Scheideler, Britta: Zwischen Beruf und Berufung. Zur Sozialgeschichte der deutschen Schriftsteller von 1880 bis 1933. Frankfurt/M. 1997

Schenk, Christiane: Venedig im Spiegel der Décadence-Literatur des Fin de siècle. Frankfurt/M., Bern 1987

Scherer, Herbert: Bürgerlich-oppositionelle Literaten und sozialdemokratische Arbeiterbewegung nach 1890. Stuttgart 1974

Scherpe, Klaus R.: Der Fall Arno Holz (1973). In: *Positionen der literarischen Intelligenz*, S. 121–178

Scheuer, Helmut: Arno Holz im literarischen Leben des ausgehenden 19. Jahrhunderts (1883–1896). Eine biographische Studie. München 1971 (*Scheuer 1971*)

–: Zwischen Sozialismus und Individualismus – Zwischen Marx und Nietzsche (1974). In: *Naturalismus*, S. 150–174 (*Scheuer 1974*)

–: Arno Holz/Johannes Schlaf: Die Familie Selicke (1988). In: *Interpretationen. Dramen des Naturalismus*, S. 67–106 (*Scheuer 1988*)

–: Walter Hasenclever: Der Sohn (1996). In: *Interpretationen. Dramen des 20. Jahrhunderts*. Bd 1, S. 127–156 (*Scheuer 1996*)

Scheunemann, Dietrich: Romankrise. Die Entstehungsgeschichte der modernen Romanpoetik in Deutschland. Heidelberg 1978

Schickedanz, Hans-Joachim: Ästhetische Rebellion und rebellische Ästheten. Eine kulturgeschichtliche Studie über den europäischen Dandyismus. Frankfurt/M. 2000 (*Schickedanz 2000*)

Schiller-Lerg, Sabine: Walter Benjamin und der Rundfunk. Programmarbeit zwischen Theorie und Praxis. München 1984

Schlaffer, Heinz: Denkbilder. Eine kleine Prosaform zwischen Dichtung und Gesellschaftstheorie (1973). In: Die Parabel. Parabolische Formen in der deutschen Dichtung des 20. Jahrhunderts. Hrsg. Theo Elm u. Hans Helmut Hiebel. Frankfurt/M. 1986, S. 174–194

Schlawe, Fritz: Literarische Zeitschriften. Teil II: 1910–1933. Stuttgart ²1973

Schlenstedt, Silvia: Wegscheiden. Deutsche Lyrik im Entscheidungsfeld der Revolutionen von 1917 bis 1918. Berlin/DDR 1976

Schmähling, Walter: Der deutsche Expressionismus 1910–1918 (1976). In: *Jahrhundertende – Jahrhundertwende* II, S. 261–306

Schmalenbach, Werner: Kurt Schwitters (1967). Köln 1984

Schmidt, Karl-Wilhelm: Revolte, Geschlechterkampf und Gemeinschaftsutopie. Studien zur expressionistischen Prosa Franz Jungs und Curt Corrinths. Frankfurt/M., Bern 1988

Schmidt, Rüdiger/Spreckelsen, Cord: Nietzsche für Anfänger. Also sprach Zarathustra. Eine Lese-Einführung. München 1995

Schmidt-Bergmann, Hansgeorg: Die Anfänge der literarischen Avantgarde in Deutschland. Über Anverwandlung und Abwehr des italienischen Futurismus. Ein literarhistorischer Beitrag zum expressionistischen Jahrzehnt. Stuttgart 1991, 2. Aufl. 2009 (*Schmidt-Bergmann 1991*)

–: Futurismus. Geschichte, Ästhetik, Dokumente. Reinbek 1993 (*Schmidt-Bergmann 1993*)

Schmidt-Dengler, Wendelin: Abschied von Habsburg (1995). In: *Hansers Sozialgeschichte*. Bd 8, S. 483–548 *(Schmidt-Dengler 1995)*

–: Arthur Schnitzler: Leutnant Gustl (1996). In: *Interpretationen. Erzählungen des 20. Jahrhunderts*. Bd 1, S. 21–37 *(Schmidt-Dengler 1996)*

Schmied, Wieland: Neue Sachlichkeit und Magischer Realismus in Deutschland 1918–1933. Hannover 1969

Schmitt, Evamarie: Abstrakte Dada-Kunst. Versuch einer Begriffserklärung und Untersuchung der Beziehungen zur künstlerischen Avantgarde. Münster, Hamburg 1992

Schneider, Falko: Filmpalast, Varieté, Dichterzirkel. Massenkultur und literarische Elite in der Weimarer Republik (1995). In: *Literarische Moderne*, S. 453–478 *(F. Schneider)*

Schneider, Karl Ludwig: Zerbrochene Formen. Wort und Bild im Expressionismus. Hamburg 1967 *(K. L. Schneider)*

Schneider, Lothar L.: Realistische Literaturpolitik und naturalistische Kritik. Über die Situierung der Literatur in der zweiten Hälfte des 19. Jahrhunderts und die Vorgeschichte der Moderne. Tübingen 2005 *(L. Schneider 2005)*

Schnell, Ralf: Literarische Innere Emigration 1933–1945. Stuttgart 1976

Schober, Thomas: Das Theater der Maler. Studien zur Theatermoderne anhand dramatischer Werke von Kokoschka, Kandinsky, Barlach, Beckmann, Schwitters und Schlemmer. Stuttgart 1994

Scholz, Christian: Untersuchungen zur Geschichte und Typologie des Lautgedichts. Teil 1: Darstellung. Teil II: Bibliographie. Teil III: Discographie. Obermichelbach 1989

Schönert, Jörg: Gesellschaftliche Modernisierung und Literatur der Moderne. In: Zur Terminologie der Literaturwissenschaft. Akten des IX. Germanistischen Symposions der Deutschen Forschungsgemeinschaft, Würzburg 1986. Hrsg. Christian Wagenknecht. Stuttgart 1988, S. 393–413

Schönfeld, Christiane: Dialektik und Utopie. Die Prostituierte im deutschen Expressionismus. Würzburg 1996

Schorske, Carl E.: Wien. Geist und Gesellschaft einer Epoche. Frankfurt/M. 1982

Schößler, Franziska: Börsenfieber und Kaufrausch. Ökonomie, Judentum und Weiblichkeit bei Theodor Fontane, Heinrich Mann, Thomas Mann, Arthur Schnitzler und Émile Zola. Bielefeld 2009 *(Schößler 2009)*

Schriftsteller vor dem Mikrophon. Autorenauftritte im Rundfunk der Weimarer Republik 1924–1932. Eine Dokumentation. Hrsg. Theresia Wittenbrink. Berlin 2006

Schröder, Jörg/Merkel, Angela: Dada in Köln. Ein Repertorium. Frankfurt/M., Berlin u.a. 1995

Schröter, Klaus: Heinrich und Thomas Mann. Hamburg 1993

Schrott, Raoul: Dada 15/25 – Postscriptum oder Die himmlischen Abenteuer des Hrn. Antipyrine. Eine Dokumentation der Dada-Bewegung um Tristan Tzara von 1915 bis 1925 in Briefen, Manifesten, Texten und Bildern. Innsbruck 1992

Schuhmann, Klaus: Der Lyriker Bertolt Brecht 1913–1933. München 1971

Schüller, Liane: Vom Ernst der Zerstreuung. Schreibende Frauen am Ende der Weimarer Republik: Marieluise Fleißer, Irmgard Keun und Gabriele Tergit. Bielefeld *(Schüller 2005)*

Schulte, Michael: Bertha *Zuckerkandl*. Salonière, Journalistin, Geheimdiplomatin. Hamburg 2006 *(Schulte 2006)*

Schulz, Georg-Michael: Georg Kaiser: Von morgens bis mitternachts (1996). In: *Interpretationen. Dramen des 20. Jahrhunderts*. Bd 1, S. 175–195 *(G.-M. Schulz 1996)*

Schulz, Gerhard: Naturalismus und Zensur (1974). In: *Naturalismus*, S. 93–121 *(Schulz 1974)*

–: Arno Holz. Dilemma eines bürgerlichen Dichterlebens. München 1974 *(Schulz 1974a)*

Schulze, Holger: Das aleatorische Spiel. Erkundung und Anwendung der nichtintentionalen Werkgenese im 20. Jahrhundert. München 2000 *(Schulze 2000)*

Schünemann, Peter: Georg Trakl. München 1988

Schutte, Jürgen: Lyrik des deutschen Naturalismus (1885–1893). Stuttgart 1976

Schütz, Erhard/Uecker, Matthias: »Präzisionsästhetik«? Erik Regers »Union der festen Hand« – Publizistik als Roman (1995). In: *Neue Sachlichkeit im Roman*, S. 89–126

Schütz, Erhard: Kritik der literarischen Reportage. Reportagen und Reiseberichte aus der Weimarer Republik über die USA und die Sowjetunion. München 1977 *(Schütz 1977)*

–: Romane der Weimarer Republik. München 1986 *(Schütz 1986)*

–: Autobiographien und Reiseliteratur (1995). In: *Hansers Sozialgeschichte*. Bd 8, S. 549–600 *(Schütz 1995)*

–: Neue Sachlichkeit. In: Literaturwissenschaftliches Lexikon. Grundbegriffe der Germanistik. Hrsg. Horst Brunner u. Rainer Moritz. Berlin 1997, S. 245–248 *(Schütz 1997)*

–: Von Fräulein Larissa zu Fräulein Dr. Kohler? Zum Status von Reporterinnen in der Weimarer Republik – das Beispiel Gabriele Tergit (2003). In: *Autorinnen*, S. 215–237 *(Schütz 2003)*

–: Wo liegt Europa in Berlin? Berlin-Darstellungen als Paradigma für eine europäische Moderne (2006). In: Europa. Stadt. Reisende, 11–39 *(Schütz 2006)*

–: »Du bist nichts« oder Krieg der Arbeitslosigkeit: Darstellungs- und Deutungsmuster von Arbeitslosigkeit in Zeitromanen der Weimarer Republik (2009). In: Limbus 2, 2009, S. 189–209 *(Schütz 2009)*

Schwab-Fehlisch, Hans: Gerhart Hauptmann: Die Weber. Vollständiger Text des Schauspiels. Dokumentation. Frankfurt/M., Berlin 1996

Schwartz, Agata: Utopie, Utopismus und Dystopie in »Der Mann ohne Eigenschaften«. Robert Musils utopisches Konzept aus geschlechtsspezifischer Sicht. Frankfurt/M., Berlin u.a. 1997

Schwarz, Olaf: Das Wirkliche und das Wahre. Probleme der Wahrnehmung in Literatur und Psychologie um 1900. Kiel 2001 *(Schwarz 2001)*

Schwede, Reinhild: Wilhelminische Neuromantik – Flucht oder Zuflucht? Ästhetizistischer, exotistischer und provinzialistischer Eskapismus im Werk Hauptmanns, Hesses und der Brüder Mann um 1900. Frankfurt/M. 1987

Schwellenüberschreitungen. Politik in der Literatur von deutschsprachigen Frauen 1780–1918. Hrsg. Caroline Bland u. Elisa Müller-Adams. Bielefeld 2007

Schwering, Gregor: Brechts »Radiotheorie« und Enzensbergers »Baukasten«. Zwei Kommunikationsmodelle auf dem Prüfstand. In: Sprache und Literatur 38, 2007,1 (= 99), S. 18–38 *(Schwering 2007)*

Seelbach, Susanne: Proletarisch-Revolutionäres Theater in Düsseldorf 1930–1933. Die Bühne als politisches Medium. Frankfurt/M., Berlin u.a. 1994

Sello, Katrin: Zur »Fabrikation der Fiktionen«. In: Carl Einstein: Die Fabrikation der Fiktionen. Hrsg. Sibylle Penkert. Reinbek 1973, S. 345–373

Serke, Jürgen: Die verbrannten Dichter. Weinheim, Basel 1977

Sheppard, Richard: Dada und Futurismus (1982). In: *Sinn aus Unsinn*, S. 29–70

Sicks, Kai Marcel: Stadionromanzen. Der Sportroman der Weimarer Republik. Würzburg 2008 *(Sicks 2008)*

Siebenhaar, Klaus: Klänge aus Utopia. Zeitkritik, Wandlung und Utopie im expressionistischen Drama. Berlin, Darmstadt 1982

Siefert, Christa: Die Industrialisierung in der deutschen Literatur der Jahrhundertwende. Eine Analyse ausgewählter Texte Gerhart Hauptmanns, Heinrich Manns und Georg Heyms. Bochum 1995

Siegel, Christian: Die Reportage. Stuttgart 1978 *(Ch. Siegel)*

Siegel, Holger: Die literarische Avantgarde in Serbien. Manifeste und ästhetische Programme (1997). In: *»Die ganze Welt ist eine Manifestation«*, S. 222–237 *(H. Siegel)*

Siegfried Kracauer. Zum Werk des Romanciers, Feuilletonisten, Architekten, Filmwissenschaftlers und Soziologen. Hrsg. Andreas Volk. Zürich 1996

Siepmann, Eckhard: Montage – John Heartfield. Vom Club Dada zur Arbeiter-Illustrierten-Zeitung. Berlin (West) 1977

Simmel, Georg: Die Großstädte und das Geistesleben (1903). In: G. S.: Das Individuum und die Freiheit. Essais. Frankfurt/M. 1993, S. 192–204

Simonis, Annette: Literarischer Ästhetizismus. Theorie der arabesken und hermetischen Kommunikation der Moderne. Tübingen 2000 *(Simonis 2000)*

Sinn aus Unsinn. Dada International. Hrsg. Wolfgang Paulsen u. Helmut G. Hermann. Bern, München 1982

Slavische Moderne und die Avantgarde. Vergleichende und historische Untersuchungen zur Kultur des 20. Jahrhunderts im slavischsprachigen Raum. Hrsg. Matthias Freise. Frankfurt/M., Berlin u.a. 2004

Sloterdijk, Peter: Kritik der zynischen Vernunft. 2 Bde. Frankfurt/M. 1983 *(Sloterdijk 1983)*

–: Weltanschauungsessayistik und Zeitdiagnostik (1995). In: *Hansers Sozialgeschichte.* Bd 8, S. 309–339 *(Sloterdijk 1995)*

Smuda, Manfred: Die Wahrnehmung der Großstadt als ästhetisches Problem des Erählens. Narrativität im Futurismus und im modernen Roman (1992). In: *Die Großstadt als ›Text‹*, S. 131–182

Soergel, Albert: Dichtung und Dichter der Zeit. Neue Folge. Im Banne des Expressionismus. Leipzig 1925

Die sogenannten Zwanziger Jahre. Hrsg. Reinhold Grimm u. Jost Hermand. Bad Homburg, Berlin u.a. 1970

Sokel, Walter H.: Der literarische Expressionismus. Der Expressionismus in der deutschen Literatur des zwanzigsten Jahrhunderts (1959). München o.J. *(Sokel o.J.)*

–: Die Prosa des Expressionismus (1969). In: *Expressionismus als Literatur*, S. 153–170 *(Sokel 1969)*

Sollmann, Kurt: Literarische Intelligenz um 1900. Studien zu ihrer Ideologie und Geschichte. Köln 1982

Soltau, Heide: Trennungs-Spuren. Frauenliteratur der zwanziger Jahre. Frankfurt/M. 1984

Sommer, Monika: Literarische Jugendbilder zwischen Expressionismus und Neuer Sachlichkeit. Studien zum Adoleszenzroman der Weimarer Republik. Frankfurt/M., Berlin u.a. 1996

Sontheimer, Kurt: Weimar – ein deutsches Kaleideoskop (1974). In: *Die deutsche Literatur in der Weimarer Republik*, S. 9–18 *(Sontheimer 1974)*

–: Antidemokratisches Denken in der Weimarer Republik. Die politischen Ideen des deutschen Nationalismus zwischen 1918 und 1933 (1962). München 1992 *(Sontheimer 1992)*

Soppe, August: Der Streit um das Hörspiel 1924/25. Entstehungsbedingungen eines Genres. Berlin (West) 1978

Sorg, Reto: Aus den »Gärten der Zeichen«. Zu Carl Einsteins Bebuquin. München 1998 *(Sorg 1998)*

Die Souveränität der Literatur. Zum Totalitären der Klassischen Moderne 1900–1933. Hrsg. Uwe Hebekus u. Ingo Stöckmann. München 2008

Sozialgeschichte der deutschen Literatur von 1918 bis zur Gegenwart. Hrsg. Jan Berg, Hartmut Böhme, Walter Fähnders u.a. Frankfurt/M. 1981

Spielräume des einzelnen. Deutsche Literatur in der Weimarer Republik und im Dritten Reich. Hrsg. Walter Delabar, Horst Denkler u. Erhard Schütz. Berlin 1999

Sprengel, Peter: Gerhart Hauptmann. Epoche, Werk, Wirkung. München 1984 *(Sprengel 1984)*

–: Gerhart Hauptmann: Die Weber. Ein riskanter Balanceakt (1988). In: *Interpretationen. Dramen des Naturalismus*, S. 107–146 *(Sprengel 1988)*

–: Literatur im Kaiserreich. Studien zur Moderne. Berlin 1993 *(Sprengel 1993)*

–: Künstliche Welten und Fluten des Lebens oder: Futurismus in Berlin. Paul Scheerbart und Alfred Döblin (1995). In: *Faszination des Organischen*, S. 73–101 *(Sprengel 1995)*

–: Geschichte der deutschsprachigen Literatur 1870–1900. Von der Reichsgründung bis zur Jahrhundertwende. München 1998 *(Sprengel 1998a)*

–: Darwin in der Poesie. Spuren der Evolutionslehre in der deutschsprachigen Literatur des 19. und 20. Jahrhunderts. Würzburg 1998 *(Sprengel 1998b)*

–: Geschichte der deutschsprachigen Literatur 1900–1918. Von der Jahrhundertwende bis zum Ende des Ersten Weltkriegs. München 2004 *(Sprengel 2004)*

Sprengel, Peter/Streim, Gregor: Berliner und Wiener Moderne. Vermittlungen und Abgrenzungen in Literatur, Theater, Publizistik. Wien 1998 *(Sprengel/Streim 1998)*

Stahl, August: Rilke-Kommentar zum lyrischen Werk. München 1978 *(A. Stahl)*

Stahl, Enno: Anti-Kunst und Abstraktion in der literarischen Moderne (1909–1933). Vom italienischen Futurismus bis zum französischen Surrealismus. Frankfurt/M., Berlin u.a. 1997 *(E. Stahl)*

Stark, Michael: Für und wider den Expressionismus. Die Entstehung der Intellektuellendebatte in der deutschen Literaturgeschichte. Stuttgart 1982 *(Stark 1982)*

–: »Werdet politisch!«. Expressionistische Manifeste und historische Avantgarde (1997). In: *»Die ganze Welt ist eine Manifestation«*, S. 238–255 *(Stark 1997)*

Stationen der Moderne. Die bedeutendsten Kunstausstellungen des 20. Jahrhunderts in Deutschland. Berlin (West) 1988

Stauffer, Isabelle: Weibliche Dandys, blickmächtige Femmes fragiles. Ironische Inszenierungen des Geschlechts im Fin de Sie_cle. Köln, Weimar 2008 *(Stauffer 2008)*

Stefan George. Hrsg. Heinz Ludwig Arnold. München 2005 (text + kritik 168)

Stefan George. Werk und Wirkung seit dem »Siebenten Ring«. Hrsg. Wolfgang Braungart. Tübingen 2001

Stein, Peter: Heinrich Mann. Stuttgart, Weimar 2002 *(Stein 2002)*

Steinecke, Hartmut: Hermann Broch und der polyhistorische Roman. Studien zur Theorie und Technik eines Romantyps der Moderne. Bonn 1968

Steiner, Uwe: Walter Benjamin. Stuttgart, Weimar 2004 *(Steiner 2004)*

Steinlein, Rüdiger: Theaterkritische Rezeption des expressionistischen Dramas. Ästhetische und politische Grundpositionen. Kronberg/Ts. 1974

Steinweg, Rainer: Das Lehrstück. Brechts Theorie einer politisch-ästhetischen Erziehung. Stuttgart 1972

Stephan, Alexander: Die deutsche Exilliteratur 1933–1945. Eine Einführung. München 1979 *(A. Stephan)*

Stephan, Inge: Stadt ohne Mythos. Gabriele Tergits Berlin-Roman »Käsebier erobert den Kurfürstendamm«. (1995). In: *Neue Sachlichkeit im Roman*, S. 273–290 *(I. Stephan)*

Steutermann, Jens: Zur Gänze zerfallen. Destruktion und Neukonzeption von Raum in expressionistischer Prosa. Frankfurt/M. 2004 *(Steutermann 2004)*

Stieg, Gerald/Witte, Bernd: Abriß einer Geschichte der deutschen Arbeiterliteratur. Stuttgart 1973

Stöckmann, Ingo: Der Wille zum Willen. Der Naturalismus und die Gründung der literarischen Moderne 1880–1900. Berlin, New York 2009 *(Stöckmann 2009)*

Stoltenberg, Annemarie: Ich bin doch nicht Euer Fremdenführer. Tucholsky und seine Buchkritiken. Hamburg 1990

Streim, Gregor: Das Ende des Anthropozentrismus. Anthropologie und Geschichtskritik in der deutschen Literatur zwischen 1930 und 1950. Berlin, New York 2008 *(Streim 2008)*

Streim, Gregor: Einführung in die Literatur der Weimarer Republik. Darmstadt 2009 (Streim 2009)

Der Streit mit Georg Lukács. Hrsg. Hans-Jürgen Schmitt. Frankfurt/M. 1978

Stuckenschmidt, H[ans] H[einz]: Arnold Schönbergs musikalischer Expressionismus (1965). In: *Der deutsche Expressionismus*, S. 250–268

Stucki-Volz, Germaine: Der Malik-Verlag und der Buchmarkt der Weimarer Republik. Bern, Berlin u.a. 1993

Suhr, Elke: Zwei Wege, ein Ziel. Tucholsky, Ossietzky und die ›Weltbühne‹. München 1986

Süllwold, Erika: Das gezeichnete und ausgezeichnete Subjekt. Kritik der Moderne bei Emmy Hennings und Hugo Ball. Stuttgart, Weimar 1999 *(Süllwold 1999)*

Surmann, Rolf: Die Münzenberg-Legende. Zur Publizistik der revolutionären deutschen Arbeiterbewegung 1921–33. Köln 1983

Sutton, Fiona: Weimar's Forgotten Cassandra: The Writings of Gabriele Tergit in the Weimar Republic. In: German Novelists (2006), S. 193–209 *(Sutton 2006)*

Szondi, Peter: Theorie des modernen Dramas. Frankfurt/M. 1964 *(Szondi 1964)*

–: Das lyrische Drama des Fin de siècle. Studienausgabe der Vorlesungen. Bd 4. Frankfurt/M. 1975 *(Szondi 1975)*

Tatsachenphantasie. Alfred Döblins Poetik des Wissens im Kontext der Moderne. Hrsg. von Sabina Becker u. Robert Krause. Bern, Berlin u.a. 2008

Taylor, Seth: Left-wing Nietzscheans. Berlin, New York 1990

Tebben, Karin: Literarische Intimität. Subjektkonstitution und Erzählstruktur in autobiographischen Texten von Frauen. Tübingen 1996

Das Tempo dieser Zeit ist keine Kleinigkeit. Zur Literatur um 1918. Hrsg. Jörg Drews. München 1981

Tendenzen der Zwanziger Jahre. 15. Europäische Kunstausstellung Berlin 1977. Berlin (West) 1977

Terpin, Sara: Die Rezeption des italienischen Futurismus im Spiegel der deutschen expressionistischen Prosa. München 2009 *(Terpin 2009)*

Theater in der Weimarer Republik. Hrsg. Kunstamt Kreuzberg u. Institut für Theaterwissenschaft der Universität Köln. Berlin (West) 1977

Theater und Medien an der Jahrhundertwende. Hrsg. Joachim Fiebach u. Wolfgang Mühl-Benninghaus. Berlin 1997

TheaterAvantgarde. Wahrnehmung – Körper – Sprache. Tübingen, Basel 1995

Theodorsen, Cathrine: Leopold Andrian, seine Erzählung »Der Garten der Erkenntnis« und der Dilettantismus in Wien um 1900. Hannover-Laatzen 2006 *(Theodorsen 2006)*

Thomalla, Ariane: Die ›femme fragile‹. Ein literarischer Frauentypus der Jahrhundertwende. Düsseldorf 1972

Thomas Mann (1875–1955). Hrsg. von Walter Delabar u. Bodo Plachta. Berlin 2005

Thomas Mann-Handbuch. Hrsg. Helmut Koopmann. 3. Aufl. Frankfurt/M. 2005

Die Thomas-Mann-Literatur. Bibliographie der Kritik. Hrsg. Klaus W. Jonas u. Helmut Koopmann. Frankfurt/M. 1997

Thöming, Jürgen C.: Soziale Romane in der Endphase der Weimarer Republik (1974). In: *Die deutsche Literatur in der Weimarer Republik*, S. 212–236

Todorow, Almut: Das Feuilleton der ›Frankfurter Zeitung‹ in der Weimarer Republik. Zur Grundlegung einer rhetorischen Medienforschung. Tübingen 1996

Tost, Birte: Nesthäkchens freche Schwestern: Das ›Neue Mädchen‹ in kinderliterarischen Texten von Autorinnen der Weimarer Republik (2003). In: *Autorinnen*, S. 239–255 *(Tost 2003)*

–: Moderne und Modernisierung in der Kinder- und Jugendliteratur der Weimarer Republik. Frankfurt/M. 2005 *(Tost 2005)*

Trapp, Frithjof: Deutsche Literatur im Exil. Bern, Frankfurt/M. u.a. 1983

Trommler, Frank: Das politisch-revolutionäre Theater (1974). In: *Die deutsche Literatur der Weimarer Republik*, S. 77–113 *(Trommler 1974)*

–: Sozialistische Literatur in Deutschland. Ein historischer Überblick. Stuttgart 1976 *(Trommler 1976)*

–: Verfall Weimars oder Verfall der Kultur? Zum Krisengefühl der Intelligenz um 1930 (1982). In: *Weimars Ende*, S. 34–53 *(Trommler 1982)*

Troschke, Michael von: Der Begriff »Expressionismus« in der Musikliteratur des 20. Jahrhunderts. Pfaffenweiler 1988

Tschörtner, Heinz Dieter: Ungeheures erhofft. Zu Gerhart Hauptmann. Werk und Wirkung. Berlin/DDR 1986

The Turn of the Century. German Literature and Art, 1890–1915. Hrsg. Gerald Chapple u. Hans H. Schulte. Bonn 1981

Twellmann, Marcus: Das Drama der Souveränität. Hugo von Hofmannsthal und Carl Schmitt. München 2004 *(Twellmann 2004)*

Über Franziska zu Reventlow. Rezensionen, Porträts, Aufsätze, Nachrufe aus mehr als 100 Jahren. Mit Anhang und Gesamtbibliographie von 1893 bis 2006. Hrsg. Johanna Seegers. Oldenburg 2007

Über Gottfried Benn. Kritische Stimmen. Hrsg. Bruno Hillebrand. Bd 1: 1912 bis 1956. Bd 2: 1957–1986. Frankfurt/M. 1987

Über Richard Beer-Hofmann. Rezeptionsdokumente aus 100 Jahren ; Rezensionen, Porträts, Erinnerungen, Studien von 1894–1994. Hrsg. Sören Eberhardt. Paderborn 1996

Über Stanislaw Przybyszewski. Hrsg. Gabriela Matuszek. Paderborn 1995

Uekermann, Gerd: Renaissancismus und Fin de siècle. Die italienische Renaissance in der deutschen Dramatik der letzten Jahrhundertwende. Berlin 1985

Uecker, Matthias: Wirklichkeit und Literatur. Strategien dokumentarischen Schreibens in der Weimarer Republik. Frankfurt/M. 2007 *(Uecker 2007)*

Ullmaier, Johannes: Yvan Golls Gedicht »Paris brennt«. Zur Bedeutung von Collage, Montage und Simultanismus als Gestaltungsverfahren der Avantgarde. Tübingen 1995

Unger, Thorsten: Diskontinuitäten im Erwerbsleben. Vergleichende Untersuchungen zu Arbeit und Erwerbslosigkeit in der Literatur der Weimarer Republik. Tübingen 2004 *(Unger 2004)*

Ungern-Sternberg, Jürgen von/Ungern-Sternberg, Wolfgang von: Der Aufruf »An die Kulturwelt!« Das Manifest der 93 und die Anfänge der Kriegspropaganda im Ersten Weltkrieg. Stuttgart 1996

Unruhe und Engagement. Blicköffnungen für das Andere. Hrsg. Wolfgang Asholt, Rüdiger Reinecke, Erhard Schütz u.a. Bielefeld 2004

Die Unwirklichkeit der Städte. Großstadtdarstellungen zwischen Moderne und Postmoderne. Hrsg. Klaus R. Scherpe. Reinbek 1988

Vaget, Hans Rudolf: Thomas Mann – Kommentar zu sämtlichen Erzählungen. München 1984

Vaßen, Florian: »Literatur unter dem Schafott.« Die antifaschistische Widerstandsliteratur in Deutschland. In: Europäische Literatur gegen den Faschismus 1922–1945. Hrsg. Thomas Bremer. München 1986, S. 33–52

Venske, Andreas: Zur Entstehung des Begriffs »Die Moderne«. In: Zeitschrift für Germanistik NF 5, 1995, S. 633–636

Verding, Karl Josef: Fiction und Nonfiction – Probleme ihrer Motivation. Georg Lukács und Ernst Ottwalt. Frankfurt/M., Bern u.a. 1986

Veröffentlichungen deutscher sozialistischer Schriftsteller in der revolutionären und demokratischen Presse 1919–1945. Berlin u. Weimar ²1969

Veth, Hilke: Literatur von Frauen (1995). In: *Hansers Sozialgeschichte*. Bd 8, S.446–482

Vienna 1900. From Altenberg to Wittgenstein. Hrsg. Edward Timms u. Ritchie Robertson. Edinburgh 1990

Vierhuff, Hans Gotthard: Die Neue Sachlichkeit. Malerei und Fotografie. Köln 1980

Vietta, Silvio: Ästhetische Moderne in Europa. Grundzüge und Problemzusammenhänge seit der Romantik. München 1998 (*Vietta 1998*)

Vietta, Silvio: Ästhetik der Moderne. Literatur und Bild. München 2001 (*Vietta 2001*)

Vietta, Silvio: Eine kopernikanische Wende der Ästhetik? Frühromantik als Beginn der ästhetischen Moderne (2007). In: *Literarische Moderne*, S. 259–275 (*Vietta 2007*)

Vietta, Silvio: Großstadtwahrnehmung und ihre literarische Darstellung. Expressionistischer Reihungsstil und Collage. In: DVjs 1974, S. 354–373 (*Vietta 1974*)

–: Die literarische Moderne. Eine problemgeschichtliche Darstellung deutschsprachiger Literatur von Hölderlin bis Thomas Bernhard. Stuttgart 1992 (*Vietta 1992*)

–: Zweideutigkeit der Moderne: Nietzsches Kulturkritik, Expressionismus und literarische Moderne. (1994). In: *Die Modernität des Expressionismus*, S. 9–20 (*Vietta 1994*)

Vietta, Silvio/Kemper, Hans-Georg: Expressionismus (1975). München ⁶1997

Viviani, Annalisa: Das Drama des Expressionismus. Kommentar zu einer Epoche. München 1970

Vock, Petra Jenny: »Der Sturm muss brausen in dieser toten Welt«. Herwarth Waldens Sturm und die Lyriker des Sturm-Kreises in der Zeit des Ersten Weltkriegs. Trier 2006 (*Vock 2006*)

Volkov, Shulamit: Das jüdische Projekt der Moderne. Zehn Essays. München 2001 (*Volkov 2001*)

Völker, Klaus: Revolutionäres Theater – Theaterrevolution (1983). In: *Deutsche Literatur*. Bd 9, S. 255–263 (*K. Völker*)

Völker, Ludwig: »Alle Erneuerung geht von irgendeiner ›Prosa‹ aus.« Die lyrische Moderne und der Naturalismus (1991). In: *Deutsche Dichtung um 1890*, S. 203–235 (*L. Völker*)

Vollmer, Hartmut: Alfred Lichtenstein – zerrissenes Ich und verfremdete Welt. Ein Beitrag zur Erforschung der Literatur des Expressionismus. Aachen 1988

–: »Rote Sehnsucht rinnt in meinen Adern«. Dichterinnen des Expressionismus. Versuch einer literarischen Standortbestimmung (2003). In: *Autorinnen*, S. 39–57 (*Vollmer 2003*)

Völse, Hans-Joachim: Im Labyrinth des Wissens. Zu Robert Musils Roman »Der Mann ohne Eigenschaften«. Wiesbaden 1990

Vom »Trottelbuch« zum »Torpedokäfer«. Franz Jung in der Literaturkritik 1912–1963. Hrsg. Walter Fähnders u. Andreas Hansen. Bielefeld 2003

Von Richthofen bis Remarque. Deutschsprachige Prosa zum 1. Weltkrieg. Hrsg. Thomas F. Schneider u. Hans Wagener. Amsterdam, New York, NY 2003

Wagenbach, Klaus: Franz Kafka. Reinbek ⁸1970

Wagener, Silke: Geschlechterverhältnisse und Avantgarde. Raoul Hausmann und Hannah Höch. Königstein/Ts. 2008 (*Wagener 2008*)

Wagner, Birgit: Auslöschen, vernichten, gründen, schaffen: zu den performativen Funktionen der Manifeste (1997). In: *»Die ganze Welt ist eine Manifestation«*, S. 39–57

Walach, Dagmar: Georg Kaiser: Die Bürger von Calais. Die Idee von der Freiheit des Menschen (1996). In: *Interpretationen. Dramen des 20. Jahrhunderts*. Bd 1, S. 157–174

Wallas, Armin A.: Zeitschriften des Expressionismus und Aktivismus in Österreich (1994). In: *Expressionismus in Österreich*, S. 49–90 (*Wallas 1994*)

–: Zeitschriften und Anthologien des Expressionismus in Österreich. Analytische Bibliographie und Register. 2 Bde. München, New Providence u.a. 1995 (*Wallas 1995*)

–: Österreichische Literatur-, Kultur- und Theaterzeitschriften im Umfeld von Expressionismus, Aktivismus und Zionismus. Wuppertal 2008 (*Wallas 2008*)

Walter, Dirk: Lyrik in Stellvertretung? Zu Erich Kästners Rollengedicht »Jahrgang 1899« (1983). In: *Gedichte und Interpretationen*. Bd 5, S. 309–319 (*D. Walter*)

Walter, Hans-Albert: Bedrohung und Verfolgung bis 1933. Deutsche Exilliteratur 1933–1950. Darmstadt, Neuwied 1972 (*H.-A. Walter*)

–: Deutsche Exilliteratur 1933-1950. Bd. 1: Die Vorgeschichte des Exils und seine erste Phase. Bd. 1.1: Die Mentalität der Weimardeutschen / Die „Politisierung" der Intellektuellen. Stuttgart, Weimar 2003 (*H.-A. Walter 2003*)

Walther Rathenau. Der Phänotyp der Moderne. Literatur- und kulturwissenschaftliche Studien. Hrsg. Walter Delabar u. Dieter Heimböckel. Bielefeld 2009

Wardy, Rania el: Liebe spielen – spielend lieben. Arthur Schnitzler und seine Verwandlung der Liebe zum Spiel. Marburg 2008 (*Wardy 2008*)

–: Das Wandlungskonzept in der expressionistischen Dramatik. Ein Denkmodell zur Bewältigung der Krise zur Zeit der Moderne. Frankfurt/M. 2009 (*Wardy 2009*)

Weber, Markus: Expressionismus und Neue Sachlichkeit. Paul Kornfelds literarisches Werk. Frankfurt/M., Berlin u.a. 1997

Wege des essayistischen Schreibens im deutschsprachigen Raum (1900–1920). Hrsg. Marina Marzia Brambilla u. Maurizio Pirro. Amsterdam 2010

Wehler, Hans-Ulrich: Deutsche Gesellschaftsgeschichte. Dritter Band. Von der »Deutschen Doppelrevolution« bis zum Beginn des Ersten Weltkrieges 1849–1914. München 1995

Wehner, Walter: Heinrich Heine »Die schlesischen Weber« und andere Texte zum Weberelend. München 1980

Weimar ou l'explosion de la modernité. Hrsg. Gérard Raulet. Paris 1984

Die Weimarer Republik. Politik – Wirtschaft – Gesellschaft. Hrsg. Karl Dietrich Bracher, Manfred Funke u. Hans-Adolf Jacobsen. Düsseldorf 1987

Die Weimarer Republik zwischen Metropole und Provinz. Intellektuellendiskurse zur politischen Kultur. Hrsg. Wolfgang Bialas u. Burkhard Stenzel. Weimar, Köln u.a. 1996

Weimars Ende. Prognosen und Diagnosen in der deutschen Literatur und politischen Publizistik 1930–1933. Hrsg. Thomas Koebner. Frankfurt/M. 1982

Weinhold, Ulrike: Künstlichkeit und Kunst in der deutschsprachigen Dekadenz-Literatur. Frankfurt/M., Bern u.a. 1977

Weinstein, Joan: The end of Expressionism. Art and the November Revolution in Germany. Chicago 1990

Weisbach, Reinhard: Wir und der Expressionismus. Studien zur Auseinandersetzung der marxistisch-leninistischen Literaturwissenschaft mit dem Expressionismus. Berlin/DDR 1973

Weisstein, Ulrich: Vor Tische las man's anders. Eine literar-politische Studie über die beiden Fassungen (1933 und 1955) von Gottfried Benns Expressionismus-Aufsatz (1972). In: *Begriffsbestimmung*, S. 106–134

Welsch, Wolfgang: Unsere postmoderne Moderne. Weinheim ²1988

Die Weltbühne: Zur Tradition und Kontinuität demokratischer Publizistik. Hrsg. Stefanie Oswalt. St. Ingbert 2003

Wem gehört die Welt. Kunst und Gesellschaft in der Weimarer Republik. Hrsg. Neue Gesellschaft für bildende Kunst. Berlin (West) 1977

Wendler, Wolfgang: Die Einschätzung der Gegenwart im deutschen Zeitroman (1974). In: *Die deutsche Literatur in der Weimarer Republik*, S. 169–194

Wenn die Rosenhimmel tanzen. Orientalische Motivik in der deutschsprachigen Literatur des 19. und 20. Jahrhunderts. Hrsg. Rüdiger Görner. München 2006

Werner, Ralf Michael: Impressionismus als literarhistorischer Begriff. Untersuchungen am Beispiel Arthur Schnitzlers. Frankfurt/M., Bern u.a. 1981 *(R.M. Werner)*

Werner, Renate: Skeptizismus, Ästhetizismus, Aktivismus. Der frühe Heinrich Mann. Düsseldorf 1972 *(R. Werner 1972)*

Wessels, Wolfram: Die Neuen Medien und die Literatur (1995). In: *Hansers Sozialgeschichte.* Bd 8, S. 65–98

Weyergraf, Bernd/Lethen, Helmuth: Der Einzelne in der Massengesellschaft (1995). In: *Hansers Sozialgeschichte.* Bd 8, S. 636–672

–: Einleitung [in: Literatur der Weimarer Republik] (1995). In: *Hansers Sozialgeschichte.* Bd 8, S. 7–37 *(Weyergraf 1995a)*

–: Erneuerungshoffnung und republikanischer Alltag (1995). In: *Hansers Sozialgeschichte.* Bd 8, S. 135–159 *(Weyergraf 1995b)*

–: Konservative Wandlungen (1995). In: *Hansers Sozialgeschichte.* Bd 8, S. 266–308 *(Weyergraf 1995c)*

Wie eine Nilbraut, die man in die Wellen wirft. Portraits expressionistischer Künstlerinnen und Schriftstellerinnen. Hrsg. Britta Jürgs. Grambin, Berlin 1998

Wien um 1900. Aufbruch in die Moderne. Hrsg. Peter Berner, Emil Brix u. Wolfgang Mantl. München 1986

Wien um 1900. Kunst und Kultur. Hrsg. Maria Marchetti. Wien, München 1985

Wien und die jüdische Erfahrung 1900–1938. Akkulturation – Antisemitismus – Zionismus. Hrsg. Frank Stern. Wien 2009

Die Wiener Jahrhundertwende. Einflüsse, Umwelt, Wirkungen. Hrsg. Jürgen Nautz u. Richard Vahrenkamp. Wien, Köln u.a. 1993

Die Wiener Moderne. Ergebnisse eines Forschungsgespräches der Arbeitsgemeinschaft Wien um 1900 zum Thema »Aktualität und Moderne«. Hrsg. Emil Brix u. Patrick Werkner. Wien u. München 1990

Wiethege, Katrin: ›Jede Metapher ein kleiner Mythos‹. Studien zum Verhältnis von Mythos und moderner Metaphorik in frühexpressionistischer Lyrik. Münster, New York 1992

Wild, Reiner: Beobachtet oder gedichtet? Joseph Roths Roman »Die Flucht ohne Ende« (1995). In: *Neue Sachlichkeit im Roman*, S. 27–48

Wilhelm Speyer (1887–1952). Zehn Beiträge zu seiner Wiederentdeckung. Hrsg. Helga Karrenbrock u. Walter Fähnders. Bielefeld 2009

Willett, John: Die Explosion der Mitte. Kunst + Politik 1917–1933 (1978). München 1981 *(Willett 1981)*

–: Erwin Piscator. Die Eröffnung des politischen Zeitalters auf dem Theater (1978). Frankfurt/M. 1982 *(Willett 1982)*

Willmann, Heinz: Geschichte der Arbeiter-Illustrierten Zeitung 1921–1938. Berlin/DDR 1974

Winkler, Heinrich August: Weimar 1918–1933. Die Geschichte der ersten deutschen Demokratie. München 1993 *(H.A. Winkler)*

Winkler, Michael: »Hugo, Dichter und Handelsmann«. Hofmannsthals Ästhetizismus. In: Metamorphosen des Dichters. Das Rollenverständnis deutscher Schriftsteller vom Barock bis zur Gegenwart. Hrsg. Gunter E. Grimm. Frankfurt/M. 1992, S. 184–196 *(M. Winkler 1992)*

Winterhager, Wolfgang: Symphonie? Anmerkungen zu einer problematischen Metapher in Kurt Pinthus' Essays zur ›Menschheitsdämmerung‹. In: Zeitschrift für Germanistik 7, 1997, H.1, S. 60–73

Winterhoff, Lissy: Ihre Pracht muß ein Abgrund sein, ihre Lüste ein Ozean. Die jüdische Prinzessin Salome als Femme fatale auf der Bühne der Jahrhundertwende. Würzburg 1998 *(Winterhoff 1998)*

Wirtz, Irmgard: Joseph Roths Fiktionen des Faktischen. Das Feuilleton der zwanziger Jahre und »Die Geschichte von der 1002. Nacht« im historischen Kontext. Berlin 1997

Witte, Bernd: Portrait Kafkas (1983). In: *Deutsche Literatur.* Bd 8, S. 287–296 *(Witte 1983)*

–: Jüdische Tradition und literarische Moderne. Heine, Buber, Kafka, Benjamin. München 2007 (*Witte 2007*)

Wolfgang Rieger: Glückstechnik und Lebensnot. Leben und Werk Franz Jungs. Mit einer Franz Jung-Bibliographie von Walter Fähnders. Freiburg/Br. 1987

Women in Dada. Essays on sex, gender, and identity. Hrsg. Naomi Sawelson-Gorse. Cambridge, Mass. 1998

Worbs, Michael: Nervenkunst. Literatur und Psychoanalyse im Wien der Jahrhundertwende. Frankfurt/M. 1983

Wunberg, Gotthart: Deutscher Naturalismus und Österreichische Moderne. Thesen zur Wiener Literatur um 1900 (1987). In: Verabschiedung der (Post-)Moderne? Eine interdisziplinäre Debatte. Hrsg. Jacques Le Rider und Gérard Raulet. Tübingen 1987, S. 91–116 *(Wunberg 1987)*

–: Historismus, Lexemautonomie und Fin de siècle. Zum Décadence-Begriff in der Literatur der Jahrhundertwende. In: arcadia 30, 1995/1, S. 31–61 *(Wunberg 1995)*

Würffel, Stefan Bodo: Das deutsche Hörspiel. Stuttgart 1978

Wuthenow, Ralph-Rainer: Muse, Maske, Meduse. Europäischer Ästhetizismus. Frankfurt/M. 1978

10. Mai 1933. Bücherverbrennung in Deutschland und die Folgen. Hrsg. Ulrich Walberer. Frankfurt/M. 1983

Zeisch, Erich: Proletarisch-revolutionäre Revuen der Ersten Republik. In: Maske und Kothurn 47, 2002, H. 1/2, S. 45–122 *(Zeisch 2002)*

Zeit und Theater. [1913–1945.] Hrsg. Günther Rühle. 6 Bde. Frankfurt/M., Berlin u.a. 1973

Ziegler, Edda: Verboten – verfemt – vertrieben. Schriftstellerinnen im Widerstand gegen den Nationalsozialismus. München 2010 *(Ziegler 2010)*

Zima, Peter V.: Moderne / Postmoderne. Gesellschaft, Philosophie, Literatur. Tübingen 1997, 2. Aufl. 2001 *(Zima 1997)*

Zimmermann, Peter: Heimatkunst (1982). In: *Deutsche Literatur.* Bd 8, S. 154–168 *(P. Zimmermann)*

Zimmermann, Verena: Das gemalte Drama. Die Vereinigung der Künste im Bühnenbild des deutschen Expressionismus. Phil. Diss. Aachen 1987 *(V. Zimmermann)*

Zischler, Hanns: Kafka geht ins Kino. Reinbek 1996

Žmegač, Viktor: Zum literarhistorischen Begriff der Jahrhundertwende (1981). In: *Deutsche Literatur der Jahrhundertwende*, S. IX–LI *(Žmegač 1981)*

–: Die Realität ahmt die Kunst nach: Zu einer Denkfigur der Jahrhundertwende (1989). In: Die Modernisierung des Ich. Studien zur Subjektkonstitution in der Vor- und Frühmoderne. Hrsg. Manfred Pfister. Passau 1989, S. 180–189 *(Žmegač 1989)*

Zur Geschichtlichkeit der Moderne. Der Begriff der Moderne in Theorie und Deutung. Ulrich Fülleborn zum 60. Geburtstag. Hrsg. Theo Elm u. Gerd Hemmerich. München 1982

Zur Wirkung Nietzsches: Der deutsche Expressionismus. Hrsg. Hans Ester u. Meindert Evers. Würzburg 2001

Die Zweite Moderne. Eine Diagnose der Kunst der Gegenwart. Hrsg. Heinrich Klotz. München 1996

Zwischen den Weltkriegen. Hrsg. Thomas Koebner. Wiesbaden 1983

Namenregister

Kautsky, Karl 74, 283
Kautsky, Minna 108
Kegel, Max 75
Keller, Gottfried 19
Kepler, Johannes 23
Kerr, Alfred 144, 257
Kessel, Martin 239, 296
Kesser, Hermann 220
Kesten, Hermann 239, 273, 296
Keun, Irmgard 152, 239, 240, 261, 293f.
Keyserling, Hermann 231
Kiaulehn, Walther 264
Kierkegaard, Sören 103
Kirchbach, Wolfgang 15, 52
Kisch, Egon Erwin 214, 219, 234, 238, 236, 251, 291, 296
Kläber, Kurt 251, 255, 256
Klabund (eig. Alfred Henschke) 125, 131, 132, 133, 218, 263
Klages, Ludwig 109
Klee, Paul 141
Klemm, Wilhelm 126, 132
Klimt, Gustav 92
Koeppen, Edlef 238
Körber, Lili 241, 294
Koestler, Arthur 248
Koffka, Friedrich 177
Kokoschka, Oskar 125, 131, 161, 176, 177, 193, 250
Kolb, Annette 282
Kolbenheyer, Erwin Guido 216, 228
Kollwitz, Käthe 66
Kolmar, Gertrud 265, 285, 294
Kommerell, Max 146
Kopernikus, Nikolaus 23
Kornfeld, Paul 146, 173, 175, 177, 247
Kracauer, Siegfried 213, 217, 220, 225, 226, 233, 234, 238, 240, 242, 243, 245, 246, 259, 273, 291
Krafft-Ebing, Richard von 109, 113
Kraus, Karl 87, 104, 118, 121, 140, 144, 262, 279, 280, 281
Krenek, Ernst 238
Kretzer, Max 41, 42
Kronberg, Simon 161
Kronfeld, Arthur 126, 147
Kropotkin, Peter 82, 83
Krutschonych, Alexander 157
Kubicki, Margarete 286
Kubicki, Stanislaw 286
Kubin, Alfred 141
Kulka, Julius 14
Küpper, Hannes 264
Kurtz, Rudolf 285
Kurz, Isolde 283
Küster, Conrad 14

Lagarde, Paul 83
Lampel, Peter Martin 238
Land, Hans 15, 41, 42, 78
Landauer, Gustav 15, 71, 75, 77, 96, 118, 128, 144, 142, 213
Landsberg, Hans 21, 47
Landshoff-Yorck, Ruth 293
Lang, Fritz 152
Langbehn, Julius 80, 93f.
Langen, August 69
Langgässer, Elisabeth 265
Lania, Leo 237, 268
Larionow, Michail 157
Lask, Berta 251
Lasker-Schüler, Else 57, 108, 125, 152, 161, 164, 166, 167, 240, 273, 281, 282, 283, 285, 291, 293, 294
Laube, Heinrich 35
Lauckner, Rolf 175, 177
Lauff, Joseph 68
Lautensack, Heinrich 152
Laverdant, Gabriel Désiré 199
Le Corbusier (eig. Charles-Edouard Jeanneret) 259
Le Fort, Gertrud von 228
Ledebour, Georg 15
Leitner, Maria 238, 241
Lemm, Alfred 130
Lenin, Wladimir Iljitsch 85, 199, 233
Leonhard, Rudolf 125, 131, 132, 139, 145, 162, 205
Leopardi, Giacomo 97
Lersch, Heinrich 248
Lessing, Gotthelf Ephraim 75
Lewald, Fanny 108
Leybold, Hans 133
Lichnowsky, Mechthilde 283
Lichtenstein, Alfred 125, 126, 131, 133, 134, 138, 139, 147, 156, 161, 165, 166, 168, 169, 170, 181
Liebknecht, Karl 132, 141, 184, 212
Liebknecht, Wilhelm 18, 71, 75, 76, 79
Lienhard, Friedrich 94
Liliencron, Detlev von 11, 15, 34, 52, 57, 63, 90, 93
Lissitzky, El 202, 296
Loerke, Oskar 148, 168, 170, 265
Loewenson, Erwin 139, 140, 285
Löns, Hermann 94
Loos, Adolf 259, 280
Loos, Anita 152
Lotz, Ernst Wilhelm 125, 129, 131, 133, 150, 166
Lublinski, Samuel 6, 11, 21, 91, 163
Lukács, Georg 19, 33, 68, 73, 76, 127, 156, 159, 162, 195, 228, 249, 251–254, 260
Luxemburg, Rosa 141, 212